기측체의 역해 2

# 추측록推測錄 (상)

기측체의 역해 氣測體義 譯解 2
추측록 推測錄 (상)

2025년 4월 28일 초판 1쇄 펴냄

역해자      이종란
원저자      최한기
펴낸이      김영호
펴낸곳      도서출판 동연
등록        제1-1383호(1992. 6. 12.)
주소        (03962) 서울시 마포구 월드컵로 163-3
전화/팩스   (02)335-2630 / (02)335-2640
이메일      yh4321@gmail.com
인스타그램  instagram.com/dongyeon_press

ISBN 978-89-6447-996-4 94150
ISBN 978-89-6447-994-0 (기측체의 역해)

氣　測　體　義

譯　解

기측체의
역해 2

추측록 推測錄
(상)

이종란 역해
최한기 원저

# 역해자 서문

　이 책『기측체의 역해』는 19세기 최한기의『기측체의』를 나의 철학 관점에서 우리말로 옮기고 주석하며 해설한 책이다. 최한기는 단순한 사상가가 아니다. 근대 전환기 우리의 전통과 현대를 잇는 그야말로 우리 철학이 무엇인지 모범 사례를 보여주는 인물이다. 그 중요성은 당시 전통문화와 사상이 서양 종교와 과학의 도전에 대응한 점에서, 또 우리의 정신적 정체성이 21세기 현재에도 갈팡질팡하는 점에서도 찾을 수 있다. 다만 현대 한국인들이 그 상황을 제대로 의식하지 못하고 있을 따름이다. 그런 점에서 그의 철학은 19세기 전반기 조선 철학이지만, 그 해석이 시의성을 갖추면 현대 우리 철학이다.

　알려진 최한기 철학 용어의 생소함은 바로 우리 철학이 만들어지는 과정에서 탄생한 독창성 때문이다. 그 생소함과 독창성은 원시 유학, 제자백가 사상, 주희 성리학, 양명학, 불교사상, 전통 의학, 무엇보다 기의 철학 등에서 합리적 내용을 계승하면서 동시에 서양 과학과 종교 그리고 그 철학과 신학이 혼합된 서학의 장점과 서로 융합하면서 나온 저자 철학의 표면적 특징 가운데 하나이다.

　나는 석사과정 때부터 줄곧 최한기의 철학을 연구하면서 이『기측체의』와 그의 저작에 관심을 가졌으나, 그때는 감히 내 방식대로 옮겨보겠다는 생각을 못 했다. 그 생소함에 더해 전통 철학 전반과 서학에 대한 무지 때문이었다. 그 후 다시 전통 철학과 그의 철학을 본격적으로 공부하면서 그의 식견과 그 학문의 배경이 만만치 않음을 알게 되었고, 그 공부한 내용을 차례차례 번역하거나 저술하였다. 주희 성리학은『주희의 철학』(예문서원), 양명학은『왕양명 실기』(한길사), 서학은『공제격치』(한길사), 기와 관련된 철학과 의학·예술·종교 등은『기란 무엇인가』(새문사)에서, 그 적용을 위하여『의산문답』(한설연)과『운화측험』(한길사) 등의 책을 펴냈고, 그의 철학 난제 가운데 하나인 윤리 문제는『운화와 윤리』(문사철)에서 그리고 시험적으로 철학의 핵심 내용만 쉽게 간추리고 풀어서 중·고생 대상의『기측체의』(풀빛)라는 책을 낸 바 있다.

  그런 일의 결실로서 이『기측체의 역해』를 출간하는 세 가지 목적이 있다. 첫째는 우리 철학을 밝히는 일이다. 우리 철학이 무엇인지 그 방법론에 대해서는 이미 출간한『서양 문명의 도전과 기의 철학』(학고방)에서 근대 전환기의 기의 철학을 대상으로 적용한 바 있다. 그래서 19세기 전반기 우리 철학으로서 전통 철학을 재해석하여 계승·극복하거나 서학을 수용·변용하면서 새로운 철학을 탄생시킨 내용, 동시에 그것을 어떤 논리로 진행하는지 구체적으로 밝혔다. 이는 또 한국철학사에서 이른 시기에 동서 철학의 교섭으로 새로운 철학을 탄생한 일을 면밀하고 구체적으로 밝히는 일이기도 하다. 이 책은 그 근거와 사례를 강력히 뒷받침한다.

  두 번째 목적은 철학이 구름 잡는 이야기 곧 역사와 현실 문제를 떠난 공리공담이 아님을 분명히 밝히는 데 있다. 이 책 곳곳에 원저자가 살았던 조선 후기 사회의 문제를 짚어내고 비판하며 대안 이론이나 논리를 제시하기 때문이다. 물론 그 일부는 여전히 지금의 현실에도 적용됨을 해설에서 지적하였다. 이것은 내가 연구한 우리 철학의 방법론 가운데 필수모델에 속하는 내용이면서 동시에 이 책의 기본 태도이기도 하다. 그런 점에서 나는 어떤 이념이나 종교에 치우치거나 현실에 무관심한 태도로 인해 중요한 문제를 줄곧 오판하거나 그것에 무지한 철학자와 그의 철학을 신뢰하지 않는다.

마지막 목적은 후학을 위해 내가 평생 연구한 내용을 내놓은 일이다. 그래서 은퇴 후에 줄곧 이 일에 매달렸고, 열악한 독서 환경 속에 출판 비용도 만만치 않지만, 평생을 가르치고 공부만 학자로서 내가 조금 희생해서라도 세상을 위해 할 수 있는 일이란 이것뿐이라는 생각에서였다. 보잘것없지만 역사에 부끄럽지 않게 살려는 작은 몸부림이라 여긴다. 시장에 구애하려는 목적이었더라면 아예 엄두조차 못 낼 일이다.

이 책을 마무리하고 나니 되레 나의 치부만 드러내어 부끄럽기 짝이 없다. 그 번역문은 미래세대의 일반인을 의식하고 옮겼지만, 낱말 선택과 문장이 거칠었음을 인정하지 않을 수 없다. 한문 해석에서 '겉 문리'와 '속 문리' 사이를 오락가락한 느낌이다. 전문가와 연구자들은 각주와 해설 위주로 읽기를 권한다. 또 나는 해석상 나의 그것과 다른 관점이 있을 수 있음을 인정한다. 그 차이는 오로지 나의 철학에서 발생하는 문제이다. 따라서 이 책의 내용은 원저자의 철학이면서 동시에 나의 철학일 수밖에 없다. 있을지도 모르는 오역을 포함해서 모두 나의 관점에서 바라보고 이해한 원저자의 철학이기 때문이다. 그래서 내 해석만이 옳다고 주장하고 싶지는 않다.

따지고 보면 이 책은 순수하게 나 개인의 역량만으로 나온 게 아니다. 나의 논문 지도교수이자 성리학의 이해를 높일 수 있도록 번번이 기회를 마련해 주신 최영진 성균관대 명예교수, 30년 넘게 고락을 함께하며 강학한 왕부지사상연구회 고 임옥균 고문과 회원들, 한중철학회에서 함께 『주역전의대전』을 읽으면서 절차탁마한 회원들, 한국에서 철학을 공부하는 일이 무엇인지 고민하게 해준 한국철학사상연구회의 근현대

삶사회분과 회원들, 우리 철학에 각별한 애정으로 연구를 책임지고 함께 진행했던 조선대 이철승 교수와 동료 연구원들, 현실 사회의 문제를 고민하게 해준 설득포럼의 고 김종명 대표와 위원들, 각자의 새로운 철학 연구를 소개하며 토의한 진인회 회원들, 불교와 과학을 이해하는 데 도움을 준 고려대 양형진 교수 그리고 오래전 『기측체의』를 함께 읽었던 성균관대학교 대학원 동양철학과 한국철학전공 후배들, 무엇보다 내가 소싯적 철학과 음악 사이에서 진로 문제로 갈등할 때 그 우선순위를 결정하는 데 일조한 권인호 대진대 명예교수를 비롯하여 앞에서 언급하지 못한 여러 동학의 영향과 도움 그리고 그것들을 바탕으로 내 삶과 사유 속에서의 변증법적 지양이 없었으면 이 책의 출간은 불가능했을 것이다. 끝으로 본서는 열악한 출판 환경 속에서도 동연출판사 김영호 대표님의 결단으로 빛을 보게 되었다. 모두에게 머리 숙여 감사드린다.

2024. 1.
이종란 씀

# 기측체의 서문
## 氣測體義 序

주공¹과 공자가 오랜 세월 동안 스승²이 된 까닭은 그들의 존귀한 호칭³에 또 그들의 몸가짐⁴과 얼굴의 신비한 광채⁵에도 있지 않다. 더군다나 그것이 다시 그들의 평상시 모습⁶과 행동⁷과 의복과 집과 만난 시대에 있었겠는가? 참으로 그것은 법도를 세우고 윤리를 밝히고 몸을 닦고 나라를 다스리는⁸ 방법에 있다. 또 옛날과 지금을 참작하고 인심의 바탕

---

1 이름은 旦(기원전 ?~기원전 ?)으로 西周의 걸출한 정치가. 文王의 아들이자 武王의 동생으로 成王을 보필하여 서주의 문물을 완성한 사람으로 공자 이전의 성현으로 여기던 인물.

2 百世師는 百世之師의 줄인 말로 그 용례는 『孟子』, 「盡心下」의 "孟子曰, 聖人, 百世之師也, 伯夷柳下惠是也."에 보인다. 이는 백세 후까지 모든 사람에게 본보기가 될 만큼 훌륭한 사람. 百世는 3천 년으로 아주 긴 시간을 말함.

3 尊號는 왕이나 제후의 덕을 기리거나 선왕을 높인 이름. 일찍이 『史記』, 「秦始皇本紀」의 "臣等謹與博士議曰, 古有天皇, 有地皇, 有泰皇, 泰皇最貴. 臣等昧死上尊號, 王為泰皇 … 追尊莊襄王為太上皇."에 보임. 본문에서는 그것처럼 높여 부르는 이름의 뜻. 가령 공자를 '孔夫子'나 '大成至聖文聖王' 등으로 부르는 것이 그것이다.

4 容儀는 달리 儀容으로도 불리며 몸을 가지는 태도로서 용모와 행동거지. 『漢書』, 「成帝紀贊」의 "成帝善修容儀, 升車正立, 不內顧, 不疾言, 不親指, 臨朝淵嘿, 尊嚴若神, 可謂穆穆天子之容者矣."에 보인다. 비슷한 말에는 『中庸』에서 말하는 威儀가 있다.

5 神彩는 神采와 같이 쓰이며 여러 뜻이 있으나 여기서는 얼굴의 신비로운 기운과 광채를 의미함. 『晉書』, 「王戎傳」의 "戎幼而穎悟, 神彩秀徹, 視日不眩."에 보인다.

6 居處는 뒤에 宮室이 나오므로 사는 장소가 아니라 평상시의 생활 태도로 보임. 그 용례로 『論語』, 「子路」의 "居處恭, 執事敬, 與人忠, 雖之夷狄不可棄也."와 같은 책 「陽貨」의 "夫君子之居喪, 食旨不甘, 聞樂不樂, 居處不安."에 보임.

7 動作은 여기서는 행위나 거동을 뜻함. 『左傳』, 「襄公三十一年」의 "法行可象, 聲氣可樂, 動作有文, 言語有章."에 보임.

8 修身과 治國은 格物致知·誠意·正心·修身·齊家·治國·平天下의 『大學』 8조목 가운데

과 제도의 꾸밈9을 적절하게 조절하여,10 도리를 밝히고 의론11을 바르
게 해서, 후세 사람들에게 자연과 인간 일상에 합당함12을 준수하도록
알린 데 있다. 이것이 그들이 오랜 세월 동안 스승이 된 까닭이다.

周公孔子所以爲百世師者, 不在於周公孔子之尊號, 又不在於容儀神彩. 況復在於
居處動作衣服宮室, 及所遇之時乎. 亶在於立綱明倫修身治國之道. 參酌乎古今, 損
益乎質文, 明其道, 正其誼, 以詔後世遵守天人常行之宜. 此所以爲百世師也.

주공과 공자를 스승으로 삼는 후세 사람들은 오직 그들이 참작하고
조절한 내용을 본받아야지, 어찌 있지도 않은 내용을 오로지 본받기만
할 것인가? 나아가 나라의 제도와 풍습은 옛날과 지금이 알맞음을 달리
하고, 역법과 물리는 후대로 오면서 더욱 밝아졌다. 그러니 주공과 공자
가 통달한 큰 도리를 배우는 사람은 장차 주공과 공자의 남긴 자취만
꽉 붙잡아 지키면서 변통13이 없어야겠는가? 아니면 주공과 공자가
통달한 점을 취하여 본받고 연혁14이 있어야겠는가?

---

　나오며, 자기의 몸을 닦고 나라를 다스리는 일.
9 質과 文은 일찍이『論語』,「雍也」에 보이는데, "質勝文則野, 文勝質則史, 文質彬彬然
　後, 君子."라고 한데서 나온 말. 여기서 질은 인심의 본바탕, 문은 문물제도로서
　꾸밈을 말함.
10 損益은 덜어내거나 보태는 뜻으로 제도를 시세에 맞게 잘 조절하는 일이다. 이것은
　최한기(이하 저자로 약칭)의 變通 사상과 연결된다. 損과 益은 덜어내거나 보태준다
　는『周易』괘의 이름이기도 한데, 이를 근거로 損益을 설명하는 일이 많음. 합성된
　낱말은『周易』,「損卦」의 "損剛益柔有時, 損益盈虛, 與時偕行."에 보인다.
11 誼에는 義의 뜻이 있으나 여기서는 議의 뜻. 그 용례로『漢書』,「董仲舒傳」의 "故擧賢
　良方正之士, 論誼考問."에 보인다.
12 天人(常行)之宜는 용어사전을 볼 것.
13 變通은『周易』,「繫辭上」의 "變通莫大乎四時."와「繫辭下」第1章의 "窮則變, 變則通,
　通則久"에 등장하는 말. 자세한 것은 용어사전을 볼 것.

後之師周孔者, 惟當師其參酌損益之所在, 豈惟師其所不在也. 至於國制風俗, 古今
異宜, 歷算物理, 後來益明. 則師周孔之通達大道者, 將膠守周孔之遺蹟而無所變通
耶. 抑將取法周孔之通達而有所沿革耶.

대개 천지 만물과 인간은 모두 기의 조화[15]를 말미암아 생겨났는데,
후세 사람들이 겪어온 일과 경험은 점차 기를 밝혔다. 그래서 이치를
규명하는 사람에게는 기준[16]이 있어서 떠들썩한 논란을 그치게 하였고,
수행하는 사람에게는 매개물[17]이 있어서 어긋나거나 벗어나는 일이
거의 없게 되었다.

蓋天地人物之生, 皆由氣之造化, 而後世之閱歷經驗漸明乎氣. 究理者有準的而熄
其紛紜, 修行者有津梁而庶無違越.

그리하여 기의 본체를 논하여 『신기통』을 저술하였고, 기의 작용[18]을

---

14 沿은 따르는 것, 革은 바꾸는 것. 저자 變通의 다른 표현으로 동어 반복을 피하기
위한 것으로 보임.

15 造化는 천지자연과 만물이 저절로 생성·소멸·변화하는 것 또는 자연을 가리킴.
일찍이 『莊子』, 「大宗師」의 "今一以天地為大鑪, 以造化為大冶, 惡乎往而不可哉."에
보이며, 후대 학자들이 『주역』의 만물 생성과 변화의 의미를 조화의 개념으로
설명하였다. 이는 조물주가 이 세상을 만들었다는 기독교의 창조설과 대비된다.
저자는 마테오 리치의 『천주실의』와 그 외 많은 서학 관련 서적을 읽고 그것을
분명히 인지한 상태에서 이 글을 썼다. 중국에 온 당시 일부 선교사는 조물주인
하느님을 造化라는 말로 번역하기도 하였다.

16 準的은 용어사전을 볼 것. 『後漢書』, 「齊武王縯傳」의 "遠自尊立, 為天下準的, 使後人
得承吾敝, 非計之善者也."에 용례가 보임.

17 津梁은 나루터 또는 그 교량. 교량의 작용을 하는 사물이나 사람을 비유하는 말로도
쓰임. 『魏書』, 「封軌傳」의 "吾平生不妄進舉, 而每膺此二公, 非直為國進賢, 亦為汝等
將來之津梁也."에 그런 뜻이 보임.

18 여기서 말하는 기의 작용이란 두 가지 측면에서 말할 수 있다. 하나는 자연현상에
나타나는 기의 작용이고, 다른 하나는 인간의 정신작용을 뜻한다. 『추측록』에서

밝혀『추측록』을 지었는데, 두 책은 서로 안팎이 된다. 일상의 삶에서
앎을 기억하고 밖으로 그것을 드러내어 쓰는 일19이 비록 이 기를 버리고
자 하여도 불가능하며, 지식을 찾아 모으는 일도 이 기를 안 데20서
나오지 않음이 없다. 기를 논한 글은 여기서 대략 그 단서를 열어 놓았고,
두 글을 합쳐 엮었는데,『추측록』6권,『신기통』3권, 총 9권으로, 이름
을『기측체의』라 하였다.

論氣之體而著神氣通, 明氣之用而撰推測錄, 二書相爲表裏. 日用常行, 涵育發用,
雖欲捨是氣而不可得, 拔萃知識, 無非出於通是氣也. 論氣之書, 於斯略發其端, 合
二書而編之, 推測錄六卷, 神氣通三卷, 總九卷, 名曰氣測體義.

이 책을 읽는 사람이 주공과 공자의 도리를 본받는 데에 무슨 도움을
받을까? 주공과 공자의 학문은 실제의 이치21를 좇아 앎을 넓혀서 나라
를 다스리고 온 세상을 평화롭게 하는 일22에 나아가기를 바란다. 그러니

---

　　두 가지를 다 다루며, 推測만은 후자의 뜻인데, 곧 인간의 마음인 신기가 추리하고
　　판단하는 推測 활동을 두고 한 말이다.
19 뒤에서 밝히겠지만 涵育과 發用의 대상은 앎이다. 涵育은 기억을 말하며 발용은
　　기억한 내용을 드러내 사용하는 일이다. 저자는 서학의 영향으로 앎의 기억-저장-발
　　용의 세 단계를 말한다.
20 원문의 通은 그의 철학의 중요 개념 가운데 하나인데, 여기서는 '알다'의 뜻. 통이
　　함축하는 의미는 매우 많고 복잡한데 문맥에 맞게 적절히 옮길 것임. 용어사전을
　　볼 것.
21 實理는 실제로 근거가 있는 이치. 여기서는 주희 성리학의 리를 의식하고 기를
　　근거로 한 이치를 말함으로써 주공과 공자를 假託하여 저자의 철학적 입지를 세우려
　　는 의도가 엿보임. 주희도 實理라고 주장하여,『朱子語類』卷21, 19項(이하 21-19와
　　같은 방식으로 통일함)에서 "忠信, 以人言之. 蓋忠信以理言, 只是一箇實理."라고
　　말하고 있는데, 이는 실생활의 도덕적 이치를 말한다.
22『大學』에서 말하는 治國과 平天下. 그 전에 앎을 넓힌다는 格物致知가 전제되어
　　있다.

기는 실제 이치의 근본이요, 추측은 앎을 넓히는 중요한 방법이다. 이 기를 말미암지 않으면 탐구하는 내용이 모두 허황하고 망령되거나 괴이하고 거짓된 이치이며,23 추측을 말미암지 않으면 아는 내용이 모두 근거와 증거가 없는 말이다. 그리하여 근고의 잡학과 이단의 설24은 없애기를 기약하지 않아도 저절로 없어지고, 알차고 참된 대상은 저절로 확립되며 밝은 것도 저절로 드러나니, 고금을 참작하는 일과 피차의 변통25에는 자연히 방법이 있다. 그 결과 옛날에 밝히지 못한 대상을 지금에 밝히거나, 옛날에 마땅하던 내용이 지금에는 어긋나기도 한다. 또 지금 숭상하는 일이 옛것에 미치지 못하기도 하고, 지금 밝힌 내용이 옛사람들이 버린 내용에서 나오기도 한다.

讀之者有何補於師周孔之道乎. 周孔之學, 從實理而擴其知, 以冀進乎治平. 則氣爲實理之本, 推測爲擴知之要. 不緣於是氣, 則所究皆虛妄怪誕之理, 不由於推測, 則所知皆無據沒證之言. 近古之雜學異說, 不期祛而自祛, 精實自立, 光明自著, 古今

---

23 虛妄은 일찍이 王充의 『論衡』, 「書虛」의 "世信虛妄之書, 以爲載於竹帛上者, 皆賢聖所傳, 無不然之事, 故信而是之, 諷而讀之. 睹眞是之傳與虛妄之書相違, 則幷謂短書, 不可信用."이라고 하여 황당무계의 뜻으로 사용하였다. 怪誕은 괴이하고 거짓된 것으로 唐 劉知幾의 『史通』, 「古今正史」의 "發言則嗤鄙怪誕, 敍事則參差倒錯."에 보인다. 전자는 전통 학문과 종교, 후자는 기독교를 비판할 때 자주 쓴다. 용어사전을 더 볼 것. 여기서 '기독교'라는 말은 개신교만이 아니라 예수의 가르침을 믿고 따르는 모든 그리스도교를 일컫는 말로 사용함. 이하 모두 적용.

24 전통적으로 잡학은 유학이 아닌 것을 싸잡아서 지칭하며, 이단은 유학이면서 정통 유학이 아닌 것을 지칭해 왔다. 그러나 저자는 기를 근거로 하지 않는 학문을 똑같은 용어로 비판하는데, 그 대상을 행간에 숨겨두고 있다. 또 저자가 역사를 구분할 때는 上古, 中古, 近古, 方今라는 용어를 쓰는데, 여기서 현재인 방금은 청대를 가리키고, 근고는 송·원·명대이다. 따라서 근고의 잡학과 이단에는 기독교도 포함된다.

25 '피차의 변통'이란 참다운 앎을 기준으로 본문의 '옛날과 지금'처럼 피차 알고 있는 것을 비교해서 수정하는 것. 변통의 일반적 의미는 용어사전을 볼 것.

之參酌, 彼此之變通, 自有其術. 古所不明, 或明乎今, 古之攸宜, 或違於今矣. 今之所尚, 或不逮於古, 今之所明, 或出於古人所棄.

이러한 논리로서 주공과 공자를 본받는 도리에 연결해 보면, 옛날과 지금이 다르지 않고 참작할 내용이 갖추어진다. 또 몸을 수양하고 나라를 다스리는 방법을 연구하여 밝히면, 참된 이치는 이로 말미암아 쉽게 좇을 수 있는 순서를 갖게 되고, 항상 통하는 윤리도 이것을 따라 붙들어 세울 방도가 있게 된다.

擧此而通之於師周孔之道, 則古今無異, 參酌備陳. 究明修身治國之道, 則誠實之理, 從此有易循之序, 倫綱之常, 從此有扶植之術.

주공과 공자 같은 오래된 스승의 성덕과 대업[26]은 정말로 후세에 누가 밝히기를 기다리고 있다. 그래서 실용에 도움이 된다면 비록 하찮은 사람의 말[27]이라도 취하여 쓰고, 후세 사람들이 한 말이라고 해서 아직 내버리지 못할 것이다. 만약 주공과 공자의 도리에 도움이 없다면, 비록 듣기 좋은 말[28]이나 좋은 말이라 할지라도 취하여 쓸 수 없다. 참으로 자연과 인간에 합당한 경지에 배워 도달할 수 있다면, 신기[29]와 추측을

---

26 『周易』, 「繫辭上」: 盛德大業至矣哉. 富有之謂大業, 日新之謂盛德.

27 蕘說의 蕘는 나무꾼으로 『詩經』, 「板」의 "先民有言, 詢于芻蕘."라는 말에서 가져왔다.

28 巧言은 원래 부정적으로 교묘하게 꾸미는 말의 뜻으로는 『論語』, 「學而」의 "巧言令色, 鮮矣仁."에 보이며, 또 표면상으로는 듣기 좋으나 실제로는 허위인 말로서 『詩經』, 「小雅·雨無正」의 "哿矣能言, 巧言如流, 俾躬處休."에 보인다. 본문에서는 듣기 좋은 말의 뜻.

29 용어사전을 볼 것. 일찍이 신묘한 기운의 뜻으로는 『禮記』, 「孔子閑居」의 "地載神氣, 神氣風霆, 風霆流形, 庶物露生, 無非教也."에 보이며, 인체 내의 순수한 元氣의 뜻으로는 『莊子』, 「田子方」의 "夫至人者, 上闚靑天, 下潛黃泉, 揮斥八極, 神氣不變."

기약하지 않아도 저절로 신기와 추측에 이를 것이며, 주공과 공자의
길을 기대하지 않아도 저절로 그 길에 들어갈 것이다.

周公孔子百世師之盛德大業, 果有俟於後世之所明. 有補於實用, 則雖菆說而取用,
未嘗以後世所言拚棄之. 若無補於周孔之道, 雖巧言善辭, 不可取用. 苟能學到天人
之宜, 不期乎神氣推測, 而自臻乎神氣推測, 不期乎周孔之道, 而自入於周孔之道.

1836년[30] 초겨울 최한기 쓰다

道光十六年, 丙申孟冬, 崔漢綺書

---

등에 보인다.

30 道光은 청 宣宗의 연호이며 그 16년 丙申年은 조선 헌종 2년이다.

# 해 설

원문의 '참작·손익·변통·연혁'이라는 핵심 낱말을 통해 제도와 문물을 개혁할 수 있음을 주공과 공자를 빌어 말하고, 또 "자연과 인간에 합당함을 준수한다"라는 말로서 최한기(이하 저자로 약칭) 학문의 성격을 읽어낼 수 있다. 곧 '물리'와 '인정'으로 자주 표현하는 사물의 이치와 인간의 실정에 합당한 개혁 또는 변화를 중시하는 특징이 그것이다.

그것은 그의 철학에서 볼 때 당연하다. 물론 기의 외연을 모르면 이해하기 어렵겠지만, 일단 현실의 모든 존재는 기로 이루어지고 모든 활동은 기와 연관된 그것인데, 인류의 누적된 경험으로 점차 기를 밝혔기 때문이다. 곧 인식의 진보에 조응하여 인간의 제도나 삶을 바꾸어야 한다는 관점이 그것이다.

특히 '기가 실제 이치의 근본'이라는 의미는 뒤에서 밝히겠지만, 모든 존재의 근원은 기이고, '실제의 이치'는 기의 조리 또는 속성으로서 물리적 법칙을 말하며, 기를 떠난 형이상학적 존재나 원리를 인정하지 않는다는 뜻이다. 우리가 볼 때 주공과 공자가 이런 기철학의 실리를 따랐다는 역사적 증거는 없지만, 저자는 주공과 공자의 권위를 빌어 자신이 말하고 싶은 점을 드러내고 있다. 곧 개혁의 당위도 이들의 업적을 재해석해서 주장한다. 조선 후기 시대 배경에서 볼 때 학문풍토에 대한 반성이 필요함을 행간에서 말하고 있다.

그리고 "추측은 앎을 넓히는 중요한 방법이다"라고 하여 추측을 강조하고 있다. 추측은 『기측체의』의 소제목을 포함해서 총 753회 등장할 정도로 이 책의 핵심어로서, 추(推)라는 추리와 측(測)이라는 판단의 논리로 이루어지는 앎의 과정 또는 방법이다. 곧 추측은 감각을 통한 경험의 토대 위에서 발현되며, 경험한 내용을 추리하여 새로운 앎을 판단하는 인식 활동으로, 물리적 법칙의 추리만이 아니라 인간의 윤리나 도덕의 가치 등을 구축해 가는 활동이다. 자연히 추측이 경험을 통해 앎을 넓혀가는 핵심 활동이다.

정리하면 신기의 통합과 추측을 중시하는 학문으로서 현실에 맞게 주공과 공자가 의도한 바를 이룰 수 있다고 하여, 『기측체의』 저술의 의도와 정당성을 주장하고 있다.

# 『기측체의』와 최한기

## 1. 최한기는 누구인가?

학생들에게 보통 실학자로 알려진 최한기(崔漢綺, 1803~1877)는 19세기 초·중반에 활동한 사상가이자 철학자이다. 철학자라고 말할 수 있는 근거는 『기측체의』의 저술 태도만 보아도 충분하다. 독창적 이론은 물론이고, 저술에 필요한 자료를 어디서 가져왔든 간에 그것을 본인의 철학적 세계관과 방법론에 맞게 재해석하거나 그 맥락에 따라 재구성하였기 때문이다.

그는 혜강(惠剛), 패동(浿東), 기화당(氣化堂), 명남루(明南樓) 등의 호를 사용하였으며, 자는 지노(芝老)이고 본관은 삭녕(朔寧)이다. 개성 출신이지만 서울에서 살았고, 세조 때 영의정을 지낸 최항(崔恒, 1409~1474)의 15대 후손으로 알려져 있다. 하지만 그 후 적어도 최한기의 직계 조상 10대를 거꾸로 계산해 올라가 보면, 한 사람의 문과 급제자도 없고, 음직(蔭職)인 감찰과 군수 1명 그리고 양부 최광현(崔光鉉)이 무과 출신으로 곤양 군수를 지낸 일이 사회적 위상을 잘 나타내고 있다.[1]

그도 그럴 것이 인조반정 뒤부터 정국을 이끌었던 서인·남인·노론·소론의 후예가 아니거나 세도 정권을 주도했던 권문세가에 빌붙지 못하면,

---

1 이우성·손병욱·허남진·백민정·권오영·전용훈 저, 『혜강 최한기 연구』(사람의무늬, 1916), 36쪽.

조선 초기 양반의 후손이라도 예외 없이 몰락의 길을 걸을 수밖에 없었기
때문이다. 이처럼 그도 비록 양반의 후손이지만 사회적 영향력이 별로
없는 집안 출신이었고, 생원으로 평생을 보냈으니 지낸 벼슬도 없었다.
다만 장남 최병대(崔柄大, 1819~1888)가 문과에 합격하여 관직에 진출
함으로써 훗날의 증직(贈職)만 있다.

그런 까닭으로 사회적 활동과 그가 교유한 사람들은 제한될 수밖에
없었다. 다시 말하면 그가 조선말까지 주류 학문으로 내려온 주희 성리학
을 치밀하게 공부하지 않았던 것은 아니지만, 주요 학자들과 교유한
흔적이 거의 없고, 겨우 중인에 해당하는 역관(譯官) 그리고 김정호(金正
浩, ?~?)나 이규경(李圭景, 1788~1856) 등에 그치고 있어서, 주류 사회로
부터 크게 주목받지 못했음을 말해준다.[2]

이 점은 본서의 성격과 관련하여 매우 중요하다. 어떤 영향력 있는
인물이나 문벌과 학벌의 후예가 주도하는 학맥에 소속되지 않음으로써
사상적으로 자유롭게 자신의 의견을 개진할 수 있는 공간이 마련되기
때문이다. 이 책에서 주희 성리학을 비판·극복할 수 있었던 일도 또
양명학이나 노장학 무엇보다 서학 등을 자유롭게 접할 수 있었던 일도
그런 배경 때문이다.

더구나 관직이나 당파에 소속되지 않음으로써 불필요한 견제나 오해
로부터 자유롭게 되어 독창적인 신선한 사고를 할 수 있었다. 기껏해야
젊은 도학자 전우(田愚, 1841~1922)로부터 양명학자로 지목될 정도였

---

2 최한기의 가계와 그 내력, 연보, 저술한 책 등의 자세한 사항은 앞의 책과 예문동양사상
  연구원·김용헌 편저, 『혜강 최한기』(예문서원, 2005)와 권오영·손병욱·신원봉·최진
  덕·한형조, 『혜강 최한기』(청계, 2000)와 최영진 외 지음, 『조선말 실학자 최한기의
  철학과 사상』(철학과현실사, 2000) 등에 자세하다.

고, 훗날 학행이 약간 알려져 세도 정권의 실력자 조인영(趙寅永, 1782~1850)으로부터 벼슬 제안을 받은 일 정도가 고작이었다. 그래서 이 책에서 현실 정치에 대한 비판과 개혁 담론이 많을 뿐만 아니라, 그 개혁의 필요성을 철저하게 철학의 논리에 연동해 놓고 있다.

　다만 19세기 당시 천주교 박해가 심해서 서양 종교와 거리를 둘 수밖에 없어서 표면적으로 그것을 비판하지만, 그 철학의 일부를 수용 또는 변용한 점을 누구나 알 수 있게 쉽사리 드러내지 않았는데, 그것은 서학을 신봉한다는 불필요한 오해를 대비한 자기 검열의 소산이었다. 최한기가 서학에서 과학사상만 수용했다고 믿는다면 그 또한 일면적 고찰이다.

　훗날 그의 학행이 알려져 신미양요 때 대원군의 뜻에 따라 강화진무사(江華鎭撫使) 정기원(鄭岐源, 1809~?)의 자문에 응하기도 하지만, 이미 나이가 많아 사회적으로 영향력 있게 활동하지 못했다.[3] 이렇듯 최한기의 신변에 관해 알려진 내용이 많지 않아도, 그동안 학계에서 꾸준히 연구한 성과가 있어서 저술과 활동의 자세한 내용은 지면 관계상 각주에 소개한 문헌과 이 글 뒤의 연보로 대체한다.


## 2.『기측체의』와 그 구성 및 사상적 배경

### (1)『기측체의』와 그 출간

　전통 철학을 공부한 사람이라면 처음『기측체의(氣測體義)』라는 책 이름을 접할 때는 다소 생소하다고 느끼게 된다. 무슨 근거로 이렇게

---

3 권오영·손병욱·신원봉·최진덕·한형조,『혜강 최한기』37-42쪽 참조.

지었는지 쉽사리 상상되지 않기 때문이다. 이 책에 그런 이름을 붙인 설명은 없지만, 서문에 "기의 본체를 논하여 『신기통』을 저술하고 기의 작용을 밝혀 『추측록』을 지었다(論氣之體而著神氣通, 明氣之用而撰推測錄)"라는 말을 보면, 『신기통(神氣通)』과 『추측록(推測錄)』에서 각각 '氣' 자와 '測' 자를 따왔음을 알 수 있다. 그리고 또 '기의 본체를 논하고 기의 작용을 밝혔다'라는 말에서 보면, '氣測體義'는 '신기와 추측의 본체와 작용'이라는 뜻임을 곧장 알 수 있다. 『기측체의』의 전개 논리에서 보면 신기는 본체이고 추측은 그 작용이다.

사실 본체와 작용을 의미하는 체용(體用)이란 말은 불교에서 자주 쓰던 용어인데, 또 그 체용이 체의(體義)와 같이 쓰이기도 했다. 곧 체(體)는 제법(諸法)의 평등한 이체(理體)를 말하고, 의(義)는 차별되는 제법에서 본체가 드러나는 현상과 작용인 바, 체의는 신유학에서 자주 쓰는 체용의 뜻으로 봐도 무관하다. 그렇다면 체용이 있는데 왜 굳이 그것을 쓰지 않고 '體義'라고 했을까? 동아시아 서적의 이름에 '體用'이 들어간 문헌은 『사고전서』 같은 곳에 보이지 않으니 거의 없다고 봐야 한다. 대신 '體義'가 들어간 책에는 송의 도결(都絜)이 지은 『역변체의(易變體義)』와 예수회 선교사 마테오 리치의 저서 가운데 『건곤체의(乾坤體義)』 등이 있다. 저자는 『주역』에도 조예가 깊었고 선교사들이 쓴 서학 관련 책을 자주 보았으므로, 그런 용례를 따라 이런 이름을 정한 것으로 보인다. 물론 이에 대한 설명은 없다.

이 책은 중국 베이징의 정양문(正陽門) 안의 인화당(人和堂)에서 활자로 간행하였다고 하는데, 그 시기와 경위는 알 수 없다. 서문이 1836년으로 되어 있으니, 요즘 출판의 관례에 따라 그해나 한 해 뒤라고 생각할 수 있겠다. 하지만 아니다. 『추측록』 권5의 일부 내용에 1836년 뒤에 있는 내용을 추가한 사실을 보면, 적어도 1차 아편전쟁이 끝난 1842년 이후에 출간한 것 같다. 거기에는 아편전쟁 직후 1842년에 초간한 청 위원(魏源)의 『해국도지(海國圖志)』 내용이 등장하기 때문이다. 그뿐만 아니라 『추측록』에는 초기 선교사들이 전한 과학과 다른 훗날 저술한 『운화측험(運化測驗)』(1860)의 내용과도 겹치는 부분이 꽤 있다. 그러 니까 서문을 다 쓰고 난 뒤 새로운 내용을 추가했음을 알 수 있다.

최한기는 지금까지는 베이징에 간 적이 없는 것으로 알려져 있다. 그럼에도 거기서 출판할 수 있었던 까닭은 그가 교유한 사람 가운데 역관이나 사신 출신이 있었기 때문이라고 한다.[4]

### (2)『기측체의』의 저술 목적

이 책을 끝까지 잘 음미하면 저술의 목적을 종합할 수 있지만, 먼저 『기측체의』의 서문만 잘 분석해도 그것을 확인할 수 있다. 거기에 "이 책을 읽는 사람이 주공과 공자의 도리를 본받는 데에 무슨 도움을 받을 까?"라는 말이 보이는데, 바로 독자들이 주공과 공자의 도리를 본받도록 하는 데 표면적 목적이 있다고 하겠다.

사실 이런 진술은 형식적이며 유학의 모든 학파의 주장이기도 하다. 문제는 주공과 공자의 도리가 어떤 것인지 다른 학파와 구별되는 저자만 의 주장에 그 차이가 있을 것이다. 주공과 공자의 도리 또한 서문에 "참으로 그것은 법도를 세우고 윤리를 밝히고 몸을 닦고 나라를 다스리는 방법에 있다. 또 옛날과 지금을 참작하고 인심의 바탕과 제도의 꾸밈을 적절하게 조절하여, 도리를 밝히고 의론을 바르게 해서, 후세 사람들에

---

4 같은 책, 28-29쪽 참조.

게 자연과 인간 일상에 합당함을 준수하도록 알린 데 있다'라는 말 속에 녹아 있다.

이 말은 매우 함축적이어서 분석해 봐야 한다. 먼저 '몸을 닦고 나라를 다스린다'라는 표현에서 수기치인(修己治人), '법도를 세우고 윤리를 밝힘'은 제도의 확립, '옛날과 지금을 참작하고'에서 '의론을 바르게 해서'까지는 제도나 정책의 시의성과 적절성을 뜻하며, '자연과 인간 일상에 합당함을 준수한다'라는 말에서는 합리적이고 과학적인 태도를 가리키고 있다. 종합하면 제도를 만들거나 수정하는 위치에 있는 사람의 도리란 시의성과 적절성 및 합리성과 과학적 태도를 갖추어 세상을 이끄는 일 곧 인문 정신의 실현이다.

여기서 기존의 유학과 차이점은 시의성과 적절성 그리고 합리성과 과학적 태도에서 찾아야 할 것 같다. 이전 유학에서 시의성을 강조하지 않은 것은 아니지만, 19세기 상황은 그것과 비교할 수 있는 상태가 아니었다. 다시 말해 주희 성리학이 뒷받침하는 제도와 학문 방법으로서는 전근대성을 극복하기 어려웠기 때문이다. 그 대안 가운데 하나가 인간과 자연에 대한 합리적이고 과학적 이해이다. 자연히 그러한 대상을 파악하는 인식의 문제가 부각되어 신기통과 추측이 강조될 수밖에 없었고, 그것의 주체이자 그 주체와 대상을 매개하는 것이 신기였다.

그러니까 '주공과 공자의 도리'는 19세기 상황에 맞는 유학의 저자 방식의 재해석이었다. 다시 말해 동아시아 유학을 새롭게 해석해서 독자들에게 내보이는 일이 그 목적이었다. 곧 전근대사회를 이끌었던 주희 성리학을 극복하고 주공과 공자를 잇는 사람이 저자 본인이라는 자부심이 이 책 행간의 곳곳에 보인다. 더 나아가 그런 유학만이 아니라 서양의 종교와 그 학문을 비판하고, 거기서 과학적이고 합리적인 요소만 본인의 학문 속에 변용하여 명실공히 동서를 아우르는 보편적 가르침이라고 자부하였다. 그것이 진정한 '주공과 공자의 도리'를 잇는다고 보는 본인만의 자부심이었다.

자, 처음으로 되돌아가서 '주공과 공자의 도리를 본받게 하는 일'이 이 책의 저술 목적이라면, 그것은 바로 최한기 자신의 주장을 독자들이 본받게 하는 데 있다. 그렇다면 독자들이 누구인가? 형식적으로는 이 책을 읽는 모든 사람에게 해당하겠지만, '주공과 공자'가 한 일을 상기해 본다면, 당시는 요즘과 같은 일반독자가 아니라 적어도 한문을 아는 사대부 지식층이고, 뒤의 내용을 보면 사회에 영향력을 끼치는 위치에 있으면 왕을 포함한 통치 대열에 참여한 독자들이다. 현대적 관점에서 보면 이 책을 읽는 사회의 리더가 저자의 주장을 본받게 하는 데 있다고 하겠다.

그렇다면 지금의 우리는 이 『기측체의』의 저술 목적을 어떻게 받아들여야 할까? 그 답은 역시 '주공과 공자의 도리를 본받게 하는 일'에 있다. 곧 주공과 공자는 고대의 인문 정신을 세우는 데 이바지한 인물이다. 초자연적 신이나 인간 실존과 거리가 먼 어떤 대상으로부터 인간의 자율성과 독립을 높인 분들이다. 다시 말하면 인간 위에서 군림하는 어떤 존재나 미신 따위에서 벗어나 인간 속에서 길을 찾는 일이다. 특히 공자에겐 설령 초자연적인 무엇이 있다고 해도 공경하되 멀리할 대상일 뿐이다.

그런 맥락에서 볼 때 조선 후기 구체제를 이념적으로 뒷받침하는 주희 성리학 말류의 폐단과 온갖 잡술과 미신에서 벗어나기 위한 그리고 기독교와 같은 초월적 신 중심의 종교와 거리를 둔, 곧 서양 중세에서 근대로 전환하는 인문—계몽주의를 최한기가 알았는지와는 무관하게 결과적으로 보면, 동서 양자의 폐단을 극복하고자 하는 데서 그 목적을 풀어낼 수 있다.

그러므로 현대의 우리는 인간을 옥죄며 인간 위에 군림하는 무엇, 그것이 자본이든 이념이든 종교든 제도든 권력이든 기술이든 상품이든 인공지능이든 또 무엇이든 간에 인간성을 억누르고 지배하는 대상에서 벗어나 인간을 위하는 일이 참으로 무엇인지 또 어떻게 해야 하는지 고민하는 데서 찾아야 할 것이다. 다만 모든 게 다 좋을 수는 없기에 빈대 잡으려다가 초가삼간을 다 태우는 어리석음만 경계해야 할 것 같다.

### (3)『기측체의』의 구성

이 책은『신기통』3권과『추측록』6권으로 이루어져 있다. 그러니까 두 종류의 독립된 책인데 하나로 합쳐 이름을 붙였음을 알 수 있다. 그렇다면 서문에서 말한 대로『신기통』에서 기의 본체를 논하고『추측록』에서 기의 작용을 밝혔는가?

여기서 본체와 작용은 불교에서 주로 사용했던 용어이지만 송대 신유학이 그것을 사용하면서 널리 쓰게 되었는데, 둘 사이의 관계는 본체와 작용이 하나의 근원이라는 체용일원(體用一源), 겉으로 드러난 작용과 드러나지 않은 미묘한 본체는 틈이 없다는 현미무간(顯微無間)이란 말로 압축된다. 본체와 작용이 따로 존재하거나 독립적으로 작용하지 않는다는 뜻이다. 논리상 구분되어도 본체를 설명해도 작용을 말할 수밖에 없고, 작용을 말해도 본체를 언급할 수밖에 없다.

그래서 기의 본체를 논한다는 말은 기 개념의 내포를, 작용을 밝힌다는 말은 기 운동의 외연 곧 기의 다양한 운동 양태를 밝힌다는 말로 이해할 수 있다. 물론 현대의 논문처럼『신기통』과『추측록』을 오로지 그렇게 나누어 논하고 밝혔다고 한다면 좀 어폐가 있지만, 앞의 체용 관계를 따라 서술한 것은 분명하다.『신기통』에서 기의 본체를 논함은 기철학에서 다루는 우주와 이 세상을 이루고 있는 존재의 근원이자 본질을 설명하는 것으로서, 그것이 구성하고 있는 다양한 사물과 현상의 보편성과 특수성을 다룬다. 곧 그 내용에는 신기(神氣)의 개념, 일기장존(一氣長存), 기의 불생불멸(不生不滅), 유행(流行)과 취산(聚散), 기의 성격으로서 생기(生氣)와 활물(活物), 만물의 생성과 소멸, 기의 내재적 운동성, 이기(理氣)의 관계, 기(신기)와 질의 관계, 신의 개념, 초월적이거나 비물질적 대상의 존재 여부, 영혼의 본질 문제, 사후 세계의 존재 여부, 물질과 정신의 이원성 여부 등이 녹아 있다. 특히 신기는 존재의 근원이면서, 서학식으로 말하면 만물의 영혼 그리고 인간의 인식 활동의 주체이자 동시에 만물 속에 깃든 존재이다. 그래서 신기의 설명만으로 곧 본체를 논하는 일로 본 것 같다.

그러나『신기통』의 목차만 보면, 비록 신기가 간여해도 기의 본체를 논하는 내용과 거리가 멀어 보인다. 곧 체통(體通)·목통(目通)·이통(耳通)·비통(鼻通)·구통(口通)·생통(生通)·수통(手通)·족통(足通)·촉통(觸通)·주통(周通)·변통(變通)으로 되어 있기 때문이다. 체통은 인식의 총론적 성격이 강하고, 목통에서 촉통까지는 신체 기관에 따른 감각적 인식에 할애되어 서양의 오감보다 세밀하고, 주통은 감각 내용을 통합한 보다 진전된 인식이며, 변통은 인식의 수정 또는 그에 따른 사회적 실천이다. 하지만 앞에서 설명한 체용 관계에 따라 사물의 작용 속에 본체가 있음을 감안한다면, 그 설명에서도 작용을 본체와 떼어내 설명하기도 어렵다. 함께 설명해야 그것이 온전하기 때문이다. 그래서 작용을 밝힌다는『추측록』에도 본체의 내용이 들어 있음은 어쩔 수 없었다.

　그래서『추측록』에서 인식 문제를 다루어도,『신기통』과는 달리 경험을 주제로 한 내용이 아니라 그 경험 자료를 가지고 추론하고 판단하는 내용이 주축을 이룬다. 그러니 추측 자체가 인간 신기의 작용일 뿐만 아니라, 많은 분량을 차지하는 추측의 다양한 대상도 결국 기의 작용이거나 그것이 만들어 낸 결과물이다. 더구나 거기에 등장하는 과학적 내용은 물리적인 기의 작용을 밝힌 것들이다. 그래서『추측록』의 내용은 인간의 추측과 기로 이루어진 만물의 작용에 해당할 수밖에 없다.

　추측이란 추(推)와 측(測)이라는 사유 방법을 통해 경험 자료를 근거로 직접 경험하지 못하거나 일정한 거리가 있는 대상을 밝히는 사유활동이자 기능이다. 그래서 총론 격인 추측제강(推測提綱)에 이어 추기측리(推氣測理)·추정측성(推情測性)·추동측정(推動測靜)·추기측인(推己測人)·추물측사(推物測事)의 항목을 두었다. 모두 推A測B의 형식을 띠고 있는데, 'A를 미루어 B를 헤아리다'라고 옮겼다. 다시 말해 A를 근거로 추리하여 B라는 결과를 판단한다는 의미이다. 여기서 기(氣)와 정(情)과 동(動)과 기(己)와 물(物)은 직접 경험할 수 있는 대상이지만, 리(理)와 정(情)과 정(靜)은 감각할 수 없는 이론적·추상적 대상이며 인(人)과 사(事)는 인식주체에서 상대적으로 거리가 있는 대상이다. 그래서 서문에서 추측을 '앎을 넓히는 중요한 방법'이라 소개하였다.

### (4)『기측체의』의 사상 배경

　이 책에 반영된 각종 사상은 곧장 최한기의 초기 철학의 배경을 이룬다. 구체적으로 인용된 내용의 출처는 각주에 표기하였다. 이미 '이 책을 펴내며'에서 간접적으로 밝힌 바 있지만, 동서의 많은 사상이 그 배경을 이루고 있다. 우선 그 가운데 전통사상에는 원시 유학과 제자백가의 사상이 있다. 자주 인용되는 『사서』와 『주역』 그리고 『노자』와 『장자』, 『순자』, 『관자』, 불교 등이 그것이다.

다음으로 그 연장선에서 주희 성리학과 양명학이다. 극단적으로 말하면 본서는 주희 성리학을 극복하면서 동시에 기독교에 대항해서 썼다는 느낌이 없지 않다. 본서에 자주 등장하는 '허망(虛妄)'과 '괴탄(怪誕)'이라는 용어에서 대체로 전자는 노불(老佛)을 포함한 성리학, 후자는 기독교를 상징한다. 그만큼 양쪽에 대해서 철저하게 공부했다는 방증이다. 『사서집주』는 물론이고 『주자어류』 등을 꼼꼼히 읽었음을 확인할 수 있다. 물론 주희 성리학을 비판만 하지 않았으며, 계승한 부분도 꽤 있다. 또 유학의 갈래로서 양명학의 영향도 받았는데, 이 책에 『전습록』의 내용이 가끔 인용된 것만 보아도 알 수 있다. 물론 그것도 성리학처럼 비판하면서 그 장점을 자기 철학으로 재구성하였다.

또 전통의 기철학을 이어받았다. 하지만 음양과 오행 개념은 폐기하였고, 또 기의 존재상에서 선천과 후천으로 나누는 일도 없다. 다만 기 운동의 내재성, 일기장존, 취산과 생기 개념, 리는 기의 조리라는 전통을 계승하였다.[5]

불교사상도 들어 있다. 불교 자료는 『능엄경』을 보았다는 점이 확인된다. 표면적으로 보면 불교를 비판하지만, 그것은 대체로 불교의 방편에 해당하고, 공(空)을 기로 바꾸면 좋겠다는 생각이 녹아 있다. 그것은 불교의 세계관이 사물의 실체를 인정하지 않기 때문이다. 기철학도 만물이 취산하는 과정에 있으므로 기를 제외하고는 영원한 실체가 없다.

---

5 성리학이나 양명학 그리고 전통의 氣論에서 어떤 점을 계승하고 극복했는지는 이종란, 『서양 문명의 도전과 기의 철학』(학고방, 2020), 71-87쪽을 보기 바람.

이 점은 또 현대 과학과 통하는 부분이기도 하다. 다만 불교와 큰 차이는 기를 실체로 보는 것 외에 『기측체의』의 관심이 출세간이 아니라 온통 세간에 있다는 점이다.

또 무엇보다 중요한 배경을 이루는 것 가운데 하나는『황제내경』을 비롯한 전통의 의학사상이다.『신기통』의 통의 항목만 봐도 알 수 있지만, 의학 관련 내용이 많이 등장한다. 신체를 통한 기(신기)의 소통은 의학에서 다루는 문제이기 때문이다. 그것만이 아니다 경험(經驗)이나 증험(證驗) 또는 징험(徵驗) 등의 용어도 그것과 관련이 있다. 그 외 배경을 이루는 전통사상에는 음악, 역사, 천문, 잡술 등이 있다.

이제『기측체의』의 배경의 마지막 한 축은 서학인데, 과학과 지리 등은 물론이고 일부 철학과 신학적 견해도 수용하거나 변용했다. 이 책에도 그런 사례가 수도 없이 등장한다. 물론 최한기의 저술에서 어느 책을 보았다는 책의 이름은 과학이나 기술 및 지리 관련 서적 외는 드러나지 않는데, 그것은 일련의 천주교 박해 사건과 관련하여 서양 종교에 얽이지 않으려는 자기 검열 때문이다. 하지만 그것을 비판하는 내용에서는 물론이거니와 수용하는 사상 속에도 철학·신학 관련 용어와 내용이 풍부하다. 그런 가운데 최한기의 다른 저술을 보면, 이 책의 각주에서 인용하는 철학·신학 관련 책을 소개하고 있는 사실로 보아, 일찍이 그런 책을 보았음을 확인할 수 있다.6

또 서학에 대한 저자 철학의 논리적인 대응의 대상, 곧『신기통』의 신기도 그렇지만『추측록』의 추측으로 대응하는 대상이 서학에 있었다. 곧 서학의 생혼·각혼·영혼론의 삼혼설을 신기로 일원화하고, 하느님과

---

6 이종란, "기독교철학에 대한 최한기의 비판적 수용," 「인문학연구」 제52집 (2016), 179-182 참조.

인간 영혼불멸설에 신기의 불멸설로, 각혼의 감각적 경험을 신기의 형질
통으로, 인간 영혼(anima)의 추론 능력을 신기의 추측으로 대응한 일이
그것이다. 이렇듯『기측체의』가 왜 인간의 신기를 중심으로, 그것도
인식론 위주로 다루느냐 하는 의문은 서학을 모르면 전혀 이해할 수
없다. 그것은 예수회 선교사들의 저술에서 그것을 더 거슬러 올라가면
중세 토마스 아퀴나스의 토미즘 그리고 최종적으로 아리스토텔레스의
영혼론과 그 인식 이론에 닿는다. 해당하는 곳에서 자세히 해설하였다.[7]

그리고 언급했듯이『기측체의』는 적어도 표면적으로는 서양 종교를
배척한다. 사실 그것도 불교를 비롯한 민간신앙을 대하는 일과 같은
맥락에서 비물질적 신의 존재나 천당과 지옥이나 화복설(禍福說) 등의
방편을 진리로 보는 일에 대한 반발이다. 하지만 무작정 배척만 했다면
신학 속에 녹아든 철학의 합리적 요소를 수용하거나 변용할 까닭이
없다. 이는 그의 철학이 합리성과 보편성을 지향하기 때문에 서양에도
성인이 있을 수 있다고 믿었다. 화이론(華夷論)에 따라 서양은 온통 오랑
캐라고 여기던 동시대의 도학자 이항로(李恒老, 1792~1868) 등과는 다
른 태도이다. 그래서 그의 철학은 순수한 전통 철학만의 연장이 아니라,
동서 철학과 사상의 융합으로 이루어진 독창성을 지닌 학문이다.

이렇듯『기측체의』속에는 당시 동서의 사상이 한데 모여 배경을
이룬다. 그 속에서 시대의 문제를 고민하여 자신의 철학을 만들어 내었
다. 그것을 가능케 한 것이 자기 철학의 방법론이자 글쓰기 방식이다.

---

7 전통과 서양의 사상에서 무엇을 비판·계승·극복·수용·변용·배척했는지는 각각의
  항목별로 정리하여 도표화한 자료가 있는데, 같은 책, 313-316을 참고 바람.

## 3. 최한기 초기 철학의 기본적인 이해

최한기의 철학을 다 설명하기에는 방대한 분량이 필요하다. 여기서는
『기측체의』에 녹아든 초기 철학만 간략하게 설명하고자 한다. 보통
철학의 범주에 따라 설명하는데, 그 범주도 존재론이나 인식론이나 실천
론 등의 일반적인 것도 있고, 어떤 철학의 내부 논리에 따른 설명도
있다. 여기서는 이 책의 성격에 맞게 후자의 방식을 따라 설명하겠다.
최한기 초기 철학을 대표하는 핵심 용어는 신기·유행·통·경험·추측·변
통 등이다.

### (1) 신기의 유행과 통

기는 최한기 철학에서 존재의 근거이다. 리(理)는 기의 조리 또는
법칙으로서 기에 의존하는 우유성(Accidents)을 띨 뿐이다. 신기는 앞에
서 산발적으로 언급했지만, 최한기 초기 철학에서 우주의 본질과 인간을
설명하는 주요 개념이다. 중기 철학에서는 단지 사람의 마음을 말할
때만 신기를 사용하다가, 후기 철학에서 다시 전기의 신기로 돌아온다.
그 앞의 신(神) 자는 『주역』의 전통에 따라 대체로 '신묘하다'라는 형용사
이상의 의미는 없다. 신기를 서양식의 초월적 '신(God)의 기운'이나
'정신의 기운' 등으로 이해하면 난센스가 된다. 다만 보통의 기철학에서
우주의 본질을 설명할 때 사용하는 기를 신기로 설명하고 있을 뿐이다.
그래서 그 본질이 일반 기와 다르지 않다. 앞서 언급한 우주의 근원,
취산, 운동의 자기 원인성, 불생불멸 등의 성질은 보통의 기와 전혀
다르지 않다.

그렇더라도 신기라고 말한 데는 다분히 어떤 의도와 이중성이 있다.

그것은 이 책에서 신기와 기를 섞어 쓰는 점에서도 찾을 수 있다. 신기는 전통에서 주로 인간의 마음을 가리킬 때 사용하고, 드물게 자연의 기를 형용하기도 했다. 저자가 그것을 재규정하여 사용한 의도는 그냥 기라고 했을 때는 말하고자 하는 의도를 드러내기가 쉽지 않았기 때문이다. 다시 말하면 서학에서 말하는 인간을 포함한 동식물의 영혼에 대응하여 그냥 일반적인 기라는 용어를 쓰면, 만족스럽지 않았기 때문이다. 더구나 인식론과 관련하여 그 주체를 기라고 말하기에는 어울리지 않기 때문이다. 그래서 자연 상태의 기이든 인간의 마음으로서 기이든 통합하여 신기로 일원화하였고, 서학의 하느님이나 거기서 소개하는 아리스토텔레스의 영혼 개념에 대응해서 신기로 일원화할 필요가 있었다. 다만 인간을 제외한 자연이나 일반적 대상에서는 기라는 말을 병행해서 사용하였다.

바로 여기서 신기의 이중성이랄까 모종의 불일치가 드러난다. 존재의 원질(原質)이라 할 수 있는 기와 인간의 정신 현상을 일으키는 기를 동일선상에서 논의할 수 있는가이다. 더 나아가 정신 현상을 물질 그 자체와 동일시 할 수 있느냐 하는 점이다. 서구 전통의 이분법 논리에 익숙한 독자라면 당연히 그렇게 생각할 수 있다.

하지만 이러한 생각의 밑바탕에는 동서 철학 또는 두 문화 사이의 오해와 틈이 있다. 우선 기의 다의성[8]을 이해해야 한다. 그런 맥락에서 최한기가 말하는 신기는 생기(生氣)로서 스스로 운동하는 활물(活物)이

---

8 기는 현대적 용어로 옮기기 어렵다. 기는 현대적 관점에서 해석할 때 에너지·힘·빛·소리·전파 그리고 분자 이하의 미립자 등의 외연을 갖는다. 더구나 아인슈타인에 의하여 물질과 에너지의 경계가 없어져 버렸다. 기에 대한 더 자세한 내용은 이종란,『기란 무엇인가』(새문사, 2017)을 보기 바람.

지 죽은 질료로서 물질이 아니다. 다시 말해 기를 가지고 여러 현상을 설명할 수 있는데, 정신 현상에 한정해 말하면 그것은 기의 다양한 운동방식 가운데 하나일 뿐이다. 그 정신이 비록 기가 엉겨 이루어진 육체의 조건에 구애받더라도 그렇다. 정신 현상이란 몸이 있고 또 일정한 조건에 맞아야 일어나는 신기의 작용 가운데 하나라고 보면 된다. 현대 뇌과학에서 정신작용이란 극단적으로 뇌의 신경 세포 사이에서 벌어지는 전가화학 작용의 결과인 전기적 '스파크'라는 점에서 그것을 신기로 보는 데는 아무런 저항감이 없다.

그러니까 신기라는 용어로 인하여 인간의 정신 현상을 무차별적으로 적용하여 만물 또는 모든 단세포생물과 모든 식물에도 의식이 있다고 생각하는 범심론(panpsychism)으로 딱지 붙여서는 곤란하다. 더구나 범신론(pantheism)으로 보아서는 더욱 말이 안 된다. 당연히 마음 또는 의식을 소유한 존재를 물질적 몸과 비물질적 마음의 이원론적 존재로 보아서도 안 되지만, 신기 또는 생기라는 용어 때문에 기가 일반 물질과 다른 특별한 성격과 지위를 갖는 신비한 무엇이라고 볼 이유도 전혀 없다. 물질의 진화[9] 또한 기의 응취 과정으로 이해한다면, 인간을 포함한 만물의 여러 현상을 기의 범주 속에 포섭할 수 있다.

아무튼 질료로 인식하는 고전적 서양의 물질 개념으로서는 이런 정신 현상을 설명할 수 없다. 그러니까 기를 물질로 봐도 되지만, 이때의 물질은 서학의 그것과 다르다는 점을 분명히 이해해야 한다. 『기측체의』에서 기가 서양 과학을 만나 그 물질 개념을 일부 포섭하고 있지만, 절대로 양보하지 않은 점은 바로 이러한 생기 또는 활물로서 기 개념이다.

---

9 원자에서 단순 분자로, 거기서 거대 분자로, 또 거기에서 유기체로 진행과 그로부터 의식 발생의 과정.

통 또한 여러 의미를 지닌다. 일차적으로 유행의 의미이다. 곧 자연
속에서는 기가 저절로 잘 소통되고 있다는 점을 전제한다. 그리고 그
유행하는 기의 조리가 유행지리(流行之理)이다. 그것처럼 인사도 잘 소
통해야 한다. 그 소통이 통의 두 번째 의미로서『기측체의』의 큰 주제이
다. 그 걸림돌은 첫째로 대상에 대한 무지와 편견이고, 다음으로 사회적
인 제도와 재화의 불통이다.『신기통』은 통이라는 인식 활동을 통해
그런 불통을 제거하자는 의도에서 저술되었고, 경험과 추측은 그 과정이
며 변통은 잘못된 앎의 수정과 더불어 제도의 불통을 제거하는 사회적
실천이다. 당시 조선이 직면한 시대적 문제를 이렇게 철학 논리 속에
잘 담아내고 있다.

　그 외 통의 뜻은 거기서 연역한 의미로서 앎·능통·의사소통·유통·연결·
매개·통과·전달 등 문맥에 따라 다양하게 쓰이고 있다.


### (2) 경험과 추측

　경험과 추측은 전통 철학을 공부한 사람에게 매우 낯선 철학 용어이다.
그것은 어쩌다 쓰이는 용어기는 해도, 철학의 주요 개념이나 주제로
다루지는 않았다.

　경험이라는 말은 전통 의학에서 가져온 말이다. 이른바 '~경험방(經驗
方)'이라는 형태로 쓰인 말로서 효험이 확실한 약방(藥方)의 뜻이 그것이
다. 하지만 저자는 거기서 용어만 취했을 뿐, 그 뜻은 서학의 영향으로
현대적 의미의 경험과 거의 일치한다. 그리고 추측 또한 전통에서도
가끔 쓰고 서학에서도 보이는데, 그것을 철학적 이론으로 재탄생시킨
일은 저자가 유일하다. 현재 사용하는 우리말 추측이란 '짐작(guess)'의
의미밖에 없다.

경험과 추측은 최한기 철학에서 소통을 구현하는 방법 가운데 하나이다. 그러니까 그 과정에서 『신기통』이 일차적 감각 경험을 주로 다룬다면, 『추측록』은 그 감각된 경험 자료를 토대로 사유를 통해 새로운 지식을 구축해 가는 활동을 설명한 책이다.

그러므로 우리는 최한기 철학을 경험주의로 못 박으면 안 된다. 초기 연구자들 가운데 간혹 경험주의로 몰고 가려는 유혹을 떨쳐내지 못했는데, 인간 의식에 본래 아무 내용도 없다는 백지설과 유사했기 때문이다. 하지만 그렇다고 해서 곧장 경험주의라 규정하면 안 된다. 경험이란 인식의 기원을 설명하고, 그 확실성을 검증하는 일에 동원하여 중시하는 점은 사실이지만, 경험 자체가 완결된 인식은 아니기 때문이다.

여기서 경험주의라 말할 수 없는 근거 가운데 하나는 바로 이 추측이 있기 때문이다. 추측이란 단지 경험 자료만 정리하거나 질서 지우는 데 머물지 않고, 그것을 근거로 근본적이고 이론적 앎을 구성한다. 그것이 추측지리(推測之理)이다. 인간의 윤리나 도덕 및 가치 등도 추측지리이지만, 사물의 법칙으로 아직 검증받지 못한 가설적 앎도 추측지리이다. 그래서 자연법칙인 유행지리에 부합하는지 검증하는 과정이 증험(證驗)이다. 이렇게 경험-추측-증험의 과정을 놓고 보았을 때 경험주의라 말할 수 없고, 근대 과학의 탐구 방법과 논리상 일치한다. 다만 경험의 중시는 필연적으로 절대적 진리가 있을 수 없다. 귀납법이 갖는 한계로서 진리 여부는 누적된 검증에 맡길 수밖에 없었다. 그래서 그는 인식의 진보를 강하게 믿었다.

### (3) 인간의 본성과 선악

전통 철학에서 인간의 본성을 논할 때 크게 보아 맹자의 성선설과 순자의 성악설로 나뉜다. 맹자의 성선설을 따른 정통 유학은 인간의 본성을 선하게 보고, 특히 성리학은 그 본성의 내용을 사회적 규범까지 포함된 태극으로서 천리가 갖춰진 것으로 본다. 서양인 사르트르의 말처럼 '실존이 본질에 앞서는 것'이 아니라 역으로 본질이 실존에 앞서는 셈이다.

최한기는 이런 성선설이나 성악설을 따르지 않는다. 유학자들이 외면하는 『맹자』에 등장하는 고자(告子)의 말을 따라 인간의 본성이 선하지도 악하지도 않다고 보았다. 왜냐하면 선과 악이 어떤 실체로서 존재하는 대상이 아니기 때문이다. 그냥 '좋음'과 '나쁨'의 개념적 가치판단에 지나지 않기 때문이다. 설령 그렇더라도 인간의 본성을 일률적 선악으로 규정할 수 없는 까닭은 또 본성 자체가 변하여 사람마다 천차만별이기 때문이다.[10]

그러므로 선과 악이란 좋음과 나쁨의 느낌처럼 인간이 판단하는 윤리적 가치에 불과하다. 가치의 실재설을 반대하는 쪽에 선다고 하겠다. 그렇다면 문제는 윤리 가치의 보편성을 어떻게 확립하느냐이다. 바로 여기서도 추측의 중요한 역할이 드러난다. 곧 추측으로 인간의 본성과 보편타당한 윤리를 구축한다고 한다. 인간의 본성이란 생물적 본능과 추측으로 파악한 사회 규범의 통일체로서, 그 본성 가운데 하나인 인의예지도 인간의 정(情)을 통해 추측으로 파악한 것이라 규정하였다.[11] 결국 본능과 사회 규범의 양자가 결합·통일되면서 인간성이 결정되는데, 사

---

10 이 문제는 본성 개념의 차이에서 오는 문제일 수도 있다. 성선설을 따른 성리학은 이상적 인간상을 세워 놓고 그것을 본성 개념에 투영한 것이고, 최한기는 현실적 인간을 두고 경험적으로 파악한 본성이기 때문이다.

11 『추측록』 권6, 「仁義禮知」.

람마다 문화마다 그 정도가 다를 수 있다.

그러니 인간성은 고정되지 않는다. 본능과 규범의 양자에서 어느 쪽으로 기울어지느냐에 따라 천차만별이겠지만, 각자의 인간성은 각자가 형성한다는 지평을 열어주었다. 기존의 사회 규범에 순응하든 비판적이든 모두 그러하다. 이것이 공자의 '성상근(性相近)·습상원(習相遠)'의 저자식 해석에 따른 전망이다.

그런데 여기서 인간의 대동소이한 본능을 상수로 본다면 규범은 변수가 된다. 그래서 보편적 인간 본성을 확립하려면 규범의 보편성이 전제되어야 한다. 그 보편성을 확립하는 역할이 추측이다. 그렇더라도 형이상학적으로 절대 가치의 기준을 세우지 않은 이상 어떻게 규범의 보편성을 확보할 것인가? 이미 선악 판단이 각자 개인의 몫이어서 아무리 보편성을 띤 규범에 합의한다고 하더라도, 그 지평은 필연적으로 공리주의로 나아갈 수밖에 없다.[12] 이는 앞의 인식론에서 누적된 검증을 통해 진리를 확보할 수밖에 없다는 귀납법의 한계와 같은 운명이다. 변하는 삶이 특정 문화 속의 가치보다 선행하기 때문이다.

그의 철학은 어쩌면 가장 현실을 잘 설명하는 방식일 수 있다. 하지만 사람들은 보통 보편타당한 규범을 원한다. 사실 그런 규범은 칸트의 정언명령이나 '네 이웃을 네 몸처럼 사랑하라'는 말처럼 형식으로만 가능하다. 이처럼 그의 전기 철학에서는 그 보편적 선악 기준을 형식적으로 진술하고 있는데, 그것은 천인지의(天人之宜)라는 '자연과 인간에 합당함'이라는 논리로서, 이 책에서 자주 언급하는 물리(物理)와 인정(人情)의 양자를 만족시키는 행위이다. 이는 자연적 원리로서 과학적이고

---

12 그 대표적 근거가 『신기통』 권3, 「善惡利害」에서 선악이란 公議 곧 공론에 근거한 이로움과 해로움이라는 말에서도 보인다.

합리적 사실과 인간의 본성을 포함한 실정이 모두 고려되는 관계 속에서 결정되는 문제이지만, 이에 대한 자세한 설명은 보기 어렵다. 후기 철학에서 그것을 자주 진술한다. 그것이 '운화(運化)의 승순(承順)'이라는 논리이다.[13]

이제껏 최한기의 철학을 간단히 살펴보았다. 전통사상과 서양 과학과 철학 속에서 합리적 요소를 융합해 자기 철학으로 만들었다. 하지만 이런 철학도 한계가 분명히 있다. 곧 합리적 이성과 과학에 너무 기댄 나머지 인간사의 또 다른 측면인 주술적 세계와 심미적 감성에 인간이 취약한 부분을 간과했다는 점이다. 그래서 현실 종교는 물론 문학이나 예술에도 관심이 적었고 비판적이었다. 비합리적이고 주술적 대상은 자연히 소멸한다는 진보의 관점에서 미래를 낙관적으로 바라보았고, 문학이나 예술은 실용과 거리가 멀다고 판단했기 때문일 것이다. 시대 상황에 대한 반작용 효과이다.

## 4. 우리 철학으로서 최한기 철학의 의의

### (1) 우리 철학과 그 방법론
우리 철학이란 일단 현대 한국인이 주체적으로 생산한 한국철학을 일컫는 말로 쓰고자 한다. 우선 철학이 무엇인지 학자마다 정의가 다를 수 있겠지만, 현실의 문제를 근원에서부터 비판하고 해결하고자 하는

---

13 그 또한 형식적 진술이지만 구체적 내용은 이종란, 『운화와 윤리』(문사철, 2008), 151-181을 볼 것.

이론 정도로 간단히 정의해 보자. 이는 학문이 삶과 관련된 일상적 문제를 떠날 수 없다는 유학의 전통을 따랐다. 현실과 동떨어진 사변적이고 추상적 논리 그 자체만을 다루는 문제는 최한기도 그렇지만 나도 다루지 않는다.

그런 맥락에서 한국철학이란 한국의 상황에서 발생하는 문제를 한국적 정서와 역사문화를 바탕으로 근원에서부터 해결하고자 하는 이론이라고 보면 되겠다. 여기서 '근원에서부터'와 '한국적 정서와 역사문화'라는 말에 집중해 보면 여타 학문과 구별되는 한국철학만의 특징을 갖는다.

그러면 현대 한국인으로서 과거 조선시대의 철학이나 서양철학을 연구하는 사람들의 연구는 현대 한국철학과 무관한가? 그 답은 한국철학이 될 수도 있고 아닐 수도 있다. 그것은 우리 철학의 방법론에 부합할 때만 우리 철학이라 말할 수 있기 때문이다. 나는 지난 수년간 그 문제를 연구해 왔고, 현대 한국철학이 될 수 있는 기준과 그 모델을 제시해 왔다.[14]

여기서 그 기준이란 첫째 합리적이어야 하고 보편타당성을 지향해야 하며, 둘째 우리말로 말해야 하며 한국인의 삶과 문화에 기초하여 현재의 문제를 다루어야 하고, 셋째 한국적인 특징을 새롭게 반영하고 있어야 하며, 넷째 과거의 철학이든 외래사상이든 민족의 삶에 발전적으로 작용해야 하는 것[15]이다.

14 그 방법론의 효시는 이종란, "『전경(典經)』의 사상 분석으로 살펴본 '우리철학'의 방법론,"「대순사상논총」 30호(2018)이며, 그 뒤를 이어 이종란, 『서양 문명의 도전과 기의 철학』(학고방, 2020)에서 그 방법을 적용하여 근대 전환기의 기철학을, 또 이종란·김현우·이철승, 『민족종교와 민의 철학』(학고방, 2020)에서 근대 전환기 민족종교와 민의 철학을 탐색한 바 있다.
15 이종란, 『서양 문명의 도전과 기의 철학』, 30쪽.

그 기준에 근거한 우리 철학 모델은 5가지인데 우선 필수모델로서
한국인의 삶과 문화에 기초한 시대 인식과 문제의식이며, 다음으로 전통
사상을 발전적으로 계승하기, 전통사상의 재해석을 통해 창의적으로
특성화하기, 외래사상을 한국적 입장에서 수용하거나 포용하기, 외래사
상에 대응하면서 한국적으로 변용(變容)하기의 5개 모델이다. 우리 철학
이 되려면 반드시 앞의 기준에 맞춰 필수모델과 나머지 하나의 모델이
조합을 이루어야 한다.16

그러므로 과거의 철학을 다루든 외래사상을 다루든 이 기준과 모델에
맞으면, 현대 한국철학으로서 우리 철학이라 말할 수 있다. 게다가 신라
의 불교나 조선의 성리학은 처음에는 모두 외래사상이었지만 이 기준과
모델을 거기에 적용하면 비록 한글을 사용하지는 않았지만, 신라와 조선
의 철학으로서 한국철학이라 말하지 않을 수 없다. 그런 논리에서 보면
최한기의 그것은 조선 철학이면서 19세기형 우리 철학이 된다. 물론
이황이나 이이의 철학도 그렇다.

그러니 제발 바라건대 단군 사상이나 무속 등의 고유사상만 우리
것이고, 불교나 유교는 인도나 중국에서 왔으니 우리 것이 아니라는
소아병적인 태도는 이제 버렸으면 좋겠다. 사상과 문화는 세밀히 따지고
보면 영향을 주고받으면서 전파되기 때문에 순수한 고유성이란 없다고
봐야 한다. 혈연으로만 따지는 민족 또한 그런 운명이다. 그런 의미에서
지금의 외래사상이나 종교에 대해서도 지나치게 배타적일 필요가 없다.
우리의 삶과 정신을 풍족하게 한다면, 우리의 정체성을 상실하지 않는
한 주체적으로 한국의 문화와 정서에 맞게 해석해 받아들이면 그만이다.

---

16 같은 책, 31쪽.

토착화라는 말도 그런 뜻이리라.


(2) 우리 철학으로서 19세기 중반의 조선 철학

이 책에서 자주 보게 되겠지만, 최한기가 전통사상과 외래 문물을 대하는 방법과 태도는 앞서 말하는 우리 철학의 방법론을 벗어나지 않는다. 다만 두 가지 기준 곧 우리말로 철학을 하지 않았고, 근대 전환기의 문제를 다루었다는 점에서 현대 한국철학과 차이점이 있을 뿐이다.

최한기가 살았던 당시는 전근대적 제도의 온존으로 민족 내부의 모순이 첨예하게 드러나기 시작하던 때였다. 그는 그런 폐단을 알고 대내적으로 제도 개혁의 철학적 근거를 제시하였다. 게다가 대외적으로는 제국주의 침략이 가속화하고 있었다. 청국은 아편전쟁의 여파로 반식민지 상태로 진행되는 과정에 있었다. 이렇듯 서양보다 열세에 놓인 처지에서 대외적 문제에 잘 대처해야 한다는 이론이 또 그의 철학이다. 그런 점에서 우리 철학의 방법론 가운데 필수모델에 충실했다고 하겠다.

다음으로 전통사상을 발전적으로 계승한 모델은 이 책에 자주 등장한 고전의 인용에서 보인다. 고전의 모든 내용을 계승한 것이 아니라, 본인의 철학에 맞는 내용을 선택하였다는 점에서 그렇다. 그런데 가장 돋보이는 모델은 전통사상을 재해석하여 창의적으로 특성화한 내용이다. 그것이 신기와 통과 경험과 추측으로 대표되는 그의 기철학이다. 그의 철학은 기존의 그것과 성격이 다른 유학의 성격을 띤다. 이 책의 행간에는 주공과 공자의 가르침을 이은 사람이 바로 최한기 자신임을 읽어낼 수 있다. 그전에는 유학자들이 암묵적으로 주희가 도통을 이었다는 의식을 가졌으나,[17] 그는 주희 성리학이 더 이상 시대를 이끌어갈 학문이 아니라고 보았기에 그것을 극복했다.

그것만이 아니다. 서학에서 과학을 비판적으로 수용한 일은 외래사상을 한국적 입장에서 수용하거나 포용하기의 모델에 속하고, 서양철학이나 신학에서 신앙을 배제하고 합리적 요소를 받아들인 사실은 외래사상에 대응하면서 한국적으로 변용하기 모델에 속한다. 그럴 수밖에 없었던 배경에는 종교사상의 불합리성 때문이다. 이는 신학이 반영된 철학만이 아니라 일부 과학사상에도 해당한다. 선교사들이 전한 과학은 신학적 목적론에 따라 설명하였기 때문이다. 이렇게 서양사상을 수용하거나 변용하면서, 자신의 논리에 충실하면 동아시아를 넘어 세계의 스승이 될 수 있다는 웅대한 꿈을 읽어낼 수 있다.

이렇게 보고 이 책을 읽으면 글의 의미를 쉽게 이해할 수 있을 것이다. 최한기는 이 책을 저술하기 위해 많은 자료를 사용하였는데, 이러한 철학의 방법론을 모르면 그가 남의 글을 단순히 베껴 작성했다는 오해를 일으킬 수 있다. 하지만 이 책 각주와 해설에서 밝혔듯이 자료를 그대로 인용하지 않고, 몇 글자를 빼거나 보태서 본인이 말하고자 하는 맥락에 맞춰 글을 다시 썼다. 그것이 본인의 글쓰기 방식이기도 하지만, 결과적으로 자기 철학을 보강하는 재구성의 과정이었다.

이 점을 분명하게 이해하기 위해서는 그의 친구였던 이규경(李圭景, 1788~1856)이 쓴 『오주연문장전산고(五洲衍文長箋散稿)』와 비교해 보면 금방 알 수 있다. 같은 자료가 양쪽에 다 보이는데, 이규경은 그것을 있는 그대로 노출하여 자기 의견은 별로 첨가하지 않고, 독자가 스스로 판단하도록 유도한다. 반면 최한기는 철저하게 경험과 추측이라는 맥락 속에 배치하여 자기 철학으로 녹여 진술한다. 당연히 본인의 세계관과

---

17 서울 성균관 문묘에 배향된 인물의 면면을 보라.

맞지 않는 내용은 삭제하거나 조정한다. 이 책에 등장하는『주자어류』나 『전습록』, 또『신법산서』나『물리소지』등의 내용도 모두 그러하다. 이는 자기 철학이 확고하지 않으면 할 수 없는 작업이다. 그런 점에서 그의 철학은 조선 철학이면서 동시에 19세기형 우리 철학이라 말할 수 있다.

그렇다면 우리 철학으로서 최한기 철학의 현대적 의의가 무엇인지 묻지 않을 수 없다. 그것을 현대적 관점에서 크게 두 가지로 말하면, 첫째로 새로운 상식으로 기존의 상식을 파괴하는 철학이라 지적하지 않을 수 없다. 다만 그의 상식은 현대 과학과 사상이 우리에게 너무 상식적이어서 그의 철학이 그 속에 파묻혀 돋보이지 않을 뿐이다. 그 점은 도리어 그의 철학을 현대과학적 관점과 방향에서 재해석할 수 있는 풍부한 여지를 남겼다.

아무튼 기존의 상식 파괴는 당시의 상식이었던 동아시아를 대표하는 주희 성리학과 서양을 대표하는 기독교 종교사상 그 가운데서도 몸과 이성을 이분법적으로 보는 철학적 관점 그리고 동서 모두에 일상적으로 행했던 미신적 풍습과 잡술의 비판에서 알 수 있다. 곧 근거를 알 수 없는 형이상학적 존재로부터 연역하는 모든 담론, 그 존재를 증명할 수 없는 초월적 신으로 세상을 설명하는 담론과 그 기복적 신앙과 민간의 미신적 주술을 거부하는 데서 찾을 수 있다. 대신 동서 양자에 섞여 있던 합리적인 상식을 발굴해 자기 철학으로 재구성하였다.

사실 역사적으로 국가나 권력으로부터 보호받는 형이상학과 종교는 기득권 옹호에 이념을 제공하는 역할을 해 왔다. 기득권에 도전하는 일을 막아 현실의 변화를 거부하려면, 절대적 신이나 형이상학적 존재의 보증이 필요했기 때문이다. 그 영향 아래 전근대 또는 근대 전환기 다수의

서양철학이 이해하기 어렵고 언어 구사가 복잡한 이유 가운데 하나도
기독교와 그 문화를 거부하고 싶어도 명시적으로 거부할 수 없었던
서양인들의 자기 검열과 정신 분열에서 나온 아슬아슬한 줄타기 결과로
보인다. 주희 성리학 또한 그 후학들이 교조적으로 받들고 그 특유의
형이상학적 성격으로 인해 각기 주장을 세워 사변적이고 난해할 수밖에
없어, 그 해석을 둘러싸고 정치적-학파적 주도권과 이해관계와 맞물려
사분오열될 수밖에 없었다. 조선 후기에 전개된 성리학 내부의 각종
논변과 논쟁을 보라!

하지만 이제 주희 성리학은 더 이상 우리의 삶을 구속하지 않는다.
반면 보통 사람의 삶과 미래에 큰 영향을 미치는 대상은 여전히 종교이다.
문제는 종교의 본질로 이끌려는 방편만을 진리라 생각하는 종교인들이
많을수록 본인의 삶도 피폐해질 뿐만 아니라 사회에 좋지 않은 영향을
미친다는 점이다. 최한기가 종교를 비판하는 까닭도 아마도 여기에 있을
것이다. 그는 과학과 종교와 철학의 상식이 일치하는 가르침을 세우고자
하였고, 기존 성인들의 가르침도 본질적으로 그런 것이라 믿었다.

이제 그런 관점에서 최한기 사상을 해석해 종교적 지평을 말한다면,
성과 속 그리고 영적인 일과 육신의 일이 분리된 이원적 성격이 아니라,
세계와 인간이 신기(神氣)로서 하나인 몸체라고 여기는 영성으로 드러
난다.[18] 그 하나의 몸체를 이해하기 위해 인간과 인간, 인간과 자연이
서로 소통해야 하는 당위성이 요청된다. 사실 이러한 영성의 원형은
신과 인간이 하나인 신인합일(神人合一)이라는 단군 이래의 전통[19]에서

---

18 이 신기에 근거하여 범신론(pantheism)이나 범심론(panpsychism)을 말하려는
   의도는 없다. 동아시아 전통의 萬物一體의 관점에서 말한 것뿐이다. 또 여기서
   말하는 영성이란 믿음과 그 표현의 총체를 의미함.

찾아볼 수 있다. 이렇게 만물과 각자의 영혼 속에 깃든 신성(神性)[20]을 발견하여 하나가 되는 일, 그의 전기 철학을 한 마디로 압축하면 현대에도 유효한 소통이다. 물론 일반 종교에서 말하는 인간 구원이 최한기 철학에서는 종교 자체만으로는 실현할 수 없다. 이른바 정교(政敎) 곧 정치와 교육과 문화와 학문 등을 포괄하는 인간의 총체적 삶을 통하여 피안(彼岸)이 아니라 차안(此岸)인 '지금' '여기'에서 구현할 문제이기는 하다. 단군 신화에서 신시(神市)를 이 땅에서 구현하고자 한 전통과 통한다.

두 번째 의의는 비판과 거부의 철학이자 적어도 사상적 저항이다. 이는 사실 모든 관념과 이념과 가치를 일단 의심하고 비판하는 철학의 기본 성격에 속하는 문제로서, 철학에 이런 태도가 없다면 철학이 아니라 어떤 이념이나 종교 따위의 시녀일 뿐이다. 최한기가 성리학의 말류와 온갖 미신과 그릇된 종교를 비판했듯이, 현대의 우리도 아직 헤어 나오지 못하는 종교적 방편의 맹신, 냉전 시대의 유물인 분열의 이념, 인간 위에 군림하는 자본·권력·기술·상품 따위를 비판하거나 거부·저항하면서, 그것들과 올바르게 관계 맺는 데서 최한기 철학의 의의를 찾을 수 있다.

그리고 그의 철학은 또 이러한 상식이나 거부나 저항에만 멈추지 않는다. 인간성이나 만물에 선과 악의 이데아가 존재하지 않는다는 그의 철학에서 볼 때 결국 합리성에 기초한 다수 인류가 생각하는 선, 다수의 정당한 욕구 실현에 이바지하는 공리주의(公利主義)[21]가 현실적 대안이

---

19 이종란·김현우·이철승, 『민족종교와 민의 철학』, 310-311쪽 참조. 이는 한국 민족종교의 특징이기도 하다. 그 효시가 되는 동학의 崔濟愚와 최한기가 동시대에 살았다는 점에서 시사하는 바가 크다.

20 종교에서 초월적으로 존재한다는 신의 성품이 아니라, 『주역』 등에서 말하는 聖人의 신묘한 성품 또는 인간이 규정하여 추구하고자 하는 신적인 성품이다.

면서 동시에 만물까지 공존-상생하는 경지, 천지의 화육(化育)에까지
참여하는 인간의 책임을 요구한다. 그것이 인정(人情)과 물리(物理)에
통달한 인간이 자연과 인간에게 마땅한 천인지의(天人之宜)를 추구하는
노력이다!

### (3) 우리 철학과 『기측체의 역해』

19세기형 우리 철학이 어떻게 형성되었는지, 최한기의 저술 내용을
일일이 해부하는 일은 매우 중요하다. 그가 사용하는 낱말이나 구, 문장
이 어디서 기원했는지, 또 그것이 기존의 맥락을 이탈하여 어떤 논리를
따라 새로운 맥락으로 이동했는지 살피는 일은 매우 의미 있는 작업이다.
특히 조선조 선비들의 글은 대부분 경서와 주희의 글에 본인들의 의견을
약간 채웠고, 그것과 독립된 본인의 주장을 따로 펼치는 일은 드물었다.
그것이 술이부작(述而不作) 전통의 발로라서 그렇기도 하고, 또 주희
학문의 권위를 빌린 동어 반복이기는 해도, 그 내용을 다 분석해야만
해당 사상가의 독창적 견해를 엿볼 수 있다. 그렇지 못하면 그냥 주희
철학의 연장선에 놓이게 된다.

이러한 분석은 고인에 대한 불경스러운 일이 아니라, 오히려 그를
빛나게 해주는 후학의 노력이다! 그런 점에서 이 책은 가혹하리만큼
낱말 하나 구절 하나 문장 하나하나의 출전을 각주 등에서 밝혀 따지고,
그가 바꾸어 쓴 글자까지 추적하여 사상의 출처와 근거를 찾아내 그가
어떤 방법을 통해 자기 철학을 만들어 갔는지 따졌다.

따라서 최한기의 철학은 필연적으로 나의 머릿속에서 재구성될 수밖

---

21 모두 또는 다수의 이익의 고려는 모든 생물이 각자의 생존과 번식의 유지를 일차적
목표로 삼는 자연적·과학적 사실에 비추어 근거를 갖는다.

에 없다. 그가 기존의 사상자료를 자기 철학에 맞게 재구성했듯이, 나 또한 나름의 내 철학과 그 방법으로 그의 저술을 옮길 수밖에 없었기 때문이다. 나의 철학을 한마디 말로 무엇이라 한마디로 말하기는 지면 관계상 어렵지만,[22] 이 책의 해설 속에 반영해 두었고, 그 철학의 배경이 란 우리 철학의 필수모델에 해당하는 현대 한국인의 삶과 문화에 기초한 시대 인식 및 문제의식과 관련된다. 이는 달리 말하면 내가 이 시점에서 바라보는 최한기의 철학일 수밖에 없다는 뜻이다. 옆에서 하는 사람의 말도 해석해서 들을 수밖에 없는 인간의 숙명을 이해한다면, 하물며 철학적 저술이야.

그래서 이 책은 내가 바라보는 최한기의 철학이면서 동시에 최한기를 빌어서 나타내는 나의 철학서이다. 그러니까 그와 공동작업인 셈이다. 그러니 이 책의 이름을 '기측체의(氣測體義) 역해(譯解)'라고 붙일 수밖에 없었다.

그러니 이 책은 단순 번역을 넘어선 나의 철학적 소견에 따라 재해석한 것이다. 이미 국역『기측체의』가 몇십 년 전에 나왔고, 그 번역본을 인터넷에서 쉽게 찾아볼 수 있다. 그러함에도 연구 실적을 위해서나 경제적으로 아무 이득 없는 일을 새삼스럽게 벌인 까닭은 그 재해석 자체가 현재의 삶과 관련된 내 철학의 표명이기도 하지만, 또 사회를 위해 내가 할 수 있는 작은 봉사라고 생각하기 때문이다.

그렇다면 원본『기측체의』를 저본으로 삼아 또 다른 해석의 저술이 얼마든지 나올 수 있다고 생각한다. 마치『논어』나『맹자』를 두고『논어 정의(論語正義)』나『맹자요의(孟子要義)』같은 책을 저술하듯이,『기측

---

22 대중이 쉽게 이해할 수 있는 내 철학의 요약본을 희곡처럼 이미 저술해 두었지만, 어려운 출판 여건으로 아직 출간하지 못함.

체의』가 현대나 미래의 한국인에게 우리 철학을 할 수 있는 토대를 제공할 수 있기 때문이다. 그리하여 내 생각만이 정답이 될 수 없기에 다양한 해석이 모여 최한기 철학의 실체에 더 가깝게 접근할 것이라 보며, 그만큼 우리 철학이 풍부해지는 계기가 될 것이라 믿어 의심치 않는다.

그러니 나의 이름으로『기측체의 역해』라는 책을 내는 일이 원저자에 대한 모독이 아니다. 도리어『기측체의』를『논어』나『맹자』같은 중요한 텍스트의 반열에 올려놓는 일이다. 적어도 전통사상의 장점을 이으며 서양 문명에 대응하면서 그것을 흡수해 세계인에 맞는 새로운 철학을 만들었다고 자부하는 최한기에게는 그렇게 대우받을 자격이 충분히 있고, 또한 한국인으로서 우리 철학을 사랑하는 연구자에게도 그것을 높일 사명이 있기 때문이다.

# 최한기 연보

1803년 생부 치현(致鉉) 생모 청주한씨의 독자로 출생(출생지는 개성으로 추정).
　　　젖먹이의 어린 나이에 큰집 재종숙 광현(光鉉)의 양자로 들어감.

1812년(10세) 생부 치현 서거, 향년 25세, 시고(詩稿) 10권이 있었음.

181?년 반남박씨 박종혁(朴宗爀)의 딸과 혼인.

1819년(17세) 장남 병대(柄大) 출생.

1825년(23세) 생원시에 합격함.

1833년(31세) 양모 안동김씨 서거, 향년 76세.

1834년(32세)『육해법(陸海法)』상하 1책 엮음.『농정회요(農政會要)』10책
　　　편찬. 김정호(金正浩)와 협력하여『만국경위지구도(萬國經緯地球圖)』
　　　를 판각함. 김정호의「청구도(靑丘圖)」의 서문을 지음.

1835년(33세)『소모(素謨)』를 지음.

1836년(34세)『신기통(神氣通)』3권 2책과『추측록(推測錄)』6권 3책을 짓고
　　　둘을 묶어『기측체의(氣測體義)』로 함. 훗날 중국 북경 정양문(正陽門)
　　　내 인화당(人和堂)에서 간행함.『강관론(講官論)』4권 1책 지음.

1837년(35세) 양부 광현 서거, 향년 78세로 곤양(昆陽) 군수 등을 지내고 문집
　　　1권을 남겼음. 생모 청주한씨 서거, 향년 52세.

1838년(36세)『감평(鑑枰)』지음. 훗날 이것을『인정(人政)』에 수록함.

1839년(37세)『의상리수(儀想理數)』엮음.

1841년(39세) 영의정 조인영(趙寅永)의 벼슬 제안을 거절함. 조인영이 다시
　　　과거를 볼 것을 권했지만 거절함.

1842년(40세)『심기도설(心器圖說)』1책을 지음.

1843년(41세)『소차류찬(疏箚類纂)』상하책을 엮음.

1850년(48세)『습산진벌(習算津筏)』5권 2책을 지음.

1851년(49세) 서울에서 송현(松峴)의 상동(尙洞)으로 이주.

1857년(55세) 『지구전요(地球典要)』 13권 7책 엮음. 『우주책(宇宙策)』 12권
    6책과 『기학(氣學)』 2권을 지음.
1860년(58세) 『인정(人政)』 25권 12책 완성. 장손 윤행(允行) 진사시에 합격.
    『운화측험(運化測驗)』 2권 지음.
1862년(60세) 장남 병대 문과에 급제함.
1865년(63세) 부인 박씨 서거, 향년 66세.
1866년(64세) 『신기천험(身機踐驗)』 8권 지음.
1867년(65세) 『성기운화(星氣運化)』 12권을 엮음.
1868년(66세) 『승순사무(承順事務)』 1책을 지음.
1870년(68세) 『향약추인(鄕約抽人)』 1책을 지음.
1871년(69세) 신미양요를 당해 강화진무사 정기원(鄭岐源)이 자문을 구하고
    대원군의 뜻을 전했으나 신병을 이유로 나가지 않았음. 왕복 서한이 있음.
1872년(70세) 통정(通政)에 승(陞)하여 첨지(僉知)에 배(拜)함.
1874년(72세) 장남 병대가 『강관론(講官論)』을 간행함.
1876년(74세) 장남 병대가 시국에 관한 상소를 올려 전라도 익산으로 귀양
    갔다 풀려남.
1877년(75세) 6월 21일 서거. 다음 해 4월 임시 매장지에서 개성 동면(東面)
    적전리(籍田里) 세곡(細谷) 선영 아래에 안장됨.
1888년 장남 병대 서거, 향년 70세로 『상기서례(喪期敍例)』와 『난필수록(亂筆隨
    錄)』의 저술이 있음.
1892년 대사헌(大司憲) 겸 좨주(祭酒)로 추증됨.


(이 연보는 성균관대학교 동아시아학술원·대동문화연구원, 『증보 명남루총서』
1권, 2002년에 근거했음)

## 일러두기

1. 모든 용어는 가능한 직역을 피하고 의역하여 한자어보다 현대의 일상어로 옮기려고 노력하였다. 다만 그 미묘한 차이는 각주나 용어사전 및 해설에서 밝혔고, 저자만이 쓰는 특수한 개념어는 그대로 썼다.

2. 각주의 출처에서 원문에 해당하는 용어는 대부분 옮긴이가 밑줄로 강조하였고, 그 내용은 옮기지 않고 연구자들을 위해 그대로 실었다.

3. 본문과 원문을 같이 실어 번역문과 대조할 수 있게 하였고, 본문은 가능한 한글로만 나타내되, 원문에 없는 한자만 노출하였다.

4. 한문의 긴 문장은 뜻을 해치지 않는 범위 안에서 한글의 가독성을 위해 무리해서라도 번역문에 맞춰 짧게 끊었다. 그리고 『추측록』은 큰 두 문단의 내용을 서로 대조하여 옮겼다.

5. 문맥 속에서 말하고자 하는 의도를 중시하여 낱말을 선택하였으며, 같은 글자라도 저자의 의도와 맥락에 맞춰 달리 옮긴 곳이 있다.

6. 저자의 부가 설명의 표시는 【 】로 통일함.

7. 저본(底本)은 1990년 驪江出版社에서 발간한 『明南樓全集』第一冊에 수록된 『氣測體義』이다.

# 차례

## 추측록推測錄 권1

# 추측록推測錄 권2

# 추측록推測錄 권3

# 기측체의 역해 3
## : 추측록 (하)

## 추측록推測錄 권5

### 추기측인推己測人

# 추측록 서문 推測錄 序

하늘을 이어 이룬 것이 본성이요,[1] 본성을 따라 익힌 일이 미룸이며, 미룸을 말미암아 재는 일이 헤아림이다.[2] 추측의 문은 예부터 모든 인민[3]이 함께 말미암은 큰길이다.

繼天而成之爲性, 率性而習之爲推, 因推而量之爲測. 推測之門, 自古蒸民所共由之大道也.

그러나 미룸이 마땅하면 헤아림에도 방향이 있고, 미룸이 마땅하지 못하면 헤아림도 마땅하지 않다.[4] 마땅하지 않은 곳에서 미룸과 헤아림을 수정하고, 마땅한 곳에서 근원과 말단을 천명하여 딱 알맞고 올바른 표준을 세운다. 이것을 넘어서면 앎이 허황하고 망령된 데로 돌아가고,

---

1 繼天而成之爲性은 『周易』, 「繫辭上」의 "(一陰一陽之謂道), 繼之者善也, 成之者性也."를 압축한 말. 『中庸章句』 第1章의 '天命之謂性'과 논리가 유사하다.
2 率性而習之爲推 이하는 『中庸章句』 第1章의 '率性之謂道'의 논리를 따라 推와 測이 본성을 따라 익힌 것으로, 역으로 보면 인간의 본성에 사유할 잠재력을 갖추고 있다는 점을 인정한 말. 뒤에 잇따르는 문장을 보면 『중용』의 이 道에 해당하는 말이 推測이다.
3 蒸民은 衆民 또는 百姓의 뜻. 『孟子』, 「告子上」의 "詩曰, 天生蒸民, 有物有則."에 보인다.
4 이로 보면 推는 추리, 測은 판단과 유사한 사유 방법임을 알 수 있다. 추론이 잘못되면 당연히 판단도 오류를 일으키기 때문이다.

이것에 미치지 못하면 비루하고 옹색한 데 빠진다.

然推得其宜, 測亦有方, 推失其宜, 測亦失宜. 失宜處變推改測, 得宜處闡明源委,
以建中正之標準. 過此則歸於虛妄, 不及則陷於鄙塞.

먼 옛날 복희씨5가 하늘을 우러러보고 땅을 굽어보아 가까이는 몸에서
취하고 멀리서는 사물에서 취한 일이6 곧 온 세상7을 통달한 것이니,
추측의 으뜸 되는 설명이다. 나아가『대학』의 격물8과 혈구9도 만세를
위해 베푼 가르침인데, 반드시 이전 성현10의 가르침을 상고하고 당시를
참고하며 일용에서 증험하고 사물의 법칙을 고찰하여, 후학에게 길을
열어준 것11이다.

---

5 太昊는 복희씨로『漢書』, 「古今人表」의 "太昊帝宓羲氏"라는 말에 보인다.

6 이 내용은『周易』, 「繫辭下」의 "古者包犧氏之王天下也, 仰則觀象於天, 俯則觀法於地,
  觀鳥獸之文與地之宜, 近取諸身, 遠取諸物, 於是始作八卦, 以通神明之德, 以類萬物之
  情."에서 가져와 압축한 말이다.

7 宇宙는 space나 the universe가 아니라, 宇는 天地四方으로서 無限空間을, 宙는
  古往今來로서 無限時間을 가리켜 곧 宇宙는 시·공간을 통합한 말인데, 여기서는
  온 세상의 뜻으로 쓰임.

8 『大學』의 8조목 가운데 맨 앞에 나오는 덕목. 사물을 탐구·궁리한다는 말.

9 『大學章句』傳10章의 "所謂平天下, 在治其國者, 上老老而民, 興孝, 上長長而民, 興弟,
  上恤孤而民, 不倍. 是以君子有絜矩之道也."에 나오는 말. 주희의 주석에서는 "絜,
  度也, 矩, 所以爲方也. … 是以君子必當因其所同, 推以度物, 使彼我之間, 各得分願."라
  고 하여, '자기와 남의 공통점을 미루어 남을 헤아린다'라는 뜻으로 풀었다.

10 前修는 前賢과 같은 말이다.『楚辭』, 「離騷」의 "謇吾法夫前修兮, 非世俗之所服."와
   『後漢書』, 「劉愷傳」의 "今愷景仰前脩, 有伯夷之節, 宜蒙矜宥, 全其先功, 以增聖朝尚
   德之美."에 보인다.

11 開來學은 繼往聖開來學으로 붙여 쓰이는데 옛 성인을 계승하여 다가올 학문을
   열어준다는 의미로 주희『中庸章句序』의 "若吾夫子, 則雖不得其位, 而所以繼往聖開
   來學, 其功反有賢於堯舜者."라는 말에 보인다.

粵自太昊, 仰觀天俯察地, 近取身遠取物, 卽洞宙達宇, 推測之宗詮也. 至於大學之格物也絜矩也, 亦爲萬世之施敎, 而必稽之于前修, 參之于當時, 驗之於日用, 考之於物則, 以開來學之門路.

뒤에서 이것을 연구하는 사람은 응당 그 노고를 줄여야 하는데도, 물리에 순응하여 법칙을 따를12 수 있는 사람은 드물고 늘 대부분 자기의 견해를 가지고 글을 지어13 허상을 실물로 삼고 이름뿐인 것을14 실제 사물15로 여긴다. 그리하여 얻음은 잃음을 보상하기에 부족하고, 말이 고상할수록 도는 더욱 비천해져, 말다툼하고 언쟁해 봐야 결론이 나지 않는데, 장차 어떻게 그 근본에 돌아가 그 도리를 세우겠는가?

後之究諸斯者, 應損其勞, 而鮮能順物理而循軌, 常多將己見而排撰, 以虛影爲眞形, 以名像爲實蹟. 得不足以償其失, 言愈高而道愈卑, 斷斷辯爭, 靡定攸屆, 將何以返其本而立其道哉.

대개 하늘 기의 유행지리가 물건에서는 제각기 그래야 하는 것16이 있어

---

12 循軌는 바퀴 자국을 따른다는 말로 궤도(법칙)를 따른다는 말로 쓰임. 『淮南子』, 「本經訓」의 "四時不失其敍, 風雨不降其虐, 日月淑淸而揚光, 五星循軌而不失其行."와 『後漢書』, 「郎顗傳」의 "天文昭爛, 星辰顯列, 五緯循軌, 四時和睦."에 보인다.
13 排撰은 글자를 배열하여 글을 짓는 일. 『신기통』, 「文字之言語」에 '以文字排撰'와 같은 책, 「功能最多」에 '排撰文字'라는 말이 나온다.
14 『추측록』 권1의 「名像離心」에 名像에 대한 논의가 등장하는데 사람마다 갖는 사물의 개념이나 관념 또는 그것을 대표하는 명칭을 말한다. 그 서두에 "天之主宰, 卽人之心, 名像多端, 各有攸當, 至於全體大用, 苟非名像所能盡. 在名像而求其義, 離名像而求其眞, 先立標準, 然後推測之左右取用, 庶無攸礙"라는 말을 참고하면 그 뜻이 명확해짐.
15 實蹟은 실제적 자취로 번역되지만 유한 실체이다. 이 실체는 서학에서 말하는 구체적으로 존재하는 사물을 말한다. 『천주실의』에 그 구별이 보이며 저자도 그 영향을 받았다.
16 해당 사물이 그 사물이 되게끔 하는 물리적 법칙이나 성질 따위를 말함.

서 원래부터 증감이 없다.[17] 이 이치를 궁리하여 밝힐[18] 수 있는 것은
사람 마음의 추측인데, 여기에 잘하거나 잘못하거나 참과 거짓[19]의 차이
가 있다. 하지만 이것[20] 또한 리라고 말하지 않을 수 없다. 유행지리와
추측지리가 부합할 때는 같은 이치이지만, 부합하지 않을 때는 이 이치와
저 이치에 완전히 다른 자취가 있다. 만약 리에 있어서 허구와 실제의
차이가 있음을 모른다면, 잘함과 잘못함을 가려 취할 방법이 없고 참과
거짓이 섞이는 폐단이 있게 된다.[21]

蓋天氣流行之理, 在物各有攸當, 原無增減. 能窮格此理者, 卽人心之推測, 而有善
不善誠不誠. 然是亦不可不謂之理也. 擧其流行推測符合者, 理是一也, 在於流行推
測不合者, 此理彼理, 完然有跡. 若於理不知虛實之有異, 善不善無擇取之方, 誠不
誠有渾淆之弊.

생각건대 옛 성인은 다만 마음과 물건으로서 공부하였고, 후학들도 그렇
게 공부하였다. 마음과 물건은 옛날과 지금이 다르지 않으나, 오직 마음
이 미루는 내용에 자연히 참과 거짓의 차이가 있고, 헤아림에도 그에
따라 나눰이 있다. 모름지기 그런 실마리가 되는 옛사람의 논설을 말끔히
제거하고 그 실상을 탐구토록 하는 일 또한 그 실마리가 되는 논설에서

17 오로지 자연법칙의 지배를 받는다는 뜻. 곧 流行之理는 사물의 물리법칙의 뜻이다.
18 窮格은 성리학의 窮理와 『대학』의 格物의 합성어. 저자는 성리학의 궁리를 비판하므
　로(『추측록』에 보임) 비록 그 용어를 빌려서 썼지만, 여기서는 기수를 통해 자연법칙
　을 탐구하는 의미이다.
19 誠實은 『신기통』에서도 무수히 나왔고, 저자 학문의 특징 가운데 하나인데, 거짓에
　상대 개념인 참 또는 진실의 뜻으로 자주 쓴다. 誠과 不誠은 참과 거짓의 뜻.
20 推測하여 알아낸 이치를 말함. 곧 推測之理이다.
21 여기서 虛實과 誠·不誠으로 참과 거짓을 對比하였다. 저자가 즐겨 사용하는 虛妄·虛
　無·怪誕과 誠實의 대비와 같은 용례.

그 참된 의미를 밝혀내는 일이다.[22] 특별히 성인과 보통 사람이 함께하는
것, 인간과 만물이 관계하여 성사하는 것, 근본과 말단이 어긋나지 않은
것, 크고 작음이 서로 돕는 것 등을 들어서 빠짐없이 한마디 말로 묶은
일을 추측이라는 이름으로 천명하였다.

窺想古聖只將心與物做功夫, 後學亦將心與物做功夫. 則心與物無異於古今, 而惟
心之所推, 自有誠僞之不同, 所測亦從而分焉. 須令頓除古人緖論而究諸實, 亦將古
人緖論而明其義. 特擧聖凡之所同, 人物之交濟, 本末之無違, 大小之相資, 無有欠
闕, 而一言括之者, 以闡推測之號.

전체를 말하면 평생의 추측이 있고, 사용하는 곳을 말하면 때에 따른
추측이 있다. 대체로 보아 추측은 길은 늘 저절로 있다. 사람이 그 길을
능히 좇아가서 길을 잃지 않았을 때, 그 길이 가는 방향이 맞았다고
여태 인정한 적은 없어도 오직 마음만은 편안하다. 간혹 사람이 좇아가다
가 그 길을 잃을 때, 그 길 또한 길을 잃었다고 여태 비웃지는 않았어도
오직 마음만은 저절로 불안하다.[23] 편안과 불안이 어찌 일을 실행한
뒤에 결정되고, 또한 설사 지나갔다고 해서 곧장 잃어버리겠는가? 그것
은 오직 기를 미루어 리를 헤아리고 정을 미루어 본성을 헤아리고 동적인
대상을 미루어 정적인 대상을 헤아리고 자기를 미루어 남을 헤아리고

---

22 古人緖論은 후인에게 학문적 실마리가 될 수 있는 古人의 담론으로, 여기에는
　　추측에 부정적이거나 긍정적인 점이 동시에 있어서 올바르게 해석해야 한다는 뜻.
23 道는 길이다. 길 그 자체가 어떤 의지나 作爲를 가지고 무엇을 하지 않는다. 그
　　길을 맞게 가고 틀리게 가는 일은 인간의 문제라는 말. 이런 관점은『中庸』의
　　"誠者, 自成也, 而道, 自道也."에 보이고, 또『論語』,「衛靈公」의 "子曰, 人能弘道,
　　非道弘人."의 정신을 이었다.『集注』의 "人外無道, 道外無人. 然人心有覺, 而道體無
　　爲. 故人能大其道, 道不能大其人也."라는 해석도 매우 적절한데, 저자는 이런 가르침
　　을 소화하여 자기식으로 표현함.

물건을 미루어 일을 헤아리는 데 달려 있을 뿐이다.24

自其統體言之, 有平生之推測, 自其用處言之, 有隨時之推測. 夫推測之道, 固常自在. 人能遵行而不失其道, 其道未嘗許其得, 而惟於心是安爾. 人或遵行而失其道, 其道亦未嘗識其失, 而惟於心自有不安爾. 安與不安, 豈待行而後決, 亦豈使過而便忘. 惟在推氣而測理, 推情而測性, 推動而測靜, 推己而測人, 推物而測事.

추측을 매일매일 쌓고 쌓아 숨은 대상이 드러나게 하고 드러난 대상을 알게 만들면, 추측지리와 유행지리가 자연히 부합하여 하나의 이치가 된다. 그리하여 곁에 있는 허상은 다른 곳으로 옮겨가고, 밖에서 오는 풍파는 일어났다 사라질 것이다. 이에『추측록』을 기록하여 길을 찾는 자에게는 찾을 만한 단서가 있고, 길을 지키는 자에게는 버릴 수 없는 방법이 있기를, 마치 무게와 네모와 원에 관계하는 저울과 곱자와 컴퍼스처럼 되기를 바란다.

今日明日, 至于積累, 使微者著, 著者通, 則推測與流行, 自然合爲一理. 虛影在傍而轉移, 風波自外而起減. 玆錄推測, 以冀究道者有可尋之緖, 守道者有不可捨之方, 若輕重方圓之於權衡規矩.

1836년25 병신년 중춘 패동 최한기 혜강유거에서 쓰다.

道光丙申仲春, 浿東崔漢綺, 書于惠崗幽居.

---

24 推氣測理, 推情測性, 推動測靜, 推己測人, 推物測事는 모두『추측록』의 큰 범주이자 영역이며, 氣理, 情性, 動靜, 物事 등은 전통 철학을 구성하는 범주들이다.
25 道光은 청 宣宗의 연호이며 丙申年 조선 헌종 2년이다.

# 해 설

이 서문은 추측의 정의와 그것이 나오게 된 이론의 전통적 근거, 추측을
제시한 사회적·학문적 배경, 추측지리와 유행지리의 관계와 차이, 추측
의 보편성과 객관성, 추측의 범주와 효과 등을 포함한 내용이다.

먼저 추측 활동을 본성에 따라 익힌 것이라 하여, 인간의 사고 활동이
선험적으로 완성된 형태로 주어진 사유 능력이 아니라, 경험적 환경을
토대로 하여 발전하는 것임을 천명하였다. 다음으로 그 모범적 사례가
『주역』이나 『대학』에 보인다고 하여, 그것을 근거 없이 창작하지 않고
전통을 계승하고 있음을 밝혔다. 이는 '추측'이란 용어를 전통에서 개념
적으로 부각해 사용하지는 않았고,26 비로소 자신이 그것을 밝혔음이
행간에서 묻어 나온다.

이어 당시 학문풍토를 간접적으로 비판하였다. 실제 사물의 법칙과
무관한 각자의 생각이나 관념을 무기로 논쟁하고 있음을 지적하였는데,
조선 후기 학문 내부의 각종 논쟁을 비판한 말로 보인다.

이어 등장하는 주장은 유행지리와 추측지리의 구분이다. 전자는 기가
유행하는 사물의 법칙이지만, 후자는 인간의 사유로 파악한 일종의
가설과 같은 이치이다. 가설은 참일 수도 거짓일 수도 있다. 그래서
사람들이 말하는 리에는 참과 거짓이 섞여 있다고 한다. 추측을 매일매일
사용하여 사물을 파악하는 일이 오래되면, 자연히 유행지리와 하나가
된다고 주장하였다.

---

26 하지만 推測이라는 말 그 자체는 보인다. 가령 『論語』, 「公冶長」 顔回의 '聞一以知十'
에 대한 풀이의 集注에 보면 "顔子, 明睿所照, 卽始而見終, 子貢, 推測而知." 라는
말 속에 보인다. 하지만 『論語大全』의 "朱子曰, 明睿所照, 推測而知, 兩句, 當玩味.
明睿所照, 如明鏡在此, 物來畢照. 推測而知, 如將些子火, 逐些子照去." 라는 말을
보면, 주희의 推測은 저자의 推測과 의미가 다르다.

그다음에는 추측의 방법은 보편적이고 객관성을 견지한다고 하였다. 그리고 추측의 대상을 보면 기(氣)·정(情)·동(動)·기(己)·물(物) 등을 미루어 리(理)·성(性)·정(靜)·인(人)·사(事)를 헤아리는 것인데, 그 내용을 자세히 보면 직접 경험할 수 있는 대상에서 경험할 수 없는 원리나 감각적으로 경험하기 어려운 대상을 파악하는 일이다. 이것들은 형식상 전통 철학에서 사용하는 용어들이지만, 대상을 관찰한 내용을 추리하여 어떤 이론적 지식인 법칙을 찾아내는 과정이다. 그 결과가 추측지리이고 과학에서 말하는 일종의 가설인 셈이다. 저자의 인식 이론에서 보면 추측지리가 진리가 되려면 증험을 거쳐야 하는데, 그 검증된 이치가 바로 유행지리로서 사물의 원리나 법칙이다.

하지만 이렇게만 설명하면 충분하지 않다. 비록 이 서문에는 서학의 냄새가 좀처럼 나지 않고, 오로지 전통사상을 토대로 추측을 말한 것처럼 말하고 있는데, 그것은 당시 학문풍토에 있어서 일종의 자기 검열이자 학문의 정당성을 표명하는 일이기도 하다. 사실 그보다 더 중요한 점은 전통에서 찾은 학문 방법을 말해주고 있다는 점이다. 곧 새로운 이론은 어느 날 하늘에서 뚝 떨어지는 것처럼 창조되는 것이 아니라, 이전 것을 계승하거나 재해석하고 변용하면서 이루어진다. 온고지신처럼 옛것을 바탕으로 삼아야 새로운 학문을 창조할 수 있다. 그런 의미에서 전통에서 추측을 끌어낸 일은 학문 방법상 매우 중요한 일이다. 곧 '추측'의 논리는 유교 경전 곧 유학의 재해석에 따른 자기 철학적 창조물이자 동시에 서학 수용의 토대였다. 달리 말하면 서학에서 사용하는 논리가 이미 우리 전통에 있었다는 자신감의 표현이다.

이상이 『추측록』의 서문에 나타난 추측에 대한 설명이지만, 사실 이 추측 이론이 등장한 데는 서학의 영향이 지대하다. 이제부터 해당하는 글의 각주와 해설에서 그 점을 분석해 밝히겠지만, 간단히 말하면 아리스토텔레스의 철학을 받아들인 중세 스콜라 철학에 바탕을 둔 17~18세기 예수회 선교사들이 전한 한역 된 서학 서적을 통해 그 영향을 받았다. 곧 『신기통』이 인식 일반과 경험의 설명이라면, 『추측록』은 인간 사유 작용 곧 지성에 대한 설명이다.

이렇게 두 분야로 나눈 까닭은 전적으로 서학의 영향이다. 다시 말하면 『신기통』의 주요 내용이 인식 일반과 동시에 각혼의 기능(인간을 포함한 동물의 지각과 운동 능력)에 의한 감각적 경험의 일에 한정한다면, 『추측록』의 주요 내용은 영혼의 지성적(intellectual) 기능인 사유 작용에 해당한다. 이것은 서학에 반영된 아리스토텔레스의 인식 이론을 따른 것이다. 그 가운데 이 사유 능력이야말로 신이 부여한 불멸하는 영혼의 능력으로 동물과 다른 인간만의 그것으로 보았다. 더구나 이렇게 이성적으로 인식하는 방법을 서학 서적에서는 추통(推通)이라는 용어를 사용했다.[27] 이 각혼과 영혼 그리고 그 기능의 구분은 저자가 『신기통』에서 감각 경험과 사유를 통한 인식을 각각 형질통과 추측통으로 구별하는 데 결정적 영향을 미쳤다.

하지만 저자는 그것을 그대로 수용하지 않고 저자 나름의 원칙에 따라 변용하였다. 그 사례는 매우 많지만 한두 가지 소개하면, 개체의 그것으로써 인간 영혼인 신기가 사후에 서학처럼 불멸한다고 보지 않고 전체 신기로 환원한다고 보았으며, 서학에서 동물의 추리 능력을 인정하지 않았던 반면, 『추측록』에서는 '동물도 추측한다'라고 주장하였다.[28] 문제는 거기서만 머물지 않고, 성리학에서 말한 형이상학적 리나 태극은 모두 추측지리로 보았는데,[29] 그것은 리나 태극이 독립적으로 실재하지

27 이종란, "기독교철학에 대한 최한기의 비판적 수용," 192쪽.
28 더 자세한 것은 이종란, 『서양 문명의 도전과 기의 철학』, 313-316쪽에 도표로 서학의 수용과 변용에 대해서 정리해 두었으므로 참고 바람.

않고 사물에 의존하여 나타나는 우유적(偶有的) 존재(Accidents)인 속
성으로 사물이 없으면 그것도 없다는 서학의 영향이다. 실체와 속성의
이 개념은 아리스토텔레스가 사용한 개념으로 마테오 리치가『천주실의』
에서 성리학의 태극이나 리의 존재성을 비판하면서 사용한 말이다.
저자가 리와 태극이 추측지리라고 주장한 데는 그 논리의 영향이 크다.
이렇게 신기통과 추측 이론은 전통을 계승·극복하면서도 외래사상인
서학을 변용하고 있다. 동서 사상을 종합하여 창의적으로 재구성해
내었다. 이것이 그의 학문 방법 가운데 하나이고, 자기 철학을 만들어
가는 방식이기도 하다. 더 자세한 내용은 해당하는 글에서 자세히 분석하
겠다.

---

29『추측록』권2,「推測以流行理爲準」.

# 추측록

## 推測錄

### 권1

# 추측계강

## 推測提綱

# 1. 자연을 체득하고 성인을 본받다
## 體天法聖

자연은 만물의 변화¹를 통해 그 원리와 덕²을 드러내고, 성인은 신통한 가르침을 세워 인간의 법도와 인륜³을 밝혔고, 인민은 추측으로서 자연을 체득하고 성인을 본받는다.

天將物化, 顯其道德, 聖立神教, 闡其常彝, 民以推測, 體天法聖.

* * *

자연의 길은 매우 분명하여 드러나지 않은 곳이 없고, 성인의 가르침은 매우 정치하여 이르지 않은 데가 없으니, 어찌 인민들이 알지 못하게 하고 또한 알 수 없도록 하였겠는가? 이미 태어난 인민은 제각기 마음이 있어서, 그 마음은 견문을 따라 생각 방법과 기술⁴이 어둡거나 밝다.

---

1 物化는 사물 변화로 『莊子』, 「齊物論」의 "昔者莊周夢為胡蝶, 栩栩然胡蝶也. 自喩適志與. 不知周也. 俄然覺, 則蘧蘧然周也. 不知周之夢為胡蝶與, 胡蝶之夢為周與. 周與胡蝶, 則必有分矣. 此之謂物化."라는 말에 보인다. 또『莊子』, 「刻意」에서는 "聖人之生也天行, 其死也物化."라고 하여 사망을 뜻함. 여기서는 전자의 뜻.

2 道德을 오늘날 사용하는 'morality'로 이해하면 안 된다. 道는 사물에 있어서 원리나 법칙, 德은 道를 체득하여 인간이 마음에 쌓은 것 또는 인간이 본받을 만한 사물의 성질.

3 天의 道와 德의 對句로서 인간의 常과 彝이다. 常은 倫常 또는 綱常의 뜻으로 『書經』, 「君陳」의 "狃于姦宄, 敗彝亂俗, 三細不宥."에 보이며 彝는 彝倫의 준말로 보면 人倫이다. 彝에는 常 또는 常規의 뜻이 있다.

4 法術은 법가의 그것이 아니라, 여기서는 생각의 방법과 능력 또는 기술의 뜻으로 推測을 달리 표현한 것. 방법과 기술의 뜻으로는 顏之推의『顏氏家訓』, 「勉學」의 "工巧則致精器用, 伎藝則沉思法術."에 보인다.

天道至著, 無處不現, 聖教至精, 無處不達, 豈欲要民不知, 亦豈欲要民不可知也.
民旣有生, 各具其心, 心隨見聞, 法術晦明.

견문을 미루어 자연과 성인의 길5에 상고하고, 자연과 성인의 길을 미루
어 견문에서 질정하여 어긋나고 어그러지지 않게 기대할 수 있으면,
내 마음의 헤아림에도 저절로 확실하게 결정하는 내용이 있게 된다.

有能推見聞而稽之於天聖之道, 推天聖之道而質之於見聞, 期得其不違不悖, 則吾
心之測, 自有確定者.

그러므로 추측의 법도는 보편적인6 바른 방법이요, 일상에서 쓰는 원칙
과 융통성7이다.

故推測之道, 爲天人之正法, 日用之常權.

---

5 天聖之道는 앞의 天道와 聖教를 압축한 말.
6 天人은 용어사전을 볼 것.
7 常權은 오늘날 식으로 표현하면 常道인 원칙과 權道인 융통성이다. 추측 논리가
　이 둘을 다 아우른다는 뜻.

# 해 설

이 글은 추측의 논리를 찬미하는 내용이다.

사람이라면 누구나 추측으로서 자연의 원리를 체득하고 성인의 가르침을 본받을 수 있다는 내용으로, 추측을 통한 인식론적 인간 평등 선언이다. 역으로 말하면 추측을 사용하면 자연의 원리나 성인의 가르침도 인간이 알 수 없는 무엇 아니라는 선언이다.

그런데 그 추측도 견문에 따라 밝거나 어둡게 된다는 점은 추측 능력이 경험에 의존하고 있다는 사실을 말한다. 이미 『신기통』에서 이 내용을 다루었기에 더 설명하지 않겠다.

여기서는 이미 알려진 자연의 원리와 성인의 가르침을 나의 견문과 동일선상에 두고 서로 견주어 추리하는 방식을 취하였다. 견문은 달리 말하면 경험인데 그것을 매우 중요시하는 발언이다. 자연의 원리에 대한 이런 발언은 당시의 서학이 전해준 과학 지식의 영향이 크다. 그렇지만 그 견문 곧 과학 지식도 추측의 대상일 뿐 맹목적인 견문으로 추종하지는 않았다.

여기서 저자가 추측을 찬미함으로써 그의 주체적 학문 방법과 태도를 드러내고 있다. 끝 단락 '天人'은 『장자』에서 말한 '우주와 인간의 이치를 꿰뚫은 사람'[8]의 뜻이 있는데, 여기서는 그것을 포함하면서 보편성을 담보하는 용어이다.

---

8 『莊子』,「天下」: 不離於宗, 謂之天人.

## 2. 자연과 사람은 깊이 통한다
### 天人幽通

자연이 만물에 부여한 것이 본성이 되고9 본성이 그 근본에 돌아가면 자연이 된다. 자연과 사람이 떨어져 막히면 환난이 생기나 깊이 통하면 도리가 선다. 사람을 미루어 자연을 헤아리고 자연을 미루어 사람을 헤아리면, 나에게 있는 자연의 도리가 드러나서 일을 마칠 수 있다.

天之賦於物者爲性, 性之返其本者爲天. 天人隔室則患生, 幽通則道立. 推人而測天, 推天而測人, 在我之天道著, 而能事畢矣.

\* \* \*

자연이 이미 나에게 부여한 것이 있어서, 내가 자연으로부터 받은 것을 반드시 가지고 있으니, 곧 나에게 있는 자연이다. 만약 기질10에 구애되어 추측을 몰라서 자연과 떨어져 막히면, 여러 환난이 함께 이른다. 만약 추측에서 안 내용이 있어서 나에게 있는 자연을 드러내 밝히면, 평생에 운용하는 일이 마땅하지 않음이 없을 것이다. 이는 비단 자기 일의 운용만이 아니라, 지난 성인의 일을 잇고 후학에게 길을 열어줄 것이다.11

---

9 『中庸章句』第1章의 "天命之謂性."의 다른 표현 방식이다.

10 形氣는 본서에서는 여기 처음 등장한다. 이는 원래 형체(몸)와 기를 뜻하지만, 주희 성리학에서 인간의 인식 작용과 도덕적 행위를 방해하는 몸과 정신적 요소로 사용되어 온 개념이다. 여기서는 인식 활동을 저해하는 기질의 뜻이다.

11 繼往聖開來學은 朱熹 「中庸章句序」의 "若吾夫子, 則雖不得其位, 而所以繼往聖開來

天旣有賦予我者, 則我必有所稟於天者, 卽是在我之天. 若拘於形氣而不知推測, 與天隔室, 諸患幷臻. 如有得於推測, 而著明其在我之天, 則平生須用, 無不宜焉. 非特自己須用, 亦可以繼往聖開來學.

# 해 설

사람과 자연이 떨어질 수 없음을 밝혔고, 추측을 이용하여 인간과 자연을 제대로 알면 자기의 일을 성취할 뿐만 아니라, 미래의 후학에게 길을 열어줄 수 있다고 하였다.

본문은 『중용』의 사상을 잇고 있어 형식 논리에서 보면 이런 표현은 주희 성리학과 크게 다르지 않다. 특히 원문 '나에게 있는 하늘의 원리'와 '나에게 있는 자연'과 '기질에 구애되어'라는 말은 거기서 자주 쓰는 표현이다. 해서 이 말만 따로 떼어내 저자가 성리학을 잇고 있다는 근거로 삼으면 난센스가 된다.

정작 문제는 자연(天)이 무엇이냐 하는 데 있다. 그 자연의 근본 존재를 주희 성리학은 리와 기, 저자는 기로 보았다. 특히 주희 성리학에서 기를 존재의 한 요소로 말하지 않은 것은 아니지만, 말하고자 하는 궁극 대상은 어디까지나 태극인 리에 있기 때문이다.

따라서 저자가 추측으로 알고자 하는 대상은 그런 형이상의 리가 아니라 자연과 인사에서 기가 유행하는 조리로서 법칙이다. 자연과 사람이 떨어져 막히면 환란이 생긴다는 점은 기로 연결되어 있어서 잠시도 떨어질 수 없기 때문이다. 사람이 숨 쉬지 않고 살 수 있는가? 또한 사람의 본성도 근본으로 돌아가면 자연이 된다는 말도 그것이 일차적으로는 자연적이라는 뜻이다. 나에게 있는 자연을 밝히는 일은 나에게 있는 자연성이지 천부적인 윤리·도덕적 본성이라고 말하기는 어렵다.

# 3. 마음은 명칭을 떠나 있다
## 心離名像

하늘의 주재는 곧 사람의 마음이고,[12] 거기에 명칭[13]이 많으나 제각기
해당하는 것이 있다. 나아가 마음의 온전한 본체와 큰 작용[14]에서는
참으로 명칭이 그 의미를 다 포괄하는 것은 아니다. 명칭에서 그 의미를
찾고, 명칭을 떠나 그 진의를 찾아 먼저 표준을 세운 다음에야 추측이
여기저기서 취하여 활용하는 일에 장애가 거의 없을 것이다.

天之主宰, 卽人之心, 名像多端, 各有攸當. 至於全體大用, 苟非名像所能盡. 在名像
而求其義, 離名像而求其眞, 先立標準, 然後推測之左右取用, 庶無攸礙.

* * *

하늘에 있어서는 주재라고 말하고, 사람에 있어서는 마음이라고 말하니
그 뜻은 한 가지이다. 예전[15]의 여러 성현이 가리킨 마음의 명칭은 한결같

---

12 사람의 마음이 하늘을 주재한다는 말이 아니라, 다음 단락과 관계지어 이해하면
   하늘의 관점에서 말하는 주재가 사람에 있어서는 마음이라는 뜻. 또 주재는 神氣가
   작용하는 덕을 일컬어 한 말이다. 그 내용은『신기통』권1,「天地通難易」의 "所謂上帝
   云主宰云者, 特指其神氣發用之德而已, 非學其全體有主宰, 如一家之內有主人, 一
   國之內有人君也."에 분명하다.
13 사람마다 갖는 사물의 개념이나 관념 또는 그것을 대표하는 명칭을 말한다. (앞에
   나옴)
14 全體大用은『大學章句』傳5章의 주희 주석에 "豁然貫通焉, 則衆物之表裏精粗, 無不
   到, 而吾心之全體大用, 無不明矣."에 등장하는 말로서, 마음의 온전한 본체와 큰
   작용을 말함. 다시 말해 주희 성리학의 관점에서 보면 全體는『맹자집주』에서
   말한 心의 '具衆理'라면 大用은 心의 '應萬事'를 말한다. 하지만 저자는『추측록』에서
   '具衆理'를 경험 이후의 일로, '應萬事'는 推測의 일로 본다.

지 않다. 방촌16이라고【오장육부 가운데 기를 저장하는 빈 구멍인 심장을 말한다.】말하기도 하고, 혹은 영대17라고【신령이 거하는 대를 말한다.】하거나, 혹은 몸을 주재하는 것을 일러 마음18이라고【마음이 몸을 주재하는 일이 마치 집안에 주인이 있는 모습과 같음을 가리킨 것.】하거나, 또 혹은 사물의 이치가 내 마음이라고【그 마음이란 사물의 이치를 궁구하여 밝힐 수 있음을 가리킴.】19 말하기도 한다. 심지어 불교『능엄경』에서는 일곱 곳을 변별하였으나20 모두 뚜렷한 결론이 없다.【마음에 안팎이 없고 또 정해진 곳이 없으나 사람들이 스스로 알 수 있도록 하는 것을 가리킴.】

在天曰主宰, 在人曰心, 其義一也. 而終古諸聖賢, 指的名像不一. 或謂之方寸,【謂其五臟心之空竅貯氣也.】或謂之靈臺,【謂其神靈所居之臺也.】或謂之主於身者是心,

---

15 終古는 여기서는 예전 또는 自古以來의 뜻. 『楚辭』, 「九章哀郢」의 "去終古之所居兮, 今逍遙而來東."라는 말에 보인다.

16 方寸이 心의 뜻으로 쓰인 문헌에는 晉 葛洪의 『抱樸子』, 「嘉遯」의 "方寸之心, 制之在我, 不可放之於流遁也."와 『列子』, 「仲尼」의 "嘻, 吾見子之心矣, 方寸之地虛矣."라는 말에 보인다.

17 靈臺가 心의 뜻으로 쓰인 이른 문헌은 『莊子』, 「庚桑楚」의 "不可內於靈臺."인데 郭象의 注에서는 "靈臺者, 心也."라고 하였다.

18 主於身者是心은 朱熹가 『孟子集註』, 「盡心上」에서 "心者, 人之神明, 所以具衆理而應萬事者也."라고 정의한 뒤 小註에서 "心則人之所以主於身, 而具是理者也."라는 말처럼 자주 사용하는 말이다. 이른 시기에 마음이 몸의 주인 노릇을 한다는 견해는 『管子』, 「心術上」의 "心之在體, 君之位也, 九竅之有職, 官之分也."에 보인다.

19 理卽吾心은 『孟子集註』, 「盡心上」의 小註에서 "性者, 吾心之實理."라는 논리를 따라 한 말일 수도 있고, 陸王學의 心卽理를 이렇게 표현한 말일 수도 있다. 후자에 더 무게를 둔 것 같다.

20 『楞嚴經』의 이 내용은 꽤 길다. 世尊과 阿難의 대화체로 되어 있는데, 그 일부를 보면 "阿難白佛言, 世尊, 如佛所言, 不見內故, 不居身內, 身心相知, 不相離故, 不在身外, 我今思惟, 知在一處. 佛言, 處今何在(卷1)."라는 말에 보인다. 705년에 天竺國般刺蜜帝가 번역하였다.

【指其心主身, 如門庭之內有主人.】 又或謂物理卽吾心. 【指其心能究明物理.】 至於
佛書楞嚴, 七處辨別, 皆無住着. 【指其心無外內, 而又無定處, 欲使人自得見.】

앞의 여러 학설에는 그 명칭에 제각기 해당하는 무엇이 있겠지만, 거기에
는 자연히 대상과 주체의 나뉨과 정밀함과 거침의 구별이 있다. 만약
한 가지 설만 오로지 주장하면 편협하고 막힐 것이고, 여러 설을 아울러
취하면 아마도 혼란[21] 해질 것이다. 그러므로 모든 명칭을 떠나 추측이라
는 참된 방법을 찾아 표준을 세울 수 있다면, 만나는 사물마다 추측을
사용하고 사물을 따라 그것이 생겨난다. 명칭의 의미는 어렵사리 궁구할
수는 있으나, 아마도 선입견에 빠지면 끝내 마음의 온전한 본체와 작용[22]
을 알 수 없을 것이다.

右項諸說, 各有攸當, 然自有物我之分精麤之辨. 若專主一說, 殆近於褊滯, 幷取諸
說, 恐涉渾淪. 故能離一切名像, 求其推測之眞, 以立標準, 則遇物須用, 隨物而生庽.
名像之義, 難可究也, 恐泥於先入, 而終不得認其體用之全.

마음이 대상에 있으면 작용이 되고 몸에 있으면 본체가 된다.[23] 대상에
나아가 그 작용을 논하면 낱낱이 다 말할 수 없지만, 몸에 있어서 그
본체를 밝히면 저절로 그 항상성이 있다. 사람의 몸은 오장육부가 안에서

---

21 渾淪은 우주가 형성되기 전의 혼돈 상태를 말하는데, 『列子』, 「天瑞」의 "太初者,
氣之始也, 太始者, 形之始也, 太素者, 質之始也. 氣形質具而未相離, 故曰渾淪. 渾淪
者, 言萬物相渾淪而未相離也."에 보인다. 본문에서는 혼란에 가까움.

22 體用之全은 앞에 나오는 心의 全體大用을 말함.

23 전통의 體用論으로 설명하였다. 마음은 대상과 관계하면 작용 또는 쓰임이 되는데,
이는 대상에 따라 다양하게 전개되기 때문이다. 그것이 몸에 있다는 말은 사고의
본체로서 대상이 아무리 다양해도 마음의 주체가 된다는 말.

서로 의존하여 아홉 감각기관에 통달하고, 피부가 밖에서 둘러싸고 온갖 뼈를 품어 담고 있어 저절로 하나의 몸을 이루며,24 마음 또한 본체를 이룬다.25 가령 기가 펼쳐지는 현상은 이치상 즉시 막힘없이 통하여,26 한 손가락에 종기가 생기면 온몸27이 함께 고통스러우니, 마음의 본체28 가 몸의 작용을 기다리는 점을 알 수 있다. 또 한쪽 눈이 실명하더라도 다른 감각기관이 막히지 않아 그 본체가 따라 통함을 알 수 있다. 그리고 이제 막 죽은 사람은 비록 몸이 온전하더라도 의식하는 일이 없으니, 그 마음의 본체가 없어짐을 알 수 있다. 또한 태어난 지 몇 개월밖에 안 된 영아는 눈과 귀를 갖추었더라도 사물을 분별하는 일이 활발하지 않으니, 그 본체의 미약함을 알 수 있다.

夫心在物爲用, 在身爲體. 就物而論其用, 則不可枚擧, 在身而明其體, 則自有其常. 人之一身, 臟腑內緣而通達九竅, 皮膚外抱而含容百骸, 自成一體, 而心亦成體. 如氣之所敷, 理卽遂達, 一指生疔, 百體俱痛, 可見其體之相須. 一眼成盲, 諸竅無礙, 可見其體之隨通. 始絶氣者, 形骸雖具, 無所知覺, 可見其體之斷. 兒生數月, 耳目雖備, 分別未暢, 可見其體之微矣.

---

24 百骸와 九竅가 동시에 보이는 글은 『朱子語類』 126-11의 "色卽是空, 空卽是色, 大而萬事萬物, 細而百骸九竅, 一齊都歸於無."이다.

25 몸의 구성에 따라 마음도 그렇게 이루어진다는 표현으로 마음이 몸과 분리될 수 없다는 말. 이는 전통의 形과 神의 관계에서 규정하는 논리이다. 곧 마음도 몸의 연장이어서 몸과 마음을 이분법적으로 구분하지 않았다. 아래의 '身是心體'라는 말에서 그 뜻이 더욱 분명하다.

26 遂達은 通達의 뜻인데, 『管子』, 「心術下」의 "是故內聚以爲原泉之不竭, 表裏遂達, 泉之不涸, 四支堅固."에 보인다. 막힘없이 통하는 것은 몸에 기가 채워져 있기 때문이다. 이것도 같은 책의 "氣者, 身之充也."라는 말에 보인다.

27 百體는 인체의 각 부분인데, 『管子』, 「立政」의 "令則行, 禁則止, 憲之所及, 俗之所被, 如百體之從心, 政之所期也."에 보인다.

28 其體는 마음의 본체. 이하 같은 뜻.

종합해서 말하면 몸이 마음의 본체이고, 분석해서 말하면 보는 일은
눈의 마음이고 듣는 일은 귀의 마음이고 냄새 맡는 일을 코의 마음이고
맛을 보는 일은 혀의 마음이고 닿아서 아는 일은 피부의 마음이니,29
모두 미루는 것이 있어 헤아림이 생겨날 수 있다.

總言之, 則身是心體, 分言之, 則見是眼心, 聽是耳心, 齅是鼻心, 味是舌心, 觸是皮
心, 皆能有所推而測生.

---

29 이 문장의 논리는 『管子』, 「心術下」의 "心之在體, 君之位也, 九竅之有職, 官之分也."
  와 통한다. 본서에 『管子』의 내용을 인용한 곳이 보인다.

# 해 설

추측이 마음의 일이므로 마음에 관한 담론을 언어철학처럼 정리하고,
추측의 주체인 마음의 본체와 그 작용이 어떻게 생성되는지 밝혔다.
이 글은 제목부터 심상치 않다. 사상의 배경도 넓을 뿐만 아니라 철학
개념이 많이 녹아 있어 해석도 매우 까다롭다. 관련된 내용과 학설은
각주에 있으므로 여기서는 큰 줄거리만 설명하겠다.

우선 '名像'으로 표기한 명칭에 대한 문제이다. 왜 이렇게 명칭의 문제를
들고나왔느냐 하면, 마음에 대해서 학문·종교·학파마다 다양한 이론과
개념이 있기 때문이다. 심지어 같은 학문의 학파 안에서도 제각기 의견을
달리한다. 조선 후기 당시 학문풍토도 이와 다르지 않다. 근대 전환기
이른바 신학문을 접한 인사들은 이런 이론 논변을 두고 공리공담이라
지목하여 유학이 나라를 망쳤다고 비난하기 일쑤였다. 만약 이것이
인민의 삶과 무관한 기득권 지배 집단의 내부 논쟁이라면 비난받아
마땅하다.

그래서 저자는 "명칭이 그 의미를 다 포괄할 수 없다"라는 말로 포문을
열었다. 언어에 구속되거나 집착하면 사물을 제대로 보지 못한다. 이는
이미 『노자』의 첫 장에서 논의한 문제이며, 불교에서도 누차 말해 온
바이다. 공자 또한 뉘앙스는 조금 달라도 말만 번지르르하게 하는 사람을
좋아하지 않았다. 서양의 분석철학도 언어의 그런 속성에 착안하여
나오지 않았던가? 따라서 언어는 일종의 상징이자 기호일 뿐, 그 실질은
명칭에 구애받지 않고 찾아야 한다고 하였다.

마음의 기능인 추측을 들고나온 저자는 이러한 과거의 명칭에 구속받지
않고 실제적 일에서 어떤 역할을 하는지 보여주고자 했다. 오늘날 심리학
에서 마음의 기능과 구조와 역할에 주목하듯이 그러했다.

그래서 일단 추측을 주희가 말한 본체와 작용의 용어를 가지고 설명한다. 본체란 몸 안에서 항상성을 가진 마음이고, 작용이란 대상을 향하는 마음이다. 여기서 몸이 있어야 마음의 본체가 생긴다고 한다. 마음과 몸의 관계는 분리될 수 없고 서로 기다리는 관계로서 드디어 "몸이 마음의 본체이다"라고 선언했다. 그래서 마음의 본체는 몸에 전적으로 의존하여 생장쇠락(生長衰落)함을 이제 막 죽은 사람과 갓 태어난 영아의 그것을 사례로 제시하였다.

추측의 기초가 되는 마음의 문제를 이렇게 상세하게 설명한 까닭은 본문에 보이지 않는다. 행간에도 찾기 어렵다. 이 점을 이해하려면 본서 여러 곳을 참고해야 한다. 곧 몸과 영혼을 이분법적으로 설명하는 서학에 대응하기 위해서였다. 앞에서도 언급했듯이 서학은 사물에 대한 감각적 경험만으로 이데아든 형상이든 그 본질을 알 수 없고, 오로지 이성 또는 지성만이 그것을 파악할 수 있고, 그 지성 또는 이성이야말로 육체에 속하지 않으면서 하느님이 부여한 영혼의 능력이라고 주장하였기 때문이다.

저자는 전통의 심신 일원론적 입장에서 서학의 그런 관점을 수용하지 않았다. 정신이란 결국 신기의 일이며 몸이 죽으면 의식도 없고, 몸이 아직 성숙하지 못하면 정신 기능도 미약함을 말했다. 이 세계를 초월하지 않고 그 안에서 설명할 수밖에 없었기 때문이다. 전통을 계승한다는 점에서 하나 더 언급하고 싶은 점은 각주에서도 보였듯이 『관자』의 사상을 부분적으로 따르고 있는 점을 발견할 수 있다.

## 4. 능과 소를 추측하다
### 推測能所

먼 옛날을 어제로, 일백 세[30]를 다음날로 여기는 일은 그[31] 능[32]이고,
만물을 마름질하고 많은 변화를 본 일은 그 소[33]이다. 능이 없으면 그
소를 어찌 알겠으며, 소가 없으면 그 능을 어찌 알겠는가?[34]

昨千古而翌百世, 是其能也, 裁萬物而相羣化, 是其所也. 未有能, 焉知其所, 未有所,
焉知其能.

\* \* \*

보고 듣고 기억하고 풀어내는[35] 일은 마음의 능이고, 사물을 마름질한
것은 마음의 소이다. 그러므로 이 능을 미루어 그 소를 헤아리며 이
소를 미루어 그 능을 헤아리니, 평생의 공부는 능과 소를 가지고 옮겨가고
변통할 수 있을 뿐이다. 그 소이연[36]과 같은 대상은 탐구해서 찾을 수

---

30 百代로 3천 년.
31 其는 아래 문장을 보면 心을 가리킨다. 이하 같음.
32 해설을 볼 것.
33 해설을 볼 것.
34 인식 활동에 있어서 주체와 인식 결과는 서로 의존한다는 뜻.
35 記繹은 서학에서 기억으로 번역되는 記含을 저자가 변용한 용어이다. 기억하고
   그것을 재생하는 일. 『기학』에도 나오며, 본서에는 3번 등장한다.
36 어떤 사물이 그 사물이 되게끔 하는 원리 또는 일이 그렇게 되는 까닭. 전자는
   주로 형이상학적인 것으로 진술하는데, 대표적인 경우가 주희 성리학의 太極이나
   理가 그것이며, 아리스토텔레스의 形相(Form)도 여기에 해당한다. 후자에도 전자
   가 적용되기도 하지만 인과적인 물리법칙을 뜻하기도 한다. 전체 문맥을 보면
   전자에 해당하는 것으로 보임.

없는 것인데도, 만약 억지로 헤아린다면 이른바 신통하다거나 묘하다거나 그윽하다거나 좋다고 찬미하는 따위로 제각기 소견을 드러내지만, 말류의 폐단이 더욱 심하다. 이미 조그만 유익도 없으니 도리어 커다란 해를 끼친다.

見聞記繹, 是心之能也, 裁制事物, 是心之所也. 故推是能而測其所, 推是所而測其能, 平生功夫, 可將能所而推移變通而已. 若其所以然, 則不可究索, 如欲强搀, 所謂神也妙也玄也善哉之類, 各呈所見, 而末流之弊滋甚. 旣無少益, 反貽巨害.

# 해 설

능(能)과 소(所)의 문제를 추측과 관련지어 설명하였다.

능과 소는 원래 마음의 작용을 설명하는 불교 용어로서 능은 어떤 행위의 주체, 소는 그 행위의 목표가 되는 객체를 뜻한다고 한다. 그 설명을 보면 능은 인식하는 주체의 측면에서, 소는 인식되는 대상의 측면에서 진술한다. 원래 모든 게 무상(無相)하여 능·소의 차별이 없는 것인데, 마음이 그렇게 능·소로 나누어 구별한다고 한다.[37] 불교의 관점에서는 당연하다고 하겠다.

하지만 저자는 경험할 수 있는 대상만 취급하므로 이 능·소를 적극적으로 인식 활동인 추측에 간여시켰다. 주체의 마음 활동만을 능, 주체가 대상과 관계해서 일어나는 일을 소라고 하였지만, 능과 소는 사유활동에 있어서 서로 분리될 수 없다. 주체적으로 생각해도 대상이 있어야 하며, 대상도 주체의 사유가 없으면 아무 의미가 없기 때문이다. 따라서 능에서 소로 또는 소에서 능으로 미루어 헤아릴 수 있다고 한다. 이는 자신의 사유를 추측하는 일이다.

뒷부분 '소이연'은 갑자기 튀어나와 생뚱맞은 느낌이 들지만, 바로 뒷부분의 '만약 억지로 헤아린다면' 이하의 글에서 볼 때, 기존의 학문이나 종교를 비판한 말이다. 저자 추측의 논리가 그것들보다 합리적이고 유익하다는 자부심을 느낄 수 있다.

---

37 『大般若經』 卷568의 "作是思惟, 所觀境界皆悉空無, 能觀之心亦復非有, 無能所觀二種差別, 諸法一相, 所謂無相."에 보인다.

# 5. 미룸과 헤아림은 서로 간여한다
## 推測相參

한갓 미루기만 하고 헤아린 내용이 없으면 언행38이 모두 고집스레 막히며, 한갓 헤아리기만 하고 미루는 내용이 없으면 어찌 허황하고 망령되지 않겠는가? 반드시 미룸과 헤아림이 서로 간여해야 그 마땅함을 얻는다.

徒推而無所測, 動靜皆固滯, 徒測而無所推, 豈不是虛妄. 必須推測相參, 乃得其宜.

\* \* \*

단지 마음이 가는 곳을 따르기만 하고 두루 살핌이 없고, 한갓 두루 살핌을 본받기만 하고 마음이 가는 곳을 따르지 않으면, 고집스레 막히고 허황하고 망령된 잘못을 면하기 어렵다.

只從心之所之而無所周察, 徒效周察而不由心之所之, 則難免固滯與虛妄之病.

이전 세대를 두루 살펴보면 고심하여 학문에 뜻을 둔39 사람을 어찌 한정하겠는가? 하지만 고집스레 막힌 사람은 내뱉는 말과 하는 일 그리고 남에게서 취하고40 그에게 베푸는 일41이 고집스레 막히지 않음이

---

38 動靜은 많은 뜻이 있는데 여기서는 말과 행동, 활동과 쉼을 아우르는 총체적 행위를 말한다. 그런 사례는『周易』,「艮卦」象傳의 "時止則止, 時行則行. 動靜不失其時, 其道光明."에 보인다. 본문에서는 뒷글을 보면 언행을 좀 더 강조함.
39 志于學은『論語』,「爲政」의 "子曰, 吾十有五而志于學."에 나오는 말.
40 取於人의 사례는『孟子』,「公孫丑上」의 "大舜, 有大焉. 善與人同, 舍己從人, 樂取於人,

없는데도, 그것을 자기의 잘못으로 여기지 않는다. 또 허황하고 망령된 사람도 내뱉는 말과 하는 일 그리고 남에게서 취하고 그에게 베푸는 일이 허황하고 망령되지 않음이 없는데도, 그것을 자기의 잘못으로 여기지 않는다. 그 삶이 끝난 뒤에 그 고집스레 막히고 허황하고 망령된 언행이 후세에 널리 퍼져 고쳐질 길이 없으니 안타깝다!

歷觀前代, 苦心志于學問者, 何限. 而固滯者, 出言行事及取於人施於人, 莫不固滯, 而未嘗以固滯爲己病. 虛妄者, 出言行事及取於人施於人, 莫不虛妄, 而亦未嘗以虛妄爲己病. 至沒其生, 以其固滯虛妄之言行, 流傳後世, 無由得以改, 惜哉.

무릇 학문에 뜻을 둔 사람은 마땅히 이것을 거울삼아, 멀리 가기 전에 돌아올 것[42]을 일찍부터 찾아서 이 같은 걱정거리가 없게 해야 한다.

凡有志學問者, 宜鑒于此, 早求其不遠復, 俾無此等之患.

---

以爲善. 自耕稼陶漁, 以至爲帝, 無非取於人者."에 보인다.
41 施於人이 대표적으로 보이는 글은 『論語』, 「顏淵」의 "己所不欲, 勿施於人."이다.
42 不遠復은 『周易』, 「復卦」의 初九 爻辭인 "不遠復, 无祇悔, 元吉."의 말이다.

# 해 설

이 글은 추와 측의 상호 연관성을 중요시하는 내용이다. 동시에 두루 배움과 주관적 사색이 균형을 이루어야 한다는 의미도 보인다. 그것이 '두루 살피는 일'과 '마음이 가는 곳'의 대비이다.

여기서 '마음이 가는 곳'만 따른다는 말은 편협되기 쉽다는 우려가 있다. 반면 '두루 살피는 일'만 좇으면 보편성을 확보할 수 있을지 의문이지만, 사실은 자신의 주체적 관점을 확립하기 어렵다는 우려가 보인다. 달리 말하면 이 둘은 경험과 사유의 문제이다. 경험의 폭이 좁아서도 안 되지만, 논리를 구축하는 사유가 없어서도 안 된다.

이 글은 일찍이 『논어』에서 "배우기만 하고 생각하지 않으면 어둡고, 생각하기만 하고 배우지 않으면 위태롭다"[43]라고 말한 가르침을 저자 자신의 관점에서 재해석하여 응용한 발언이다.

이 공자의 가르침으로 제대로 따르지 못한 두 경우가 고집스레 막힌 사람과 허황하고 망령된 사람의 사례이다. 추측과 관련하여 전자는 미룸만 있고 헤아림이 없는 사람이며, 후자는 헤아림만 있고 미룸이 없는 사람이라고 규정하였다. 현대식으로 보면 전자에는 공부한 내용을 미루어 전개해 나가지만 주체적 판단이 없고, 후자에는 판단만 하여 그 근거가 없다는 뜻으로 해석된다. 주체적 판단이 없다는 말은 남이 공부한 결과만을 두루 섭렵하여 따르기만 한다는 뜻이다. 근거가 없다는 말은 자기가 믿는 학설이나 종교의 도그마를 보편적·객관적으로 살피지 못하고 확고하게 단정하는 일을 가리킨다.

결국 결론은 추와 측 곧 미룸과 헤아림이 서로 간여하여 협력해야

---

43 『論語』, 「爲政」: 子曰, 學而不思則罔, 思而不學則殆.

제대로 사물을 인식할 수 있다는 주장이다. 여기서 이런 발언이 아무런 근거 없이 나오지는 않았을 것이다. 동서의 학문을 나름대로 섭렵한 저자가 당시 상황에 비추어 발언한 일로 보인다. 바로 고집스레 막힌 사람은 당시 주희 성리학의 말류만 좇는 사람, 허황하고 망령된 사람은 종교적 도그마만 신봉하는 사람으로 서양의 기독교인이나 당시 일부 천주교를 신봉하는 사람들이 해당할 것이다.

이렇게 당대의 사례를 추측이라는 자신의 논리에 적용하여 재해석하는 주체적이고 창조적인 철학의 자세를 엿볼 수 있다. 철학이 탁상공론이 아니라 현실의 문제를 두고 전개했다는 데 의의가 있다. 저자의 생각에 두 사상이 각각 동서를 지배하는 학문으로 여겼기 때문이다. 아울러 공자의 가르침을 자신이 제대로 따르고 있다는 자부심이 우러나온다.

# 6. 상징을 취하고 비유하다
## 取象譬諭

『주역』은 상징을 취하여 모습이 있는 대상을 미루어 모습이 없는 내용을 밝혔다.[44] 일가를 이룬 학자들[45]은 비유하여[46] 이미 알고 있는 대상을 들어 그 알지 못하는 내용을 밝혔다. 모두 비슷한 부류를 미루고 넓음을 헤아려, 가르침을 세운[47] 의미를 완벽하게 전하려는 의도였다. 하지만 후학의 마음은 그 말과 문장만 따라가다 바뀐 것[48]이 파다한 것은 무슨 까닭일까?

---

44 象은 보통 상징의 뜻으로 쓰인다. 『周易』, 「繫辭傳下」의 "是故易者, 象也. 象也者, 像也."에 보인다. 또 같은 책, 「繫辭傳上」에 "在天成象."이라는 말을 두고, 朱熹의 『周易本義』에서는 "象者, 日月星辰之屬. 形者, 山川動植之屬."라고 하여, 象이란 산과 내와 동물과 식물처럼 구체적 모습을 가진 대상이 아니라, 있지만 정확히 알 수 없는 상징과 같은 존재로 여겼다. 옛날의 천문학이 천체를 오늘날처럼 자세히 알 수 없었기 때문이다. 또 같은 책의 "聖人設卦, 觀象, 繫辭焉而明吉凶."에 대해서 朱熹는 "象者, 物之似也. 此言聖人作易, 觀卦爻之象, 而繫以辭也."라는 말에서 卦爻의 象을 언급했는데, 이 또한 상징의 의미에 더욱 가까운 발언이다. '형체가 없는 것'이란 사물의 이치나 원리를 말한다.

45 일반적으로 先秦 時代의 제자백가를 말하지만, 저자는 그 외연을 확장하고 있다.

46 譬諭는 어떤 사물의 현상이나 성질을 그와 비슷한 사물이나 사태에 빗대 그 뜻을 명확히 하는 일로서 현대에는 譬喩 또는 比喩로 나타내며, 『荀子』, 「非十二子」의 "辯說譬諭, 齊給便利, 而不順禮義, 謂之姦說."과 『淮南子』, 「要略」의 "假象取耦, 以相譬喩. 斷短爲節, 以應小具."에 보인다. 참고로 노자와 장자에 비유가 가장 많고 공자·맹자·순자의 말에서도 자주 보인다. 심지어 佛經은 물론 기독교 성서에서도 "예수께서 이 모든 것을 무리에게 비유로 말씀하시고 비유가 아니면 아무것도 말씀하지 아니하셨으니(『마태복음』 13:34)"라는 말이 보인다. 종교에서 비유의 내용은 진리 그 자체가 아니라 方便이다.

47 立言은 글이나 말로써 후세에 가르침을 나타낸 것. 『左傳』, 「襄公二十四年」의 "大上有立德, 其次有立功, 其次有立言, 雖久不廢, 此之謂不朽."에 보인다.

48 轉의 의미는 改變의 뜻으로 쓰였다. 『莊子』, 「田子方」의 "獨有一丈夫, 儒服而立乎公門, 公即召而問以國事, 千轉萬變而不窮."에 그 뜻이 보인다. 여기서는 원래의 의미를 잘못 이해했다는 말.

周易取象, 推有形而明其無形. 諸子譬諭, 擧已知而曉其未知. 皆所以推類測博, 俾
盡立言之旨. 後學之心, 隨言文而轉者, 頗多, 何也.

\* \* \*

없는 대상을 가지고 없는 내용을 밝히는 일은 있는 대상을 가지고 없는
내용을 밝히는 일보다 못하다. 또 아직 알지 못하는 대상을 가지고 아직
알지 못하는 내용을 깨우치는 일도 어찌 평소 알고 있는 대상을 가지고
아직 모르고 있는 내용을 깨우치는 일만 하겠는가? 그러므로 상징을
취한 일과 비유는 어쩔 수 없어서 후학을 위해 베푼 일이다.

以無明其無, 不如以有明其無也. 以未知論其未知, 豈若以素知論其未知也. 故取象
與譬諭, 不得已而爲後學設也.

옛사람은 자기가 아직 모르는 내용을 앞사람의 자취에서 찾았고, 또
후학을 열어줌을 다행으로 여겨서 자기가 깨우친 내용을 반드시 뒷사람
에게 드러내 보여주었다. 그래도 되레 명확하지 않을까 우려하여, 상징
을 취하여 형용하고 비유를 들어 상세히 설명하였다.

古之人, 以其所未知者, 求之於前人之蹟, 而幸其開發來學, 而以其己之所覺, 必發
明開示, 以詔後人. 猶恐其未晢然, 乃取象而形容之, 譬諭而詳說之.

뒷사람 가운데 그 형용과 상세한 설명에만 빠진[49] 사람은 도망가 버린

---

49 달을 보지 않고 그것을 가리키는 손가락만 본다는 뜻.

적을 뒤쫓듯이[50] 시끄럽게 혼란만 일으키니,[51] 상징을 취하고 비유한 본래의 의미를 모두 잃고 말았다. 만약 그 이론을 처음 만든 사람이 살아나서 오늘날의 일을 직접 볼 수 있다면, 뭐라고 말할까?

後之人或泥着於形容詳說者, 乃追奔逐北, 反成囂亂, 幷失取象譬論之本意. 若使開示者, 在今而親見, 則謂之何哉.

---

50 追奔逐北은 追亡逐北 또는 追亡逐遁과 같은 뜻으로 패주하는 적을 뒤쫓는 일. 『史記』, 「田單列傳」의 "燕軍擾亂奔走, 齊人追亡逐北."와 『管子』, 「兵法」의 "器成教施, 追亡逐遁若飄風, 擊刺若雷電." 등에 보인다.

51 囂亂은 시끄럽게 혼란스럽다는 뜻으로 『舊唐書』, 「李嗣業傳」의 "賊軍大至, 逼我追騎, 突入我營, 我師囂亂."에 보인다.

# 해 설

고대의 글은 대부분 상징과 비유로 쓰였는데, 그것의 당시 수준에서 부득이하게 그럴 수밖에 없었고, 후학들은 그 표현에 얽매어 말하고자 하는 본래의 뜻을 놓치고 있다는 지적이다.

저자의 다른 글도 그렇지만, 이 글을 평범하게 읽으면 저자의 의도와 진의를 파악하기 힘들다. 그 학문의 편력과 지식의 배경을 알아야만 이해할 수 있는 글이다. 바로 여기서 상징과 비유를 가지고 뜻을 전하려고 했던 일이 추측의 기원임을 논리적으로 말하고 있다. 곧 "있는 대상을 미루어 형체가 없는 내용을 밝히고", "알고 있는 대상을 가지고 아직 모르고 있는 내용을 밝히는 일"이 그것이다. '있는 대상과 이미 알고 있는 대상'이란 바로 상징과 비유의 내용이다. '없는 것과 알지 못하는 내용'은 감각기관으로 경험할 수 없는 내용으로서 어떤 원리나 법칙 따위이다. 여기서 전자를 미루어 후자를 밝힘이 바로 추측이다.

상징이 가장 풍부한 대표적인 고전으로 『주역』을 꼽았다. 거기서 상징을 취하였다는 말은 저자 자신의 주장이 아니다. 그 「계사상」에 보면 "단이 란 상을 말하는 것이다"[52]라고 말하고 있는데, 단이란 지금 사람들이 말하는 괘사이다.[53] 그러니까 『주역』 자체가 하나의 상징 체계라 보아도 지나친 말은 아니다.

또 저자는 비유를 사용한 사람이 누구이거나 또는 어떤 텍스트를 꼬집어 말하지 않고 '제자'라고만 했다. 그 제자는 춘추전국시대의 제자백가라 고만 쉽게 생각한다면, 여기서 바로 저자 특유 표현상의 함정에 빠진다. 물론 제자일 수도 있지만, 그 외연은 거기에만 머물지 않기 때문이다.

---

52 『周易』, 「繫辭上」: 象者, 言乎象者也, 爻者, 言乎變者也.
53 이에 대한 『周易本義』에서는 "象謂卦辭, 文王所作者."라고 설명하고 있다.

특히 당시 천주교를 탄압했던 시대 배경 속에서 저자가 기독교를 긍정적으로 거론하기는 쉽지 않았다. 저자는 기독교를 비판하면서 과학·기술만 수용하지 않았다. 비록 본서 『신기통』 권1의 「온 세상의 종교를 자연·인간에게 물어 바로잡다(天下敎法就天人而質正)」에서 서학에서 역법과 과학을 취하고 종교적인 내용은 취하지 않는다고 했으나, 그것은 어디까지나 겉으로 방어하는 말이다.

이미 옮긴이가 다른 저술이나 논문을 통해서 밝히기도 했지만, 본서에서도 여기저기서 중세 기독교 철학을 비판적으로 수용하거나 변용하였다. 서학을 서교(西敎)나 양교(洋敎)로 표현한 점에서 볼 때, 그것도 교라는 규정을 보면 무조건 배척할 일만도 아니라는 점을 유추할 수 있다. 그래서 용어 선택에도 그것이 반영되어 있다. 가령, 기함(記含, 記繹으로 바꿈: 기억)·명오(明悟: 이성 또는 지성)·애욕(愛欲: 의지 또는 욕구) 및 통(通)·추리(推理)·추측(推測) 등은 비판적으로 수용·변용한 용어라면, 영혼·천주·영혼불멸·천당·지옥·신천(神天: 하느님)·조물(造物)·서교(西敎)·양교(洋敎)·성경(聖經)·십자가(十字架)·야소(耶蘇)·영괴강생(靈怪降生)·일체삼신(一體三神)·외도(外道)·무형귀신지설(無形鬼神之說)·무형지신(無形之神)·사천(事天)·사후유보응(死後有報應)·신천무형(神天無形)·신천무시종(神天無始終)·예배(禮拜)·유취군분(類聚群分)·십계명(十誡命)·첨례회(瞻禮會) 등은 비판하면서 사용한 용어들이다.54 따라서 비유를 많이 사용한 사례 가운데는 제자백가만이 아니라 기독교 성서나 예수의 가르침 등도 포함한다. 심지어 예수 자신도 비유가 아니면 아무것도 말하지 않았다고 했다.

바로 그런 점 때문에 저자의 비판은 동서를 아우르는 학문과 관련된

---

54 이종란, "기독교철학에 대한 최한기의 비판적 수용," 179-180쪽 참조.

후학의 태도에 집중된다. 특히『주역』과 관련해서 후학을 비판한 내용은
본서『추측록』의「간지와 화복의 허망(干支禍福虛妄)」과「하도와 낙서
는 방술이다(河洛爲方術)」등에 보인다.『주역』의 해석에서 본래의 의미
를 상실하고 표현에 얽매어 엉뚱한 곳으로 전개하여 혼란만 증가시켰다
는 지적이다.

비유를 지적하는 기독교의 경우는 대개 신화로 이루어져 있다. 창조
신화부터 많은 신화가 기독교 성서에 녹아 있다. 신화를 액면 그대로의
사실로 받아들일 것이 아니라, 신화 속에서 말하고자 했던 가르침을
찾아야 한다는 발언이다. 이는「온 세상의 종교를 자연·인간에게 물어
바로잡다」에서 말한 '기이하고 거짓된 화복설'을 버려야 한다는 주장이
바로 비유로 말했다는 신화적인 내용이다.

저자의 이런 발언은 매우 중요하다. 겨우 20세기에 와서야 비로소
독일의 신학자 볼트만(Rudolf Bultmann, 1884~1976) 이후 성서의 신화
를 비신화화의 방법을 통해 해석할 것을 주장하였는데, 비유로 표현된
신화의 본질을 제대로 해석해야 한다는 저자의 생각과 같은 맥락이다.
이런 생각은 저자가 성서 속의 신화를 이미 알고 있었기에 나온 발언이다.
조물(造物)과 영괴강생(靈怪降生)과 무형귀신지설(無形鬼神之說) 등의
표현이 그 증거이다. 이미 성호(星湖) 학파 지식인들은 그것을 알고
비판하거나 따랐고, 저자의 친구 이규경(李圭景, 1788~1856)도 기독교
「창세기」에 등장하는 신화 곧 하느님[陡斯][55]이 천지 만물과 아담[亞當]
과 하와[厄襪]를 창조한 내용과 신약 성서 속의 예수[耶蘇]가 동정녀[童女]
마리아[瑪利亞]로부터 탄생했다는 내용을 언급하고 있는 점[56]이 저자가
그런 신화를 알았을 것이라는 간접적 증거이다.

---

55 陡斯는 라틴어 Deus의 한문식 음역.
56『五洲衍文長箋散稿』,「斥邪敎辨證說」참조.

그런데 아직도 현대 한국기독교에서는 그 신화적 표현을 사실로 믿고 있는 사람들이 주류를 이룬다. 그렇게 믿는 일이 비난받을 일은 아닌 것 같아도, 실은 그런 지성으로 개인의 일은 물론이고 우리의 현실과 역사에서 중요한 문제를 결정할 때 반드시 문제가 생긴다. 안타까운 현실이다.

# 7. 마음은 거울이나 물과 같다
## 如鏡如水

거울로 사물을 비출 때 그 속에 빽빽이 펼쳐져 있는 온갖 모습은 거울이 본래부터 갖고 있지 않다. 물이 공기에 호응하여 흘러 생기있고 힘차게 되는 현상은 물이 공기의 계기를 따른 것이다.

如鏡照物, 森羅萬像, 非素具也. 如水應氣, 流注活潑, 隨其機也.

\* \* \*

거울로 물건을 비출 때 거기에 때가 끼어 흐릿하지 않으면, 온 세상의 물건을 다 비출 수 있기에 부족함이 없다. 이것이 어찌 만물의 본뜬 모습이 거울 속에 갖추어져 있는 것인가? 다만 거울에 모인 사물의 겉모습57이 기에 가까워 밝게 비추어 통하므로58 물건이 지나감에 따라 저절로 그 모습을 드러낼 뿐이다. 마음이 사물에 대해서도 이와 유사하다. 다만 유사한 일59을 끌어들여 헤아리고 판단할 수 있어도, 만물의 이치가 본래부터 마음에 갖춘 것은 아니다.

---

57 形質은 몸이나 그것을 구성하는 질료. 여기서는 기에 가깝다는 표현에서 보면 겉모습.

58 커다란 물건이 작은 거울에 반사되는 모습을 형용한 표현. '기에 가깝다'라는 표현은 보이는 물체의 모습도 빛으로서 거울에 반사되어 상이 된다는 물리적 현상을 적절히 표현할 방법이 없어 한 말로 보임.

59 事類는 事情의 유사성 곧 같은 종류의 일. 『韓非子』, 「顯學」의 "夫禍, 知磐石象人, 而不知禍商官儒俠為不墾之地不使之民, 不知事類者也."와 王充의 『論衡』, 「實知」의 "放象事類以見禍, 推原往驗以處來."에 보임.

鏡之照物, 不爲塵垢所蔽, 則照盡天下物, 未見其不足也. 是豈萬物之像, 具在鏡中耶. 但其形質之疑, 近乎氣而明光映徹, 隨物過而自顯而已. 心之於物, 亦猶乎是. 但能引事類而測度, 非萬物之理素具于心也.

물은 기의 탁한 것60이고 물이 비록 움직이지 않는 때에도, 공기의 차갑고 덥고 마르고 축축한 상태에는 모두 차이가 있다.61 그래서 물은 공기의 그런 차이에 따라 바람이 더욱 불면62 물결이 솟고, 물체로 물을 치면 빠르게 튀며, 틈이 있으면 스며들어 새고, 깨진 그릇 틈새로 흘러 쏟아지니, 물이 흘러 변동하는 일은 까닭 없이 된 적은 아직 없다. 이는 마치 마음이 드나들고 움직이고 고요한 일이 까닭 없이 이루어지지 않는 점과 같다.

水爲氣之濁者, 而雖在不動之時, 寒熱燥濕, 皆有異焉. 及其風尙而波湧, 物迫而湍躍, 有罅則滲漏, 有缺則灌瀉, 其所流注變動, 未嘗無由而致之. 如心出入動靜, 莫不有所由而致也.

<hr>

60 『추측록』 권2, 「地體蒙氣」에는 "氣之濁滓爲蒙, 蒙之濁滓爲水."라고 하여, 그 중간 단계에 蒙氣를 넣었다.

61 寒熱燥濕의 주체는 氣 곧 지구의 대기인 공기이지 水가 아니다. 물 자체가 濕한 것이어서 燥가 포함될 수 없기 때문이다. 이는 아리스토텔레스가 말한 흙·물·공기·불의 4원소의 성질인 冷熱乾濕을 저자의 철학에서 기의 성질로 변용하면서 나온 말이다. 후기 철학에서는 이것을 寒熱乾濕으로 공식화하여 기의 情으로, 活動運化를 기의 性으로 보아, 기를 성정 개념으로 설명하였다.

62 바람이 생기는 까닭은 공기의 그런 성격 차이에 따른 것이다. 여기에는 아리스토텔레스의 견해와 같은 점과 차이점도 있다. 일례로 가장 큰 차이는 바람의 정의인데, 아리스토텔레스는 "공기가 움직이면 바람이 된다고 하였는데 이 설명은 잘못되었다"라고 보았으나 저자는 "기가 움직이는 것을 바람이라 한다"라고 한 점이다. 더 자세한 것은 알폰소 바뇨니/이종란 옮김, 『공제격치』, 245-249쪽과 최한기/이종란 옮김, 『운화측험』, 276-285쪽을 참고 바람.

# 해 설

이 글은 추측을 본격적으로 설명하기 전에 마음의 본질과 작용을 사전에 설명하는 일부 내용이다. 그래서 마음을 거울과 물에 비유하였다. 먼저 거울과 마음의 관계에서 거울이 물건을 비추어도 결코 거울이 본래 물건을 갖추고 있지 않은 것처럼 인간 마음에도 사물의 이치를 갖추고 있지 않다는 점을 지적하였다. 그래서 "만물의 이치가 본래부터 마음에 갖춘 것은 아니다"라고 하였는데, 이는 전적으로 주희 성리학을 반박하는 주장이다. 주희는 『맹자』의 "만물이 모두 나에게 갖추어져 있다"[63]라는 말을 풀이하면서 "만물이란 만물의 자취가 아니라 단지 만물의 이치이니 군신의 의리와 부자의 친함과 같은 도리가 본래부터 내 몸에 갖추어져 있음을 안다"[64]라거나 또 마음을 풀이하면서 "마음이란 사람의 신명으로 많은 이치를 갖추어서 만사에 응하는 것이다"[65]라고 하였는데, 저자가 이를 의식하고 한 발언이다.

그래서 저자는 다른 곳에서 마음을 깨끗한 비단이나 샘물로 비유하기도 했다. 경험을 인식의 출발로 보는 저자의 철학에서는 당연한 논리이다. 설령 기의 법칙으로서 어떤 원리가 마음에 있더라도 기억된 내용 외에 어떤 원리가 우리의 의식에 표상되지 않는다는 점을 시사한다. 마음의 원리 그 자체는 심리학자의 탐구 대상일 뿐이다.

또 마음을 이해시키기 위해 저자는 그것을 물에 비유하였다. 물은 그것을 담은 그릇에 따라 모양이 변하고 위치에 따라 이동한다. 다시 말하면

---

63 『孟子』, 「盡心上」: 孟子曰, 萬物, 皆備於我矣.

64 『四書大全』, 『孟子』, 「盡心上」: 朱子曰, 萬物, 不是萬物之迹, 只是萬物之理, 知君臣之義, 父子之親, 這道理本備於吾身.

65 『孟子集註』, 「盡心上」: 心者, 人之神明, 所以具衆理而應萬事者也.

어떤 요인에 따라 물이 운동한다는 생각이다. 이처럼 마음이 외부의 대상으로 나아가거나 내부로 향하거나 움직이거나 고요하게 있는 일도 어떤 요인에 따라 그렇게 된다고 한다.

저자의 주장대로 어디까지나 비유이므로 그 본래의 의미만 취하면 된다. 곧 마음에는 선험적 앎이 없다는 것이고, 그 움직임도 어떤 요인에 따른다는 주장이다. 부차적으로 마음을 물이나 거울과 같은 물리적 대상으로 삼아 탐구할 수 있다는 점을 읽어낼 수 있다. 현대의 심리학이나 뇌과학도 과학인 이상 그렇게 다룬다. 여기서도 저자의 혜안이 돋보인다.

# 8. 여러 모퉁이와 일의 끝도 헤아리다
## 測隅測終

한 모퉁이를 알려주면 세 모퉁이를 알아서 그것들을 서로 증명하면[66] 남의 가르침을 기다릴 필요가 없다. 일의 처음을 듣고서 끝을 알면[67] 어찌 거북점과 시초점[68]을 쳐서 변변찮게 물을 것인가?

擧一隅而三隅反, 不待人之指示. 聞其始而知其終, 何庸問于龜筮.

* * *

세 모퉁이나 네 모퉁이로부터 천 가지 백 가지 변두리에 이르기까지

---

66 『論語』,「述而」: 子曰, 不憤不啓, 不悱不發, <u>擧一隅</u>, 不以<u>三隅反</u>, 則不復也. 『集注』에서는 "物之有四隅者, 擧一可知其三, 反者, 還以相證之義, 復, 再告也."라고 풀이했다.

67 聞其始而知其終은 『周易』,「繫辭上」의 '原始反終'의 뜻을 달리 표현한 말. 『周易本義』에서는 "原者, 推之於前, 反者, 要之於後."라고 하여 推와 要로서 推測의 뜻을 드러내었고, 또 『周易傳義大全』의 풀이를 보면 "問原始反終. 曰反只如折轉來, 謂推原其始, 摺轉來看其終, 如回頭之義, 是反回來觀其終也."라고 하여 추측의 뜻과 유사하다. 더욱이 본문에서 시초점을 거론한 것을 보면 『주역』에서 가져왔음을 알 수 있다. 한편 이 말은 또 『論語』,「公冶長」顔回의 '聞一以知十'에 대한 풀이에도 보인다. 『集注』에 보면 "顔子, 明睿所照, 卽始而見終, 子貢, 推測而知."라는 말속에 있다. 그 근거 가운데 하나는 저자가 사용하는 '推測'이라는 용어가 나오기 때문이다. 물론 『論語大全』의 "朱子曰, 明睿所照, 推測而知, 兩句, 當玩味. 明睿所照, 如明鏡在此, 物來畢照. 推測而知, 如將些子火, 逐些子照去."라는 말을 보면, 주희의 推測은 저자의 推測과 뉘앙스가 달라서 明睿보다 못한 단계이다. 아무튼 서학에도 推測이 나온다. 그래서 저자의 推測은 동서 사상을 비판적으로 종합하여 자신의 철학으로 만들었다. 그래서 저자가 이 내용을 보았을 가능성이 크다.

68 점치는 일의 대명사로 쓰임. 고대 거북의 껍질을 불에 태워 점치는 일이 거북점이고, 시초점은 蓍草라는 식물의 줄기를 잘라 만든 점대를 사용해 치는 주역점이다. 『주역』을 많이 공부한 사람은 점을 치지 않는다고 하는데 그 이유는 사물의 이치를 알기 때문이란다. 이 글도 그 맥락에서 추측에 익숙하게 되면 그렇게 된다는 뜻.

제각기 바뀌지 않는 이치가 있으니, 곧 하나를 미루어 그 나머지를 헤아리는 일이다. 어찌 꼭 남이 하나하나 가르쳐주는 일을 기다려야 하는가?

自三隅四隅, 至于千百諸邊, 各有不易之理, 則推其一而測其餘. 何必待人之面面指誨.

아침부터 저녁까지, 봄부터 겨울까지 이미 일정한 때가 있어서 처음을 미루어 끝을 헤아리면, 어찌 점치는 관리[69]가 점을 친 뒤에야 일을 결정하겠는가?

自朝至暮, 自春徂冬, 已有一定之時, 則推始測終, 何用祝史之占而後決也.

---

69 祝史는 나라의 제사를 담당한 관리로 점도 쳤다. 孔穎達에 의하면 고대에는 祝官과 史官을 합쳐 부르기도 했다. 제사를 맡았다는 기록은 『左傳』, 「昭公十八年」의 "郊人 助祝史除於國北."에 보인다.

# 해 설

추측의 필요성과 효용성을 강조하였다.

『논어』에 등장하는 일우삼반(一隅三反)과 문일지십(聞一知十)의 고사 그리고 『주역』의 '원시반종(原始反終)'의 의미를 활용하여, 점을 치지 않아도 추측으로서 미리 상황을 합리적으로 예측할 수 있다는 자신감이 들어 있다. 어떤 논리나 법칙에 따라 미래에 벌어질 일을 예측하는 일은 근대학문에서 다루는 일이기도 하다. 가령 옛날에는 혜성이 나타나면 이변이라고 여겨 미래에 닥칠 길흉을 점치거나 제사를 지내기도 했다. 하지만 혜성도 주기적으로 나타나는 천문현상이라는 점을 알고 난 뒤에는 또 언제 나타날지 예측하기도 한다. 저자도 그의 『운화측험』에서 혜성 출현을 예고하고 있다.[70]

여기서 저자의 추측 이론과 주희가 사용한 추측의 차이점을 찾아내 분석할 수 있다. 주희가 사용한 추측의 텍스트는 『논어』「공야장」의 '문일지이'와 '문일지십'의 자공과 안연의 차이를 설명하는 공자의 말[71]이다. 주희는 안연의 지적 능력이 밝은 거울과 같아 다 비추어 보는 것이라면, 자공의 추측은 작은 불로 비추어 보는 것으로 비유했다. 이로 보면 주희가 사용한 추측의 개념은 겨우 안다는 의미의 오늘날 우리가 사용하는 짐작(斟酌, guess)에 가깝지만, 저자의 그것은 '하나를 미루어 그 나머지를 헤아리는 일'이라고 한 바와 같이 확실한 인식 논리이다. 여기서는 '하나를 미루어 일만 가지를 헤아리는' 연역적 논리로 말했지만, 다른 곳에서는 '일만 가지를 미루어 하나를 헤아리는'

---

70 최한기/이종란 옮김, 『운화측험』, 239-247쪽.
71 『論語』, 「公冶長」: 子謂子貢曰, 女與回也, 孰愈. 對曰, 賜也, 何敢望回. 回也, 聞一以知十, 賜也, 聞一以知二. 子曰, 弗如也. 吾與女, 弗如也.

귀납적 논리도 포함하고 있다.[72] 저자의 확신대로 확실한 인식 논리이며
더는 점이 필요 없는 인문 정신의 발로이다.

어떻든 저자가 자신의 추측이라는 논리를 구성할 때 전통과 외래 사상을
동시에 고려했다는 점을 지적하지 않을 수 없다. 전통 사상을 깊이
이해한 바탕 위에서 창조적 재해석을 했다면, 외래 사상에 대해서는
변용이다. 오늘날 우리가 저자가 사용하는 추측이라는 말을 단순한
짐작의 뜻으로 오해하면 안 된다는 까닭도 바로 여기에 있다.

---

72 『추측록』 권1, 「推測源委」: 推一測萬, 即是推源測委也, 推萬測一, 即是推委測源也.

# 9. 통달의 깊이
## 通達淺深

조리가 분명하고 두루 알아 사물을 보고 얼른 이해하는 일이라도 사람에 따라 자연히 안 내용이 깊거나 얕거나 정밀하거나 거친 차이가 있다.

若夫曲暢傍通, 遇物輒開, 自有所得之淺深精麤.

*   *   *

추측에서 터득한 게 있는 사람들이라도 거기에 깊거나 얕거나 정밀하거나 거친 차이가 있다. 그것이 얕고 거친 사람은 겨우 분별하는 일은 있어도 돌아서면 어둡고 미혹에 빠진다. 반면 그것이 정밀하고 깊은 사람은 만나는 상황에 따라 변화를 알아[73] 사물을 만남에 장애가 없다. 그러니 아직 추측에서 터득한 게 없는 사람의 깊이도 이와 유사하다.

得於推測者, 自有淺深之別, 精麤之殊. 淺且麤者, 僅有所辨, 旋卽瞀迷. 精且深者, 隨處通變, 遇物無礙. 則其未得於推測者, 淺深, 亦猶乎是.

---

73 通變은 변화를 안다는 의미로 『周易』, 「繫辭上」의 "極數知來之謂占, 通變之謂事."에 보인다. 變通의 뜻도 있으나 취하지 않음.

# 해 설

추측도 사람에 따라 깊이와 질적인 차이가 있다는 내용이다.
사실 무엇을 하든, 배우든 다 수준 차이가 있음은 당연한 일이다. 그래서
추측 이전에도 그렇다고 인정하였는데, 그 의도는 추측이라고 해서
사람마다 다 똑같을 수 없음을 강조한 데 있다.

# 10. 성학에서 언급하는 문자와 추측
## 聖學及文字推測

성학74의 큰 줄기는 먼저 내 마음을 아는 일인데, 명칭은 비록 다르나 의미는 같다. 서적에 기재된 일에는 모두 맥락이 있는데, 글자는 비록 많아도 종류별로 모을 수 있다.

聖學提要, 先得我心, 名雖殊而義則一也. 書籍載事, 皆有脈絡, 字雖多而可聚類也.

\* \* \*

『논어』의 충서75는 미룸이고 묵식76은 헤아림이요, 『대학』의 격물치지77와 혈구78는 미룸과 헤아림을 아울러 말한 것이어서, 그 뜻이 일관

---

74 성인의 학문 또는 성인이 되는 학문으로 유학자 특히 성리학자들이 자주 쓴 말. 명대 王守仁도 이 용어를 썼다. 李滉의 『聖學十圖』나 李珥의 『聖學輯要』도 여기서 가져온 용어이다.

75 『論語』, 「里仁」: 子曰, 參乎, 吾道一以貫之. 曾子曰, 唯. 子出, 門人問曰, 何謂也. 曾子曰, 夫子之道, 忠恕而已矣. 『集注』의 "盡己之謂忠, 推己之謂恕."라는 말 속에 推가 들어 있어 저자의 주장에 근거가 있다.

76 『論語』, 「述而」: 子曰, 黙而識之, 學而不厭, 誨人不倦, 何有於我哉. 『集注』에서는 黙識를 "識, 記也, 黙識, 謂不言而存諸心也."라고 하여 묵묵히 마음에 보존·기억하는 일로 풀이하였는데, 이때는 '묵지'로 읽는다. 또 黙識은 '묵식'으로도 읽는데, 이때는 '묵묵히 안다'라는 뜻이다. 저자가 測의 의미로 규정했으므로 후자의 뜻에 가깝다.

77 『大學章句』 「經1章」의 8조목 가운데 맨 앞에 나오는 덕목. 사물을 탐구·궁리한다는 말. 朱熹는 "致, 推極也, 格, 至也."라고 하였지만, 저자는 格物을 推, 致知를 測의 의미로 보았다. 뒤의 설명에서 知를 헤아림의 뜻으로 보았기 때문이다.

78 『大學章句』 傳10章의 "所謂平天下, 在治其國者, 上老老而民, 興孝, 上長長而民, 興弟, 上恤孤而民, 不倍. 是以君子有絜矩之道也."에 나오는 말. 朱熹의 주석에서는 "絜, 度也, 矩, 所以爲方也. … 是以君子必當因其所同, 推以度物, 使彼我之間, 各得分願."라고 하여 '자기와 남의 공통점을 미루어 남을 헤아린다'라는 뜻으로 풀었다.

됨79을 알 수 있다. 사부80의 모든 서적 가운데 글의 뜻이 연결된 곳에서 다만 글자의 뜻만으로 묶어 보면, 인(因)·이(以)·유(由)·수(遂)81라는 글자는 미룸의 뜻이고, 양(量)·탁(度)·지(知)·이(理)82라는 글자는 헤아림의 뜻이다. 그 나머지 유사한 종류와 비슷한 글자는 일일이 거론할 겨를이 없다.

論語之忠恕, 推也, 默識, 測也, 大學之格物致知絜矩, 幷言推測也, 可見其義之一揆也. 四部諸書文義聯絡處, 只以字義括之, 因字以字由字遂字, 乃推之義也, 量字度字知字理字, 是測之義也. 其餘擬類倣似之字, 不暇推擧.

---

바로 여기서 推가 등장하고 度은 測의 뜻으로 사용하였다.

79  一揆는 일관되게 같다는 의미로 『孟子』, 「離婁下」의 "地之相去也, 千有餘裡, 世之相後也, 千有餘歲, 得志行乎中國, 若合符節, 先聖後聖, 其揆一也."에 보인다.

80  중국 고대의 도서 분류의 명칭으로서 도서를 經·史·子·集 또는 甲·乙·丙·丁으로 나누었다.

81  因은 원인을 뜻하는 '~을 인하여', 以는 근거를 뜻하는 '~을 가지고', 由는 방법이나 절차를 뜻하는 '~을 말미암아', 遂는 무엇을 답습하는 '~을 따라서'로 옮길 수 있는데, 모두 '미루다'라는 뜻으로 묶고 있다.

82  量은 '헤아리다', 度은 '헤아리다'거나 '판단하다', 知는 '알다' 또는 '나타내다', 理는 '깨닫다' 또는 '이해하다' 등으로 옮길 수 있는데, 모두 '헤아리다'라는 뜻으로 묶고 있다.

# 해 설

추측이 나오게 된 용례가 전통의 문헌에 있음을 밝혔다.

추측은 저자 자신이 만들어 낸 논리가 아니라, 그 근거와 용례가 동아시아 옛 서적에 다 있다는 뜻이다. 하지만 저자가 전통을 강조한 점은 전통의 계승이기도 하지만, 한편으로 겸사(謙辭)이면서 술이부작(述而不作)의 정신을 높이는 문화에서 자기 검열의 성격도 있다. 왜냐하면 추측이 적어도 본격적인 인식론으로서 동아시아 전통에 없던 하나의 완성된 이론이기 때문이기도 하고, 또 하나는 추측이 서학의 영향을 받아 확립된 측면도 있어서, 당시 서학에 알레르기 반응을 보였던 조정과 사대부 지식인들의 의혹을 불식시키는 자기방어의 성격이 강하기 때문이다. 게다가 제목에서 성학이라 언급한 것도 그러한 방어기제가 작동한 결과로 보인다.

서학에서 추측이라는 저자의 이론으로 변용한 사상의 연원은 아리스토텔레스의 영혼론에서 비롯한다. 영혼은 각혼과 달리 인간만이 가진 것으로 여겼고, 중세 스콜라 철학에서는 신학의 논리로 이 영혼의 독자성을 더욱 강조하였다. 곧 영원불멸하는 인간 영혼에만 지성이라는 능력이 있고, 기억한 사유 대상을 다양한 결합과 추론 과정을 통해 지식을 형성한다고 한다. 이것은 수동지성(intellectus passivus, 受明悟)의 역할이며, 그 수동지성을 가능케 하는 일이 능동지성(intellectus activus, 作明悟)이다. 저자가 이것을 이해했는지는 미지수이지만, 추측 활동은 바로 전자에 해당하며 그 추측을 가능케 하는 원인은 후자에 있다. 아무튼 영혼의 이성적 능력으로 추론하여 아는 일을 서학에서는 추통(推通)이라 하였고, 바로 여기서 저자가 추측통(推測通)으로 바꾸었음을 쉽게 알 수 있다. 또 '推測'이라는 말도 『영언여작(靈言蠡勺)』에 등장하고,[83] 추리(推理)니 추론(推論)이라는 용어는『천주실의』에 자주 등장한다.[84] 더 직접적인 증거는 뒤의『추측록』에서 '동물도 추측한다'라는 저자의 주장으로, 이는 인간만이 이성적 사유로 추론할 수 있다는 서학에 대한 반론이다.

저자가 이렇게 '성학'이라는 전통을 거론한 까닭은 앞서 설명한 바와 같지만, 우리 철학을 탐구하는 후학의 시각에서 보면, 저자가 의식했든 못했든 간에 중요한 우리 철학 방법론을 보여주고 있다. 바로 전통을 창의적으로 해석하여 자신의 철학으로 만들었고, 외래 사상을 수용하면서 주체적으로 변용했다는 점이다. 주체적으로 철학을 한다는 것은 무에서 유를 창조하는 일이 아니라, 전통 사상을 발전적으로 계승하거나 극복하고, 외래 사상을 맹목적으로 수용하지 않고 대응하거나 자기화한다는 점이 그것이다. 그런 점에서 저자는 근대 전환기 일부 학자들처럼 타 이론을 전유(Appropriation)하지 않고도, 자신의 주체적 철학을 세울 수 있었다. 그래서 이 성학의 언급은 서학에서 추측을 수용할 수 있는 토대를 이미 형성하였음을 시사하고 있다.

이 세상에 문화나 사상의 고유성이란 거의 없다. 다른 문화와 서로 영향을 주고받으면서 각자의 토양 위에서 꽃피우고 전파한다. 이때 사상의 주체성이란 각자 삶의 문제를 다루기 때문에 생긴다. 구한말이나 일제강점기 때의 일부 신지식인들은 당시 등장한 민족주의를 강조한 나머지 망국의 원인 가운데 하나로 지목된 구학문(특히 유학)을 배제한 채, 단군 연구와 같은 순수한 고유문화에만 천착했다.[85] 일부 성과가

---

83 『靈言蠡勺』上卷,「論亞尼瑪之能」: 將何藉以推測得稱智邪.; 같은 책, 下卷,「亞尼瑪之尊與天主相似」: 有一道可推測而識, 因其願, 推其尊也.

84 이종란, "기독교철학에 대한 최한기의 비판적 수용," 192-193쪽 참조.

85 대표적 인사가 최남선인데 그의 단군 연구 내용과 방법은 전적으로 일본 학자의 그것을 전유하면서 거부하였다(전성곤,『육당 한국학을 찾아서』, 동서문화사,

없는 것은 아니지만 결과적으로 한국문화와 사상의 편협성과 빈약함을
드러내었다. 그러면서 동시에 자신들은 근대화된 서양이나 일본 문물을
큰 저항 없이 받아들였다. 완벽한 모순이다. 고유성과 외래성이라는
사상의 연원에 집착할 일이 아니라, 자신의 문제를 해결하기 위해 조상들
이 여러 사상을 어떻게 자기화했는지를 살펴보았어야 했다. 당시 인사들
이 고유성에 대한 콤플렉스에 빠진 일은 비록 일제의 침략에 저항하는
민족 정체성을 찾는 일이기는 해도, 민족주의의 혈연적·문화적 순수성
에 경도된 나머지 우리 철학 탐구의 방법론을 제대로 확립하지 못했기
때문이다.86

2016, 48-50쪽 참조). 다만 그 방향이 적어도 1920년대까지는 일제의 역사 왜곡에
맞선 조선 중심이었다.
86 우리 철학의 방법론에 대한 더 자세한 내용은 이철승, 『우리철학, 어떻게 할 것인가』
(학고방, 2020)과 이종란, 『서양 문명의 도전과 기의 철학』을 참고 바람.

# 11. 헤아릴 수 없는 것을 버리다
## 捨其不可

미룸에는 반드시 근거[87]가, 헤아림에는 반드시 판단[88]이 있다. 근거도 없고 판단도 없는 추측이란 허깨비[89]일 뿐이다. 그러므로 잘 추측하는 일은 다만 헤아릴 수 있는 대상만 헤아리고 헤아릴 수 없는 대상은 버릴 수 있다.

推必有因, 測必有以. 無因無以, 是爲罔兩. 故善推測者, 但能測其可測, 而捨其不可測者.

\* \* \*

눈이 이전에 본 내용을 미루어 아직 보지 못한 대상을 헤아리고, 귀가 이전에 들은 내용을 미루어 아직 듣지 못한 대상을 헤아린다. 나아가 코로 냄새 맡거나 혀로 맛보거나 몸으로 접촉하는 일 모두 그렇지 않음이 없다. 하지만 보거나 듣거나 냄새 맡거나 맛보거나 만질 수도 없는 대상을 헤아리려고 하는 일은 미룬 대상이 없어서 거의 허황하고 망령된 데

---

87 因은 추론의 구체적 대상이 갖는 모양·소리·맛·냄새 따위의 감각 가능한 사물의 구체적 대상의 특징을 묶어서 한 말이다. 전체 내용과 因·以·由·遂의 의미를 종합하면 판단의 근거.

88 以는 앞의 글 「聖學及文字推測」에서 以는 推의 범주에 해당한다고 해 놓고, 여기서 測에 그것이라고 하니 약간 혼란스럽지만, '~을 가지고서' 헤아린다는 뜻이니 전체 내용과 量·度·知·理의 의미를 종합하면 測의 결과인 판단으로 보임.

89 罔兩은 罔閬과 같으며 고대 전설적인 요괴나 도깨비. 魍魅魍魎이라고도 칭한다. 『左傳』, 「宣公三年」의 "故民入川澤山林, 不逢不若, 螭魅罔兩, 莫能逢之."와 또 『史記』, 「孔子世家」의 "丘聞之, 木石之怪夔, 罔閬."에도 보인다.

빠진다. 그러므로 잘 헤아리는 일은 그 같은 헤아릴 수 없는 대상이
없다고 말하는 게 아니다.[90]

推目之所嘗見, 測其未及見者, 推耳之所嘗聞, 測其未及聞者. 至於鼻之臭舌之味身
之觸, 莫不皆然. 若求測其不可見不可聞不可臭不可味觸者, 是無所推, 而殆涉虛妄.
故善測者, 非謂其無不可測也.

---

90 무엇이든 다 잘 헤아린다는 뜻이 아니라는 말. 가령 초월적 신 같은 존재처럼
   헤아릴 수 없는 대상이 있다는 것을 인정하고, 다만 잘 헤아리는 사람은 그것을
   헤아릴 수 있는 대상에서 제외한다는 뜻.

# 해 설

추측의 추와 측에 해당하는 논리적 의미와 그 대상의 특징을 논하였다. 이 글은 짧아도 중요한 내용이 들어 있다. 또한 추상적으로 이루어져 있어서 이해하기 쉽지 않다. 일단 미루는 대상은 경험한 내용이다. 달리 말하면 감각 자료에 해당한다. 이것은 크게 보면 이미 서문에서 언급하고 목차에 나타난 기(氣)·정(情)·동(動)·자기[己]·물건[物] 등으로 모두 감각으로 경험할 수 있는 대상이다. 헤아리는 대상은 리(理)·성(性)·정(靜)·남[人]·일[事] 등이다. 물론 남과 일은 추측을 통하지 않고 직접 경험할 수 있지만, 나와 물건을 미루어 직접 경험하지 않고도 헤아릴 수 있다는 뜻이다. 가령 역사에서 과거 사람과 그 일을 미루어 지금 사람과 그것의 미래를 헤아리는 따위가 그런 것이다. 각각의 구체적인 내용은 해당 글에서 확인할 수 있다.

문제는 미루고 헤아리는 용어의 인(因)과 이(以)가 무엇이냐 하는 점이다. 논리를 탐색하려면 바로 앞의 글 「성학에서 언급하는 문자와 추측(聖學及文字推測)」의 설명대로 옛 문헌에의 인(因)·이(以)·유(由)·수(遂)라는 글자가 들어 있는 문장의 맥락에서 미룸의 논리를, 양(量)·탁(度)·지(知)·이(理)라는 글자가 들어 있는 문장의 맥락에서 헤아림의 논리를 찾아야 한다. 그래야 인(因)과 이(以)의 의미를 제대로 파악할 수 있다. 해당 각주에서 현대 용어로 소략하게 근거와 판단이라고 밝혔다.

이 추측은 분명히 감각적으로 경험한 대상을 사유하는 능력임은 분명하다. "보거나 듣거나 냄새 맡거나 맛보거나 만질 수도 없는 무엇을 헤아리려고 한다면, 이는 미루는 대상이 없어서 거의 허황하고 망령된 데 빠진다"라는 표현이 그것을 잘 말해준다. 그래서 이런 표현은 초월적 신이나 형이상학적 존재는 추측의 대상이 될 수 없다는 관점을 표명한 말이다.

사실 서양의 근대 과학도 아리스토텔레스를 이은 중세 스콜라 철학에서 추구한 형상(form)과 목적인(a final cause)의 탐구를 포기하면서 진보하였다. 저자가 접한 서학은 바로 이런 형상을 아직도 추구하고 목적론적 관점을 유지하고 있었다. 형상은 비록 사물을 이룬 질료(matter) 속에 깃들어 있다고 말하지만, 어디까지나 형이상학적 실체이지 과학 법칙은 아니다. 더구나 그 형상은 상위의 형상으로 이어지고 연결되어 목적론을 이룬다. 그런 목적론이 많이 포함된 책 가운데 하나가 『공제격치』이고, 본서를 저술할 당시 이미 그 책을 보았다. 훗날 『운화측험』을 저술할 때 『공제격치』를 기철학에 맞게 편집하여 저술하면서 그런 형이상학적 요소와 목적론을 완전히 제거하였다.

따라서 제목을 포함한 이런 발언은 형이상학과 초월적 종교와 완전한 거리 두기의 한 표현이며, 더 나아가 그것이 과학적 인식의 대상이 아니라는 점을 선언한 말이다.

# 12. 사리를 찾을 수 있다
## 事理可尋

당시 일어난 일의 물리는 찾을 수 있는 단계가 반드시 있어서, 까닭 없이 변화하여 이루어진 것은 아직 없고, 뿌리가 없는 가지와 잎도 없다.

時事物理, 必有階梯之可尋, 未有無緣而化成者, 亦未有無根之枝葉.

\* \* \*

마음에 보존한 대상이 밖으로 드러나니, 어찌 밖으로 드러난 내용이 마음에 보존한 대상을 말미암지 않을 수 있는가? 먼저 징계받고 나서 뒤에서 고치는 것이니, 어찌 뒤에서 고치는 일이 앞에서 징계받은 사실을 말미암지 않을 수 있는가? 그러므로 단계를 좇아 실마리를 찾으면, 드러나고 숨은 것 사이에는 틈이 없고,[91] 움직임과 고요함은 근원을 같이한다.[92]

存於中者發於外, 豈可以發外者不由於中之存也. 懲於前者改於後, 豈可以改後者

---

91 顯微無間은 體用一源과 함께 『朱子語類』에 총 5회 등장한다. 그 가운데 "至微者, 理也, 至著者, 象也(67-36)."라고 하여 드러난 것은 象이고 숨은 것은 理라고 하였다. 顯微無間 사상은 『中庸』의 "詩云, 鳶飛戾天, 魚躍于淵. 言其上下察也."에 보인다.

92 動靜一源은 주로 불교 華嚴의 견해인데, 이 말은 『五燈會元』 卷18, 「華光恭禪師法嗣」의 "往復無際, 動靜一源. 含有德以還空, 越無无而迥出."라는 말에 보인다. 또 유학자의 글에는 『二程粹語』 卷上, 「論道篇」의 "子曰, 靜中有動, 動中有靜. 故曰 動靜一源."에 보이며, 고요한 본체와 움직여 작용하는 현상의 근원이 같다는 體用一源의 의미로도 자주 사용하는 말. 성리학은 이것을 理一分殊 논리로 정치하게 전개하였다.

不由於懲于前也. 故循階尋緒, 顯微無間, 動靜一源.

# 해 설

이 글은 추측의 대상을 두고 그것이 가능하거나 성립할 수 있는 근거를 제시하였다.

본문의 '드러나고 숨은 것'은 서양철학에서 이 세계를 실체와 현상으로 설명하는 논리와 비슷하지만, 세부적으로 잘 살펴보아야 한다. 플라톤에 있어서 현상계의 모든 존재는 이데아로 이루어진 실체계의 모상(模像)일 뿐이다. 하지만 동아시아 전통에서는 본체와 작용은 이분법적으로 나뉘지 않는다. 드러나고 숨은 것, 움직이고 고요한 것은 체용일원(體用一源)의 다른 표현이다. 불교의 색즉시공과 공즉시색도 색과 공이 상즉(相卽)하고 상입(相入)하므로 그런 이분법을 배제한다. 물론 이것은 다분히 형식 논리이다. 불교와 성리학과 기철학에서 다루는 본체는 그 성격이 같지 않기 때문이다.

내용의 요지는 드러난 대상과 숨은 대상이 서로 이질적인 다른 존재가 아니어서, 그 드러난 부분을 가지고 숨은 내용을 추측으로 파악할 수 있다는 주장이다. 본문의 '찾을 수 있는 단계'란 경험과 추측을 말한다. 과학의 관점에서 보면 사물의 현상을 관찰하여 추측으로서 감각기관에 포착될 수 없는 사물의 법칙을 파악할 수 있다는 뜻이다. 현상은 눈에 보이지만 법칙은 눈으로 볼 수 없는 이론적 지식이기 때문이다.

이렇듯 본체와 작용, 또는 실체와 현상이 이분법적으로 분리되지 않았기에 작용이나 현상을 가지고 본체나 실체를 파악할 수 있고, 그래서 추측이 성립한다는 주장이다.

## 13. 물건에 마음이 팔리고 일에 임해 잘못될 때
### 遇物遷臨事差

물건을 만나 마음이 거기로 이동하는 일을 당했을 때 내면으로 되돌아가면 자연히 그 이동을 안다. 일에 임했을 때의 잘못은 마음에서 헤아려 보면 자연히 바름을 갖는다.

當其遇物遷徙, 而反之於內, 自知其移. 臨事過差, 而權之于中, 自有其正.

\* \* \*

산수의 경치가 막혀 답답한 곳을 지나면 마음 또한 막히고 답답하다가, 계곡과 산이 새뜻하고 아름다운 곳을 지나면 마음 또한 새뜻하고 아름답다. 뇌우가 쏟아지는 어두컴컴한 저녁에는 마음 또한 어두컴컴하다가, 바람과 햇볕이 밝고 맑은 아침이면 마음 또한 밝고 맑다. 막히고 답답하거나 새뜻하고 아름답거나 어둠컴컴하거나 밝고 맑은 마음이 드는 까닭을 모두 평상시로 되돌아가 서로 비교해 보면, 반드시 그 차이를 알게 될 것이다.

過山水壅鬱之地, 此心亦壅鬱, 過溪山明麗之地, 此心亦明麗. 當雷雨晦暝之夕, 此心亦晦暝, 當風日清朗之朝, 此心亦清朗. 其所以壅鬱明麗晦暝清朗之心, 必使反之于平常之時而相較, 則知其有異也.

사람이 희로애락에서 먼저 집착하는 것이 있다면 일에 임해서 잘못이 많게 된다. 그런 희로애락을 제거하고 헤아려야 저절로 바른 데로 돌아가는 방도가 있을 것이다.

人於喜怒哀樂, 先有所着, 則臨事而多過差. 須除喜怒哀樂而權量之, 自有歸正之方.

# 해 설

이 글은 얼핏 보면 추측과 무관한 내용처럼 보이나 자세히 음미하면 저자의 의도를 파악할 수 있다. 곧 추측은 마음의 이성적 활동이라는 점이 그것이다.

사실 마음은 환경의 영향을 받는다. 그것을 인정하더라도 그 영향에 따라 판단이 흐려지면 안 된다는 주장이다. 또 사람에게 희로애락이 없을 수는 없으나 선입견에 사로잡힌 감정을 배제해야 올바른 판단을 내릴 수 있다는 의견이다.

환경이나 선입견에 따라 흔들리는 마음은 이성적으로 판단하는 데 지장을 초래한다. 마음이 흔들리는 원인을 알아 그것에 영향을 받지 않는 이성적 자세가 필요하다는 주장이다. 외부적 요인이나 선입견이나 편견이 간여하지 않는 그야말로 순수한 이성이랄까, 사유의 주체를 확보하려는 의도임을 알 수 있다.

하지만 그 이성도 감정을 완전히 배제한 것이라 말하기는 어렵다. 원문 '須除喜怒哀樂而權量之'만 보면 마치 희로애락을 제거하고 헤아린다고 말할 수 있으나, 그 앞의 '先有所着'이라는 단서를 단 것을 보면, 선입견이나 편견 따위가 없다면 감정 자체가 문제될 것 같지 않기 때문이다. 또한 전통 철학의 관점에서 봐도 정(情)은 제거할 수 있는 대상이 아니다. 본성이 정을 통해 드러난다고 여길 뿐만 아니라 판단이나 사고 자체가 정의 영역이기 때문이다. 이황과 기대승의 사단칠정논변에서 이황이 그토록 리를 중요하게 여겨도 절대로 정을 배제할 수 없었고, 그것을 배제하면 논쟁 자체가 불가능하기 때문이다. 서양 전통처럼 이성과 감정을 완전히 분리할 수 없다.

## 14. 배워 들은 데서 학문의 명칭을 달리하다
### 學聞異稱

전한과 후한 이후로 학술은 여러 갈래이다. 도의 실천을 추구하는 학문을 도학이라고 하고, 마음을 밝히는 학문을 심학[93]이라고 하며, 이치를 궁구하는 학문을 이학이라고 말하여, 드디어 학파를 이루어 제각기 그 전수한 가르침을 지키나, 도와 덕을 같이 하거나 온 세상과 함께하는 것이 거의 아니다.[94]

兩漢以降, 學術多端. 究其行道者, 謂之道學, 明心者, 謂之心學, 窮理者, 謂之理學, 遂成門戶, 各守其傳, 殆非所以一道德而公天下也.

그 명칭을 미루어 그 뜻을 헤아리면, 이 세 학문 모두에서 취할 것이 있고 또한 취하지 못할 것도 있다. 사람 가운데 스스로 중요한 임무를 지고 먼 길을 가려는[95] 자라면, 어찌 늘 하나만 종사하는 학문만 있겠으며, 어찌 배우지 못할 학문이 있겠는가?

推其名而測其義, 則三者皆有所取, 亦有所不取. 夫人之自任重要致遠者, 焉有所常

---

93 心學이라면 불교일 듯하나 유학 내부의 분류이므로 陸九淵과 王守仁의 心學을 일컫는 것으로 보임.
94 도는 인식 대상에서 파악한 진리, 덕은 인간의 수양으로 체득한 것. 원문 一과 公은 모두 보편성을 상징하는 말로서 그들 학문에서 주장하는 도와 덕이 보편적이지 않다는 뜻.
95 任重致遠은 『墨子』, 「親士」의 "良馬難乘, 然可以任重致遠, 良才難令, 然可以致君見尊."과 『後漢書』, 「輿服志上」의 "輿輪相乘, 流運罔極, 任重致遠, 天下獲其利."에 보이며, 이와 비슷하게 『論語』, 「泰伯」의 "曾子曰, 士不可以不弘毅, 任重而道遠. 仁以爲己任, 不亦重乎. 死而後已, 不亦遠乎."에 보임.

學, 焉有所不學.

\* \* \*

학파가 여러 갈래로 전개된 이후 학자들은 대부분 학문의 이름만을
지켜서 같으면 취하고 다르면 버려서, 마침내 그 실상이 하나로 꿰뚫고[96]
있음을 모른다.

自門戶之張開, 學者多守名號, 取同捨異, 須不知其實一貫也.

그 본뜻을 추측해 보면 이치를 궁구하는 일과 마음을 밝히는 일이 서로
도와 밝혀서, 마침내 도를 실천하는 일에서 만난다. 이치를 궁구하지
않으면 마음을 밝힐 방법이 없고, 밝은 마음이 아니면 도를 실천할 방법이
없다. 하지만 명칭이 이미 세 가지가 되었으니, 사람들이 듣고 보는
일을 쉽게 현혹할 뿐이다.

推測其義, 窮理明心, 交將互發, 竟期至于行道也. 非窮理, 無以明心, 非明心, 無以行
道. 然名旣至三, 易眩人聽視爾.

그 의미를 총괄해 보면 추측이 아니면 무엇으로 하겠는가? 무릇 추측을
스승으로 삼은 사람은 온 세상의 착한 사람이 나의 스승이 되지 않음이
없고, 온 세상의 악한 사람이 나의 경계가 되지 않음이 없다.

---

96 一貫은 一以貫之의 준말. 『論語』, 「里仁」의 "子曰, 參乎. 吾道一以貫之."에 보임.

總括其意, 非推測何以哉. 凡以推測爲師者, 天下之善, 無不爲我師, 天下之惡, 亦無不爲我戒也.

# 해 설

추측으로 여러 학문을 종합하여 그 원래의 취지를 밝힐 수 있다는
주장이다.

한 대 이후 학문의 갈래를 유학 중심으로 설명하였는데, 하나의 관점에
집착해 학파가 갈렸다는 주장이다. 성리학과 양명학의 경우는 그런
점이 분명히 있다. 하지만 도학·심학·이학도 성리학이 포섭하고 있는
내용이다. 조선 철학사를 살펴볼 때 같은 성리학 내부에서도 실천을
중시하는 도학파가 있고, 심성론을 심화시킨 학파도 있고, 리를 중시하
는 학파도 있고, 이것들을 겸한 학파도 있다. 대개 같은 시대의 학문이라
기보다는 시기에 따라 이렇게 구분된다. 특히 조선 후기 인물성동이논쟁
과 심설논쟁도 성리학 내부의 심성에 대한 논쟁인데, 본서의 서문에서도
언급하였지만, 저자가 성리학을 심학의 범주에 넣은 근거가 된다.
저자의 의도는 그런 학파의 분석에 목적이 있지 않고, 추측으로 그
학문이 갖는 본래의 의미를 파악하여 이런 논쟁을 종식할 수 있다는
자신감의 표명이고, 또 현실 문제의 해결을 위해 학문의 포용성과 확장성
을 중요시한 발언이다. 더 나아가면 분과 학문으로서만은 현실 문제의
해결이 힘들고, 종합하거나 융복합으로 해결할 수 있다는 견해이다.
사실 철학이란 무엇인지 학자마다 나름의 정의를 내리고 있겠지만,
옮긴이는 평소 저술이나 강의 등에서 현실의 문제를 해결하기 위한
근원적 사유체계라고 줄곧 일컬어 왔다. 서양철학이 난해하고 복잡해
보이는 까닭은 복잡한 개념 체계를 우리말로 옮길 때 드러나는 언어
선택의 미숙함도 있지만, 또 하나 난해한 이유 자체만 놓고 따질 때는
서양철학이 기독교 전통을 완전히 무시할 수 없어 아슬아슬 줄타기하는
자기 검열 속에서 그 언어가 갖는 특유한 사변적 성격도 한몫한다.

어쨌든 서양철학은 원래 서양 사람 자신들의 문제를 해결하기 위한 이론이어서 우리에게 생소한 문제를 다루기 때문이기도 하다. 그래서 우리의 문화와 역사 속에서 남이 만든 이론의 잣대로 우리 문제에 적용하려고 보니 어려울 수밖에 없다. 현실과 거리가 생길 수밖에 없다는 말이다. 그 이론을 우리의 정서와 풍토에 맞게 적용하는 일이 현재 한국에서 서양철학을 전공한 학자들의 몫이기도 하다.

그런 뜻에서 저자가 "스스로 중요한 임무를 지고 먼 길을 가려는 자라면, 어찌 늘 하나만 종사하는 학문만 있겠으며, 어찌 배우지 못할 학문이 있겠는가?"라고 한 말 가운데 '임중치원'도 그런 현실을 중요시하는 문제와 아울러 학문의 포용성과 확장성을 중요시한 철학의 자세를 극명하게 보여준 발언이다. 아울러 조선 후기 학맥에 따른 논쟁과 정권을 놓고 벌인 당쟁을 두고, 이 학문의 갈래를 통해 간접적으로 비판하고 있다.

끝으로 이 글의 제목이 '學聞異稱'인데 여기서 '學聞'이 '學問'의 오자라고 주장하기도 하는데, 여러 학문으로 갈라진 내용이 등장하므로 일리가 있다. 하지만 옮긴이는 확실하지 않으면 가능한 텍스트의 글자를 고치지 않으려는 입장이므로 그대로 두고 옮겼다. 그 근거는 원문 '各守其傳'이라는 말 때문이다. '學聞'의 대상이 바로 그것이기 때문이다. 각 학파에서 전해 받은 것만을 후학들이 배우고 들어서 그런 학문의 차이가 생겼다는 뜻이다.

# 15. 마음을 닦아 밝히다
## 修明其心

창문을 수리하여 넓히면 책상이 훤한데, 이것이 어찌 방안의 허공이
어둠을 몰아내고 밝음을 받아들인 현상인가? 거울의 때와 먼지를 씻고
닦으면 물건을 비춤에 장애가 없는데, 이것이 어찌 거울 자체가 흐림을
받아들였다가 맑게 바꾸었겠는가?

牕牖修張, 書案生白, 豈是室虛之黜暗而納明. 塵垢洗磨, 照物無礙, 是豈鏡體之容
濁而換清.

* * *

자기 마음을 닦아 밝히려는 사람은 그 내부에서 억지로 조장97해서는
안 되고 추측에서 노력해야 한다. 마치 방의 창문을 수리하고 거울의
때와 먼지를 닦듯이 하면, 이 마음의 밝은 덕98은 스스로 드러나니,
일 분을 추측하여 알면 마음도 일 분 밝아지고, 십 분을 추측하여 알면
마음도 십분 밝아진다.

要得修明其心者, 不可自內助長, 可於推測上用功. 如室之修牕牖, 鏡之洗塵垢, 則
此心之明德自顯, 推測得其一分, 心明一分, 得其十分, 心明十分.

---

97 助長은 인위적으로 억지로 자라게 돕는 것. 출전은 『孟子』, 「公孫丑上」의 "必有事焉而
勿正, 心勿忘, 勿助長也."에 보인다.
98 明德은 여러 뜻이 있으나 『大學』에 등장하는 마음으로서 그것이다. 그 마음을
성리학에서는 具衆理한 것으로 보지만, 저자는 明德을 무한한 功用을 지닌 神氣(마
음)로만 본다. 그 밝은 德이 바로 氣의 神이다.

# 해 설

추측이 마음의 밝은 덕을 밝히는 활동임을 주장했다.

'밝은 덕'으로 옮긴 명덕이란 보통 마음을 일컫는다. 마음을 밝히는 문제는 불교가 중국에 전파되기 이전부터 『대학』의 첫머리의 '밝은 덕을 밝힌다'라는 명명덕(明明德)에 들어 있다. 하지만 불교에서 마음을 거울에 비유하여 자주 거론해 왔다. 성리학이 형성될 때도 이 불교의 비유를 가져와 자주 사용하였고, 저자도 마음을 거울이나 맑은 샘물과 흰 비단에 비유하기도 하였다. 하지만 마음을 상징하는 거울의 본질을 두고 제각기 주장이 다르다.

불교는 마음에 불성이 있다고 보았고, 성리학은 불성에 대응하여 태극인 리가 인간의 성품으로 갖추어져 있다고 여겼다. 그래서 불교는 거울을 닦듯이 마음을 수양하면 불성을 깨달을 수 있다고 보았고, 성리학은 리를 아는 공부와 함께 마음을 어둡게 만드는 기질을 변화시키면 밝은 본성을 회복할 수 있다고 여겼다.

하지만 성리학의 말류는 밖의 사물을 도외시하고, 자기의 내면만 살펴 본성을 깨달으려고 하였다고 한다. 이 점은 『신기통』 서문에서 "심학만을 오로지 공부하는 사람들은 감각기관을 보잘것없는 것으로 여겨 성명(性命)의 이치를 탐내듯 연구한다"라고 지적한 바 있다. 저자가 여기서 말한 심학에는 성리학도 포함한다. 이런 맥락에서 본문의 "그 내부에서 억지로 조장해서는 안 된다"라는 말도 바로 이런 학문적 태도를 비판한 말이다.

마음을 밝게 하는 활동은 추측뿐이며 그 밝음은 추측에 비례한다고 여겼다. 자기 내면의 심성 탐구라 할지라도 어떤 객관적 대상의 경험과 사유가 없이는 어렵다는 뜻이다. 현대 심리학이나 뇌과학자도 자신의 마음을 들여다보고 곧장 어떤 지식을 산출하지 않는다. 설령 자신의 마음이라 할지라도 그것을 대상화·객관화해서 경험과학으로 탐구할 뿐이다. 더구나 심성에서 경험과 추측을 고려하지 않은 윤리적 가치나 리를 찾는다는 것은 어불성설이다.

추측에 비례하여 마음이 밝아진다는 저자의 주장은 현대 교육학이나 인지발달 이론이 강력하게 뒷받침하고 있다. 인간의 사고력은 경험-추측에 의지하여 무한히 발달하기 때문이다.

# 16. 익힌 내용이 제각기 다르다
## 所習各異

익힌 내용이 다르면 견문도 다르며, 견문이 이미 다르면 미루는 내용도 다르고, 미루는 내용이 이미 다르면 헤아리는 내용도 다르다. 대개 자기가 익힌 내용에만 구애되면 두루 알 수 없어, 대동99을 제시하면 편협하게 가려진 상태를 제거할 수 있다.

所習各異, 見聞亦異, 見聞旣異, 所推亦異, 所推旣異, 所測亦異. 蓋拘於所習, 則未能周通, 擧其大同, 則可去褊蔽.

\* \* \*

익힘은 환경을 말미암고 견문은 익힘을 말미암으며 추측은 견문을 말미암는다. 하지만 한 사람의 견문으로는 온 세상을 두루 섭렵하고 오랜 세월을 겪어 알기 어려우므로, 가를 미루어 국을 헤아리고, 국을 미루어 천하를 헤아리며,100 지금을 미루어 옛날을 헤아리니 이것을 대동이라고 말한다.

所習由於所處, 見聞由於所習, 推測由於見聞. 而一人之見聞, 難得遍天下歷千古,

---

99 大同은 여러 뜻이 있으나 여기서는 대체로 같은 점, 보편적 내용을 말함. 주로 大同小異와 함께 쓰이는데, 『莊子』, 「天下」의 "大同而與小同異, 此之謂小同異, 萬物畢同畢異, 此之謂大同異."와 『中庸章句』 第29章의 주회 주석에 "此與論語文意大同小異, 記有詳略耳." 등에 보인다.

100 家는 大夫, 國은 諸侯, 天下는 天子가 다스리는 정치 단위로 여기서는 인식 범위의 확장을 말하는 수사법으로 쓰였음.

則推家而測國, 推國而測天下, 推今而測古, 是謂大同.

만약 추측한 내용이 없고 단지 견문만을 가지고 말하면 쉽게 오류에
빠진다. 가령 두 사람이 해와 달의 운행을 논할 때, 한 사람은 그것이
'서쪽을 향하여 운행한다'라고 여길 것인데, 이는 단지 아침에는 동쪽
하늘 저녁에는 서쪽 하늘에 있는 것만 보고, 그 별이 운행하는 도수[101]의
차이를 모르기 때문이다. 또 한 사람은 그것이 '동쪽을 향하여 운행한다'
라고 여길 것인데, 이는 그 별이 운행하는 도수의 차이를 미루어서 별의
겉보기 운동[102]에 현혹되지 않았기 때문이다. 그 시비를 가리는 사람이
어찌 말주변의 능숙함과 졸렬함을 따라 판결할 수 있겠는가? 또한 마땅
히 오랫동안 참고하고 조사한[103] 쪽의 주장에 손을 들어주어야 한다.

若無所推測, 只以見聞, 易致差誤. 如有二人論日月之運行, 一人以爲向西而轉, 只
見其朝東而暮西, 未見其星躔之差移. 一人以爲向東而行, 以其推星躔之差移, 不爲
運轉所惑. 聽其訟者, 豈可以言說之巧拙爲決哉. 亦當以常久稽合爲勝矣.

이것으로 미루어 보면, 한갓 견문만 넓히는 일은 부러워할 게 못 된다.
견문을 따라 추측이 생기면 이것이 참으로 아는 게 된다. 하지만 견문이

---

101 星躔은 해와 달과 별이 운행하는 도수와 순서를 말함. 南朝 梁武帝의 『閨闈篇』의
　　"長旗掃月窟, 鳳跡輾星躔."과 『舊唐書』, 「文宗紀下」의 "德有所未至, 信有所未孚,
　　災氣上騰, 天文謫見, 再周期月, 重擾星躔."에 보이는데, 별이 운행하는 도수만을
　　말하고 있음.
102 지상에서 관측할 때 지구의 자전 때문에 해와 달의 별이 동에서 서로 움직이는
　　현상. 運轉은 운행의 뜻으로 훗날 『運化測驗』에서 공전과 자전을 아울러, 때로는
　　공전과 자전을 제각기 일컫는 말로 쓰였다. 여기서는 육안에 보이는 운행의 뜻으로
　　쓰임. 사실 달은 매일 13도씩 동쪽으로 이동한다.
103 稽合는 考校의 뜻으로 참고하여 조사함.

적더라도 또한 두려워할 만하다. 그러므로 오직 추측이 완벽하지 못함을 걱정하지, 좁고 가려진 기질을 제거하지 못함을 근심하지 않는다.

以此推之, 徒博見聞, 不足羨也. 由見聞而推測生, 則是爲實得. 而見聞雖少, 亦可畏也. 故惟患推測之未盡, 不患褊蔽之未去.

# 해 설

환경과 학습, 견문과 추측의 영향과 의존관계를 중심으로 서술하였다. 여기서 말하는 견문은 보고 듣는 따위의 감각으로 인식한 경험적 지식의 총칭이며, 학습은 경험 활동을 총괄하는 개념이다. 글을 보면 환경은 학습에, 학습은 견문에, 견문은 추측에 영향을 미친다. 역으로 말하면 추측은 견문에, 견문은 학습에, 학습은 환경에 의존한다. 이는 현대 인지발달 이론과 교육학 이론과 일치한다. 물론 각 요소는 성격이 다르다. 특히 견문과 추측은 질적으로 다를 수 있다는 주장이다. 그 사례가 해와 달의 운행에 따른 천문학 지식을 동원하였다. 직접 관찰한 결과가 사실이 아닐 수도 있다는 뜻이다. 사실관계에서는 추측이 견문보다 질적으로 우월하다는 지적이다. 태양이 운행하는 도수란 천문학에서 말하는 태양이 천구상에서 황도를 따라 일정한 시간에 이동하는 도수이다. 따라서 감각적 경험이 갖는 한계를 추측이 극복하여 더 발전적 인식으로 나아간다는 주장이다. 하지만 추측도 견문의 양에 의존할 수밖에 없어서, 보편적인 넓은 견문을 갖도록 권장한다.

여기서 많이 듣고 보는 것만이 능사가 아니라는 말은 오늘날도 통한다. 감각적 경험만으로 사실에 접근하기 어렵다. 대체로 추상적 이론이 그것을 가능케 해주기 때문이다. 세계와 역사와 인간을 이해하려면, 이렇게 이론적으로 공부할 수밖에 없다는 점을 시사하고 있다.

끝부분에 "오직 추측이 완벽하지 못함을 걱정하지, 좁고 가려진 기질을 제거하지 못함을 근심하지 않는다"라는 말은 주희 성리학을 비판하는 의미심장한 발언이다. 바로 여기서 저자가 비판하는 점은 그 공부 방법이다. 본성을 가린 편협한 기질을 제거하는 주희 성리학의 공부가 자신의 추측 이론보다 못하다는 지적이다. 다시 말하면 앞에서도 언급했듯이 거울의 때와 먼지를 닦는 일처럼 마음을 다스리는 공부는 백번 양보해 도덕 수양에 도움은 되겠지만, 우리 주변의 사물을 인식하여 물질적 생활을 개선하는 데 도움이 안 된다는 생각이다.

사실 조선말과 일제강점기에 이른바 신교육의 물을 조금이라도 먹은 사람들은 물론, 지금까지도 일부 지식인들 가운데 하나같이 유교(성리학)가 망국의 원인이라는 말을 자주 하는데, 그들은 세종대왕의 업적이 성리학을 기반으로 이루어졌다는 점에 대해서는 하나같이 무지하거나 침묵한다. 어떤 학문이든 장단점이 있고, 역사 전개 과정에서 긍정·부정적 역할을 한다. 한 요소만으로 전체를 설명하는 일은 논리의 비약이다. 비판하려면 세밀하게 종합적으로 보아야 한다. 그러니까 똑같은 성리학으로 세종 때는 과학과 기술 같은 학문이 꽃을 피우다가 조선 중기 이후로 그렇게 못한 사회·경제적 배경과 권력화된 학문풍토, 무엇보다 가장 큰 변수인 제국주의라는 외세 침략에서 찾아야 했다. 대내적으로 크게 보면 농업 위주의 낮은 생산력과 전근대적 수취체제와 신분제도, 과학·기술에 종사하는 사람들에 대한 낮은 처우와 사회적 지위, 그런 바탕 위에서 성리학이 사회를 보수적으로 이끄는 지배층의 이념과 정치 투쟁의 논리 근거로 활용된 결과, 전근대적 구체제의 개혁에 역량을 모으지 못했기 때문이다. 그래서 저자의 주장대로 주류 학문이었던 성리학의 풍토 가운데 한 측면인 심성의 탐구에만 몰입하였기 때문이다. 세상을 도덕의 잣대로만 바라보는 학문의 편협성과 경직성, 그나마 그 도덕의 근거조차도 현실 지배층의 이념이 투영된 형이상학적 관념에 기반했기 때문이 아닐지?

## 17. 잘 때나 깨어있을 때의 추측
### 寤寐推測

호흡이 계속 이어져 한 몸에 풀무질하니, 미룸은 자나 깨나 구분이 없다. 생각이 잠잠해지면 혈맥을 휴식시키니, 헤아림은 활동하거나 휴식하는 데 따라 틈이 있다. 하지만 간혹 잠잘 때의 헤아림 또한 쉬지 않아서, 좋거나 나쁜 꿈으로 일이 이루어질 결과[104]를 점칠 수 있다.

呼吸連續, 橐籥一身, 乃推之無分於寤寐也. 思慮潛藏, 休息血脈, 乃測之有間於動靜也. 然或於寐時, 測亦不息, 夢之邪正, 可占造詣.

\* \* \*

추측은 사물에서 논의하는 게 있는데, 자기를 미루어 남을 헤아리고 물건을 미루어 일을 헤아리는 따위가 그것이다. 또 한 몸에 나아가 논의하는 게 있는데, 호흡의 미룸과 생각의 헤아림이 그것이다. 헤아림은 활동과 휴식에 따라 달라지고, 호흡의 미룸은 자나 깨나 차이가 없음을 알 수 있다.

推測, 有就事物上論者, 推己測人推物測事之類, 是也. 有就一身上論者, 呼吸之推, 思慮之測. 可見其在動靜而有所殊也, 亦可見在寤寐而無所殊也.

---

104 造詣는 여기서 학문이나 기예가 깊은 경지에 이르렀다는 말이 아니라, 문자 그대로 어떤 足跡이 이르는 곳으로서 일의 결과를 말한다. 『新唐書』, 「崔咸傳」의 "咸素有高世志, 造詣嶄遠. 間遊終南山, 乘月吟嘯, 至感慨泣下." 에 그 용례가 보인다.

하지만 꿈에는 두 종류가 있다. 간혹 미루는 호흡이 풍담의 방해를 받아 그 헤아림을 자극하여 불러일으키는 게 있다. 이것은 영위105하는 혈기 가 만든 일이니, 어찌 마음을 힘들게 하는106 노력을 충분히 보겠는 가?107 때로는 깨어있을 때 생각이 기억한 내용을 잠잘 때 다시 드러내는 데, 이것은 생각에 익숙했던 내용이 감응하여 드러난 현상이다. 그리하 여 허황한 꿈은 당사자의 평상시 생각에 되레 망상이 있었음을 알 수 있고, 참된 꿈은 이루어질 결과가 점점 진전됨을 알 수 있다.

然夢有二種. 或因所推之呼吸, 爲風痰防礙, 激起其測者. 是乃營衛血氣之所致, 何 足觀操心之功也. 或因宿時思慮染着, 俟靜而復現者, 是乃思慮所習, 發於感應. 所 夢虛誕, 知其居常思慮, 猶有妄想, 所夢眞實, 可知造詣之漸進.

---

105 營氣와 衛氣를 일컫는 말. 영기는 혈맥 속으로 순환하면서 혈을 생기게 하고 온몸을 자양하는 물질을 말하고, 위기는 衛陽이라고도 부르며 몸 겉면에 분포된 陽氣로서 外邪의 침입을 방어하는 기능을 한다. 여기서 말하는 영위는 몸을 지켜주 는 힘이나 기운으로, 그것이 잘못되면 풍담·한기·열기가 발생한다는 의미이다. (앞에 나옴)

106 操心은 지금의 조심과 유사하나 뉘앙스가 다르다. 『孟子』, 「盡心上」의 "獨孤臣孽子, 其操心也危, 其慮患也深, 故達."에 보인다.

107 신체적 조건이 꿈으로 드러나는 일은 깨어있을 때 의식적으로 생각하는 일과 크게 다르다는 뜻.

# 해 설

추측의 외연을 사람의 몸에 확장하여 적용한 설명이다.

현대인의 논리와 범주 적용의 엄격성에 비추어 볼 때, 의식적 사고와 무의식적 호흡작용을 같은 범주 안에서 설명하면 안 된다는 생각이 지배적일 테지만, 저자는 같은 선상에서 논의했다. 아마도 '推'라는 글자의 뜻에 착안한 설명 같기도 하다. 하지만 의식적 사고와 무의식적 호흡의 중추가 모두 뇌라는 점에서는 같다. 결국 사고든 호흡이든 본질상 몸에서 일어난다는 점에서는 같다.

그래서 미룸은 의식적이든 무의식적이든 언제나 일어나는 일이고, 헤아림은 의식적일 경우 작용한다고 보았다. 물론 예외가 되는 사건이 꿈이다. 꿈에서 헤아림이라는 사고작용이 일어나는 사례를 크게 두 가지로 보았다. 하나는 잠잘 때의 신체적 조건이 꿈으로 감응하는 경우이다. 그것은 평소의 생각과 관련이 없다고 한다. 가령 옮긴이의 경우 차게 자면 비를 맞거나 물에 젖는 꿈을 꾸고, 또 어쩌다 모르는 여인과 성관계를 맺는 꿈을 꾸면 반드시 질병이 찾아온다. 후자는 아마도 밖에서 들어온 세균이나 바이러스가 몸과 감응하여 꿈으로 드러난 일로 해석할 수 있다.

또 평소의 생각이 꿈으로 나타나기도 한다. 자기 직전에 영화를 보거나 책을 읽었으면 그 내용 중 일부가 꿈으로 나타나기도 하고, 복권의 당첨을 자주 생각하면 그렇게 나타날 때도 있다. 게다가 무엇을 사색하거나 작품을 구상할 때 꿈 속에서 힌트나 깨달음을 얻기도 한다. 후자는 본문의 "참된 꿈은 이루어질 결과가 점점 진전된다"라는 사례이다. 꿈도 이렇게 분석해 해석할 수 있다는 생각이다. 꿈에 대한 당시의 미신을 간접적으로 비판했다.

하지만 꿈이 그렇게 단순하지만은 않다. 저자가 지적한 "허황한 꿈은 당사자의 평상시 생각에 되레 망상이 있었음을 알 수 있다"라는 말은 평소의 불필요한 욕망이 잠재되어 있다가 꿈으로 나올 수 있다는 관점에서는 일단 긍정하더라도, 당장 이해할 수 없는 꿈은 망상만은 아니라 무의식의 발로일 수 있기 때문이다. 그것이 이성적으로 이해될 때는 참된 꿈이라 평가할 수 있고, 이해가 어려운 것은 망상의 그것이라 할 수 있기 때문이다. 아무튼 꿈의 해석에 대한 심리학적 이론이 없었던 당시에 이만해도 날카로운 관찰이다.

## 18. 미룸과 헤아림의 서로 쓰임
### 推測互用

음식물을 씹어 맛을 분별하는 일은 미루어 헤아리는 것이요, 잘 어울리게
음식의 간을 맞추어 맛을 이루는 일은 헤아려 미루는 것이다. 또 글을
읽어 뜻을 해석하는 일은 미루어 헤아리는 것이요, 글을 지어 달통한
말108은 헤아려 미룬 것이다.

嚼物辨味, 推而測也, 調和成味, 測而推也. 讀書解義, 推而測也, 製文達辭, 測而推也.

\* \* \*

사람이 처음 배우기 시작할 때는 미루어 헤아리는 일이 아님이 없다가,
배운 내용을 활용할 적에는 헤아려서 미루지 않는 일이 없다. 만약 평
소109에 미루어 헤아린 일이 없었다면, 어떤 계기를 맞이하여 헤아려
미루는 일이 어떻게 생겨나겠는가?

人之初學, 無非推而測也, 及其須用, 無非測而推也. 如無宿素推測, 臨機測推者,
從何而生.

옛사람들이 논한 지행관110은 대부분 앎이 먼저이고 행동이 나중인데,

---

108 達辭은 확실하고 의심이 없는 言辭의 뜻으로, 漢 董仲舒『春秋繁露』,「精華」의
　　"詩無達詁, 易無達占, 春秋無達辭."에 보인다.
109 宿素는 평소의 의미로『後漢書』,「鄭玄傳」의 "入此歲來, 已七十矣, 宿素衰落, 仍有失
　　誤, 案之禮典, 便合傳家."에 보인다.

이것은 먼저 헤아리고 미루는 일에서 시작하여 그런 뒤에 헤아리고
미루는 데까지 이르는 과정을 일컬은 것이다.111 왕양명112의 앎과 행동
이 하나라는 논의는 대개 행동에 앎이 있고 앎에 행동이 있다고 여겨
비록 앞뒤의 순서를 구분하지 않았지만, 지금 말한 추측은 지금까지
논한 앎과 행동의 뜻과 조금 다르니, 미루어 헤아리는 일은 곧 행동하여
아는 것113이고, 헤아려 미루는 일은 곧 알고 나서 행동하는 것114이다.

古人論知行處, 多先知後行, 謂其先自測而推, 後至測而推也. 王陽明知行合一之論,
蓋以行有所知, 知有所行, 雖不分先後之序, 然今所言推測, 與知行之義稍殊, 推而
測者, 卽行而有知, 測而推者, 卽知而有行也.

---

110 知行處는 앎과 행동의 선후 관계를 논하는 곳으로 철학의 범주로는 知行觀이다.
111 先知後行說은 오로지 헤아리고 미루는 일로 일관하고 있다는 말.
112 양명학을 창시한 明의 王守仁(1472~1528). 陽明은 호, 자는 伯安.
113 先行後知를 말함.
114 先知後行을 말함.

# 해 설

이 글은 크게 두 가지 문제를 다루었다. 하나는 인식과 활동에 있어서 추와 측의 선후 관계 문제로서 자기 이론 내부를 분석하는 일이고, 다른 하나는 전통 철학에서 다루는 지행관을 자기의 이론으로 재구성하는 작업이다.

이 두 작업은 이론과 실천을 포함하는 문제로서 매우 중요하고 철학자라면 반드시 다루어야 하는 내용이다. 곧 자기 이론 내부의 개념들 사이의 상호관계를 밝힘과 동시에 오류나 모순이 없는지 따져야 하는 일이고, 다음으로 이제까지 나온 철학을 자기 철학으로서 재구성하는 일이다. 전통 철학자 가운데 주희가 그랬고 왕수인도 그랬다. 하지만 저자는 그 방법보다 더 혁신적으로 독창성을 발휘하여 학문을 새롭게 구성하면서 창조하였다. 조선 철학사에서 유례를 찾아보기 어려운 저자만의 독특한 철학이다. 그래서 옮긴이는 주희 성리학을 극복했다는 표현을 자주 쓴다.

자, 우선 그의 철학 내부의 문제로서 추측의 상호관계를 들여다보자. 그 핵심은 "사람이 처음 배우기 시작할 때는 미루어 헤아리는 일이 아님이 없다가, 배운 것을 활용할 적에는 헤아려 미루지 않은 일이 없다"라는 문장 속에 들어 있다. 처음 배우는 사람은 대개 귀납적으로 학습한다. 그러한 경험의 누적을 통하여 성숙한 판단을 이룬다. 이것이 미루어 헤아리는 과정이다. 경험을 중시한 그의 철학에서는 당연한 순서이다.

여담이지만 초중고 학생들에게 수학이 어려운 이유가 바로 여기에 있다. 공식이 미리 정해져 있어 학생들은 그것에 대입하여 연역적으로 수학 문제를 풀려고 하기 때문이다. 이럴 때 교사는 귀납적으로 접근하여 느리더라도 천천히 하나하나의 일상생활의 경험적 문제에서 공식을 발견하는 기쁨을 느끼게 해주어야 한다. 그래야 수학이 즐겁고 호기심이 더 생긴다. 하지만 학부모의 조급증 때문에 학생들을 선행학습에 몰아넣어 어렵게 만들고 흥미를 잃게 한다.

한편 어느 정도 배움에 이르면 연역적 사고가 가능하다. 가령 생물은 죽는다는 판단이 확립되면, 살아 있는 개별적인 각각의 생물이 죽는다는 점을 판단하게 되는데, 이것이 헤아려 미루는 일이다. 저자는 이 두 가지를 지행관에 대입하여 귀납적으로 '미루어 헤아리는' 과정을 선행후지, 연역적으로 '헤아려서 미루는' 과정을 선지후행이라 해석하였다. 저자는 자기의 이론이 종래의 선지후행과 조금 다르다고 하면서 선지후행과 선행후지 양자를 모두 긍정하였다. 다만 그 선후를 말하면 추와 측의 관계에 따라 선행후지가 앞서고 선지후행이 뒤라는 한다. 그것을 전통 철학의 용어로 표현하면 '선행후지이선지후행(先行後知而先知後行)'이다.[115] 그 이유는 간단하다. 인간의 앎을 경험에서 출발한다고 보기 때문이다. 그의 경험을 중시하는 철학이 이론 내부에서 철저하게 관철되어 있음을 알 수 있다.

참고로 양명학의 언급을 보면 그는 양명학의 영향도 받았지만 무조건 추종하지는 않았다. 그 근거가 되는 자료가 등장할 때마다 언급하겠지만, 여기서는 지행합일을 따르지 않았고, 다른 곳에서 그것을 비판한 점[116]만 지적하겠다.

---

115 이와 유사한 표현은 『추측록』 권4, 「知行先後」의 "知行先後, 自有進就之序. 語其初, 則由行而有知, 旣有知, 則或由知而有行."이다.

116 『추측록』 권4의 「知行先後」를 볼 것.

## 19. 선을 밝혀 덕을 증진하고 악을 알아 남을 변화시킨다
### 明善進德知惡化人

착한 도리를 탐구하여 밝히는 일은 자기의 덕을 증진하기[117] 위함이고, 나쁜 일을 죄다 아는 일은 남의 잘못을 변화시키기 위함이다.

究明善道, 爲其進己之德, 洞悉惡事, 爲其化人之悖.

\* \* \*

자기를 이루고 남을 이뤄주는 일[118]이 학자의 온전한 덕이다. 자기의 처지에서 말하면, 악을 미워하면 선이 이르고 선을 실천하면 악이 없어진다. 어그러지고 나쁜 일을 비록 죄다 알지는 못하더라도, 다만 선을 좋아하면 이에 절반은 충족할 수 있다. 하지만 나쁜 일을 죄다 알지 못하면, 그 악을 미워하는 일이 절실하지 못해서 선을 좋아하는 일에도 용기가 부족하게 된다. 그러므로 악한 일 또한 죄다 알지 않으면 안 되니, 하물며 악한 사람을 변화시키는 방법이랴.

成己而成人, 學者之全德也. 在自己上言之, 瘴惡則善至, 爲善則惡去. 事之悖惡, 雖未洞悉, 但能好善則斯過半矣. 然未能洞悉惡事, 則其惡之也不切, 而好善亦欠於勇. 故惡亦不可不洞悉, 況於化惡之道乎.

---

117 제목을 포함한 進德은 덕을 增進한다는 말로 『周易』, 「乾卦」의 "忠信, 所以進德也." 에 보임.

118 成己成人은 成己成物과 같은 표현으로 『中庸章句』 第25章의 "誠者, 非自成己而已也, 所以成物也. 成己, 仁也, 成物, 知也. 性之德也, 合內外之道也."에 나오는 말.

이렇게 착한 도리를 탐구하여 밝히는 일과 나쁜 일을 죄다 아는 일이야말로 남과 내가 서로 도와 완성하는119 일이다.

究明與洞悉, 乃是人我之互文.

---

119 互文은 앞뒤 문장의 뜻이 서로 交錯하고 보충하면서 완전한 뜻을 이루는 수사법. 비유로 쓰였다.

# 해 설

이 글을 얼핏 보면 추측과 무관해 보인다. 그 해답의 열쇠는 "자기를 이루고 남을 이뤄준다"라는 말에 있다. 『신기통』의 변통 항목에서 다룰 때도 이 말이 등장했는데, 그때는 타인과의 실천적 관계에서 말했다. 여기서는 그 실천의 전제로서 앎의 추론과 판단이 필요하다는 관점이 녹아 있다. 누군가 선을 좋아하면 그가 악을 미워한다는 점을 추측할 수 있고, 또 그가 나쁜 일을 죄다 알지 못하면 악을 미워하는 일이 절실하지 않게 된다는 점도 추측하였다. 추측이란 단어를 직접 사용하지 않고 그 쓰임을 간접적으로 말하고 있다.

## 20. 마음에 쌓인 것을 제거하고 경계하고 삼감을 간직한다
### 去留滯存戒愼

분노[120]와 희로애락[121]이 마음에 쌓여 머물러 있으면, 그것으로 인해 추측에 장애가 생긴다. 반면 경계하고 삼가며[122] 근심하고 염려하는[123] 바를 마음에 간직해야 하니, 그것은 아마도 추측에 미진함이 있을까 봐서이다.

忿懥喜怒, 留滯於心, 則因有礙于推測. 戒愼憂慮, 要識於心者, 恐未盡于推測.

\* \* \*

마음에 꺼림칙한 게 있으면 추측이 정밀하지 못하므로 그것을 제거해야 한다. 마음에 삼가는 일이 없으면 추측이 쉽게 소홀해지므로 그 삼가는 마음을 지켜야 한다. 이미 그 해로운 것을 버렸고 또 유익한 것을 지켰으면, 이 도리를 붙드는[124] 일이 거의 제대로 된 것이다.

---

120 忿懥는 『大學章句』 傳7章의 "所謂脩身, 在正其心者, 身有所忿懥則不得其正, 有所恐懼則不得其正, 有所好樂則不得其正, 有所憂患則不得其正."에 나오는 말로, 朱熹는 "忿懥, 怒也."라 하였고, 雙峯饒氏는 "忿者, 怒之甚, 懥者, 怒之留."라고 설명하였다.

121 喜怒는 『中庸章句』 第1章의 "喜怒哀樂之未發, 謂之中, 發而皆中節, 謂之和. 中也者, 天下之大本也, 和也者, 天下之達道也."에 등장하는 말. 본문은 감정의 대명사로 쓰였다.

122 戒愼은 『中庸章句』 第1章의 "是故, 君子, 戒愼乎其所不睹, 恐懼乎其所不聞."에 나오는 말.

123 憂慮는 『後漢書』, 「東海恭王彊傳」의 "身旣夭命孤弱, 復爲皇太后陛下憂慮, 誠悲誠慚."에 보인다.

124 扶將은 扶持와 같은 뜻. 『漢書』, 「外戚傳上·孝景王皇后」의 "家人驚恐, 女逃匿,

心有所累, 推測未精, 故要去其累. 心無所愼, 推測易忽, 故要守其愼. 旣去其所害, 又守其有益, 扶將斯道, 其庶幾乎.

---

<u>扶將</u>出拜."에 보인다.

# 해설

추측을 잘하려면 감정에 휩쓸리지 말아야 하고, 항상 경계하고 삼가는 마음을 가져야 한다는 주장이다.

평범한 말 같아도 매우 중요한 발언이다. 왜냐하면 추측이 정통 유학의 수양론과 연결되기 때문이다. 곧 『대학』이나 『중용』 속 수양의 가르침을 추측과 관련시켰다. 우선 제목의 '거유체존계신(去留滯存戒愼)'부터 성리학의 핵심 수양 논리인 '존천리거인욕(存天理去人欲)'과 순서만 바꾸었을 뿐 형식은 똑같다. 또 고전에 등장하는 용어를 선택했다는 점이 그 연관성의 근거가 되고, 논리적으로 볼 때도 어떤 감정에 치우치면 군주가 정사를 제대로 돌볼 수 없다는 고전의 논리와 똑같이, 추측도 인식주체가 감정에 휘둘리면 객관성을 유지할 수 없다는 점에서 논리가 일치한다. 수양이나 추측도 흔들리지 않는 평정한 마음과 감정에 치우치지 않는 공정한 마음이 요구되기 때문이다. 그래서 좋은 감정이든 나쁜 감정이든 마음에 쌓여 있으면 추측에 장애가 생긴다. 이런 점에서 볼 때 추측이란 인식의 문제이면서 동시에 마음의 수양이다. 특히 군주와 같은 지도자가 사물을 객관적으로 파악하려면 감정에 치우치거나 휩쓸려서는 안 되기 때문이다.

또 감정에 치우치지 않는 일도 중요하지만, 마음이 해이하지 않게 삼가고 경계하는 일도 중요하다. 이것이 본문에서 인용한 『중용』의 '경계하고 삼간다'라는 계신(戒愼)인데, 공구(恐懼)와 신독(愼獨)과 함께 모두 수양과 관계된 말이다. '근심하고 염려한다'라는 우려(憂慮)는 『주역』에 자주 등장하는 개념인데, 뉘우치는 일이 이르지 않도록 사태를 잘 살피는 일로서 또한 수양과 관련이 있다.

그러니까 이 글은 수양이 추측과 분리할 수 없다는 논리이다. 사태를 잘 모르면 수양도 헛것이 되고 말기 때문이다. 흔히 저자의 철학을 인식론에 치중하여 수양론이 부족하다고 지적하는 일이 있는데, 이처럼 그의 글을 잘 보거나 행간을 포착한다면 생각이 달라질 것 같다. 끝으로 '이 도리'로 옮긴 사도(斯道)가 무엇인지 궁금할 것 같다. 유학자들은 보통 유학을 가리켜 말하고, 성리학자들은 주희가 해석한 성리학을 일컫는다. 그렇다면 이 글에서는 성리학은 아닐 테고, 그것을 제외한 유학을 말하는지 자신의 추측을 말하는지 둘 가운데 하나일 것이다. 옮긴이가 볼 때는 그 답은 본서의 서문에 있다고 본다. 곧 주공·공자의 학문을 자신이 계승하고 있다는 자부심이다. 그런 점에서 사도란 이들의 학문을 계승한 자신의 학문으로서, 여기서는 추측 이론이다.

# 21. 근본이 있는 학문
## 有本學

이미 미룸을 말했으니 반드시 미룰 수 있는 대상이 있고 또 미룬 내용[125]도 있다. 이미 헤아림을 말했으니 반드시 헤아릴 수 있는 대상이 있고 헤아린 내용도 있다. 미룸에 이미 근본이 있어서 헤아림에도 근본이 있으니, 이것이 근본이 있는 학문이다.

旣曰推, 必有可推, 又有所推. 旣曰測, 必有可測, 又有所測. 推旣有本, 測亦有本, 是爲有本之學.

\* \* \*

미루고 헤아릴 수 있는 대상은 물리를 말하고, 미루고 헤아리는 내용은 이 마음을 말한다.[126]

可推可測, 謂其物理, 所推所測, 謂此心也.

미룰 수 있는 물리의 경우는 일은 물건에서 미루고 물건은 때에서 미루며 때는 도에서 미룬다. 헤아릴 수 있는 물리의 경우는 일을 가지고 물건을

---

125 아래 '心之所推者, 心推於性, 性推於氣也.'와 '理與心一也.'에서 心·性·氣·理는 推測의 내용들이다.

126 이 문장만 보면 물리는 추측의 대상이 분명하고, 마음이란 추측의 주체로 보이지만 뒤의 문장을 보면 내용이기도 하다. 방향을 내부로 돌리면 논리상 心은 추측의 주체이면서 그 안에 내용을 포함한다.

헤아리며 물건을 가지고 때를 헤아리며 때를 가지고 도를 헤아린다.
마음이 미루는 내용은 마음은 본성에서 미루고 본성은 기에서 미루는
일이다. 마음이 헤아리는 내용은 마음을 가지고 본성을 헤아리고 기에
이르는 일이다.

物理之可推者, 事推於物, 物推於時, 時推於道也. 物理之可測者, 以事測物, 以物測
時, 以時測道也. 心之所推者, 心推於性, 性推於氣也. 心之所測者, 以心測性, 以至于
氣也.

하지만 기의 유행이 도가 되므로 도와 기는 하나이다. 마음이 물건에
있으면 리가 되므로 리와 마음은 하나이다. 근본과 말단이 서로 응하여
피차가 서로 섞여 드러내므로 "근본이 있는 학문이다"라고 말한다.

然氣之流行爲道, 則道與氣一也. 心之在物爲理, 則理與心一也. 本末相應, 彼此交
發, 故曰有本之學.

# 해 설

추측 이론이야말로 근본이 있는 학문이라고 한다.

이 글은 원문에 어려운 글귀는 없으나 저자의 철학을 전반적으로 이해하지 못하면, 옮기기도 이해하기도 까다롭다. 흔히 전통 철학에서 사물을 인식할 때 구체적인 이치에서 점차 일반적인 원리로 상승하는데, 그 일반적인 원리를 보통 도라고 부르며 그것이 근본이다. 이학에서는 태극이라 부른다. 이와 유사하게 서학에 들어 있는 아리스토텔레스의 철학에서는 구체적 사물의 질료와 결합한 형상이 목적론적으로 상승하여 최종적으로 질료가 없는 순수형상에 도달하는데 그것이 그의 신(神)이다. 태극과 신은 표현만 다르지 같은 수준이다.

저자의 철학에서는 그런 형이상학적 태극과 목적론을 배제하고, 구체적인 이치가 점차 상승하여 일반적인 도에 이르게 되는데, 그 도가 결국 기가 운동하는 조리인 기의 속성으로서 하나이다. 그 조리는 이학의 태극이나 서학의 형상과 다른 자연의 원리 또는 법칙이다. 그래서 그 근거가 되는 기가 실제로 존재하므로 그 법칙도 서학과 달리 근본 있는 셈이다.

본문에서 언급한 일·물건·때·도란 그런 이치가 보편적인 것으로 상승해 가는 범위 또는 층위이다. 가령 농사에 비유하면 밭갈이(일), 곡식(물건), 파종이나 수확시기(때), 자연의 질서(도)로 이어지는 과정이라 할 수 있다. 그러므로 이것들은 구체적이며 근거가 확실한 것들이다. 인간 내부로 방향을 전환하여 마음을 인식할 때도 전통의 본성 개념을 사용하여 마음도 기라는 범주에 넣었다. "본성은 기에서 미룬다"라는 말은 성리학과 달리 기의 범주를 떠나서 본성을 다루지 않는다는 의미이다. 성리학의 본성 개념은 성즉리의 논리로서 본성을 리로 보아 원칙적으로 기를 배제한, 기의 영향을 받지 않은 순수한 리만을 가리켜 말한다.[127] 여기서 "일은 물건에서 미루고 물건은 때에서 미루며 때는 도에서 미룬다"라는 말에서는 이미 알고 있는 원리를 가지고 추론하는 연역적 방법이며, "일을 가지고 물건을 헤아리며 물건을 가지고 때를 헤아리며 때를 가지고 도를 헤아린다"라는 말에서는 구체적 사실로부터 점차 추상적 원리를 판단하여 상승하는 귀납적 과정으로 보인다. 그리고 "마음이 물건에 있으면 리가 되므로 리와 마음은 하나이다"라는 말의 원문 '理與心一'을 양명학의 심즉리와 같은 말로 오해하면 안 된다. 이는 인식 결과인 추측의 내용을 말한다.

종합하면 인식의 절차나 최종 목표, 인간 내부와 밖 그리고 구체적이고 추상적인 인식 결과가 서로 상응하고, 모두 기철학의 세계관에 근거하고 있어서 근본이 있는 학문이 된다. "근본이 있다"라는 말의 의도는 타 학문에 대한 간접적 비판이다.

---

127 순수한 리만 반영된 본성을 보통 本然之性이라 말하며, 대신 기에 영향받는 현실적 본성을 氣質之性라 한다. 조선의 퇴계 이황은 인간의 감정마저도 기의 영향을 받지 않는 四端과 영향을 받는 七情의 근원을 구분하여 각각 理發과 氣發이라는 互發을 주장하였다. 그렇지만 주 관심은 순수한 天理로서 본성에 있었다.

# 22. 잘못을 알면 고친다
## 知過則改

자기의 잘못을 아는 일은 남의 선행을 듣는 일보다 낫다. 그러므로 자기의 잘못을 아는 일이 절실하지 못함을 걱정하지, 잘못을 고치는 일이 민첩하지 못함을 걱정하지 않는다.

知己之過, 勝於聞人之善. 故惟患知過之不切, 不患改之之不敏.

\* \* \*

타인의 선행을 들으면 나에게 도움이 없지 않으나, 선으로 옮겨가는 방법은 나의 잘못을 알아 고치는 일만 못하다. 그러므로 전날의 잘못은 모름지기 그 잘못된[128] 근원을 헤아려 잊지 않으면, 뒷날에 다시 그것을 당하여 이전에 헤아린 내용을 저절로 고치기를 그만둘 수 없다. 만약 잘못된 근원을 모른다면 비록 종신토록 고치더라도 바르게 될 수 없다.

聞他人之善行, 非不有輔於我, 至于遷善之道, 不若知我過差而改之. 故前日過差, 須測其緯繣之原而不忘, 則後復當之, 改易前度, 自不可已. 若昏迷於緯繣之原, 雖終身行之, 而不得其正.

---

128 緯繣는 서로 달라 일치하지 않는 뜻으로 『楚辭』, 「離騷」의 "紛總總其離合兮, 忽緯繣其難遷."에 보인다. 여기서는 '잘못되다'의 뜻으로 쓰였다.

# 해 설

잘못의 근원을 잘 헤아려야 한다는 주장이다.

여기서도 추측 이론이 수양과 깊이 관계됨을 말하고 있다. 잘못을 고치기 이전에 잘못의 근원이 무엇인지 먼저 헤아려야 한다는 뜻이다.

사실 잘못을 고쳐야 한다는 말은 고전에 자주 등장한다. 가령 "허물은 고치기를 꺼리지 않는다"[129]라거나 "자기의 허물을 보고 스스로 탓한다"[130]라는 등이 그것인데, 탓하고 고치기에 앞서 잘못의 근원을 아는 일에 저자의 강조점이 있다.

어떤 일이든 잘못의 근원을 따지는 일이 단순하지 않다. 그래서 깊은 사고와 통찰력이 필요하다. 가령 유권자가 선거에서 공동체의 대표를 뽑을 때 누굴 뽑을지는 그 사람의 권리이다. 하지만 그 뽑힌 사람이 범죄자일 경우 그를 뽑은 유권자에게 잘못이 없는가? 범죄자를 알아보지 못했거나 알고서도 침묵한 언론의 책임이 더 크지만, 그것을 눈치채지 못한 유권자에게도 책임은 있다. 사안에 따라서는 정황만 미루고 헤아려도 금방 알 수 있다.

따라서 잘못을 고치는 일도 중요하지만, 그것을 제대로 인식하는 일이 급선무라는 저자의 주장은 타당하다. 잘못의 근원을 모르면 종신토록 고치려고 행동해도 바르게 될 수 없다는 점은 개인에게도 적용되지만, 국가·사회의 문제에서 국민이 무지하거나 역사와 시대의 흐름을 제대로 인식하지 못하면, 그 공동체의 앞날은 암담할 것이다. 곧장 즉석에서 아는 잘못도 있지만, 세상은 그렇게 단순하지 않아서 역사나 이론을 동원해야 겨우 알아차리는 잘못도 있기 때문이다. 바로 추측이 개입하지

---

129 『論語』,「學而」: 過則勿憚改.
130 『論語』,「公冶長」: 子曰, 已矣乎. 吾未見能見其過而內自訟者也.

않으면 본인의 잘못마저도 알 수 없게 된다. 그러니 온갖 매체를 동원하여 악의적으로 선동질하는 사람들은 그 부끄러움조차도 모른다. 잘못의 근원에 대해 무지하기 때문이다. 아니면 알고서도 탐욕으로 그럴 것이다. 양쪽 다 불쌍한 영혼들이다!

## 23. 몸 보배의 드러남과 감춰짐
### 身寶顯晦

가장 진귀한 보배[131]가 몸에 있는데, 추측 활동이 현저하지 않았을 때는 그것이 보배인 줄 모르다가, 추측 활동이 뚜렷하게 드러나면 그것이 보배임을 안다. 어찌 이 보배의 가치가 옛날에는 줄어들었다가 지금에 늘어나고, 이전에 숨어 있다가 나중에 드러났겠는가?[132] 오직 추측이 뚜렷하냐 못하냐에 달려 있을 뿐이다. 자기 몸에 있는 것이 이럴진대, 더구나 남에게나 멀리 있는 경우이겠는가?

至寶在身, 推測未著, 不知其爲寶, 及到推測得著, 乃知其爲寶. 豈是寶之減於古而增於今也, 晦於前而顯於後也. 惟在推測著未著爾. 在於身者若是, 況於在人及在遠者乎.

* * *

가장 진귀한 보배는 마음이다. 태어날 때부터 마음은 이미 몸에 존재하고 20~30살이 되면 비로소 추측을 안다. 그런데 20~30살 이전에는 이 보배가 몸에 있는 줄 모르다가, 20~30살이 된 후에야 보배가 몸에 있는 줄 안다면, 수십 년 동안 보배를 잃었으니 어찌 한탄스러운 일이 아니겠는가? 이미 몸에 있는 보배를 알았다면, 남에게 있는 보배와 멀리

---

131  至寶는 가장 진귀한 보배의 뜻으로 『後漢書』, 「陳元傳」의 "至寶不同眾好, 故卞和泣血."에 보인다.

132  顯晦는 밝음과 어두움. 『舊唐書』, 「魏謨傳」의 "臣又聞, 君如日焉, 顯晦之微, 人皆瞻仰, 照臨之大, 何以掩藏."에 그 용례가 보인다. 여기서는 동사로 쓰였다.

있는 그것을 추측할 수 있다.

至寶者心也. 自有生之初, 心旣在身, 而年至二三十, 始知推測. 二三十年以前, 不知
有寶在身, 二三十年以後, 乃知有寶在身, 則數十年失寶, 豈非嗟歎者歟. 旣得在身
之寶, 可推測在人之寶及在遠者.

# 해 설

추측 기능이야말로 내 몸에 있는 진귀한 보배라고 주장했다.
그런데 이 추측이 날 때부터 즉시 발휘되지 않고 어느 정도 경험이
쌓여 시간이 지나야 발휘한다고 말한다. 또 저자는 『추측록』 권1의
「익힌 내용이 제각기 다르다(所習各異)」에서 견문을 따라 추측이 생긴다
고 주장하였고, 또 같은 책의 「수많은 이치의 추측(萬理推測)」에서도
그렇게 주장했다. 또 『신기통』 권1의 「앎과 추측은 모두 스스로 얻었다
(知覺推測皆自得)」에서도 추측을 터득했다고 주장했다. 이 말을 종합하
면 추측은 사고 능력으로서 경험을 전제로 발달하는 기능임을 알 수
있다.

앞에서도 언급했듯이 훗날 피아제(J. Piaget, 1896~1980)의 인지발달
연구도 그 점을 밝혔다. 물론 그가 추측에 해당하는 추상적 사고가
구체적 활동을 거쳐 발현하는 아동의 나이가 저자의 그것과 다르더라도
발달한다는 전제는 같다. 이는 아리스토텔레스가 인간의 지성이 잠재태
로 있다가 현실태로 나아간다는 과정만은 유사하다. 다만 11세 이후부터
발현한다는 피아제와 저자 주장의 나이 차이는 문화적 차이와 추측의
내용에 따른 기준의 차이에 불과할 것이다. 저자가 "수십 년 동안 보배를
잃었다"라는 지적은 피아제가 실험한 아동의 초보적 사유까지 합친다면
가능한 발언이다.

## 24. 옛날과 지금과 뒷사람의 일이 다 내 추측의 대상
### 古今後人皆我推測

옛사람의 전기133는 내 추측이 수단이 되고, 지금 사람의 행동거지는 내 추측의 부합하는 증거134가 되며, 뒷사람이 강습·연구하는 일은 내 추측의 연마가 된다.

古人傳記, 爲我推測之階梯, 今人動止, 爲我推測之符驗, 後人講討, 爲我推測之磨礪.

\* \* \*

무릇 책의 제요135와 드러내는 덕136은 반드시 동서고금을 통달하고 사람들이 같이 즐거워하며 현명하거나 어리석은 사람이 모두 배울 수 있는 대상을 공부의 바른길로 삼았다면, 오직 이 추측이야말로 어디든 합당하고 누구에게나 마땅하다. 한 사람이 획득한 재주나 일시적으로 합당한 일 따위는 설사 명성을 떨치더라도, 옛것에 통하고 지금에 마땅하여 후세에 전해주기에는 부족하다.

---

133 傳記는 전해온 기록 또는 經書의 주석 등 여러 뜻이 있으나 전체 문맥에서 보면 인물의 일대기도 포함함.

134 符驗은 符節처럼 증거가 되는 물건으로 符合의 의미이다. 『荀子』, 「性惡」에 "凡論者, 貴其有辨合, 有符驗."에 보인다.

135 책이나 글의 요점만 간추린 것. 韓愈 『進學解』의 "記事者必提其要, 纂言者必鉤其玄."에 보인다. 여기서는 글이나 책의 핵심을 상징.

136 表德은 『顏氏家訓』, 「風操」에 "古者, 名以正體, 字以表德."이라는 말에 보이는데, 훗날 한 사람의 別號 또는 字를 일컫는 말이 되었다. 여기서는 좌우명처럼 여기는 덕이나 가치.

凡提要表德, 必以通宙達宇而人物之所共樂, 賢愚之皆可學者, 爲修業之正路, 則惟茲推測, 無處不當, 無人不宜耳. 至若一人之得其巧一時之宜其事, 縱使名號標著, 不足以通古宜今以傳於後也.

# 해 설

동서고금을 통달하는 보편적인 인식 방법은 저자 자신의 추측이 그것이라는 주장이다. 추측은 동서고금과 미래의 모든 일을 인식 대상으로 삼을 수 있기 때문이다.

이러한 자신감은 추측이 어떤 이념이나 가치가 아닌 인식 기능이기 때문이다. 저자가 그렇게 자신한 것처럼 훗날 이런 인식 기능과 논리도 심리학 등의 경험과학의 발달로 더 엄밀하고 정밀해졌다. 당시 조선의 학문과 지적 풍토에서 가질 수 있는 혜안이다.

# 25. 변화의 이치를 아는 여부
## 通變有無

익숙하게 익혀 변화의 이치를 아는[137] 사람의 헤아림은 그 크기와 속도가 어떻든 간에 일을 당해서 곧장 생겨난다. 반면 변화의 이치를 모르는 사람의 헤아림은 평온하고 조용할[138] 때는 쉽지만 급박할 때는 힘들다.

鍊習而得其通變者, 無論大小緩急, 當其事而測便生. 未得通變者, 其測也易於安徐而難於急遽.

\* \* \*

처음 배우는 여러 사람은 간혹 평온하고 조용할 때는 추측으로서 알지만, 갑작스러운 상황에 닥치면 망연자실하여 어찌할 바를 모르는데, 그것은 그의 추측이 변화의 이치를 모르기 때문이다. 해당하는 일에 따라 헤아림이 있어서 느린 일에는 느리게 헤아리고 급한 일에는 급하게 헤아려, 느리고 빠른 속도에 방해받지 않는 사람의 경우는 변화의 이치를 알기 때문이다.

初學諸人, 或有得於安徐時, 及到倉猝, 茫然不知攸措, 以其推測不得通變也. 若夫因其事而有其測, 緩有緩測, 急有急測, 不以緩急有礙者, 以其得於通變.

---

137 通變은 변화의 이치를 안다는 의미로 『周易』, 「繫辭上」의 "極數知來之謂占, 通變之謂事."에 보인다. 변통의 뜻도 있으나 취하지 않음. (앞에 나옴)
138 安徐는 安詳從容의 뜻으로 『管子』, 「勢」의 "故賢者安徐正靜, 柔節先定."에 보인다.

# 해 설

상황에 따른 추측의 능통 여부는 사전의 학습에 의존한다는 주장이다. 초학자는 여유 있고 조용할 때는 일과 사건 또는 사유의 실마리를 따라 차근차근 추리하여 판단할 수 있지만, 갑작스러운 일을 당해 추측으로 해결하려면 어렵다고 한다.

그것을 극복하기 위해 사전의 학습을 통해 변화의 이치를 알아야 한다고 한다. 원문 '通變'은 『주역』에 등장하는 말인데, 직역하면 '변화에 통한다'라는 뜻이므로 변화의 이치를 알아 대처한다는 의미이다. 사전에 경험과 학습을 통해 변화의 이치를 알고 있다면, 갑작스러운 상황에 닥쳐서도 쉽게 추측할 수 있다는 주장이다. 군사작전에 노련한 지휘관이나 주식투자의 귀재들도 그 분야에서 추측을 잘하는 사람이라 하겠다.

# 26. 어쩌다 들어맞음
## 有時或中

어쩌다 들어맞는 때가 있다고 해서 그 사람에게 추측의 앎이 있다고
말해서는 안 된다.

不可以有時或中, 謂其人之有所得也.

\*    \*    \*

사람 가운데 추측을 모르면서 한 일이 추측할 줄 아는 사람과 차이 없는
때가 간혹 있다. 이것은 헤아리면 자주 들어맞은 경우[139]이다. 하지만
어찌 한때의 요행으로 늘 행하는 추측의 앎을 기약할 수 있겠는가?

人或有不知推測, 而有時所行, 與推測者無異. 是乃億則屢中也. 烏可以一時僥倖,
期其常行之所得也.

---

139 億則屢中은 『論語』, 「先進」, "賜, 不受命, 而貨殖焉. 億則屢中."에 나오는 말로
　　子貢의 貨殖하는 능력이 출중해 '헤아리면 자주 적중한다'라는 뜻이다.

# 해 설

추측을 알고서 아는 일이 중요하다고 역설하였다.

우리 속담의 '소 뒷걸음치다가 쥐 잡는다'라는 말이 이 내용에 해당한다. 우연히 들어맞는 경우는 논리적 필연성과 앎의 근거를 담보할 수 없기 때문이다.

물론 글 전체를 보면 추측이라는 용어나 개념을 몰라도 평소에 능숙하게 추측해 본 사람이라면, 판단이 적중한다는 예외를 인정했다. 해당하는 인물은 『논어』에 등장하는 자공(子貢)인데, 그의 장사 수완에 따른 투자 결과를 인정한 내용이다.

이 점은 매우 중요하다. 추측이라는 이론 자체를 몰라도 지적 능력과 결과물이 뛰어난 사람이 있기 때문이다. 만약 저자가 이것을 인정하지 않았다면, 자기 이론의 좁은 외연에 갇혀 성급하게 일반화한 독단이 된다. 다만 뒷걸음치다 쥐 잡듯 일반적으로 추측할 줄 모르고서 한 번 적중했다고 제대로 안다고 말할 수는 없다는 논지이다.

# 27. 점진적 공부와 교화
## 漸次化行

점차로 절차탁마할 것이지 지름길로 목표140에 오르려고 해서는 안
되며, 교화141를 기약해야지 자기 한 몸만 착하게 하는 일142에 만족해서
는 안 된다.

可以漸次磨琢, 不可以遽登彼岸, 可以化行爲期, 不可以獨善是斂.

　　　　　　　　＊　＊　＊

글을 배우는 사람은 먼저 글자를 알아야 하고, 다음으로 글자를 미루어
구두를 헤아리며, 다음으로 구두를 미루어 문장의 의미를 헤아리고,
또 다음으로 문장의 의미를 미루어 사리를 헤아리며, 나아가 사리를
미루어 변화의 이치를 아는143 데까지 이르러야 한다. 그래서 점차 나아
가는 것이지 급히 나아가면 안 된다.

---

140 彼岸은 불교 용어. 『大智度論』 十二의 "以生死爲此岸, 涅槃爲彼岸."에 보이며,
　　열반의 세계이지만 여기서는 목적하는 경지로 쓰였다.
141 化行는 두 가지 의미가 있는데, 하나는 불교 용어로서 승려가 민가를 돌아다니며
　　중생을 교화하는 주인 노릇을 말하고, 다른 하나는 유교식의 교화를 시행하는
　　일. 『漢書』, 「王莽傳上」의 "是以三年之間, 化行如神."에 보인다. 둘 다 교화로서
　　뜻이 통함.
142 獨善은 獨善其身의 축약어로 『孟子』, 「盡心上」의 "窮則獨善其身, 達則兼善天下."에
　　나오는 말. 여기서는 부정적으로 쓰였음.
143 通變은 변화의 이치를 안다는 의미로 『周易』, 「繫辭上」의 "極數知來之謂占, 通變之
　　謂事."에 보인다. 변통의 뜻도 있으나 취하지 않음. (앞에 나옴)

學書人先須認字, 推字而測句讀, 推句讀而測文義, 推文義而測事理, 推事理, 至於
通變. 可以漸次, 不可遽進也.

도는 본래 무궁하여 그것을 체득하는 과정도 무궁하다. 비록 그것을
알 수 있더라도 반드시 정치하게 되기를 기약해야 하고, 비록 정치할
수 있더라도 반드시 때를 따르기를 기약해야 하고, 비록 때를 따를 수
있더라도 때와 어긋나지 않음을 기약해야 하고, 비록 어긋나지 않을
수 있더라도 반드시 밝게 드러내어 사람들이 쉽게 알기를 기약해야
하고, 비록 사람들이 쉽게 알 수 있더라도 반드시 교화를 기약해야 한다.
그 중요한 임무를 지고 먼 길을 가는 일[144]이 이와 같으면, 어찌 자기
한 몸만 선하게 해서 무능하여 아무것도 하는 일이 없는 사람[145]을 본받
을 수 있겠는가?

道本無窮, 體之亦無窮. 雖能知之, 必期於精緻, 雖能精緻, 必期於隨時, 雖能隨時,
必期於無違, 雖能無違, 必期於明著之, 使人易曉, 雖能使人易曉, 必期於化行. 其所
任重致遠若是, 則豈可以獨善其身碌碌無爲者是效.

---

144 任重致遠은 『墨子』, 「親士」의 "良馬難乘, 然可以任重致遠, 良才難令, 然可以致君見
尊."과 『後漢書』, 「輿服志上」의 "輿輪相乘, 流運罔極, 任重致遠, 天下獲其利."에
보이며 이와 유사하게 『論語』, 「泰伯」의 "曾子曰, 士不可以不弘毅, 任重而道遠.
仁以爲己任, 不亦重乎. 死而後已, 不亦遠乎."에 보인다. (앞에 나옴)
145 碌碌無爲는 무능해서 아무것도 한 게 없음을 말함. 碌碌은 속되고 평범하여 무능하
다는 뜻으로 『史記』, 「酷吏列傳論」의 "九卿碌碌奉其官, 救過不瞻, 何暇論繩墨之外
乎."에 보임.

# 해 설

공부는 단계에 따라 점차 진행해야 하며, 그 최종 목적은 자기 몸만 선하게 할 것이 아니라 천하가 같이 선하게 되는 교화에 있다고 강조하였다.

이는 맹자 사상에 적극성을 부여한 발언이며 유가의 이상이다. 곧 맹자는 벼슬길이 막히면 홀로 자기 몸을 선하게 하다가 뜻을 얻어 영달하게 되면 천하와 함께 선하게 한다고 하였는데, 다만 저자는 굳이 궁색과 영달을 구분하지 않았다.

학문하는 태도에 있어서 유학은 단계적 접근을 중시한다. 공자가 자신을 하학상달한 사람이라고 한 점도 한몫했겠지만, 유학 자체가 현실을 초월한 세계나 경지보다 인사의 문명을 중요시하기 때문이다. 그래서 유학자들은 등급을 뛰어넘는 엽등(躐等)을 매우 싫어했다. 그들 가운데서 양명학이나 선불교를 싫어하는 이유도 거기에 이런 요소가 들어 있다고 보기 때문이다. 바로 여기서 저자는 이같이 밟아 가는 공부의 단계마다 추측이 활용됨을 말하였다.

그리고 앎의 목표로서 원리나 법칙으로서 도를 알았다고 해서 거기서 끝나는 문제가 아님을 말했다. 곧 앎이란 실천의 전제일 뿐 실천되지 않으면 독선과 같은 일로 보았다. 그래서 그 도를 알고 안 내용이 교화로 이어져야 한다고 주장하였다.

학문의 전체 방향은 『대학』의 8조목을 연상시킬 정도로 단계를 말하고 있는데, 다만 제왕이나 군주가 아닌 보통의 공부하는 사람에게도 해당하는 말로 보인다. 유가의 그것과 별 차이가 없는 학문관이다. 다만 철학적 세계관과 그에 따른 공부 방법이 이전의 유가 학파와 다를 뿐이다.

# 28. 성공과 실패로 사람을 논함
## 成敗論人

추측의 우열은 성공과 실패 이로움과 해로움을 가지고 논할 수 있는 사람도 있고, 그것들로 논할 수 없는 사람도 있다.

推測之優劣, 可以成敗利害論之者有焉, 不可以成敗利害論之者亦有焉.

성공이란 점에서는 비록 같더라도, 정당하지 못한 방법146으로 성공하거나 요행으로 성공하거나 평상의 떳떳한 도리로 성공하는 차이가 있어 저절로 우열이 있다. 실패라는 점에서는 비록 같더라도, 착하지 못해서 실패하거나 충직147하다가 실패하거나 법을 지키다가148 실패하는 차이가 있어 이 또한 저절로 우열이 있다. 이것이 바로 성공과 실패 가운데서 모두 논의할 수 있는 우열이다.

成之雖同, 有以詭遇成者, 有以幸便成者, 有以經常成者, 自有優劣. 敗之雖同, 有以不善敗者, 有以忠直敗者, 有以守法敗者, 亦有優劣. 是乃成敗中, 皆有優劣之可論.

하지만 어떤 위치에 있든 의로우며 처지를 바꾸어도 모두 똑같은149 사람의 경우는 성공과 실패 이로움과 해로움으로 우열을 논할 수 없다.

---

146 詭遇는 『孟子』, 「滕文公下」의 "吾爲之範我馳驅, 終日不獲一, 爲之詭遇, 一朝而獲十."에 등장하는 말.

147 『書經』, 「伊訓」: 敢有侮聖言, 逆忠直, 遠耆德, 比頑童, 時謂亂風.

148 守法은 『管子』, 「任法」의 "故曰, 有生法, 有守法, 有法於法. 生法者, 君也, 守法者, 臣也, 法於法者, 民也."에 보인다.

149 易地皆然은 『孟子』, 「離婁下」의 "禹稷顏子, 易地則皆然."에 나오는 말.

若夫隨處得義, 易地皆然者, 不可以成敗利害論其優劣.

\* \* \*

성공은 추측을 말미암고 실패도 추측을 말미암으니, 성공과 실패의 우열은 곧 추측에 우열이 있기 때문이다. 추측하는 조예[150]가 같으면서 처지가 비록 달라도 모두 행위가 마땅한 사람들의 경우는 어찌 성공과 실패 이로움과 해로움으로 그 추측의 우열을 판단하겠는가?

成由推測, 敗由推測, 成敗之優劣, 卽推測之有優劣也. 若夫推測之造詣同, 而所處之地雖異, 皆得其宜者, 豈可以成敗利害斷其推測之優劣.

---

150 造詣는 여기서 학문이나 기예가 도달한 정도.

# 해 설

성공과 실패 또는 이로움과 해로움으로 추측의 우열을 논할 수 있거나 없는 경우를 설명하였다.

추측은 기본적으로 합리성을 바탕으로 하므로 그 우열에 따라 성패를 가져온다. 대개 공부의 경우가 그렇다. 하지만 일반적인 일에 있어서 성공과 실패의 과정을 보면 반드시 그렇게 단정할 수 없다는 점을 들어서 말했다.

사실 이렇게 말할 수밖에 없는 근원적 이유는 따로 있다. 곧 문화와 가치에 따라 성공과 실패의 기준도 다를 수 있기 때문이다. 어떤 가치에서는 성공이지만 또 다른 문화나 가치 속에서는 아닐 수도 있기 때문이다. 결국 행복과 불행, 길흉, 이익과 손해 따위도 궁극적으로는 주관적 평가에 좌우된다. 세속의 행복이 진정한 행복일 수 없고, 세속의 불행이 진짜 불행이 아닐 수도 있다. 결국 본인의 철학이 선택하거나 결정할 문제이다.

사실 사회의 혼란은 바로 이런 가치관과 문화의 혼란에서 기인하는 바가 크다. 모두가 공감하는 아름다운 문화를 이루는 일이 얼마나 중요한 지 새삼 느낀다. 비속한 문화가 주도하는 사회에서는 실패는 실패가 아니며 성공 또한 치욕이 될 수 있다. 그런 점에서 현대 우리 문화가 어떤지 어디서 유래했는지 살펴볼 필요가 있다. 그러니 추측을 잘하여 보편타당한 가치를 소유한 사람을 기준으로 그 성공과 우열을 논할 수 있겠다.

## 29. 덮어 가려진 것을 열어 드러내다
### 開發蔽塞

이욕151이 어떻게 이 마음을 덮어 가릴 수 있겠는가? 스스로 돌이키면152 숨은 대상153을 열어 드러낼154 수 있다.

利欲何能蔽塞此心. 自反, 可以開發其隱.

\* \* \*

사람의 이욕 가운데 재물과 벼슬보다 큰 것은 없다. 재물을 구하는 데 얻음과 잃음이 있고, 벼슬길에 나가는155 데도 성공가 실패가 있으니, 이욕 그 자체가 반드시 사람을 가리는 것은 아니다. 이에 이욕을 성취할 때 추측에 완벽함과 미진함이 있을 뿐이다.

人之利欲, 莫大於貨財仕宦. 求財而有得失, 筮仕而有成敗, 則利欲非必蔽人. 乃是

---

151 利와 欲은 보통 사적인 욕망을 대표하는 말로서 이익과 원하는 것.

152 自反은 『禮記』, 「學記」의 "知不足, 然後能自反也, 知困, 然後能自強也."와 『孟子』, 「公孫丑上」의 "自反而縮, 雖千萬人, 吾往矣."에 보인다. 여기서는 反省의 의미보다 뒤의 문맥을 보면 추측의 전 과정을 함축한 말.

153 隱은 아랫글을 보면 隱微로도 쓰였음. 원래 『中庸』의 "莫見乎隱, 莫顯乎微, 故君子, 愼其獨也."에 나오며, 『集注』에서는 "隱, 暗處也, 微, 細事也."라 풀이하였다. 隱微는 기질이 본성을 덮고 가릴 때의 理 또는 道心을 형용할 때 쓰기도 한다.

154 開發은 여기서는 封해진 것을 연다는 뜻으로 안에 있는 것을 드러내는 일. 『漢書』, 「王莽傳中」의 "吏民上封事書, 宦官左右開發, 尚書不得知."에 보인다.

155 筮仕는 옛날 벼슬길에 나갈 때 길흉을 점치는 데서 유래한 말. 『左傳』, 「閔公元年」의 "初, 畢萬筮仕於晉, 遇屯之比."에 보인다.

就利欲, 而推測有盡有未盡耳.

만약 이욕이 마음을 가려서 내 마음에 본디 갖춰진 이치가 드러나지 않는다고 말하여, 평생의 노력이 이욕을 제거하려다가 하루아침에 활연관통156하기를 바란다면, 이는 선불교의 돈오157의 설에 가깝다.158

若謂以利欲所蔽, 未顯我心素具之理, 平生用力, 要除利欲, 冀得一朝豁然貫通, 殆近於禪家頓悟之說也.

스스로 돌이켜 그 재물과 벼슬의 얻음과 잃음, 옳고 그름, 성공과 실패의 도리를 정밀하게 생각하면, 숨거나 미묘한 대상을 거의 드러내 밝힐 수 있어, 하늘을 원망하고 남을 탓하는159 데 이르지 않을 것이다.

有能自反, 精思其財宦之得失邪正成敗道理, 庶發隱微, 而不至於怨天尤人.

---

156 오랜 공부 끝에 갑자기 깨닫는 것. 『大學章句』 第5章에서 朱熹가 말한 "至於用力之久, 而一旦豁然貫通焉."에서 가져온 말.

157 단번에 깨달음을 일컫는 불교의 용어로 漸修와 대비된다.

158 『大學章句』 第5章의 朱熹 格物說을 비판한 말.

159 고사는 『論語』, 「憲問」의 "子曰, 莫我知也夫. 子貢曰, 何爲其莫知子也. 子曰, 不怨天, 不尤人, 下學而上達, 知我者, 其天乎."에 나오는 말. 본문의 의도는 頓悟나 豁然貫通이 아닌 下學上達처럼 하면 공자처럼 된다는 말.

# 해 설

인간의 욕망이 착한 본성을 이루는 이치를 덮어 가린다는 주희 성리학을 비판하면서, 그것은 단지 추측의 완벽이나 미진함에 달려 있다는 요지이다.

욕망 그 자체는 불선이 아니다. 그것이 과도할 때 불선으로 나아갈 수 있다. 욕망 그 자체가 없으면 사람은 살 수 없기 때문이다.

성리학은 인간의 본성은 착한데 나쁜 기질이 그것을 덮어 가리는 데 있다고 진단한다. 욕망을 달리 인욕이라고도 하고, 인욕 그 자체가 나쁜 것이 아니지만, 사욕이 지나칠 때 문제가 된다. 기질이든 지나친 욕망이든 그것이 선한 본성을 덮어 가려서, 공부와 수양을 통해 그 기질을 제거해야 본래 본성으로서 갖춰진 리가 밝아진다고 보는 게 성리학의 관점이다.

바로 여기서 저자가 파고들어 비판한 점은 성리학에서 평생의 노력이 기질을 덮어 가리는 이욕을 제거하다가 하루아침에 활연관통한다고 주장한다면, 그것은 선불교의 돈오에 가깝다는 주장이다.

그렇게 접근할 일이 아니라 해당하는 일을 두고 스스로 돌이켜 성공과 실패와 가치 등을 정밀하게 추측함으로써 해결할 문제라는 점이다. 욕망 자체가 문제가 아니라 욕망의 실현에서 적절성과 정당성을 따지는 과정에 집중한 해결책이다. 성리학이 도덕 근본주의적·종교적 접근이라면 저자는 현실적·실질적 접근이다.

# 30. 물리를 추측하여 나의 덕을 밝힘
## 推物理明己德

마음이 물리를 추측할 수 있어 밝은 덕[160]을 드러내는 것이지 물리가 어떻게 일찍이 내 마음을 열어 밝혔겠는가?

心能推測物理, 以闡明德, 物理何嘗開明我心.

*  *  *

마음이 물건과 접촉하지 않았을 때는 마음은 그 자체로 마음일 뿐이고, 물건도 그 자체로 물건일 뿐이다. 마음이 물건과 관계하는 데 이르면, 추측하는 마음이 물건에 가 있고 물건의 이치를 증험할 수 있다.

心未與物接, 心自是心, 物自是物. 及其與物交接, 是乃推心在物而物之理可驗.

하지만 그것으로 내 마음의 덕을 밝히기에는 부족하다. 그러므로 더 미루어 헤아려 참고와 연구를 반복해, 찌꺼기를 다 제거하고 정밀한 알맹이를 드러내야만, 내 마음의 밝은 덕은 진보할 수 있다.

然不足以明我心之德. 故須加推移測量, 反覆參究, 查滓盡而精實著, 則明德可以進.

---

160 明德은 『大學章句』 經1章의 "大學之道, 在明明德, 在親民, 在止於至善."에 나오는 말로, 보통 마음으로 풀이하는데, 주희는 "明德者, 人之所得乎天, 而虛靈不昧, 以具衆理而應萬事也."라고 하여 이치를 갖춘 마음으로 보았다. 본문에서는 明明德을 闡明德으로 바꾸어 말하였다.

# 해 설

『대학』의 '명명덕(明明德)'을 재해석하였고, 추측이 명덕을 밝히는 역할을 하였다. 주희의 관점과 달리 저자는 명덕을 단순히 '내 마음의 밝은 덕'이라고만 본문에서 밝히고 있다. 마음에 많은 이치가 갖춰져 있다는 주희의 학설을 따르지 않았다. 이 점은 저자 철학의 기본 전제여서 여기서 더 말할 필요는 없겠다.

『대학』에서 명덕을 밝히는 가장 기초적인 일이 격물치지로부터 시작한다. 저자가 여기서 물리와 추측을 거론한 일은 바로 경험을 전제로 한 추측이 격물치지라는 뜻이다. 곧 성리학이 궁리를 통해서 명덕을 밝혔다면, 저자는 추측을 통해 그렇게 한다는 주장이다. 이 부분은 뒤의 글에서 추측과 궁리를 비교하면서 심화하여 비판한다.

따라서 성리학은 공부를 통해 마음에 갖춰졌다는 이치를 밝게 드러내면 그 자체가 명덕을 밝히는 일이 되지만, 저자에게는 마음에 그런 이치가 없기에 추측을 통해 지적 능력을 향상하여 어떤 가치나 원리를 내면화해야 하는 문제가 발생한다. 곧 학문이나 수양을 통해 인문적 가치를 체득하는 순자(荀子) 방식의 접근일 수밖에 없다. 비록 순자처럼 성악설을 주장하지는 않았지만, 인간 내면에 선험적 가치의 존재를 인정하지 않기 때문이다. 본문에서는 이런 점이 생략되어 있다. 확인할 수 있는 점은 단지 인간의 지성이 날카롭게 번득일 수 있도록 추측을 통해 갈고 닦는 일이 명덕을 밝히는 일 정도이다. 다른 글에서는 기존의 가치를 내면화하는 일이 본능과 통일되는 관점으로 설명한다. 해당하는 글에서 더 설명하겠다.161

---

161 가령 『추측록』 권1, 「愛敬出於推測」을 참고해 보라.

# 31. 중과 화
## 中和

지나치거나 모자라는 사이에서 그 중을 찾고, 남과 나에게 마땅한 것에서 그 화를 얻는다.[162]

求其中於過不及之間, 得其和於物與我之宜.

\* \* \*

평소 일을 처리할 때 중에 들어맞음은 본래 정해진 게 없다. 그러니 해당하는 일에 나아가 지나치고 모자라는 점을 추측하여 그 사이에서 절충하니, 이것이 중이다.[163]

處事得中, 本無攸定. 則就其事而推測過不及, 折衷於其間, 是爲中也.

화로써 하는 일 처리는 본디 한 갈래만 있지 않다.[164] 나를 위하면 남이 싫어하고 남을 위하면 내가 싫어하며, 남과 나를 함께 위하면 세상에

---

162 中과 和는 『中庸章句』 第1章의 "喜怒哀樂之未發, 謂之中, 發而皆中節, 謂之和. 中也者, 天下之大本也, 和也者, 天下之達道也."에 나오는 말. 여기서 주희는 "無所 偏倚, 故謂之中.", "無所乖戾, 故謂之和."라고 설명했다. 또 『中庸章句大全』에서는 "中爲性之德, 和爲情之德."라고 풀이했다.

163 이 글의 中은 모두 中庸의 뜻이다. 주희 『中庸章句』 첫머리의 주석에 "中者, 不偏不 倚, 無過不及之名."과 "庸, 平常也."라고 정의하고 있다.

164 뒤 문장의 맥락에서 보면 和는 한쪽으로 편향되지 않는 조화 또는 화합의 뜻에 가깝다.

할 수 있는 일이 없고, 남과 나를 위하지 않으면 못 할 일이 없다.165
그러므로 먼저 그 할 수 있는 일과 해서 안 되는 일을 헤아려 마침내
남과 내게 마땅한 점을 취하니, 이것이 화이다.

處事以和, 固非一端. 爲我則物惡, 爲物則我惡, 幷爲物與我, 則世間無可做之事,
不爲物與我, 則無不可爲之事. 故先測其可做與不可爲, 而遂取物我攸當, 是爲和也.

중과 화의 큰 도리는 만약 추측을 앞세우지 않으면, 알 방법이 없다.

中和之大道, 若不先以推測, 無以得之.

---

165 논리가 이상하다. 원문 無不可爲之事에서 不 자가 잘못 들어간 듯하다. 그 뜻은
   당사자나 남에게 이득이 없으면 "할 수 있는 일이 없다"라는 의미로 쓴 듯하다.
   그러니까 전체 문장은 모두가 만족하는 일도 없지만, 그렇다고 각자에게 이득이
   없다면 할 수 있는 일이 없다는 의미로 보아야 한다. 이익만 놓고 볼 때 그렇다는
   뜻.

# 해 설

『중용』의 중과 화의 개념을 재해석한 글이다. 중화의 큰 도리를 알려면 추측을 활용해야 한다는 주장이다.

사실 중과 화는 『중용』을 구성하는 개념이지만, 그것을 한마디로 표현하기는 매우 어렵다. 특히 중은 적중·알맞음·중용 따위로 해석한다. 『중용』본문의 해석에서 주희는 중을 본성이 아직 감정으로 드러나지 않은 상태, 화는 감정이 드러나 딱 알맞은 상태를 말하며, 전자를 마음의 본체로 후자를 작용으로 보기도 한다. 그리고 이 문제를 특히 조선에서 인간의 본성과 그것이 표출되는 감정의 관계에 치중하는 수양 담론으로 전개하였다.

하지만 저자는 이 중화의 개념을 수양의 문제를 넘어서서 일의 사태에 적극 적용하였다. 그렇게 하려면 내 마음만이 아니라 상대의 마음까지도 잘 미루고 헤아리는 문제가 등장한다. 내 감정이 설사 한쪽에 치우치지 않고 평정을 유지하더라도, 판단해 시행하는 일은 전혀 다른 결과로 전개될 수 있다. 다시 말해 내 마음이나 감정에는 치우치거나 모자라는 문제가 전혀 없다고 하더라도, 일의 본질이나 진행에서 인식이 잘못되면 그 결과에서 중화를 유지할 수 없다. 선의로 한 나의 행위가 되레 남에게 악행이 될 수 있기 때문이다.

사실 인간의 감정과 일 처리는 논리상 서로 다른 맥락에 놓여 있다. 비록 일 처리가 감정의 지배를 받는 경우가 많더라도, 일 처리의 잘잘못은 감정이 아니라 일에 대한 정보와 관련된 이해 당사자들의 동의 여부에 달려 있기 때문이다. 결국 나의 공정한 희로애락은 나의 심성이 아니라 타인이 관여하는 일에 대한 경험과 올바른 판단에 달려 있다.

여기서 중용이 산술적 또는 기하학적 중간을 차지하는 원리라면 굳이 추측이 필요 없다. 감각으로 또는 직관으로 알 수 있는 문제이기 때문이다. 하지만 일이란 복잡하고 수시로 변해 그 성공을 담보하기 위해서는 때와 형세를 고려할 수밖에 없어서, 주체의 깊은 사고와 통찰이라는 역량이 필요하다. 중화의 도리는 "추측을 앞세우지 않으면 알 도리가 없다"라는 말이 그런 뜻이다. 그래서 이런 문제는 감정을 공평하게 잘 유지하는 인성론의 수양 담론만으로 해결할 수 없다.

바로 여기서 저자의 이런 설명은 전근대사회의 수양 담론과 근대 사회의 합리적이고 공정한 일 처리 사이의 틈새를 예고한 셈이다. 다시 말하면 리더 개인의 수양은 사회의 정의에 필요조건은 될 수 있어도 충분조건이 될 수 없다는 점이다. 합리적이고 공정한 일 처리를 위해서는 주체의 공정한 태도만이 아니라 거기에 해당하는 지식과 정보 때로는 소통의 기술이 요구된다.

# 32. 동물의 추측
## 動作物推測

모든 동물은 사는 장소와 익힘을 따라서 추측이 생겨난다.

一切動作之物, 皆因所處所習而推測生焉.

땅이나 굴을 파서 사는 동물은 비 올 때를 알고, 둥지에 사는 새는 바람 불 때를 알며,166 개는 늘 보는 사람에게는 짖지 않고, 말은 늘 먹이 주는 사람을 알아볼 수 있다.

穴居者知雨, 巢居者知風, 狗不吠常見人, 馬能識常飼者.

\* \* \*

사람과 동물167이 공유하면서 만고와 세계에 통하여 달라지지 않는 것을 일러 항상 통하는 도리라 한다. 그 항상 통하는 도리를 가질 수 있는 자가 사람이라면 동물을 헤아릴 수 있고, 동물로 바뀌어도 사람을 헤아릴 수 있다. 하지만 늘 보는 대상은 드물게 보는 것과 다르고, 드물게 보는 대상은 또 보지 못한 것과 다르다.168

---

166 이 내용은 王充의 『論衡』, 「變動」의 "天且風, 巢居之蟲動, 且雨, 穴處之物擾."에 보인다. 후대의 다른 책에도 『論衡』의 내용이 들어있는 것으로 보아 이 책을 참고한 것 같다.

167 物은 나와 상대되는 남, 보통의 물건·대상·만물·동물 따위로 옮길 수 있는데, 여기서는 전체 문맥을 고려하면 주로 동물에 해당함. 특히 '替物而能測人'에서 測은 지각이 있어야 가능하기 때문이다.

人物所共有, 通萬古達六合而所不異者, 謂之常道. 能有其常者, 爲人而能測物, 替
物而能測人. 然常見之物, 異於稀見之物, 稀見之物, 又異於不見之物.

168 이 문장의 의도는 경험에 따른 추측의 질을 구분하기 위해서이다.

# 해설

동물도 추측할 수 있다는 주장이다.

이 글은 추측할 수 있는 주체를 동물까지 확장하였다. 우선 독자 가운데는 이 내용이 좀 지나쳤거나 생뚱맞다고 할지 모르겠다. 하지만 저자가 이런 제목으로 글을 쓴 데는 그만한 이유와 학문적 배경이 있다. 결론부터 말한다면 서학에서 논한 기독교철학과 성리학을 비판하기 위함이었다. 여기에는 자세한 설명이 필요하다.

앞의 글에서도 언급했지만, 중세 스콜라 철학의 영혼론은 아리스토텔레스 철학의 영향이 크다. 그 가운데 식물혼(생혼)·동물혼(각혼)·영혼의 구별도 그것인데, 일단 동물혼에 해당하는 각혼은 생명과 운동과 감각 능력만 있고 이성적 사유 능력은 없다고 한다. 그래서 그것을 따른 기독교철학 가령 『천주실의』같은 서학 서적에서도 동물에게는 각혼만 있어서 그것들은 인간과 달리 추론할 수 없다고 여겼다.169

그런데 무엇보다 저자가 이런 반론을 쓰게 된 까닭 가운데 하나는 『영언여작』의 내용 때문이다. 곧 동물에게는 구체적 기억은 있어도 추상적 기억[推記]이 없다는 주장에 대한 반론인 셈이다. 그 책에서는 동물도 추상적 기억을 할 수 있다는 반론으로 여우가 빙판을 건널 때 얼음 밑의 물 흐르는 소리는 듣는 일이나 사냥개가 토끼를 쫓을 때 세 갈림길에서 토끼가 간 방향을 알아내는 방식에서 동물도 추론할 수 있다는 주장을 펼친 일을 소개하고 있다. 하지만 그것은 단지 동물의

---

169 利瑪竇, 『天主實義』上卷,「第三篇」: 中品名曰覺魂, 則禽獸之魂也, 此能附禽獸長育, 而又使之以耳目視聽, 以口鼻啖嗅, 以肢體覺物情, 但<u>不能推論道理</u>, 至死而魂亦滅焉. 上品名曰靈魂, 即人魂也. 此兼生魂, 覺魂, 能扶人長養及使人知覺物情, 而又使之<u>能推論事物</u>, 明辨理義. 人身雖死, 而魂非死, 蓋永存不滅者焉.

지각에서 나오는 자연스러운 능력이라고 여겨 인정하지 않았다.[170] 하지만 저자는 그 책 속에 등장한 반론을 인정하여 동물도 추측할 수 있다고 주장하였다. 여우나 사냥개 대신 굴 속이나 둥지에 사는 동물로 바꾸어 설명했는데, 그것을 직접 인용하지 않은 까닭은 당시 서학에 알레르기 반응을 보였던 조선 지식 사회의 자기 검열 때문이다. 이로 보면 저자가 서학 서적을 얼마나 세밀하게 읽고 검토했는지 알 수 있다.

이렇듯 서학에서 동물과 달리 인간만이 추리할 수 있다는 특별한 지위를 부여한 것은 물론 아리스토텔레스의 영향도 있지만, 그보다도 「창세기」의 신화를 따른 신학 자체의 영향이 더 크다. 곧 하느님의 형상(image)에 따라 인간을 창조했고, 그 인간에게 만물을 다스릴 권한을 부여했다는 데서 출발한다.

이러한 서학의 신화적 인간관을 거부하는 저자는 그로부터 연역한 인간만이 가진 추론 능력, 곧 인간만이 추측할 수 있다는 점을 바로 본문에서 인정하지 않고 있다는 사실이다. 비록 동물의 그것은 초보적이기는 하지만, 추측의 길을 열어 놓음으로써 서학을 그대로 추종하지 않는다는 점을 보여주고 있다.

이 사례만을 보아도 저자가 서학 서적을 꼼꼼히 읽었고, 그것에 대응해서 자신의 철학을 세웠음을 확인할 수 있다. 비록 일부 인식 이론을 서학에서

---

170 『靈言蠡勺』上卷, 「論亞尼瑪之能」: 或有言禽獸能推記者, 如補大爾歌曰, 狐狸遇冰, 先聽流澌, 以爲行止, 一似因聲知動, 因動知危, 因危知溺也 走狗逐兎, 遇三岐之路, 先嗅其一, 次嗅其二, 悉無氣, 次及於三, 不復再嗅, 徑往逐之, 此亦能推之驗, 不知是等禽獸所知, 非靈魂之正推, 乃推之像耳. 走狗逐, 緣趨利甚急, 迫使速去, 此知覺中自然之能. 狐狸聽冰, 緣其避 患甚巧. 平時遇水, 聞聲不敢逕渡, 今聞水聲, 亦復知避. 此知覺中之復記, 皆此因此得彼, 若人靈之推論矣. 강조는 인간의 영혼과 달리 동물의 추측을 부정하는 말. 등장하는 補大爾歌도 저자처럼 동물의 추상적 사고를 인정한 사람이다. 강조는 그의 주장에 대한 반론이다.

수용했어도 비판의 자세를 잃지 않았다. 이런 특징은 그의 저술 안에서 주제에 따라 전반적으로 드러나는 일이다.

또 하나 배경은 성리학과 관련된다. 이는 『주역전의대전』 속에서 동물은 미룰 수 없다는 정이(程頤)의 발언[171]을 시작으로 성리학자들의 견해와 관련이 있다.

동물이 추측 곧 나름의 추상적 사고를 할 수 있느냐 하는 문제는 20세기가 되어 영장류나 집단생활을 하는 동물을 중심으로 밝혀냈다. 심지어 까마귀도 추상적 사고가 가능하다는 점도 밝혀냈다.

---

171 『周易傳義大全』, 「繫辭上」 5-6: 人則能推, 物則氣昏推不得. 여기서 物은 동물을 가리킨다.

# 33. 추측이 곧 앎이다
## 推測卽是知

마음에는 다른 능력이 없고 기를 말미암아 미루고 본성을 말미암아 헤아린다. 그것은 점진적이고 또 거기에 단계가 있어 그 효과를 이루니, 이에 이름을 붙여 앎이라 부른다. 추측 외에 어찌 아는 것이 있겠는가?[172]

心無他能, 因氣而推, 因性而測. 有漸有階, 乃成厥效, 爰名曰知. 推測之外, 豈有所知.

추측을 보지 않고 단지 그 앎만 본다면 신묘하다고 말할 수 있고, 그 추측을 말미암아 따로 추측을 추가하면 이것을 신통하다고 한다.

不見推測而只見其知, 則可謂神妙, 因其推測而別加推測, 是謂神通.

\* \* \*

마음의 능력은 본 내용을 미루어 아직 보지 못한 대상을 헤아리고, 들은 내용을 미루어 아직 듣지 못한 대상을 헤아리며, 익힌 내용을 미루어 아직 익히지 못한 대상을 헤아리고, 있는 대상을 미루어 없는 대상을

---

172 저자의 철학과 전체 문맥을 고려하면 추측은 항상 이전에 경험한 내용을 미룸의 대상으로 삼는다. 경험에 따른 기억이 있으므로 '추측 외에 앎이 없다'라는 말은 성립할 수 없다. 따라서 여기서 말하는 앎(知)이란 아래에서 '추측이 이루어 낸 효과'라고 정의하였다. 이것은 감각기관을 통해 기억한 知覺보다 한 차원 높은 추상적 앎으로서 지혜에 가깝다. 고대에는 智 자가 아직 없어서 지식과 지혜를 구분하지 않고 知 자로 통용하였다. 저자는 그것을 받아들여 仁義禮智라 하지 않고 仁義禮知를 자주 사용하였다.

헤아리니, "온갖 모습이 빽빽이 벌려져 있다"[173]라는 말은 단지 추측하는 가운데 한 가지 일일 뿐이다. 한 생각을 일으킬 때도 어찌 미룸이 없었겠으며, 한 일을 마름질할 때도 어찌 헤아림이 없었겠는가?

心之所能, 推見而測其未見, 推聞而測其未聞, 推曾而測其未曾, 推有而測其無有, 則萬象森羅云者, 特是推測中一事耳. 一念之起, 何曾無推, 一事之裁, 何嘗無測.

사람이 갓 태어나 강보에 싸여 있을 때는 부모가 품어주고 사랑하는 일을 모르다가, 시간이 좀 흐르면 눈으로 보고 귀로 듣는 일을 익혀, 그 어미가 즐겨 웃거나 가르쳐 꾸짖는 일을 점차 알게 된다. 아이는 그 일을 미루어 남의 기쁨과 분노를 알게 되고, 또 그것을 미루어 남의 기쁘지 않음과 성내지 않음도 알고, 자기가 그것을 그치고 일으키는 방법도 알게 된다. 마치 높은 곳에 오를 때는 낮은 곳에서 시작하며 먼 길을 갈 때는 가까운 데서 시작하는 일처럼 추측의 방법은 점진적이고 단계가 있다.

人在褓襁, 不知其母之抱挈慈愛, 及其日久, 目慣見, 耳慣聞, 漸知其母之嬉笑誨責. 推此而知人之喜怒, 又推此而知人之不喜怒, 息喜怒起喜怒之方. 如昇高自卑, 行遠自邇, 推測之術, 有漸有階.

그리고 지라는 글자의 이름과 뜻은 단지 추측이 이룬 효과를 들어 나타낸 것뿐이다. 만약 그 점진적인 단계를 생각하지 않고 그 앎을 대충 말하면,

---

173 萬象森羅는 남북조 시기 梁 陶弘景의 『茅山長沙館碑』에 "夫萬象森羅, 不離兩儀所育."에 보인다. 저자가 이 글을 인용한 까닭은 추측의 功效를 강조하기 위함이다.

마치 신묘함이 있는 것 같고, 사람이 쉽게 추측하는 데서 다시 한 단계
더 추측하면 이것이 신통이다.

而知字名義, 只擧推測之成效而標著者也. 若不思其漸階, 而泛言其知, 則如有神妙,
因人之所易推測, 更加一層推測, 是神通.

# 해 설

이 글은 추측이 점진적 단계를 따라 이루어짐을 설명하였고, 흔히 신묘하다거나 신통하다고 하는 일도 추측의 일이라는 지적이다. 따라서 추측이 곧 앎이라는 제목의 내용은 추측의 효과를 강조해서 한 말이다. 앎의 종류에는 추측의 결과만이 아니라 경험에 따른 단순 기억도 포함되기 때문이다. 이로 보아 앎에도 질적인 차이가 있음을 알 수 있다.

이 글은 한국 교육 사상사에서 큰 의미가 있다. 아동의 정서발달은 먼저 경험을 통해 추측의 발달을 따라 이루어진다는 점이다. 그 과정도 점진적인 단계에 따라 이루어진다고 보았다. 이것은 인지발달과 함께 정서도 그런 과정을 밟는다는 주장이다.

# 34. 얻음과 잃음
## 得失

잃음을 미루어 얻음을 헤아리면 얻음도 기뻐할 일이 못 되고, 얻음을 미루어 잃음을 헤아리면 잃음도 걱정할 일이 못 된다. 오직 학문하는 방법은 착함을 얻으면 나쁨을 잃고, 밝음을 얻으면 어두움을 잃고, 참됨을 얻으면 헛됨을 잃으니, 얻음도 기뻐할 만하고 잃음 또한 기쁜 것이다.

推失而測得, 得不足喜, 推得而測失, 失不足憂. 惟爲學之方, 得善則失惡, 得明則失昏, 得實則失虛, 得之可喜, 失之亦喜.

\* \* \*

매사에 얻음과 잃음은 서로 상관되어 일어난다.[174] 많은 사람 가운데 갑이 얻으면 을이 잃고, 을이 얻으면 갑이 잃게 된다. 한 사람에게 있어서도 욕심내는 대상을 얻으면 덕을 잃고 이것을 얻으면 저것을 잃게 된다. 또 한 가지 일에서도 얻어도 잃는 때가 있고, 잃어도 얻는 때가 있다. 얻음과 잃음을 알고 보면 얻었다고 기뻐할 일이 못 되고, 잃었다고 근심할 일도 못 된다.

凡事得失相因. 在衆人, 則甲有得之, 乙有失之, 乙有得之, 甲有失之. 在一身, 則有得欲而失德, 得此而失彼. 在一事, 則得有失之時, 失有得其期. 通其得失, 得不足喜,

---

174 相因은 서로 상관되어 일어난다는 뜻으로 『史記』, 「酷吏列傳」의 "二千石繫者新故相因, 不減百餘人."에 보인다.

失不足憂.

오직 도리를 배우는 데 있어서 얻음과 잃음은 그렇지 않다. 착함을 얻으면 나쁨을 잃고, 밝음을 얻으면 어두움을 잃으니, 참과 거짓, 인과 불인, 의와 불의가 모두 그렇지 않음이 없다. 그러므로 이 경우 잃든 얻든 기뻐할 만하다.

惟學道之得失, 不然. 得其善則失其惡, 得其明則失其昏, 實與虛, 仁不仁, 義不義, 莫不皆然. 故得失可喜.

만약 착함을 얻었는데도 나쁨을 잃지 않았다면 그 얻음은 기뻐할 일이 못 되고, 나쁨을 잃었는데도 착함을 얻지 못했다면 그 잃음도 기뻐할 일이 못 된다. 나아가 어두움과 밝음, 거짓과 참의 경우도 얻음이 잃음을 겸하지 않으면, 모두 기뻐할 만한 일이 못 된다.

若得善而不失惡, 則其得不足喜, 失惡而不得善, 則其失不足喜. 以至昏明虛實, 得不兼失, 則皆不足喜.

# 해 설

이 글은 추측을 활용한 일종의 언어분석이다.

고대에는 언어가 가진 개념이 단순해서 얻음은 좋은 일이고 잃음은 나쁜 일이라는 사고가 지배적이었다. 『주역』 점사(占辭)의 특징도 대개 이러하다. 훗날 득은 이(利)와 결합하여 이득으로, 실은 손(損)과 결합하여 손실이라는 말 따위로 파생되었다. 그래서 습관적으로 득실을 고정해서 보려는 경향이 있다.

하지만 저자는 『노자』 2장의 지적처럼 언어에 있어서 가치와 개념의 상대성으로 분석하였다. 곧 얻음이란 단독으로 쓰이는 말이 아니라 잃음과 짝이 되는데, 실제의 일에서도 얻음과 잃음이 동시에 일어나는 일이라고 지적하였다. 그 동시성은 경쟁하는 남과 나, 한 가지 일 그리고 한 개인에서도 일어나는 일이라고 설명하는데, 득실이란 '서로 상관해서 일어나는 일'이라고 한 주장이 그것이다. 가령 '건강을 얻었다'라고 말한다면, '허약을 잃었다'라는 말을 동시에 의미하는 것과 같은 이치이다. 이처럼 서로 양립하지 않고 맞서는 가치에서는 더욱 그러하다. 그래서 이 경우 얻음과 잃음이 분명해야 한다고 주장하였다. 이러한 주장은 그가 추측을 활용한 사고의 결과이다.

## 35. 마음의 본체는 순수하고 맑다
### 本體純澹

마음에 기억한 많거나 적은 이치 가운데 오래된 것은 없어지고 그다음 오래된 것은 점점 흐릿해지고 지금 것은 뚜렷하므로, 마음의 본체가 순수하고 맑다[175]는 점을 헤아릴 수 있다. 이전에 망각한 일을 갑자기 다시 당하면 곧 기억하고, 지난번에 익혔던 일을 다시 하면 힘이 적게 드니, 그 숙달에도 쌓임이 있음을 알 수 있다.

理致之多少銘心者, 久則泯滅, 次則漸迷, 今則了然, 可測其本體之純澹. 前日所忘, 猝遇便記, 過境所慣, 更擧省力, 可知其習熟之有漸.

\* \* \*

마음의 본체는 비유하면 순수하고 맑은 우물[176]과 같다. 우물에다가 먼저 푸른색 물감을 풀고 다음에 빨간색 물감을 풀고 그다음에 노란색 물감을 푼 다음 조금 기다려 관찰하면, 푸른색은 사라지고 빨간색은 점차 흐릿해지고 노란색은 아직 남아 있으나, 남아 있는 노란색도 금방 사라질 것이다.

心之本體, 譬如純澹之井泉. 就井泉而先添青色, 次添紅色, 次添黃色, 稍俟而觀之,

---

175 純澹은 다른 곳에서는 純淡으로 표현하여 같은 뜻으로 쓰임. 순수하고 맑다는 뜻으로 본서에 제목 포함 총 26회 등장함.

176 井泉은 우물이다. 『禮記』,「月令」의 "天子命有司, 祈祀四海大川名源淵澤井泉."에 보인다.

青色泯滅, 紅色漸迷, 黃色尚存, 所存黃色, 亦非久泯滅.

여기서 알 수 있는 점은 순수하고 맑은 우물이 여러 색깔을 받아들여 반응하지만 잠잠하기를 기다려 본래대로 되돌아가니, 여러 색깔이 순수하고 깨끗한 우물의 본체를 뺏지 못한다는 사실이다. 나아가 푸른색 물감을 또 풀 경우 앞서 푸른색 물감을 풀 때와 모습이 거의 같으니, 이것을 미루어 보면 나중에 푸른색 물감을 풀더라도 또 이와 같을 것이다. 빨간색과 노란색 물감을 풀어도 이와 유사할 것이다.

於此可識, 純澹之井泉, 受和五采, 而俟靜還本, 五色不能奪純澹之體. 及其又添青色, 與向時添靑, 形色頗同, 推此則後來添靑又如是. 添紅添黃亦類此.

이렇다면 인간이 익힌 일에도 쌓임이 있다.177 만약 우물이 잠잠할 때 본래의 모습으로 되돌아갈 수 없게 한다면, 수년 동안 받아들인 색깔이 마침내 뒤섞여 어지러워, 백 년이 지난 색도 우물의 한구석에 그대로 남아 지금 새롭게 첨가하는 색과 다르지 않아서, 하나의 비단에 수놓은 우물이 될 것이다.178

是則所習有漸也. 若使井泉不能俟靜還本, 積年所受之色, 竟成雜亂, 百年之色, 藏在一隅而不變, 與今新添之色不異, 成一錦繡井矣.

---

177 우물에 물감을 풀어도 지나가면 맑게 되듯이, 인간의 마음도 망각을 거듭하더라도 익히는 가운데 쌓이는 것 있다는 뜻. 또한 그것은 기억한 내용만이 아니라 함께 사용하는 기능에도 해당한다. 글의 끝부분에 '추측이 저절로 생긴다'라는 말도 그런 뜻이다.
178 이는 실제와 맞지 않는다. 물감은 혼합되면 탁한 흑색으로 변해간다. 저자는 이 점을 몰라서가 아니라 우물을 마음에 비유하므로 기억을 망각하지 않는다고 가정하고 한 발언이기 때문이다. 뒤의 내용을 보면 실제로는 망각한다는 뜻.

하지만 우물은 잠잠할 때 본래의 색깔로 돌아갈 수 있어서, 여러 색깔을 받아들여도 그 색채를 분명하게 드러내고, 여러 색을 거두어 감춰서 그 흔적을 없앤다. 심지어 혼탁한 우물도 여러 색깔이 섞이면 반드시 혼탁하여 분별해 보아도 혼탁하나, 잠잠한 상태가 되면 본래의 색깔로 돌아가는 현상은 같다.

以其能俟靜還得本色, 故容受衆色而辨其采, 收藏衆色而泯其痕. 至於混濁井泉, 諸色之和必混, 分辨亦濁, 及其須靜還本則同也.

그러므로 순수하고 맑음은 우물의 본색이고, 물감을 푸는 일은 우물의 경험이다. 첨가한 색이 비록 없어지더라도, 맑고 깨끗한 가운데 경험이 저절로 있어서 거듭 쌓이면 추측이 저절로 생겨난다.

然則純澹者井泉之本色也, 添色者井泉之經驗也. 添色雖泯, 純澹之中, 經驗自在, 至于積累, 推測自生.

# 해 설

이 글은 마음의 백지설을 주장하는 저자의 대표적 글 가운데 하나로,
서양철학의 그것에 대응하여 '순담설(純澹說)'이라고 불러도 좋겠다.
연구에서 자주 인용하는 글이다.

이미 앞에서도 언급했듯이 이것은 전통의 '마음이 허령(虛靈)하다'[179]라
는 개념을 따랐어도, '마음에 많은 이치가 갖추어져 있다'[180]라는 주장은
따르지 않았다. 여기에 더해 무엇보다 마음이 '순담'하다고 확신한 계기
는 서학에서 말하는 영혼의 백지설, 곧 아리스토텔레스가 '아직 아무
글씨도 쓰이지 않은 비단'에 비유한 영혼이 그것인데, 훗날 마테오
리치가 『천주실의』에서 '아직 글씨가 쓰이지 않은 죽간(竹簡)'에 비유한
영향이다.

그러나 여기서 더 나아가 우물이 여러 물감을 받아들이듯이 마음도
많은 내용을 저장하고 물감이 옅어지듯 기억도 희미하게 변하지만,
마음은 항상 비어있는 것처럼 맑고 깨끗하여 언제든 다른 대상을 기억할
수 있다는 사상은 어디서 가져왔을까? 서학 서적에서는 보이지 않아
저자가 자신의 마음을 직접 관찰했을 수도 있다. 하지만 옮긴이가 볼
때 이런 생각에 영향을 준 책은 『순자』로 보인다. 거기에 이런 말이
들어 있다.

"인간이 어떻게 도를 아는가? 마음으로 안다. 마음은 어째서 아는가?
비어있고 하나이고 고요하기 때문이다. 마음은 기억하지 않음이 없으나

179 『朱子語類』 5-39: 虛靈自是心之本體, 非我所能虛也. 耳目之視聽, 所以視聽者卽其
心也, 豈有形象. 然有耳目以視聽之, 則猶有形象也. 若心之虛靈, 何嘗有物.
180 『朱子語類』 5-40: 問, 五行在人爲五臟. 然心卻具得五行之理, 以心虛靈之故否.
曰, 心屬火, 緣是箇光明發動底物, 所以具得許多道理.

이른바 빔이 있고, 마음은 기억된 내용으로 가득 차지 않음이 없으나 이른바 하나가 있고, 마음은 움직이지 않음이 없으나 이른바 고요함이 있다. 사람이 태어난 뒤 앎이 있고 앎이 있으면 지(志)가 있다. 지란 기억이지만, 이른바 빔이 있어서 이미 기억한 내용이 새로 받아들이는 내용을 방해하지 않으니, 그것을 빔이라 부른다."181

순자는 마음의 이런 양면성을 주장한다. 곧 기억 내용이 저장되어 있으면서 또한 비어있고 움직이면서도 고요한데, 마음이 비어있어서 새로 기억하는 일을 방해하지 않는다는 마음의 작용을 잘 설명하고 있다. 따라서 본문의 순담은 『순자』원문의 '허정(虛靜)' 개념과 유사하고, 경험에 따른 기억 곧 물감에 해당하는 용어는 '장(臧, 藏)'이다. 또 마음이 하나라는 점은 저자의 경험과 추측의 주체인 신기와 같다.

그리고 "경험이 저절로 있어서 거듭 쌓이게 되면 추측이 저절로 생겨난다"라는 말의 의미는 추측의 기능이 경험 활동의 누적을 통해 촉발됨을 뜻한다. 이것을 인지발달 용어로 말하면 인간의 추상적 사유 능력은 구체적 경험을 통해 발달한다는 뜻이다. 이런 상황을 아리스토텔레스는 인간의 능동지성이 잠재태로 있다가 현실태로 된다고만 설명했다. 하지만 저자는 그렇게 되는 까닭까지 말함으로써 더욱 발전한 주장을 한 셈이다. 이는 앞에서도 소개했지만, 20세기가 되어서 실증적으로 밝혀낸 일이다.

---

181 『荀子』,「解蔽」: 人何以知道. 曰心. 心何以知. 曰虛壹而靜. 心未嘗不臧也, 然而有所謂虛, 心未嘗不滿也, 然而有所謂一, 心未嘗不動也, 然而有所謂靜. 人生而有知, 知而有志. 志也者, 臧也, 然而有所謂虛, 不以所已臧害所將受, 謂之虛.

## 36. 크거나 작거나 멀거나 가까운 것
### 大小遠近

식견182에도 크거나 작거나 멀거나 가까이 내다보는 것이 있고, 목표에
도 크거나 작거나 멀거나 가까이만 미치는 것이 있다. 목표에 크거나
작거나 멀거나 가까이만 미치는 것이 있으니, 사업에도 크거나 작거나
멀거나 가까이만 적용되는 게 있다. 하지만 가까운 것만 보고서 먼 것을
이룬 사람은 없고, 작은 것을 못 본 채 큰 것만을 이룬 사람도 없다.

見有大小遠近, 而準的有大小遠近. 準的有大小遠近, 而事業有大小遠近. 然未有見
近而成遠者, 亦未有不見小而成大者.

\* \* \*

사람의 식견은 같지 않다. 하루의 식견과 일 년의 식견은 작고 가까이만
보지만, 백 년의 식견과 만세의 식견은 크고도 멀리 내다본다. 한 몸의
식견과 한 가문의 식견은 작고 가까우나 한 나라의 식견과 천하의 식견은
크고도 멀리 내다본다.

人見不同. 一日之見一年之見, 小而近, 百年之見萬歲之見, 大而遠. 一身之見一家
之見, 小而近, 一國之見天下之見, 大而遠.

그 식견을 따라 목표가 있고 목표를 따라 일이 있는데, 멀리 내다보았다가

---

182 見은 식견·견해·소견·견식 따위의 의미로 쓰였다. 이하 같음.

가까운 일을 이룬 사람은 간혹 있으나, 가까이만 보고서 멀리 적용되는 일을 이룬 사람은 아직 듣지 못했다. 또 큰 것을 보았으나 작은 것을 이룬 사람은 혹 있어도, 작은 것을 보지 않고 큰 것을 이룬 사람은 또한 아직 듣지 못했다.

隨其見而有準的, 隨準的而有事業, 見遠而成近者或有之, 見近而成遠者未之聞. 見大而成小者或有之, 不見小而成大者亦未之聞.

그러므로 일 년의 식견으로 백 년의 사업을 말할 수 없고, 한 가문의 식견으로 한 나라의 사업을 말하기 어렵다. 그러니 오로지 한 몸의 식견만 가진 사람은 남의 기쁨과 분노를 보지 못하여 집안사람과 벗들을 편하게 해주기 어렵다. 한 가문의 식견만 가진 사람은 백성이 생업을 이루는 것을 보지 못하여 수령이 되면 한 현도 편안하게 하지 못하고, 관찰사가 되면 한 도도 편안하게 지키지 못하니 가문의 일만 완수하기를 힘쓴다. 한 나라의 식견만 가진 사람은 이웃 나라와 사귀는 정책을 잘 시행할 수 없고, 마땅치 못한 풍습을 개혁할 수도 없다. 천하의 식견을 가진 사람이야말로 하늘과 땅을 본받아[183] 자기의 본성을 다하고 물건의 본성을 다 발휘하게 한다.[184] 또 그 본받는 일을 확대하여 채워나가되[185]

---

183 『周易』,「繫辭上」의 논리에 따르면 法天則地는 바로 뒤의 範圍와 같은 말로서 천지를 (역의) 모범으로 본받는다는 뜻이다. 그 근거는 "易, 與天地準. 故能彌綸天地之道, 仰以觀於天文, 俯以察於地理. … 範圍天地之化而不過, 曲成萬物而不遺, 通乎晝夜之道而知. 故神无方而易无體."이다.

184 盡己之性과 盡物之性은 『中庸章句』 第22章의 "唯天下至誠, 爲能盡其性, 能盡其性則能盡人之性, 能盡人之性則能盡物之性, 能盡物之性則可以贊天地之化育, 可以贊天地之化育, 則可以與天地參矣."에 나오는 말. 盡其性은 盡己之性의 뜻.

185 擴充은 『孟子』,「公孫丑上」의 "知皆擴而充之矣."에 나오는 말.

차례를 좇아 이루며 참된 도리에186 맡겨 행한다.

故一年之見, 不可以語百年之事業, 一家之見, 難以語一國之事業. 故惟有一身之見者, 不見人之喜怒, 難安於家人朋友. 有一家之見者, 不見民生之制產, 爲官長則不能安一縣, 爲方伯則不能鎭一道, 而務完家事. 有一國之見者, 不能善交隣之策, 不能革乖宜之俗. 有天下之見者, 法天則地, 盡己性盡物性. 擴充範圍, 循序而成, 任眞而行.

하루의 식견을 가진 사람은 일이 눈앞에 닥쳐서야 겨우 그 처리를 생각하더라도 일의 순서를 보지 못한다. 일 년의 식견을 가진 사람은 겨울의 일을 봄부터 미리 해 나가며, 백 년의 식견을 가진 사람은 죽은 뒤의 일을 살았을 때 심고 기르고, 만세의 식견을 가진 사람은 백성을 위한 편안한 정책을 세우며 뜻을 펼쳐 태평한 세상을 연다.

有一日之見者, 事迫眼前, 纔思區處, 不見其序次. 有一年之見者, 三冬之事, 自春做去, 有百年之見者, 身後之業, 生前植養, 有萬歲之見者, 爲生民立安策, 敷心得開太平.

하지만 소견이 있는 사람이라고 해서 반드시 일이 있는 것은 아니나, 일이 있는 사람이라야 반드시 소견이 있으니, 일이란 곧 소견의 성취이다. 일에 성공하면 그 참된 식견을 알 수 있고, 성공이 없으면 참된 식견이 아님을 알 수 있다.

然有所見者, 未必有事業, 有事業者, 必有所見, 事業乃成就所見也. 成事則可知其

---

186 任眞而行은 '천성대로 행한다'라는 의미도 있는데, 성선설을 기반으로 한 정통 유학에서는 가능한 해석이지만, 저자의 철학적 관점에서는 받아들이기 어렵다.

眞見, 未有成則可知其非眞見也.

식견이 무르익어 식견을 계획하고, 계획하는 일이 무르익어 식견을 시행하며, 시행하는 일이 돈독하여 식견을 완성하니, 어찌 가까이만 보는 식견으로 멀리 내다보는 일을 이룰 수 있겠으며, 작을 것을 못 보고 큰 것을 이루겠는가? 식견이 멀리 내다보는 사람은 가까운 데서부터 진행하니, 식견이 큰 사람도 작은 데서부터 나아간다.

見熟而營之, 營熟而行之, 行篤而成之, 豈可以近見成遠事, 不見小而成大也. 見遠者自近而進, 見大者自小而進.

# 해 설

사람의 식견에 따른 능력을 설명하였다. 곧 식견에 따른 사람의 그릇을 분류한 셈이다. 당시의 사회와 정치 현실을 향한 비판이 들어 있다. 저자는 가장 식견 높은 사람은 천하의 소견을 가졌다고 규정했는데, 본문의 '천하의 식견을 가진 사람'에서부터 '참된 도리에 맡겨 행한다'까지의 내용을 보면, 『주역』과 『중용』의 사상과 연관시켰다. 곧 인간을 포함한 만물까지 자신의 본성을 잘 발휘하도록 하는 식견이 그것이다. 저자는 유가 경전 가운데 『주역』과 『중용』이 가장 보편적 사상을 지닌 문헌으로 여긴 것 같다. 주희의 해석을 따르지 않고 기철학으로 해석할 여지가 풍부한 문헌이기도 하다.

사회와 정치 비판은 당시 리더라 할 수 있는 벼슬아치들의 식견이 좁음을 간접적으로 지적한 데서 보인다. 조선 후기 사회와 정치의 난맥상을 그렇게 표현하였다. 특히 '한 나라의 식견만 가졌다'라는 대목에서, 당시 정치 지도자들이 세계 정세를 파악할 원대한 식견이 없어서 저자 사후 한 세대가 지나면서 조선이 망국의 길로 접어든 사실은 단순히 우연의 일치만은 아닐 것이다. 설명의 순서를 비록 『대학』의 자기 몸에서 가정, 국가, 천하로 넓혀 따랐지만, 리더가 수양하여 덕을 쌓으면 가정과 나라가 다스려지며 세상이 평화롭게 된다는 정통 유학의 가르침만으로는 이제 그만큼 효용 가치가 약하다는 점을 식견의 강조로 드러낸 셈이다. 도덕적 수양만으로는 더는 조직을 잘 경영할 충분조건이 못 되기 때문이다.

이 글에서는 '추측'이란 단어를 사용하지 않았다. 이미 식견 또는 소견에 추측한 내용이 들어 있기 때문이다. 거기다가 소견에는 새로운 상황에 대처할 예측이나 통찰도 포함하고 있다. 거기에는 지금까지 학습한 지식이나 원리를 통합하여 기존의 그것과 다른 새로운 대안이나 기존 지식을 거부하거나 역이용하는 일도 포함하고 있기 때문이다. 식견이 크고 심원한 통찰(insight)은 곧 저자의 주통(周通)이나 신통(神通) 단계에서 가능한 일이다.

여기서 저자는 은연중 리더의 자질을 말하고 있다. 일의 성과와 식견의 상관관계를 논하면서, 리더가 일에 성공하는 조건으로서 질 높은 식견이 있어야 함을 말하고 있기 때문이다. 사실 그 식견에는 리더의 상상력과 창의력 그리고 통찰력을 비롯하여 비전을 제시하는 등의 자질이 함께 들어 있어야 한다. 그 자질은 최후에 일의 성과를 통해 드러나게 된다.

# 37. 익힘에 따라 변한다
## 習變

나쁜 일에 익숙한 사람은 추측이 나쁜 데 있고, 착한 일에 익숙한 사람은 추측이 착한 데 있는 까닭은 오로지 추측이 하나같이 익힌 내용을 따라 서로 갈라지기 때문이다. 나쁜 상태가 변하여 착하게 되고, 착한 상태가 변하여 나쁘게 되는 까닭은 그 익힌 내용이 변하니 추측 또한 달라지기 때문이다. 익히는 일이 비록 끝났어도 획득한 추측[187]은 저절로 존재하여, 평생의 사용은 여기서 분리되지 않는다. 대단하구나! 익힘이여! 어짐과 어질지 못함이 말미암은 갈림길이요, 착함과 착하지 않음이 바뀌는 까닭이다.

習於惡者, 推測在惡, 習於善者, 推測在善, 惟一推測隨所習而相違. 惡變爲善習, 善變爲惡習, 以其所習變而推測亦移. 所習雖已, 所得之推測自在, 平生須用, 不離於此. 大哉習也. 仁不仁之所由歧, 善不善之所以變.

\* \* \*

대저 익힘은 견문에서 생겨나고 기억에서 익숙해진다. 나쁜 일을 익힌 사람이라도 추측이 명석하다면, 나쁜 정도가 깊더라도 간혹 착한 일은 듣고 착한 데로 돌아오기도 하는데, 그것은 소견의 밝음에 의지했기 때문이다. 하지만 이 경우 추측이 명석하지 못하면, 비록 나쁜 정도가 깊지 않더라도 착한 데로 돌아오기 어렵다. 착한 일을 익힌 사람의 추측이

---

187 원문 '所得之推測'은 학습 내용에 추측 내용이 의존한다는 의미.

명석하면, 착한 일의 실천이 독실하여 악한 일을 착한 쪽으로 옮기는 채찍으로 삼는다. 하지만 이 경우도 추측이 명석하지 못하면, 착한 일에 소홀히 하여 때로는 욕심 때문에 나쁜 일을 저지르기도 한다.

夫習, 生於聞見, 熟於染着. 習惡之人, 推測明, 則爲惡深, 或聞善而遷, 賴其所見之明. 推測不明, 則爲惡淺, 而遷善亦難. 習善之人, 推測明, 則爲善篤, 以惡爲趨善之鞭策. 推測不明, 則爲善泛忽, 或因慾而爲惡矣.

그렇기는 하지만 어릴 때의 견문과 젊을 때의 기억이 제일 중요하다. 마치 흰 비단을 처음 염색하고 나면, 뒤에 아무리 씻고 빨아 다시 다른 색을 물들여도 끝내 처음 염색한 상태만 못하고, 또 비단의 바탕이 낡아지는 꼴과 같으니, 어찌 깊이 경계할 일이 아닌가? 이처럼 익힌 기억을 비록 없애더라도 추측은 되레 존속하여 평생 사용한다.

然幼時聞見, 少年染習, 最爲關重. 如素帛之初染, 後來雖洗浣而更染他色, 終不若初染, 且帛質受弊, 豈非深戒耶. 所習雖去, 推測尚存, 爲平生之須用.

대단하구나! 익힘이여! 온 세상 사람 누구에게나 익힘이 있고, 착하거나 나쁜 여러 일은 모두 익힘이 있어 해 나간다. 만약 좋고 나쁨에 무심하다면 그 익힌 내용에 맡기면 되겠지만, 진실로 조금이라도 권하거나 징계하는 뜻이 있다면, 먼저 자기가 익힌 내용을 잘 선택하여 남이 익힌 일에 미친다. 『논어』에 이르기를 "본성은 서로 가까우나 익힘을 따라 멀어진다"[188]라고 하였는데, '본성'과 '익힘'을 말하여 포괄하는 뜻이 매우 크니,

---

188 『論語』, 「陽貨」.

실로 만세의 표준이다.

大哉習也. 天下之人, 莫不有習, 善惡諸事, 皆有習而做去. 若無心於善惡, 則任其所習, 苟有一分勸懲之意, 先自擇其所習, 以及人之所習. 論語曰, 性相近也, 習相遠, 言性言習, 包括甚大, 實萬世之表準.

# 해 설

익힘과 추측의 관계에서 익힘의 중요성을 설명했다.

익힘[習]이란 교육학에서는 넓은 의미의 '학습'으로, 철학에서는 '경험'이란 용어로 바꿔 말할 수 있다. 인간의 사유에 해당하는 일도 결국 학습 또는 경험한 내용의 영향을 받는다는 주장이다. 좋거나 나쁜 일을 학습한 사람의 추측도 그렇게 될 개연성이 풍부하다는 주장이다. 그런 점에서 일반 교육학에서 환경의 중요성을 강조하는 까닭은 충분히 일리가 있다.

물론 여기서 말하는 선악이나 선·불선은 윤리학이나 철학에서 그렇듯 개념 규정을 위해 동원한 것 같지는 않다.[189] 그것까지 따지면 논의가 매우 복잡해진다. 그냥 일반적으로 말한 좋음과 나쁨 정도로 보인다. 그래서 본성의 선악을 언급하지 않고, 다만 학습에 따라 달라진다고 말함으로써 전통의 성선설이나 성악설과 다른 관점을 시사하고 있을 뿐이다.[190]

문제는 경험의 내용이 추측에 어떤 영향을 주느냐이다. 추측 그 자체는 사유 기능이므로 다분히 형식적이고 논리적이어서 어떤 내용을 갖지 않는다. 하지만 현실에서는 내용 없는 형식은 공허할 뿐이므로 추측은 언제나 내용을 가지고 다닌다. 사람이 살아가면서 추측하는 일이 항상 그렇다는 뜻이고, 그 추측의 대상은 경험에서 가져오며, 대체로 그 경험의 좋고 나쁨이 추측의 좋고 나쁨을 이끈다는 게 저자의 속뜻일

---

189 저자의 선악에 대한 개념 규정은 이종란, 『최한기의 운화와 윤리』, 139-180쪽을 참고 바람.

190 다른 곳에 보면, 저자는 性無善無不善을 주장하여 『맹자』에 등장하는 告子의 주장과 유사하다.

것이다. 그런 점에서 추측은 경험 곧 학습에 좌우된다고 말할 수 있다. 그런데 저자는 학습과 기억의 매우 독특한 관점을 제시하고 있다. 곧 어릴 때의 경험이 평생을 좌우한다는 주장이 그것이다. 이는 연어의 회귀가 말해주듯 동물의 행태에서 두드러지게 보이는 점이기도 한데, 인간에게도 분명히 그런 점이 있다. 어릴 때의 잘못된 기억을 상쇄할 만큼 강한 자극과 그것을 대체할 만한 기억이 없다면 거기에 의존하기 때문이다. 그래서 교육과 학문 세계에서는 자기 발전을 위해 끊임없는 평생학습과 잘못된 앎의 수정이 필요하다. 바로 여기서 학습의 중요성이 재등장하게 된다.

끝에 『논어』의 '성상근'과 '습상원'을 인용하여 만세의 표준이라 칭송하였는데, 기존 성리학을 따르지 않는 저자의 철학 방향에서 볼 때, '습상원'에 해당하는 학습은 경험과 직결되는 문제여서 그것에 따라 사람의 현실적 성품이 달라질 수 있음을 강력히 뒷받침하는 근거로 해석할 수 있기 때문이다. 뒤에서 더 다룬다.

# 38. 바꾸어 미루고 고쳐 헤아린다
## 換推改測

미룸이 마땅하지 않으면 헤아림에도 적합하지 않다. 통하지 않는 데에는
그 미룸을 바꾸고 미룬 내용이 없는 곳에는 그 미룸을 되돌린다. 설령
미룸이 적절하더라도 헤아림이 미진할 수도 있는데, 의심쩍고 명확하지
못한 곳에서는 그 실마리를 찾고, 막힌191 곳에서는 그 헤아림을 고친다.

推失其宜, 測無攸合. 不通處換其推, 無推處反其推. 縱得其推, 測或未盡, 疑晦處尋
其緖, 窒塞處改其測.

* * *

치료하는 병증에는 한증·열증·허증·실증이 있고, 농사에도 알맞은 때
와 토질이 있다. 허증과 한증에서 생긴 병을 실증과 열증으로 알거나
가뭄이나 장마로 농작물이 상한 상태를 토질 탓으로 돌리는 일은 그
미룸을 잃고 헤아림도 엉뚱한 길로 내달아서 증험하여 시행할 일이
없다.

醫病有寒熱虛實, 稼穡有天時土宜. 病生於虛寒者, 認爲實熱, 稼傷於旱澇者, 歸咎
于土宜, 是乃失其推而測亦橫馳, 無所驗施.

---

191 窒塞은 『朱子語類』 33-38의 "且如讀書, 每思索不通處, 則翻來覆去, 倒橫直竪,
處處窒塞."에 보이는데, 본문의 표현법과 유사하다.

그러므로 통하지 않는 곳에서는 앞서 미룬 내용을 없애고 새로운 미룸으로 대체한다. 나아가 미룬 내용이 없는 곳에서는 그 미루는 일을 되돌리는데, 가령 나쁜 대상을 미루어 좋은 점을 헤아리고 이것을 미루어 저것을 헤아린다. 만약 미룸이 적절했다면 헤아림이 비록 완벽하지 않아도 그 실상이 크게 벗어나지 않아서, 잘못된 실마리를 찾아 고쳐 헤아리면 단지 그것은 잠깐 바뀌는 사이의 일일 뿐이다. 그리고 비슷한 부류 가운데서 그 차이를 분별하거나 마땅히 그렇게 해야 하는 위치에서 그렇지 않음을 밝히는 따위는 만난 때와 지위와 재주와 덕192을 추측하는 일이다.

故不通處, 去其先推, 代換新推. 至於無所推處, 反其所推, 如推惡而測善, 推此而測彼矣. 如得其推, 則測雖未盡, 其實不遠, 尋緖改測, 特轉移間事也. 若夫比類之中辨其異, 當然之地明其不然, 是乃時位才德之推測也.

---

192 時位才德은 『주역』을 해석할 때 많이 사용하는 용어로, 時는 맞닥뜨린 때 또는 상황, 位는 한 괘에서 한 효가 차지하는 위치 곧 사람에 있어서는 맞이한 지위나 역할, 才와 德은 卦德이나 卦才를 말하는데 사람에게서는 才質과 덕이다. 『주역』의 해석에 있어서 인사를 미룰 때의 논리 또는 범주가 된다. 이런 식의 추측은 되레 쉽다는 의도로 말했다.

# 해 설

글의 요지는 첫 문장에 바로 나오는데 미룸이 잘못되면 헤아림도 잘못되며, 이때 미룸과 헤아림을 수정해야 한다는 설명이다.

사실 추측의 논리도 일반 논리를 따르고 있어서, 추리가 잘못되면 판단도 오류가 날 수밖에 없다. 잘못된 추리의 원인에는 전제와 사실관계의 오류가 있을 수 있고 또 그 과정에서 적용하는 범주나 논리 오류가 있을 수도 있다. 추론이 잘못되면 그에 따른 판단도 오류임은 당연한 결과이다. 그래서 추론에 오류가 있으면 바로 수정해야 하며, 만약 추론에 오류가 없다면 판단에 약간의 착오가 있어도 수정하는 데 어려움이 없다고 한다.

이처럼 일반 논리의 추론과 판단처럼 추와 측의 관계도 그것을 그대로 따르고 있음을 알 수 있다.

# 39. 근원과 말단을 추측하다
## 推測源委

자193를 미루어 길고 짧음을 헤아리고, 그림쇠와 곱자를 미루어 네모와 원을 헤아리고, 저울을 미루어 가벼움과 무거움을 헤아리고, 자연과 인간을 미루어 일과 물건을 헤아리고, 딱 알맞은 올바름을 미루어 지나침과 모자람194을 헤아리니, 이것들은 근원을 미루어 말단을 헤아리는 방법이다.

以尺度爲推, 長短爲測, 以規矩爲推, 方圓爲測, 以權衡爲推, 輕重爲測, 以天人爲推, 事物爲測, 以中正爲推, 過不及爲測, 是推源測委也.

지나침과 모자람을 미루어 딱 알맞은 올바름을 헤아리고, 일과 물건을 미루어 자연과 인간을 헤아리고, 가벼움과 무거움을 미루어 저울을 헤아리고, 네모와 원을 미루어 그림쇠와 곱자를 헤아리고, 길고 짧음을 미루어 자를 헤아리니, 이것들은 말단을 미루어 근원을 헤아리는 것이다.

推過不及, 測中正, 推事物, 測天人, 推輕重, 測權衡, 推方圓, 測規矩, 推長短, 測尺度, 乃推委測源也.

\* \* \*

---

193 尺度는 계량의 표준이라는 의미보다 뒤 문장의 구체적인 용례를 따라 자로 옮김. 度는 또 『漢書』, 「律曆志上」에서 "度者, 分寸尺丈引也."라고 하여 尺을 포함하고 있다.
194 無過不及의 中庸이 되지 못한 상태.

한 가지를 미루어 만 가지를 헤아리는 것은 근원을 미루어 말단을 헤아리는 방법이요, 만 가지를 미루어 한 가지를 헤아리는 것은 말단을 미루어 근원을 헤아리는 방법이다. 그러므로 만사 만물은 그 형체[195]와 조리를 따라 비슷한 무리끼리 서로 증거가 되니, 모두 추측의 대상이다.

推一測萬, 卽是推源測委也, 推萬測一, 卽是推委測源也. 故萬事萬物, 從其形氣條理而比類互證, 皆有推測.

하지만 미룸과 헤아림에는 본래 고정된 방법이 없어서, 깊이 연구할[196] 때는 근원을 미루어 말단을 헤아리나, 사용하는 곳에서는 말단을 미루어 근원을 헤아린다.

然推與測, 本無攸定, 窮究時, 以源爲推, 以委爲測, 須用處, 以委爲推, 以源爲測.

나아가 사물을 접하고 처리할 때는 비슷한 무리가 많아 제각기 익힌 내용을 따라 미룸이 나오는데, 가까운 일은 쉽게 노출되고 익숙한 일도 쉽게 드러나지만, 멀고 소원한 대상은 숨겨져 있어 드러나기 어려운데, 하물며 이미 망각의 영역에 있음에야.

195 形氣는 주희 성리학에서 인간의 인식 작용과 도덕적 행위를 방해하는 몸·정신적 요소로 사용되어 온 개념이다. 여기서는 형체(몸)와 기를 뜻함. 본서의 다른 곳에서는 인식 활동을 저해하는 요소로도 쓰였다. (앞에 나옴)

196 窮究는 『淮南子』, 「覽冥訓」의 "掉拔其根, 蕪棄其本, 而不窮究其所由生."에 보인다. 또 철저하게 추구한다는 뜻으로는 『後漢書』, 「張酺傳」의 "酺部吏楊章等窮究, 正海罪, 徙朔方."에 보이고, 또 『朱子語類』에 70회 등장하며 이치나 도리를 찾는 일로 쓰였다. 모두 뜻이 통한다.

至於接物處事, 比類多端, 各從其所習推出, 而近事易露, 熟事易顯, 遠而疎者, 隱而
難發, 況其已在忘域者乎.

이렇듯 미루는 일이 하나같지 않아서 마땅하기가 참으로 어렵다. 그래서
다만 자와 그림쇠, 저울, 자연과 인간, 딱 알맞고 올바름만을 들어서
미룸과 헤아림을 규정하는 대강을 보였다.

所推不一, 得宜誠難. 特擧尺度規矩權衡天人中正, 以示定推定測之大略.

# 해 설

추측의 방법이 고정되어 있지 않고, 그 대상도 복잡하다는 주장이다. 비록 그렇지만 추측의 대표적인 방식으로 '근원을 미루어 말단을 헤아리고', '말단을 미루어 근원을 헤아리는' 두 가지를 들었다. 여기서 근원에서 말단으로, 말단에서 근원에 이르는 과정은 일반적 원리를 미루어 개별적 사물을 헤아리는 연역적 사고, 개별적 사례를 미루어 일반적 원리를 헤아리는 귀납적 사고가 엿보인다. 그 논리가 "한 가지를 미루어 만 가지를 헤아리는 것은 근원을 미루어 말단을 헤아리는 방법이요, 만 가지를 미루어 한 가지를 헤아리는 것은 말단을 미루어 근원을 헤아리는 방법이다"라는 말에 보인다. 전자가 연역적이라면 후자가 귀납적이다. 『신기통』 권3의 「통함과 막힘을 따라 말을 취사한다(隨通塞而取捨言論)」에서 곧 "대체를 들어서 세밀한 것을 거느리며, 세밀한 것을 모아 대체를 이룬다"라는 말에서도 보이는 논리이다.

하지만 "깊이 연구할 때는 근원을 미루어 말단을 헤아리나, 사용하는 곳에서는 말단을 미루어 근원을 헤아린다"라는 말에서 연역은 탐구할 때, 귀납은 사용할 때 쓰이는 것처럼 보여, 귀납적으로 탐구하여 연역적으로 활용하는 과학·기술의 방식과는 일치하지 않는다. 물론 기존 과학 법칙을 탐구할 때 연역이 전적으로 배제된다고 할 수는 없지만, 과학사에서 새로운 과학 법칙은 대체로 귀납법을 따랐다.

저자의 이런 주장은 아마도 당시까지 도덕 탐구가 경전에 명시된 성현의 말씀을 연역하고, 실생활에서는 구체적 행위를 귀납하여 성현의 말씀에 연결 짓는 태도에서 나온 발언일 것이다. 그래서 어쩔 수 없이 과학 탐구와 도덕 탐구 사이에서 논리적 불일치가 엿보인다. 비록 저자가 과학 탐구를 주장하고 지향했을지라도 그렇다.

어떻든 추측 방법과 대상을 확정하지 않고 유동적으로 규정한 점은
유연한 사유의 태도로서, 당시 여느 지식인들이 갖추진 못한 강점이다.

# 40. 수많은 이치의 추측
## 萬理推測

널리 학문을 배워 그 미룬 내용을 쌓고, 예로서 요약하여[197] 그 헤아린 내용을 확정한 뒤에 혹시 "수많은 이치가 마음에 갖추어져 있다"[198]고 말할 수 있다. 하지만 이것은 추측지리이지 유행지리가 아니다.

博文而積其所推, 約禮而定其所測, 而后或可謂萬理具於心. 是乃推測之理也, 非流行之理也.

* * *

마음이란 사물을 추측하는 거울이다. 그 본체를 말하면 순수하고 맑고 비어있고 밝아서 한 사물도 그 안에 없다. 하지만 보고 듣는 경험을 오랫동안 쌓아 습관을 이루면 여기서 추측이 생겨난다. 만약 오랫동안 쌓은 경험이 없으면 추측은 어디서 나오겠는가?

---

197 원문 博文約禮는『論語』,「雍也」의 "子曰, 君子博學於文, 約之以禮, 亦可以弗畔矣夫."에 등장하는 말. 博文의 文은 글공부에만 한정하지 않는 문물인 제도와 문화와 법도 따위를 포함한 배움의 대상으로 학문의 영역에 속한다.『論語大全』,「雍也」의 西山眞氏의 말에 "博文者, 格物致知之事也, 約禮者, 克己復禮之事也."라는 말과 또 주희도 같은 책에서 博文은 道問學의 일, 約禮는 尊德性의 일로 보아 서로 통한다. 이는 성리학의 특성상 공부와 윤리적 실천으로 나눠 본 해석이다. 저자는 본문에서 推와 測으로 재해석했다.

198 萬理具於心의 의미는 주희 성리학에서 자주 주장하는 말로 가령『孟子集註』,「告子下」의 "言道不難知. 若歸而求之事親敬長之間, 則性分之內, 萬理皆備, 隨處發見, 無不可師, 不必留此而受業也."와 또 같은 책,「盡心上」의 "蓋聖人之心, 至虛至明, 渾然之中, 萬理畢具." 등에 보인다.

心者, 推測事物之鏡也. 語其本體, 純澹虛明, 無一物在中. 但見聞閱歷, 積久成習, 推測生焉. 若無積久之閱歷, 推測從何以生.

간혹 추측 활동이 이미 드러난 이후에 오랫동안 쌓은 경험을 고려하지 않고, 다만 지금 사용하는 일만 보면, 비록 수많은 이치가 마음에 갖추어져 있는 것 같기는 하지만, 그 실상은 텅 비고 밝은 마음은 이전의 모습과 다를 게 없고, 오직 알게 된 추측지리만 있을 뿐이다.

或於推測既著之後, 不思積年之閱歷, 只觀今日之須用, 雖若萬理具心, 其實則心之虛明, 與前無異, 惟有所得之推測理也.

맹자가 말하기를, "만물이 모두 내게 갖추어져 있다"[199]라고 하고, 주자가 말하기를 "마음은 많은 이치를 갖추어 만사에 응한다"[200]라고 하였는데, 이것은 모두 추측의 큰 쓰임을 찬미한 말이지, 결코 만물의 이치를 본래부터 마음에 갖췄다는 말이 아니다.

孟子曰, 萬物皆備於我矣, 朱子曰, 具衆理應萬事, 此皆贊美推測之大用也, 決非萬物之理素具於心也.

그런데도 후학들이 치우치고 거리가 멀게[201] 해석하여 선천적인 이치를 갖추지 않은 물건이 없다고 여겨서, 오로지 기질의 가림을 탓하고 거기서

---

199 『孟子』, 「盡心上」.
200 『孟子集註』, 「盡心上」: 心者, 人之神明, 所以具衆理而應萬事者也.
201 隱僻은 치우쳐 멀다는 뜻으로 『荀子』, 「王制」의 "無幽閒隱僻之國, 莫不趨使而安樂之."에 보이며, 『中庸章句』 第11章의 "索隱行怪, 言深求隱僻之理而過爲詭異之行也."에도 보인다.

탐구한다. 이 또한 글을 미루어 잘못 헤아려 학문의 갈래가 아주 달라진 데서 기인하였다. 설령 학문 태도를 전환하여 같은 곳으로 돌아갈[202] 여지가 있더라도, 어찌 본말을 갖추고 득실을 알며 숨김이 없고 지름길이 있는 추측과 같겠는가?

後人或隱僻解之, 以爲先天之理無物不具, 惟責究於氣質之蔽. 此亦出於推文誤測, 而門路判異. 縱有轉環同歸之地, 曷若推測之賅本末見得失, 無隱晦有蹊逕也.

널리 학문을 배우려는 일은 쌓는 미룸을 넓히기 위함이니, 만약 미룸이 필요하지 않다면 비록 널리 배운들 무슨 보탬이 있겠는가? 예로써 배움을 요약하려는 일은 확정된 헤아림을 요약하기 위함이니, 만약 헤아림이 필요하지 않다면 비록 예로서 요약한들 무엇하겠는가? 추측과 박문약례는 저절로 부합하는 점이 있으므로, 그것을 따라 밝혔다.

文欲其博, 爲其積推之廣也, 如不要推, 雖博何益. 禮欲其約, 爲其定測之要也, 如不要測, 雖約何爲. 推測與博約, 自有符合, 故因以明之.

---

202 同歸는 방법은 달라도 같은 목적지로 달려간다는 뜻. 『書經』, 「蔡仲之命」의 "爲善不同, 同歸于治, 爲惡不同, 同歸于亂."에 보임.

# 해 설

『논어』의 박문약례를 재해석하여 주희 성리학을 비판하였다.
저자의 철학에서 인간의 앎이 경험에서 출발한다는 전제에서 볼 때,
본문의 내용은 앞선 글에 이어 수차 반복되는 주장과 논리이다. 곧
마음에 수많은 이치가 선천적으로 갖추어져 있다는 주희 성리학의
전제인 심구중리(心具衆理, 또는 心具萬理)의 학설을 정면으로 비판하는
내용이다. 사실 주희는 격물치지와 함께 그 이치를 덮고 가리는 기질의
변화를 강조했고, 조선조 율곡 이이의 기질 변화론도 그 연장선에 있다.
이러한 마음의 본체와 관련하여 저자의 성리학 비판은 이미『추측록』
권1의「마음은 거울이나 물과 같다(如鏡如水)」에서도 다루었다. 다만
여기서는 주희가 말하는 '만리(萬理)'가 추측지리라는 것, 다시 말하면
사유의 산물인 관념이라는 점을 보다 강조하였다. 물론 이것은 모든
인간이 그것을 추측한다는 뜻이 아니라, 누군가 추측한 관념을 후학들이
반복해서 주장할 수도 있다.

그래서 주희가 마음에 갖추었다는 많은 이치는 경험을 통한 추측 이후의
일 곧 추측지리라는 점을 강조한다. 맹자나 주희의 본뜻도 그러하다고
재해석하면서, 날 때부터 마음에 만리가 있다고 잘못 주장하는 일은
후학들의 탓이라 말하였으나, 실상은 주희 성리학을 에둘러 비판한
내용이다. 당시 학문풍토에서 그럴 수밖에 없었던 자기 검열의 소산이
다.

각도는 다르지만 이와 유사하게 비판한 사람은 저자만이 아니다. 앞서
지적했듯이 동시대 철학자 심대윤(沈大允, 1806~1872)도 그 점을 지적
하고 있다. 그는 "주씨203는 항상 성(性)과 성경(誠敬)을 말하고, '마음이
만 리를 갖추고 있어서 그 덮어 가리는 것을 제거하면 저절로 족하다'라고

말했으면서, 지금 또 말하기를 '대체로 천하의 물건에 나아가 그 이치를 궁구한다'라고 하니, 또 얼마나 사리에 어긋난 것인가?"[204]라고 하여, 마음이 뭇 이치를 갖추고 있다고 여겼다면 덮어 가리는 기질만 제거하면 되지, 천하의 물건에 나아가 일일이 리를 궁구한다는 발상 자체가 모순임을 찾아냈다. 인식론적으로 보면 대단히 날카로운 지적이다.[205]

이렇게 볼 때 조선 철학사에서 주희 성리학을 극복한 사례는 뚜렷하다. 그것도 동시대 인물이 거의 똑같은 주장을 펼쳤다는 점은 철학적 흐름이 연속되고 있음을 분명히 보여준다.

특히 저자가 박문약례를 재해석할 때도 성리학자들과 결이 다른 관점을 유지하였다. 후자는 박문과 약례를 지행의 관점 곧 격물치지와 극기복례 또는 도문학(道問學)과 존덕성(尊德性)으로 보았으나,[206] 전자는 추와 측으로 해석한 점이 그것이다. 박문은 미룸의 일이고 약례는 헤아림의 일로 해석하였다. 비록 저자의 학문이 경학과는 거리가 있지만, 산발적으로 보이는 경전 해석에서도 그 차이를 보인다.

---

203 朱熹를 말함.

204 沈大允, 『沈大允全集』1, 『大學考正』, 2005, 5쪽: 朱氏有恒言, 曰性與誠敬, 萬理俱存, 去其蔽而自足, 今日卽凡天下之物, 而窮其理, 又何乖戾耶.

205 이종란, 『서양 문명의 도전과 기의 철학』, 130쪽.

206 앞의 각주 197번 참조. 道問學과 尊德性은 『中庸』의 "故君子, 尊德性而道問學, 致廣大而盡精微, 極高明而道中庸, 溫故而知新, 敦厚以崇禮."에 나오는 말.

# 41. 선악에도 미룸이 있다
## 善惡有推

선은 고정된 위치207가 없어 남과 내가 좋아하는 대상에서 취하는 것이
고, 악도 고정된 한정208이 없어 남과 내가 싫어하는 대상에서 그것을
버리는 것이다.209 선이 악에 대하여 설령 털끝 정도의 차이라 말하더라
도, 그 실상은 이미 미룬 내용에서 먼저 결정된다.

善無常位, 取於物我之攸好, 惡無定限, 捨其物我之所惡. 善之於惡, 縱云差于毫釐,
其實已先定于所推.

\* \* \*

나는 좋아해도 백성이 좋아하지 않는 일은 선이 아니며, 내가 싫어해도
백성이 싫어하지 않는 일은 악이 아니다. 이는 한 사람의 좋아함과 싫어함
을 가지고 선과 악으로 삼을 수 없고, 백성210의 좋아함과 싫어함을
선과 악으로 삼는 경우이다.

---

207 常位은 고정된 위치로『左傳』,「昭公三十二年」의 "社稷無常奉, 君臣無常位, 自古已
然."와『孫子』,「虛實」의 "五行無常勝, 四時無常位." 등에 보인다.
208 定限도 일정한 한도나 기한의 뜻으로 동어 반복을 피하려고 常位와 같은 뜻으로
쓰였다.『晉書』,「陶侃傳」의 "侃每飮酒有定限."에 보인다.
209 선과 악은 실체가 없고 좋아하고 싫어하는 대상에서 취하는 가치가 선, 버리는
그것이 악이라는 뜻. 取於物我之攸好의 용례에 따라 捨其와 物我之所惡 사이에
於 자가 생략되었고, 其 자는 惡을 받는 대명사로 봄.
210 蒸民는『詩經』에 나오는 말이지만,『孟子』,「告子上」의 "詩曰, 天生蒸民, 有物有則."
에 인용하여 백성의 뜻으로 사용하였다.

我好之而民不好之者, 非善也, 我惡之而民不惡之者, 非惡也. 是以不以一人之好惡爲
善惡, 以蒸民之好惡爲善惡也.

또 많은 악인의 좋아함과 싫어함이 참된 선과 악이 아니라, 선인 한
사람의 좋아함과 싫어함이 참된 선과 악이다. 이는 좋아하고 싫어하는
사람의 많고 적음을 가지고 선과 악으로 삼은 게 아니라, 선인과 악인이
좋아하고 싫어하는 관점을 가지고 선과 악으로 삼는 경우이다.

衆惡人之好惡, 非眞善惡也, 一善人之好惡, 乃眞善惡也. 是不以好惡之衆寡爲善惡,
以人之善惡爲好惡之善惡也.

평생의 선악은 익힌 내용에 달려 있고, 일에 임했을 때의 선악은 미루는
데 달려 있어, 선악의 갈라짐은 이미 뿌리 박혀 있다. 선을 미루는 자는
끝내 그 선을 따르나 악을 미루는 자는 반드시 그 악을 선택한다. 만약
추측을 고려하지 않고 선악의 낌새[211]를 대충 논한다면, 선악 사이의
거리가 멀지 않아 오직 털끝 정도의 나뉨에서 그 사람의 취사선택에
맡길 뿐이다. 그처럼 선한 사람은 선을 취하고 악한 사람은 악을 취하는
데, 비록 무의식적으로 취하는 것 같아도 그 실상은 유래하는 데 조짐[212]

---

211 幾는 機와 또 『周易』, 「繫辭上」의 "憂悔吝者, 存乎介, 震无咎者, 存乎悔."에서
말하는 介를 해석할 때 보인다. 주희의 『周易本義』에서는 "介, 謂辨別之端, 蓋善惡
已動, 而未形之時也."라고 하여 선악이 발동했으나 아직 드러나지 않은 때의 단서인
데, 본문의 幾도 그런 의미로 사용하여 『周易本義』의 논의는 추측을 고려하지
않은 낌새를 논한 일이 된다. 그 외 해당하는 내용은 『大學章句』, 「傳6章」의 小注에
서 주희가 말한 "謹獨則於善惡之幾, 察之愈精愈密."과 『中庸章句』, 「第1章」 小注의
"三山陳氏曰, 曰隱曰微則此念已萌矣. 特人所未知, 隱而未見, 微而未顯耳. 然人雖
未知而我已知之, 則固已甚見而甚顯矣. 此正善惡之幾也."에 보인다.

212 漸이 일찍이 조짐의 뜻으로 쓰인 문헌에는 王充의 『論衡』, 「明雩」의 "雨頗留,

이 있다.

平生之善惡, 在於所習, 臨事之善惡, 在於所推, 善惡之分, 已有根着. 推善者畢從其善, 推惡者必擇其惡. 若不念推測, 泛論善惡之幾, 相去不遠, 惟在毫釐之分, 任其人之取捨. 善者取善, 惡者取惡, 雖若無意取之, 其實所由來有漸.

---

湛之兆也, 賜頗久, 旱之漸也."에 보이는데, 앞에서 낌새로 옮긴 幾와 같은 의미로 쓰였다.

# 해 설

선과 악은 실체가 없으며 한 사람의 선악은 경험과 미룸에 좌우된다는 내용이다.

이 글에는 저자의 초기 윤리 사상에서 선악의 기원을 설명하여 논의할 거리가 매우 많다. 연구자들이 자주 인용하는 부분이다. 우선 선과 악의 기원이 좋아함과 싫어함이라는 호오에 따라 결정된다는 점은 선악이 어떤 실체가 아니라 인격체가 느끼거나 판단하는 문제라는 점을 시사한다. 인간이 지구상에 살기 이전에는 선악의 잣대로 판단할 수 없는 이치와 같다. 따라서 플라톤의 선의 이데아처럼 선악이 실체라는 개념을 거부한다. 인격체가 좋아하거나 싫어하는 마음이 선악이 성립하는 근거이다.

동아시아 전통에서는 선악을 형이상학적으로 실체화하지 않았기에, 그것을 개념화하여 논하기 이전에는 '좋음과 나쁨' 또는 '잘함과 잘못함' 등의 의미로 쓰였다. 옮긴이가 본서에서 말한 선악을 해석할 때도 실체로 오해할 수 있어, 개념적으로 논하는 내용 외에는 모두 좋음과 나쁨 또는 이와 유사한 뜻으로 옮겼다.

그런데 성리학은 맹자의 성선설을 따랐으므로, 인간의 본성에는 선의 가능성이 이미 형이상학적으로 전제되어 있다. 곧 천리로서 갖춰진 인간의 선한 본성을 따르기만 하면 되는 문제였다. 그것을 따라 잘 발휘하면 선행이요, 그 반대이면 악행이었다. 그래서 성리학은 그런 고민이 필요 없다. 본성에 선이 전제되어 있어서 그것을 잘 발휘하는 문제에만 집중하면 되기 때문이다.

문제는 저자가 이 성리학을 따르지 않았기에 선악을 어떻게 규정해야 할지 고민이 발생한다. 그래서 저자는 그것과 달리 선악이 인간의 호오라는 감정을 통하여 판단한다고 선언하였다. 그 점은 선악의 개념이 좋음과 나쁨이라는 형용사에 뿌리를 두고 있음을 말해준다. 이렇게 되면 선악은 상대적이어서 보편성이 줄어든다. 사실 여부는 차치하고 성리학은 인성을 보편적으로 전제하기 때문에 적어도 이론상에서는 선악 기준의 절대성을 유지하고 있다. 이 문제를 해결하기 위해서 저자가 선택한 카드는 군주 한 사람과 백성의 호오인데, 그것을 가지고 다수의 호오에 따라 선악의 근거를 제시한다. 그렇지만 다수의 악인과 소수의 선인이 존재할 수 있어서 앞의 주장이 무너진다.

그러니 이런 방식으로 문제가 근본적으로 해결되지 않는다. 바로 이 지점에서 저자는 크게 당황했을 것이다. 그것을 경험과 추측의 문제로 돌려버리는 점에서 그러하다. 물론 경험과 추측의 내용에 따라 선악이 나눠질 수도 있지만, 근원적으로 따지고 들어가면 경험과 추측 그 자체에도 좋음과 나쁨이 적용될 수 있어, 선악의 보편적 기준을 설명하는 데는 적절하지 않기 때문이다.

사실 선악의 절대적 기준은 언어로 표현하는 형식뿐이고 구체적 답은 없다. 그래서 근대 윤리학에서 선악의 기준은 대체로 공리주의에 기울어져 있다. 선악 자체가 저자의 방식대로 각자의 이익이나 호오에 따라 판단하는 상대적 가치여서, 가능한 모든 개인의 호오를 만족시키면서 구체적 갈등 사태를 해결할 수 있는 원리나 대안이 없기 때문이다. 일찍이 서양 철학자 러셀도 "도덕적 기준이란 것은 인간의 욕구 영역 밖에서는 존재하지 않는다"[213]라고 하여 이 점을 잘 지적하고 있다. 그래서 개인 간 이해관계의 충돌과 갈등으로부터 공동선을 추구하는 공리주의로 갈 수밖에 없었다.

---

213 버트런드 러셀/송은경 옮김, 『나는 왜 기독교인이 아닌가』 (사회평론, 2012), 91쪽.

저자는 선악의 기원 문제만은 잘 지적하였으나 보편적 선악의 기준은 이 글에는 뚜렷이 보이지 않는다. 후기 저술에서 '운화의 승순'을 주장함으로써 나름의 기준을 확보하기에 이른다. 사실 옳은 행동의 정의가 폭넓은 지지를 받을 수 있으려면, 그 목적이 인류 욕구의 커다란 부분을 차지하는 것이어야 해서,214 이 '운화의 승순'은 이런 공리적인 맥락에서 정합성을 갖고, 전통적인 순천리(順天理)의 논리에도 들어맞는다.215

---

214 같은 책.

215 더 자세한 것은 이종란, 『서양 문명의 도전과 기의 철학』, 182-195쪽을 참고 바람.

## 42. 익숙한 추측
### 慣熟推測

익숙해져서 미룸을 잊은 뒤에야 신통한 헤아림이 생길 수 있고, 무엇이 나타나자마자 곧장 헤아린 뒤에야 변화에 대응할[216] 수 있다.

慣熟而忘推, 然後可生神測, 隨現而輒測, 然後可以應變.

\* \* \*

일의 앞뒤에서 모두 미룰 줄 모르는 것은 어리석은 사람의 일이다. 조금 지혜로운 사람은 처음에는 일이 지나간 뒤에 미룸을 깨닫다가, 점차 익히면 일에 임해서 미룸을 생각한다. 그러다가 익숙해지면 미룸을 생각할 겨를도 없이 곧장 헤아리는 방법이 생긴다. 이미 미룸에 마음을 쓰지 않았다면, 헤아림 또한 크게 여유가 생겨서 신통한 헤아림에 나아갈 수 있다.

在事前後, 都不識推, 乃昏愚者事也. 稍有明慧者, 在初則事過覺推, 漸習則臨事思推. 至於慣熟, 則不暇思推, 而測便有方. 旣不用心於推, 則測亦恢有餘裕, 可進於神測矣.

또 일마다 익숙하기는 어렵다. 하지만 한 가지 두 가지 일을 거쳐서

---

216 應變은 『周易』의 주요 논리이기도 하고 『荀子』, 「非相」의 "不先慮, 不早謀, 發之而當, 成文而類, 居錯遷徙, <u>應變</u>不窮, 是聖人之辯者也."에도 보인다. 또 臨機應變의 약자로 쓰이기도 한다.

많은 일에 익숙하게 되는데, 이 일에 익숙함을 저 일에 미루어 옮기면, 익숙하게 되는 방법에 차차 힘이 덜 든다. 그리하여 처음에는 미룸을 잊고 마침내 헤아림에 힘들이지 않는 경지에 이른다. 그래서 갑자기 일을 당하거나 여러 대상을 마주쳐도, 그에 맞는 헤아림이 쉽게 생겨 변화에 대응할 수 있다. 이러한 과정을 초월하면 설령 말하더라도 무익하다.

且於事事難得慣熟. 然一事二事, 至于多事慣熟, 以此事慣熟, 推移於彼事, 則慣熟之方, 稍稍省力. 始則忘推, 終至於不勞其測. 或倉猝當事, 或數物相値, 輒生其測, 可以應變. 過此以往, 縱言之而無益.

# 해 설

이른바 신통한 예지력이나 판단력이 어디서 나오는지 그 과정을 단계적
으로 논하였다.

경험을 중시하는 저자의 철학에서 보면 당연한 주장이고, 실제로 보아도
그러하다. 역사에 등장하는 노련한 재상이나 전략가 또는 유능한 리더의
책사(策士)들도 날 때부터 그랬던 일이 아니라, 수많은 일을 당해 본
경험을 쌓아 그렇게 되었다.

흔히 날 때부터 아는 사람을 생이지지(生而知之)라고 일컫는데, 이는
인식능력이 탁월한 사람을 가리킨 말이지, 경험 없이 모든 일을 꿰뚫어
안다는 말은 아니다. 공자도 자신을 생이지지하는 사람이 아니라고
했고, 후학들도 공자가 배워서 성인이 된 분이라고 자주 일컫는다.
저자도 본문에서 경험을 통한 추측의 누적을 강조했다.

흔히 종교나 미신과 방술에서 신비 체험을 통해 미래를 판단하는 일이
있는데, 저자는 무익하게 보았음을 행간에서 읽어낼 수 있다. 하지만
간혹 어떤 점쟁이가 개인의 미래사를 잘 맞추기도 하는데, 저자의 논리에
서 보자면 그 또한 수많은 사람을 상대해 얻은 익숙한 추측을 통하여
연마된 신통력 발휘일 것이다.

# 43. 추측의 여러 작용
## 推測諸用

치우치지 않고 올바름은 추측의 표준이요, 지극한 선의 상태는 추측이 머무를 곳이며,217 활동과 휴식218은 추측의 다른 쓰임이고, 변통은 추측이 두루 미치는 과정이다.

中正者, 推測之準的, 至善者, 推測之所止, 動靜者, 推測之異用, 變通者, 推測之周遍也.

\* \* \*

표준이란 도착할 곳의 방향이고, 머무를 곳은 돌아가 쉬는 곳이다. 만약 표준이 없다면 추측에 득실과 우열이 없고, 머무를 곳이 없다면 추측은 분주하면서도 그것을 뛰어넘을 근심이 있다.

準的者, 所至之方向, 所止者, 歸息之處也. 如無準的, 推測無得失優劣矣, 如無所止, 推測有馳騖踰越之患也.

활동할 때는 그에 맞는 추측이 있고 쉴 때도 그에 맞는 추측이 있다. 하지만 쉴 때는 반드시 활동할 때의 추측을 생각하고, 활동할 때는 쉴 때의 추측을 잃지 않아야 한다. 활동과 쉬는 때가 비록 다르더라도,

---

217 『大學』의 三綱領 가운데 '止於至善'을 추측의 목표로 삼음. 주희는 『大學章句』, 「經1章」에서 至善을 "至善則事理當然之極也."이라 풀이했다.
218 動靜은 운동과 정지, 사회적 활동과 물러남 등으로 해석하지만, 여기서는 사람이 움직이는 상황 곧 활동과 휴식이다.

추측의 쓰임이 어긋나서는 안 된다.

動有動時推測, 靜有靜時推測. 然靜必思動時推測, 動不失靜時推測. 動靜之時雖異, 推測之用, 要不違也.

추측의 변통이라고 어찌 터진 둑의 물이 마구 내달리듯 하겠는가? 막힌 곳에는 치우치지 않은 올바름과 지극한 선을 헤아려 통해야지, 표준도 머무를 곳도 없이 두루 미침을 말하는 게 아니다.

推測之變通, 豈是決流橫馳也. 至於窒塞處, 要測中正至善而通之, 非謂無準的無所止而周遍也.

# 해 설

유교 경전의 주요 개념어를 추측에 연관시켜서 설명하였다.
『주역』에 자주 등장하는 중정(中正)과 『대학』의 지어지선(止於至善)과
여러 경전에 보이는 동정(動靜) 등이 그것인데, 여기서 이런 주요 개념어
를 본인의 철학 체계에 녹여 재해석하려는 철학자의 깊은 고뇌를 읽어낼
수 있다. 그 개념을 동원하여 추측의 기준과 목표와 적용하는 때와
변통을 설명하였다.

## 44. 근본을 들면 미룸의 쓰임이 넓어진다
### 舉本用博

보통 때의 익힌 내용이 근본을 들어 말단에 이르고 그 귀추를 밝힌 것이라면, 미룬 내용이 넓고 멀리 파급된다. 만약 근본과 말단을 모두 알지 못하고, 겨우 비슷한 내용만 알아서 빨리 지나가 버리고 금방 잊는다면, 어떻게 뒷일을 미룰 수 있겠는가?

平日所習, 舉本逮末, 明其歸趣, 所推廣, 所及遠. 若不能統悉本末, 纔解近似, 倏過旋忘, 何可推之於後也.

＊ ＊ ＊

전날에 익힌 내용은 훗날에 미루는 대상이 된다. 사람이 익힌 내용이 비록 같더라도, 미루어 나갈 때는 잊어버리거나 미룰 수 없기도 하고, 혹은 이것을 미루나 저것을 미룰 줄 모른다. 또는 하나를 미루어 열 가지를 꿰뚫거나 하나를 미루어 백 가지를 꿰뚫기도 한다. 또는 하루나 한 달 사이의 일을 미루나 그 뒤의 사시와 한 해의 일을 미룰 줄 모르기도 하고, 혹은 여러 해 동안의 일을 미루어 죽은 뒤의 일에 미치기도 한다.

前日所習, 爲後日之所推. 人之所習雖同, 及其推行, 或忘却而不能推, 或推於此而不能推於彼. 或推一而貫十, 或推一而貫百. 或推之于日月之間, 而不能推之於時歲之後, 或積年推之, 以及於身後.

이렇게 차이 나는 까닭을 탐구해 보면 오로지 익힌 내용이 정밀하거나 거칠거나 밝거나 어두운 데 달려 있을 뿐이다. 만약 정밀하게 익히고 밝게 살필 수 있어서 근본과 말단의 귀추가 분명하면, 뒤에 미루어 나가는 정도가 넓고 또한 멀리까지 이른다. 심지어 비슷한 내용의 추측은 또 품었던 생각[219] 밖에까지 미친다. 만약 익힌 내용이 거칠고 어두우며 행하면서도 밝게 알지 못하며 익히면서도 정밀하게 살피지 않는다면[220], 어찌 잊음과 잊지 않음과 미룸과 미루지 않음을 논할 수 있겠는가?

苟究其故, 惟在於所習之精麤明暗. 果能精習明察, 本末歸趣了然, 則後之推行廣且博, 亦能致遠. 至於比類之推, 又及于思想之外. 若所習麤昏, 行不著, 習不察, 豈可論忘不忘推不推也.

이것이 잘 미룸과 잘못 미룸의 극치이다. 그 사이의 깊이와 우열은 모두 익힌 내용이 어떤 정도이냐에 말미암을 뿐이다.

是乃善推不善推之極致也. 其間淺深優劣, 皆由所習之如何耳.

219 여기서 思想은 생각하거나 헤아리다. 또는 품은 생각이나 의견의 뜻. 『春秋·公羊傳』, 「桓公二年」의 "納于大廟"의 漢 何休의 注에 "廟之言貌也, 思想儀貌而事之."와 『素問』, 「上古天眞論」의 "外不勞形於事, 內無思想之患."에 보인다.
220 『맹자』, 「盡心上」: 行之而不著焉, 習矣而不察焉.

# 해 설

평소의 학습과 경험의 대상이 근본부터 말단까지, 그 내용이 정밀하고 분명해야 뒤에 미루어 나가는 정도가 넓고 멀리 미친다는 주장이다. 여기서 근본과 말단이 무엇인지 지적해서 말하지는 않았다. 일반 논리에 따르면 근본은 보편·추상·본질적 내용이고, 말단은 개별·구체·비본질적 내용이다. 『대학』의 논리에서 보자면, 덕이 근본이고 재물은 말단[221]에 해당하지만, 본서에는 굳이 수양의 관점에서만 말하지 않았고, 인식 일반에 해당하는 문제여서 그것과 다르다.

그러니까 미룸의 대상이 되는 익힘의 단계에서 사물의 근본부터 말단까지 정밀하고 밝게 살펴야, 추측도 그 진행도 넓고 멀리 미친다는 주장이다.

---

221 『大學』: 德者, 本也, 財者, 末也.

## 45. 사용하면서도 추측을 모른다
### 雖用而不知推

치우치고 어두운 견해는 헛된 대상을 미루어 참으로 여기는데, 비록 참된 미룸이 있어도 취하여 쓸 줄 모른다. 반면 이치를 궁리하여 밝히는 학문222은 비록 미룸을 말하지 않았더라도, 얻은 효과에는 저절로 미룬 내용을 가지고 있다.

偏暗之見, 推虛爲實, 雖有實推, 不知取用. 窮格之學, 雖不言推, 及其得效, 自有所推.

\* \* \*

치우치고 어두운 견해는 방술과 화복에 미혹되었으니, 어찌 미룬 내용이 없어서 그러겠는가? 필시 방술과 화복을 보고 듣고 기억한 내용을 미루어, 스스로 믿는 상태가 매우 독실하고 끌어대는 근거가 제법 넓어서, 돌이킬 수 없는데 이르렀기 때문이다. 비록 누가 참된 미룸을 상세히 말해주더라도, 처음에는 서로 의견이 어긋나다가223 끝내 비난하고 훼방한다.

偏暗之見, 惑於方術禍福者, 豈是無所推而然耶. 必有方術禍福之見聞習染, 以爲推,

---

222 뒤에 설명하는 말을 보면 窮格之學은 성리학을 달리 일컫는 말. 窮格은 『주자어류』에 서 총 12회 등장하고, 窮理와 格物의 합성어로 보인다. 『전습록』에도 2회 등장하는 데, 모두 주회 성리학과 연관된 말로 사용하였다.
223 齟齬는 위아래의 이빨이 어긋나는 뜻이지만, 여기서는 투합하지 못하고 서로 저촉되는 상태를 말함. 揚雄의 『太玄』, 「親」의 "其志齟齬."에 보인다.

自信甚篤, 引據頗廣, 至於不可挽回. 雖有人詳告實推, 始齟齬而終非毁矣.

이치를 궁리하여 밝히는 학문은 만사 만물에 이치가 있지 않음이 없고,224 사람의 한마음에도 만 가지 이치가 있으므로,225 궁리하지 못할 이치가 없다고 여긴다. 무릇 이치를 탐구하여 찾는 데서는 오로지 마음을 쏟아 앎을 이루는데, 간혹 한 번 생각으로 곧장 깨닫거나 정밀하게 생각하여 비로소 깨닫기도 한다. 혹은 고심하면서 깨닫지 못하면 잠자고 먹는 일을 잊기도 하며, 또는 다루던 문제를 잠시 미뤄두고 다른 일을 탐구하여, 그것을 말미암아 이전 것이 밝아지기를 바란다. 그러나 끝내 미룸으로써 밝힌다는 점을 말하지 않는다.

窮格之學, 以爲萬事萬物莫不有理, 而人之一心具萬理, 故無不可窮之理也. 凡於究索, 專心致知, 或一思便悟, 或精思方悟. 或苦思未徹, 至忘寢食, 或姑捨此而別究他, 以蘄因此明彼. 而終不擧推以明言之.

하지만 막 깨닫게 될 즈음에는 반드시 이전의 보고 들은 경험과 부합하는 증거물226이 있으니, 이것이 바로 미룸이다. 미룬 내용이 곧장 나타나면 곧바로 깨닫고, 천천히 나타나면 천천히 깨닫는다. 또 오랫동안 잊었던 일도 그 당시의 소리와 모양이 기억에서 재생됨을 기다려야 깨닫는다. 애초에 미룸이 없으면 비록 수년 동안 이치를 구하여 찾더라도 깨달을 수 없다.

---

224 『大學章句』傳5章: 天下之物, 莫不有理.
225 『孟子集註』, 「盡心上」: 心者, 人之神明, 所以具衆理而應萬事者也.
226 符驗은 符節처럼 증거가 되는 물건으로 符合의 의미이다. 『荀子』, 「性惡」에 "凡論者, 貴其有辨合, 有符驗."에 보인다. (앞에 나옴)

然及其方悟, 必有前日聞見閱歷符驗者, 乃是推也. 所推卽現則卽悟, 遲現則遲悟. 久而忘却者, 待其聲色之因現而乃悟. 初未有推者, 雖積年求索, 而不可悟也.

미룸은 학문에 있어서 가장 큰 비법227이다. 비록 미룸을 말하지 않은 사람이라도 그의 행적을 상세히 따져보면 모두 미룸이요, 비록 미룸을 비방하는 사람도 그의 행적을 상세히 관찰해보면 미룸에서 벗어나지 않는다.

推之於學問, 乃莫大之要訣. 雖不言推者, 詳其蹟則皆是推也, 雖毁推者, 考其行則不外於推也.

---

227 要訣은 핵심, 祕訣과 같은 뜻.

# 해 설

미룸이라는 사유의 보편성을 주장하였다.

본인이 의식하든 못하든 또는 그 개념을 몰라도 미룸을 사용하고 있다는 주장이다. 그래서 대표적으로 종교 또는 미신적 견해와 성리학이 미룸을 말하지 않았다고 한다. 원문 '悟'는 이해 또는 각득(覺得)의 뜻으로 저자가 자주 언급하는 통의 의미이다.

사실 어떤 개념을 몰라도 그 방법을 사용하는 경우는 허다하다. 가령 논리학의 연역법이나 귀납법 그리고 유비추리 따위의 개념 그 자체를 몰라도, 어느 전통에서나 자주 사용했다. 추측의 경우도 마찬가지이다. 물론 그 이론을 아느냐 모르느냐에 따라 인식의 질적인 차이는 있을 것이다.

저자의 이 논리는 과거 서양인들 또는 그들의 학문을 추종했던 동양의 인사들이 '동양에는 과학이나 철학이 없다'라는 말에 반론으로 그대로 적용할 수 있다. 혹 서양 사람들이 규정하는 철학이나 과학과 다를지는 몰라도, 어찌 없을 수가 있겠는가? 다만 학문 체계가 달랐고 과학의 경우 그것이 서양의 학문 방식으로 포착되지 않는 착시현상일 수도 있다. 물론 추측을 아느냐 모르느냐에 따라 인식의 차원이 다르듯, 학문 연구의 방법에 따라 그 내용과 수준이 다를 수는 있다.

# 46. 미룸이 없으면 혼란스럽다
## 無推則亂

미룸이 없이 억지로 헤아리는[228] 일은 대부분 들쭉날쭉하고, 제대로
된 미룸이 없이 뒤섞어 미루는 일은 대부분 견강부회이다. 무릇 사물을
처음 볼 때 미룸이 있어야 하지만, 내게 아직 미룸이 없으면 그 미룸을
잠시 기다려야 한다.

無推而强揣者, 多錯落, 無推而雜推者, 多附會. 凡初見事物, 宜有推而我未有推,
姑俟其推.

\* \* \*

보고 들은 경험이 적은 사람은 미루는 내용도 적다. 사물을 맞이하여
미룸이 없을 때, 기필코 독실하기를 자신하는 사람은 억지로 헤아리는
일을 그치지 않아 마침내 그것이 대부분 들쭉날쭉하다. 또 의혹으로
확정하지 못하는 사람은 여러 미룸을 뒤섞어 끌어모아 대부분 견강부회
하게 된다. 모두 참된 견해에 다다르지 못한다. 비록 추측에서 안 내용이
있는 사람이라도 때로는 미룸이 없는 때나 미룸이 없는 대상이 있으니,
잠시 내버려 두고 미룸이 드러나기를 기다려야 한다.

見聞閱歷小者, 所推亦小. 當事物而無推, 則自信必篤者, 强揣不已, 竟多錯落. 疑惑

---

228 揣는 헤아리다는 뜻. 『孟子』, 「告子下」의 "不揣其本, 而齊其末, 方寸之木可使高於岑
樓."와 『荀子』, 「非相」의 "故事不揣長, 不挈大, 不權輕重, 亦將志乎爾." 등에 보인다.

未定者, 雜引諸推, 率多附會. 皆未造于眞的之見也. 雖有得於推測者, 或有無推之
時, 或有無推之物, 姑置之, 以俟其推之顯.

# 해 설

억지로 미루거나 견강부회해서는 안 된다는 주장이다.

미루는 일은 그 대상이 확실해야 한다. 미룸은 논리적인 사유이지만, 그 대상은 경험에서 가져온다. 그러므로 억지로 헤아리거나 견강부회하지 말고, 대상이 확실해지거나 미룸이 생길 때까지 기다려야 한다고 주장했다.

# 47. 헤아림은 미룸을 완전하게 할 수 있다
## 測能完推

미룸의 근본과 말단이 완전히 일치하기는 쉽지 않지만, 그것을 완전하게
하는 방법은 헤아림이다. 미룸의 근본과 말단이 완전히 일치하는 경우는
간혹 있으나, 그것을 완전하지 못하게 만드는 것 또한 헤아림이다.

推之本末完合者未易, 然所以完之者測也. 推之本末完合者或有之, 而使之未完者
亦測也.

\* \* \*

일을 당해서 미룬 내용의 근본과 말단의 귀추가 적합하기는 쉽지 않다.
하지만 적합하지 않은 원인을 헤아려 적합한 내용에 적합하게 하고,
완전하지 못한 원인을 헤아려서 완전하지 않은 내용을 완전하게 하는
일은 모두 헤아림의 효과이다.

當事而所推本末歸趣適合者, 未易得焉. 然測其所未合而合其所不合, 測其所未完
而完其所不完, 皆測之功也.

만약 미룬 내용이 완전히 일치하였으나 처리하는 일이 일치하지 않는다
면, 이는 헤아림이 미진했기 때문이다. 어찌 잘 미루었다고 해서 헤아림을
소홀히 할 수 있겠는가? 미룸의 적합 여부는 온전히 헤아림에 달려 있다.

如得推之完合者, 而未得措處之完合, 乃是測有所未盡也. 豈可以得其推而忽之哉.

推之得合與否, 全在於測也.

# 해 설

미룸을 완벽하게 하는 데에 헤아림이 도움이 된다는 주장이다.

이런 설명은 판단한 결과로 사고 과정을 역으로 추리하는 방식에 해당한다. 가령 '소크라테스는 죽었다. 공자도 죽었다. 예수는 죽지 않았다.'라고 미룬 뒤, '모든 사람은 죽는다'라고 헤아렸을 경우, 그 헤아림을 가지고 '예수는 죽지 않았다'라는 미룸을 바로 잡아 '예수도 죽었다'라는 내용으로 일치시킬 수 있다. 그 작업을 부정하려면 예수는 사람이 아니어야 한다.

또 제대로 미루었으나 헤아림의 단계에서 어긋날 수도 있다. 잘못 판단해서 그렇게 된 일이다. 그 사례가 '미룬 내용이 완전히 일치하였으나 처리하는 일이 일치하지 않는다'라는 말에 보인다. 추론의 결과를 수용하지 않았거나 잘못 판단했을 때 생긴다.

# 48. 추측의 생김과 이룸
## 推測生成

견문을 미루어 할 일229을 헤아리는 것은 추측의 생김이요, 한 일을 미루어 이로움과 마땅함을 헤아리는 것은 추측의 이룸이다.

推見聞而測行事, 推測之生也, 推行事而測利宜, 推測之成也.

\* \* \*

사물을 만나 반드시 그 미룬 내용을 탐구하는 일은 성인이나 보통 사람이 같으나 크거나 작은 차이는 없을 수 없다. 익숙한 미룸은 탐구할 일도 없이 이미 음성과 말투230에 나타나고, 평상시의 미룸은 물어야 좌우에 거의 응하며, 보기 드문 미룸은 온갖 힘을 들여 겨우 알거나231 애써 탐구해도 알지 못한다.

當事物而必究所推, 聖凡之所同而鉅細之所不免. 慣熟之推, 不待究而已現於聲氣, 平常之推, 待叩問而庶應於左右, 希罕之推, 或窮思而得, 或苦究而不得矣.

이러한 미룸의 자취를 돌아보면, 이전의 견문과 경험을 가지고 지금

---

229 行事는 여러 뜻이 있으나 뒷글을 참고하면 하는 일이다. 그 용례는 『孟子』, 「公孫丑下」의 "孟子爲卿於齊, 出弔於滕, 王使齊大夫王驩爲輔行, 王驩朝暮見, 反齊滕之路, 未嘗與之言行事也."에 보이는데, 行事가 구체적으로는 使事의 뜻으로 쓰였다.
230 여기서 말하는 聲氣는 대화할 때의 음성과 語氣로 王充의 『論衡』, 「骨相」의 "相或在內, 或在外, 或在形體, 或在聲氣."에 보인다.
231 窮思而得은 窮思覓得 또는 窮心覓得과 같은 뜻.

만나는 사물에 미루어 헤아림이 생긴다. 만약 전날의 경험을 미룬 내용이 없으면, 지금 만나는 사물을 설령 억지로 헤아릴 수는 있어도 미룸이 없는 헤아림이니, 어떻게 밝게 통달할 수 있겠는가? 마땅히 이것232을 뒷날의 미루는 내용으로 삼아야 하니, 이것이 바로 헤아림이 생겨나는 기초이다.

顧其蹟, 則以前日之見聞閱歷, 推及於當今之事物, 而所測生焉. 若無前日所推, 則當今之事物, 縱能強揣, 無推之測, 何能明達哉. 宜以此爲後日之所推, 是乃生測之根基也.

이제 막 생긴 추측은 할 일 이전에 있고, 효험있는 추측은 한 일 이후에 이르니, 생겨남과 이루어짐이 있어야 추측의 완성이다. 생겨남만 있고 이루어짐이 없으면 추측이 일찍 죽어버리는데, 이것은 이루어짐이 없을 뿐만 아니라 이른바 생겨남도 대부분 미진한 헤아림이다.

方生之推測, 在行事之前, 效驗之推測, 及行事之後, 有生有成, 推測之完也. 有生無成, 推測之夭也, 非特無所成, 所謂生者, 亦多未盡之測.

---

232 此는 앞뒤 문맥을 고려하면 前日所推를 말함.

# 해 설

추측의 생겨남과 이루어짐을 논하였다.

여기서 "견문을 미루어 할 일을 헤아리는 것은 추측의 생김이요, 한 일을 미루어 이로움과 마땅함을 헤아리는 것은 추측의 이룸이다"라는 문장은 설명이 더 필요하다.

일단 문장을 분석해 보자. 우선 "견문을 미루어 할 일을 헤아리는 것은 추측의 생김이다"에서 할 일로 옮긴 원문 '行事'는 여러 의미로 쓰인다. 저자는 행동 또는 행위의 뜻으로 자주 사용해 왔다. 예전에 어른들이 아이들을 나무랄 때 '네 행사가 왜 이 모양이냐?'라고 할 때의 뜻과 같다. 조금 외연을 넓힌다면 실천적 행위를 포함하겠다.

그런데 여기서는 '하는 일'의 의미로 시제 곧 미룸의 시기에 따라 '한 일'과 '할 일'로 구분된다. '견문을 미루는' 목적은 어떤 일을 해결하기 위한 근거자료의 확보이다. 그것을 바탕으로 어떻게 일을 진행할지 판단할 수 있다. 그것이 '할 일을 헤아리는 것'이다. 정리하면 경험한 견문을 미루어 할 일을 미리 헤아리는 그 과정에서 추측이 발생한다는 뜻이다.

다음으로 두 번째 문장 "한 일을 미루어 이로움과 마땅함을 헤아리는 일은 추측의 이룸이다"라는 진술을 살펴보자. '한 일을 미룬다'라는 의미는 이미 실행한 일에서 그것이 이로웠는지 마땅했는지 헤아리는 일이다. 일을 실행한 뒤에 평가 또는 반성의 역할이다. 그 과정까지 진행해야 추측의 이룸 곧 추측이 완성된다는 뜻이다.

분석한 두 문장을 다시 종합하면, 견문을 미루어 앞으로 할 일을 헤아리는 데, 그것에서 추측이 생겨나고, 그 헤아림을 바탕으로 일한 뒤 이로움과 마땅함을 따져 다시 헤아리는 일이 추측의 완성이라는 뜻이다. 그러니까 추측의 생겨남과 이루어짐의 사이에 '하는 일'이라는 실천이 존재한다. 그것을 기준으로 그 이전은 이제 갓 생긴 추측이요, 그 이후의 추측은 효험 곧 일의 실행에 도움이 되는 추측이다. 추측에도 이러한 단계와 수준이 있음을 말하였다.

# 49. 시작과 중간과 끝마침의 공부
## 始中終功夫

추측의 공부에는 자연히 시작과 중간과 끝마침의 구분이 있다. 시작하는 공부는 스승과 벗이 갈고닦는 학문, 서책의 연구, 사물의 명칭과 특징233의 탐색, 모습과 자취의 비교,234 인간 욕망235의 귀추, 익히는 일의 단련 등이 그것인데, 모두 해박하고 정치하게 되기를 힘쓴다.

推測功夫, 自有始中終之分. 始則師友之講磨, 書冊之鑽研, 名物之考案, 形跡之比擬, 人欲之歸趣, 習業之鍛鍊, 務欲該博精致.

중간의 공부는 취하고 버릴 내용을 스스로 결정하여, 많고 혼잡한236 내용을 벗어나 정밀하고 참된 내용에 나아가며, 척도를 얻어 세부적 말단을 잇는다. 마치 물이 구덩이를 채운 뒤에 흘러가고,237 열매가

---

233 名物은 사물의 명칭과 특징. 『周禮』, 「天官·庖人」의 "掌共六畜六獸六禽, 辨其名物." 에 보인다. 이와 관련하여 저자의 친구 李圭景(1788~1856)은 백과전서와 같은 『五洲衍文長箋散稿』를 저술하였는데, 그 서문에서 그 학문을 名物度數의 學이라 불렀다.

234 比擬는 모방 또는 비교의 뜻이다. 『傳習錄』 卷上-99의 "從冊子上鑽研, 名物上考索, 形跡上比擬, 知識愈廣而人欲愈滋, 才力愈多而天理愈蔽. 正如見人有萬鎰精金, 不務煅鍊成色, 求無愧於彼之精純."에 보인다. 본문의 이 단락은 『전습록』의 글을 가져와 그것과 다른 맥락에 재배치하였음을 알 수 있고, 저자가 『전습록』을 읽었다는 구체적 증거 가운데 하나이다. 강조는 같은 글자. 여기서 形은 물건의 구체적 모습, 跡은 흔적 또는 자취.

235 人欲은 인간의 욕망으로 『禮記』, 「樂記」의 "人化物也者, 滅天理而窮人欲者也."에 보이는데, 주희는 그 자체가 不善은 아니나 天理와 대립하는 의미로 사용하였다.

236 浮雜은 葛洪의 『抱樸子』, 「交際」의 "余以朋友之交, 不宜浮雜."에 보인다. (앞에 나옴)

237 盈科而後進은 『孟子』, 「離婁下」의 "原泉混混, 不舍晝夜, 盈科而後進, 放乎四海."에

때를 기다려 저절로 떨어지는 현상과 같다.

中則取捨自定, 脫浮雜而就精實, 得權衡而忘輕重. 如盈科而後進, 待時而自落.

끝마침의 공부는 자기의 덕을 밝히고[238] 가르침을 세우며[239] 방편을 열어서 후세에 은혜를 베푼다. 이 공부의 세 가지 단계를 다 거쳐야만 남의 도리와 학문[240]을 논할 수 있다.

終則明己德而立言, 開方便而惠後. 歷盡三等者, 可論人之道學.

\* \* \*

고금의 학문을 논하고 자기의 진취를 점치는 일은 제각기 자기의 견해를 따라서 한다. 그래서 학문에도 당론[241]이 있게 되는데, 학문 그 자체에서 보면 스스로 반쪽 학문으로 귀결되는 결과를 감수하고, 그 효과를 말하면 끝내 공평하게 통용되지 못한다. 하지만 천고의 시끄러운[242] 논의를

---

나오는 말.

238 『대학』의 明明德에서 가운데 明자 대신에 己자를 추가하였다.

239 立言은 『左傳』,「襄公二十四年」의 "大上有立德, 其次有立功, 其次有立言, 雖久不廢, 此之謂不朽."에 보인다. 이 외에 의견을 세상에 발표한다는 뜻도 있는데 통한다. (앞에 나옴)

240 이 글 끝부분의 人之學을 참고하여 人之道學에 대한 해석이다. 도학을 붙여 볼 수도 있는데 성리학자들이 성인이 되는 학문을 그 계승하는 道統의 관점에서 말한 용어이다. 둘 다 통한다.

241 학문의 당파성. 또는 학파와 정치적 이해관계에 따라 학문이 좌우되는 일. 조선 후기는 후자가 강했다.

242 嚚嚚는 시끄러운 모양. 『詩經』,「小雅·車攻」에 "之子于苗, 選徒嚚嚚. 建旐設旄, 搏獸于敖."에 보인다.

씻어버리고, 성현이 밝게 통달한 일에서부터 평범한 남녀[243]가 공유하
는 내용까지 깊이 탐구하는 일이 곧 추측이다.

論古今之學問, 占自己之進取, 各隨己見. 至有學問之黨論, 自其學問視之, 則甘自
歸於半偏, 自其功用言之, 則竟未得其通公也. 洗滌千古囂囂之論, 潛究聖賢明達,
以至愚夫愚婦所共由者, 乃推測也.

이미 '미룸'이라고 말했으니 스승과 벗, 서책, 사물의 명칭과 특징, 모습과
자취, 인간의 욕망, 익히는 일은 미룰 만한 단서가 아님이 없으나, 미룸의
깊이와 우열과 취사와 참과 거짓은 오로지 그 사람에게 달려 있다. 만약
이런 일들을 미룬 게 없으면, 곧 구멍을 뚫지 못한 혼돈의 상태[244]이다.
심지어 벌레와 같은 미물도 견문과 경험을 미룸의 대상으로 삼지 않음이
없으니, 공부의 시작은 모두 추측임을 알 수 있다.

旣曰推, 則師友書冊名物形跡人欲習業, 無非可推之端, 淺深優劣取捨虛實, 惟在其
人. 若無此等所推, 便是未鑿竅之渾沌也. 至於蟲豸微物, 莫不以見聞閱歷爲推, 則
可知功夫之始皆是推測也.

거짓을 버리고 참을 취하며, 선을 실천하고 악을 제거하며, 해로움과
폐단을 없애는 일에는 그 귀추를 보아서 권장하고 징계하는 사람이

243 愚夫愚婦는 『書經』, 「五子之歌」의 "予視天下, 愚夫愚婦, 一能勝予."에 보인다.
244 鑿竅와 渾沌은 『莊子』, 「應帝王」의 "南海之帝爲儵, 北海之帝爲忽, 中央之帝爲渾沌.
儵與忽時相與遇於渾沌之地, 渾沌待之甚善. 儵與忽謀報渾沌之德, 曰人皆有七竅,
以視聽食息, 此獨無有, 嘗試鑿之. 日鑿一竅, 七日而渾沌死."의 고사에 보인다.
저자는 鑿竅를 인식(문명)과 관련지어 긍정적으로 보았다. 구멍으로 옮긴 竅는
七竅인 눈·귀·코·입을 말한다.

있다. 여기서 그 귀추를 깊이 알면 권장하고 징계하는 일이 명확하고, 얄팍하게 알면 그것도 따라 얄팍하다. 가령 물이 가득 든 물동이를 거꾸로 들면 물이 다 쏟아지면서 공기가 가득 차지만, 반만 기울면 물은 반만 빠지고 공기도 절반만 들어가는 현상과 같다. 또 그 일에서 귀추를 알지 못하고 곧바로 자기의 뜻한 바를 이루거나 남의 의견을 따라 취하고 버릴 일을 결정하는 사람이 있는데, 설령 취사한 일이 마땅하더라도 끝내 귀추를 명확하게 아는 사람보다는 못하다. 대개 사악한 행위를 제거하는 일은 억눌러 제지해서는 안 되고, 그 사람의 성실과 선의 진취에 따라 사악한 행위는 소멸할 것이다. 그러므로 진취하는 일에 힘쓰면서 억눌러 제지하는 일에 힘쓰지 않는 사람은 추측이 마땅하게 되지만, 억눌러 제지하는 일에만 힘쓰고 진취를 바라는 사람은 추측이 마땅하지 않게 된다. 사람이 취하고 버리는 일이 마땅하면 곧 이것이 추측의 중간 단계이다.

捨虛取實, 爲善去惡, 除斯害, 祛其弊, 有見其歸趣而勸懲者. 洞見則其勸懲洞悉, 淺見則其勸懲亦淺. 如建飯之水, 倒建則水盡而氣盈, 半傾則水半而氣半也. 又有不見歸趣而直遂己意, 或隨人言論, 以定取捨者, 縱使取捨得宜, 終不及洞悉歸趣者矣. 蓋除去邪惡, 不可以抑制, 隨其誠善之進就而邪惡消滅. 故用力於進就而不用力於抑制者, 推測之得宜也, 用力於抑制而靳進就者, 推測之失宜也. 人於取捨得宜, 則是乃推測之居中也.

자기가 안 내용을 밝혀서 행위에 드러내고 그 방편을 열어서 남에게 영향을 미치면 이것이 추측의 마침이다. 상하를 통틀어245 떠날 수 없는

---

245 徹上徹下는 『論語』, 「子路」의 "居處恭, 執事敬, 與人忠, 雖之夷狄, 不可棄也."의 『集注』에 程顥의 말을 인용하여 "此是徹上徹下語."라고 하였다.

일이 추측이요, 남에게 미치고 사물에 미침에 그 방법을 얻는 일도 추측이다. 중간 단계의 추측에 머물러 있으면서 최종 단계의 추측을 말하는 일도 오히려 미진한데, 게다가 추측을 모르는 자가 어떻게 남의 학문을 논할 수 있겠는가?

明其所得而著於行, 開其方便而及於人, 是乃推測之終也. 徹上徹下, 不可離者, 推測, 及人及物, 得其方者, 推測也. 以居中之推測, 說道終竟之推測, 猶有所未盡, 況不知推測者, 何可論人之學.

# 해 설

추측에 세 단계가 있음을 말하였다.

이 세 단계는 그의 철학에서 볼 때 논리적 일관성이 있다. 우선 추측의 시작 단계는 경험과 관련이 있는데, 경험한 자료를 미루어 헤아리는 단계이다. 이 단계에서 해야 하는 일을 제시한 항목만 봐도 금방 알 수 있다. 앎의 기원이 경험에서 출발하므로 당연한 순서이다. 아주 구체적 사물까지 미룬다. 중간 단계는 추측을 정련(精鍊)하여 전진하는 과정이다. 이 과정에서 앎을 취사선택하며 보다 객관적이고 보편적인 것으로 나아간다. 마침 단계는 실천의 단계이다. 곧 자기의 앎과 덕을 밝혀 남에게 영향력을 미치는 단계이다.

이렇게 세 단계로 구분했지만, 그 흐름을 보면 개인의 앎에서 사회적 실천으로 진행함을 알 수 있다. 이 논리는 『논어』의 수기치인과 『대학』의 8조목 그리고 『중용』의 성기성물(成己成物)과 방향이 일치한다. 이 논리를 추측으로 재해석하면서 통합하였음을 알 수 있다.

# 50. 요령을 얻으면 낭비하는 힘이 없다
## 得要領無費力

배움에서 요령246을 터득하고자 함은 거기서 지키는 일을 요약해서
갖춘 내용을 넓히기 위해서이다.247 요령을 터득하면 비단 사용하는
데 방법이 있을 뿐 아니라, 진보하는 처음부터 힘을 낭비하는 일이 없고
일에 근거가 있으며 행동에 기준이 있게 된다. 만약 요령을 터득하지
못하면, 비록 학문하는 일을 끝낼 때라도248 중요한 근본과 통달한 도
리249가 아니다.

學要得其要領, 爲其所守約而所該博也. 非獨用之有方, 抑自進步之初, 無枉費力,
事有據, 行有準. 如未得其要領, 雖終事於學, 非大本達道也.

\* \* \*

요령을 터득하는 일도 추측을 말미암는다. 추측이 없는 사람의 이른바

---

246 要領의 원래 의미는 허리와 목인데, 사물의 중요한 곳을 말함. 『禮記』, 「檀弓下」의
   "是全要領以從先大夫於九京也."에 보임. 국어사전에 ① 가장 긴요하고 으뜸이
   되는 골자나 줄거리 ② 일을 하는 데 꼭 필요한 묘한 이치 ③ 적당히 해 넘기는
   잔꾀로 풀이하는데, ③번은 해당하지 않음.
247 원문 約과 博은 『論語』, 「雍也」의 "子曰, 君子博學於文, 約之以禮, 亦可以弗畔矣夫."
   에 나오는 博文約禮에서 가져온 말.
248 終事의 終 자는 이 글 끝부분의 從事의 從 자의 誤記로 보이지만, 옮긴이는 가능한
   원문을 살려 옮기므로 그대로 둠. 終事는 일을 끝낸다는 뜻.
249 大本은 크고 중요한 부분, 達道는 도에 통달함. 이 두 단어는 『中庸章句』 제1장의
   "喜怒哀樂之未發, 謂之中, 發而皆中節, 謂之和. 中也者, 天下之大本也, 和也者,
   天下之達道也."에 등장하는데, 주희는 大本을 天命之性, 達道를 循性之謂로 풀이하
   였다.

요령을 터득했다는 말은 아마도 지나치거나 모자라는 잘못이 있을 것이다.

得其要領, 亦由於推測. 未有推測者, 所謂得要領, 恐涉過不及之差.

하지만 추측은 사람이 반드시 경유해야 하는 길이다. 이것을 터득한 뒤에야 공부에 바야흐로 조리가 있는데, 설령 미진하더라도 마치 배의 방향타가 동쪽과 서쪽을 가리키듯 저절로 그 방법이 있다. 또 횡설수설하는 여러 말도 제각기 마땅하게 된다.

然推測乃人生所必由之道也. 得於此而后, 功夫方有條理, 縱有未盡, 如舟之有舵, 指東指西, 自有其方矣. 且橫豎諸說, 各有攸當也.

만약 요령을 터득하지 못하면, 비록 학문에 종사하더라도 대부분 밖에서 엄습하는 것을 취하여,250 행하면서도 밝게 알지 못하고 익히면서도 살피지 못하여,251 겨우 이것은 알 수 있으나 저것은 모른다.

如未得其要領, 雖從事於學, 率多義襲而取, 行不著, 習不察, 纔能通於此而不通於彼也.

---

250 義襲은 『맹자』, 「公孫丑上」의 "是集義所生者, 非義襲而取之也. 行有不慊於心, 則餒矣. 我故曰, 告子未嘗知義, 以其外之也."에 보인다. '의가 밖에서 엄습한다'라는 뜻인데, 본문은 그 의미만 취하였다.
251 같은 책, 「盡心上」: 行之而不著焉, 習矣而不察焉.

# 해 설

요령을 터득하는 일도 추측을 따라야 함을 말하였다.

그런데 왜 요령일까? 저자와 동시대 인물인 심대윤(沈大允. 1806~1872)도 기철학자인데, 요령을 매우 강조하였다. 심대윤은 저자처럼 서학을 변용하지는 않았지만, 경학의 관점에서 주희의 격물치지설과 활연관통을 신랄하게 비판한다. 주희처럼 천하의 사물에 일일이 나아가 궁리하기도 어렵지만, 사물의 이치는 하나하나 알아가는 것이지 한 방에 아는 방법은 없다고 하면서, 주희가 격물의 요령을 모른다고 비판하였다. 그 요령이 바로 충서(忠恕)였다.252

두 사람이 동시대 인물이자 기철학자고, 또 양반의 후손이지만 집안이 한미하여 벼슬하지 않고 살면서, 똑같이 '요령'을 말한 일은 단순한 우연일까? 더구나 저자가 그 요령을 존중하면서도, 그것이 추측에 근거하지 않으면 지나치거나 모자람이 있다고 한 말로 미루어 보아, 이 내용은 분명 심대윤이 강조하는 요령을 듣고 한 말로 보인다. 또 격물과 기질 변화의 모순점을 지적한 일도 서로 교류했거나 알고 있었음이 분명하다. 참고로 저자는 심대윤이 강조한 충서 또한 추측의 추로 보았다.253

---

252 이종란, 『서양 문명의 도전과 기의 철학』, 85쪽.
253 『추측록』 권1, 「聖學及文字推測」에 보인다.

# 51. 나무 심는 일을 미루어 도리를 배우는 일을 헤아림
## 推種樹測學道

나무를 심는 일은 열매를 얻거나 재목을 얻기 위함인데, 토질을 살피고 묘목의 뿌리를 잘 골라 때에 맞게 재배한다. 여기서 사람이 노력하는 추측에 마땅함과 그렇지 못함이 있다. 나아가 비와 햇빛이 적셔주고 밤낮으로 자라는 과정254과 대기의 유행에는 사람이 더하거나 뺄 수 없는 작용이 있다.

種樹者, 或爲實, 或爲材, 而相土擇根, 順時栽培. 人功之推測, 有宜不宜焉. 至於雨暘之滋潤, 日夜之所息, 天氣之流行, 有不可增減者.

도리를 배우는 일은 인과 의를 실천하려는 목적인데, 견문과 거쳐온 경력을 돌아보아 지나친 점은 뒤로 물리고 모자라는 것은 앞세운다. 여기에서 추측의 노력이 마땅하거나 그렇지 못함이 있다. 하지만 자연적으로 주어진 조건255의 성취와 때와 지위의 다름256과 유행지리는 어길 수 없는 만남이다.

學道者爲仁爲義, 而顧其見聞閱歷, 退有餘, 進不及. 推測之功, 有宜不宜焉. 至於氣宇之成就, 時位之有異, 流行之理, 不違所値也.

---

254 이 문장의 용례는 『孟子』, 「告子上」의 "牛山之木, 嘗美矣, 以其郊於大國也, 斧斤, 伐之, 可以爲美乎. 是其日夜之所息, 雨露之所潤."에 나오는 말.

255 氣宇는 원래 度量과 氣槪를 설명하는 말이지만, 뒤의 설명을 보면 인간이 지닌 자연적·물리적 조건·한도·한계를 말함.

256 時位之有異는 뒤의 설명에 자세하다.

\* \* \*

나무 심는 기술을 미루어 도리를 배우는 방법을 헤아려서 사람이 할 수 있는 일과 없는 일을 밝힌다. 할 수 있는 일은 사물을 미루어 자연법칙을 따르고, 자기 기질을 헤아려 사욕을 이겨 내는 일이다.

推種樹之術, 測學道之方, 以明其所可爲者及所不可爲者矣. 可爲者, 推事物而順天理, 測氣質而克己私也.

사람이 할 수 없는 일은 첫째로 자연적으로 주어진 조건의 성취이다. 곧 어린아이가 울고 웃고 서고 다니고 물건을 집고 업을 수 있는 일에서부터 생명력과 근력이 날로 강해지다가 점점 쇠퇴하여 줄어드는 일까지이다. 여기에는 저절로 자연이 부여한 기한이 있어서 사람의 힘으로 어떻게 할 수 있는 일이 없다. 둘째로 때와 지위의 다름이다. 가령 봄이 가을이 될 수 없고 밤이 낮이 될 수 없으며 노인이 젊은이가 될 수 없고, 또 낮은 지위가 존귀한 지위를 넘을 수 없는 따위가 그런 일이다.

不可爲者, 一曰氣宇之成就. 自嬰兒能啼能笑能立能行能持能負, 以至精氣筋力日强, 又至于日漸衰耗. 自有天賦之期限, 非人力之所爲也. 二曰時位之有異. 春不可以爲秋, 夜不可以爲晝, 老不可以爲少, 卑不可以踰尊.

만약 할 수 있는 일과 할 수 없는 일의 분별이 없다면, 자연과 사람의 분별이 없어서 다만 변설에만 오르는 것뿐이다.

若無分於可爲與不可爲, 是無分於天人, 而惟騰辨說者也.

# 해 설

나무 심는 사례를 통하여 추측이 자연의 원리나 법칙을 따라 할 수 있는 대상과 없는 대상을 잘 구분해야 한다는 주장이다.

그런데 그 일을 인과 의를 실천하는 도리를 배우는 일까지 적용하였다. 그러니 "할 수 있는 일은 사물을 미루어 자연법칙을 따르고, 자기의 기질을 헤아려 자기의 사욕을 이겨 내는 일이다"라는 말을 검토해 보자. 진술의 형식만 보면 이 문장은 성리학의 공부와 수양 논리와 다르지 않다. 하지만 "사물을 미루어 자연법칙을 따른다"라는 말은 앞의 나무 심는 사례처럼 자연법칙을 따른다는 말이지 성리학에서 말하는 도덕 원리가 아니다. 그래서 '기질을 헤아려 자기의 사욕을 이겨 내는 일'이란 자신의 성품을 알아 사적인 욕심을 이겨 낸다는 전통적인 뜻도 포함하고 있지만, 인간의 몸이 가진 자연적 한계나 특징을 추측하여 그것을 넘어서는 욕망을 가져서는 안 된다는 뜻으로도 해석할 수 있다. 그래서 이 문제도 추측의 적절성 여부에 좌우된다.

그런데 여기서 어겨서 안 되는 일의 대상에 자연 요소 외에 또 인간의 지위를 포함하였다. 그 지위를 요즘 식으로 말하면 사회 조직 내의 직위이니, 오늘날도 그렇듯이 하급자가 상급자의 직무를 침해할 수 없다. 만약 그 지위를 전통의 신분에만 한정한다면 바로 여기서 과학적 태도와 전통 규범 사이의 부조화 또는 괴리가 생긴다. 하지만 전통사회에서는 대체로 신분과 사회적 지위가 일치되어서 어쩔 수 없이 이렇게 표현할 수밖에 없음을 이해할 수 있다. 인간의 도리 준수에는 자연적인 것만이 아니라 사회 질서도 포함되기 때문이다.

정리하면 자연과 사회의 조건상 임의로 할 수 없는 일이 있다. 그래서 사람이 할 수 있는 일과 없는 일을 구분해야 한다는 주장이다.

# 52. 추측은 성실의 공부가 된다
## 推測爲誠實之功

성실하게 한다는 뜻[257]은 추측의 출발에서 저절로 드러내고, 마음을 바르게 하는[258] 노력은 추측한 뒤에 순조롭게 된다. 밝음을 따라 성실해지는 일은 추측에 일찍 도달한 상태요, 성실을 따라 밝아지는 일은 추측이 점차 진보한 상태이다.[259]

誠實之意, 自著於推測之初, 正心之功, 妥帖於推測之後. 自明誠者, 推測之早達, 自誠明者, 推測之漸進也.

\* \* \*

추측지리가 없으면 이른바 이치를 궁리하여 밝힘도 망망하고 아득해서 한곳으로 모이는 결과가 없다. 그러므로 혹 마음에 있는 이치나 혹은 사물에 있는 이치를 탐구하는 일이란 추측의 여운과 빈 그림자와 어렴풋한 모방이다. 이렇게 두뇌를 포착[260]하지 못하고 의상만 문지르면,[261]

---

257 바로 뒤 正心이 등장하는 것을 보아 誠實之意는 『대학』 8조목의 誠意임.

258 『대학』 8조목 가운데 하나인 正心.

259 원문 '自明誠'과 '自誠明'은 모두 『中庸章句』 제21장의 "自誠明, 謂之性, 自明誠, 謂之敎, 誠則明矣, 明則誠矣."에 나오는 말. 주희는 전자를 聖人의 德, 후자를 賢人의 學이라 풀었다.

260 把捉은 장악·포착하다의 뜻으로 『朱子語類』 16-101의 "今人在靜處, 非是此心要馳鶩, 但把捉他不住."에 보인다.

261 깊은 핵심을 못 찾는 일을 비유한 말. 가령 『朱子語類』 18-94의 "今之學者但止見一邊. 如去見人, 只見得他冠冕衣裳, 却元不曾識得那人. 且如爲忠, 爲孝, 爲仁, 爲義, 但只據眼前理會得箇皮膚便休, 都不曾理會得那徹心徹髓處."라는 말에도 보인다.

허황하고 망령스러운 데 쉽게 빠진다. 그리하여 반드시 여러 학설을 견강부회하여 그 말을 참되게 꾸미려고 하나, 끝내 그 행위를 참되게 할 수 없다.

不有推測之理, 則所謂窮格者, 卽茫茫蕩蕩, 未有湊泊. 故或究其在心之理, 或究其在物之理, 乃是推測之餘韻虛影依俙倣似者也. 未能把捉頭腦, 而摩其衣裳, 則易入於虛妄. 必附會諸說, 以實其言, 而終不可以實其行也.

추측에서 터득한 내용이 있을 때는 성실하게 한다는 뜻이 그 가운데 있다. 그러니 비록 말을 잘하는 사람일지라도 미룸이 없고 헤아림도 없는 상태로서는 그것을 설명할 수 없다. 오직 이 추측이야말로 뜻을 성실하게 하고 마음을 바르게 하는 대두뇌이다. 밝음을 따라 성실해지는 일과 성실을 따라 밝아지는 일도 추측의 성취가 빠르고 늦느냐에 달려 있을 뿐이다.

若有得於推測, 誠實之意在其中. 雖善爲說辭者, 不可以無推無測說之也. 惟此推測, 乃誠意正心之大頭腦也. 自明誠, 自誠明, 亦在於推測之早晚成就耳.

# 해 설

『대학』과 『중용』의 일부 내용을 추측으로 재해석하였다.

흔히 저자의 글쓰기를 이전 학자들과 달리 경학을 탈피하여 주제별 논문방식으로 되어 있다고 평가하기도 한다. 대체로 형식상 그렇기는 하지만 완전히 맞는 말은 아니다. 앞에서도 살펴보았지만, 이전 철학 특히 유학(성리학)의 그것을 자기 철학의 논리대로 재해석한 점이 많이 보이기 때문이다.

본문에서 『대학』 8조목의 성의와 정심도 추측으로 재해석하였는데, 거기서 "성실하게 한다는 뜻은 추측의 출발에서 저절로 드러내고, 마음을 바르게 하는 노력은 추측한 뒤에 순조롭게 된다"라고 한 말은 추측을 시작할 때 뜻을 성실하게 하고, 추측이 완성되면 마음은 순조로이 바르게 된다는 의미로 해석하여 성의와 정심 사이에 추측을 삽입해 해석했다. 여기서 추측이 단순히 앎의 문제만이 아니라 수양의 문제를 포함하고 있음을 알 수 있다.

또 "밝음을 따라 성실해지는 일은 추측에 일찍 도달한 상태요, 성실을 따라 밝아지는 일은 추측이 점차 진보한 상태이다"라는 말과 관련하여, 주희가 '밝음을 따라 성실해짐'은 가르침의 영역으로 현인의 학문, '성실을 따라 밝아짐'은 본성의 문제로 성인의 덕이라 본 내용과 달리, 저자는 추측의 성취 시기에 따른 것으로 재해석했다.

더 나아가 성리학에서 말한 궁리와 격물치지도 추측을 통한 추측지리가 아니면 정리되어 결론이 나지 않는다고 보았는데, 그것은 저자가 성리학의 리와 태극 등도 모두 추측지리라고 본 일과 관계된다. 여기서 자연적 대상의 추측지리는 증험 곧 검증해야 할 일종의 가설에 해당하지만, 인사의 그것은 도덕과 규범 등이다.

## 53. 사랑과 공경은 추측에서 나온다
### 愛敬出於推測

어린아이가 그의 어버이를 사랑하고 형을 공경할 줄 모름이 없는 일262은 추측에서 나온다. 그에게 추측이 없다면 어버이와 형과의 관계가 천륜에 속한 의리라는 점을 알기 어려우니, 어느 겨를에 그 사랑과 공경을 논하겠는가?

孩提之童, 無不知愛其親, 無不知敬其兄, 出於推測. 未有推測, 親與兄天屬之義難知, 何暇論其愛敬.

\* \* \*

부형 곁에서 태어나 양육된 사람에게는 젖어 기억된 견문이 저절로 있어서, 두세 살 아이 때면 자기 어버이를 사랑하고 자라서는 자기 형을 공경한다.

生養於父兄之側者, 自有漬染之見聞, 至二三歲孩提時愛其親, 及其長也敬其兄.

만약 태어날 당시 바로 남에게 입양되어 말과 기색에서 그런 티를 내지 않으면, 비록 십수 년이 지나더라도, 이 사람이 어떻게 신령스럽게 통해서 자기의 친부형을 알아보겠는가? 또 선천적 청각·시각 장애자가 비록 부형의 곁에서 오랫동안 양육되었더라도, 어떻게 사랑과 공경을 완전히

---

262 『孟子』, 「盡心上」: 孩提之童, 無不知愛其親也, 及其長也, 無不知敬其兄也.

발휘할 수 있겠는가?

若使出胎時, 卽爲他人收養, 不露言論氣色, 雖至十數年, 斯人何能靈通而識得. 且
有天聾天盲, 雖長養於父兄之側, 何能盡其愛敬也.

그러니 어버이를 사랑하고 형을 공경함은 실지로 여러 해 동안 기억한
견문과 추측에서 나온 일이다. 이른바 "사랑과 공경이 양지와 양능에서
나온다"[263]라는 말은 다만 그런 일을 기억한 이후를 들어 말함이지,
기억한 이전의 일을 말함이 아니다.

是以, 愛親敬兄, 實出於積年染習之見聞推測矣. 所謂愛敬出於良知良能者, 特擧其
染習以後而言也, 非謂染習以前之事也.

만약 "사랑과 공경의 이치가 본래 마음에 갖추어져 있어도, 기질에 의하
여 덮어 가려져서 드러날 수 없다"[264]라고 말한다면, 기억 이전에 본래
갖춘 사랑과 공경은 콕 집어 분명하게 가리킬 대상이 없고, 다만 그것은
기억한 뒤에 추측한 내용만 가지고 기억 이전의 상태에 거슬러 궁구한
결과이니, 무슨 논할 만한 흔적이 있겠는가?

---

263 『孟子』, 「盡心上」: 孟子曰, 人之所不學而能者, 其良能也, 所不慮而知者, 其良知也.
孩提之童, 無不知愛其親也, 及其長也, 無不知敬其兄也. 『孟子集註』에서는 "愛親
敬長, 所謂良知良能也." 여기서 말하는 良知와 良能은 행동으로 이어지는 선천적
도덕 판단 능력이다.

264 성리학의 논리이다. 가령 『朱子語類』 14-165에 "人本有此理, 但爲氣稟物欲所蔽."
와 같이 보이는 말인데, 氣稟은 기질의 다른 표현이다. 그 가려지는 원인을 또
私欲·物欲·人欲 따위로 보는데, 그것들의 원인도 氣稟의 영향이다.

若謂愛敬之理素具於心, 爲氣質所蔽, 不能呈露, 則習染之前, 愛敬素具, 無所指的, 只將習染後推測, 溯究習染前氣像, 有何痕蹟之可論.

기질의 가림이란 곧 추측이 아직 발달하지 않은 단계여서, 사랑과 공경의 전후나 유무를 모두 논할 수 없다. 그러므로 어린아이가 비로소 터득한 추측을 따라 사랑과 공경의 근원으로 삼아야 참되다.

氣質之蔽, 卽推測之未達, 愛敬之前後有無, 都不可論. 故從其始得, 以爲愛敬之源, 乃誠實也.

# 해 설

『맹자』의 말을 추측으로 재해석하면서 주희 성리학을 비판하였다. 이 글은 한국철학사에서 매우 중요한 내용이다. 저자 관련 각종 논문과 저술에서 자주 인용되는 부분이다. 성리학과 저자의 철학이 완전히 달라지는 근거 가운데 하나이기도 하다.

그 재해석의 핵심은 '부형을 사랑하고 공경할 줄 아는 일'은 성리학에서 말하는 리의 발현이 아니라, 이른바 학습을 통하여 발달한 도덕적 능력이라는 점이다. 다시 말하면 경험과 기억을 통하여 발달한 추측이 그런 사랑과 공경의 태도를 끌어낸다는 지적이다. 성리학처럼 그런 이치를 선천적으로 갖추고 있어서, 기질을 제거함으로써 발현되는 일이 아니라는 주장이다. 그 실증적 사례로 타인에게 입양된 아이는 그 친부모가 아닌 타인을 사랑하고 공경하게 된다는 점을 들었다. 좀 더 극단적으로 몰고 가면 부모의 원수가 그 아이를 양육해도 그를 친부모로 여기고 사랑할 것은 당연하고, 심지어 일부 동물도 어릴 때부터 인간이 키우면 인간을 어미처럼 따르는 사례도 있다. 이 논리는 저자가 어릴 때 친부인 최치현(崔致鉉)을 떠나 곤양 군수를 지냈던 친족 최광현(崔光鉉)의 양자가 되었던 사례와도 관련된다. 곧 저자 자신의 이야기이기도 하다. 따라서 맹자가 "어린아이도 부형을 사랑하고 공경할 줄 안다"라는 말을 천부적 리의 발현이라는 관점이 아니라, 경험과 기억을 추측한 일로 재해석하였다. 하지만 여기서 성리학의 반론이 불가능한 상태는 아니다. 곧 예의 동물처럼 누구든 상관없이 그 어버이의 역할을 하면 그를 사랑할 줄 안다고 말할 수 있다. 그래서 사랑할 줄 아는 이치가 만물에 갖추어져 있어서 기능한다고 반론할 수 있다.

우리는 여기서 일반적으로 어린 새끼가 어미를 사랑하는 까닭이 어떤 형이상학적 원리가 있어서 그런지, 아니면 단순히 자신의 생명을 보전하기 위하여 진화된 생물적 본능인지 따져보아야 한다. 현대 과학은 후자의 손을 들어주고 있다.265

후자의 논리를 더 밀고 나가면 맹자의 원뜻과 그것을 해석한 양명학의 양지(良知)가 뜻하는 선험적 도덕 판단 능력도 결국은 '좋다' 또는 '나쁘다'의 문제로 환원할 수 있고, 그 좋음과 나쁨은 근원적으로 자기의 생명 보전에 유리한지 불리한지에 따라 본능적으로 느끼는 정서 또는 느낌과 관련된다. 저자가 선악의 뿌리를 호오(好惡)에 두고 있는 사실도 바로 여기에 연결된다. 더 자세한 내용은 해당하는 부분에서 더 설명하겠다. 저자의 이런 논의는 조선 후기 전근대 사회의 주류 철학인 주희 성리학의 패러다임을 극복하는 중요한 분수령이다. 사물의 질료(matter)와 함께 존재한다는 아리스토텔레스의 형상(form)을 거부하고, 자연법칙만 인정하는 서양 과학도 그런 맥락에서 중세의 학문적 전근대성을 극복하였다.

---

265 이 문제는 결국 자연법칙이 실제로 존재하느냐 아니면 물질 또는 물체가 운동하는 방식을 인간이 파악해 규정한 것이냐의 논쟁과 관련 있다. 달리 말하면 그 법칙이란 사물과의 관계 속에서 표현되는 것으로 해당 사물의 속성이라 할 수 있어서 사물이 없으면 그것도 존재할 수 없다. 물질만 놓고 볼 때 원자에서 분자로 또 고분자로 생명 물질로 다양한 방식으로 결합하면서 그 속성 또한 다양하게 창발적으로 드러날 뿐이다. 기철학자들이 그 이치를 기의 條理라고 규정한 말로도 충분하다.

## 54. 앎을 스스로 자신하면 안 된다
### 不可以知自許

추측은 한 곳에 고정되지 않고[266] 앎 또한 한 곳에 고정되지 않아서 곳에 따라 달라진다. 비록 많이 알아도 아직 그 앎을 스스로 믿고 만족할 수 없다. 하지만 "마음에 온갖 이치를 갖추었으니 그 마음을 다한다."[267]라고 말하는 경우는 간혹 그 앎[268]을 스스로 자신하기[269]도 한다.

推測無方, 知亦無方, 隨處有異. 雖多知, 而未可以知自期. 若謂心具萬理, 則盡其心者, 或可自許其知.

하지만 이 양자를 비교하면 본원의 허구와 참을 바로잡을 수 있는데, 허구를 붙잡은 사람은 그 말을 실증하려고[270] 하나, 참을 붙잡은 사람은

---

266 추측의 대상과 방법이 물체처럼 고정되어 있지 않다는 말. '無方'의 용례는 『周易』, 「繫辭傳上」의 "神無方, 易無體."에 보이며 方은 方所의 뜻으로, 본서에서는 고정되어 있지 않다는 뜻으로 사용했다.

267 주희의 주장을 저자 방식으로 표현한 말로 보임. 곧 『朱子語類』 9-44의 "一心具萬理. 能存心, 而後可以窮理."와 같은 책, 9-45의 "心包萬理, 萬理具於一心. 不能存得心, 不能窮得理, 不能得理, 不能盡得心."과 5-59의 "孟子說盡其心者, 知其性也, 文義可見. 性則具仁義禮智之端, 實而易察. 知此實理, 則心無不盡, 盡亦只是盡曉得耳. 如云盡曉得此心者, 由知其性也."를 종합하면 이런 진술이 가능하다. '盡其心, 知其性'은 원래 『孟子』, 「盡心上」의 내용임.

268 전체 문장의 맥락에서 살펴보면 저자가 이해하는 성리학의 知의 개념은 마음에 갖추어져 있다는 理를 대상으로 말한 것임을 알 수 있다.

269 自許는 자기 장점을 인정·만족·자신하거나 자기를 낮게 평가하는 것으로, 『晉書』, 「殷浩傳」의 "溫既以雄豪自許, 每輕浩, 浩不之憚也."와 『顏氏家訓』, 「勉學」의 "有一俊士, 自許史學, 名價甚高." 등에 보인다.

270 예컨대 성리학에서 만물에 같은 이치가 갖추었다고 믿고, 그것을 하나하나의 사례를 통해 입증하는 논의를 말함. 가령 개미나 벌에게 君臣의 義理가 있다고 말하는 따위로 그 논리는 各具一太極이다.

그것을 잃을까 봐 두려워한다.

較此二者, 可定本源之虛實, 執虛者欲實其言, 秉實者恐或有失.

\* \* \*

사람이 태어난 초기에는 오직 신령스럽고 밝은 마음만 있어서 사물을 보고 들을 수 있고,271 보고 들은 일이 차근차근 쌓이면272 추측이 생겨난다. 추측이 생겨서 사물을 알 수 있다. 추측이 한 곳에 고정되면 앎도 한 곳에 고정되고, 추측에 고정되지 않으면 앎 또한 그렇다. 그리하여 추측의 밝음과 어두움과 통함과 막힘을 따라 앎 또한 그렇게 되니, 추측이 없이 앎만 홀로 있는 때는 없다.

人生之初, 惟有靈明之心, 而能見聞事物, 見聞積漸, 而推測生焉. 推測生而能知覺事物. 推測有方, 則知亦有方, 推測無方, 則知亦無方. 隨推測之明暗通塞, 而知爲之明暗通塞, 未有無推測而知獨存焉.

어떤 학설은 마음이 신령스럽고 밝은 상태를 앎의 능력으로 삼아,273

---

271 이 부분에서는 성리학과 이견이 없다. 곧 『大學章句』 經1章 大全의 "虛靈自是心之本體, 非我所能盡也. 耳目之視聽, 所以視聽者卽其心也."와 논리가 같다. 다만 거기서 "虛靈不昧, 便是心, 此理具足於中, 無少欠闕, 便是性."라고 말한 점이 저자의 그것과 다르다.

272 積漸은 점차 쌓여 형성된다는 뜻으로 일찍이 보이는 문헌은 『管子』, 「明法解」의 "姦臣之敗主也, 積漸積微使王迷惑而不自知也."이다.

273 주희의 말에 따른 정확한 표현은 '사람 마음의 신령함에는 知가 있지 않음이 없다(人心之靈, 莫不有知. 『大學章句』 傳5章)'이다. 곧 신령한 마음이 곧장 앎이라는 뜻이 아니라 마음이 知를 가지고 있다는 의미. 보통 이때의 知는 앎의 능력으로

거기에 온갖 가지 이치를 갖추고 있어서, 그 마음을 다하면 거의 알지
못함이 없다는 논의274에 이르렀는데, '그것을 안다'라고 말한 데는 저절
로 일정한 표준275이 있지만, 다만 기질에 의하여 가려져 다하지 못함이
있다고 한다.

或以心之靈明爲知, 而至有萬理具焉, 能盡其心, 庶無不知之論, 所云知之, 自有一
定準的, 但爲氣質所蔽而有所未盡.

이 두 가지 학설276에서 그 허구와 참을 비교해 보자. 추측 이론은 없는
것을 '없다' 하고, 있는 것을 '있다'라고 말하여 마침내 참에 돌아가서
한 곳에 고정되지 않은 앎을 혹 잃을까 봐 염려한다. 마음에 이치를
갖추었다는 이론은 없는 것을 '있다' 하고, 있는 것을 '없다'라고 말하여,
마침내 허구에 돌아가 그 앎을 스스로 자신하고 그 말을 실증하려고
한다. 또 추측 이론은 밝게 드러난 대상을 앎으로 삼아 추측을 근본으로
삼으나, 마음에 이치를 갖추었다는 이론은 숨겨진 어두운 것을 앎의
대상으로 삼아 신령하게 밝은 마음을 주인으로 삼는다.277 만약 두 가지

본다.
274 『大學章句』 專5章: 蓋人心之靈, 莫不有知, 而天下之物, 莫不有理, 惟於理有未窮,
故其知有不盡也. … 卽凡天下之物, 莫不因其已知之理, 而益窮之, 以求至乎其極,
至於用力之久, 而一旦豁然貫通焉, 則衆物之表裏精粗, 無不到而吾心之全體大用,
無不明矣. 사물의 리가 곧 知의 대상임을 알 수 있고, 그것을 통해 마음속에
있는 리를 밝히려고 하고 있는데, 그 근거는 사물마다 各具一太極이기 때문이다.
마음을 밝힌다는 것은 바로 자기의 본성을 아는 일이다.
275 마음에 본성으로 갖춰진 萬理(衆理)를 말함.
276 저자의 추측론과 朱熹의 具理之論(心具萬理)의 학설을 말함.
277 다음의 인용이 이 주장의 근거가 될 것이다. 곧 『朱子語類』 5-72의 "心, 主宰之謂也.
動靜皆主宰, 非是靜時無所用, 及至動時方有主宰也. 言主宰, 則混然體統自在其中.
心統攝性情, 非儱侗與性情爲一物而不分別也."와 또 같은 책, 5-73의 "性以理言,

학설을 가지고 일을 맡겨 증험해 보면 이룬 효과를 저절로 판별할 수
있다.

以此二說, 較其虛實. 推測之論, 以無謂無, 以有謂有, 終歸于實, 無方之知, 或恐有
失. 具理之論, 以無謂有, 以有謂無, 終歸于虛, 自許之知, 欲實其言. 推測之論, 以顯
著爲知, 而以推測爲本, 具理之論, 以隱晦爲知, 而以靈明爲主. 若使任事爲驗, 成效
自可辨矣.

---

情乃發用處, 心卽管攝性情者也."와 5-75의 "心者, 主乎性而行乎情. 故喜怒哀樂未
發則謂之中, 發而皆中節則謂之和, 心是做工夫處."등 매우 많다.

# 해 설

바로 앞의 글을 이어 저자 자신의 추측 이론과 주희 성리학의 심구만리(心具萬理)론을 비교하여 허구와 참을 밝히고 있다. 그만큼 철학사에서 중요한 내용이다.

사실 경험적 지식은 잠정적이어서 원칙적으로 확정할 수 없다. 새로운 사물이 등장하면 경험도 달라져 아무리 많이 알아도 그에 따라 앎도 바뀔 수밖에 없다. 게다가 사물을 인식하는 패러다임 또는 이론체계가 바뀌면 기존의 지식도 새롭게 교체될 수밖에 없다. 그러니 추측과 앎은 한 가지로 고정할 수 없다. 이것은 세계를 형이상학적 원리나 종교적 교리에 따라 고정된 존재로 보지 않는 저자의 존재론과 일치하는 부분이다. 그래서 자신이 추구하는 지식과 방법이 참되다고 규정하였다. 반면 주희 성리학은 신령한 인간의 마음에 많은 이치를 갖추고 있어서, 그 이치가 앎의 대상이 된다고 여겼다. 그 이치는 절대적이며 불변한 것으로, 기질의 가림만 제거하면 알 수 있는 대상이다. 하지만 저자는 그 앎의 대상이 '숨겨진 어두운 것'으로 보아 허구로 여겼다.

이처럼 외부 사물을 인식하는 추측과 내부 심성의 이치를 탐구하는 주희 성리학의 차이를 비교하였다. 혹자는 성리학도 격물치지를 중시하여 외부 사물의 이치를 탐구한다고 반박할 수 있겠다. 하지만 그것은 결국 본성으로 갖춰진 이치를 밝히려는 일, 곧 인식능력의 향상을 위한 보조 수단에 불과하지, 외부 사물의 과학적 인식 그 자체가 목적은 아니다. 주희 성리학의 관심은 자기 본성을 회복하여 성인과 같아짐에 있으므로, 앎의 진정한 대상은 외부 사물 그 자체가 아니라 본연의 본성인 이치일 뿐이기 때문이다. 그래도 그것을 보통 '안팎을 일치시키는 방법'이라 하여 합내외지도(合內外之道)라 일컫는다.

여기서 우리는 두 철학이 무엇을 인식의 대상으로 삼아 어떻게 탐구하느냐에 따라서 그 방향이 확연히 달라짐을 알 수 있다.

# 55. 추측의 여러 증험
## 推測諸驗

기수의 추측은 털끝만큼도 속이기 어렵고, 사기의 추측은 그 대강278에 지나지 않으며, 심성의 추측은 그 구별이 참과 거짓에 달려 있고, 우열의 추측은 이롭고 올바름279에서 증험한다.

氣數推測, 毫釐難欺, 事機推測, 不過大致, 心性推測, 辨在誠僞, 優劣推測, 驗於利貞.

\* \* \*

추측이 비록 같아도 곳마다 뛰어넘지 말아야 할 기준이 있다. 기준이 있는 사람은 편리한 방법280으로 찾아 알 수 있지만, 기준이 없는 사람은 방향을 모방할 수도 없다.

推測雖同, 隨處有不可踰之準的. 有準的者, 可以方便求得, 無準的者, 不可方向模著矣.

기수의 이치에는 저절로 차거나 이지러지는 한도281가 있어 부합하지

---

278 大致는 대체로, 대강의 뜻. 『後漢書』, 「袁術傳論」의 "天命符驗, 可得而見, 未可得而言也. 然大致受大福者, 歸於信順乎."에 보인다.

279 利貞은 『주역』의 卦辭와 爻辭에 등장하는 占辭로서, 여러 해석이 있다. 전통적으로 '곧음이 이롭다'라고 해석하는데, 뒤에 설명하는 저자의 논리에서 보면 어떤 사물의 우열을 따지는 기준이 '이로우면서[利] 도덕적[貞]'이어야 하는 뜻으로 보인다.

280 方便은 불교어. 『維摩經』, 「法供養品」의 "以方便力, 爲諸眾生分別解說, 顯示分明." 등에 보이며, 여기서는 편리한 방법 뜻.

않으면, 반드시 스스로 돌이켜 적합하게 되는 상태를 기준으로 삼지만, 할 수 없으면 조치하지 않아서 헤아림에도 한도가 있다.

氣數之理, 自有盈朒之限, 不合則必自反而以適合爲準, 不能不措, 測有定限也.

사기를 짐작하는 데는 저절로 인정의 변화와 때와 형세의 옮겨감이 있어, 일이 간여하는 데 단서가 많고 말미암는 까닭도 일정하지 않다. 그래서 일의 처음에 헤아릴 수 있는 내용은 오직 그 대강뿐이며, 일의 진행에 따라 헤아린다. 단지 작은 부분만 말하는 사람은 추측을 죽은 방법으로 삼아 사기를 탐구하면, 이미 아는 수준이 아직 알지 못한 수준과 다르지 않고, 익숙한 생각도 생소한 생각과 거의 같다. 그러니 인정에 전후의 변화가 없고, 때와 형세도 고금에 따라 옮겨감이 없어야 일정한 기준을 가까스로 논할 수 있다.[282] 하지만 아직 그 대강을 못 보았다면, 항상 작은 부분을 사기의 기준이라 여길 것이다.

事機之斟酌, 自有人情之變易時勢之遷徒, 參與多端, 所由不一. 始可測者, 惟其大致, 而隨行隨測. 只言小節者, 以推測爲死法, 而究諸事機, 則旣見之地, 不異於未見之地, 慣熟之思, 殆同於生疎之思. 人情無變於前後, 時勢不遷於古今, 庶可論一定準的矣. 旣未覩其大致, 則常以小節, 爲機事之準的也.

심성을 분별하는 담론은 '인심의 위태로움과 도심의 은미함'[283]과 인의와 명덕284에서부터 '마음을 다하여 본성을 알고'285 '이치를 궁리하여 밝히고' '본심을 보존하고 본성을 기르는 일'286에 이르기까지 제각기 마땅함이 있고, 기질의 가림을 따라 드러내 밝힌다. 하지만 여기에 깊이 빠지면 감춰져 쓸모가 없고, 얕게 빠지면 비루하고 거칠어 달갑지 않다. 마땅히 옛 성현의 가르침에 나아가서, 안팎을 꿰뚫어 밝게 드러난 내용 그리고 사물과 나를 관계시키고 겸하여 주관하는 내용을 추측하여야, 참을 보존하고 사악한 거짓을 제거하니 많은 성인도 바꿀 수 없고 백세에 미혹되지 않는다.

心性之辨論, 自危微也仁義也明德也, 以至盡知也窮格也存養也, 各有攸當, 隨蔽發明. 然深於此則隱晦而無用, 淺於此則鄙野而不屑. 須就古聖賢教訓, 推測洞內外而顯著者, 參物我而管攝者, 乃是存誠實而去邪僞, 千聖之不易, 百世而不惑也.

우열의 추측287은 의롭게 조화로운 이익과 일의 줄기인 올바름288이란 기준으로 증험해야지, 말로서 승부를 다투어서는 안 된다.

推測之優劣, 以義和之利, 事幹之貞, 驗之, 而不可以言說爭其勝負也.

---

284 『대학』3강령 가운데 하나인 明明德에 나오며, 주희는 明德을 "明德者, 人之所得乎天, 而虛靈不昧, 以具衆理而應萬事者也."라고 해석하여, 心統性情이라고 할 때의 심으로 보았다.

285 『孟子』, 「盡心上」: 盡其心者, 知其性也, 知其性, 則知天矣.

286 『孟子』, 「盡心上」: 存其心, 養其性, 所以事天也.

287 원문 推測之優劣은 '추측의 우열'로 보기 쉬우나, 氣數推測·事機推測·心性推測의 용례를 따라 優劣推測으로 보아야 한다. 또 그 기준이 利貞이므로 그것은 優劣의 기준이지 추측의 그것은 아니다.

288 『周易』, 「文言」: 利者, 義之和也, 貞者, 事之幹也.

대체로 보아 이 기준은 모두 넘어설 수 없다. 만약 이것으로 기준을 삼지 않으면, 방향을 잡을 수 있는 사람이라도 간혹 자기를 제한해서 나아가지 못하기도 하고, 방향을 잡지 못하는 사람은 억지로 헤아려 자신한다. 그리하여 없는 대상을 있는 것으로, 어두운 대상을 밝게 드러난 것으로 여겨, 밝히기 어려운 단서와 쓸모없는 학설이 더욱 후생을 미혹한다.

凡此準的, 皆是不可踰越者. 若不以此爲準的, 則可以方向者, 或自畫而不進, 不可以方向者, 或强揣而自許. 以無爲有, 以晦爲顯, 難明之端, 無用之說, 滋惑後生.

# 해 설

네 가지 대상에 따른 추측 그리고 그 기준에 따라 증험을 말하였다. 기수·사기·심성·우열의 네 가지를 말하였는데, 얼핏 보면 왜 이 네 가지를 거론했는지 그 용어만 보면 쉽게 이해되지 않는다. 하지만 오늘날 관점에서 해석해 보면 기수는 자연현상, 사기는 사람이 하는 일, 심성은 심리 철학, 우열은 가치판단에 속한다. 이들은 완전히 다른 영역의 문제라서 추측의 기준도 그에 따른 증험도 다를 수밖에 없다.

기수는 『신기통』 권1 「기수의 학문(氣數之學)」에서 자세히 다루었다. 자연법칙과 유사한 사물의 주기·거리·빈도·정도와 원리 등을 포함한다. 훗날 저자는 『운화측험』에서 기수를 이렇게 설명한다. 곧 "아침과 낮과 저녁과 밤은 지구가 자전하는 기수요, 삭망과 상현과 하현은 달이 지구를 한 바퀴 도는 기수요, 봄·여름·가을·겨울은 태양이 한 바퀴 도는 기수니, 이것은 매일·매월·매년 증험하는 기수[289]이다. 물체의 무게가 물(액체)의 무게에 관계되면 뜨거나 가라앉는 기수[290]가 있고, 물건을 들어올리는 무게가 지렛대의 길이와 관계하면 일을 하는 능력의 기수[291]가 있다. 화포에서 발사하는 탄환에는 사거리의 기수가 있고, 피스톤으로 기를 압축할 때는 더는 압축하기 힘든 한계 범위의 기수[292]가 있다. 물을 끓여 음식을 삶아 조리하는 데는 조화의 기수[293]가 있고, 질그릇을 굽거나 거푸집에 쇳물을 부어 주조하는 데는 적합한 기수[294]가

---

289 주기를 말함.
290 비중을 말함.
291 지렛대의 원리를 말함.
292 기체 분자의 압축비를 말함.
293 음식 조리에 온도가 관계하는 원리.
294 용융점(melting point) 등의 온도를 말함.

있으니, 이것들은 모두 일용에서 증험할 수 있는 기수이다. … 기수는 천하의 사람들에게 보편적이요, 지구의 나라마다 차이와 오류가 없는데, 확실한 증험이 있는 기수라야 진정한 기수이다. 한 모퉁이 한 나라의 풍속이 숭상하는 술수는 기수의 이름과 조목을 빌려서 복을 좇고 화를 피하는 방도로 삼는데, 도리어 참다운 기수에 방해나 장애가 된다"[295]라고 하였다. 이것을 보면 기수는 자연법칙의 개념에 상당히 접근하고 있다. 그러므로 그것은 객관적이어야 하고 정확성이 생명이니 그것이 기준이다. 본문에서 말하는 '한도'란 사물이 그렇게 되어 있는 정도로서 기수의 술어이다.

사기도 『신기통』 권2의 「말을 듣는 조리(聽言條理)」에서 다루었는데, 그것은 일 그 자체가 아니라 일이 진행되어 가는 중요한 기틀이니 여기에는 여러 가지 변수가 있다. 일의 종류, 아는 일과 모르는 일, 일하는 사람의 심리와 사정에 따라, 더욱이 진행 과정에 있는 일은 추측하기 쉽지 않다. 단일하고 고정된 일이라면 조건을 통제하여 쉽게 기준을 세우고 추측할 수 있다. 하지만 총체적 일은 간단하지 않아 기준을 확정하기 어렵다. 그래서 일을 주관하는 리더의 결정(making decision)은 매우 중요할 수밖에 없다. 국가나 기업조직 리더의 역량과 자질은 바로 이런 일에서 증험된다. 그만큼 어려운 일이기 때문이다. 오늘날도 마찬가지이다. 일은 어떻게 진행될지 예측만 할 뿐 어떻게 진행되리라는 확실한 기준은 없다. 그 기준을 아는 사람이라면 주식투자에 언제나 대박 날 수 있다.

심성의 추측이란 그 내용을 보면 주희 성리학의 논리에 관한 내용이다. 그 기준은 참과 거짓이다. 보통의 철학에서는 아무리 논리에 정합성이

---

295 최한기/이종란 옮김, 『운화측험』, 181-185쪽.

있더라도 객관적으로 입증할 수 없다면 거짓일 수밖에 없다. 과연 인간의 마음에 형이상의 천리가 존재하는가? 아니 더 근원적으로 형이상학적 원리를 인간과 자연물에서 증험할 수 있는가? 이런 점에서 서양의 근대 자연과학은 일찍이 아리스토텔레스의 형상을 버렸다. 본문에서 "마땅히 옛 성현의 가르침에 나아가서, 안팎을 꿰뚫어 밝게 드러난 내용 그리고 사물과 나를 관계시키고 겸하여 주관하는 내용을 추측하여야, 참을 보존하고 사악한 거짓을 제거하니 많은 성인도 바꿀 수 없고 백 세에 미혹되지 않는다"라고 말한 점은 바로 심성의 문제도 과학적이고도 객관적으로 파악해야 한다는 점을 시사하고 있다. 철학의 논리도 과학적 사실에 기반하지 않으면 허구라는 점을 분명히 지적하고 있다. 우열의 추측은 가치의 문제이다. 곧 우수하거나 열등하다고 판단하는 주체의 가치 의식의 소산이다. 이 가치의 기준이 『주역』에 등장하는 '이로움[利]'과 '곧음[貞]'이다. 여기서 이로움은 의(義)와 관련되고 곧음은 일의 근간이다. 그 이로움이 정의로워야 하고 곧게 일을 주관하므로, 우열을 추측하는 기준은 이로우면서도 윤리적이어야 한다는 결론에 이른다. 오늘날 자본주의 사회에서 상품이나 일의 우열을 따진다. 대개는 이익만 고려하고 윤리적인 점을 놓치고 있는데, 후자도 고려해야 해당 기업도 오래 갈 것이다.

## 56. 남이 말하지 않은 내용을 말하는 데에도 허실이 있다
### 言人所不言有虛實

추측한 내용이 있어 온 세상 사람들이 보지 못한 내용을 혼자만 보고, 온 세상 사람들이 말하지 못한 내용을 혼자만 말한다면, 이는 탁월한 천재이다. 반면 추측한 내용이 없으면서 여러 사람이 보지 못한 내용을 혼자만 보고, 여러 사람이 말하지 못한 내용을 혼자만 말한다면, 이는 방종하고 망령된296 사람이다.

有所推測, 而獨見天下人所不見, 獨言天下人所不言, 是乃卓越之才. 無所推測, 而獨見眾人所不見, 獨言眾人之所不言, 是乃狂妄之人.

\* \* \*

밝게 드러난 현상을 미루어 감추어진 미묘한 대상을 헤아리고, 작은 대상을 미루어 큰 것을 헤아리는 데는 자연히 따를 만한 단계가 있다. 이 방법을 터득한 사람은 남이 보지 못한 내용을 보고 남이 말하지 못한 내용을 말하니, 이것이 어찌 귀와 눈 외에 다시 귀와 눈이 있고 사색 외에 다시 사색이 있어서이겠는가? 다만 단계를 따라 추측했기 때문이다. 설사 내가 그 말을 처음 듣는다 해도, 비록 그가 추측한 오묘함을 내가 아직 상세하게 해석해 보지 않아도, 은연중에 딱 들어맞는 의미가 있고 의심을 이룰 만한 데가 아직 없다. 이는 사람마다 추측하는 이치297

---

296 狂妄은 제멋대로 망령되게 행동하거나 망령되게 스스로 높인다는 뜻으로 『荀子』, 「强國」의 "威有三, 有道德之威者, 有暴察之威者, 有狂妄之威者."에 보인다.

297 원문 推測之理는 추측한 내용이 아니라 추측하는 기능으로서 條里임. 階級과 得其道와 循階而推測 등이 이를 뒷받침한다.

에 자연히 같은 점이 있어서 그것을 발휘하는 데에 앞서고 뒤서는 일이다.

推顯測微, 推小測大, 自有可循之階級. 得其道者, 見人之所不見, 言人之所不言, 豈是耳目之外復有耳目, 思索之外復有思索. 以有循階而推測也. 使我始聞其言, 雖未及細繹其推測之妙, 隱然有契合之意, 未嘗有疑訝之致. 是乃人人推測之理, 自有所同, 而發有先後也.

하지만 추측한 내용이 없고 단지 황당한 생각에 기대서, 남이 보지 못한 내용을 자기가 볼 수 있고, 남이 말하지 못한 내용을 자기는 밝혀낼 수 있다고 자신하는 경우는 참으로 황당한 추측에서 나온 태도요, 단계가 있는 참된 추측에서 나온 태도가 아니다. 만약 애초부터 황당한 미룸이 없었다면, 어떻게 황당한 헤아림이 있을 수 있겠는가? 설사 내가 그 대강을 대충 듣고 그 상세한 내용을 아직 자세히 미루지 않아도, 그 모순되고 사실과 동떨어진다는 짐작을 먼저 하게 된다. 나중에 그 상세한 내용을 미루어 해석해 보면, 끝내 거기서 참된 추측의 단계를 찾을 수 없다.

若無攸推測, 而只憑慌誕之想, 自許人所不見, 己能見之, 人所不言, 己能發明, 是果出於推測之慌誕, 非出於誠實有階級之推測也. 如使初無慌誕之推, 何以能有慌誕之測也. 使我泛聞其略, 而未及細推其詳, 先有矛盾不襯之斟酌. 及其推繹詳細, 竟不得其誠實階級矣.

대개 탁월한 천재와 방종하고 망령된 사람의 나뉨은 오로지 추측의 참과 거짓에 달려 있을 뿐이다.

蓋卓越之才狂妄之人所由之分, 惟在於推測之誠僞也.

# 해 설

추측의 방법을 아는 사람과 모르고 말하는 사람의 차이를 설명하였다. 추측 자체만을 말한다면 사유 기능이자 논리이다. 서양철학에서는 형식논리학이나 변증법적 논리학이 있고, 동양에서는 아주 오래전부터 후기 묵가(墨家)나 명가(名家)의 이론이 있어 이를 다루어 왔다. 하지만 후대에 말재주보다 도덕을 중시하는 유가 사상이 득세하면서 크게 전개되지 못했다.

여기서 발언의 참과 거짓은 단계에 따른 추측이 있느냐 없느냐에 달려 있다. 그것은 추측이 논리 비약 없이 정합성을 추구하고, 존재하는 대상을 다룬다는 점에서 그렇다. 이로 보면 추측은 완전히 논리의 형식만 다루는 이론이 아님은 확실하다. 곧 다루는 내용이 존재의 근거를 가져야 한다는 점에서 그렇다. 적어도 신이나 존재하지 않는 상상의 허구적 내용은 추측의 대상에서 제외되기 때문이다.

본문의 '남이 말하지 못한 내용'은 매우 중요하다. 당시 저자 자신에게 해당할 수도 있고, 도를 깨쳤다고 떠드는 황당한 인사의 그것일 수도 있다. 또 '탁월한 천재'가 말해주듯 그런 시대적 배경 속에서 선각자인 자신과 황당한 사람을 차별화하는 뜻을 읽어낼 수 있다.

# 57. 마음의 병통과 악습
## 心病俗惡

마음에 병통이 있으면 먹고 마셔서 몸을 따뜻하게 보호하는 일298만으로는 그 병통을 길러 키우지 않음이 없다. 몸소 나쁜 고장에 들어가면 보고 듣고 말하고 행동하는 일이 악습에 쉽게 괴로움을 느낀다.

心有病痛, 飮食溫補, 無非滋養病痛. 身入惡鄕, 見聞言動, 易致牽惱惡習.

\* \* \*

마음의 병통에는 안팎의 구분이 있는데, 밖에서 안으로 침입하는 병증을 표증299이라 말하고, 안에서 쌓여 밖으로 발생하는 병증을 이증300이라 부른다. 표증은 외부의 물질을 따라 들어오므로 외부 물질을 따라 치료하고, 이증은 기질을 말미암아 발생하므로 기질을 따라 고치니, 이것이 치료의 참뜻이다. 만약 치료하는 방법을 알지 못하고 한갓 몸을 따뜻하게 보호하는 치료만 좋다고 알면, 이 또한 병통에서 나오니 길러 키우는 일도 병통이 아님이 없다.

心之病痛, 有表裏之分, 由外侵內, 謂之表證也, 積中發外, 謂之裏證也. 表證由外物而至, 故從其外物治之, 裏證由氣質而發, 故從氣質矯之, 乃治療之眞詮也. 若不識治療之方, 而徒知溫補之好, 是亦出於病痛, 滋養者無非病痛也.

298 溫補는 한의학에서 성질이 따뜻한 보약으로 虛寒證을 치료하는 방법.
299 六淫이나 疫癘 등 몸의 겉 부위에 外邪가 침입하여 생긴 병증을 통틀어서 일컬음.
300 表證에 상반되는 것으로 내장 장기에 생긴 병증.

나쁜 고장 출신의 사람도 풍속이 아름다운 마을301에 살면 자연히 감화된다. 하지만 착한 사람이 나쁜 고장에 들어가 살면, 비록 나쁜 영향을 받지는 않더라도, 그 마을 사람들을 이끌어 교화하는 노력과 나쁜 풍속을 꺼리고 싫어하는 방법에는 저절로 괴로움을 느낄 단서가 있다.

惡鄕之人, 居於仁里, 則自有薰染. 善人之入于惡鄕者, 雖不至於薰染, 導化之勞, 厭避之術, 自有牽惱之端.

---

301 仁里는 『論語』, 「里仁」에서 "子曰, 里仁, 爲美, 擇不處仁, 焉得知."에서 말한 바 있다.

# 해 설

마음의 병통과 나쁜 풍속으로 당시 사회를 비유하였다.

마음의 병통은 개인의 문제라기보다 사회의 은유로 보이고, 마을의 나쁜 풍속은 당시 공동체를 상징하는 것으로 보인다. 말하고자 하는 핵심은 병의 비유도 그렇지만 '풍속이 나쁜 마을에 살고 있는 착한 사람'이다. 이 또한 당시 조선에서 살고 있던 저자 본인에 대한 비유임을 행간에서 찾을 수 있다.

온갖 종교적 미신과 방술과 이념화된 사상과 관습이 주도하던 당시 사회를 마음의 병통과 나쁜 풍속으로 비유하여 간접적으로 비판하였다. 시대를 앞서 살아가지만 남이 알아주지도 않아 고독하고, 세계 정세에 어두운 조선의 참모습을 자신만이 아는 괴로운 심정을 이렇게 말함으로써 달랜 것으로 보인다. 옮긴이가 살아온 시대의 기성세대도 그런 냉전식 반공주의, 출세주의와 영혼 없는 허세, 종교적 맹신, 학벌주의, 물신주의, 무분별한 외래문화의 추종 따위에서 자유로운 사람이 많지 않았다. 그런 사회 속에서 살 때는 글쓰기도 훌륭한 자가 치유 방법 가운데 하나이다.

# 58. 명덕은 점차 발달한다
## 明德漸達

처음에는 추측의 우열이 명덕의 차이를 말미암는다. 그러다가 그 추측이 정밀하고 익숙해져서 가까운 대상을 넓혀 먼 대상까지 채우면, 명덕이 점점 밝아져 타인과 만물에 퍼져 이른다.

始則推測之優劣, 由於明德之有異. 及其推測精熟, 擴近而充遠, 明德漸明而敷達於人物.

\* \* \*

명덕이란 추측의 거울이다. 명덕이 1분이면 추측도 1분을 넘지 않고, 명덕이 10분이면 추측 또한 10분이다. 그러므로 처음에는 미룸과 헤아림의 우열이 명덕의 차이를 따른다.

明德者, 推測之鑑也. 明德一分, 則推測不踰一分, 明德十分, 則推測亦十分. 故始者推與測之優劣, 隨明德之不同也.

하지만 명덕에는 그것을 밝히는 공부가 있다. 그래서 추측이 정밀하고 익숙해지는 일로서 밝음을 연마하는 방법으로 삼고, 추측의 확충을 이 거울이 영상을 비추는 세계로 삼는다. 이것이 명덕의 작용이 마침내 타인과 만물에 퍼져 이르는 일이다.

然明德有明之功. 以推測之精熟, 爲磨光之方, 以推測之擴充, 爲射影之界. 此所以明德之用終至於敷達人物也.

처음에 말한 명덕은 본체여서 사람의 힘으로 보탤 수 없는 것이요, 뒤에서 말한 명덕은 작용이니 사람의 노력으로 그 기능을 밝게 할 수 있다.

始言明德者, 體也, 非人力之所增益, 終言明德者, 用也, 可以人功修明矣.

명덕을 밝히는 방법을 말하면 다른 대상을 가지고 수련할 수 없고, 명덕의 작용을 거느려 이끌어 도달하는 기술로 삼을 수 있다. 미룸은 명덕이 일찍이 경험한 것이고, 헤아림이란 명덕이 나아가고 물러나고 주고 빼앗고 꾀하고 비교하고 헤아리고 재는 일이다. 경험을 쌓음은 높은 누대에 걸어 올라가는 일과 같고, 연마하는 세월은 구름과 안개가 흩어지고 사라지는 현상과 같다.

語其明之之方, 不可將他物而修鍊, 可將明德之用, 以爲導達之術. 推者, 乃明德之曾所經歷, 測者, 乃明德之進退與奪而計較量度也. 驗之積累, 如進步高臺, 磨之日月, 如消散雲霧.

만약 추측을 온통 잊으면 명덕이 점차 어두워지고 또 만약 명덕이 쇠퇴하여 줄어들면 추측도 점차 사라지니, 추측은 명덕을 밝히는 공부가 됨이 어찌 확실하지 않은가?

若渾忘推測, 明德漸昏, 又若明德衰耗, 推測漸泯, 則推測之爲明明德功夫, 豈不的然哉.

# 해 설

명덕을 추측으로 재해석하였다.

명덕은『대학』첫머리에 등장하는 명명덕(明明德)에서 가져온 말이다. 앞에서 이미 설명했듯이 그 명덕은 마음을 가리키지만, 마음을 어떻게 해석하느냐에 따라 학파마다 차이가 있다. 저자는 주희 성리학의 해석을 따르지 않는다.

본문의 내용을 보면 명덕은 마음의 지적 능력으로서 처음에는 유전의 영향에 따른 차이가 있지만, 그 작용은 학습의 요인에 따라 점차 발달할 수 있음을 말했다. 이는 저자가 기질을 불변적 본체와 가변적 작용으로 나눈 맥락과 일치하는 관점으로 환경(학습)과 유전의 상호작용에 따라 인지 또는 사고가 발달한다는 현대 교육학의 관점과도 통한다.

여기서 저자는 명덕을 밝히는 공부가 다름이 아닌 추측이라고 주장했다. 명덕과 추측의 차이는 전자는 마음과 그 활동이지만, 후자에는 그 마음을 운용하는 구체적 논리나 방법 또는 방향이 있다는 점이다. 그래서 추측이 정밀하고 익숙하면 마음도 그만큼 밝아지니, 명덕의 밝음과 어두움은 추측의 그것에 비례한다.

따라서『대학』의 '밝은 덕을 밝힌다'라는 말은 명덕의 작용 측면에 해당하는 것으로 보아, 추측 기능을 향상하여 지적 능력을 발전시키는 일임을 알 수 있다. 명명덕의 저자 방식의 재해석이다. 여기서 추측은 순수한 지적 능력과 관계되지, 덕과 무슨 상관이겠냐고 오해할 수 있겠다. 하지만 이 지적 능력 속에는 일반적으로 도덕의 실천 원리나 방법도 포함된다. 저자의『추측록』의 곳곳에 추측이 인식 기능만이 아니라 도덕 수양의 실천이 포함하고 있음을 잘 말해주고 있다. 또 앎이 전제되지 않은 실천은 맹목적이기도 하다.

## 59. 성현의 가르침은 모두 추측이다
### 聖訓皆推測

예부터 성현은 비록 추측을 말하지 않았으나, 그 가르침을 세운 종지를 연구해 보면 추측의 뜻이 아님이 없다. '덕을 증진하는'[302] 단계는 미룸이고, '지극한 선'의 표준은 헤아림이다.[303] 한결같음에서 미룸이 정밀함이요,[304] '예법으로 요약함'에서 미룸은 '널리 배움이요',[305] 본성에서 미룸은 도와 가르침이며,[306] '명덕을 밝히는 것'에서 미룸은 '사물을 연구함'이다.[307] 그러므로 '사물을 연구함'에서 헤아림은 '명덕을 밝힘'이요, 도와 가르침에서 헤아림은 본성이요, '널리 배움'에서 헤아림이 '예법으로 요약함'이요, 정밀함에서 헤아림이 한결같음이다.

從古聖賢, 雖不言推測, 究其立言宗旨, 無非推測之義. 進德之階級爲推, 至善之準的爲測. 一之所推, 精也, 約之所推, 博也, 性之所推, 道教也, 明明德之所推, 格物致知也. 故格物致知之所測, 明明德也, 道教之所測, 性也, 博之所測, 約也, 精之所測, 一也.

\* \* \*

---

302 進德은 덕을 증진하는 일로서 『周易』, 「乾卦」의 "忠信, 所以進德也."에 보임. 홑낱말이 아닌 용어는 작은따옴표로 처리. 이하 똑같이 적용함.

303 헤아린 결과가 至善의 표준이라는 뜻. 至善은 지극한 선으로 『대학』의 첫머리에 '止於至善'에 나오는 말.

304 『書經』, 「大禹謨」: 人心惟危, 道心惟微, 惟精惟一, 允執厥中.

305 『論語』, 「雍也」: 子曰, 君子博學於文, 約之以禮, 亦可以弗畔矣夫.

306 『中庸章句』第1章: 天命之謂性, 率性之謂道, 脩道之謂教.

307 『大學章句』經1章: 古之欲明明德於天下者, … 致知在格物.

성현이 가르침의 종지를 얻은 방법은 추측에서 나왔고, 후학들이 그 의미를 배우는 방법도 추측에서 나온다. 저 옛날의 성현은 비록 추측이라는 두 글자를 거론하지는 않았지만, 지금 세운 가르침에 나아가 그 방법을 연구해 보면 추측의 의미가 있지 않음이 없고, 그 귀추를 증험하면 추측의 효과가 참으로 지극하다.

聖賢所以得其宗旨者, 出於推測, 後生所以學其義者, 亦出於推測. 伊昔聖賢, 縱不擧推測二字, 今就其立言, 而究其所以, 則推測之義, 無處不達, 驗其歸趣, 則推測之效, 實爲會極.

요순의 '오직 정밀하고 오직 한결같음'은 성학308의 근원이요, 이 의미를 밝히면 도에 들어갈 수 있다. 사람은 일마다 그 정밀함을 얻어야만 도리가 순수한309 사람이 될 수 있다. 이것을 잠시 글 속의 말로 비유하면, 글자의 뜻과 문장의 기세에 조금도 난잡하고 이상한 구두가 없어야 '오직 정밀하고', 머리부터 꼬리까지 순수하게 통일된 문리310여야 '오직 한결같다.' 그래서 '오직 한결같음'에서 미룸이 '오직 정밀함'이고, '오직 정밀함'에서 헤아림이 '오직 한결같음'이다. 나아가 '예법으로 요약함'에서 미룸이 '널리 배움'이요, '널리 배움'에서 헤아림은 '예법으로 요약함'이다. 본성에서 미룸은 도와 가르침이고, 도와 가르침에서 헤아림은 본성이다. 명덕을 밝힘에서 미룸은 '사물을 연구함'이고, '사물을 연구함'에서 헤아림은 '명덕을 밝힘'이다.

---

308 성인이 되는 학문. 요순의 惟精과 惟一은 堯가 舜에게 帝位를 전하면서 한 말이라는 뜻.

309 純一은 純粹無僞의 뜻.

310 문장의 조리 또는 의미.

堯舜之惟精惟一, 爲聖學之源頭, 明斯義則可以入道矣. 人於事事物物, 要得其精,
乃可爲道理純一之人. 姑以書辭喩之, 字義文勢, 少無雜亂奇怪之句讀, 乃惟精也,
擧頭徹尾, 純然爲一統文理, 乃惟一也. 惟一之所推, 惟精也, 惟精之所測, 惟一也.
以至約禮之所推, 博文也, 博文之所測, 約禮也. 性之所推, 道敎也, 道敎之所測,
性也. 明明德之所推, 格物致知也, 格物致知之所測, 明明德也.

대개 미룸은 '덕을 증진하는' 단계를 위한 것이고 헤아림은 '지극한 선'의
표준을 위한 것이다. 이것이야말로 '덕을 증진하며 공업(功業)을 닦는
일'311의 추측을 가리킨 것이지, 처음 형성된 추측을 말함도 아니고,
또 이미 터득한 뒤 상황과 쓰임에 따른 추측을 말함도 아니다. 처음에
형성된 추측은 견문을 미룸을 삼고 거쳐 겪은 내용을 헤아림으로 삼는다.
이미 터득한 뒤 쓰임에 따른 추측은 경험을 미룸으로 삼고 효과를 헤아림
으로 삼는다. 하지만 '덕을 증진하며 공업을 닦는 일'의 추측은 처음과
끝의 추측을 통일하여 운용해 두 가지로 나뉘지 않는다.

蓋推爲進德之階級, 測爲至善之準的. 此乃指其進德修業之推測也, 非謂其自初由
得之推測, 又非謂旣得而隨處隨用之推測也. 自初由得之推測, 以見聞爲推, 以閱歷
爲測. 旣得而隨用之推測, 以閱歷爲推, 以功效爲測. 然進德修業之推測, 統管始終
之推測, 非有二致也.

---

311 進德修業은 『周易』, 「乾卦」의 "九三曰, 君子終日乾乾, 夕惕若, 厲无咎, 何謂也.
子曰, 君子進德修業, 忠信所以進德也, 脩辭立其誠, 所以居業也."에 보인다. 程頤의
『傳義』에서는 "三居下之上, 而君德已著, 將何爲哉. 唯進德脩業而已, 內積忠信,
所以進德也, 擇言篤志, 所以居業也."라고 풀이하였다.

# 해 설

유학의 여러 용어를 추측으로 재해석하였다.

유학의 용어를 모르면 원문보다 해석이 더 어렵다. 이미 앞의 「성학에서 언급하는 문자와 추측(聖學及文字推測)」에서 이와 유사한 내용을 다룬 바 있다. 다만 거기서는 추측의 용례가 전통에 이미 있다는 정도만 밝혔는데, 여기서는 그 용어를 자세히 적용하여 해석하였다.

이 설명을 가만히 관찰해 살펴보면 추는 연역, 측은 귀납의 의미와 유사하여, 앞엣것을 연역하면 뒤엣것이 되고, 뒤엣것을 귀납하면 앞엣것이 된다. 가령 약례(略禮)를 연역하면 박문(博文)이 되고, 박문을 귀납하면 약례가 된다.

그런데 앞의 「성학에서 언급하는 문자와 추측」도 그렇지만, 왜 굳이 여기서 또 추측과 유학의 용어를 관계시켰을까? 여기에는 크게 두 가지 의도가 보인다. 먼저 추측이라는 인식 논리가 이전 학자들의 사상에서 볼 수 없는 본인만의 독창적 견해라서 그렇다. 그래서 술이부작(述而不作)이라는 공자 이후의 학문 태도 때문에 이 추측도 작(作)이 아니라 술(述)이라는 점을 부각하기 위한 일로 보인다. 당시 사상계의 풍토에서 일종의 자기 검열의 소산이다.

또 하나는 이 추측 논리가 서학에서 말하는 영혼(anima)의 추론 능력의 영향을 받았다는 점에서 그렇다. 이 또한 서양 문물을 배척하는 당시 상황에서 서학의 그것이 아니라는 비판을 피하는 길이기도 하다. 하지만 결과적으로 서학에서 추론이라는 힌트를 얻었지만, 저자는 그것을 개념화하여 자기 이론화하고, 서학 변용의 토대로서 그 사례를 전통에서 찾아 제시함으로써, 추측이 보편적 사유 논리 또는 방법이라는 점을 강조하였다. 더 나아가 유학의 개념을 추측으로 재구성하는데,

거기서 자연히 추측은 단순한 인식 논리에만 머물지 않고 단계적으로 수양의 논리로 상승하고 있음을 알 수 있다. 마지막 단락에서 그 점을 분명히 언급하였다.

자연히 외래 사상의 변용과 전통의 재해석을 동시에 수행하고 독창적 이론을 창출함으로써, 견문지(見聞知)와 덕성지(德性知), 존덕성(尊德性)과 도문학(道問學) 사이의 틈을 줄였고, 나아가 전문적 지식만 가득 채운 현대인들이 도덕적 수양으로 나아가야 하는 방향을 보여주고 있다.

# 60. 추측의 쓰임은 무궁하나 한계가 있다
## 無窮而有限

추측의 쓰임은 무궁하다. 이르는 곳마다 미루니 하나로 고정된 규모가 없고, 마땅함을 따라 헤아리니 저절로 앞뒤에 권하고 징계하는 일이 있다. 하지만 사람 일생312의 경력으로 만물의 운행을 정지하여 관찰하고, 만물이 멈춰 쉼을 움직이며 살피니, 그 움직이고 정지한 사이에서 추측하여 알게 된 내용에는 거의 국량313의 한계가 있다.

推測之用無窮. 到處執推, 未有一定之規, 隨宜量測, 自有前後之勸懲. 然人生閱歷, 靜觀萬物之斡運, 動察萬物之止息, 動靜之間, 推測之所得, 庶有局量之限.

\* \* \*

자연에서 보면 사물의 변화314란 자연의 평소315 일에 지나지 않고, 일생에서 보면 경력이란 단지 한평생의 처음에서 끝까지에 있을 뿐이다. 일생에서 자연을 보면 추측이 무궁하나, 자연에서 일생을 보면 추측이 유한하다. 그러니 유한한 추측으로 무궁한 추측을 다 이해하려는 일은

---

312 人生에는 여러 뜻이 있다. 여기서는 사람 일생의 의미로 쓰였다. 『左傳』, 「襄公三十一年」의 "人生幾何, 誰能無偸. 朝不及夕, 將安用樹."에 그 쓰임이 보인다.

313 局量은 器量이며 달리 도량과 재간으로 여기서는 인식능력을 말함. 『三國志』, 「蜀志·黃權傳」의 "文帝察權有局量, 欲試驚之."에 보임.

314 事變이 사물의 변화로 쓰인 사례는 『荀子』, 「富國」의 "萬物得宜, 事變得應."에 보인다.

315 이 平生은 平素의 뜻이다. 『論語』, 「憲問」의 "見利思義, 見危授命, 久要不忘平生之言, 亦可以為成人矣."에 보인다. 『집주』에서는 "平生, 平日也."라고 풀이했다.

될 수 없지만, 유한한 추측으로 한계 내의 추측을 다 이해하려면 저절로
방법이 있다.

自天地觀之, 則事變不過天地之平生, 自人生觀之, 則閱歷只在一生之始終. 以人生
觀天地, 則推測無窮, 以天地觀人生, 則推測有限. 將有限之推測, 欲盡無窮之推測,
不可得也, 將有限之推測, 欲盡限內之推測, 自有其術.

처음 추측을 터득한 곳에서는 견문을 미룸의 대상으로 삼고, 증험을
헤아림의 내용으로 삼는다. 덕업을 닦는 곳에 나아가서는 일찍이 실천한
일을 미룸의 대상으로, 머무를 곳의 지극한 선316을 헤아림의 내용으로
삼는다. 물리를 탐구하여 해명하는 데에는 비슷한 부류를 미룸의 대상으
로, 알맞게 씀을 헤아림의 내용으로 삼는다. 사물을 맞이해 처리할 곳에
는 의·불의를 미룸의 대상으로, 권하고 징계하는 일을 헤아림의 내용으
로 삼는다. 사업을 경영할 때는 생산하고 증식시키는 일을 미룸의 대상으
로, 손해와 이익을 헤아림의 내용으로 삼는다. 예법과 가르침을 체인하
는 일에서는 지난 성인의 가르침을 잇는 일을 미룸의 대상으로, 미래의
학자나 학문으로 열어주는 일을 헤아림의 내용으로 삼는다.317 존양하
고 성찰318하는 곳에서는 화목하고 즐겁고 편안하고 태평함을 미룸의
대상으로, 자연의 이치에 순순히 나아감을 헤아림의 내용으로 삼는다.
일의 성패를 논하여 결정할 때는 기회를 미룸의 대상으로, 효과를 헤아림

---

316 『대학』의 止於至善을 말함.
317 원문 繼往聖과 開來學은 주희의 「中庸章句序」에 보인다. (앞에 나옴)
318 성리학에서 存養(涵養)은 본성을 보존하고 기르는 일로 未發일 때, 省察은 본성이
   감정으로 드러났을 已發일 때 행동과 마음을 살피는 공부이다. 『朱子語類』 12-43
   의 "心存時少, 亡時多. 存養得熟後, 臨事省察不費力." 등에 보이는데, 存養은 106
   회, 省察은 86회 나온다. 여기서는 논리의 형식만 따랐다.

의 내용으로 삼는다.

始得推處, 以見聞爲推, 以證驗爲測. 進就德業處, 以曾所踐履爲推, 以所止之至善爲測. 物理究解處, 以比類爲推, 以適用爲測. 接物處事處, 以義不義爲推, 以勸懲爲測. 營産做業處, 以生殖爲推, 以利害爲測. 體認禮敎處, 以繼往聖爲推, 以開來學爲測. 存養省察處, 以和樂安泰爲推, 以順適天理爲測. 成敗論定處, 以機會爲推, 以功效爲測.

하지만 사람마다 기질의 국량에는 한계가 있어서 미룸을 선택할 즈음에 가까운 대상은 겨우 미룰 수 있으나 먼 대상은 미룰 수 없는 사람이 있고, 멀리 있는 대상은 미룰 수 있으나 사이가 벌어져 넘어선 대상은 미룰 수 없는 사람도 있고, 사이가 벌어져 넘어선 대상을 미룰 수 있으나 의리에 비추어 새로운 일을 미루지 못하는 사람도 있다. 설령 "식견이 진보하면 국량도 진보한다."[319]라고 말하지만, 그 실상은 타고난 국량 안에 나아가 익숙하게 익힌 일에 지나지 않을 뿐이다.

然氣質之局量有限, 擇推之際, 有纔能推近而不能推遠者, 有能推遠而不能推隔越者, 有能推隔越而不能推義起者. 縱云識進則量進, 然其實不過就其量之所局而慣熟而已.

---

319 『二程文集』 卷12, 『語錄』 卷上: 學進則識進, 識進則量進.

# 해 설

추측의 쓰임은 무궁하나 국량의 한계에 따라 개인차가 있다는 설명이다. 여기서 기질의 국량이란 여러 가지로 생각해 볼 수 있는데, 추측의 문제에만 한정한다면 오늘날 인식능력 더 좁혀 말하면 지능의 한계일 수도 있다. 타고난 기량을 인위적으로 향상할 수는 없으나 그 범위 안에서 충분한 발휘 여하에 따라 진보를 이룰 수 있다는 설명이다. 이 글에서도 전통학문의 중요 개념을 추측으로 재해석하고 있다. 서두에서 "추측이 쓰임이 무궁하다"라는 진술이 의미하듯이 일반적 인식에서 일의 실천, 나아가 도덕의 수양까지 두루 적용하고 있다.

## 61. 미룸을 터득하여 헤아림을 사용하다
### 得推用測

내가 미룸을 터득하여 내가 헤아림을 쓰니, 미룸을 터득하기 전에는 헤아린 내용이 아직 없고, 헤아림을 사용한 뒤에야 바야흐로 헤아림이 있음을 깨닫는다.

自我得推, 自我用測, 得推之前, 未有所測, 用測以後, 方覺有測.

\*   \*   \*

몸체가 있고 쓰임이 있으면320 몸체가 미룸이 되고, 처음 듣고 다시 들으면 처음의 그것이 미룸이 된다. 몸체를 밝혀 쓰임에 맞추면 맞추어 씀이 헤아림이 되고, 저것을 가지고 이것에 견주면 이것에 견줌이 헤아림이 된다.

有體有用則體爲推, 始聞再聞則始爲推矣. 明體適用則適用爲測, 將彼較此則較此爲測耳.

사람이 태어난 시초에는 겨우 몸의 미룸과 쓰임에 맞추는 헤아림이 있지만, 이 또한 미미하여 사물을 추측하는 일은 아직 없다. 그리하여 처음 듣고 보고 다시 듣고 보는 때에 이르면, 처음 듣고 본 것을 미루어

---

320 몸체와 작용은 體用論의 관점에서 말한 것. 體는 문맥에 따라 본체 또는 몸체로, 用은 작용 또는 쓰임으로 옮김. 저자는 형이상의 도의 본체를 인정하지 않기에 체는 대체로 사물의 몸체에 해당한다.

다시 듣고 본 것을 헤아려서 추측이 바야흐로 생긴다. 그래서 "내가 미룸을 터득하여 내가 헤아림을 쓴다"라고 말하였으니, 남이 내게 줄 수 있는 것이 아니요, 또 내가 남에게 줄 수 있는 것도 아니다.

人生之初, 纔有體之推及適用之測而亦微焉, 未有事物之推測. 及其始聞見再聞見, 則推其始聞見, 以測再聞見, 而推測方生. 故曰自我得推, 自我用推, 非人得以與我也, 又非我得以與人也.

이미 추측을 터득하고 나서 그 터득하기 전의 일을 규명해 보면 아는 내용이 없다. 하지만 그 터득한 뒤를 탐구해 보면, 추측이 있기에 만고의 앎이 함께 경유하는 길임을 바야흐로 알게 된다.

旣得推測而究其未得之前, 則無所知也. 究其旣得之後, 則方知有推測爲萬古知覺所共由之門路也.

대저 세상 사람 가운데 추측의 큰 쓰임이 있는 줄 모르는 사람은 마치 색깔을 보고서도 그것이 본인의 눈을 통과하는 줄 모르고, 소리를 듣고서도 그것이 자기의 귀를 지나감을 모르는 듯하다. 그 사용하는 세부 사항에서는 설령 크게 어긋나지 않더라도, 근본을 바르게 하고 근원을 맑게 하는 일321에서는 어찌 잘못이 없겠는가?

夫世之不知有推測之大用者, 如見色而不知由自己之眼, 聞聲而不知由自己之耳. 其於須用之末節, 縱不爲大背, 至於端本澄源之功, 豈無謬誤哉.

---

321 端本澄源은 『舊唐書』에 나오는 말.

# 해 설

발달 단계상 미룸은 헤아림에 선행하며, 추측은 인간의 사유 작용으로서 발달하는 기능임을 설명하였다.

이미 앞선 글에서 이와 유사한 주장을 많이 했기 때문에, 여기서는 교육적 관점에서 간단히 언급하겠다. 곧 학부모나 교사는 아동의 사고 발달은 기다려야 하는 일이지 강요할 수 없다. 다만 프로그램을 통해 적절한 발달을 약간 촉진할 수는 있다. 어려운 수학 문제를 억지로 풀게 하거나 아직 경험하지 못하고 인지발달의 범위를 벗어난 문장의 이해를 강요하거나 상상화 따위를 그리게 해서는 안 된다. 더구나 불필요한 추상적 훈계와 설교는 정신적 폭력이나 독이 될 뿐이다. 어차피 이해가 안 되는 말이기 때문이다.

# 62. 사물의 마땅한 곳
## 事物攸當

헤아림의 뜻을 통틀어 말하면 자연법칙을 헤아려 따르는 것이다. 나누어
서 말하면 남과 사귀는 데서는 기질과 마음씨322를 헤아리고, 물건을
살필 곳에는 재질323의 마땅함을 헤아리고, 일을 처리하는 곳에서는
이로움과 의로움과 성공과 실패를 헤아리고, 사람을 대할324 때는 화
목325하며 도리에 맞기326를 헤아리고, 경제327에 대해서는 근본에 힘쓰
고 재물을 절약할 것328을 헤아리고, 기물에서는 예리함과 둔함을 알맞
게 사용함을 헤아리는 것이다.

測之義, 統言之, 則測順天理也. 分言之, 則交人處, 測其氣質心術, 觀物處, 測其材氣
攸宜, 處事處, 測利義成敗, 應接處, 測和順得中, 食貨則測其務本節用, 器皿則測其
適用利鈍.

---

322 이 心術은 內心의 뜻이다. 『禮記』, 「樂記」의 "姦聲亂色不留聽明, 淫樂慝禮不接心
術."에 보인다.

323 材氣는 재능과 기개인데, 물건일 때에는 재료의 성능과 성질 따위.

324 應接은 應酬接待(對)의 준말.

325 和順은 원래 順應의 뜻으로 『周易』, 「說卦傳」의 "和順於道德, 而理於義, 窮理盡性,
以至於命."에 보임. 여기서는 남과 화목함을 말함.

326 得中은 현실적 실천이 道에 적중한다는 의미로『중용』이나 『주역』에서 말한 時中의
논리이다.

327 食貨는 직역하면 음식과 재물이지만, 『書經』, 「洪範」에 "八政, 一曰食, 二曰貨…"를
보면, 국가 재정 또는 경제를 일컫는 말로도 쓰였는데, 본문도 경제의 뜻으로
쓰였다.

328 務本과 節用은 각각 『논어』에 나오지만, 『荀子』, 「成相」에 "臣下職, 莫游食, 務本節
用, 財無極. 事業聽上, 莫得相使一民力."에는 함께 등장한다. 고대에는 本은 대개
농업을 가리킨다. 절약의 주체는 왕이나 통치자이다.

* * *

나의 견문과 경험을 미루어 유행지리에 어긋나지 않도록 헤아리는 일은 추측의 기준이다. 미룸의 쓰임은 비록 다양하지만, 모두 견문과 경험에서 분리되지 않는다. 헤아림의 뜻도 일관된 자연법칙 안에 있으니, 만사만물이 본원329에 모이도록 하는 데 있다.

推我之見聞閱歷, 以測無違於流行之理者, 推測之準的也. 推之用雖多端, 總不離於見聞閱歷矣. 測之義在於一貫天理, 使萬事萬物, 輻湊於本源.

그러므로 통틀어 말하면 헤아림이란 자연법칙의 흐름을 따르는 것이다. 나누어 말하면 사물마다 마땅한 내용의 헤아림이 있다. 곧 남과 사귀는 방법에서 글과 학문으로 사귀는 사람은 글과 학문의 유익함을 헤아리고, 재물로 사귀는 사람은 재물의 널리 유통됨을 헤아리고, 일을 경영하는 일로 사귀는 사람은 경영하는 일의 우열을 헤아린다. 그렇기는 하지만 기질의 아름다움과 마음씨의 착함을 잘 고르는 일이 사귀는 방법의 공통된 법도이다.

故統言之, 則測是順天理之流行也. 分言之, 則就事物而各有攸宜之測. 交人之道, 以文學交者, 測其文學之資益, 以財用交者, 測其財用之周通, 以營事交者, 測其營事之優劣. 然擇其氣質之美心術之善, 交道之通法也.

---

329 本源은 사물의 근본 또는 근원의 뜻으로 철학의 성격에 따라 해석을 달리한다. 여기서는 一貫天理가 상징하듯 기철학적 세계관 안에서 규정하는 사물의 본질을 말함.

물건을 살피는 방법은 기·물·흙·불330과 식물·동물·암석 등의 여러 물
건을 종류별로 재질을 헤아려 시험 삼아 써보아 그 마땅함을 헤아린다.

觀物之道, 以氣水土火草木禽獸金石諸物, 比類而測材, 試用而測宜.

일을 처리하는 방법에서는 먼저 이로운지 의로운지와 그렇지 못한지를
헤아려 취하거나 버리거나 실행하거나 멈출 일을 판단하고, 다음으로
성공과 실패를 헤아려 권장하거나 경계시키거나 좇거나 피할 일을 결정
한다.

處事之道, 先測利義與不利義, 以斷取捨行止, 次測成與敗, 以定勸戒趨避.

사람을 대하는 방법은 말과 기색이 온화하고 일의 이치가 순조로운지
헤아려, 지나치거나 모자라는 어긋남이 없도록 해야 한다.

應接之道, 須測辭氣和事理順, 而無過不及之差也.

경제는 자손을 낳고 살아가는 근본을 힘써 보존하고, 쓰는 곳을 따라
절약할 것을 헤아려야 한다.

食貨, 則宜測務存生生之本, 而隨處節用.

---

330 여기서 氣는 그의 철학에서 말하는 세계의 본질이 아니라 구체적 사물인 그것이다.
    기와 흙과 물과 불은 형식적으로 서양인들이 말하는 4원소에 해당한다. 이 진술이
    과학적 견해에 가까운 것도 그 영향이다.

기물은 사치와 검소가 적절한지 예리함과 둔함을 알맞게 사용함을 헤아린다.

器皿, 則測其奢儉得宜, 利鈍適用.

나아가 일마다 물건마다 제각기 마땅한 법칙이 있어서 그 법칙에 어긋나지 않아야 곧 헤아림이요, 자연법칙을 따르는 일이다.

以至事事物物, 各有當然之則, 要不違於其則者, 便是測也, 又是順天理也.

무릇 헤아림이 생기는 곳에는 근본과 증험의 표준이 있는데, 근본은 자연법칙이요, 증험은 미룬 내용이며, 헤아림은 그 중간에서 증험을 끌어당겨 근본에 도달하는 일일 뿐이다.

凡測之生, 自有本證之表準, 本是天理也, 證是所推也, 測居中間, 引證達本而已.

# 해 설

헤아림의 대상을 분석하고 종합하였다.

원문 통언(統言)과 분언(分言)은 성리학자들이 자주 사용하는 합간(合看)과 이간(離看)의 용법이다. 또 그 순천리(順天理) 개념을 측(測)으로 재해석하였다.

이미 앞의 「추측의 여러 작용(推測諸用)」에서 추측의 기준을 다룬 적이 있다. 인간의 판단과 행위가 유행지리에 어긋나지 않도록 미루고 헤아리는 일이 그것이고, 제목의 '事物攸當'도 사물의 유행지리를 가리키는 말이다.

여기서 '天理'나 '當'이나 '則'이라는 글자를 가지고 윤리의 근거로만 보아서는 곤란하다. 이미 성리학이 그렇게 사용한 습관의 영향으로 이런 표현을 사용했지만, 온전히 그것만을 일컫지 않는다. 곧 사물의 법칙이나 본질 또는 해당 사물의 성격과 특징에 맞는, 달리 말하면 자연의 이치에 부합해야 한다는 의미일 뿐이다. 물론 윤리의 근거로서 관계되지만, 여기에는 자연법칙이 어떻게 윤리의 근거로 전환하는지는 긴 설명이 더 필요하다. 곧 자연법칙을 어기지 않아야 한다는 논리는 훗날의 실천 논리인 '운화의 승순'에서 완결된다.331

아무튼 헤아림의 목표 또는 기준을 종합하면 자연적 원리에 어긋나지 않게 함이다. 따라서 헤아림이 단순한 지적 판단만이 아니라 도덕 행위에 연결되는 판단도 포함한다.

---

331 더 자세한 것은 이종란, 『운화와 윤리』(문사철, 2008), 151-181쪽을 참고 바람.

# 63. 감춰짐과 드러남과 일상과 변화
## 隱顯常變

헤아림의 대상에는 감춰지고 드러난 것332, 일상과 변화333가 있다. 제각기 사용하는 전체를 10분으로 말하면, 감춰지고 드러난 대상을 헤아리는 가운데 드러난 대상이 5분 감춰진 대상이 5분이니, 감춰진 곳에서는 증험을 기다려 헤아림이 점차 완비된다.

測有隱顯也常變也. 各用十分言之, 隱顯之測, 顯五分隱五分, 隱處待驗而測漸完矣.

일상과 변화에 따른 일의 헤아림에도 일상이 5분 변화가 5분인데, 변화하는 곳에서 때를 따라 헤아림이 점차 생긴다. 그러므로 헤아림이 미리 기대할 수 있는 대상은 드러난 것과 일상이고, 고집하고 굳게 지킬334 수 없는 대상은 감춰진 것과 변화이다.

常變之測, 常五分變五分, 變處隨時而測漸生. 故測之豫期者, 顯與常也, 未固必者, 隱與變也.

---

332 隱顯은 감춰져 있거나 드러난 것으로 『荀子』, 「天論」에 "故道無不明, 外內異表, 隱顯有常, 民陷乃去."에 보인다.

333 常은 常道인 항상 통하는 일상의 도리로 자세한 것은 용어사전을 볼 것. 變은 변화에 대처하는 방도로서 보통 權道라 하고 저자가 말하는 變通도 이것이다. 또 후자를 드물게 變道라고 부르는데 이 용어는 요즘에 자주 쓰지는 않지만, 옛 문헌에 꽤 보인다. 가령 조선 중기 崔睍(1563~1640)의 글인 "勢有所不敵, 力有所不贍, 不得已而以智計取勝者, 變道也(『訒齋先生文集』卷8, 「書」)."에는 그 정의와 함께 보인다.

334 固必은 고집스럽게 굳게 지키는 것으로 『論語』, 「子罕」의 "子絶四, 毋意, 毋必, 毋固, 毋我."에 보인다.

\* \* \*

이전에 들은 내용을 주워 모아 이학을 널리 논하는 일은 많은 사람이
할 수 있다. 하지만 몸에서 징험하고 일에서 증험하는335 일에 나아가서
감춰져 어두운 대상336이 증험을 기다려서 완비됨과 변화가 때를 따라
발생함을 헤아린다면, 이치가 변하지 않음을 바야흐로 논할 줄 알고
또한 그것을 고집스럽게 지킬 수 없다는 점도 안다.337

撥拾舊聞, 泛論理學, 人多能之. 至於驗諸身證諸事, 以測隱晦之待驗而完, 變易之
隨時而生, 則方知論理之不易, 而亦知其不可固必也.

대개 유행지리는 순환을 그치지 않아 한순간 생각하는 사이에도 옮겨가
는 조짐이 이미 있고,338 또 인정과 일의 변화에는 저절로 뜻밖에 이루어
지는 사태도 있다. 그래서 지금 헤아리는 내용이 그전에 헤아린 결과와
다르고, 뒤에 헤아린 내용이 또 지금 헤아린 결과와 다르다.

蓋流行之理, 轉環不息, 一刻思想之間, 已有遷徙之漸, 又有人情事變, 自有不虞之
致. 今之所測, 異於前之所測, 後之所測, 又非今之所測.

---

335 『周易』, 「繫辭下」의 "近取諸身, 遠取諸物."와 논리가 유사하다. 이것은 관념적인
　　논리가 아니라 실제적 일을 두고 한 말이다. 저자가 말한 의도도 바로 그 점에
　　있다.
336 理學에서 말한 隱은 體로서 理를 말하고, 顯은 用으로서 현상이다.
337 理의 常과 變을 말하였다. 리가 고정불변하는 절대적인 것이 아니라 流行하는
　　氣의 條理이기 때문이다.
338 流行之理는 운동하는 기의 조리이기 때문이다.

그러므로 한 가지 일의 처음부터 끝까지 헤아린 내용을 가지고 전체를 10분으로 가정하면, 드러난 것이 5분 감춰진 대상이 5분, 일상이 5분 변화가 5분이다. 그러니 드러난 일상의 이치를 헤아릴 수 있었더라도, 해당하는 일에 있어서는 절반에 지나지 않고, 기필할 수 없는 감춰진 대상과 변화를 따르는 일 또한 절반이다.

故以一事始終之所測, 排擬十分, 顯爲五分, 隱爲五分矣, 常爲五分, 變爲五分. 則縱測得顯著之常理, 在其事不過半測也, 隱微與隨變之未期必者亦半矣.

나아가 모든 일에는 끝을 기다려 증험하는 일이 많고, 변화를 따라 때에 맞게 하는 일도 많으니, 감춰진 것과 변화를 헤아림이 경험이 적은 것보다는 조금 낫다. 하지만 벽으로 가로막인 것처럼 직접 보지 못한 견해와 예측하는 기틀에는 저절로 살피고 삼가서 기다리는 때가 있으니, 공자의 '고집할 것도 기필할 것도 없다'[339]라는 말이 이것이다.

至於事事, 待終而驗之者衆, 隨變而協時者多, 隱與變之測, 稍勝於少閱歷者. 然隔壁之見, 豫度之機, 自有審愼之待候, 則孔夫子之無固無必是也.

---

339 『論語』, 「子罕」: 子絶四, 毋意, 毋必, 毋固, 毋我.

# 해 설

철학의 주요 개념이자 용어인 은현(隱顯)과 상변(常變)을 헤아리는 일을 재해석하였다.

추측으로 은현과 상변을 재해석하는 과정에서 성리학을 간접 비판하였다. 이학의 언급과 '감춰져 어두운 대상'과 '고집하고 굳게 지킨다'라는 등의 말에 보인다. 특히 "이치가 변하지 않음을 바야흐로 논할 줄 알고 또한 그것을 고집스럽게 지킬 수 없다는 점도 안다"라는 말이 압권이다. 여기에는 부연 설명이 필요하다. 주희 성리학에서 말하는 리는 고정불변으로 존재하며 사물의 존재와 운동의 근거이다. 모든 사물이 존재하며 운동하고 변화하는 일은 그 이치에 따라 일어난다. 밤낮과 사시의 운행을 비롯하여 만물이 생겨나 자라고 소멸하는 일도 모두 그렇다. 더 나아가 사람이 사람다운 이치마저도 이렇게 존재한다고 주장하였다. 그것을 소이연지리(所以然之理)와 소당연지칙(所當然之則)이라 부른다.

그런데 저자의 주장은 이런 견해를 뒤집는다. 원칙상에서 보면 이치도 변한다는 주장이다. 이것은 저자의 철학에서 보면 당연한 내용인데, 궁극적 존재는 이치가 아니라 기이기 때문이다. 이치란 기가 운동하는 조리에 지나지 않으므로, 기의 운동방식이 바뀌면 이치가 변하는 현상은 당연하다. 다만 '이치가 변하지 않음을 바야흐로 논할 줄 안다'라는 말은 물질의 운동방식이 안정되어 항상성을 유지하므로 이렇게 말할 수 있다. 지구의 지축이 23.5도 기울고 자전과 공전운동이 안정적으로 지속하기에 밤낮과 사시의 이치가 불변하는 사실처럼 보이지 않는가? 몇십억 년 뒤에는 지구도 사라질 운명이다.

그래서 이 글에는 이학의 이치는 검증해야 할 추측지리여서 그 존재를 입증하기 어렵다는 평소 저자의 생각이 반영되어 있다. 이것은 또 전통의

현미무간(顯微無間)과 상도(常道)와 권도(權道)에 대한 저자의 해석이
기도 하다.

그런데 저자는 헤아림의 대상에서 드러남과 감춰짐, 일상과 변화의
비율을 무슨 근거로 5:5로 보았을까? 드러남과 감춰짐이 사물의 현상과
그 원리라면 현미무간의 원칙에 따라 1:1로 대응하니까 그렇게 말할
수 있더라도, 일상과 변화에 대해서는 그렇게 말할 수 있는가? 우리의
전통은 변화보다 일상을 중시하였고, 그것이 윤리 규범의 근거가 되기도
하였다. 변화가 적은 사회였으니까 그렇게 보는 일도 무리가 없어 보인
다. 그러니 저자가 당시에 그것을 5:5로 보는 주장은 대단히 혁명적
발상이다.

하지만 옮긴이가 볼 때 모든 게 변화이다. 비록 그 속도와 정도의 차이가
있겠지만 세상에는 오직 변화만 있다. 제행무상이니 세상에는 운동·변
화하지 않는 물건이 없고, 진화하지 않는 사물이 없기 때문이다. 일상이
란 외관상 또 그 지속적인 변화의 공통점, 또는 그 변화를 거부하는
사람의 희망 사항일 뿐이다. 이것은 훗날 저자가 다른 곳에서 현실은
모두 기의 운동 가운데에 있으며 정지란 다만 그 운동에 안정된 것[340]이
라는 견해와 일치한다.

---

340 『氣學』 2-81: 有動無靜, 安動曰靜. 動中有靜, 靜中有動. 分別雖細, 總歸于動.

# 64. 활쏘기로서 헤아림을 비유하다
## 以射諭測

활쏘기로서 비유하면, 먼저 쏜 화살의 명중과 빗나감의 조준을 미루어 지금 쏘는 조준의 기준을 헤아린다. 이때 잘못된 발사의 결과를 미루면 헤아림도 잘못된다. 미룸이 비록 잘못되지는 않더라도, 헤아림이 미묘한 조건341에 미치지 못해도 과녁에 명중할 수 없다.

以射諭之, 推前射之得失, 測方射之準的. 推誤則測亦誤矣. 推雖不誤, 測未及機, 則亦不可中矣.

먼저 쏜 상황을 잊지 않으면 뒤의 발사에 권장과 경계가 되니, 뒤의 발사에서 예측하는 내용은 먼저 쏜 경험에서 나온다.

前射之不忘, 爲後射之勸戒, 後射之豫度, 乃前射之經驗.

\* \* \*

활쏘기는 반드시 화살이 한 발 한 발 모두 명중하기를 바라는 일이다. 그런데 모두 명중할 수 없는 까닭은 미룸과 헤아림에서 명중하고 빗나가는 차이가 있고, 또 힘과 타이밍에 강약·완급의 미묘한 조건이 있기 때문이다.

---

341 機는 기틀인데, 여기서 사격이 성공하는 중요한 조건으로서 활 쏘는 사람의 미세한 호흡·힘·방향·타이밍과 풍속·풍향에 따른 오조준 따위를 말함.

射者, 必欲箇箇得中. 未能皆中者, 以其推與測有得失之差, 力與時有盛衰之機.

만약 먼저와 나중에 쏜 힘이 균등하고, 타이밍에 강약 없이 일정하고, 미루고 헤아리는 일에 또 잘못이 없게 하면, 백발백중342을 기약할 수 있다. 만약 쏘는 자가 한갓 쏘기만 하고 어떻게 하면 명중하고 어떻게 하면 빗나가는지 알지 못하면, 비록 많이 명중하더라도 본보기로 삼을 수 없다.

若使力均前後, 時無勁弱, 而推與測又無攸失, 則可期百發百中也. 若射者徒射, 而不知何以爲中何以爲不中, 雖多中, 不可以爲法.

그러므로 먼저 쏜 명중과 빗나감의 결과를 잊지 않고 뒷날에 쏘는 일의 미룸으로 삼는 일은 진취적인 권장과 경계이다. 또 뒷날에 쏠 때를 예측해서 활시위 당기는 한도343를 바르게 하는 일도 이전에 쏜 증험에서 나온다. 이것은 비단 활쏘기만이 아니라 만사를 추측할 때도 모두 이와 유사하다.

故不忘前射之得失, 以爲後日之推, 乃是進就之勸戒也. 豫測後日之射, 而正其彀率, 乃出於前射之證驗也. 非特射也, 萬事之推測, 咸類於此也.

---

342 이 말은 『戰國策』, 「西周策」에 "夫射柳葉者, 百發百中, 而不以善息."에 보인다.
343 彀率은 활시위를 당기는 정도인데, 『孟子』, 「盡心上」의 "大匠不爲拙工改廢繩墨, 羿不爲拙射變其彀率."에 등장하며 주희의 『集注』에서는 "彀率, 彎弓之限也."라 풀이했다.

# 해 설

추측의 중요성을 쉽게 설명하기 위해 활쏘기에 비유였다. 무슨 일이든지 성공하려면 조직적으로 면밀하게 생각해야 한다는 의미가 들어 있다. 옮긴이는 청년 시절 고 함석헌(咸錫憲, 1901~1989) 선생의 『생각하는 백성이라야 산다』는 책을 읽고 감명받은 적이 있다. 이 말은 선거의 결과를 두고 볼 때 21세기 지금에도 통한다. 매사가 그렇다. 추측이란 단순한 생각이 아니라 논리적 또는 조직적으로 사고하는 일이니 더욱 그렇지 않겠는가?

# 65. 사람과 물건과 기에서 추측의 많고 적음의 구분
## 人物氣多少之分

사람을 따라 추측하는 양은 많고, 물건을 따라 추측하는 그것은 적다.
또 기를 따라 추측하는 양은 사람과 물건이 같고, 일을 따라 추측하는
데는 사람과 물건과 기가 모두 참여한다.

從人而推測多, 從物而推測少. 從氣而推測, 人物皆同, 從事而推測, 人物與氣皆得
參焉.

       \*    \*    \*

바닷가에 사는 백성의 추측은 고기잡이와 염전의 일에 절실하고, 산촌에
사는 백성의 추측은 임산물 채취에 깊이가 있다. 만약 서울344에 사는
사람에게 이 두 곳의 사정을 자세히 들어서 알게 한다면, 고기잡이와
염전의 일과 임산물 채취 등이 모두 그의 추측 대상이고, 더 나아가
농부와 장인과 상인의 갖가지 기술도 모두 그의 추측 대상이 될 것이다.
더군다나 사람을 관찰하고 남을 알아보는 방법, 스승과 벗과 함께 학문을
갈고닦는 일, 윤리의 수행345 등이 사람을 따라 추측하는 일이 아님이
없음에야. 그러므로 '많다'라고 말했다.

---

344 中都는 수도인 도읍지를 말함. 『史記』, 「平准書」에 "漕轉山東粟, 以給中都官."와
    『宋史』 등에 보인다.
345 修行은 여기서 불교만의 그것이라기보다 덕행을 수양하는 의미로 『莊子』, 「大宗師」
    의 "彼何人者邪. 修行無有, 而外其形骸." 등에 보인다. 덕행을 닦아 실천하는 일.

濱海之民推測切於漁鹽, 山居之民推測深於樵採. 如使中都之人, 詳聞斯二者之所
得, 漁鹽樵採, 皆爲我推測, 以至農工商賈, 多般技藝, 皆是我推測. 況夫觀人之術,
知人之方, 師友之講磨, 倫綱之修行, 莫非因人而推測. 故云多也.

물리를 미루어 인사를 헤아리는 일이 비록 많아도, 오히려 인사를 미루어
물리를 헤아리는 일에는 미치지 못한다. 또 여러 물건에서 기능346과
품질347을 헤아리는 일은 인사에 적용하는 일이 아님이 없다. 그러므로
물건을 따라 추측하는 일은 사람을 따라 추측하는 것에 비교하면 적다.

推物理而測人事者雖夥, 猶不及推人事而測物理矣. 且就諸物, 量度材器稟質, 無非
爲人事之適用矣. 故因物而推測, 比于因人而推測, 少也.

기와 관련된 추측은 없는 곳이 없고 수시로 쓰임이 있으며, 사람과 물건의
추측도 모두 기를 따라 탐구하여 찾는 조리가 있다. 나아가 일을 따라
추측하는 일은 가령 기술자가 편리한 기구를 갖추어 마땅함과 쓰임을
따라 하는 일과 같다.

氣之推測, 無處不在, 隨時有用, 人物之推測, 皆因氣而有究索之條理矣. 至若從事
而推測, 如工匠之具利器, 隨宜隨用.

그러므로 사람과 물건과 기는 간여하여 헤아리지 않음이 없으니, 이것을
일러 '두루 보았다'348고 한다. 다만 사람과 물건을 헤아리는 일만 익히고

---

346 材器는 원래 사람의 재능과 도량과 견식 따위를 일컫는 말이지만, 여기서는 물건의
　　그것임.
347 稟質은 品質과 거의 같은 뜻이나 여기서는 천품 또는 천성에 가깝다.

기를 헤아릴 줄 모르는 사람에게는 그 본원에 도달하지 못해서 막힘이 있게 된다. 또 사람과 물건의 헤아림에 있어서 한쪽에 치우치거나 버리는 쪽이 있으면, 비록 작은 일을 경영하며 헤아릴지라도, 반드시 적절하지 못하게 된다.

故人物與氣無不參商, 是謂達觀矣. 若只習人物之測, 而不能測氣者, 不達其本源, 有所窒礙矣. 又若於人物之測, 有所偏廢, 雖小事之營, 必不得宜也.

---

348 達觀은 사리를 두루 본다는 의미. 『書經』, 「召誥」의 "周公朝至于洛, 則達觀于新邑營."에 보인다. '사물을 통달한 관찰'이라는 뜻도 있는데 이것과 통한다.

# 해 설

추측 대상에 따른 양을 비교하였다.

이런 생각이 당시에는 적절했는지 모르지만, 물건과 인사에 어느 쪽이 더 많다고 딱 잘라 말하기는 어렵다. 오히려 현대는 전자가 더 많다고 할지 모르겠다. 왜냐하면 과학과 자본주의의 발달과 학문과 기술의 분화로 그 대상의 폭이 인사만이 아니라 동식물과 우주까지 넓혀졌기 때문이다. 물건이란 동식물을 포함한 만물이다.

다만 이것들이 모두 기를 매개로 추측된다는 점은 매우 탁월하고, 그의 철학에서 일관된 견해이다.

# 66. 사물의 이름은 공허하나 실제의 쓰임은 늘 있다
## 名虛實存

모든 사물의 이름은 바꿀 수 있어도 사물이 갖는 실제 쓰임은 바꿀 수 없다. 추측의 이름은 없어질 수 있으나 추측의 실제 쓰임은 만고에 늘 있다.

凡物之名號可換, 而實用不可換矣. 推測之名號可泯, 而推測之實用萬古常存.

\*　\*　\*

귀와 눈의 이름을 서로 바꾼다면, 귀를 눈이라 하고 눈을 귀라고 부르겠지만, 듣고 보는 실제의 쓰임은 바꿀 수 없다. 그리하여 귀로 보고 눈으로 듣는다고 말해도, 잠깐이라도 보고 듣는 실제의 쓰임에 방해되지는 않는다. 또 설사 귀와 눈의 이름이 없더라도 보고 듣는 실제 쓰임에 방해가 없다.

耳目之名相換, 則耳謂之目, 目謂之耳, 至於聞見之實用, 不可換. 以耳見之, 以目聽之, 姑無害於見聞之實用矣. 且使耳目無耳目之名號, 亦無害於見聞之實用.

상고의 일을 미루어 생각하면, 귀나 눈이라는 글자가 만들어지기 이전에는 사람이 보고 듣는 일이 없었을까? 귀와 눈이라는 글자가 전파된 이후에 사람들의 눈과 귀가 더욱 밝아졌을까?

推念上古, 耳字目字未造之前, 人無見聞乎. 耳字目字傳播之後, 人益其聰明乎.

그러므로 이 추측이라는 명칭을 비록 옛사람 가운데 그 전모를 잘 알아서 밝힌 사람은 없으나, 이전의 성현들은 모두 추측을 말미암아 이치에 통달했고, 지금과 후세의 성현들도 추측을 따라 이치에 통달할 것이다. 비록 추측이라는 명칭이 없어도, 그것이 실로 추측의 쓰임에는 방해가 없다.

故是推測之名稱, 雖無古人之洞悉源委而表著之者, 然從前聖賢, 皆由推測而達理, 方今與後世聖賢, 亦從推測而達理. 雖無推測之名號, 實無害於推測之實用矣.

다만 추측의 명칭을 드러낸 이후에, 인간의 학문을 하는349 사람들은 정밀하고 상세하게 미룬 내용을 쌓아 모으고, 사용하는 사람들은 자연법칙을 헤아려 따르는 일을 목표로 삼아, 길이 곧바르고 조예가 참될 것이다.

但名號表著後, 人學者, 以推之精詳爲貯蓄, 須用者, 以測順天理爲準的, 門路正直, 造詣誠實耳.

---

349 人學은 人政처럼 자주 쓰지 않은 표현으로서 본서에 1회, 『人政』에는 나오지 않고, 『氣學』에는 '人學問'을 포함해 2회 보임. 가령 『氣學』의 "人事由天道而有序不紊, 天道從人學而普覺羣生(1-2)."에 보인다. 이는 天道와 대비되는 인간이 하는 학문이란 뜻으로 보임. 본서도 그런 의미로 보임. 훗날 중국인 鄭觀應의 『盛世危言』, 「西學」에서 "今彼之所謂天學者, 以天文爲綱, 而一切算法曆法電學光學諸藝, 皆由天學以推至其極者也. 所謂地學者, 以地輿爲綱, 而一切測量經緯植種車兵陣諸藝, 皆由地學以推至其極者也. 所謂人學者, 以方言文字爲綱,而一切政教刑法食貨製造商賈工技諸藝, 皆由人學以推至其極者也. 並有益於國計民生, 非奇技淫巧之謂也."라고 하여 서학의 영향으로 天學·地學·人學으로 분류하였다.

# 해 설

추측이 보편적 사유 기능임을 물건과 그 이름의 관계를 들어 논증하였다. 추측이라는 명칭이 없거나 다른 이름으로 불러도 인간이 논리적으로 추론하고 사유하는 기능은 보편적이라는 주장이다. 추측과 관련한 명실론(名實論)이라 할 수 있다.

사물의 명칭과 그 기능의 필연적 연관성이 없다는 주장은 우리말처럼 표음문자가 갖는 전형적 특징이기도 하지만, 근원적으로 사물의 기능과 본질은 인간의 이름 지음에 아무런 영향을 받지 않는다는 사실에 근거한다. 명칭이란 인간의 인식 범위 안에서 갖는 관념의 산물일 뿐이다. 멀리는 '도는 스스로 그러할 뿐이다'라거나 문명이란 언어가 만들어 낸 개념 곧 인위적 분별의 산물이라는 노자의 관점에 닿고, 유가의 명실론에서도 다룬다.

이는 또 현대 언어학이나 기호학(semiotics)에서 다루는 주제 가운데 하나이기도 하다.

# 67. 추측을 아는 것과 모르는 것
## 推測知與不知

추측의 내막을 모르다가 일을 당해서야 추측하는 사람은 어두움을 면치 못한다. 반면 추측의 참된 효과를 알고 평소에 길러서 미리 쌓아둔 사람은 자연히 참되고 독실하다.

未諳推測之所以, 而當則隨用者, 未免冥行. 知其推測爲眞功, 而豫留素養者, 自有誠篤.

\* \* \*

추측이라는 명칭을 평소에 듣지 못한 사람이나 그것을 듣고 비방하는350 사람이라도 임박하게 닥치는 사물마다 처리하지 않을 수 없으면, 이전에 보고 들은 경험 가운데 혹시 그것과 비슷한 사태가 있을지 생각한다. 만약 거기에 모방할 만한 일이 있으면, 가깝거나 멀거나 정밀하거나 거친 대상을 막론하고, 잊지 않음을 다행으로 여겨 증거로 끌고 와 판단하는데, 이것이 곧 미룸이다.

推測之名, 素不得聞者, 或聞之而訾毀者, 每當事物之迫至而不可不區處, 則乃思前日見聞閱歷中或有與此倣似. 而如有可擬, 無論親疎精麤, 幸其不忘, 以爲證援之斷案, 此便是推也.

---

350 訾毀는 『漢書』, 「地理志下」의 "俗儉嗇愛財, 趨商賈, 好訾毀, 多巧僞."에 보인다.

이렇게 처리할 일을 당해 혹시 미룸을 생각하지 않을 사람이 있겠는가? 깊은 생각 없이 좁은 성미로 곧장 행동하는 사람은 여기서 따질 필요도 없다. 대체로 보아 털끝만큼이라도 살피기에 신중하며 헤아려 견주는 사람은 비록 추측의 방법을 듣지는 못했어도, 그가 행한 일을 관찰하면 미룸의 일을 생각하지 않음이 없고, 또한 헤아림의 일을 생각하지 않음도 없다. 그러니 누가 이 세상 사람들이 사용하는 추측을 없앨 수 있겠는가?

人或有當事區處而不念推者乎. 無思慮而遼情直行者, 不須論也. 凡有一毫審愼計較者, 雖不曾聞推測之道, 觀其所行, 未有不念推之事, 亦未有無測之事. 誰能泯滅此天下人推測之用乎.

하지만 사람이 추측을 스스로 사용하면서도 그 근본을 모르면, 어두워서 일의 방도를 모르는 상태351와 같다. 만약 추측이 진정한 공부가 됨을 알아서 갖춘 미룸이 정치하면, 마치 장인의 여러 도구가 모두 날카로워 미룸을 선택함에 방향이 있는 일과 같고, 또 종류별로 모으고 부분으로 나눈352 문헌을 마땅하게 미루어 씀과 같고 그리고 칼과 톱으로 자르고 줄과 대패로 다듬는 일과 같다.

人自用之而未譜其本, 則冥行擿埴也. 若知推測之爲眞正功夫, 而備推精緻, 如工匠之諸器俱利, 擇推有方, 如文蹟之類聚部分, 推用隨宜, 如切以刀鉅, 磋以鑢錫.

---

351 冥行擿埴은 깜깜한 길을 가고 시각 장애인이 지팡이를 더듬어 가는 것. 곧 어두워 학문의 방도를 모른다는 뜻.

352 類聚部分은 類聚羣分의 다른 표현으로 보인다. 類聚部分은 『周易』, 「繫辭上」의 "方以類聚, 物以群分."에 나오는 말로, 같은 종류의 사물은 하나로 모으고 다른 사물은 무리별로 나눈다는 뜻.

그리하여 처음부터 끝까지 헤아린 것이 자연법칙을 따르게 하여 애초부터 힘을 낭비하는 일이 거의 없고, 사용하는 데 이르러서도 참으로 기준이 있게 된다. 이것으로 보존하고 기른 것353이 누적되니, 간사하고 거짓되고 들뜨고 경박한 일이 전혀 없어 참되고 독실한 데 나아갈 수 있다.

終始所測, 要順天理, 自初庶無枉費之力, 及其須用, 實有準的. 以此存養積累, 切無邪僞浮薄, 而可進於誠篤.

---

353 存養은 『孟子』, 「盡心上」의 "存其心, 養其性, 所以事天也."에서 나온 말.

# 해 설

추측은 보편적으로 사용하는 사유 방법임을 앞의 글을 이어 재차 강조하였다.

쉽게 말해 논리학을 몰라도 논리를 사용하는 일과 같다. 하지만 논리학을 알면, 그것을 모를 때보다 사물을 더 명확하고 제대로 알 수 있는 것처럼 추측도 그러하다.

끝에서 존양(存養)의 대상을 추측으로 재해석하였다. 그것은 원래 『맹자』에 등장하는 말이지만, 성리학에서 희로애락이 아직 발동하지 않는 미발 때의 공부로서 본성인 천리를 보존하여 기르는 일이다. 저자가 말하는 존양의 대상은 형이상의 천리가 아니라, 추측의 기능과 그 내용으로서 사물의 유행지리이다.

# 68. 미룸에 갖춰야 할 네 가지 핵심
## 備推四訣

무릇 잊기 쉬운 기억은 근거를 잡아 표시하여 잊어버리는 증상이 조금도 없게 해야 한다. 뒤섞여 복잡한 일의 가닥은 종류별로 모으고 무리별로 나누어[354] 훗날 다시 불러오는 방법이 있게 한다. 귀추를 해득하는 일은 두루 통하는 방법이고, 헛되고 잡된 것을 쓸어 버리는 일은 잡초를 김매는[355] 농사이다. 이 네 가지는 미룸에서 갖추어야 할 핵심[356]이다.

凡記憶之易忘者, 須援據標識, 差無遺忘之症. 紛錯事端, 須類聚羣分, 俾有召募之方. 解得歸趣, 傍通之術, 拚棄虛雜, 鋤莠之農. 此四者, 備推之要訣.

\* \* \*

비록 미룸이 반드시 유용하다는 사실을 알더라도, 외부 정보를 거두어 저장하는 방법을 모르면, 필경 어떤 기회를 만나 그것을 사용하기가 어렵게 된다. 대개 문장[357]의 미룸에서는 잊지 않음을 위주로 하고, 한 일의 미룸에서는 불러 모음을 위주로 하고, 이치의 미룸은 근본에

---

354 類聚羣分은 『周易』, 「繫辭上」의 말. (앞에 나옴)

355 鋤莠는 호미로 가라지를 김매는 일.

356 要訣은 核心, 祕訣, 祕策 등의 뜻. 『朱子語類』 136-78의 "杜佑可謂有意於世務者. 問理道要訣. 曰, 是一箇非古是今之書. 理道要訣亦是杜佑書. 是一箇通典節要."에 보인다. 李珥의 『擊蒙要訣』의 그것도 그런 뜻.

357 文辭는 文詞, 곧 문장과 같은 의미. 『史記』, 「伯夷列傳」의 "余以所聞由光義至高, 其文辭不可概見, 何哉."와 같은 책, 「儒林列傳」의 "是時天子方好文詞, 見申公對, 默然."에 보인다.

도달하기를 위주로 하며, 장해의 미룸은 그것을 제거함을 위주로 한다.

雖知推之必有用, 而不知收貯之方, 竟難得隨機而須用矣. 蓋文辭之推, 以無遺忘爲主, 行事之推, 以有召募爲主, 理致之推, 以達本爲主, 牋害之推, 以除却爲主.

하지만 통달한 사람만 이 네 가지를 겸한다. 차분하고 조용한 사람은 이치를 깨달아 아는 일을 즐기나 문예358를 달갑지 않게 여긴다. 들떠 경박한 사람은 표피적 문장만 섭렵하는 데는 잘하나 은미한 대상359을 탐구하여 생각할 줄 모른다. 어리석은 사람의 견문은 단지 비루하고 잡된 내용을 따라 전하고 말할 뿐 학문에 뜻을 두지 않는다.

然惟通達人, 兼此四者. 沈靜者, 樂於解得理致, 而不屑於辭章. 浮淺者, 勝於皮文涉獵, 而不能於究案隱微. 昏愚者, 聞見只從鄙雜而傳說, 不從學問而留意矣.

마땅히 기억 능력의 한계360를 살펴서 기억할 수 없는 내용에서 근거 잡아 표시하는 일이란 가령 목욕 도구에 새긴 글361과 활시위와 무두질한 가죽을 차는 일362과 글자의 음을 운에 따라 잊지 않게 대비하는 일과

---

358 辭章은 詞章의 뜻이며 보통 문학적 글쓰기의 의미로 사용함. 역사에서 볼 때 성리학자들은 문학을 詞章學이라 하여 경시했다. 저자도 그런 경향이 있어 문학 작품이 거의 없다.

359 隱微는 보통 전통적으로 겉으로 드러나지 않는 도의 본체를 가리킬 때 자주 사용하는 말로서, 여기서는 사물의 이치 또는 일의 근본적 원리 등을 일컫는 말.

360 氣質은 몸과 마음을 이루는 바탕으로 氣質之偏은 기억 능력의 한계 따위.

361 盤盂는 세수나 목욕에 쓰는 기물로 고대에는 거기에 글을 새겨 잊지 않도록 하였다. 『戰國策』, 「趙策一」의 "昔者, 五國之王, 嘗合橫而謀伐趙, 參分趙國壤地, 著之盤盂, 屬之讎柞." 등에 보인다.

362 弦韋는 활시위와 무두질한 가죽으로 완급을 비유하는 말인데 그 출처는 『韓非子』,

다닥다닥 즐비한 무덤363 가에 나무를 심어 표시하는 것 등이 이것이다.

宜察氣質之偏, 不能記憶處, 須用援據標識者, 盤盂之銘, 弦韋之佩, 字音之隨韻備忘, 纍塚之植木爲標, 是也.

뒤섞여 복잡한 일의 가닥을 훗날 다시 불러오게 하는 방법이란 유사한 글을 편집하고 목록을 작성하고, 마음에서 이미 분별한 뒤 같은 대상 가운데서 다른 것을 구별하고364 다른 대상 가운데서 의미를 모은다.365 그리하여 불러 모으는 지름길에 힘을 다하여, 크고 작은 대상을 두드리는 일에 따라 크고 작은 대상이 응하는 일이 그것이다.

紛錯事端, 俾有召募之方者, 類書之編, 目錄之作, 己自心中之分開, 同中別異, 異中會義. 期盡召募之捷, 隨叩大小而應有大小, 是也.

귀추를 해득하여 두루 통하는 일이란 무릇 이치를 즐기는 사람이라면 비록 바삐 길 가다가 풍문으로 떠도는 이치의 말이라도 듣자마자 이해한다. 또 간혹 불확실한 견문에 대해서는 반드시 이치를 궁리하여 밝혀 알지 못하면 그만두지 않는다. 그리하여 근원을 들면 두루 통할뿐만

---

「觀行」의 "西門豹之性急, 故佩韋以自緩, 董安於之心緩, 故佩弦以自急."에 보인다. 곧 활시위를 패용하여 급한 성품의 경계로 삼는 일.

363 纍塚은 纍塚과 같은 뜻.

364 同中別異와 같은 논리는 『朱子語類』 59-53에 "須是去分別得他同中有異, 異中有同, 始得."에 보인다. 이 논리의 출발점은 이미 『大學』의 "故好而知其惡, 惡而知其美者, 天下, 鮮矣(「傳8章」)."에 등장한다.

365 '다른 대상 가운데서 의미를 모은다'라는 말은 대단히 추상적 진술인데, 바로 앞의 '같은 대상 가운데서 다른 것을 구별한다'와 같은 진술의 논리에서 보면, '다른 대상 가운데서 공통점을 모은다'라고 이해할 수 있다.

아니라, 종신토록 잊지 않을 수 있는데, 그것은 이미 귀추를 알아서 귀와 눈의 총명함이 접하는 곳마다 이 이치가 아님이 없고, 마땅함을 따라 변화에 통하는 일366이 모두 법도367를 이루기 때문이다.

解得歸趣而傍通者, 凡悅樂理致之人, 雖行路息邊風便理語, 聞輒心通. 又或於見聞隱晦處, 必致窮格, 不能不措. 擧其本源, 則非但曲暢傍通, 亦可終身不諼, 以其旣得歸趣, 聰明所接, 無非此理, 隨宜通變, 皆成規矩也.

헛되고 잡된 것을 쓸어 버리는 잡초를 김매는 일이란 어리석은 사람은 헛되고 잡되게 익힌 내용을 과장해 그것을 급히 제거할 수 없으니, 잠시 그의 말을 그대로 내버려 둔 채 헛됨을 말미암아서 참됨을 찾고 잡됨을 말미암아 순수함을 찾는다. 이는 마치 병세를 좇아 약을 써서 원기를 만회해야만 잡다한 병증이 저절로 사라지는 일과 같다. 참됨과 순수함에 어떻게 나아갈 수 있는가? 좇아 달려가는 차례와 같으니, 먼저 잡초를 김매서 그 길을 닦고, 다음으로 곡식의 싹이 왕성하기를 기다려 북돋우어 그 뿌리가 잘 자라게 하면, 그사이에 미루는 내용이 적지 않다. 그러니 미룰 만한 내용을 알아 거두어 쌓는 일과 미룰 수 없는 대상을 알아 제거하는 일의 노력은 서로 반반이다.

拚棄虛雜而鋤莠者, 昏愚之人, 誇張虛雜之習, 不可頓除, 姑置其說, 因虛而求實, 因雜而求純. 如順病勢而施藥, 挽回元氣, 雜症自消也. 誠實純一, 詎可得其趣進.

366 通變은 변화를 안다는 의미로『周易』,「繫辭上」의 "極數知來之謂占, 通變之謂事."에 보인다. 원래는 점의 卦變을 안다는 의미. (앞에 나옴)
367 規矩는 그림쇠와 곱자. 여기서는 이치를 인식하는 논리적 틀 또는 형식의 의미로 쓰였음.

如有趨向之漸, 先從稂莠而鋤除, 以修其道, 次待苗盛而栽培, 以養其根, 則於斯之際, 所推不鮮. 知其可推而收貯, 與知其不可推而除去, 其功相半也.

무릇 이 네 가지는 미루는 내용을 갖추어 쌓아두어야 할 핵심인데, 현명하거나 어리석거나 어둡거나 밝은 기억 능력의 자질에 따라 제각기 알맞게 사용하는 것이 있다.

凡此四者, 備貯所推之要訣, 隨其賢愚昏明之質, 而各有適用.

# 해 설

추측에서 미룸을 잘하기 위해 갖추어야 할 4가지 핵심을 설명하였다. 추측이란 사유 기능이므로 우선 미룸에서 그 대상인 정보를 확보해야 하고 그마저도 정확해야 한다. 그래서 정보의 기억 문제, 분류와 논리적 구별, 보편성과 명증성 그리고 그 진위와 인식 가능성 여부의 네 가지 범주로 나누어 설명하였다. 그에 따른 세부 방법도 다루었다.

여기서 세 번째 핵심으로 거론하는 귀추〔歸趣〕는 일이 되어가는 형편이나 상황 또는 예상되는 결과이다. 이는 상당히 추상적인 용어이지만, 이 속에 이치를 탐색해 가는 과정이 들어 있다. '근원을 들면 두루 통한다'라는 말은 이치의 보편성을 뜻하고, '종신토록 잊지 않을 수 있다'라는 말은 이치의 명증성 때문이다.

네 번째의 남이 잘못 알고 있는 상태는 참으로 고치도록 하기 어렵다. 수학이나 자연과학의 지식보다 인문학 특히 종교·철학적 지식이 더욱 그렇다. 저자도 후자에 더 큰 비중을 둔 듯하다. 합리적인 사실로 안내하고 인도하는 데는 점진적 과정과 노력이 필요함을 역설했다.

# 69. 근본과 말단을 가려서 미룸
## 擇推本末

어떤 한 가지 일에 나아가 선택해 미루는 사람이 그 미룸의 종지와 중요한 요점을 따내면 널리 쓰고 오래 지키나, 지엽적이거나 화려한 겉모습만 따내면 어렵게 지키고 또한 드물게 쓴다.

就一事而擇推者, 摘其宗旨要約, 則用之博而守之久, 摘其枝葉文彩, 則守之難而用亦稀罕.

\* \* \*

열 사람이 모여 강독할368 때 한 가지 문제를 내면, 선택해 미루는 방법을 모르는 사람은 대충대충 논하면서369 횡설수설한다. 그래서 예전에 들은 내용이 많다고 스스로 자랑하거나 혹은 입 다물고 있는 수치를 모면해 보려는 사람이 예닐곱은 된다.

十人會講, 一事發問, 則不知擇推之方者, 泛論橫豎. 或自伐舊聞之多, 或要免含默之恥者, 爲六七人矣.

---

368 원래 會講은 왕세자가 매월 두 차례 師傅 이하 여러 관원을 모아 놓고 경서를 강론하는 것. 또는 初試에 합격한 자를 대상으로 보는 講經 시험. 여기서는 모여서 강론하는 일로 보임.
369 泛論은 광범위하게 논하거나 일반적으로 논한다는 의미. 여기서는 부정적으로 쓰였다.

겨우 거두어 취할 줄 알아 억지로 알려고 노력하는 사람은 자기 생각과 맞는 한 모퉁이 내용만 취하거나 혹은 말 재치의 웃음거리를 취한다. 하지만 권하고 경계하는 마음이 절실하지 않고 장차 실천하려는 뜻을 세우지 않아 한데 모여드는 곳이 없다. 그래서 어렵게 지키고 드물게 사용한다. 이는 취한 게 없는 사람보다는 나으나 겨우 열에 한두 명이다.

纔知收取, 强勉有得者, 或取一隅之契意, 或取語機之供笑. 勸戒之心未切, 將行之志不立, 無有湊泊之所. 故守之難而用之罕矣. 此猶愈於無所取者, 而纔爲一二人矣.

정보를 선택하고 미루어서 거두어 쌓을 줄 아는 사람은 한 가지 일을 처음부터 끝까지 보고 들어서 마음속으로 중요한 내용370을 헤아린다. 그리하여 그 마음이 흡족하고 편안하여 불안이 없으니, 바로 이것이 종지이다. 권하고 경계하는 일을 이로부터 세우고, 쓰는 일을 이로부터 더욱 넓힌다. 일이 비록 다르더라도 그 이치를 미루어 사용하고, 기가 비록 같아도 그 이치를 구별하여,371 한 번 터득한 뒤에는 이끌어 깨우치는 일이 많고 변통이 무궁하니, 이것이 널리 쓰고 오래 지키는 까닭이다. 이와 같은 사람이 열 명 가운데 한 명이라도 나온다면, 어찌 현명한 이가 많아지는 다행한 일이 아니겠는가?

夫能知擇推收貯者, 見聞一事之始終, 默量會要. 我心洽安而無齟齬, 便是宗旨也.

---

370 會要는 요점을 모았다는 강령·핵심의 뜻으로 주로 책 이름에 쓰는 말로서 저자의 책 가운데 『農政會要』가 그 가운데 하나이다. 王弼의 『周易略例』, 「明象」의 "故處璇璣以觀大運, 則天地之動未足怪也, 據會要以觀方來, 則六合輻輳未足多也." 여기서는 중요한 핵심. 뒤의 宗旨와 같은 뜻으로 쓰였다.
371 바로 앞의 「備推四訣」에서 나온 '同中別異, 異中會義'의 논리와 유사하다.

勸戒從此而立焉, 隨用自此而益廣. 事雖異而推用其理, 氣雖同而辨別其理, 一得而後, 提惺多端, 變通無窮, 此所以用之博而守之久也. 若此者, 如得什之一, 則豈非多賢之幸歟.

# 해 설

추측에서 미룸의 대상이 근원이어야지 말단이어서는 안 된다는 주장이다.

사실 이 문제는 남의 말을 듣거나 글을 읽을 때도 적용되는 사항이다. 내용의 핵심 논리와 요점을 파악하는 일과 비슷하다. 원문 '擇推'는 이렇게 미룸의 대상을 잘 가려 선택하는 일이다. 지엽적인 내용보다는 핵심을 선택해야 한다는 주장이다. 그래야 널리 쓰고 오래 간다고 한다. 그렇다면 그 핵심은 어떤 것일까? 여기서 "널리 쓰고 오래 지킨다"라는 말과 "권하고 경계하는 일을 이로부터 세우고, 쓰는 일을 이로부터 더욱 넓힌다"라는 말에서 찾을 수 있다. 곧 보편적인 원리나 법칙 또는 논리나 교훈과 관계되는 내용이다. 또 "변통이 가능하다"라는 말은 상황이나 변화에 따라 내용을 바꿀 수 있다는 뜻이다.

## 70. 미룸을 쌓고 미룸을 쓰다
### 貯推用推

학문을 하면서 미룸을 쌓을 줄 모르는 일은 마치 농사지으면서 수확하지 않는 일과 같고, 일을 당해서 미룸을 쓸 줄 모르는 일은 항해하는 배에 키가 없는 모습과 같다. 미룸을 쌓는 방법은 정치함에 달려 있고, 미룸을 쓰는 기술은 정교함에 달려 있다.

學問而不識貯推, 如耕而不穫, 當事而不識用推, 如舟而無舵. 貯推之法在精, 用推之術在巧.

\* \* \*

모든 미룸의 핵심 방법에는 네 가지가 있는데, 작용에서는 본체를 미루고, 미묘한 대상에서는 드러난 현상을 미루고, 진행할 일에서는 지나온 일을 미루고, 물건에서는 유사한 종류를 미룬다.

凡推之綱有四, 在用則推其體, 在微則推其顯, 在進則推其過, 在物則推其類.

학문하는 사람이 이것을 알고 미룸을 쌓아 훗날 쓸 때를 대비하면, 어찌 다만 힘의 낭비가 없고 노력이 참되기만 하겠는가? 틀림없이 근본과 말단이 어긋나지 않고 변통이 무궁할 것이다. 하지만 선택하여 미루는 방법372은 많고 적음을 막론하고, 그 앞마다 번번이 정치하여서 들뜨고

---

372 바로 앞의 글「擇推本末」참조.

혼잡하며 미혹하는 실마리를 없애야 그 쓰임을 미루어 넓힐 수 있으니,
살펴 묻고 신중하게 생각하고 밝게 구별하는 일373이 그것이다.

學問者, 知此而貯推, 以待後用, 則豈獨無枉費力而功歸誠實. 必也本末不背, 而通
變無窮. 然擇推之法, 無論多寡, 隨其所得, 而每每精緻, 俾無浮雜迷惑之端, 可以推
廣其用, 審問愼思明辨, 是也.

일을 맞이한 사람은 이것을 알고 미룸을 사용하여 치우치지 않은 올바름
에 나아가면, 끌어낸 증거가 명백하고 헤아리고 판단하는 데 길이 있다.
하지만 미룸을 쓰는 기술은 때와 지위와 재주와 덕374을 참고하여 취하거
나 버려야 한다. 그리하면 같은 대상 가운데서도 취하지 않은 것이 있고,
다른 대상 가운데서 취하여 쓰는 것도 있고,375 처음에는 저것을 미루고
끝에서는 이것을 미루는 일도 있고, 헛됨을 미루어 참됨을 이루는 것도
있어서, 모두 미루어 쓰는 정교함을 말미암으니 일정한 규칙이 있지
않다.376

當事者知此而用推, 以就中正, 則證援明白, 量度有路. 然用推之術, 須參時位才德
而取捨之. 有同而不取者, 有異而取用者, 有始推彼而終推此者, 有推虛而成實者,

---

373 『中庸章句』第20章: 博學之, 審問之, 愼思之, 明辨之, 篤行之. 그런데 주희의
　　주석에서는 "學問思辨, 所以擇善而爲知, 學而知也."라고 하였는데, 저자는 바로
　　擇善를 擇推로 바꾸어 학문의 방법으로 삼았음을 알 수 있다.
374 時位才德은 『주역』을 해석할 때 많이 사용하는 용어로, 時는 맞닥뜨린 때 또는
　　상황, 位는 한 괘에서 한 효가 차지하는 위치 곧 사람에 있어서는 맞이한 지위나
　　역할, 才와 德은 卦德이나 卦才를 말하는데 사람에게서는 才質과 덕이다. 『주역』의
　　해석에 있어서 인사를 미룰 때의 논리 또는 범주가 된다. (앞에 나옴)
375 이 논리는 앞의 「備推四訣」의 同中別異의 연장이다.
376 모든 현실은 변화 속에 있기 때문이다.

皆由於推用之巧, 而未有一定之規也.

학문을 하면서 미룸을 쌓을 줄 모르면 소득을 기약하기 어렵다. 마치 농사짓는 사람이 수확을 생각하지 않아서 마침내 가을의 수확377에 손해를 당하는 일과 같다. 일을 맞이한 사람이 미룸을 쓸 줄 모르면 일에 손댈 길이 없다. 마치 항해하는 배에 키가 없어 바람과 파도의 흐름에만 맡기는 모습과 같다. 설령 혹시나 바라던 곳에 가는 때가 있더라도, 기울어 엎어지고 부딪혀 부서지는 근심을 어찌 면할 수 있겠는가?

學問而不識貯推, 則所得難期. 如耕稼者, 不慮收穫, 竟致西成之害. 當事者不知用推, 則着手無路. 如乘舟者無舵, 任其風波之流注. 縱或有適願之時, 傾覆觸碎之患, 詎可免也.

---

377 西成은 곡식이 성숙한 가을철의 수확을 일컫는 말로, 『書經』, 「堯典」의 "平秩西成."에 등장하며, 가을은 오행설에 따라 서쪽에 해당한다.

# 해 설

미룸의 핵심 방법을 네 가지로 정리하고, 학문하는 사람은 미룸을 쌓아야 하며, 일을 맞이해서는 미룸을 써야 한다고 주장하였다.

이 네 가지의 공통된 논리는 드러난 현상이나 일을 가지고 아직 알 수 없는 대상의 본질이나 법칙 또는 일을 파악한다는 점이다. 사실 이것은 저자의 『추측록』의 큰 항목과 논리가 일치한다. 곧 추정측성, 추기측리 등이 그것이다. 다만 본문에서는 미루는 대상과 지향점을 말했을 뿐이다.

그리하여 학문에서 미룸은 정치해야 하고, 미룸을 쓸 때는 정교해야 한다고 주장하였다. 단순화하면 학문과 기술 모두 한 치의 오차 없이 정치하고 정교해야 함은 현대의 관점에서 볼 때도 너무나 당연하다고 하겠다. 과학이나 기술은 한 치의 오차를 허용하지 않기 때문이다. 그만큼 근대 과학이나 기술에 근접한 발언이다.

다만 여기서 '미룸을 쌓는다'라는 의미를 자세히 언급하지는 않았는데, 어떤 대상에 따라 논리나 사유 방법 또는 그 결과의 축적이다. 『신기통』에서 경험의 축적을 강조했듯이 『추측록』의 내용도 종합하면 알 수 있다. 오늘날 학문이란 지식과 정보의 이론적 축적이라는 관점에서 볼 때도 타당하다.

# 71. 터득하고 익힌 것
## 所得所習

사물을 따라 거두어 모으고 터득한 추측378이 비록 많지만, 끝내 통합되어 하나의 이치379로 드러난다. 하나의 이치를 따라 펼쳐 사용하면 추측하는 내용이 비록 달라도, 마침내 사물에 마땅하게 된다. 이 이치에서 보면 털끝만큼의 증감이 없다. 그리고 그것을 터득한 것을 말하면 여기에서는 여기 그대로 자연에 어긋남이 없고, 저기에서는 저기 그대로 자연에 어긋남이 없다. 그것을 익히는 것을 말하면, 무딘 기능을 날카롭게 하고 거친 기능을 정밀하게 한다.

從事物而收聚, 得推雖多, 竟湊合而形一理. 由一理而敷用, 所推雖異, 遂其宜於事物也. 自此理而睍之, 無一毫之增減. 而語其所得, 則在此如此而無違於天, 在彼如彼而無違於天. 語其所習, 則鈍處敎利, 麤處敎精.

\* \* \*

사물을 경험하여 터득한 추측은 다만 사물의 조리를 구별하여 착함을 좇고 나쁨을 피하는 기능이다. 그러니 이것은 내 마음이 사물에서 터득하여 추측의 방법으로 삼은 기능이지, 내 마음에 원래부터 추측이 있어서 사물을 증험하는 능력이 아니다.380 그러므로 사물을 보고 들은 견문과

---

378 뒤의 내용을 고려하면 推는 推測을 줄여서 썼다. 이하 같음.
379 추측한 결과물로서 다양한 推測之理가 아니라 인간이 발달시킨 사유 법칙으로서 推測之理를 말함.
380 완결된 형태의 추측 능력을 선천적으로 갖추지 않았다는 말. 저자는 『추측록』

경험이 없는 사람에겐 이 이치381도 없고, 1분에 대한 견문과 경험이 있으면 1분의 이 이치를 터득하고, 10분의 그것이 있으면 이 이치의 10분을 터득한다.

閱歷事物, 而所得之推測, 只是分開條理, 善惡趨避. 則此乃我心之得於事物, 而以爲推測之法, 非我心原有推測而證驗事物也. 故無見聞閱歷於事物者, 無此理, 有見聞閱歷於一分者, 得一分之此理, 有十分者, 得此理之十分也.

드러내서 쓸 때는 이 터득한 이치를 펼쳐서 터득했던 사물에 증험하지만, 헤아리고 판단하는 일이 없을 수 없다. 그것은 터득했던 사물은 과거에 있었고 증험하는 사물은 현재에 있어서, 거기에는 저절로 앞뒤의 다름과 기질의 차이가 있으니, 이것을 가지고 저것을 비교하고 같은 점을 들어서 다른 점과 종합하여 그 마땅함을 이루기를 요구해서이다. 이것은 이치의 형세382가 사물에 달려 있고 취사하고 변통하는 일은 나의 추측에 달려 있어, 사물이 나의 추측을 따라 그것을 위해 성취되는 성질이 아니기 때문이다.

及其發用, 敷此所得之理, 驗施於所得之事物, 而不可無測量者. 所得之事物, 已在過境, 驗施之事物, 現在當今, 自有前後之不同, 氣質之參差, 則將彼較此, 擧同和異,

---

권2, 「流行理推測理」에서 "人心自有推測之能, 而測量其已然, 又能測量其未然, 是乃人心推測之理也."라고 하여, 잠재적 능력 또는 선천적 가능성을 부정하지는 않았다. 강조 부분의 '自有'가 본문의 '原有'에 해당한다.

381 推測之理.

382 理勢는 사리와 형세 또는 사리의 발전 추세와 정황을 뜻하지만 여기서는 후자. 『抱朴子』, 「暢玄」의 "實理勢之攸召, 猶影響之相歸也." 등에 보인다. 이것은 유행지리도 변한다는 저자의 관점과 일치한다. 리는 유행하는 기의 조리이기 때문이다.

要遂其宜也. 此乃理勢, 在於事物, 而取捨變通, 在我推測也, 非事物隨我推測而爲
之成就也.

대개 추측지리는 형체가 없으나 밝게 드러남과 감춰져 어두운383 구별은
있다. 사람이 모두 그것을 사용해도 정해진 규칙이 없어서, 형용하기
어렵고 본떠 흉내 낼 수도 없다. 하지만 마음이 추측에 대해서는 마치
저울로 물건을 재어 무게를 나타내는 일과 같다. 곧 한 냥쭝,384 한 근,
열 근, 백 근 등의 잰 무게를 미루어 아직 재지 않은 다른 물건의 무게를
헤아리면, 자연히 짐작하는 수량385이 있고, 무게를 안 뒤에는 저울에
무게의 증감이 있지 않은 사실처럼, 추측을 터득한 뒤에는 마음에 증감이
있지 않다.

蓋推測之理, 無形質而有顯晦. 人皆用而無定規, 難得以形容, 不可以模着. 然心之
於推測, 如衡之稱物, 斤重著焉. 兩重斤重十斤重百斤重, 稱得以爲推, 以測他未稱
之物, 則自有斟酌之分數, 得重之後, 衡非有增減, 得推之後, 心非有增減也.

추측지리를 터득한 면에서 말하면, 물건처럼 소유해서 마음에 채운 일은
없지만 써도 막히지 않고, 여기서든 저기서든 유행하는 자연의 이치에
어긋나지 않는다. 이러한 참과 진실은 모두 추측하는 마음의 이치386를

---

383 顯晦는 명암.『舊唐書』,「魏謨傳」의 "臣又聞, 君如日焉, 顯晦之微, 人皆瞻仰, 照臨之
　　大, 何以掩藏."에 그 용례가 보인다. 여기서는 명암이 사람의 인식에 의존한다는
　　뜻. 이와 관련해서는 앞의『추측록』권1의「身實顯晦」를 참고 바람.
384 무게의 단위로 귀금속이나 약재의 무게를 재는 단위.
385 分數는 여러 뜻이 있는데 여기서는 수량의 뜻으로 쓰였다. '斟酌之分數'란 수학에서
　　말하는 어림수와 유사하다.
386 推測之理를 말함. 용어사전을 볼 것.

말미암는다.

語其所得, 無所有而充, 然有其用而不窮, 於此於彼, 不違於流行之天理. 是誠是實, 悉由於推測之心理.

추측지리를 익히는 면에서 말하면, 생각해서 아는 기능이 생각하지 않고 도 아는 기능387에 이르기를 기약하고, 오래되어 사라질 기능은 때맞춰 살펴서 사라지지 않게 하며, 무딘 기능을 날카롭게 하고 거친 기능을 정밀하게 할 뿐이다. 하학상달388이 오직 이 방법이다.

語其所習, 思而得者, 期臻於不思而得, 久而泯者, 時省而使之不泯, 鈍者利之, 麤者 精之而已. 下學上達, 惟此道理.

---

387 『中庸章句』第20章의 "誠者, 天之道也, 誠之者, 人之道也. 誠者, 不勉而中, 不思而 得, 從容中道, 聖人也, 誠之者, 擇善而固執之者也."에서 가져온 말. 본문 '思而得者' 은 誠之者로서 人道이고, '不思而得者'는 誠者로서 天道임을 알 수 있다. 여기서는 추측의 기능을 말함.

388 『論語』, 「憲問」: 子曰, 莫我知也夫. 子貢曰, 何爲其莫知子也. 子曰, 不怨天, 不尤人, 下學而上達, 知我者, 其天乎. 작은 일부터 하나씩 배워 높은 경지에 이르렀다는 말. (강조는 옮긴이)

# 해 설

터득하고 익히는 두 관점에서 사유 법칙인 추측지리를 설명하였다. 처음에는 추상적으로 진술하다가 점차 추측지리를 드러내는 점층법을 사용하였다. 그러다 보니 터득에서는 추측의 기원을 다시 거론하게 되고, 익히는 면에서는 『중용』과 『논어』의 개념을 재해석하였다. 추측의 기원에 대해서는 이미 앞에서 누차 말하였기 때문에 더 깊은 설명은 필요 없지만, 다만 '터득[所得]'이란 말에 답이 있다. 그것은 경험을 통하여 촉발되고 체득한 사유 기능이다. 그것이 추측지리이다. 이것은 추측하는 조리로서 마음의 이치이지 사물을 추측한 결과인 추측지리라는 앎과 구별해야 한다.

그러니 "내 마음에 원래부터 추측이 있어서 사물을 증험하는 능력이 아니다"라는 말도 그 능력이 선천적으로 완성된 형태로 있지 않다는 말이고, 또 외부 사물에 추측지리라는 이치가 있어서 그것을 경험적으로 얻어왔다는 말은 더욱 아니다. 이는 내 마음에 선천적 천리가 있어서 그것을 통해 외부 사물과 일치성을 증험한다는 이학과 차별성을 드러내기 위한 말이다.

더구나 추측을 익히는 면을 강조하는 까닭은 바로 추측이 발달하는 기능이라는 점을 말해준다. 하학상달도 인식의 진보를 뜻하므로, 추측의 진보를 그것으로 해석하였고, 또 『중용』의 "성실하게 하는 것이 인간의 도리이다"라는 '誠之者, 人之道'를 추측을 진전시키는 과정으로 재해석한 일도 그것이다.

# 72. 추측의 처음과 끝
## 推測始終

나의 추측이 처음 생겼을 때부터 소멸해 없어질 때까지가 추측을 사용하는 정해진 기한이다. 그 사이에 반드시 내가 일삼는 것이 있다.[389] 그래서 옛 성인의 학문을 이어 후학의 학문을 열어줌[390]은 고인을 미루어 후인을 헤아리며, 지난날을 경계하여 뒷날을 삼감[391]은 옛일을 미루어 뒷일을 헤아린다. 이것을 버리고 따로 신묘한 것을 찾는 일을 나는 믿지 않고, 이것을 취하여 깊숙한[392] 무엇에 천착하는 일도 나는 취하지 않는다.

自我推測之始生, 至我推測之衰滅, 是乃定限. 這間必有我事焉. 繼往開來, 推古人而測後人, 懲前毖後, 推古事而測後事也. 捨此而別求神妙者, 吾不信焉, 就此而穿鑿賾隱者, 吾不取焉.

\* \* \*

고금의 성현은 모두 자연의 이치에 순응하여 순수한 데 이르는 일[393]을

---

389 원문 必有我事焉에서 必有事焉은 『孟子』, 「公孫丑上」의 "必有事焉而勿正."에 등장하는 용법.

390 「中庸章句序」: 若吾夫子, 則雖不得其位, 而所以繼往聖開來學, 其功反有賢於堯舜者. (앞에 나옴)

391 『詩經』, 「周頌小毖」: 予其懲而毖後患. 본문처럼 4글자로 말할 때는 보통 而 대신에 前을 넣어 말한다. (강조는 옮긴이)

392 賾隱은 심오하다는 뜻. 『抱朴子』, 「勖學」의 "若乃下帷高枕, 遊神九典, 精義賾隱, 味道居靜."에 보이지만, 본문에서는 부정적으로 쓰였다.

393 '자연의 이치에 순응하여 순수한데 이르는 일'은 달리 표현하면 『中庸』의 '誠之'의 노력이다. 여기서 純一은 純粹無僞의 뜻으로 眞實无妄한 誠과 뜻이 통한다.

풍성한 덕과 큰 사업394으로 삼는다. 자연의 이치에 순응하여 순수한 데 이르는 일은 나에게 있는 자연의 이치가 그 대상이지, 남에게 있는 자연의 이치를 말함도 아니고, 또한 내가 태어나기 전이나 죽은 후의 자연의 이치를 일컫는 것도 아니다.

古今賢聖, 皆以順天理而至於純一, 爲盛德大業. 順之而純一者, 乃在我天理, 非謂在人物之天理, 亦非謂我生前後之天理也.

나에게 있는 자연의 이치는 곧 본성이다. 본성을 기르는 데서 마음을 보존하여395 순수하게 함으로 밝혀396 밝은 데 이르면, 그 효과가 남과 물건에 거의 미치고 그 자취가 저절로 옛 성현397에 부합할 것이다. 이것은 추측이 통달한 곳을 가리킨 것이지, 미리 기약하여 한갓 그 효과에만 힘써서는 안 된다.398

在我之天理, 卽性也. 存心於養性以純, 至於緝熙光明, 則其效庶有及於人物, 其蹟

---

394 『周易』,「繫辭上」: 顯諸仁, 藏諸用, 鼓萬物而不與聖人同憂, 盛德大業至矣哉. 富有之謂大業, 日新之謂盛德. 직역하면 '풍성한 덕과 큰 사업'인데, 『주역』의 이 말은 인간이 아니라 천지의 造化를 형용한 말이다.
395 『孟子』,「離婁下」: 孟子曰, 君子所以異於人者, 以其存心也. 君子, 以仁存心, 以禮存心.; 같은 책,「盡心上」: 存其心, 養其性, 所以事天也. 『集注』에서는 "朱子曰, 先存心而後養性, 存得父子之心盡, 方養得仁之性."라고 풀이하였으나, 저자는 본성을 기르는 일을 통해 본심을 보존하므로 주희의 그것과 선후가 다르다.
396 緝熙는 『詩經』,「大雅·文王之什」의 "穆穆文王, 於緝熙敬止."에 등장하는 말.
397 前修는 前脩로 前賢의 뜻이다. 『楚辭』,「離騷」의 "謇吾法夫前脩兮, 非世俗之所服."에 보인다.
398 다른 곳과 함께 이 내용은 『孟子』,「公孫丑上」의 '勿助長'의 사상과 관련이 있다. 곧 "必有事焉而勿正, 心勿忘, 勿助長也."의 『集注』에서는 "正, 預期也"라고 풀이하고 있다.

自符合于前修. 此乃指其推測所達也, 不可先有所期, 徒務其效.

그러므로 추측의 참된 공부는 자기 본성의 생성과 소멸을 처음과 끝의
큰 기한으로 삼아, 그 기한 내의 일에 힘쓴다. 그리고 그 기한의 앞이나
뒤의 일을 일삼아 기한 이전의 일을 미루어 기한 이후의 일을 헤아리지
않아서 기한 내의 일에 보탬이 되게 한다. 또 기한 이전과 이후의 일을
가지고 기한 내의 일에 장해를 일으키지 않게 한다. 이것은 일삼는 것이
반드시 있는 까닭이다.

故推測眞功, 以己性之生滅, 爲始終之大限, 事其限內之事. 而不事其限前限後之事,
推限前事, 而測限後事, 俾補益於限內之事. 不以限前限後之事, 戕害限內之事. 此
所以必有事焉者也.

대개 기한 안이라는 말은 관할지의 안쪽과 같고, 기한의 앞과 뒤는 이웃
나라의 지경과 같다. 이 기한 내의 일을 내버리고 별도로 신묘한 도술399
을 구하는 일은 귀신에게 기도·제사하고 방술로 부적과 주문 따위를
사용하는 일과 같으니, 모두 허황하고 망령되며 현혹하는 일이다. 만약
털끝만큼이라도 미혹되어 믿는다면, 피해가 막심할 것이다.

蓋限內, 如管轄之境, 限前限後, 如隣國之界. 捨此限內之事, 而別求神道妙術, 如禱
禳鬼神方術符呪, 皆虛妄眩惑者也. 如有一毫疑信, 害莫甚焉.

---

399 神道妙術은 神妙道術을 달리 표현한 말. 道術은 주로 도교의 方術을 일컫는 말.
　　보통 方士·術士·道士 등이 부리는 術法으로 유학에서는 성리학을 가리킬 때도
　　있다. 여기서는 부정적으로 본다.

또 혹시 기한 내의 일에 나아가서도 일상 하는 일을 버려두고, 어두워 명확하지 않아400 보기 어려운 이치에 마음고생하며 천착하는 일은 마치 기한 앞이나 뒤를 고집하여 지켜서401 보지 않고 듣지 않는402 허상과 같다. 설령 혼자만 아는 묘한 내용이 있다고 하더라도 쓸 데가 없다.

又或就此限內之事, 而棄其常行, 苦心穿鑿於幽昧難見之理, 如限前限後之固必, 不覩不聞之虛影. 縱有獨得之妙, 無所用焉.

---

400 幽昧는 『楚辭』, 「離騷」의 "惟夫黨人之偸樂兮, 路幽昧以險隘."에 보인다.

401 固必은 고집스럽게 굳게 지키는 것으로 『論語』, 「子罕」의 "毋必, 毋固."에 보인다. (앞에 나옴)

402 不覩不聞은 『中庸章句』第1章의 "是故, 君子, 戒愼乎其所不睹, 恐懼乎其所不聞."에 나오는 말. 원뜻은 보지도 듣지도 않는 대상까지도 삼가고 두려워해야 한다는 말. 이는 『論語』에서 말한 주체가 修己를 위해 의도적으로 듣고 보지 않는 非禮勿視, 非禮勿聽의 대상으로 보인다.

# 해 설

『맹자』와 『중용』 등의 유학 사상을 추측으로 재해석하면서, 종교적 미신과 이학을 비판하였다.

추측의 대상을 인간이 살아 있는 기한 내의 일상적인 일에 두어야 하는데, 종교나 미신은 그것을 초월하고, 이학은 일상을 벗어나서 명확하지 않은 일에 천착했다는 비판이다. 다만 천리와 본성의 관계를 규정하는 형식 면에서는 이학의 논리와 다르지 않다. 여기서 오해하지 말아야 할 일이 등장한다. 곧 '나에게 있는 자연의 이치가 곧 본성이다'라는 말은 곧장 이학의 성즉리를 떠올리기 때문이다.

하지만 그 이치의 성격이 본질상 형이상의 그것인지 단순히 기의 조리나 법칙인지에 따라 판단은 달라지는데, 누차 살펴보았듯이 저자가 말한 자연적 이치는 조리나 법칙에 해당한다. 게다가 저자는 성선설을 따르지도 않는다. 그리고 '자연의 이치에 순응한다'라는 말도 기의 유행지리를 따른다는 말, 후기 철학에서 말하는 '운화 승순'의 다른 표현일 뿐이다. 따라서 '본성을 기르는 데서 마음을 보존하는 일' 곧 존심(存心)과 양성(養性)은 추측의 기능을 향상하여 사물에 통달하려는 노력이다. 맹자 사상을 추측으로 재해석하는 내용 가운데 하나이다. 앞에서도 보았듯이 추측이 수양의 논리도 포함하고 있기 때문이다.

그렇다면 문제는 '나에게 있는 자연의 이치가 본성이다'라는 말의 해석이다. 일단 성리학의 관점을 받아들이지 않는다고 해도, 자연적으로 부여된 이치가 본성임은 분명한데, 그것은 이른바 『맹자』 속의 고자(告子)의 '생긴 대로를 본성이라고 말한다[生之謂性]'라는 말과 통한다. 저자는 훗날 고자와 같이 본성이 선하지도 악하지도 않아서 물을 동쪽으로 트면 동쪽으로 흘러가고 서쪽으로 트면 서쪽으로 흘러가는 현상과

같다고 하였다.403

이것은 저자가 생물적 본능만을 본성으로 삼아 적극적으로 계발하자는
주장이 아니라, 그 본능이 추측과 관련하여 본성을 이룬다는 표현이다.
뒤에 보이지만 인간의 본성은 추측으로 확립한 사회 규범과 이런 생물적
본능의 통일체이다.

따라서 저자는 성리학의 형식적 논리를 따랐어도 맹자 사상을 온전히
이었다고 말할 수도 없다. 그래서 그만의 철학이 되었고, 그만큼 의미도
크다. 더구나 종교적 이론의 천착이나 형이상의 원리 탐구가 아니라
일상의 일을 중시하는 태도는 그의 철학이 인간의 삶을 중시하여 그
부조리를 비판하는 특징 가운데 하나이기도 하다. 그래서 그의 철학은
명쾌하고 쉽다. 유학이 원래 삶을 중시했지만, 주희 성리학 말류의
삶과 괴리된 이론의 천착 그리고 천주교 전파와 아울러 미신이 유행한
조선 후기 풍토에서 나온 발언이다.

---

403 『人政』卷2,「測好賢妬賢」: 豈是天定性稟分此善惡哉. 決東決西, 趨向不同, 一順一
逆, 培養有異.

# 73. 미룸은 그릇과 같고 헤아림은 그 쓰임과 같다
## 推如器測如用

미룸의 시행을 비록 잘했더라도 십분 완벽한 적이 없으니, 그 부족한 점을 보충하는 일이 헤아림이다. 미룸의 시행을 비록 잘하지 못했더라도 작은 한 부분이라도 서로 같지 않은 적이 없으니, 그 차이를 가려내는 일이 헤아림이다. 미룸은 그릇과 같고 헤아림은 그 쓰임과 같으니, 그릇의 효용은 오로지 쓰임에 달려 있다.

執推雖善, 嘗無十分之完合, 而補不逮者, 測也. 執推雖不善, 未嘗無一隅之相同, 而辨其異者, 測也. 推如器, 測如用, 器之功, 專在於用耳.

\* \* \*

미룸은 이미 증험한 헤아림이고,[404] 헤아림은 미룸의 변통이다.[405] 미룬 내용이 비록 여기에서는 흡족하더라도 만난 때와 지위와 재주와 덕[406]에 따라 차이가 없기가 어려우므로, 그 차이의 실마리를 알아 그 부족한 부분을 보충하는 일이 헤아림의 공이다.

推是已驗之測也, 測是推之變通也. 所推雖洽合於此, 時位才德, 難得無異, 則知其

---

404 현재의 문제를 해결하기 위해 미루는 대상은 항상 이전에 증험했던 내용을 헤아린 것이라는 뜻.
405 한 대상을 두고 볼 때 논리적으로 헤아림이 미룸보다 항상 뒤에 있다. 헤아림에서 미룸의 내용을 수정·보충할 수 있다는 뜻.
406 時位才德은 『주역』을 해석할 때 많이 사용하는 용어로. (앞에 나옴)

差異之端, 而補其不逮者, 乃測之功也.

미룬 내용이 비록 정확하지는 않더라도, 만에 하나 유사한 내용을 찾아보면 언급할 만한 한 가지 실마리라도 없지는 않다. 하지만 그 다름을 가려내어 바꾸어 미루거나,[407] 같지 않은 점을 같게 하여 미룸을 따르는[408] 일도 헤아림의 공이다.

所推雖不襯切, 求其萬一之倣似, 則不無一端之可言. 然辨其異而換推也, 齊不齊而因推也, 亦是測之功也.

비유한다면 무거운 짐을 싣는 일은 소나 말의 차이가 없지만, 논밭을 갈 때는 소를 쓰는 사람이 잘 미루었어도, 소에게 부족한 점이 있으면 그 힘을 보조하여 성취하는 일과 같다. 그러므로 미룸에는 십분 완전함이 없어도 헤아림에는 완전한 공이 있다. 또 말에게 멍에를 매어 논밭을 가는 사람은 잘못 미루었어도, 말이 소와 다른 점을 가려서 변통하여 성취할 수 있는 일과 같다. 그러므로 미룸에는 한 부분의 부합이 있고 헤아림에는 변통의 방법이 있다.

譬如駄重則牛馬無異, 而至於耕墾用牛者, 得推之善, 而牛有所不逮, 則補助而成就. 故推無十分之完, 測有十分之功也. 駕馬而耕墾者, 得推之不善, 而能辨其與牛有異, 變通而成就. 故推有一隅之合, 測有變通之方.

---

407 換推는 앞의 「換推改測」을 참고 바람.
408 因推는 앞에 2회 등장하였는데, 모두 미룸을 말미암거나 따른다는 의미.

# 해 설

미룸과 헤아림을 그릇과 그 쓰임에 비유하였다.

추와 측은 논리적으로 독립된 개념이지만, 실제 사용에 있어서는 서로 연속된다. 과거에 헤아린 내용이 지금 미루는 내용의 근거가 되고, 지금 미루는 내용이 헤아림의 단계에서 수정 또는 보충되기 때문이다. 인식과 일의 최종 판단은 헤아림에서 이루어진다. 그래서 아마도 "그릇의 효용은 오로지 쓰임에 달려 있다"라고 말했을 것이다. 쓰임이 그릇의 목적이기 때문이다. 소와 말의 비유를 그런 각도에서 선택하였다.

# 74. 허령과 의혹
## 虛靈及疑惑

텅 비고 영험한 마음409이 느끼어 통하는 일410은 모두 추측의 활동에서 나오고, 의혹을 일으키는 원인은 모두 미룸만 있고 헤아림이 없는 데에 있다.

虛靈感通, 皆出於推測之活動, 成疑致惑, 皆在於有推而無測.

\* \* \*

의혹을 일으킬 수 없는 사람은 반드시 미루는 일도 없다. 반면 미루는 일이 있으나 아직 헤아리는 방향411을 갖지 못한 사람은 반드시 의혹을 일으킨다. 그래서 큰일에서는 큰 의혹을 이루고, 작은 일에서는 작은 의혹을 일으킨다.

不能成疑惑者, 必無所推之事. 若有所推之事, 而未及有測量之方者, 必成疑致惑. 大事則成大疑惑, 小事則成小疑惑.

헤아림에 방향이 있게 되면 의혹이 그것을 따라 점차 없어지고, 추측도

---

409 虛靈은 『大學』明德의 朱熹 주석에서 虛靈不昧와 같이 쓰여 마음을 표현한 말인데, 그 원문은 "明德者, 人之所得乎天, 而虛靈不昧, 以具衆理而應萬事者也."이다. 또 『朱子語類』 5-39의 "虛靈自是心之本體, 非我所能虛也." 등에도 보인다.
410 感通은 感而遂通의 줄인 말로, 타물을 느끼어 내가 통한다는 의미로 『周易』, 「繫辭上」의 "易, 無思也, 無爲也, 寂然不動, 感而遂通天下之故."에 등장하는 용어.
411 方은 뒤에 方向으로 나옴.

따라서 더욱 드러난다. 한 가지 두 가지 일에서 익힘이 이루어지고, 한 해 두 해를 거치면서 기른 것이 자라서 활발한 경지에 이르면, 비록 추측에 마음 쓰지 않더라도 기미를 따라 드러내거나 익힌 일을 따라 활동한다. 이것이 바로 마음의 텅 비고 영험함이요 느끼어 통함이다.

及到測有方向, 疑惑隨而漸消, 推測因而益著. 一事二事, 習有所成, 一年二年, 養有所長, 至于活潑之地, 則雖不用心推測, 而或因機微而呈露, 或因所習而活動. 此卽虛靈也感通也.

대개 추측지리는 마음에 감춰져 뿌리를 두고 있는데, 마음이란 몸의 맑은 기이다. 이 마음이라는 기가 움직이는 때가 있으면, 추측지리도 따라서 활동한다. 그러므로 '텅 비고 영험함'과 '느끼어 통함'이라는 명칭이 그래서 생겨났지, 따로 신명412이 있어서 그렇게 만드는 일은 아니다.

蓋推測之理, 藏根於心, 心乃身氣之淸者也. 有時心氣動, 則推測之理亦隨而活動. 故虛靈感通之名, 所以作也, 非別有神明使之然也.

---

412 저자가 말하는 神明이란 氣의 그것이다. 자세한 것은『신기통』권1, 「明生於神力生於氣」를 참고 바람. 神明이 보이는 문헌은『周易』, 「繫辭下」의 "陰陽合德, 而剛柔有體, 以體天地之變, 以通神明之德." 등으로, 만물의 변화와 생성을 신명의 덕이라 하는데, 이때의 신명은 천지의 덕이다. 여기서 '따로 신명이 있다'라는 말은 민간이나 종교에서 말하는 신명을 가리키는 말이다.

# 해 설

전통의 허령과 감통을 추측으로 재해석하면서 헤아림의 방향을 말하였다.

미룸은 각자의 경험을 근거로 추론하는 일이다. 하지만 그 추론도 방향성을 지닌 판단 곧 헤아림에 의지하여 완결된다. 여기서 방향이란 바로 세계관의 문제이다. 따라서 저자의 관점에서는 미신이나 일부 종교의 세계관은 아무리 잘 미루어도 의혹을 이룰 뿐이다. 가령 『천주실의』 등에서 신의 존재를 증명하면서 온갖 추론을 다 하지만, 그것이 의혹이 될 수밖에 없음은 판단의 방향 곧 세계관이 저자가 생각하는 그것과 다르기 때문이다.

끝 문장 '신명이 따로 있어서 그렇게 만드는 일이 아니다'라는 말은 두 가지 배경에서 설명할 수 있다. 하나는 서학에서 신이 인간 영혼의 능력으로서 부여했다고 말하는 이성(지성)을 가리키는 말이다. 추측지리라고 말함은 이같이 신이 부여한 이성의 작용이 아니라, 마음을 이루는 기의 법칙상 그런 작용을 한다는 뜻이다. 참고로 『천주실의』 등의 서학 서적에서는 이 이성적인 능력을 명오(明悟) 외에 영성(靈性)·영(靈)·영심(靈心) 따위로 옮겼다.

다른 하나의 배경은 『맹자집주』에서 주희가 "마음이란 사람의 신명으로 많은 이치를 갖추어 만사에 응하는 것이다"[413]라는 말을 의식하고 한 말이기도 하다. 여기서 저자가 '마음'과 '신명'과 '많은 이치를 갖춤'을 같은 선상에서 이해했을 때 그렇다. 따라서 많은 이치를 갖추어서 마음이 허령하고 감통하는 일이 아니라, 추측의 활동 때문에 그렇다는 뜻이다.

---

413 『孟子集註』, 「盡心上」: 心者, 人之神明, 所以具衆理而應萬事者也.

그래서 제목 '허령과 의혹'은 자연히 이학과 서학을 상징하는 말로 사용하였다.

이 과정에서 전통의 허령과 감통을 추측으로 재해석하였다. 그것은 태어나자마자 곧바로 발현되는 능력이 아니라 경험과 학습의 장기간 누적을 통해 추측 기능이 고도로 발달한 시점에서 드러나는 점을 분명히 하였다. 추측지리가 "마음에 감춰져 뿌리를 두고 있다"라는 말도, 그것이 형이상의 완결된 이치로서 미리 갖춰졌다는 의미가 아니라, 인간이 태어났을 때의 시점에서 말하면, 겨우 그 가능성을 가리키는 말이기도 하다. 단지 추측 활동의 발달 상황에 따라 드러나거나 감춰지는 조리일 뿐이기 때문이다.

# 75. 추측의 난이
## 推測難易

터득하기는 어려우나 잃기 쉬운 일은 미룸이고, 정밀하기 어려우나 거칠기 쉬운 일은 헤아림이다. 아는 것이 이와 같다고 해서 공부가 아니고, 이것으로써 실천해야만 참되다. 한때 실천한 일이 이렇다고 순수하게414 되는 일이 아니고, 종신토록 어긋남이 없어야만 이룬 덕415이다.

難得而易失者, 推也, 難精而易麤者, 測也. 認之如此, 不是功夫, 以此行之, 方是誠實. 行之如此, 不是純一, 終身無違, 乃是成德.

\* \* \*

'미룬다'라고 하고 '미룬다'라고 말하니, 어찌 여러 가지가 없겠는가? '헤아린다'라고 하고 '헤아린다'라고 말하나, 어찌 한결같음에 머물겠는가? 미룸에 선택하는 대상416이 없으면 그 마땅함을 얻기 어렵고, 헤아림에 자세히 살피는 일이 없어도 정밀하기 어렵다.

推云推云, 豈無二三. 測云測云, 豈止一哉. 推無所擇, 難得其宜, 測無詳察, 亦難其精.

---

414 純一은 純壹과 같음. 純粹不雜 또는 純粹無僞의 뜻. 王充의 『論衡』, 「本性」의 "初稟天然之姿, 受純壹之質, 故生而兆見, 善惡可察."에 보인다. 誠實과 통한다. (앞에 나옴)

415 成德은 盛德 또는 성취한 덕이다. 『周易』, 「乾卦」의 "君子以成德為行."과 『傳習錄』卷上-142의 "學校之中, 惟以成德為事."에도 보인다.

416 앞의 「擇推本末」 참조. 거기서는 핵심과 종지를 선택해야 한다고 강조하였다.

이렇게 아는 일만으로 공부가 될 수 없고, 이것을 의지하여 실천해야만 참된 공부가 된다. 한때 실천한다고 해서 순수하게 되는 일은 아니고, 종신토록 어긋남이 없어야 이룬 덕이다.

如此知之而已, 不是功夫, 依此行之, 乃是誠實功夫. 一時行之, 不是純一, 以至終身無違, 卽是成德.

대개 사람 마음은 원래 생기417이므로 비록 한순간이라도 생각이 없을 수 없어서, 의리와 사욕이 수시로 아울러 발진한다. 그래서 사욕을 미루는 일은 막아도 쉽게 일어나고, 의리를 미루는 일은 함양418해야만 드러난다. 미룸에 이미 선택하는 대상이 있고, 헤아림에도 정밀하고 거친 내용이 있어, 방종하고 태만하면 거침을 면치 못한다. 그러니 상세하고 엄밀하게 밝게 살펴야만,419 가까스로 그 정밀함을 얻을 수 있다.

蓋人心旣是生氣, 則雖須臾之頃, 不可無思慮, 義理私欲, 隨時幷進. 私欲之推, 遏之而易發, 義理之推, 涵養而乃著. 推旣有擇, 測亦有精麤, 放肆怠忽, 則未免其麤. 詳密照察, 庶得其精.

---

417 마음인 神氣를 活物의 측면에서 말함. 生氣와 神氣는 존재 면에서 같지만, 후기 저술에서는 生氣를 기의 일반적 성질로 보아 기의 본성인 活動運化의 活을 설명하는 개념으로 사용한다. 바로 여기서 이 生氣가 서학의 물질 개념과 氣가 가장 차이 나는 특징 가운데 하나이다.

418 주로 성리학에서 본성을 머금어 기르는 養性의 일로 未發일 때의 공부이다. 여기서는 추측을 통해 가치를 내면화하는 일로 보임. (앞에 나옴)

419 照察은 明察이나 照見의 뜻으로 王充 『論衡』, 「吉驗」의 "蓋天命當興, 聖王當出, 前後氣驗, 照察明著."에 보인다.

이런 까닭으로 추측의 학문에는 계속 나아가는 무궁한 이치가 있어서,
탐구할수록 더욱 깊어진다.

是以, 推測之學, 有進進無窮之理, 愈探愈深.

# 해 설

추측으로 공부 문제를 재해석하였다.

일단 추측에서 어렵거나 쉬운 상태와 대상을 논한 뒤, 공부의 참됨과 덕의 완성을 말하였다. 의리와 사욕의 문제도 어렵거나 쉬운 문제 가운데 하나였다. 이것을 보면 추측이 단지 인식의 문제에만 국한하지 않고 실천과 통합되어 덕의 완성을 지향하고 있음을 알 수 있다. 사실 동아시아 전통에서는 공부란 언제나 실천과 연계되어 있다. 비록 인식과 실천의 선후에서 학자나 학파마다 차이는 있어도, 앎과 실천을 분리하면 참된 공부가 되지 않는다. 서양 학문과 구별되는 지점 가운데 하나이기도 하다.

이것을 보면 저자의 인식 이론이나 추측도 단지 앎의 문제로 끝나지 않고 덕을 완성하는 일로 귀결됨을 알 수 있다. 다만 앎의 폭이 전통의 그것보다 넓고 또 모두 수양을 위한 것은 아니긴 하지만.

# 76. 아는 것이 얼마 없다
## 所知無幾

온 세상의 사물은 무궁하나 나의 추측은 유한하다. 내가 이미 알고 있는 내용을 미루면 "마음밖에 사물이 없다"[420]라고 말할 수 있으나, 내가 아직 알지 못하는 대상을 헤아리면 마음 밖에도 얼마든 사물이 있다. 하지만 이미 알고 있는 내용 가운데 아직 알지 못하는 대상이 감춰져 쌓여 있다면, 앎은 실로 얼마 되지 않는다.

天下之事物無窮, 我之推測有限. 推我所已知, 則可謂心外無物, 測我未及知, 則心外有幾許事物. 然已知之中, 又有未及知之蘊, 則所知實無幾何.

\* \* \*

사람 몸의 오관[421]은 모두 오장육부의 연결을 따라 기관을 이룬다. 장부와 기관 속 생기의 활동[422]은 상세히 알 수가 없다.

---

420 心外無物은 불교에서도 말하나 유학사에서 보통 양명학을 창시한 王守仁의 말로서 자주 인용된다. 『傳習錄』卷上-85의 "心外無物. 如吾心發一念孝親, 卽孝親便是物."

421 인체의 五感을 맡은 기관으로서 五司는 서학에 보이는데, 『新法算書』卷23, 『遠鏡說』, 題의 "人身五司, 耳目爲貴, 無疑也."에 보이고, 또 畢方濟(Francesco Sambiasi)의 『靈言蠡勺』上卷, 「論亞尼瑪之能」의 "覺能又有二, 一者外覺, 二者內覺. 行外覺以而能, 外能有五司, 耳目口鼻體, 是也."에도 보인다.

422 生氣와 活動은 훗날 『기학』 등에서 일반적 기의 본성을 규정할 때 개념어로 쓰인다. 곧 기의 본성을 活動運化로 규정하고, 活動運化의 네 글자에 각각의 설명을 붙이는데, 바로 活을 生氣로 풀이한다. 바로 여기서 그의 후기 철학이 형성되어 가는 실마리를 확인할 수 있다. 여기서는 생명력의 뜻. (앞에 나옴)

人身五司, 皆由於臟腑之聯絡而成機括耳. 臟腑機括, 生氣活動, 不可得以詳悉矣.

지구423의 수증기424는 반드시 활동하는 물건425이나 사람은 단지 지구 표면의 먼지와 때와 땀과 물기를 볼 뿐, 그 속의 장부와 뼈와 근육의 허실과 유무 따위를 아직 알 수 없다.

地體之蒸氣, 必是生物, 但見被面之塵垢汗澤, 而其中之臟腑骨肉虛實有無, 未可知矣.

나아가 사람의 일상 활동에서는 다만 해당하는 일을 익혀 행할 수 있을 뿐, 그 근원과 말단의 자세한 내용은 대부분 아직 모르고, 뜻밖의426 성패는 아직 확신할 수 없다.427 그러니 이른바 안다는 내용도 일상의 범위와 몸에 밴 습관의 찌꺼기를 벗어나지 않는다. 또 전광석화와 같이 짧게 나는 빛428으로 사물을 비추어 보려고 하면, 어찌 그것을 오랫동안 멀리 비추게 할 수 있겠는가? 그 아는 내용을 따져보면 실로 얼마 되지

---

423 地體는 『신기통』 권1, 「地體及諸曜」를 참고 바람.

424 蒸氣은 솥이나 시루에서 찌는 듯 올라오는 수증기인데, 여기서는 땅에서 증발하는 기로 『淮南子』, 「主術訓」의 "是故草木之發若蒸氣, 禽獸之歸若流泉."에 보인다.

425 원문 生物은 오늘날 생물학에서 말하는 living things와 다르다. 앞 문장 生氣의 活動과 같은 의미.

426 不虞는 생각지도 못했던 일로 『詩經』, 「大雅抑」의 "質爾人民, 謹爾侯度, 用戒不虞."에 보인다. (앞에 나옴)

427 固必은 고집스럽게 굳게 지키는 것으로 『論語』, 「子罕」의 "毋必, 毋固."에 보인다. 여기서는 굳게 확신하다의 뜻으로 쓰였다. (앞에 나옴)

428 시간이 짧다고 비유하는 불교 용어인 石火電光과 비슷한 말. 『景德傳燈錄』, 「懷楚禪師法嗣」의 "僧問, 如何是佛法大意. … 師曰, 石火電光, 已經塵劫."에 보인다. 여기서는 유한한 짧은 생애 또는 우주에 비해 인간의 짧은 역사에서 갖는 앎을 비유한 말. 뒤의 『추측록』 권2, 「諸曜遲疾可測 所以然難知」의 "人處其中, 石火起滅."도 그런 뜻이다.

않는다.

至於日用常行, 但能習行其事而已, 源委曲折, 多所未譜, 不虞成敗, 未可固必. 則所謂知之者, 不過經常之範圍行習之糟粕. 且以石火飜光, 欲照察事物, 其何能久且遠也. 究其所知, 實無幾何.

하지만 노자와 장자의 무리는 단지 여기에서 보기만 하고[429] 백성 생활을 기꺼이 구제하려 하지 않으니, 이것은 지나친 것이다. 방술에 종사하는 무리는 귀신을 빙자하여 허무한 지식을 과장하니, 이것은 망령된 것이다.

然老莊之徒, 只見於此, 而不肯做民道之營濟, 是則過也. 方術之類, 假托鬼神, 誇張虛無之知, 是則妄也.

오직 추측의 방법에서는 알거나 모르는 일에 구애받지 않는다. 그래서 미룰 수 있는 대상을 미루고 헤아릴 수 있는 대상을 헤아리되, 미룸이 없는 헤아림을 앎으로 여기지 않고 증험이 없는 헤아림도 앎으로 여기지 않는다.

惟推測之方, 不以知不知爲拘. 而推其可推, 測其可測, 無推之測, 不以爲知, 無驗之測, 亦不以爲知.

---

429 노장사상의 전반이 그런 분위기이고, 또 저자는 앎이 비록 적지만 그렇다고 해서 가령 『老子』 20장의 "絶學無憂. 唯之與阿, 相去幾何."에서처럼 앎을 보잘것없는 것으로 보는 일이 지나쳤다는 말.

# 해 설

인체와 지구를 예로 들어 우리가 정확하게 알 수 있는 지식이 얼마
없음을 주장하였다.

이는 저자가 동서를 막론하고 당시까지 알려진 지식을 그렇게 판단한
결과로 보인다. 저자의 경험-추측-증험의 인식 논리에서 보면, 당시의
모든 앎을 액면 그대로 신뢰하기 어렵다는 생각이 반영되어 있다. 그가
접한 서양 과학도 신학적 목적론과 섞이고, 전통 지식도 근거 없는
억측과 음양오행 등의 견강부회한 설명이 섞여 있었기 때문이다.
마지막 단락에서 추측의 대상과 앎을 분명히 밝힘으로써 지적 정직성을
드러내었다.

# 77. 있거나 없는 추측의 방향
## 有方無方

방향이 있는 데서 없는 곳으로 이르는 과정은 미룸이고, 방향이 없는 데서 있는 데로 이르는 과정은 헤아림이다. 방향이 있는 대상을 미루어 방향이 없는 대상을 헤아리는 일은 처음 배우는 사람의 일이고, 방향이 없는 대상을 미루어 방향이 있는 대상을 헤아리는 일은 덕을 이룬 사람의 일이다.

自有方而至於無方者, 推也, 自無方而至於有方者, 測也. 推有方而測無方, 初學之事, 推無方而測有方, 成德之事.

* * *

사람이 태어난 처음에는 단지 몸의 미룸430만 있다. 그러다가 점차 보고 듣는 경험이 있게 되면 미룸이 드러나고 헤아림이 생긴다. 이때가 되어야 미룸에 방향이 있으므로, 단지 불을 가지고 불이라 미루고 물을 가지고 물이라 미룰 줄만 안다. 또 헤아림에는 방향이 없으므로, 불을 미루어 물을 헤아리거나 물을 미루어 불을 헤아릴 수 없다.

人生之初, 只有形氣之推. 漸至有見聞閱歷, 推著而測生. 方是時, 推有方向, 故只知

---

430 形氣는 여기서는 형체 곧 몸의 뜻으로 쓰였음. 몸의 미룸이란 嬰兒의 경우 고등 사고가 아니라 자극에 대한 몸의 반응. 곧 배고프거나 아랫도리가 대소변으로 축축할 때 울거나 부드러운 젖꼭지(진짜든 가짜든)를 무는 따위의 몸으로 느껴서 표현하는 일로 보임.

以火推火以水推水. 測無方向, 故不能推火測水推水測火.

추측이 익숙하게 되면 미루는 대상에 일정한 방향이 없다. 이것저것 참고하여 미루기도 하고, 없는 대상 가운데서 미룸이 생겨나기도 하며, 만나는 대상에 따라 미루기도 한다. 이렇게 미루는 대상이 비록 여러 갈래라도 헤아린 결과는 모두 하나의 통일된 이치로 돌아가 그 덕과 사업을 이룬다.

及到推測慣熟, 所推無一定之方. 或參互以爲推, 或從無中生推, 或隨所遇而以爲推. 所推雖多端, 所測皆以一統之理爲歸宿, 成其德業也.

그러므로 추측에서 처음과 끝을 분석해 말하면, 미루는 대상은 방향이 있는 데서 시작하여 끝내 일정한 방향이 없는 데에 이르고, 헤아리는 대상은 방향이 없는 데서 시작하여 끝내 일정한 방향이 있는 데에 이른다. 하지만 미룸이 아니면 헤아림이 생길 수 없고, 헤아림이 아니면 미룸을 완성할 길이 없다.

故就推測而分言始終, 則所推始有方向, 而終至於無一定之方, 所測始自無方向, 而終至於有一定之方也. 然非推, 無以生測, 非測, 無以成推.

# 해 설

추측의 발달 과정에 따라 미룸과 헤아림의 방향을 설명하였다. 시작하는 글에 "방향이 있는 데서 없는 곳으로 이르는 과정은 미룸이고, 방향이 없는 데서 있는 곳으로 이르는 과정은 헤아림이다"라는 문장을 대하였을 때 무슨 뜻인지 매우 당혹감을 느낄 수밖에 없다. 글을 끝까지 다 읽고서야 이해되는 글이다.

구체적 사물에 대한 경험을 토대로 인간의 인지가 발달한다는 발달심리학을 고려한다면, 이 글을 충분히 이해할 수 있다. 곧 추상적 사유는 경험을 토대로 발달한다는 점을 잘 보여주고 있는데, 아동은 구체적 사물을 가지고 그것과 유사한 사물만 추론할 수 있으나, 그것과 질적으로 다른 보편적 원리를 판단하기는 어렵다. 가령 잎과 열매나 뿌리를 보고 해당 식물을 추론해 찾아낼 수는 있다. 하지만 그것들을 종합해 식물, 더 나아가 생물의 성장과 번식의 보편적 특징을 잡아내는 일은 매우 어렵다. 사고가 풍부하게 발달한 성인이라면 다양한 현상을 추론해서 식물의 보편적 원리를 판단할 수 있다.

여기서 저자는 미룸과 헤아림의 성격을 확연히 드러낸다. 미룸이 없으면 헤아림도 성립할 수 없지만, 헤아림이 없으면 미룸도 완성되지 않는다는 점이다.

# 78. 형체가 있거나 없는 대상의 미룸
## 推形有無

형체가 있고 뚜렷한 대상을 미루는 방법으로 그 앞과 뒤를 헤아릴 때, 멀리서 보고 듣는 일은 가까이서 보고 듣는 일보다 못한 점이 되레 우려스럽다. 하물며 형체가 없고 그윽이 숨어 있는 대상[431]을 미루는 방법으로 그윽이 숨어 있는 대상의 전후를 헤아리는 일이랴

推有形而著顯者, 以爲法, 測其前, 測其後, 尙慮遠視不如近視, 遠聽不如近聽. 況推無形而幽隱者, 以爲法, 測幽隱之前後乎.

\* \* \*

허구[432]를 미루어 참을 헤아리거나 참을 미루어 허구를 헤아리는 일은 비록 학문을 이루는 갈림길이기는 하지만, 허구를 미루어 참을 헤아리는 일 또한 참을 미루어 허구를 헤아린 일을 말미암는다.

推虛測實, 推實測虛, 雖成學問之歧路, 然推虛測實, 亦由於推實測虛.

후학들 가운데 참된 일상을 무미건조하게 여기는 사람은 허구를 미루어 종지로 삼아, 종신토록 밝혀 표현한 일이 허구에 의지해 참을 더듬어

---

431 뒤의 '責究於氣質偏勝'를 참고하면 성리학에서 말하는 본성으로서 理이다.
432 虛는 주로 종교적 대상에 대해서 사용하지만, 위의 '無形而幽隱者'와 글 전체의 맥락을 고려하면 성리학에서 미루는 대상도 포함된다. 여기서는 실제로 없다는 의미의 허구로 쓰였다.

찾는다. 허구를 으뜸으로 여기는 일을 무익하게 보는 사람은 참을 미루어
종지를 세우고, 평생 사용하는 일은 참을 참되게 대하고 허구를 허구로
대한다.

而後學之以實常爲無味者, 推虛是宗, 終身發明, 憑虛摩實. 以宗虛爲無益者, 推實
立宗, 平生須用, 實其實, 虛其虛.

이 사람을 저 사람에게 비교해 보자. 먼저 유행지리에서 추측을 얻고
유행지리에서 추측을 증험하다가, 부합되지 않을 때는 물리를 참고한다.
그리하여 앞으로 나아가거나 뒤로 물러나고 더하거나 빼서 기회를 따라
변통하여, 자연의 이치[433]에 어긋나지 않게 하려고 하니, 참을 미루는
사람이다.

以此較彼. 得推測於流行之理, 而驗推測於流行之理, 有時不合, 參考物理. 進退加
減, 隨機變通, 要不違於天理, 推實者也.

다음으로 추측지리[434]에 본래 오류[435]가 없다고 여기고, 오직 기질의
가림에 미진함이 있어 저 유행지리에 증험하다가, 부합되지 않을 때
왕성하게 치우친 기질 탓으로 돌리기만 하고 물리에 참고하는 일이
적으니, 허구를 미루는 사람이다.

---

433 天理는 流行之理를 달리 표현한 말.
434 추측지리는 아직 유행지리로 판명되지 않은 추측의 결과로 추론된 이치이지만,
   여기서는 검증할 수 없는 종교나 형이상학적 이치이다. 이것을 다른 곳에서는
   달리 推測之心理 또는 心理로 부른다. 저자는 이학에서 말하는 태극도 이 추측지리
   로 보며, 본문에서도 성리학의 이치이다.
435 釁漏은 원래 갈라진 틈, 누락 등을 뜻하지만 여기서는 오류나 흠의 뜻.

以推測之理, 爲本無罅漏, 而惟氣質之蔽, 有所未盡, 有時驗夫流行之理而不合, 則責究於氣質偏勝, 參考於物理頗少, 推虛者也.

대개 고금의 공부가 자연 이치의 좇음을 위주로 하지 않음이 없으니, 그 부합되지 않은 곳에서 어찌 자연의 이치가 나를 따르도록 바랄 수 있겠는가? 참으로 나부터 변통하여 자연의 이치에 부합하는 일이 마땅하다. 자연 이치의 참된 자취를 미루어 그 전후를 헤아리는 일도 되레 착오가 생길까 우려되거늘, 하물며 한 마음의 빈 그림자를 미루어 그윽이 숨은 대상을 헤아리는 일이겠는가?

蓋古今功夫, 莫不以順天理爲主, 則其於不合處, 豈可望天理之從我. 固宜自我變通, 以合天理耳. 推天理之實蹟, 測其前後, 尚慮差失, 何況推一心之虛影, 以測幽隱乎.

그렇지만 허구를 미루는 사람은 마땅히 허구여야 하는데도 그 허구를 굳게 잡아 참이라 여기고, 참을 미루는 사람은 마땅히 참이어야 하여 참을 이루려고 그것을 허구로 받아들인다.

然推虛者, 宜虛而固執其虛以爲實, 推實者, 宜實而欲成其實以虛受.

# 해 설

추측에서 참과 허구인 대상에 따른 학문의 차이를 설명하였다.
저자가 원문에서 사용하는 '虛'의 주 대상은 대체 불교나 도교를 비롯한
기독교 등의 종교를 비판할 때이다. 하지만 이 글은 굳이 종교를 배제하지
는 않지만, 좁혀서 말하면 주희 성리학을 비판한 내용이다. 그것은
저자와 주희 학문의 성격 차이에 따라 당연히 나올 수밖에 없다. 그는
경험과 과학적 방법을 동원해 외부 사물의 객관적 법칙이나 원리를
파악하는 방식이고, 주희 성리학은 천리로서 인간 본성인 형이상학적
태극이나 이치를 전제하고 파악하는 일종의 윤리적 앎(관념 또는 가치)이
기 때문이다. 문제는 후자가 이 윤리적 가치를 자연 이치와 같은 방식으로
다루는 데 있다. 다시 말해 저자 식으로 표현하면 추측지리라고 여기면
전혀 문제 될 리 없는데, 굳이 유행지리에 해당하는 천리라고 말하기 때문이다.
그래서 본문의 '참'과 '허구'는 이런 존재 상에서 구분한 용어이다. '한
마음의 헛된 그림자'나 "그 부합되지 않은 곳에서 어찌 자연의 이치가
나를 따르도록 바랄 수 있겠는가?"라는 말도 이런 점을 두고 한 말이다.
곧 인간의 윤리 관념이 실재하는 것으로 오해하는 성리학을 비판한
말이다. 가치와 존재는 다른 영역의 문제임을 시사하고 있다.
이 문제는 이미 서두에서 '형체가 있어 뚜렷한' 것과 '그윽이 숨어 있는'
것을 말했을 때, 전자는 경험할 수 있는 대상이고 후자는 경험 불가능한
사유 대상으로 구분할 때 등장하였다.
이를 좁혀 말하면 과학과 윤리의 문제이다. 저자는 다른 글에서 윤리로서
추측지리의 중요성을 자주 언급하면서도, 그것과 자연법칙으로서 유행
지리와 혼동하지 말 것을 주문하였다. 이 글에는 그런 윤리와 과학을
그 대상에서부터 구분하자는 실마리가 들어 있다.

# 79. 미룸과 헤아림을 기름
## 養推養測

미룸을 기르는 방법은 널리 배우고 살펴 묻는436 일을 견문으로 삼고,
성과 경437을 거두어들이는 일438로 삼으며, 강습439을 이끌어 깨우치는
일로 삼고, 이치를 궁리하여 밝힘을 복습하여 끌어내는 일로 삼는다.
그리하여 누적해 쌓아 크게 이루고 앎이 넓게 확충하여 밝음이 생긴다.

養推之方, 以博學審問爲聞見, 以誠敬爲收斂, 以講習爲提惺, 以窮格爲溫繹. 積累
而成大, 恢擴而生明.

헤아림을 기르는 방법은 대상과 나440를 서로 참여시켜 마땅함을 따라
변통하고, 이전 것을 보고 이후를 고려하며 형체를 보고 그림자를 살핀
다. 그리하여 공동체441의 규모와 천지의 범위를 가슴 속에 거두어 펼치
니, 모두 근거와 까닭이 있다.

養測之方, 物我相參, 隨宜變通, 瞻前而顧後, 見形而察影. 家國規模, 天地範圍,
捲舒胸次, 皆有根緣.

---

436 『中庸章句』第20章: 博學之, 審問之, 愼思之, 明辨之, 篤行之.
437 성리학에서 誠은 眞實无妄으로서 수양의 목표이고, 敬은 主一無適으로서 수양의
　　과정이다.
438 收斂은 여러 뜻이 있지만, 성리학에서는 행위와 마음을 점검하거나 단속하는
　　수양의 뜻으로 쓰인다.
439 講習은 강론하고 연습하는 일. 『周易』, 「兌卦」의 〈大象傳〉의 "象曰, 麗澤兌, 君子以,
　　朋友講習."에 보인다.
440 나의 앎을 말함.
441 고대에 家는 大夫, 國은 제후가 다스리던 나라.

대개 자연의 이치에서 미룸을 터득하여 자연의 이치에 따름을 헤아리니, 헤아림을 가지고 미룸을 기르고 미룸을 가지고 헤아림을 길러서, 자연과 인간의 이치에 돌아가 바르게 되어야 한다.

蓋得推於天理, 測順天理, 以測養推, 以推養測, 要歸正于天人之理.

＊　＊　＊

미룸은 의를 모아 생겨나는 것이니 밖에서 의가 엄습하여 취하는 일은 아니다.[442] 만약 여러 의를 모은 게 없으면 어떻게 미룸을 이루겠는가? 또 이러한 의를 배양함이 없으면 어떻게 미룸을 넓히겠는가? 널리 배우고 살펴 묻는 일은 견문을 따라 그 미룸을 모으는 방법이고, 성실과 경을 도탑게 하는 일[443]은 이러한 미룸을 거두어들이는 방법이고, 벗들과 강습하는[444] 일은 이 미룸을 끌어 깨우치는 방법이고, 고요할 때를 기다려 이치를 궁리하여 밝히는 일은 이 미룸을 복습하여 끌어내는 방법이다. 밝히는[445] 노력이 백 년이 하루 같으면, 그 미룸을 날마다 계산하면 비록 부족한 듯하지만, 해마다 계산하면 어느새 크게 이루어져 두루 비치는 빛이 드디어 투명한 밝음[446]을 이룬다.

---

442 『孟子』, 「公孫丑上」: 是集義所生者, 非義襲而取之也. 是는 浩然之氣를 가리키며 『集注』에서는 "集義, 猶言積善."으로 풀었다. 저자는 미룸을 수양론의 관점에서는 『맹자』의 내용으로 재해석하였다.

443 『論語』, 「衛靈公」: 子曰, 言忠信, 行篤敬, 雖蠻貊之邦, 行矣. 言不忠信, 行不篤敬, 雖州里, 行乎哉.

444 『周易』, 「兌卦」의 朋友講習에서 朋徒講習으로 한 글자 바꾸었다.

445 緝熙는 『詩經』, 「大雅·文王之什」의 "穆穆文王, 於緝熙敬止."에 등장하는 말. (앞에 나옴)

推乃集義而生者, 非義襲而取之也. 如無集聚諸義, 何以成推. 又無培養此義, 何以
擴推也. 博學審問, 所以從見聞而集其推, 誠實篤敬, 所以收斂此推, 朋徒講習, 所以
提惺此推, 俟靜窮格, 所以溫繹此推. 緝熙之功, 百年如一日, 則日計其推, 雖若不足,
歲計其推, 於焉成大, 而放彌之光, 遂成虛明也.

헤아림은 미룸과 대상 사이에서 헤아리고 판단해, 알맞고 마땅함447을
비추어 살피는 일이다. 거기에 장애가 없게 하려면, 평소 기른 일에
의지하여 형체가 없는 곳에서는 형체가 있는 것으로 간주하고 혼란한448
곳에서는 격식449을 구별한다. 그리하여 누차 생각해서 안 내용은 한
번 생각하여 곧 깨닫고, 오래 보아서 깨달은 내용은 눈에 스치자마자
문득 이해하며, 같음에서 다름을 구별하고 다름에서 같음을 분별하고,
작음을 펴서 큼에 이르고 큼을 말아서 빽빽한 곳에 감춘다. 그러므로
헤아림에 기른 일이 없으면 설령 미룸이 있어도 쓰기 어렵고, 미룸에
기른 일이 없으면 설령 헤아림이 있어도 증험이 없다.

測乃量度於推與物之間, 照察適宜. 不欲有礙, 則資其素養, 無形處看作有形, 渾淪處分

---

446 虛明은 크게 두 가지 뜻이 있다. 곧 空明과 內心의 淸虛純潔이 그것인데, 둘
다 문맥에 통한다.
447 適宜는 곧 義를 말한다. 『추측록』 권3, 「仁義禮知」에서 "惡戕害喜生成者曰仁,
齗齗於過差, 而釆帖於適宜, 故適宜者曰義."라고 하여 義의 개념으로 풀이하였음.
따라서 본문의 글을 "헤아림은 미룸과 대상 사이에서 헤아리고 판단해 의를 비추어
살피는 일이다"라고 바꾸어 말할 수 있다.
448 渾淪은 우주가 형성되기 전의 혼돈 상태를 말하는데, 『列子』, 「天瑞」의 "太初者,
氣之始也, 太始者, 形之始也, 太素者, 質之始也. 氣形質具而未相離, 故曰渾淪.
渾淪者. 言萬物相渾淪而未相離也."에 보인다. 본문에서는 혼란에 가까움. (앞에
나옴)
449 格式은 원래 고대의 律·令·格·式의 성문법 체계이지만 여기서는 어떤 기준에
따른 명확한 내용을 말한다.

開格式. 屢思而得者, 一思便曉, 久視而覺者, 過眼輒解, 同中別異, 異中辨同, 舒微而至
於大, 捲大而藏於密. 故測無所養, 縱有推而難用, 推無所養, 縱有測而無證.

대체로 보아 자기 마음에 의혹이 있는 사람은 남에게서 추측하고, 남에게
의혹이 있는 사람은 성인에게서 추측하고, 성인에게 의혹이 있는 사람은
자연의 이치에서 추측한다. 이미 자연의 이치에서 안 내용이 있으면,
성인에게 대질[450]하고 남에게 대질하고 자기 마음에 대질한다. 그리하
면 같음과 다름을 따르거나 어기는 일이 저절로 정해지고, 옳고 그름의
갈림길을 선택할 수 있다.

凡有疑於心者, 推測於人, 有疑於人者, 推測於聖, 有疑於聖者, 推測於天理. 旣有得
於天理, 則質諸聖, 質諸人, 質諸心. 異同之從違自定, 是非之分路可擇.

---

450 여기서 質은 대질 곧 증험의 뜻이다. 『禮記』, 「曲禮上」 "夫人之諱, 雖質君之前,
臣不諱也."의 鄭玄의 주석에 "質, 猶對也."가 보인다.

# 해 설

미룸과 헤아림을 기르는 방법에 유학의 덕목을 적용하였다.
그 과정에서 자연히 유가 수양론을 추측으로 재해석하였다. 동원된
덕목이나 용어는 박학(博學)·심문(審問)·성실(成實)·독경(篤敬)·수렴
(收斂)·강습(講習)·궁격(窮格)·집의(集義)·순천리(順天理) 등이다.
여기서도 추측이 단순히 인식 논리만이 아님을 재차 확인할 수 있다.
전통적으로 유학에서 성인이 가치나 사물의 최종 판단의 준거가 되는데,
여기서는 성인의 앎은 일반 사람보다 뛰어나지만, 최종적으로 자연의
이치에서 증험해야 함을 말하여, 인식의 진보에 따른 전통의 성인 관념이
바뀌고 있음을 알 수 있다.

## 80. 덕에 들어가는 문
### 入德門

하늘과 땅의 큰 덕은 그 가진 내용을 다 엿볼 수 없으나, 인생의 큰 덕은 추측에서 얻음이 있음을 말한다. 마음은 미룸을 말미암아 이치를 드러내고, 행동은 헤아림을 따라 법도를 이룬다. 만약 추측이 얻은 내용으로 이 덕을 양성하지 않는다면, 다시 무엇을 얻어 덕을 이루겠는가?

天地之大德, 未能窺其所得也, 人生之大德, 謂有得於推測也. 心由推而理著, 行由測而成法. 若不以推測之所得, 養成此德, 更有何所得而成德乎.

\* \* \*

인의예지의 실마리451를 미루고 인의예지라는 근본을 헤아려서 인의예지라는 덕을 길러 이룬다. 나아가 작은 은덕까지도 모두 추측을 말미암아 이룬다. 마음에 미룬 내용이 없으면 이 이치를 어떻게 드러내 밝히겠으며, 행위에 헤아린 내용이 없으면 어떻게 법도를 이루겠는가? 이치가 밝아져서 명덕452이 점점 밝아지고, 행위가 이루어져 덕행이 더욱 진취한다. 그래서 인생의 큰 덕은 추측을 덕에 들어가는 문으로 삼는다.

推仁義禮智之端, 測仁義禮智之本, 養成仁義禮智之德, 至於微少恩德, 皆由推測而成. 心無所推, 此理何以著明, 行無攸測, 法度何以成就. 理明而明德漸明, 行成而德

---

451 『孟子』,「公孫丑上」: 惻隱之心, 仁之端也, 羞惡之心, 義之端也, 辭讓之心, 禮之端也, 是非之心, 知之端也.
452 마음. 『大學』의 "大學之道, 在明明德, 在新民, 在止於至善."에 보임. (앞에 나옴)

行益進. 是以, 人生大德, 以推測爲入德之門也.

『주역』에서 "천지의 큰 덕을 일러 낳음이다"[453]라고 하였는데, 이것은 단지 천지가 물건을 낸 결과만 말하였을 뿐 물건을 낸 원인을 말하지 않았다. 그 까닭을 탐구해 보면 천지가 어찌 물건을 내는 데 의도가 있었겠는가?[454] 물건은 저절로 하늘과 땅의 조화롭게 섞인 기[455]가 따뜻하게 적셔주는 은택에 의지하여, 하늘과 땅 사이에서 생겨나고 없어 진다. 그래서 조금이라도 명철한 사람이라면 공로를 하늘[456]에 돌리고, 감히 제 마음대로[457] 하지 않는 사람은 신명[458]에게 나아가 결단한다. 이것은 모두 하늘과 땅을 받들고 이어 생겨났으니, 하늘과 땅을 감히 어기지 않는다는 생각을 말미암은 것이다. 하지만 하늘과 땅이 설치한 규모와 강건하고 유순[459]한 높고 넓은 큰 덕은 만·억분의 일도 엿볼

---

453 『周易』,「繫辭下」.

454 주희의 사상을 간접적으로 비판한 말. 그것은 『朱子語類』와 『孟子集註』,「公孫丑上」의 "天地以生物爲心, 而所生之物, 因各得夫天地生物之心以爲心." 등에도 보인다.

455 전통적으로 氤氳은 인간만이 아니라 陽의 성질을 띤 하늘과 陰의 성질인 땅의 기운이 합하여 만물이 생기는 일에도 적용된다. 『周易』,「繫辭下」의 "天地絪縕, 萬物化醇, 男女構精, 萬物化生."에 보인다. 氤氳과 絪縕은 같이 쓰임. 하지만 저자는 陰陽이라는 말을 인용문 외에는 거의 사용하지 않는다. 그것은 그의 철학에서 陰陽 개념을 극복하고 있기 때문이다.

456 太空은 大空과 같은 의미로 무한히 열린 하늘을 의미한다. 『關尹子』,「二柱」의 "一運之象, 周乎太空."에 보인다.

457 自專은 자기 임의로 독단적으로 행사하는 것. 『中庸章句』第28章의 "子曰, 愚而好自用, 賤而好自專, 生乎今之世, 反古之道. 如此者, 災及其身者也."에 보인다.

458 저자는 神明之氣라 하여 인간의 마음을 달리 표현한 말로 사용하였으나 여기서는 天地神明의 뜻으로 사용하였다. 곧 천지 사이의 모든 신령한 것의 총칭으로 『周易』,「繫辭下」의 "陰陽合德, 而剛柔有體, 以體天地之變, 以通神明之德."에 보인다.

459 健은 하늘의 剛健한 덕으로 『周易』,「乾卦」,〈大象傳〉의 "天行健, 君子以, 自強不息."에 보이고, 順은 땅의 柔順한 덕으로 같은 책,「坤卦」,〈文言傳〉의 "坤道, 其順乎, 承天而時行."에 보인다.

수 없다.

周易云, 天地之大德曰生, 是只以生物言, 而未及乎所以生物也. 究其所以, 天地何
曾有意於生物也. 物自資賴於氤氳之氣煦濡之澤, 而生滅於其間. 稍有明哲之人, 歸
功於太空, 不敢自專之人, 就決於神明. 此皆由奉承天地而生, 不敢違越於天地之意
也. 然天地之設置規模, 健順之巍蕩大德, 不可得以窺其萬億之一也.

# 해 설

인생에서 큰 덕을 이룸은 추측을 말미암는다는 주장이다.

덕이란 윤리적 태도와 연관된다. 그 가치를 체득하여 잘 실천하는 사람에게 큰 덕을 지녔다고 말한다. 원래 德 자는 得 자와 통한다.[460] 곧 도덕 가치를 체득하였다는 의미이다. 가치를 체득하였다는 말은 가치가 물리적으로 존재한다는 뜻이 아니라, 인간이 대상에 대하여 갖는 윤리적 가치 의식에 따라 몸에 익혔다는 뜻이다. 본문의 '추측에서 얻음'이란 그런 의미이다.

사실 물리적 사실과 인간의 가치는 다른 영역에 속한다. 물리적 대상처럼 가치의 존재를 자연에서 파악할 수 없다. 후자는 인간의 사유를 통해서 구축한 것, 곧 추측을 말미암아 드러내는 것으로서 저자는 그것을 추측지리라고 규정하였다. 그래서 인의예지도 추측을 말미암는다고 한다. 저자가 이렇게 본 데는 서학의 영향이 있다. 곧 '인의예지가 추리한 뒤에 있게 되었다'[461]라는 마테오 리치 발언의 영향이다. 더 나아가 그것은 실체가 아니라 사물에 의존하여 존재하는 속성으로 보았다.[462] 또 하나의 영향은 양명학인데, 거기서 인의예지를 본성이 발현한 이후에 있게 되는 덕의 별칭이라 여기고, 그 덕을 대상에 따라 얼마든지 달리 부를 수 있다고 여긴 것[463]이 그것이다. 이런 영향은 결국 인의예지도

---

460 『禮記』, 「樂記」: 禮樂皆得, 謂之有德. 德者, 得也.; 『論語集註』, 「爲政」: 德之爲言, 得也. 行道而有得於心也.

461 利瑪竇, 『天主實義』 下卷, 「第7篇」: 仁義禮智, 在推理之後也.

462 같은 책, 上卷, 「第2篇」: 物之不能立, 而託他體以爲其物, 如五常五色五音五味七情是也. 斯屬依賴之品者. 서학에서는 대체로 실체를 自立者, 속성을 依賴者로 옮겼는데, 여기서 依賴之品이 곧 후자이다.

463 『傳習錄』 卷上-38: 仁義禮智之名, 因已發而有. 曰, 然. 他日澄曰, 惻隱羞惡辭讓是非, 是性之表德邪. 曰, 仁義禮智, 也是表德. 性一而已, 自其形體也, 謂之天, 主宰也,

본성의 내용을 추측한 추측지리라는 결론에 도달한다.

추측에 따라 파악하는 인간의 가치와 극명하게 대비를 이루는 수사법상의 대상은 『주역』을 등장시킨 일이다. 『주역』에서 천지를 찬미하면서 덕을 일컬었으나 이는 인간의 윤리적 가치와 다른 차원의 문제이다. 천지자연에는 의도가 없다는 지적이 그것을 잘 말해준다. 다만 그 덕을 말한 까닭은 천지를 받들어 어기지 않는다는 인간의 마음에서 나왔다고 밝혔다. 그래서 마지못해 만·억분의 일도 천지의 덕을 엿볼 수 없다고 하였다. 이 또한 자연에 대한 인간의 가치 부여일 뿐이다.

추측은 인간의 사유활동이므로 가치는 그것이 없으면 성립할 수 없다. 저자가 항상 추측지리는 유행지리에 증험해야 한다고 말할 때는, 물리법칙으로서 자연적 존재 근거를 말할 때 사용하는 말이지만, 이 글에서 거론한 추측은 인도의 근간인 윤리를 형성하는 일로서 추측지리를 매우 긍정하는 발언이다.

---

謂之帝, 流行也, 謂之命, 賦於人也, 謂之性, 主於身也, 謂之心, 遇父便謂之孝, 遇君便謂之忠. 自此以往, 名至於無窮, 只一性而已.

## 81. 미룸을 잊지 않고, 헤아림은 날로 새롭게
### 推不忘測日新

미룸은 잊지 않아야[464] 하고, 헤아림은 날로 새로워야[465] 한다. 대체로 망각은 미룸이 정밀하지 못해서 생기고, 새로움은 헤아림이 앞으로 나아가면서 생긴다.

推要不忘, 測宜日新. 蓋忘生於推之未精, 新生於測之有進.

\* \* \*

미룸을 터득했더라도 익히 생각하고 정밀하게 탐구하여 미룸의 핵심을 파악하지 못하면, 돌아서면 잊어버리고 그 잊은 일도 깨닫지 못하니, 이것은 아직 미룸을 터득하지 못한 상태와 다름이 없다. 잊은 사실을 알고서 그 내용을 기억해 내지 못하는 상태 이것을 잊었다고 말한다.

得推而不能熟思精究, 擧其本源, 則旋忘而不覺其忘, 與未得推無異矣. 若知其忘而不記得, 是謂忘也.

그 망각한 내용을 좇아 다시 미루되, 잠시도 기다리지 말고 즉시 샅샅이 찾아 본래의 의미 파악을 기필해야 한다. 이렇게 한 번의 노력으로 늘 편안하게 되는데, 이 한 번의 노력이 없으면 망각의 한탄이 늘 있게

---

464 『孟子』, 「滕文公下」의 "志士不忘在溝壑, 勇士不忘喪其元." 외에 자주 보인다.
465 『周易』, 「繫辭上」: 富有之謂大業, 日新之謂盛德.; 『大學』: 湯之盤銘曰, 苟日新, 日日新, 又日新.

된다.

從其忘而更推, 勿以姑俟, 宜卽搜覓, 期擧本旨. 一勞而常逸, 未有一勞, 常有忘却之
恨矣.

헤아릴 수 있으나 날마다 새롭게 하는 데 이르지 못하는 태도는 중용을
붙잡으면서466 상황에 따른 융통성467이 없기 때문이다.468 만약 중용에
서 저울질하여469 처음을 보고 끝을 알고 이것을 보고 저것을 알아,
방향470이 없으나 방향이 있고 미룸이 없으나 미룸이 있음에 이르면,
새로운 것이 생겨날 뿐만 아니라 옛것이지만 더욱 새롭게 된다.

能測而未至於日新, 以其執中無權也. 如使權度于中, 見始知終, 見此知彼, 至於無
方而有方, 無推而有推, 非獨遇新而生, 亦可雖舊維新矣.

---

466 『書經』, 「大禹謨」: 惟精惟一, 允執厥中.; 『孟子』「離婁下」: 湯, 執中, 立賢無方.
　　『集注』에 "執, 謂守而不失, 中者, 無過不及之名."라고 되어 있어 중은 중용을 말함.
467 權은 저울이지만 權道의 의미로 변통과 같은 의미로 쓰였다. 『周易』, 「繫辭下」의
　　"井以辯義, 巽以行權."이란 말에 王弼이 주석하기를 "權, 反經而合道, 必合乎巽順,
　　而後可以行權也."라는 말에, 또 『孟子』, 「離婁上」의 "嫂溺援之以手者權也."에 등장
　　하며, 常道에는 위배되지만 도리에 맞는다는 뜻으로 쓰였다. (앞에 나옴)
468 中庸 자체가 상황에 딱 알맞은 일이지만, 여기서는 고정적으로만 사용하여 현실에
　　맞지 않아 융통성이 없는 뜻으로 쓰였다.
469 權度은 물체의 輕重과 長短을 측정하는 저울과 자의 의미로 『周禮』, 「地官·掌葛」의
　　"掌葛掌以時徵絺綌之材于山農 … 以權度受之."에 보인다. 이 문장에서는 재다·헤
　　아린다는 동사로 쓰였다. 때로는 표준·법칙의 뜻으로도 쓰인다. '중용에서 저울질한
　　다'의 의미는 중용 그 자체도 고정적으로 보면 안 된다는 의미로 時中의 뜻을
　　더욱 강조한 말.
470 方의 의미는 다양하다. 方向, 方所, 類 등이 그것인데 다 통한다. 일정한 방소가
　　없다는 의미는 『周易』, 「益卦」의 "天施地生, 其益無方."에, 정해진 방법이 없다는
　　뜻에는 『禮記』, 「檀弓上」의 "事親有隱而無犯, 左右就養無方."에, 하나의 격식에
　　구애받지 않는다는 뜻은 『孟子』, 「離婁下」의 "湯執中, 立賢無方."에 보인다.

하지만 헤아림이 날로 새로워지는 방법은 그 미룸을 잊지 않음을 말미암고, 미룸을 잊지 않아야 함은 헤아림이 장차 날로 새로워지기를 바라서이다.

然測日新之方, 由於不忘其推, 推要不忘, 將欲測有日新也.

# 해 설

미룸의 핵심을 잊지 말고, 헤아림은 날로 새로워야 한다고 주장하였다. 이 또한 불망(不忘), 일신(日新), 중용, 권도 등의 유학 사상을 추측으로 재해석한 내용이다. 지금까지 저자의 설명을 보면 미룸이라는 행위 그 자체는 개인차는 있어도 누구나 잊을 수는 없다. 그 용어를 몰라도 누구나 사용하고 있다고 말하기 때문이다. 심지어 동물도 추측한다고 하였다. 여기서 미룸에서 '잊는다'라는 말은 원문의 本源 또는 본듬로 표현되는 핵심 내용 또는 그 논리이다. 사실 그것만으로도 엄청난 개인차가 생긴다.

또 헤아림이 날로 새로워야 한다는 주장은 지식의 확장성과 관련된다. 경험을 중시하는 저자의 철학에서 보면 너무나 당연한 일이며, 당시 시대적 배경에서 보더라도 필요한 일이다. 만약 헤아림이 동어반복식 공허한 논리라면 전혀 의미가 없을 것이다.

원문 '執中無權'에서 중용을 지키는 데 융통성 없다고 본 데는 분명한 의도가 있을 것이다. 『맹자』나 『서경』의 그것이 좋은 뜻이었더라도, 시대가 흐르면 퇴색되기 때문이다. 퇴색시키는 주체는 사상을 독점하다시피 하는 사회의 상층부 사람들이다. 사상이든 종교든 다 그렇다. 곧 이념적으로는 성인의 가르침인 중용을 지킨다고 하면서도, 실상은 고집스럽게 개혁을 거부하는 현실을 반영하고 있다.

그래서 중용에서 권도를 헤아려야 한다고 주장하였다. 이 또한 원칙을 중시하되 융통성을 발휘해야 한다는 생각이다. 저자의 사상에서 권도는 변통과 통하며 그것은 곧 개혁이다. 헤아림을 통한 지식이란 지식 그 자체에만 머무는 것이 아니라 이렇게 사회적 실천과 연계되어 있다. 곧 새로운 헤아림을 통해 개혁 담론의 지평을 열고자 했다고나 할까?

# 82. 세 등급의 실질적 노력
## 三等實功

추측의 학문은 세 등급의 사람에게 일관된다. 낮은 등급의 선비는 미룸의 조리를 저장하고, 허구[471]를 탐구하는 데에 힘을 낭비하는 일이 없다. 중간 등급의 선비는 추측을 서로 참여시켜 남과 나의 치우침과 가려짐이 없다. 최고 등급의 선비는 실제로 증험하는 범위가 있어 과장하는[472] 말이 없다. 대개 치우침과 가려짐과 허구를 숭상하는 일은 학자의 큰 근심이다. 하지만 미룸은 허구를 숭상하지 않고, 헤아림에는 치우침과 가려짐이 없다.

推測之學, 一貫於三等之人. 下士有貯推之條理, 無探虛之枉力. 中士有推測之參互, 無物我之偏蔽. 上士有實驗之範圍, 無言論之勝大. 蓋偏蔽尙虛, 學者之大患. 然推不尙虛, 測無偏蔽.

\* \* \*

자연의 이치를 미루어 사물을 헤아리고, 사물을 미루어 자연의 이치를 증험하는 일은 근원과 말단이 서로 같아서 갈림길에서 머뭇거림이 없다. 그리하여 이것을 들어 저것을 밝힘에 서로의 참작[473]에 막힘이 없다.

---

471 저자의 용례에서 虛는 虛妄과 虛無로 쓰이며, 주로 종교적 대상, 때로는 검증할 수 없는 형이상의 대상을 일컫는 말. (앞에 나옴)

472 勝大은 殊勝尨大의 준말로 보임. 殊勝은 아주 뛰어난 것을 말하고, 尨大는 엄청나게 많고 큼을 말하므로, 합쳐 보면 과장한다는 의미.

473 參互는 서로 비교하여 參酌하거나 參證함. 『周禮』, 「天官·司會」의 "以參互攷日成." 에 보인다.

평생의 학문이 이것에 종사하면, 치우침과 가려짐의 큰 근심 따위는 서로 참작한 내용을 헤아려 제거할 수 있다. 기질의 가림474에 대해서는 매번 자기의 병폐를 생각하고, 남과 나의 치우침에 대해서는 늘 자기의 사사로움을 경계하여 광명정대한 경지에 이르기를 기약한다. 허구를 숭상하는 큰 근심에 대해서는 사물을 증험한 내용을 미루면, 밟아 가는 맥락이 있고 거짓된 그림자를 붙잡지 않을 수 있어서, 저절로 참된 경지에 나아갈 수 있다. 이것을 하학상달475의 노력으로 삼는다.

推天理而測事物, 推事物而驗天理, 源委相準, 無歧路之猶豫. 擧此明彼, 無參互之阻隔. 平生學問, 從事於此, 偏蔽之大患, 可以測量參互而除祛耳. 氣質之蔽, 每思己病, 物我之偏, 常戒己私, 期臻於光大之域. 尙虛之大患, 可以推事物之證驗, 有踐履之脈絡, 無提影之妄誕, 自進於誠實之地. 以此爲下學上達之功.

그 결과 낮은 등급의 선비는 견문을 따라 유용과 무용을 구별하고, 허구를 버리고 참을 취하며, 미룬 내용을 쌓는 일 위주로 하니, 낭비하는 힘이 거의 없다. 중간 등급의 선비는 미루고 헤아린 내용을 서로 드러내고 돕게 하여, 나에게서는 물리의 막힘이 없게 하고 남에게는 심리의 가려짐이 없게 하니, 밝음으로부터 성실하게 되는476 공이 어찌 이것을 능가하겠는가? 최고 등급의 선비는 실제로 증험한 범위477가 곧바로 경계를

---

474 성리학에서 말하는 사물을 제대로 보지 못하거나 실천의 방해 요소로서 육체적 한계.

475 『論語』, 「憲問」: 子曰, 莫我知也夫. 子貢曰, 何爲其莫知子也. 子曰, 不怨天, 不尤人, 下學而上達, 知我者, 其天乎. 작은 일부터 하나씩 배워 높은 경지에 이르렀다는 말. (앞에 나옴)

476 『中庸章句』第21章: 自誠明, 謂之性, 自明誠, 謂之敎. 誠則明矣, 明則誠矣.

477 管轄은 지배나 권한이 미치는 범위인데, 여기서는 알고 있는 범위.

이루지만, 그대로 두고 논하지 않으며478 알아도 말하지 않아,479 모두 실제적 이치가 입으로부터 나와서 몸으로부터 실천하고자 할 뿐이다. 그리하여 과장하여 경계를 더욱 넘어서는480 말이 혹 화두가 되어 도리어 순수한481 덕에 누를 끼칠까 봐 늘 염려한다.

下士, 從聞見而分有用無用, 捨虛取實, 以貯積所推爲主, 則庶無枉費之力矣. 中士, 以推與測, 交發互將, 在我要無物理之偏, 在物亦無心理之蔽, 明誠之功, 豈加於此哉. 上士, 實驗之管轄, 便成界限, 存而勿論, 知而不言, 俱欲實理之自口流出, 自身體行耳. 常恐勝大愈越之說, 或涉於話頭, 反累純一之德也.

---

478 存而勿論은 存而不論과 같은 뜻으로 『莊子』, 「齊物論」의 "六合之外, 聖人存而不論, 六合之內, 聖人論而不議."에 나오는 말. 이 말은 훗날 『氣學』1-9에 "六合之外, 存而不論也."로 다시 인용된다. (앞에 나옴)

479 知而不言는 『老子』56章의 '知者不言'의 변형이다.

480 愈越은 踰越의 뜻으로 보이지만 취하지 않았다.

481 純一은 純粹不雜 또는 純粹無僞의 뜻.

# 해 설

추측의 세 등급을 말하였다.

각각 수준을 상중하의 선비에 따라 말했지만, 사실 추측이 진척되는 단계로서, 이른바 하학상달의 과정이다. 여기서 최고 수준에 해당하는 선비의 태도가 주목된다. 어쩌면 이는 저자 자신에게 해당하는 문제라는 점을 행간과『기학』등을 통하여 추론할 수 있다. 당시의 지적 풍토에서 기독교인이나 성리학자들과 토론해 보았자 의미가 없어, 묵묵히 실천할 뿐이라는 생각이 들어 있다. 특히『기학』에서 천문학적 지식을 동원하여 우주 바깥의 일에 대해서는 그대로 두고 논하지 않는다는 언급도 이 글에서 싹트고 있음을 엿볼 수 있다.

여기서 저자 자신의 지적 고독을 느낄 수 있다. 오늘날도 이념에 갇히고 자본의 노예가 된 집단과 무지한 대중에 대해 갖는 양심적 지식인의 고뇌도 그러하다. 그들과 진정한 대화와 설득과 토론이 불가능하기 때문이다.

# 83. 미룸을 찾는 방법
## 覓推方

처음부터 미룸을 쌓는 일은 사람과 물건의 이치에 달려 있다. 그러므로 수시로 미룸을 찾는 일은 사람을 말미암아 사람을 미루고, 물건을 말미암아 사람을 미루고, 사람을 말미암아 물건을 미루고, 물건을 말미암아 물건을 미루는 네 가지에 달려 있는데, 그 사이에 자연히 한마디 정도 깊어지면 하나의 장애를 없애는 미묘한 방법이 있다.

自初貯推, 在於人與物之理. 故隨時覓推, 在於因人推人, 因物推人, 因人推物, 因物推物四者, 而其間自有深一節去一障之微妙.

\* \* \*

사물 이치의 연구를 논하는 사람은 반드시 "생각이 지극하면 통한다"라고 하거나 혹은 "궁색하면 얻는다"[482]고 말한다. 이는 대개 당시 부닥친 일에서 미루었음을 말한 것이지, 미룸을 알게 된 조리를 말하지 않았으니, 어느 겨를에 미룸을 쌓는 방법을 논하겠는가? 먼저 미룸을 찾기 위해 미리 계산할 내용[483]을 확실히 알아야만, 미룸을 쌓는 분야에 유익할 수 있고, 또 어떤 계기로 무엇을 찾는 데 보탬이 있을 수 있다.

---

482 이 두 문장에서 '而'의 용법은 보통의 그것과 달리 특이하다. 이런 사례는 『荀子』, 「勸學」의 "昔者, 瓠巴鼓瑟而流魚出聽, 伯牙鼓琴而六馬仰秣." 등에 보인다. 이때 而는 '~하면'의 뜻이다.
483 豫料는 일에 앞서 미리 계산하거나 헤아리는 일로 『資治通鑑』, 「後唐莊宗同光元年」의 "嚴可求豫料帝所問, 敎頵應對, 旣至, 皆如可求所料."에 보인다. 본문의 '미리 계산할 내용'이란 미룸의 방법으로 보인다.

論格致者, 必曰思極而通, 或曰窘迫而得. 蓋言其得推時事, 未及乎得推條理, 何暇論貯推之方. 先須認得覓推之豫料, 乃可有益於貯推之部分, 又可有補於臨機之搜索.

사람을 말미암아 사람을 미루는 일은 고금과 온 세상 사람들의 견문과 경험에서 앎을 얻어 온 세상의 후세 사람들이 취하고 버리는 득실에서 증험한다. 또 간혹 사람이 사람을 다스리거나 사람이 사람을 관찰하는 일로서도 한다.

夫因人而推人者, 得於古今天下人之見聞閱歷, 驗於天下後世人之取捨得失. 又或以人治人, 以人觀人也.

물건을 말미암아 사람을 미루는 일은 물건으로 사람을 사귀고 물건으로 사람을 논하는 종류이다.

因物而推人者, 以物交人, 以物論人之類也.

사람을 말미암아서 물건을 미루는 일은 기아와 추위에 따라 의복을 미루며, 바람과 비를 말미암아서 성곽과 궁실을 미루고, 적에게 입는 피해를 말미암아 방패와 창과 화기484를 미루는 종류이다.

因人而推物者, 因饑寒, 推飲食衣服, 因風雨, 推城郭宮室, 因敵害, 推干戈火器之類也.

---

484 火器는 화약을 사용하는 兵器의 총칭.

물건을 말미암아 물건을 헤아리는 일은 물고기가 물속에서 꼬리지느러미를 흔드는 동작을 말미암아서 배의 키를 미루고, 좌우 옆 지느러미를 말미암아 배의 노를 미루는 일 등이 그것이다. 이러한 사례는 꽤 많으나 여기서는 다만 그 대략만 꼽았다.

因物而推物者, 因魚之搖尾水中, 推舟之柁, 因魚之左右翅, 推舟之櫓. 若此類頗多, 只擧其槩.

미룸을 찾을 때 이 네 가지에서 선택하는 가운데, 부당한 것을 버리고 마땅한 것을 취할 경우, 10에 2~3분 정도의 허구를 탐구하는 노력을 없앨 수 있고, 모아 탐구하는 한 줄기의 확실한 목표가 있게 된다. 나아가 힘쓰는 곳에 많은 가닥을 더하여 얻고, 알기 어려운 곳에서 장애물을 제거하는 일도 미룸을 찾는 기묘한 방법485이다.

覓推之際, 擇於四者, 去其不當, 而取其攸當, 可除二三分探虛之勞, 有一條攢究之指的. 至於用力處添得層節, 難通處去其障遮, 亦是覓推之奇權.

485 奇權은 奇變과 權變의 術. 奇變은 기이한 변화·변고, 權變은 그때그때의 형편에 따라 처리하는 수단.

# 해 설

『추측록』권1의 마지막 글로서 대상에 따라 미루는 방법의 분류이다. 이 네 가지는『추측록』의 소제목 가운데의 일부와 유사한 논리로 되어 있다. 사실 미루는 대상은 많은데, 어떤 범주나 체계 없이 미루면 혼잡하고 정리되지 않는다. 이것을 크게 네 가지로 분류해도 상당한 효과가 있다. 하지만 이것은 추론의 논리적 구분에 따른 분류와 그 방식은 아니다.

이 추론의 방식은 뒤의『추측록』권6의 「사물을 관찰하는 방법에는 다섯 가지가 있다(觀物有五)」의 논리와 유사하다. 곧 내가 나를 관찰하는 것, 사물의 관점에서 사물을 관찰하는 것, 내가 사물을 관찰하는 것, 사물의 관점에서 나를 관찰하는 것, 나만 있고 사물이 없는 것486이 그것이다. 여기서 나[我] 대신에 사람[人]이 들어가면 정확히 그 분류가 일치한다.

『추측록』권1 끝. 推測錄 卷一 終.

---

486 以我觀我反觀也, 以物觀物無我也, 以我觀物窮理也, 以物觀我證驗也, 有我無物未
發也. 五者備而推測成矣.

# 추측록

## 推測錄

### 권 2

추기측리

推氣測理

# 1. 우주는 하나의 기
## 大象一氣

하늘이 지구를 감싸니 만물은 그 범위 가운데를 벗어나지 않고, 기가
운동하면 리는 따르므로 만사는 모두 두루 도는[1] 계기에서 생긴다. 그러
므로 먼저 우주[2]를 미루어 세세한 것들이 모두 본받는 것으로 삼되,
하나인 기[3]를 말미암아 자세한 조리를 탐구해야 한다.

天包地球, 萬物不外範圍之中, 氣運理隨, 萬事皆由周旋之機. 故先推大象, 以爲纖
悉之效則, 須因一氣, 以探條理之委曲.

\* \* \*

하늘과 땅[4]을 헤아리는 일은 실로 식견의 큰 핵심이다. 하늘과 땅은
우주인데, 우주 안에 있는 모든 물건은 모두 우주라는 범위에서 변화하여
생성되었다. 그러니 학자의 지극한 공부도 하늘과 땅을 틀로 잡아 본받
는[5] 데 달려 있고, 활동하고 쉬며 행동하는 것에 모두 따르는 법칙이
있다. 『주역』에서 "하늘 땅과 함께 그 덕을 합친다"[6]라고 말한 것이

---

1 周旋은 행성의 일주운동과 회전운동을 통칭하는 말. 모두 기의 운동 범위 안의
 일이다.
2 大象에는 여러 뜻이 있고, 여기서는 큰 모습이란 뜻으로 天象 곧 별이 운행하는
 천문현상인데, 우주와 같은 뜻으로 쓰였다.
3 一氣는 지구를 포함한 우주에 가득 찬 기를 통틀어 말함. 기철학에서는 존재의
 근거인 기의 양상.
4 앞의 글을 참고하면 天地는 하늘과 지구를 일컫는 말의 연장선에 있음. 이하 똑같이
 적용함.
5 『周易』, 『繫辭上』: 範圍天地之化而不過.

이것이다.

揆天度地, 實爲識見之大頭腦. 天地大象也, 大象內所有諸物, 皆隨大象之範圍而化成. 則學者極功, 在於範圍天地, 而動靜施爲, 皆有所順之效則爾. 周易云, 與天地合其德者, 是也.

기는 천지에 가득 차서 이지러짐이 없이 순환하되,7 모이고 흩어지는 때가 있으니 그 조리를 리라고 부른다. 기가 펼쳐진 곳에 리도 곧장 따라서 있으니, 그 전체를 들어 '기가 하나'라고 말하면 리 또한 하나이고, 그 각각 나누어진 점을 들어 '기가 만 가지이다'라고 하면 리 또한 만 가지이다.8

氣者, 充塞天地, 循環無虧, 聚散有時, 而其條理謂之理也. 氣之所敷, 理卽隨有, 擧其全體而謂之氣一, 則理亦是一也, 擧其分殊而謂之氣萬, 則理亦是萬也.

학자의 공부는 그 전체를 갑자기 제시하기 어려우므로, 나눠진 갈래를 따라 두세 가지 단서를 탐구하여 그 근원에 이르러야 한다. 그래도 분명하지 않으면 열 가지 백 가지 단서를 탐구하여 본원에 도달하고자 하면, 전체를 거의 제시할 수 있다. 전체를 제시하면 만 가지로 다른 조리9가 모두 그 안에 있다. 만약 그 하나의 근본10을 탐구하여 제시하지 않고,

---

6 같은 책, 「乾卦」, 〈文言〉.

7 循環은 고리처럼 이어져 반복해서 빙빙 도는 현상을 일컫는 말. 여기서는 일정한 패턴으로 운동한다는 의미로 보임.

8 이 문장은 주희 성리학의 理一分殊와 理氣不相離의 논리를 원용한 진술이다.

9 萬殊는 제각기 다른 사물과 그 현상을 가리키는 말로 『淮南子』, 「本經訓」의 "包裹風俗, 斟酌萬殊."에 보임.

만 가지로 다른 것만 탐구하려고 하면, 번잡하고 뒤섞여 죽을 때까지 탐구해도 끝낼 수 없다.[11]

學者用功, 猝難擧其全體, 則須從分殊上, 究得二三端緒, 以溱其源. 猶未晰然, 究得十百端緒, 要達本原, 則全體庶可擧. 全體旣擧, 則萬殊之條理, 皆在其中. 若不究擧一本, 而要究萬殊, 紜紜紛紛, 雖沒吾生而不可記也.

---

10 一本은 『孟子』, 「滕文公上」의 "且天之生物也, 使之一本."에 보임.

11 一本과 萬殊의 관계에 대한 논리는 『朱子語類』 27-60의 "而今不是一本處難認, 是萬殊處難認, 如何就萬殊上見得皆有恰好處. 又云, 到這裏只見得一本萬殊, 不見其他."에 보인다.

# 해 설

이 내용은 기를 미루어 리를 안다는 '추기측리'의 첫 글이다.
신기통의 첫 글인 「자연과 인간의 기(天人之氣)」도 이와 유사한 논리로
시작했다. 자연 철학적 배경이 중요하기 때문이다.

우선 눈에 띄는 특이한 점은 땅을 지구로 표현한 내용이다. 이는 서학의
영향으로 땅이 둥글다는 점을 수용하고 쓴 내용이다. 당시 아직도 다수의
학자는 천원지방의 세계관에 갇혀 있었다. 주희 성리학을 따랐던 유학자
들 가운데 설령 땅이 둥글다는 설을 알았어도 옛 성현의 가르침이
틀릴 수 없다고 해서 받아들이지 않았다. 더구나 지구가 돈다는 사실은
더 말할 필요도 없다.

또 대상(大象)은 전통적으로 천체와 그 현상을 포함한 용어이다. 『주역』
과 『서경』에서 천상(天象)이라고 한 것[12]도 그것이다. 하지만 저자가
사용하는 그것은 서학의 영향으로 전통적으로 생각하는 우주와 다르다.
그 가운데 하나가 지구는 단지 많은 별 가운데 하나라는 생각이다.
홍대용(洪大容, 1731~1783)의 『의산문답』에서 잘 표현하고 있다.[13]
이렇게 전통과 다른 천문학의 견해 차이는 앞으로 계속 보인다.

추기측리의 글에서 리와 기를 거론하는 일은 매우 당연한 순서이다.
앞에서 기에 대해 자세하게 언급했기에 여기서는 소략하게 소개하고
있다. 그래도 기의 기본적인 양태와 운동과 리의 개념을 다시 언급했는
데, 곧 기의 충색(充塞), 순환(循環), 취산(聚散), 조리 등이 그것이다.
특히 리와 기의 관계를 진술할 때 리가 마치 독립적으로 존재하는

---

12 『周易』, 「繫辭上」: 天垂象, 見吉凶, 聖人象之.; 『書經』, 「胤征」: 義和尸厥官, 罔聞知,
    昏迷于天象, 以干先王之誅.
13 이종란, 『의산문답』(한설연, 2017), 162-170쪽 참조.

것처럼 보인다. 마치 성리학의 '리와 기가 떨어져 존재하지 않는다.'라는 이기불상리(理氣不相離)의 논리를 설명하는 말과 같다. 이는 이전부터 리와 기라는 개념 사용이 너무나 확고하다 보니, 그것을 그렇게 말할 수밖에 없는 점을 이해하더라도, '리는 기의 조리'라는 설명은 앞서 누차 지적했다시피 리는 실체 개념이 아니라 기의 속성이나 법칙일 뿐이다.

이렇게 생각한 데는 서학의 영향도 있지만, 명말 청초 방이지(方以智, 1611~1671)의 그것도 있다.[14] 곧 리는 기 가운데의 그것이고, 물건의 법칙을 연구한 뒤에 드러나는 것[15]이라고 하였다. 방이지 자신도 서학의 영향을 받았다.[16]

원문 가운데 근원이나 근본을 언급했는데, 성리학에서는 대개 리를 지칭하는 말이지만, 저자는 기를 그렇게 말했다. 곧 주희가 리와 만물을 각각 일본(一本)과 만수(萬殊)라는 용어를 가지고 말했는데, 저자도 그 논리를 그대로 이어 일본을 기, 만수를 만물로 보았다. 그래서 주희가 사용한 논리의 형식만 취하여 일본을 탐구하는 일을 중시하였다. 다만 귀납을 통해 근본에 도달하고, 근본을 연역하면 만 가지 차이를 알 수 있다고 하였다.

---

14 『추측록』에 方以智의 글을 인용한 부분이 나오는 내용을 보아, 그의 글을 읽고 일부 사상을 받아들인 것으로 보인다.

15 方以智, 『物理小識』 卷1, 「气論」: 聖人合虛實神形, 而表其气中之理. 西乾止會通于惟心, 彼離气執理, 與掃物尊心, 皆病也. 理以心知, 知與理來, 因物則而後交格以顯, 豈能離气之質耶.

16 그것을 잘 말해주는 내용이 通幾와 質測의 개념이다. 通幾는 오늘날로 말하면 철학이고 質測은 과학인데, 서양인들은 通幾에 약하지만 質測에 미비한 데가 있어도 잘한다고 하였다. 곧 "萬曆年間, 遠西學人, 詳于質測, 而拙于言通幾, 然智士推之, 彼之質測猶未備也(『物理小識』, 「自序」)."라는 말이 그것이다.

## 2. 기를 헤아려 리를 헤아린다
### 測氣測理

하늘과 땅을 헤아릴 수 없으면서 이 기를 헤아릴 수 있는 사람은 아직 없고, 이 기를 헤아릴 수 있으면서 이 리를 헤아릴 수 없는 사람도 아직 없다. 반면 이 기를 헤아릴 수 없으면서 이 리를 헤아릴 수 있는 사람을 아예 듣지 못했다.

不能測天地而能測此氣者, 未之有也, 能測此氣而不能測此理者, 亦未之有也. 不能測此氣而有能測此理者, 絶未之聞也.

\*    \*    \*

하늘과 땅과 해와 달이 서로 연결되어 이루어진 천체를 알아야만 이 기가 어떤 것인지 알 수 있고, 이것을 미루어 리를 헤아려야 참되고 근거가 있어 허공을 더듬는[17] 폐단이 없다.

須見天地日月聯絡成體, 方可知此氣之爲何如, 而推此測理, 乃得誠實有據, 無捉空摹虛之弊.

만약 미리 억측한 리를 가지고 하늘과 땅의 기에 적용하면, 생각이 자세하고 말만 무성하면서 꼬이게[18] 된다. 이는 마치 책력[19]을 가지고 하늘을

---

17 捉空摹虛는 捉摸虛空과 같은 말. 捉摸는 무엇을 붙잡고 본뜬다는 뜻으로 현대 중국어로 짐작하거나 헤아린다는 의미.
18 蔓糊의 蔓이 模의 잘못된 글자로 보아 模糊의 뜻으로 쓰인 것 같지만, 글자 그대로

증험하는 사람과 같아서 하늘을 관측하여 책력을 만드는 사람과 날짜를
같게 하여 논할 수 없다.

若先將臆度之理, 而稽之于天地之氣, 則意思覼縷, 言辭蔓糊. 如以厤驗天者, 不可
與測天考厤者同日而論也.

그래서 기를 미루는 일에 먼저 힘쓰면 리는 저절로 드러나고 쉽게 알지만,
리를 헤아리는 일에 먼저 힘쓰면 기는 되레 감춰져 알기 어렵다.

是以, 先務推氣, 則理自顯而易知, 先務測理, 則氣反隱而難知.

---

보아 덩굴처럼 자라나 풀처럼 달라붙는다는 말만 무성하게 잘한다는 뜻으로 보임.
19 厤는 책력 또는 달력. 문맥을 고려하면 천문현상과 맞지 않는 오래된 책력의 뜻으로
쓰임.

# 해 설

기를 통해서 리를 알아야 한다는 강력한 메시지이다.

이 내용은 경험을 중시하는 관점과 기를 존재의 근거로 보는 저자 철학의 기본 전제에 충실한 주장이다. 리는 기의 조리에 불과하므로 기를 말미암지 않고는 절대로 알 수 없는 대상이기 때문이다. 그래서 억측한 리를 가지고 기를 헤아리는 일 자체가 인간이 만든 달력으로 천체의 운행을 증험하는 일에 비유하였다.

따라서 반드시 기를 미루어 리를 헤아리는 일이 공부의 순서임을 밝혔다.

## 3. 여러 별의 빠르기는 헤아릴 수 있으나 그 까닭은 알기 어렵다
### 諸曜遲疾可測 所以然難知

우주는 텅 비고 광활하니20 어찌 이미 그렇게 된 일과 까닭을 논할 수 있겠는가? 여러 별의 운행에서 고도가 높은 별의 느린 속도와 낮은 별의 빠른 속도 정도만 겨우 관측할 수 있다.21

大象寥廓, 詎可論其所已然與所由以也. 諸曜運轉, 纔可測其高者行遲低者行疾.

* * *

우주의 큰 기는 충분히 가득 차서 매우 두텁고 높다. 사람은 그 가운데서 살면서 전광석화처럼 생겨났다가 사라진다. 하지만 잠깐이나마 올려다 볼 수 있으니, 오직 푸르고 푸르러 그윽하게 밝은 것은 하늘의 진짜 색깔인지 아니면 쌓인 기가 눈을 물들여 만들어 낸 현상인지22 아직 모르겠다. 이렇게 하늘의 색깔을 아직 확정하지 못했다면, 어찌 그렇게

---

20 寥廓은 『楚辭』, 「遠游」의 "下崢嶸而無地兮, 上寥廓而無天."에 보인다. 또 광활한 하늘의 뜻도 있다. (앞에 나옴)

21 별의 고도는 일반적으로 지상에서 관측했을 때의 천정과 지평선 사이의 각도이지만, 여기서는 지구를 우주의 중심으로 보고 그 바깥에서 원운동을 하는 별과의 거리를 가리킨 말이다. 서양 고대의 重天說을 배경으로 나온 개념임. 따라서 관측상에서 보면 고도가 높은 별은 운행 속도가 느리고 낮은 별은 빠르다. 이하 고도와 속도는 모두 이런 뜻임.

22 기가 쌓여 만들어 낸 빛이 눈에 그렇게 보인다는 뜻. 실은 태양 빛이 대기를 통과하면서 파장이 짧은 푸른색이 산란 되기 때문이다. 대기의 원래 색깔이 아니라 기가 쌓여 만들었다는 관점도 이에 근접한다.

되는 까닭을 논할 수 있겠는가? 옛사람이 '그대로 두고 논하지 말아야
한다'23는 이유도 이것이다.

大氣圓滿, 至厚且高. 人處其中, 石火起滅. 有能息瞬仰視, 惟蒼蒼然幽曠者, 未知正
色耶, 積氣染目之所生耶. 色旣未定, 何可論其所以然. 古人所以存而勿論是也.

다만 여러 별이 운동하는 데는 저절로 느림과 빠름이 있어 그 고저를
관측할 수 있고, 저절로 서로 일식과 월식을 이루니 그래서 고저를 관측할
수 있다.24

惟諸曜運動, 自有遲疾, 可測其高低, 自相掩食, 可測其高低.

항성25은 가장 높고 동쪽으로 운행하며26 가장 느리다.【70년에 1도의
차이가 생김.】27 그다음은 토성이 높고 동쪽으로 운행하는 속도가 다음
으로 느리다.【매일 평균 운행이 2분 정도.】그다음은 목성이 높고 동쪽으
로 운행하는 속도가 점차 빨라진다.【매일 평균 운행이 5분.】그다음은
화성이 높고 동쪽으로 운행하는 속도가 빠르다.【매일 평균 운행이 31
분.】그다음은 태양과 금성과 수성이 높고 동쪽으로 운행하는 속도가

---

23 存而勿論은 存而不論과 같은 뜻으로 『莊子』, 「齊物論」에 나오는 말. (앞에 나옴)
24 지구에서 관측하므로 가리는 별이 가려지는 별의 고도보다 낮고, 운행 속도 또한
  빠르기 때문이다.
25 經星은 전통적으로 二十八宿를 말하나, 저자는 서학에서 말하는 恒星을 그렇게
  옮겼다. 붙박이별. 물론 二十八宿도 恒星에 속함.
26 천체는 지상에서 관측할 때 천구상에서 서쪽에서 동쪽으로 운행하는데, 순행이라
  부른다. 운행 거리를 각도로 표시하고 1度는 60分, 1分은 60秒, 1秒는 60微이다.
  微는 지구의 세차운동에 의한 별들의 위치 변화를 각도로 표시할 때 사용한다.
27 대개 항성의 이동은 지구의 세차운동에 따른 것이다.

또 빠르다.【태양의 평균 운행은 59분이고, 금성과 수성은 태양을 돌며 운행.】달의 고도는 가장 낮으며 동쪽으로 운행하는 속도 또한 빠르다.【하루에 13도 남짓 운행함.】이것은 별의 느리고 빠른 속도가 고도에서 생김을 보여준다.

經星最高, 東行最遲.【七十年差一度.】土星差高, 東行次遲.【每日平行二分餘.】木星次高, 東行漸速.【每日平行五分.】火星次高, 東行又速.【每日平行三十一分.】日與金水星次高, 東行又速.【日平行, 每日五十九分, 金水星繞日而行.】月最低而東行亦速.【日行十三度餘.】是遲疾生於高低也.

# 해 설

이 내용은 저자의 초기 천문학 견해의 일부를 알 수 있는 글로서, 행성의 고도와 운행 속도를 언급한 글이다.

천문학 지식은 서학의 관점을 따라 진술하였다. 서학의 배경을 이루는 중세 서양의 천문학은 기본적으로 아리스토텔레스의 그것에 기초하여, 그것을 수정한 2세기 프톨레마이오스의 이론을 따랐다. 물론 동아시아 전통에서도 하늘이 돈다고 말했지만,[28] 저자는 구체적 내용과 관측치도 거의 서학에서 가져왔다.

그 천문학의 핵심은 지구를 중심으로 한 천동설이다. 곧 달-수성-금성-태양-화성-목성-항성이 차례대로 동심원을 그리며 원운동을 한다고 믿었다. 여기서 중심인 지구와 각 행성 간의 반지름이 고도이며, 그 반지름의 크기에 따라 속도[29]가 결정된다. 그리고 각 천체는 그 반지름이 이루는 둘레(2πr)에 해당하는 각각의 하늘을 운행하는데, 차례로 월륜천(月輪天)-수성천-금성천-일륜천(日輪天)-화성천-목성천-토성천-항성천(또는 宿象天)이 있고, 마지막에 그 원운동의 최초 원인자(Prime Mover)로서 종동천(宗動天)이 있다고 하였다. 중세기 신학에서는 그 종동천에 신이 거주한다고 가르쳤다. 그리고 항성천이란 수많은 항성 곧 붙박이별들이 있는 하늘이다.[30] 어떤 번역본에서는 천왕성이라 주석까지 달았으나 명확한 오역이다. 천왕성은 1781년 윌리엄 허셜(William Herschel)이 망원경으로 발견하였고, 이 9중천설[31]은 이미 1602년에

---

28 『朱子語類』 1-22: 蒼蒼之謂天. 運轉周流不已, 便是那箇. 저자가 본문에서 운행을 뜻하는 運轉과 하늘이 蒼蒼하다는 말은 여기서 가져왔음을 알 수 있다.

29 행성의 속도는 지구를 중심으로 돈다고 생각하는 운행의 주기와 관계됨.

30 더 자세한 내용은 알폰소 바뇨니/이종란 옮김, 『공제격치』(한길사, 2012)를 참고 바람.

마테오 리치가 중국에서 「곤여만국전도(坤輿萬國全圖)」를 만들어 거기에 도해로 설명하여 1603년 조선에 전해진 바 있어, 천왕성을 반영할 수 없었다. 게다가 저자가 중국에서 입수한 신서적『해국도지(海國圖志)』와 『영환지략(瀛寰志略)』과 일본 사정을 담은『해유록(海遊錄)』 등을 1857년 에 편집한『지구전요(地球典要)』에 「역상도(歷象圖)」가 실려 있는데, 여기 에도 천왕성과 해왕성 등은 없다. 서양 천문학의 배경을 몰랐으니 그런 오역이 있을 수 있다.

본문에서 태양이 운행하고 그 평균 운행 속도가 59분이라는 말이 저자가 천동설을 따랐음을 입증하는 결정적 증거 가운데 하나이다. 이 내용은 아직 지구를 우주의 중심으로 보는 서학의 그것이고, 후기 저술에서는 천동설과 지동설 모두 소개하며, 따라서 공전과 자전까지도 언급한다.

---

31 기본형이 9중천이고, 이론적 이유로 선교사에 따라 10~12중의 하늘로 설명하기도 한다. 물론 九重天이란 용어는『楚辭』, 「天問」의 "圜則九重, 孰營度之."와『淮南子』, 「天文訓」에 "天有九重."이라는 말에 등장하지만, 그 체계는 어떤지 상세한 설명은 없다. 또 九重은 아홉 방위의 하늘이나 구중궁궐 속의 임금을 일컫기도 한다. 그리고 『朱子語類』2-48에 "離騷有九天之說, 注家妄解, 云有九天. 據某觀之, 只是九重. 蓋天運行有許多重數. 以手畫圖暈, 自內繞出至外, 其數九. 裏面重數較軟, 至外面則 漸硬. 想到第九重, 只成硬殼相似, 那裏轉得又愈緊矣."라고 언급하고 있다. 저자가 주로 언급하는 것은 아리스토텔레스 이후의 서양 중세의 그것이다.

## 4. 지구와 대기
### 地體蒙氣

기의 탁한 찌꺼기가 대기이고, 대기의 탁한 찌꺼기가 물이며, 물의 탁한 찌꺼기가 진흙이고, 진흙이 엉겨 굳은 것이 흙과 암석이며, 흙과 암석의 큰 덩어리가 지구이다. 지구는 둥글고 달보다 크고 태양보다 작다.

氣之濁滓爲蒙, 蒙之濁滓爲水, 水之濁滓爲泥, 泥之凝堅爲土石, 土石之大塊爲地. 地體圓, 大於月而小於日.

* * *

땅에서 거리가 멀면 기가 맑고 가까우면 점점 탁해진다. 기는 지구 대기를 감싸고 대기는 물과 흙을 감싸고 있는데, 마치 여러 겹으로 물건을 감싼 모습과 비슷하다. 하지만 그것도 틈이 없고 안팎이 서로 얽혀, 마치 인체의 피부와 근육과 혈관과 뼈가 붙어 있는 모습과 다르지 않게 하나의 몸체를 이루지만, 단지 맑고 탁한 구별만 있을 뿐이다.

去地遠則氣淸, 而去地近則漸濁. 氣包蒙, 蒙包水土, 與屢重裏物相似. 然無有間隔, 內外相須, 與人皮肉血骨無異, 以成一體, 但有淸濁之別耳.

지구는 그[32] 가운데 있고 몸체가 완전히 둥글다. 지구가 둥글다는 사실을 증험할 수 있는 증거가 한둘이 아니지만 대략 말하면 다음과 같다. 달이

---

32 앞에서 말한 둘러싼 기.

지구의 그림자에 가려지면 월식이 되는데, 그림자는 물체의 모양을 따라 생겨난다. 물체의 모양이 네모면 그림자도 네모고, 둥글면 그림자도 둥글다. 이제 월식 때에 가려진 지구의 그림자가 항상 둥근 모양임을 보면, 지구가 둥글다는 사실을 알 수 있다.

地居其中, 而體正圓. 夫地體之圓可驗者, 非特一二, 而大槩論之. 月爲地影所蔽, 而爲月食, 影者, 隨形而生矣. 形方者影方, 形圓者影圓. 今看月食所蔽之地影常圓, 則可知地體之圓.

또 천구의 남극과 북극33이 드나드는 지점을 가지고 미루어 보면, 북쪽으로 깊이 들어갈수록 북극의 고도가 높아지고, 남쪽을 향하며 북극에서 점점 멀어질수록 남극이 지상34에 올라와35 북극과 다름이 없어서 또한 지구가 남북으로 둥글다는 점을 알 수 있다.

且以南北極出入地推之, 向北愈深, 而北極愈高, 向南漸遠, 而南極之出地上, 與北極無異, 亦可知地體南北之圓.

또 해가 뜨고 지는 시각이 동쪽과 서쪽 지역에 따라 차이가 있으므로, 지구가 동서로 둥글다는 점도 알 수 있다.

---

33 지구의 그것이 아니라 천구의 남극과 북극을 말함. 『공제격치』같은 책에서는 北極之星 또는 南極諸星이라고 하여 천구상의 그것임을 분명히 하였다.
34 지평선을 말함.
35 이 사실은 저자가 직접 관찰한 것이 아니라 서학의 내용을 인용한 결정적 증거 가운데 하나이다. 서양인들이 남극과 북극이 보이는 지역을 다니면서 관측한 결과이기 때문이다. 북반구에 속한 우리나라에서는 절대로 천구의 남극을 볼 수 없다.

又以日出入早晩, 有東西之差, 則亦可知地體東西之圓也.

태양과 달과 지구의 세 천체는 제각기 크기를 가지고 있다. 지구의 절반은
항상 태양을 보고 있어 낮이 되고, 절반은 항상 태양을 등지고 있어서
밤이 되는데, 밤의 색깔이란 지구의 그림자이다. 이같이 지구의 그림자
안에 들어가는 별들은 가려져 식(食)이 되는데, 오직 달의 고도가 가장
낮아 월식이 되는 때가 있으나, 여러 별은 고도가 더 높아 아직 지구의
그림자에 가려진 적이 없다. 이것은 지구 그림자가 지구와 거리가 멀어질
수록 점점 가늘어지고 첨예하게 되어 그 길이가 여러 별의 하늘에 미치지
못하기 때문이다.[36]

日月地三體, 各有大小. 地體半常向日爲晝, 半常背日爲夜, 夜色卽地之影也. 諸曜
之入影者, 當掩食, 而惟月最低, 有時掩食, 諸星稍高, 未嘗爲地影所掩. 則是乃地影
距地遠斂銳, 長不及諸星天也.

무릇 빛을 내는 밝은 물체와 빛을 가리는 물체와 크기가 같으면, 그
그림자의 폭은 평행을 이루어 늘어나지도 줄어들지도 않는다. 만약 빛을
내는 물체가 크고 빛을 가리는 물체가 작으면, 그 그림자는 반드시 가늘어
져 첨예하게 된다.[37]

凡照射之明體, 與所蔽物形, 大小同, 則其影成平行, 不鈍不銳. 若照射之明體大,

---

36 도해와 설명을 참조하여 쓴 글이다. 일반적으로 광원이 물체보다 크면 물체의
   그림자는 점점 꼬리가 이등변삼각형의 두 변이 꼭짓점에서 모이는 것처럼 가늘어진
   다. 저자의 『儀象理數』卷3에 도해가 실려 있다.
37 저자의 『儀象理數』卷3에 도해가 자세하다. 광원과 물체의 크기와 거리에 따른
   그림자의 크기 설명이다.

而所蔽之物形小, 則其影必斂銳.

그러므로 태양이 지구보다 크다는 점을 헤아릴 수 있다. 지구의 그림자가 점점 첨예하고, 달이 그 첨예한 그림자에 의해 식(食)이 된다면, 달이 지구보다 작음도 헤아릴 수 있다.

故可測日體之大於地也. 地影漸斂銳, 而月爲斂銳影所食, 則月體之小於地, 亦可測也.

# 해 설

지구의 물질적 구성과 둥근 증거 그리고 상대적 크기를 설명하였다. 먼저 지구의 구성 물질에 대해서는 주희의 견해를 계승하였다. 곧 기의 맑은 것이 하늘이고 무겁고 탁한 것이 땅이며, 땅이란 기의 찌꺼기로서 물의 매우 탁한 찌꺼기가 땅을 이룬다는 관점[38]이 그것이다. 하지만 저자는 그 생성을 더 이상 음양오행으로 설명하지 않는다.

여기서 기→몽기→물→진흙→토양과 암석의 과정을 단순화하면 기체→액체→고체가 되어 오늘날 관점에서 각각의 물질을 이룬 분자나 혼합물의 분자량 크기에 따라 분류됨을 알 수 있다. 그러니까 기가 엉겨 질이 되는 과정이고, 기가 물질의 근원임을 알 수 있다. 이를 우주의 근원과 관련지어 말하면, 미립자에서 가장 단순한 수소원자로 또 거기서 핵융합을 통해 질량이 큰 원자를 생성하는 우주 발생 과정과 논리가 일치한다. 그래서 기라고 말함은 여러 층위가 있어서, 저자의 글에서 추상적 물질 개념의 측면과 공기 같은 개별적 물질을 구별해서 보아야 한다.

그런데 저자는 전통과 달리 하늘과 물 사이에 몽기를 첨가하는데, 그것은 일찍이 『한서』, 「경방전(京房傳)」에 보이며, 서학에서 대기를 번역할 때 이 용어를 사용하였는데, 이때 명나라의 서광계(徐光啓)·이지조(李之藻)·이천경(李天經)이 예수회 선교사 롱고바르디(Nicolas Longobardi)·테렌츠(Johann. Terenz)·로(Jacobus Rho)·아담샬(Adam Schall von Bell) 등이 소개한 이론을 종합하여 편집한 책인 『신법산서(新法算書)』에도 등장한다.

---

38 『朱子語類』 1,22-33: 氣之淸者便爲天. … 淸剛者爲天, 重濁者爲地. … 地者, 氣之渣滓也. … 水之極濁便成地 참조.

또 지구가 둥근 증거는 서학 서적에 자주 등장한다. 마테오 리치의
『건곤체의』에서 언급한 이래로 여러 곳에 등장한다. 그 증거는 본문에서
언급한 세 가지 외에 더 있다. 저자의『신기통』권1의「지구와 여러
별(地體及諸曜)」에도 "추위와 더위의 다가옴과 물러남, 낮과 밤의 길이는
지구가 둥글기 때문에 생기는 현상으로 곳에 따라 그 정도가 같지
않다"라고 언급하기도 했다.

월식을 이용한 지구와 태양과 달의 상대적 크기 비교도『건곤체의』에서
언급한 이래로 자주 사용한 방법이다. 서학 서적에서는 구체적으로
몇 배라고 표기하기도 했다.

# 5. 밤낮과 계절 변화는 태양 때문에 생긴다
## 畫夜冬夏生於太陽

하나의 태양[39]이 지구를 데우는[40] 현상은 마치 한 개의 진흙 구슬이 큰 화로 위에서 구르면서 뜸질을 당하는 일과 같다.

一輪太陽, 薰炙地球, 如一介泥丸, 轉炙於洪爐上.

그래서 지구의 몸체는 늘 따뜻하고 태양이 수직으로 비추면 공기가 덥고 찌며, 비스듬히 비추면 공기는 열이 줄어드는데, 이것이 바로 네 계절이 나뉘는 까닭이다. 그래서 적도 아래[41]에서는 봄·여름·가을·겨울이 1년에 두 번 돌아온다.

其體常暖, 而太陽正照, 氣暑蒸, 斜照, 氣微熱, 此乃四時之所由分. 至有赤道下, 春夏秋冬, 一年再旋.

지구의 절반은 늘 태양을 보고 절반은 늘 보지 못하는데, 이것이 바로 밤낮의 길이가 나뉘는 까닭이다. 그래서 남극과 북극 아래에서는 반년이 낮이고 반년이 밤이다.

地球之半常見日而半常不見日, 此乃畫夜長短之所由分. 至有兩極下, 半年爲畫, 半

---

39 一輪은 여러 뜻이 있으나 여기서는 태양. 서학 서적에서는 日輪으로 표기한 곳이 많음.
40 薰炙는 태우고 뜸을 뜨는 일처럼 태양이 지구를 데우는 일을 표현함.
41 여기서 말하는 적도, 남·북극은 모두 천구상의 그것이다.

年爲夜.

*   *   *

하늘과 땅 사이에는 오직 하나의 태양이 있어, 이 공기를 데우고 모든 물건을 따뜻하게 할 수 있다. 그러므로 지구가 온화하고 따뜻해서 만물을 낳고 번성하게 한다. 하지만 태양의 운행[42]이 적도의 남북으로 출입하면서 천정[43]에 가장 가까울 때[44] 공기가 더워 여름이 되고, 천정에서 남쪽으로 차츰 멀어지면【이것은 적도 이북의 지역을 기준으로 말함.】공기는 열이 적어져 가을이 되며, 천정에서 가장 멀 때 공기가 점점 서늘해져 겨울이 된다. 【하지만 태양은 남쪽에 있고 지구의 남단[45]은 늘 뜨겁다. 그래서 지구는 항상 따뜻하고 지면 바깥의 공기가 조금씩 차게 된다.】 태양이 북쪽으로 돌아 천정을 향하면 공기는 서늘함이 줄어들어 봄이 된다. 이것이 바로 네 계절의 기후가 태양과 천정과의 거리의 멀고 가까움에 때라 달라지는 현상이다.

天地間, 惟有一輪太陽, 能薰此氣而炙諸物. 故地體得和煦而生殖萬物. 然太陽躔度, 出入於赤道之南北, 最近天頂, 氣熱爲夏, 自天頂向南稍遠,【此以赤道以北之地論之.】氣微熱而爲秋, 最遠天頂, 氣微涼而爲冬.【然日在南而地之南頭常熱. 故地體尚煦而地面外之氣微涼.】還向北而向天頂, 氣減涼而爲春. 此乃四時之氣, 隨太陽之遠近於天頂而異也.

---

42 躔度는 태양이나 별의 운행 도수. 여기서는 운행의 뜻으로 쓰였다.
43 天頂(zenith)은 관측자를 지나는 연직선이 위쪽에서 천체와 교차하는 점을 말한다. 아래쪽에서 교차하는 점은 天底라고 한다.
44 우리나라 서울(북위 37° 30')의 경우 태양의 남중고도는 하지 때에는 75° 57'이다.
45 남쪽과 남단은 글의 맥락에서 보면, 남위 23.5° 지방을 가리키는 것으로 보인다.

적도 아래에서는【적도가 천정이 되는 지역임.】태양이 천정의 남북을 출입하므로, 1년 중 네 계절이 두 번 돌아와 두 번의 추수를 한다. 이 지역에서는 태양이 남쪽으로 이동하여 천정과 가장 먼 거리에 있을 때 겨울이며, 그런 다음 다시 북쪽으로 돌아 천정에 이르면 여름이고, 천정에서 또 북쪽으로 이동하여 천정과 가장 거리가 멀 때 겨울이며, 남쪽을 향하여 되돌아 천정에 당도하면 또 여름이다. 1년 가운데 겨울과 여름이 두 번이면 그 사이의 봄과 가을도 두 번임을 알 수 있다.

若在赤道下,【以赤道爲天頂之地.】見太陽出入天頂之南北, 則一歲中四時之氣再旋, 而得再穫. 太陽在南, 最遠天頂, 爲冬, 次轉北而當天頂, 爲夏, 自天頂又向北, 最遠天頂, 爲冬, 還向南而當天頂, 又爲夏. 一歲之中, 冬夏爲再, 則其間春秋亦再, 可知也.

지구가 둥글기에 태양이 지평선46에서 뜨고 지는 일에는 동쪽과 서쪽 지역의 시간적 차이만 있는 것은 아니다. 태양이 비치는 시간의 길이47에도 지역에 따라 달라서, 적도가 천정이 되는 지역에서는 밤낮의 길이가 항상 균일하다.

地體旣圓, 則太陽之出入地平上, 非特有東西早晩之差耳. 日影長短, 亦隨地不同, 以赤道爲天頂, 晝夜常平均.

---

46 地平은 지평선의 준말로 관측점을 포함하는 수평면과 天球와 만나는 지점. 달리 말하면 "지구는 둥그나 사람이 서 있는 위치에서 눈으로 최대한 볼 수 있는 것은 그 절반이어서 평평한 물체와 다르지 않기 때문에 이를 地平이라 부르는데, 바로 여러 별이 뜨고 지는 경계이며 낮이 밝고 밤이 저무는 교차점이다(南相吉의『六一齋叢書』, 「時憲紀要」 참조)"라는 뜻이다.

47 日影長短은 뒤의 '晝夜常平均'라는 말을 고려하면 낮의 길이를 달리 표현한 말.

하지만 천정이 북극[48]인 지방에서는 적도가 지평선이 되어 춘분 이후에는 태양이 지평선을 좇아【즉 적도가 지평선이 되면 춘분 이후에 태양을 적도의 북쪽으로 들어옴.】고리처럼 돌고,【남쪽에서 서쪽으로, 서쪽에서 북쪽으로 북쪽에서 동쪽으로】[49] 두 번째 돌 때는 첫 번째 돌 때보다 고도가 높고, 세 번째는 두 번째보다 높다가 하지에 이르면 가장 높다. 하지에서 추분에 이르면 고리처럼 도는 도수[50]가 다시 떨어져 늘 지평선 상에만 보인다. 이것이 반년이 낮이 되는 일이다. 추분 이후에는 태양은 지평선 아래에 있고, 또한 고리처럼 도는 도수는 같으며 춘분에 이르기 전에는 항상 태양이 보이지 않는다. 이것이 반년이 밤이 되는 일이다.

以赤極爲天頂, 則赤道爲地平, 自春分後, 太陽循地平,【卽赤道爲地平, 春分後太陽入赤道北.】環轉,【自南而西而北而東】而再環高於一環, 三環高於再環, 到夏至而爲極高. 自夏至至秋分, 還解環上之度, 常見於地平上. 是半年爲晝也. 自秋分後, 日在地平下, 亦如環上之度, 以至春分前而常不見日. 是半年爲夜也.

이것으로 미루어 보면 적도에서 북쪽으로 북극지방에 이르기까지 멀고 가까운 여러 지역은 여름에는 낮이 길고 밤이 짧으며 겨울에는 밤이 길고 낮이 짧아, 제각기 지역에 따라 차이가 있다. 적도 이남의 지역은 겨울과 여름 그리고 밤낮의 길이가 이것과 반대이다.

---

48 赤極은 적도의 극, 곧 天球의 남북극을 말한다. 북반구의 경우 위도가 낮은 지역일수록 천구의 북극은 낮아지고, 위도가 높은 지역일수록 천구의 북극은 높아진다. 赤極이 天頂이라는 말은 바로 극지방을 일컫는 말.
49 북극지방에서 하지 때 해가 지지 않는 白夜 현상을 고려한 태양의 위치.
50 태양의 고도를 말함.

由此推之, 自赤道北, 至赤極下, 遠近之地, 夏晝長而夜短, 冬夜長而晝短, 各自隨地
而有差等. 在赤道以南之地, 冬夏晝夜之長短, 反於是.

# 해 설

밤낮과 네 계절이 생기는 원리를 설명하였다.

그 천문학적 배경은 땅이 둥글다는 지체 구형설과 태양 중심의 천동설이다. 얼핏 보면 "마치 한 개의 진흙 구슬이 큰 화로 위에서 구르면서 뜸질을 당하는 일과 같다"라는 말이 있어서 지구의 공전을 말하는 것처럼 보이나, 그 아래 '태양의 운행'이라는 말을 보면 천동설을 배경으로 한다.

물론 옮긴이의 이런 주장에 반론도 가능하다. 곧 천구좌표에 따라 지상에서 관측할 때의 모습을 설명하니 어쩔 수 없이, 보이는 대로 설명할 수밖에 없어서 그랬다고 말할 수 있다. 하지만 저자가 참고한 서학 문헌이 천동설을 배경으로 하고 있고, 또 이 내용은 훗날 지구 공전을 배경으로 설명한『운화측험』의 그것과 설명 방식이 다르며, 네 계절의 생김과 밤낮의 길이가 달라지는 원인을 지구의 구형과 자전과 공전에 따른 점을 종합적으로 제시하지 못한 것을 보아 천동설이 배경임을 알 수 있다.

사실 이 내용은 서학에 자주 등장한다. 가령 선교사 디아즈(Emmanuel Diaz, 陽瑪諾)가 쓴『천문략(天問畧)』에도 이 내용[51]이 나온다. 이 시기 예수회 선교사들의 우주관은 땅이 둥글다는 사실에 입각한 천동설이다. 교회의 공식 우주관이기에 지구의 자전과 공전설을 받아들이지도 전하지도 않았다. 그래서 본서의 내용에도 아직 지구의 자전과 공전을 언급하지 않아, 지축이 공전 면에 23.5° 기울어져 운행한다는 중요한 사실이 등장하지 않는다.

---

51 陽瑪諾,『天問畧』: 晝夜長短, 由于太陽及南北極出入地平也. 北極出地, 即夏至晝長夜短, 冬至晝短夜長, 南極出地反是.

물론 이런 설명은 저자가 지구의 자전만 알고 공전을 몰랐다는 주장은
아니다. 알았어도 이론적으로 자세히 알지 못했고, 참고한 책의 설명이
천동설을 근거로 되어 있어서 그것을 따를 수밖에 없었을 것이다. 참고로
서양에서도 코페르니쿠스의 태양 중심의 지동설을 이후 쉽게 받아들이
지 못하고 시간이 걸린 까닭은 그것이 이론적이고 관측상의 증거 확보가
어려웠기 때문이다. 저자가 공전을 알아도 힘껏 주장하지 못한 까닭도
이런 배경을 갖는다. 결국 이 두 가지 설이 혼재하다가 결국 태양중심설로
향한다.[52]

본문의 적도 지방에서 2번 수확하는 일은 태양이 남북 회귀선을 지날
때 겨울로 가정하면, 이론적으로 겨울은 2번 생기고 적도를 2번 거치므
로 여름도 2번 생긴다. 하지만 적도가 지나는 지방은 다른 지역에
비해 상대적으로 기온이 높고 지열이 보존되어, 위도가 높은 지역과
같은 뚜렷한 겨울은 생기지 않는다. 벼농사의 경우 2모작만이 아니라
그 이상도 가능하다.

여기서 중요한 철학적 사실은 네 계절의 변화를 더는 음양 개념으로
설명하지 않았다는 점이다. 곧 음양을 극복하고 태양열에 따른 네 계절의
변화를 설명했다는 사실이다. 이는 이미 앞 세대의 홍대용의『의산문답』
에도 음양이 태양열에 따라 결정된다고 하여 음양론을 극복한 연장선에
있다. 모두 서학의 영향이다.

주목할 부분은 천문학적 관측 용어이다. 하지나 동지처럼 전통에서
쓰는 용어도 있지만, 서학에서 번역해 쓴 천구(天球)·천정(天頂)·지평
(地平)·적극(赤極) 등은 서학 전파 이전에 잘 쓰지 않던 말이다. 우연히
쓰더라도 맥락과 개념이 달랐다. 그 서학의 천문학을 받아들이면서

---

52 알폰소 바뇨니/이종란 옮김, 『공제격치』, 58쪽.

그것들은 대부분 지금도 그대로 쓰고 있다. 이것은 서학이 이미 근대 이전에 우리 역사에 상당한 영향을 미쳤음을 알 수 있는 부분이다. 문화란 언제나 교류하므로 순수한 고유성을 찾는 일이 의미가 없어 보인다.

# 6. 지구는 오른쪽으로 돈다
## 地球右旋

대단하구나! 지구론이여. 하늘과 땅의 바른 모양을 밝혔고, 천고의 긴 밤을 밝혔다. 천문가[53]들이 비록 "천체가 왼쪽으로 돈다"[54]고 말했으나, 이는 다만 계산의 간편함을 위한 것일 뿐, 학자는 지구가 오른쪽으로 돈다는 사실을 알아야만 회전운동[55]의 연결을 보게 된다.

至哉. 地球之論. 明天地之正體, 晳千古之長夜. 歷家雖謂天體左旋, 特爲入算之簡便, 學者須知地球右旋, 乃見幹運之連綴.

\* \* \*

지체는 둥글고 그것을 싸고 있는 대기는 햇빛을 받아 구슬처럼 빛난다. 그러므로 지구라고 말한다. 만력[56] 때에 서양인이 처음 「지구도」를 진상했는데,[57] 지면을 오대주로 나누었다.

地體圓而所包蒙氣, 受日光而生耀如珠. 故謂之地球. 萬歷時, 西人始進地球圖, 蓋以地面, 分爲五大洲.

---

53 歷家는 曆家와 같은 말로 曆象을 전문적으로 觀測·推算하는 사람. 또는 천문학자.
54 천체가 왼쪽으로 돈다는 말은 서학과 또 『朱子語類』 2-6의 "天左旋, 一晝一夜行一周, 而又過了一度."와 또 같은 책 2-9의 "橫渠曰, 天左旋, 處其中者順之, 少遲則反右矣. 此說最好."와 또 같은 책 2-10의 "橫渠說日月皆是左旋, 說得好."에도 보인다.
55 幹運은 용어사전을 볼 것. 보통 공전을 의미한다.
56 萬歷은 明 神宗의 연호로 1573~1619년 동안 재위.
57 예수회 선교사가 명나라 황제에게 「地球圖」를 바친 것을 말함.

이 「지구도」에서 중국 대계는 곧 아시아이다.【남쪽으로 필리핀58과
수마트라섬59과 자바섬,60 북쪽으로 세베르니섬61과 북극해,62 동쪽으
로 일본열도, 서쪽으로 볼가강63과 흑해와 홍해64와 동인도양65까지】
대서양은 곧 유럽이다.【남쪽으로 지중해, 북쪽으로 바렌츠해,66 동쪽으
로 흑해, 서쪽으로 대서양 각 섬까지】서남양은 곧 아프리카67이다.
【남쪽으로 케이프타운,68 북쪽으로 지중해, 동쪽으로 홍해와 마다가스
카르섬,69 서쪽으로 상투메프린시페70까지】외대서양은 곧 아메리카로
지형이 길고 허리가 가늘다. 그러므로 남아메리카와 북아메리카의 두
대륙으로 나뉘었다.

日華夏大界, 卽亞細亞.【南至呂宋, 亞齊, 噶喇巴, 北至新增白臘, 氷海, 東至日本島,
西至大乃河, 黑海, 西紅海, 小西洋】曰大西洋, 卽歐羅巴.【南至地中海, 北至白海,
東至黑海, 西至大西洋海各島】曰西南洋, 卽利未亞.【南至大浪山, 北至地中海, 東

58 呂宋은 마태오 리치의 「곤여만국전도」를 보면 필리핀의 루손섬.
59 亞齊는 인도네시아 수마트라섬의 지명. 현재 Aceh省이 있다.
60 噶喇巴는 인도네시아의 자바섬의 자카르타.
61 新增白臘은 「곤여만국전도」에 의하면 러시아 북단의 큰 섬의 이름으로 정확하지는
 않아도 지금의 세베르니섬으로 보임.
62 氷海는 「곤여만국전도」에 의하면 북극해를 비롯한 북극권의 바다.
63 大乃河는 「곤여만국전도」에 의하면 지금의 러시아 볼가강.
64 西紅海는 「곤여만국전도」에 의하면 지금의 홍해.
65 小西洋은 「곤여만국전도」에 의하면 지금의 동인도양.
66 白海는 지금의 러시아 북쪽의 바렌츠해.
67 利未亞는 아프리카의 옛 이름. 「곤여만국전도」에도 그렇게 표기되어 있다.
68 大浪山은 「곤여만국전도」에 의하면 지금의 케이프타운 근처.
69 聖老楞佐島는 「곤여만국전도」에는 仙勞冷祖島로 되어 있고, 지금의 마다가스카르섬
 이다.
70 聖多默島는 「곤여만국전도」에 의하면 仙多黙島로 적도가 지나는 가봉 앞바다의
 섬나라 상투메프린시페이다.

至西紅海, 聖老㱔佐島, 西至聖多默島】曰外大西洋, 卽亞墨利加, 地形長而腰纖.
故分爲南亞墨, 北亞墨二洲.

대륙은 바다와 함께 본래 하나의 둥근 공 모양인데,【정덕71 이전에
포르투갈 사람인 카노72가 비로소 세계를 일주했는데, 지구가 밝혀진
것은 이때부터이고, 그 후 백여 년이 지나 「지구도」를 중국에 들여왔다.】
이 「지구도」를 중국에 들여오자, 처음에는 의심하다가 차츰 믿게 되었
고, 점차 그것이 바뀌지 않는 정론임을 알았다.

大地同海, 本一圓球,【正德以前, 葡萄牙人嘉奴, 始圓地而返, 則地球之明, 自此始,
而后百餘年, 圖入中國.】自是圖之入中國, 始疑而次信之, 漸知其爲不易之論.

하지만 도리어 역산의 여러 설에 얽매어 지구가 돈다는 이치를 미심쩍게
여겼다. 서양에는 지동설에 근거한 역법73이 있어 시행한 지 이미 오래되
었고, 중국에도 그러한 그 설을 주장하는 사람이 있었다.

然猶拘於歷算諸說, 而未釋然于地運之理也. 西洋有地運歷, 行之己久, 中華亦有理
其說者.

---

71 正德은 明 武宗의 연호로 1506~1521년 동안 재위.

72 원명은 후안 세바스티안 엘카노(Juan Sebastián Elcano)이다. 그는 스페인 바스크
  지방 출신으로 1919년 콘셉시온(Concepción) 호의 선장으로서 마젤란이 이끄는
  탐험에 참여하였고, 1521년 필리핀에서 마젤란 사후 자신을 포함한 18명의 생존자
  를 데리고 1522년 스페인으로 귀환함으로써 역사상 최초의 세계 일주에 성공했다.
  탐험을 이끌었던 마젤란은 포르투갈 출신이다.

73 李圭景의『五洲衍文長箋散稿』,「地毬轉運辨證說」에 "後世西陽新法息, 則地運歷法
  必起, 而中原之士, 頗爲立法者, 著書以俟云, 或言地若轉運, 則萬物盡爲翻覆矣, 亦有
  說乎."라고 하여 본서의 地運歷은 地運歷法으로 보인다.

하지만 지구의 운동으로 일곱 별74의 운행을 증험하는 일과 지구의 정지로 일곱 별의 운행을 증험하는 일을 비교하면, 비록 똑같기는 어려워도 실상은 하늘이 하루에 한 바퀴 도는 일을 가지고 지구가 하루에 한 바퀴 도는 일로 바꾼 일에 지나지 않는다.

然以地之動, 驗七曜之動, 比諸以地之靜, 驗七曜之動, 雖若難齊, 其實不過以天之一日一周, 換作地之一日一周耳.

말하는 것이 비록 도움이 없더라도, 그 이치는 따져보지 않을 수 없다. 여러 별의 운행은 지구에서 멀면 그 움직임이 느리나 가까우면 빠르고, 지구의 자전 이론75이 실제로 이치상 낫다.76 또 밀물과 썰물77의 이치에서 지구가 돈다는 사실이 더욱 명백하다.78

言之雖無補, 其理不可不講求矣. 凡諸曜之行, 遠於地則其動也遲, 近於地則其動也速, 地球日周之論, 實爲理勝也. 且於潮汐之理, 其動尤爲端的.

---

74 七曜는 해·달·수성·금성·화성·목성·토성. (앞에 나옴)

75 日周는 앞의 一日一周의 준말로 보면 지구의 일주운동인 자전이다. 만약 준말이 아닌 말로 보면 지구가 태양을 한 바퀴 도는 공전에 따른 연주운동이다. 여기서는 전자의 뜻.

76 이 표현은 앞 단락의 내용을 이어서 천동설과 자전의 비교이지 자전과 공전의 비교는 아니다. 하지만 "여러 별의 운행은 지구에서 멀면 그 운행이 느리고 가까우면 빠르다"라는 말은 지구 공전에 해당하는 말이어서 충돌을 일으킨다. 해설 참고.

77 潮水는 아침에 들어왔다가 나가는 물, 汐水는 저녁에 들어와서 나가는 물. 밀물과 썰물의 통칭.

78 조석은 지구가 달과 태양의 중력과 관련하여 생긴 기조력(tide generating force)에 의하여 일어난다. 곧 지구와 천체(태양과 달)의 공동 무게중심을 중심으로 공전하는 지구의 원심력이 합해진 결과로 나타난다. 그러니까 조석은 지구의 공전과 관련이 있다. 하지만 지역에 따라 밀물과 썰물의 시각 차이는 지구 자전 때문이기도 하다.

# 해설

서양 선교사가 중국에 전한 「지구도」를 가지고 지구가 돈다는 학설을 설명하였다.

이 내용은 앞의 『신기통』 권1, 「지구와 여러 별(地體及諸都翟)」에서 부분적으로 다룬 바 있다. 먼저 "지구가 오른쪽으로 돈다"라는 말은 정확히 무슨 의미일까? 홍대용처럼 자전만 말했을까. 아니면 공전을 포함한 말일까? 자전을 말한다면 서쪽에서 동쪽으로 돌므로 지구본을 놓고 본다면 오른쪽이기는 하다. 하지만 공전도 태양을 중심으로 서쪽에서 동쪽 곧 시계 반대 방향으로 돈다고 한다. 본문의 내용을 종합하면 오른쪽으로 돈다는 말은 둘 다 해당하는데, 어느 쪽인지 섣불리 결론 내리기 쉽지 않다.

서두에서 틀렸다고 지적하는 "천체가 왼쪽으로 돈다"라는 주장은 천동설의 관점에서 천체를 관측할 때 천구상에서 천체가 왼쪽으로 진행하는 것으로 보여서, 천체가 왼쪽으로 돈다고 한 말이기 때문이다. 곧 실제로는 지구가 오른쪽으로 공전하므로 천구에 나타난 천체의 겉보기 현상이다. 마치 손전등을 들고 중앙의 물체를 비추면서 오른쪽으로 돌 때 그 그림자가 반대쪽 벽에서 관찰자와 반대로 왼쪽으로 움직이는 방향과 같다. 사실 이 말은 지구의 자전과 관계없는 말이다. 자전을 두고 말했다면, 천체는 하루에 한 번씩 동쪽에서 서쪽인 오른쪽으로 돌기 때문이다. 따라서 그것을 틀렸다고 봤으므로 공전을 지지하는 것으로 보인다.

또 본문의 "여러 별의 운행은 지구에서 멀면 그 움직임이 느리나 가까우면 빠르고, 지구의 자전 이론이 실제로 이치상 낫다"라는 말은 천문학 지식이 없으면 이해하기 어려울 듯하다. 별들의 운행 속도와 지구 자전·공전의 연관성이 쉽게 떠오르지 않기 때문이다. 이것을 이해하려면 연주시차(annual parallax)를 알아야 하는데, 그것은 지구 공전의 강한 증거 가운데 하나이다. 연주시차는 1838년 베셀(Bessel friedrich Wilhelm, 1784~1846)이 처음 측정하였으며, 항성의 연주시차는 극히 작은 각도로 0.76″을 넘지 않는 것이 특징이며, 멀수록 시차는 적다. 본문의 '움직임이 느리다'라는 표현이 아마 이와 관련되어 있다. 하지만 지구 공전에 따른 태양계 속의 행성의 겉보기 운동은 행성 자체의 공전에 따른 순행과 역행의 속도를 고려하더라도 항성의 그것보다 변화가 훨씬 크다. 그래서 본문에서 '지구와 가까우면 빠르다'라고 표현한 것으로 보인다.

따라서 원문 '地球日周之論'을 "여러 별의 운행은 지구에서 멀면 그 운행이 느리고 가까우면 빠르다"라는 말과 연결해 보면, 그것은 자전이 아니라 공전으로 봐야 한다. 그 근거는 먼저 원문 '斡運' 자체가 공전을 뜻한다. 또 만약 자전으로 본다면 관측되는 천체의 운행은 하루에 한 번씩 돌므로, 그것으로 행성의 속도 차이를 알 수 없고, 그것이 행성의 속도도 아니다. 행성과 지구의 거리에 따라 달리 보이는 속도 차이[79]를 지구의 자전으로 확인할 수 없다. 사실 행성의 운동에 따른 이동 속도는 지구에 대한 행성의 상대적인 공전운동의 겉보기 현상으로 지구 자전과 무관하기 때문이다. 그래서 이 글은 서로 인과 관계가 없는 독립된 내용의 병렬 문장으로 보아야 한다.

하지만 이 내용은 천동설에 대한 지동설을 지지하는 데 목적이 있다. 그래서 또 '중국에도 그러한 그 설을 주장하는 사람'은 뒤에 소개할 브누와(M. Benoit, 莊友仁)의 『지구도설(地球圖說)』에 나오며,[80] 또 같은

---

79 자전에 따른 별의 겉보기 운동을 실제 사실로 받아들인다면, 지구에서 멀수록 속도는 엄청나게 빠를 수밖에 없다. 가령 돌아가는 원반의 회전축에 가까운 지점일수록 운동 거리가 짧아 속도(단위 시간당 이동 거리)가 느리지만 멀수록 거리가 멀어 속도는 빨라지기 때문이다.

책을 저술한 청의 장정병(莊廷騁, 1728~1800)일 수도 있다. 원래 코페르니쿠스가 지동설을 말할 때는 공전을 포함한 말이다. 저자가 지동설을 이해했다면, 당연히 지구의 공전이 포함되지 않았을까?

그 공전에 자전이 포함된 근거는 여기저기 보인다. 우선 본문에서 '회전운동의 연결'이란 "밀물과 썰물의 이치에서 지구가 돈다는 사실이 더욱 명백하다"라는 말과 관련이 있는데, 뒤의 글「밀물과 썰물은 지구와 달의 기가 서로 접촉하면서 생긴다(潮汐生於地月相切)」에서 "밀물과 썰물의 움직임은 항상 지구를 끼고 동쪽으로 이동한다"라는 말을 고려하면 자전이다. 또 본문의 '日周'는 바로 앞의 '地之一日一周'라는 말의 준말로 썼다.

이 글이 다소 애매하고 혼란스러운 까닭은 자전과 공전을 섞어 말하면서, 그 용어와 함께 두 개념을 명확하게 구분해서 설명하지 않은 까닭도 있지만, 무엇보다 그것은 공전의 증거를 확실히 설명할 수 있는 근거가 약했기 때문으로 보인다. 현대에도 지구 공전은 이론적이고 관측상 확실한 증거는 앞서 제시한 별의 연주시차 외에 별의 광행차와 별빛 스펙트럼에 의존하고 있다. 훗날『운화측험』에서 공전을 분명하게 이해하고 자세히 설명하였다.[81] 자전은 말 그대로 자전(自轉)이라 쓰고 공전은 윤전(輪轉)으로 구분하고, 둘을 아울러 말할 때는 운전(運轉)이라 표현하였다. 본서에서도 대체로 그런 뜻으로 썼고, 자전은 3번 등장해도 행성의 운행과 관계없다.

아무튼 선교사들은 서양 과학을 전할 때 지동설은 한동안 함구하였고, 그것을 부정하는 글에서 간접적으로 전하였을 뿐이다. 그러다가 18세기

---

80『地球圖說』,「序」: 西洋人言天地之理最精, 其實莫非三代以來古法所舊有. 後之學者, 喜其新而宗之, 疑其奇而關之, 皆非也. 言天員地員者, 顯著於大戴記, 曾子天員篇.
81 더 자세한 내용은『運化測驗』卷1,「地體輪轉」을 참조 바람.

말 이후 조금씩 알려졌는데, 그래서 본문에도 이전의 중세 과학을 부정하는 발언이 간접적으로 들어 있고, 또 서양에서 "지동설에 근거한 역법을 시행한 지 이미 오래되었다"라는 말도 그것을 입증하고 있다. 다만 역법은 관측에 근거해서 만들었으므로, 천동설이든 지동설이든 차이가 거의 없다. 저자도 그것을 인식하고 있다. 오늘날까지 천구좌표가 쓰이는 까닭도 그 때문이다.

그리고 지도상에 나타난 오대주와 세계 여러 지명은 선교사들의 서적에 자주 등장한다. 지명은 선교사의 저술마다 약간씩 다른데 그것은 한자로 음역하는 데 따른 차이일 뿐이다. 특히 지리에 관계된 책도 있는데, 마테오 리치의 『곤여전도(坤輿全圖)』와 알레니(Jules Aleni,艾儒略)의 『직방외기(職方外紀)』가 유명하고 상세하지만, 그 책도 지구 중심의 천동설을 배경으로 하고 있다.[82]

그렇지만 본분의 내용은 장정병의 『지구도설』과 관련이 있다. 그 사실은 이규경이 저자가 그 책을 소장하고 있다고 밝힌 데[83]서 알 수 있다. 또 본문에서 지구에 대한 이러한 사실은 카노(마젤란의 일행)가 세계를 일주함으로써 지구가 둥글다는 점을 입증한 데서 비롯했다고 언급하고 있는 점도 이와 관련된다.

그런데 본문은 초기 예수회 선교사들이 전한 천동설에 근거한 서양

---

82 艾儒略, 『職方外紀』, 「五大州總圖界度解」: 天體一大圜也, 地則圜中一點, 定居中心, 永不移動. … 日躔黃道, 一日約行一度, 自西而東, 奈為宗動天所帶, 是以自東而西一日一週天耳. 自西而東은 바로 본문에서 천체가 왼쪽으로 돈다는 내용이다.

83 『五洲衍文長箋散稿』, 「萬國經緯地球圖辨證說」: 地球之爲圖者甚多, 而我東無刻本, 每從燕京出來. 故藏弆亦鮮矣. 近者, 崔上舍漢綺家, 始爲重刊中原莊廷旉搨本, 俾行于世.【崔上舍家, 住京師南村倉洞. 甲午以棗木板模刻晉陵莊廷旉地球搨本, 而金正皥剞劂焉.】莊廷旉地球圖說曰 …; 같은 책, 「地球辨證說」: 莊廷旉地球圖說, 以爲全地塊段之勢, 分輿地爲五大洲. 曰亞細亞者, 爲中土大淸國, 南至呂宋亞齊噶喇巴, 北至新增白臘氷海, 東至日本島, 西至大乃河黑海西紅海小西洋等處 (이하 생략) (강조는 옮긴이).

과학을 넘어서고 있다. 코페르니쿠스의 지동설은 브누와의 『지구도설』 (1767년)에 처음 언급되었다고 한다. 이 내용은 중국에 널리 알려지지 않았지만, 앞서 이규경의 말한 그 책과 이름이 같다.[84] 문제는 선교사 브누와와 이규경이 『지구도설』을 지었다는 장정병은 다른 사람이다. 그래서 저자가 지구의 공전에 따른 내용을 언급한 내용을 보면 브누아의 것일 수도 있고, 또 장정병의 것은 확실하므로 브누아의 그것을 기초로 장정병이 편찬한 것일 수도 있다. 어느 것이든 지동설을 소개한 사실만은 확실하다.

---

84 이 외에 『地球圖說』을 읽은 증거는 늦은 시기이기는 하지만 『運化測驗』의 내용에서 알 수 있고, 그는 또 1857년 그 내용을 『地球典要』에 수록하였다.

# 7. 대기는 천체의 상을 굴절시킨다
## 蒙氣飜影

작은 물건도 모두 그 몸체를 둘러싼 기의 냄새[85]가 있는데, 하물며 지구처럼 큰 물체이겠는가? 그래서 지구 대기 이론이 나왔다. 증발한 땅의 기[86]가 상층부에서 대기로 맺히고, 굴절되는 여러 별빛을 굴절시켜 그 안에서 변형시킨다. 그리하여 고도가 낮은 천체를 높게 보이게 하고 원형을 타원형으로 바꾸는데, 이것은 눈앞의 대기로 인해 생긴 상이지 실제의 모습이 정상에서 벗어난 것은 아니다.

微物皆有體傍之氣臭, 況地之大乎. 蒙氣之說, 所以發也. 蒸鬱之地氣, 蒙結於上, 諸曜之飜影, 變形于內. 升卑爲高, 改圓爲揣, 生於眼前之蒙影, 不是實象之乖常.

\* \* \*

대기란 땅에 떠다니는 기가 상승한 것인데, 그 형질은 가볍고 미세하여 사람의 시야를 가리거나 막을 수는 없지만, 도리어 작은 물체를 크게 보이게 할 수 있고【태양과 달이 지평선에 있을 때는 중천에 있을 때보다 크게 보이는데, 이것이 작은 물체를 크게 보이게 하는 현상이다.】고도가 낮은 천체를 높게 보이게 한다.【월식 때 사람이 지면에서 태양과 달을 동시에 볼 수 있는 이치는 없는데, 서쪽에는 태양이 아직 넘어가지 않았는데 동쪽에서 이미 월식이 보이거나, 태양이 이미 동쪽에서 떴는데 아직도

---

85 氣臭는 기의 臭氣와 같은 말. 體傍之氣는 줄여서 傍氣라 일컫기도 한다.
86 蒸鬱氣는 용어사전 볼 것.

서쪽에서 월식이 보이기도 하는데, 이것이 고도가 낮은 천체를 높게
보이게 하는 현상이다.】

蒙氣者, 地中遊氣上騰, 其質輕微, 不能隔礙人目, 却能映小爲大.【日月在地平上,
比於中天則大, 是映小爲大也.】升卑爲高.【月食時, 人在地面, 無兩見之理, 或日未
西沒, 而已見月食於東, 或日已東出, 而尙見月食於西, 此升卑爲高也.】

대기가 왕성하면 두껍고 높으나 미약하면 얇고 낮아서, 천체가 떠오르는
상의 고도가 그래서 달라진다. 대기의 두께나 높이에 차이가 있는 까닭은
지세가 다르기 때문이다. 바다나 강과 호수의 경우 물기가 많으면 대기도
반드시 두껍고 높다. 종합해서 말하면 대기가 지구를 감싸고 있는 현상은
마치 달걀의 흰자가 노른자를 감싸고 있는 모습과 같다.

氣盛則厚而高, 氣微則薄而下, 而升像之高下, 亦因之而殊. 其所以有厚薄高下者,
地勢殊也. 若海或江湖, 水氣多則蒙氣必厚且高也. 統言之, 則蒙氣之蒙包地球, 如
雞子白之包黃.

사람과 만물이 대기 안에 잠겨 살면서 그 바깥을 올려다보는 대상에는
오직 많은 별의 밝은 영상뿐이다. 이는 마치 돋보기[87]를 눈에 대고 등불을
보는 일 같아 여러 가지로 굴절시켜 비추거나 영상을 길게 늘이기도
하니, 모두 돋보기가 그렇게 만들지 등불이 그렇게 만든 현상은 아니다.

---

87 靉靆籠眼은 조선 후기 여러 서적에는 琉璃籠眼으로 등장하고, 洪大容의 『醫山問答』
　에서는 玻瓈籠眼으로 되어 있다. 『運化測驗』 卷1, 「氣之色」에도 몽기를 설명하면서
　鏡이라는 말을 사용하고 있다. 靉靆나 玻瓈는 모두 琉璃와 같은 의미로 오늘날
　돋보기나 렌즈의 의미이다. 안경도 해당하는데 이때는 눈의 시력에 맞지 않는
　그것이다.

나아가 누런 안개나 검은 구름에 푸르거나 흰색이 섞여 비치는 모습도
모두 대기 안에서 일어나는 현상이다.

人物潛處其內, 仰見其外, 惟有諸曜之明影. 如霙霰籠眼而望見燈光, 或飜照二三,
或連影亘丈, 是皆生於霙霰, 不曾生於燈光也. 至於黃霧黑雲靑白雜映, 皆在於蒙氣
之內.

# 해 설

지구의 대기가 별빛을 굴절시켜 별이 보이는 모습이 실제의 그것과 차이 난다는 이론을 소개하였다.

이 이론은 이미 몽기차(蒙氣差)라는 용어로 국어사전에 등재되어 있다. 서학이 이 땅에 들어온 지 벌써 4세기가 지나서 그 용어를 자연스럽게 사용하고 있다는 증거이다. 몽기라는 용어 그 자체는 이미 『한서』, 「경방전(京房傳)」에 등장한다고 앞에서 소개하였다.

그런데 본문의 이 대기인 몽기로 인해 "월식 때 사람이 지면에서 태양과 달을 동시에 볼 수 있는 이치는 없는데, 서쪽에는 태양이 아직 넘어가지 않았는데 동쪽에서 이미 월식이 보이거나, 태양이 이미 동쪽에서 떴는데 아직도 서쪽에서 월식이 보이기도 한다"라는 말의 내용은 이미 마테오 리치의 『건곤체의』에 보이기 시작한다.[88] 뒤에 그의 후배들도 이 내용을 자주 인용하는데, 이는 당시 중세 과학에서 상식으로 알고 있는 이론이기 때문이다.

저자의 이 내용은 『역상고성(歷象考成)』 상편 권4의 「청몽기차(淸蒙氣差)」에 대부분 등장한다.[89] 거기서 이 청몽기차의 학설을 서양의 천문학

---

88 利瑪竇, 『乾坤體義』 中, 「第六題」: 或問, 日有夘酉時月蝕者, 而日月俱現地平上, 以爲地形中隔似不如是. 曰春分至秋分, 日出地恒在夘正前. … 曌時, 日月何得而同現地平上乎. 蓋其半沉半吐之際, 人見雙形, 實非並現, 倘月蝕時, 日月全見地平上, 必月或在西始入地, 或在東將出地, 而海水影映, 并水土之氣, 發浮地上, 現出月影, 此時, 月體實在地下, 爲地所隔. 여기서는 蒙氣라는 용어 대신에 水土之氣로 되어 있다.

89 『歷象考成』 上篇 卷4, 「淸蒙氣差」: 淸蒙氣差, 從古未聞, 明萬歷間, 西人第谷始發之. 其言曰, 淸蒙氣者, 地中遊氣時時上騰, 其質輕微, 不能隔礙人目, 却能映小爲大, 升卑爲高. 故日月在地平上, 比於中天, 則大, 星座在地平上, 比於中天, 則廣, 此映小爲大也. 定望時, 地在日月之間, 人在地面, 無兩見之理, 而恒得兩見, 或日未西没, 而已見月食於東, 日已東出而尚見月食於西, 此升卑爲高也. 又曰淸蒙之氣, 有厚薄有高下,

자 티코 브라헤(Tycho Brahe, 1546~1601, 第谷)가 발명했다고 하면서,
그 내용이 그의 말이라 소개하고 있다. 저자는 여기서 서두의 글과
끝부분의 돋보기나 등불의 사례를 본인이 첨가하였다. 그런데『역상고
성』에서는 이 청몽기차를 간단히 말로만 서술한 것이 아니라, 도해와
관측상의 도수를 자세히 설명하고 있다. 참고로『역상고성』은 1723년
청나라 강희제 때 편찬된 역법서이다.『숭정역서(崇禎曆書)』를 정리
개편한『서양신법역서(西洋新法曆書)』를 보완한 책이다. 저자를 포함한
홍대용 등도 이 책을 보았다. 뒤에 보이는 저자의 글에서 이 책을 언급하
고 있다.
훗날 저자의『운화측험』에서 이 내용을 다시 소환하여 렌즈를 동원하여
광학적으로 설명한다. 이것을 빛의 굴절 이론으로 실증적·과학적으로
설명하였다.90

---

氣盛則厚而高, 氣微則薄而下, 而升像之高下, 亦因之而殊. 其所以有厚薄有高下者,
地勢殊也. 若海或江湖, 水氣多則淸蒙氣必厚且高也. 여기서 저자는 淸蒙氣를 蒙氣라
표현함을 알 수 있다. 강조는 저자의 본문과 완전히 일치하는 글자. 第谷은 티코
브라헤(Tycho Brahe, 1546~1601)의 중국식 표기.
90『運化測驗』卷1,「氣之色」을 참조 바람.

## 8. 밀물과 썰물은 지구와 달의 기가 서로 접촉하면서 생긴다
### 潮汐生於地月相切

모든 별의 운동은 어찌 제각기 무질서하게 움직이겠는가? 그 운동이 서로 연결되어 체계[91]를 이루고, 크고 작은 별이 서로 의지하며, 그 속도가 서로 의존하고 회전운동이 그치지 않는다. 밀물과 썰물[92]이 생기는 일은 달과 지구의 서로 접촉하는 기에 달려 있고, 밀물과 썰물 간만의 차이는 달의 고도와 남북의 방향에 달려 있다.

諸曜之動, 豈是各自亂動. 聯綴成體, 大小相藉, 遲速相須, 運斡不息. 潮汐之生, 在於月與地相切之氣, 至若加減盈縮, 在於月之高低南北.

\* \* \*

모든 별의 운동에는 그 주변의 기도 따라 돌면서 피륜을 이룬다. 그리고 달이 지구에 가장 가까우므로 지구의 피륜이 달의 그것과 서로 접촉하면서 돈다. 두 기가 돌면서 접촉하여 들어가는 곳에서는 기가 수렴하여 빨아들이므로, 물이 그 빨아들이는 작용에 응하여 움직이니 이것이 밀물[93]이다. 또 지구와 달의 양쪽 피륜의 접촉에서 나오는 쪽에서는 기를

---

91 오늘날 태양계처럼 별들이 모여 운행하는 體系를 말함. 『신기통』 권1의 「地體及諸曜」에 '日月諸氣相應之體'도 그런 뜻이다.

92 潮汐의 潮水는 아침에 들어왔다가 나가는 물, 汐水는 저녁에 들어와서 나가는 물. 밀물과 썰물의 통칭.

93 潮는 빨아들인다는 표현에서 보면, 달의 중력에 의해 바닷물이 끌려가는 현상. 사전적 정의는 밀물이다.

방출하여 불어내므로 물도 그 불어내는 일에 응하여 움직이니 이것이
썰물이다.[94]

夫諸曜之運轉, 其傍之氣, 亦隨而轉, 以成被輪. 而月最近於地, 故地之被輪, 與月之
被輪, 相切而旋. 入切處, 氣斂而吸, 水應其吸而動, 是謂潮也. 兩被輪出切處, 氣放而
噓, 水亦應其噓而動, 是謂汐也.

밀물과 썰물의 움직임은 항상 지구를 끼고 동쪽으로 돈다.【달이 태양과
서로 관계하여 움직여 응하는 것이 이와 같다.】가령 지구의 가운데를
기준으로 상하와 좌우로 나누어 봤을 때, 달이 지구의 위쪽에 있으면
접촉하여 들어가는 기는 지구의 오른쪽에 있으므로 밀물도 오른쪽에
생긴다. 반면 접촉에서 나오는 기는 지구의 왼쪽에 있으므로 썰물 또한
왼쪽에서 생긴다. 만약 달이 지구의 왼쪽에 있으면 접촉하여 들어가는
기는 위쪽에 있으므로 밀물도 위쪽에서 생기고, 접촉에서 나오는 기가
아래쪽에 있으면 썰물도 아래쪽에서 생긴다.

潮汐之動, 常夾地球而東轉焉.【月與日相須而動應若是也.】假如分地球腰, 爲上下
左右, 而月在地之上, 則入切之氣在地右, 潮亦生於右. 出切之氣在地左, 汐亦生於
左. 若月在地之左, 入切之氣在地上, 而潮生於上, 出切之氣在地下, 而汐生於下.

나아가 밀물과 썰물이 달의 상현과 하현[95] 때 그 차이[96]가 줄어들고

---

94 汐은 불어낸다는 표현에서 보면, 달의 중력에 약해서 바닷물이 놓이는 현상. 사전적
　정의는 썰물이다.
95 上弦은 음력 7~8일, 下弦은 음력 22~23일.
96 干潮와 滿潮의 차이.

삭망97일 때 차이가 큰 것은 달의 고도 때문이다.98 상현과 하현일 때는 달의 운행 고도가 높고 서로 접촉하는 기운이 미약하므로 밀물과 썰물의 차가 줄어들지만, 삭망일 때는 달의 운행 고도가 낮아 서로 접촉하는 기운이 강하므로 밀물과 썰물의 차이가 크다.

至若潮汐之在上下弦而減縮, 在朔望而盈溢者, 由於月之高低. 上下弦時, 月行高而相切之氣微, 故潮汐減縮, 朔望時, 月行低而相切之氣强. 故潮汐盈溢.

달의 운행은 또 황도99의 남북으로 출입하므로, 서로 접촉하는 기도 지역에 따라 제각기 다르고 조석도 다르다. 이것이 대강의 바뀌지 않는 이치이다.

月行又出入於黃道之南北, 相切之氣, 隨地各異, 而潮汐亦異. 此乃大略不易之理也.

---

97 朔과 望은 각각 음력 초하루와 보름.

98 달의 운행 고도(지구와의 거리)와 간만의 차이는 크게 관계된다. 지구가 막 탄생한 46억 년 전에는 달이 지구와 가까워 7일 만에 지구를 한 바퀴 돌았고, 28억 년 전에는 한 바퀴 도는 데 17일이 걸렸다고 하는데, 이때만 해도 간만의 차이는 지금보다 훨씬 컸다. 하지만 지금은 관측 시기를 거의 동시대로 보면 되므로, 간만의 차이는 거리와 무관한 달과 지구와 태양의 위치 때문이다. 더 자세한 것은 해설 참조.

99 천구상에서 태양의 궤도. 곧 지구의 공전에 따른 천구상의 태양의 겉보기 운동 경로. (앞에 나옴)

# 해 설

여러 천체가 중력으로 연결되어 있음을 말하였다.

여기서 중력이라는 용어를 사용하지 않고 기로 설명하였다. 중력이라는 말을 몰라도 천체끼리 어떤 힘이 상호작용한다고 주장한 내용이다. 그것은 기 개념의 외연에 힘[力]도 포함되기 때문이다. 우리가 흔히 사용하는 '기력'이나 '기운'이라는 말도 그런 뜻을 함유하고 있다.

그 중력이 작용하는 현상을 기의 피륜(被輪)으로 설명하였다. 여기서 둘 이상의 천체를 연결하는 힘으로서 기를 가지고 인과적으로 설명했다는 데서 과학적 태도를 엿볼 수 있다. 훗날 뉴턴의 이론을 접하고, 『성기운화』에서 그것이 미흡하다고 여겨 천체 사이에 중력이 작용한다는 사실을 설명하기 위해 기륜(氣輪)설을 내세웠다. 이 피륜설이 발전하여 기륜으로 변했음을 알 수 있다.

물론 지구와 달의 두 기가 접촉하고 '마찰하여 들어가고 나오는' 데서 밀물과 썰물이 생긴다는 주장은 설령 오늘날 관점에서 과학적 근거가 없더라도, 어떤 방식으로든지 인과적으로 설명해야 한다는 사유 태도가 들어 있다. 곧 서학에서는 경험적으로 달과 지구의 위치 관계에 따라 밀물과 썰물이 생긴다고만 하였지, 어떤 물리적 인과 관계에 따라 그렇게 되는지 뉴턴이 나오기까지 말하지 않았기 때문이다. 더구나 뉴턴도 중력 현상과 그 법칙만 밝혔고 그것이 왜 일어나는지 말하지 못했다. 저자는 그 '왜'라는 문제에 천착하여 피륜이나 기륜설을 등장시켰다.

그런데 본문에서 조수간만의 차이가 달의 고도 때문이라는 설명, 곧 달의 삭망과 상·하현이 고도와 관계있다는 설은 틀린 말이다. 사실 간만의 차이가 큰 것은 태양과 달과 지구가 일직선의 위치에 있는 삭망일 때이고, 작을 때는 직각을 이루는 상·하현 때이다. 본문에서 말하는 달의 고도는 지상에서 관측할 때의 그것이라면, 달이 남중할 때 간만의 차이가 가장 작고, 지고 뜰 때 가장 커야 한다. 달은 날마다 지고 뜨고 남중하므로 간만의 차이가 그렇게 될 수 없다. 이 고도 또한 저자가 어떤 도해를 보고 그렇게 설명했을 가능성이 크다. 『신기통』 권1의 「지구와 여러 별(地體及諸曜)」에도 잠깐 이 문제를 언급한 적이 있다.

# 9. 태양과 별의 궤도는 타원이다
## 日星道橢圓

태양과 별의 궤도는 모두 타원이므로 천체의 그것은 정원(正圓)이 아님을 알 수 있다. 이미 동지와 하지 때에 지구의 중심에서 멀고 가까우므로[100] 이제 지구 또한 그 가운데[101]에 있지 않음을 믿게 된다.

日星行道, 俱是橢圓, 則可知天體非端圓. 冬夏二至, 旣有遠近, 則方信地球亦非居中.

\* \* \*

『역상고성후편』에 서양인 카시니와 플램스티드 등이 천문을 살펴 관측에 정밀했는데, 모든 행성의 궤도는 실제 관측에서 타원으로 증험하여 모두 들어맞았다. 그러니 천문가[102]의 정교한 계산으로 논해서만은 안 되므로,[103] 천체의 궤도가 정원이 아님을 알 수 있다.

歷象考成後編, 西人噶西尼法蘭德等, 察於歷象, 精於測驗, 諸曜行道, 以橢圓驗諸實測而多合. 則不可以歷家之巧算論之而已, 可知天體之非平圓也.

---

100 지상에서 관측할 때 지구가 그 중심이므로 가령 태양의 궤도가 正圓이면, 지구 중심에서 태양과의 거리(반지름)가 언제나 같아서 이런 표현을 할 수 없고, 시기에 따라 그 반지름이 달라서 그렇게 표현한 말.

101 내용을 종합하면 태양 궤도의 중심. 지구의 중심과 태양 궤도의 중심이 동지나 하지 때 일치하지 않는다는 뜻.

102 歷家는 曆象을 전문적으로 觀測·推算하는 사람. 또는 천문학자. (앞에 나옴)

103 궤도가 正圓이라 보고 계산한 결과와 실제 관측치의 차이를 염두에 두고 한 말.

또 이른바 지반경차(地半徑差)[104]란 곧 지구의 중심과 태양 궤도의 중심과 차이의 한도인데, 지구의 중심은 동지 때 그것에 가깝고 하지 때 멀므로, 지구가 천체 궤도의 정중앙에 있지 않음을 알 수 있다.

又所謂地半徑者, 卽地心與日天心相差之分數, 而地心近於冬至, 遠於夏至, 則可知地球非在天之正中.

---

104 내용을 종합하면 地半徑은 地半徑差를 말한다. 地半徑差는 지상에서 천체를 관측했을 때 보이는 고도(거리)와 계산상의 실제 거리(계산값)의 차이를 말한다. 다시 말하면 태양이나 달 등 천체 궤도의 중심과 지구 중심과의 거리의 차이, 곧 반지름의 차이를 말한다. 그 원인에는 타원 궤도와 앞서 설명한 대기에 의한 빛의 굴절도 관련된다. 더 자세한 것은 해설 참고.

# 해 설

여러 천체의 궤도가 타원임을 설명하였다.

그런데 천문학적 상식을 어느 정도 갖춘 독자라면, 글을 읽을 때 매우 혼란스러울 것이다. 태양이 운행하므로 천동설 같기도 하고, 또 천체의 타원궤도를 말하면 케플러를 떠올려 지동설 같기 때문이다. 그래서 천동설과 지동설이 혼합된 느낌을 준다. 사실 거기에는 그만한 이유가 있다.

본문의 내용은 저자의 지적대로 1742년에 편찬한 『역상고성후편』에 나온다.[105] 이 책은 선교사 쾨글러(Ignatius Kögler, 戴進賢)와 페레이라 (Andreas Pereira, 徐懋德) 등이 참여하여 이전의 『신법산서』나 『역상고 성』 등을 보완하였다. 이 역법의 특징은 코페르니쿠스의 지동설을 따르지 않고 티코 브라헤의 수정천동설을 따랐으며, 케플러(Johannes Kepler, 1571~1630)의 타원궤도 학설을 받아들이고, 카시니(Giovanni Domenico Cassini, 1625~1712, 喝西尼)의 관측치를 반영하였다.

티코 브라헤의 천체설은 태양과 달은 지구를 중심으로 회전하지만, 그 외 행성은 태양을 중심으로 돈다는 우주설이다. 훗날 저자가 『지구전 요』에 그 도해를 실었다. 그래서 『역상고성후편』에서는 지동설과 관련 된 내용은 등장하지 않는다. 아마도 그 까닭은 관측상 지구가 하늘 가운데 정지하고 있다고 가정하는 편이 훨씬 편리했기 때문이리라. 다만 지구가 둥글다는 점만 받아들였다.

---

105 『歷象考成後編』, 「提要」: 自康熙中, 西洋喝西尼法蘭德等出, 又新製墜子表以定時, 千里鏡以測遠, 以發第谷未盡之義. 大端有三, 其一謂太陽地半徑差, 舊定為三分, 今測止有十秒. 蓋日天半徑甚遠, 測量所係秖在秒微, 又有蒙氣雜乎其内, 最為難定, 因思日月星之在天, 惟恒星無地半徑差. 第谷은 티코 브라헤.

바로 여기서 티코 브라헤의 설을 따랐기에 태양이 궤도를 따라 운행한다는 말이 나오고, 지구가 태양과 달 운행의 중심이므로, 지구의 중심이 두 천체 궤도의 중심이 된다. 그 궤도가 정원이라면 언제나 그렇다. 하지만 그것이 타원이어서 시기에 따라 태양 궤도의 중심이 지구의 중심과 일치하지 않게 된다. 그 차이를 지반경차(地半徑差)라 불렀다. 사실 행성 궤도의 타원을 말한 사람은 티코 브라헤의 제자 케플러였는데, 그는 스승의 관측 결과를 이용하여 태양을 중심으로 한 행성의 궤도는 타원이며 행성의 운동 면에서, 같은 시간 동안 행성이 휩쓸고 지나간 면적이 일정함을 밝혔다. 본문의 내용은 케플러 법칙이 반영되어 있지만, 관측할 때의 겉보기는 이와 전혀 다르다. 지구는 정지하고 태양이 도는 것처럼 보이기 때문이다. 다만 그러한 법칙이 행성이 타원의 두 초점에 가까운 지점을 지날 때 지반경차로 드러나게 된다. 그 지반경차를 가지고 지동설을 언급하지 않더라도 관측 수치에서 천체 궤도의 타원은 얼마든지 추론할 수 있었다.

본문에 등장하는 카시니는 이탈리아계 프랑스 천문학자로 행성의 궤도를 난형(卵形)이라 주장하였고, 태양과 지구 사이의 거리를 최초로 어림하고, 태양의 지반경차를 현재의 값과 거의 비슷하게 얻었는데, 『역상고성후편』에 자세하게 나오고 지반경차의 여러 도해도 있다. 또 플램스티드(Flamsteed, John, 1646~1719, 法蘭德)는 영국의 천문학자로 그리니치 천문대의 설립자이기도 하며, 또 항성을 관측하여 항성표를 만들었다.

# 10. 기가 모이면 살고 흩어지면 죽는다
## 氣聚生散死

기에는 정액106이 있고 땅에는 생명을 따뜻하게 품어주는 일이 있다.107 그러므로 사람과 만물이 생겨남에는 하늘의 기를 얻고 땅의 질을 받는데, 질이란 기가 형체를 이룬 상태이다. 그러므로 살아있음은 기가 모인 상태요, 죽음은 기가 흩어진 상태이다.108

氣有精液, 地有煦嫗. 故人物之生, 得天之氣, 稟地之質, 質者, 氣之成形也. 生, 氣之聚, 死, 氣之散.

\* \* \*

『주역』에서 말하기를 "천지가 교합109함에 만물이 변화하여 생겨난다"110라고 하였다. 그 교합은 원기의 정액111과 또 땅이 따뜻하게 품어

---

106 저자가 말하는 精液은 여성에게도 있으므로 오늘날 남성의 그것(semen)만을 지칭한다기보다, 胃·脾·肺·三焦 등 장부의 작용으로 생기는 생명 또는 영양물질. 대신 그의 다른 글에 보이는 '精種'이라는 단어가 semen에 가깝다. 여기서는 자연의 그것이므로 기의 범주에 속하는 생명 물질.

107 남성의 씨앗을 받아 여성의 자궁에서 따뜻하게 키운다는 전통적 생식 관념이 은유적으로 표현되었다. 여기서는 하늘을 기로 표현하였다. 보통 하늘과 땅은 乾-坤, 陽-陰, 남성-여성, 氣-質로도 표현된다.

108 生과 死는 모두 복합적 의미이다. 生은 탄생·생성·삶·생명 등이고, 死는 죽음·소멸 등이다.

109 絪縕(氤氳)은 고대 하늘과 땅의 음양 두 기가 상호작용하는 상태를 일컫는 말. 여기서 저자의 의도는 하늘(남성성)과 땅(여성성)의 기가 상호작용 곧 암수가 交合하는 일을 비유한 말. 아래 각주의 男女構精이 그것이다.

110 『周易』, 「繫辭下」: 天地絪縕, 萬物化醇, 男女構精, 萬物化生. 氤氳과 絪縕은 같이 쓰임.

주는 일을 얻어서 한다. 그리하여 만물이 변화하여 생겨나고[112] 또 거두어 저장하는데,[113] 모두 기의 모이고 흩어짐이 아님이 없다.

易曰, 天地絪縕, 萬物化生. 其所絪縕者, 以元氣之精液又得煦嫗. 而有化生, 又有收藏, 無非氣之聚散也.

잉태란 기가 처음 모인 일이고, 성장은 기가 모임을 완성한 상태이며, 쇠퇴는 기가 장차 흩어지려는 일이고, 죽음은 기가 다하여 흩어진 상태이다.[114]

胎者, 氣之始聚也, 長者, 氣之成聚也, 衰者, 氣之將散也, 死者, 氣之漸散也.

---

111 저자는 絪縕에 함유된 陰陽의 기를 배제하고, 元氣라는 표현을 썼다. '원기의 정액'이란 원기가 가진 생명의 물질이란 뜻.

112 化生은 化育生長 또는 變化生成의 뜻으로 『周易』, 「咸卦」의 "天地感而萬物化生."에 보인다.

113 收藏은 生長과 짝을 이루는 말인데 4계절에 따라 만물이 生長收藏할 때의 표현이다. 그래서 收藏은 가을과 겨울의 모습이다. 『管子』, 「形勢」의 "春夏生長, 秋冬收藏, 四時之節也."에 보임.

114 이것은 몸보다 몸이 갖는 생명(생체) 에너지의 관점에서 이해하면 더욱 분명해진다. 몸은 자연히 그것을 따른다.

# 해 설

앞의 글은 대개 우주와 지구에 대한 설명이라면, 이 글은 지구 안의 만물과 인간의 생성과 소멸에 관한 내용이다.

전체 주제가 기를 미루어 리를 헤아리는 일이므로, 인간을 이룬 기를 설명하지 않을 수 없었다. 그래서 인간과 만물의 생성과 소멸을 기철학의 취산 개념으로 설명하였다. 그리고 보통 물질로 말하는 질도 기 자체가 아니라, 기가 엉거서 형체를 이룬 상태라 분명히 말하였다.

그런데 만물의 생성 과정을 설명하는 방식은 『주역』의 논리를 따랐다. 『주역』은 건(乾)괘와 곤(坤)괘를 64괘의 시작으로 삼고, 또 하늘과 땅, 남성적인 것과 여성적인 것을 상징하는 괘로 삼았는데, 그것을 설명하는 과정에서 자연히 만물이 생성되는 관점과 과정이 들어 있다. 그래서 천지 만물을 생성하는 근원, 곧 부모의 역할을 하늘과 땅이 한다.

『주역』의 경문에는 '理'나 '氣'라는 글자가 나오지 않고, 전(傳)에만 등장한다. 후대에 이학이나 기학은 각각 리와 기를 주요 개념으로 삼아 『주역』을 해석하고 이해했는데, 저자는 후자의 관점에서 이해했다. 그것도 음양 개념을 제거하고 천지의 기와 땅의 질을 받아 만물이 생성한다고 설명하였다.

여기서 자연과학에 훈습된 현대인들은 '하늘의 기와 땅의 질을 받아 만물이 생성한다'라는 말을 케케묵은 전근대적 미신 따위로 치부할지 모르겠다. 사실 생물은 땅의 요소와 하늘의 요소가 결합해서 생성된 존재인데, 다시 말하면 공기와 기온과 햇빛, 물과 영양소에 의지하여 번식하고 자란다. 앞은 하늘의 요소, 뒤는 땅의 요소가 아닌가? 전혀 근거 없는 미신이 아니다. 당시의 수준에서 관찰하고 추리한 결과이다.

# 11. 기의 치우침을 싫어하고 통함을 좋아한다
## 惡偏勝喜通達

인간과 만물이 생겨남은 이 기를 의지하고 의거하지 않음이 없다. 하지만 기가 한쪽으로 치우침[115]을 싫어한다. 그래서 집을 지을 때는 물기가 바싹 마르거나 축축한 곳을 피하고, 옷을 만들 때는 추위와 더위에 알맞게 한다. 또 기의 막힘과 끊어짐도 싫어한다. 그래서 음식을 통해서 피와 근육의 기에 영양소를 공급하고, 호흡을 따라 자연의 기와 소통한다.

人物之生, 無非藉賴此氣依據此氣. 然惡其偏勝. 故爲宮室, 以避燥濕, 爲衣服, 以適寒暑. 又惡其隔絶. 故因飲食而灌漑血肉之氣, 因呼吸而通天地之氣.

\* \* \*

사람과 기의 관계는 물고기와 물의 그것과 같다. 물고기가 못에서 숨쉬고 헤엄치며 도약하는 일이 물을 의지하지 않음이 없듯이, 인간이 지상에서 활동하고 다니며 거주하는 일도 기를 의지하지 않음이 없다.

人之於氣, 猶魚之於水. 魚在淵而呴喁游躍, 無非依賴水也, 人在地上而動靜行住, 莫非依賴氣也.

그리하여 기가 조화로우면 인간과 만물에 이롭고, 기가 한쪽으로 치우치

---

115 偏勝은 기가 한쪽으로 치우치는 것. 주로 한의학에서는 음기나 양기의 한쪽으로 쏠리는 것이나 여기는 대기 寒熱燥濕 가운데 한쪽으로 쏠리는 것을 말함.

면 해롭다. 그러므로 무릇 혈기를 가진 무리116는 모두 피해를 대비하여
막을 수 있다. 그래서 인간에게는 집이 있고 동물에게는 둥지와 굴이
있으며, 인간에게는 의복이 있고 동물에게는 털과 깃털이 있다. 심지어
그런 것을 갖출 수 없는 곤충이나 벌레조차도 그 모습을 바꾸기도 하는데,
기가 그렇게 만든다.117

然氣和則利於人物, 氣偏則害於人物. 故凡有血氣之類, 皆能備禦其所害. 人有宮室,
禽獸有巢穴, 人有衣服, 禽獸有毛羽. 至於蟲豸之不能具此者, 或幻化其形, 氣使之
然也.

---

116 血氣之類는 血氣之屬과 같은 말. 『禮記』, 「三年問」의 "凡生天地之間者, 有血氣之屬,
    必有知, 有知之屬, 莫不知愛其類"에 보인다. 인간과 동물을 가리킴. 血氣는 血液과
    氣息의 뜻으로 인간과 동물의 체내에서 생명 활동을 유지하는 두 요소.
117 천기의 변화 곧 추위나 더위에 따른 곤충의 탈바꿈을 말함.

# 해 설

기에 의지하여 살아가는 인간과 동물의 모습을 설명하였다.

물과 물고기의 관계는 기철학자들이 자주 사용하는 비유이다. 본문의 기는 주로 지구 대기의 온도와 습도와 관련된다. 제목 속의 '기의 치우침'도 몸 속의 그것이 아니라 대기의 한열조습 가운데, 어느 한쪽으로 치우친 상태를 말한다. 동물은 그것에 적응하기 위하여 생태가 결정되고, 인간도 주거나 삶의 모습을 갖춘다. 그래서 조화로운 대기를 이롭다고 여겼다.

따라서 "인간과 만물이 생겨남은 이 기를 의지하고 의거하지 않음이 없다"라는 말의 논리를 더 풀어내면, 인류의 문화나 문명 그리고 동식물의 생태도 결국 대기의 온도·습도의 상태에 따라 제각기 그 환경에 적응하면서 나온 것임을 알 수 있다. 다만 그 기가 반드시 온도나 습도에만 한정하지 않는 존재의 근거라는 점에서 과학에서 바라보는 대기와 구별된다.

# 12. 사람과 만물은 기를 의지해 생겨난다
## 人物賴氣而生

하늘은 만물을 낳는 데 의지가 없어도, 만물 스스로 그것을 의지하여 생겨난다. 땅도 만물을 이루는 데 의지가 없어도 만물이 스스로 그것을 의지하여 이룬다. 이른바 "하늘과 땅이 만물을 생성하는 일을 마음으로 삼는다"[118]라는 말은 사람이 하늘과 땅이 만물을 변화시켜 기르는 일에 참여하고 돕는 관점에서 오로지 주장한 말이다. 어찌 이 하늘과 땅이 넓고 크게 배포된 일이 오로지 만물을 생성하는 한 가지 일만을 위한 것이겠는가?

天無意於生物, 物自賴而生焉. 地無意於成物, 物自賴而成焉. 所謂天地以生成物爲心者, 專主於在人物而參贊化育也. 豈是天地之浩大排布, 專爲生成物一款.

\* \* \*

태양이 하늘에 떠오르면 다양한 그림자가 물체에 따라 생겨난다. 그 모습이 길면 그림자도 길고, 짧으면 그림자도 짧고, 모습이 갈라져 있으면 그림자도 갈라진다. 나아가 네모지거나 둥글거나 구부러지거나 곧은 그림자도 모두 그렇지 않음이 없다. 이것이 어찌 태양이 그림자 만드는 일에 마음을 두어서이겠는가? 다만 불처럼 밝은 태양이 하늘의 궤도를 따라 돌 뿐이지만, 물건은 저절로 그 모습을 따라 그림자를 낼 따름이다.

---

118 이 말은 『孟子』, 「公孫丑上」의 "人皆有不忍人之心."에 대한 『집주』의 "天地以生物爲心."에 成 자 한 글자를 추가한 말이다. 해석과 비판을 위해 인용한 말.

太陽昇天, 多般影子, 隨其形質而生. 形長者影長, 形短者影短, 形枝者影枝. 至於方
圓曲直之影, 莫不皆然. 是豈太陽有心於生影. 但太陽火明, 循天軌而周行而已, 物
自因其形而生影耳.

하늘과 땅이 만물을 생성하는 일에 비유하면, 하늘의 도리는 태양 빛과
비슷하고 땅의 도리는 물체와 유사하며 그림자는 만물과 흡사하다. 그러
므로 장소와 때와 말미암는 관계를 따라 만물이 생겨나 이룸은 제각기
같지 않다.

以生成物譬之, 天道猶日光, 地道猶形質, 影子猶萬物也. 故隨其地, 隨其時, 隨其罾,
其所生成, 各自不同.

# 해 설

만물의 생성은 자연적인 일임을 천명하였다.

이 글은 동서 철학사에서 매우 중요한 관점을 보인다. 곧 생물의 탄생과 소멸 따위를 목적론과 결정론으로 보지 않고 물리적·자연적 현상으로만 본다는 점이다. 여기에는 그만한 배경이 있다.

먼저 자연을 목적론의 관점에서 본 철학은 서양 고대의 아리스토텔레스의 그것만이 아니라 그것을 계승한 중세 기독교 신학이다. 물론 그런 목적론적 사고가 기독교 「창세기」에 보인다. 저자가 본 서학 서적에는 이런 신학적 목적론이 자주 등장한다. 그에 대한 비판은 이 글에서는 직접 드러내지 않았다.

여기서는 주희의 말에 대한 비판이다. 그의 말을 해석하면서 직접 비판하지는 않았으나 자연에 '마음'을 적용해서는 안 된다는 게 저자의 생각이다. 그래서 만물이 생성되는 일은 어떤 인격적 의지를 개입하지 않고 단지 물리적·자연적 현상으로만 보고자 했다. 물론 이것은 그렇게 말한 당사자인 주희 자신도 남이 오해할지도 모른다고 여겨 경계한 점이기도 하다.[119]

하지만 주희는 자신의 철학에서 '하늘의 마음'이란 이치[120]고 하여, 사실상 만물은 그 이치대로 결정된 결과인 셈이다. 사실 아리스토텔레스의 형상도 이 이치처럼 사물 속에 잠재태로 존재하지만, 훗날 적당한 조건에서 완전태로 발휘되는 결정론에 가깝다.

---

119 『孟子大全』, 「公孫丑上」: "天地以生物爲心, 天包著地, 別無所作爲, 只是生物而已."
120 『朱子語類』 1-15: 天地未判時, 下面許多都已有否. 曰, 只是都有此理, 天地生物千萬年, 古今只不離許多物.; 같은 책, 1-17: 問, 天地之心, 天地之理. 理是道理, 心是主宰底意否. 曰, 心固是主宰底意, 然所謂主宰者, 卽是理也, 不是心外別有箇理, 理外別有箇心.

저자의 관점은 기의 운동에 따라 모든 사물이 생성하고 소멸하는 것이므로, 기의 운동을 배제하면 어떤 존재라도 미리 가정할 수 없다. 모든 존재는 물질의 상호작용에 따라 생멸한다는 현대 과학과 통한다.

# 13. 지구에는 상하가 없다
## 地無上下

둥근 지구가 도니 천정이라도 하루에 한 번 도는데 121 어디서나 같다. 무게가 있는 물건은 모두 땅에 달라붙고, 사람과 동물은 땅에 발을 붙이고 다니거나 멈추는데, 그것은 형세가 본래 그렇기 때문이다.

圓體轉運, 頂天而日周, 隨處同然. 重物皆貼, 足地而行止, 勢所固然.

사람은 제각기 거주하는 지역을 기준으로 전후와 좌우를 분별하는 것은 되지만, 지구의 뒷면에 사람과 물건이 거꾸로 매달려 있다고 의심해서는 안 된다.

人各以所居之地, 分別前後左右, 可也, 以後面之地, 疑人物之倒懸, 不可也.

\* \* \*

사람들의 견문은 사는 땅에 구애되어 지구 뒷면 세계의 사람과 물건은 거꾸로 매달려 있다고 여긴다. 그것을 쉽게 의심하는 사람이 지구를 연구하여 밝힐 수 있다면, 구애받아 막힌 견해는 거의 없을 것이다.

人之見聞, 拘於所居之地, 以後面世界人物之倒懸. 輒疑之者, 若能究明地體, 庶無拘滯之見矣.

---

121 지구가 돌므로 지상에서 관측할 때 천정이 도는 것처럼 보인다는 표현.

지구는 하루에 한 번씩 돌므로 천정122도 하루에 한 번씩 돈다. 그리고 원래 세계는 아래위로 나눌 수 없다.

地球一日一周, 則人之天頂亦一日一周. 而元無世界之可分上下.

또 형질로 이루어진 물건은 가볍든 무겁든 모두 땅에 달라붙는다. 비록 힘써 그것을 들어 올리더라도, 그 성질은 항상 땅으로 돌아가 붙으려고 한다. 또 기계를 사용해 들어 올리더라도 끝내 땅으로 돌아가 달라붙은 뒤에 안정되는 일에서, 물체의 성질은 모두 땅에 달라붙고 하늘을 머리로 하고 있음이 마치 수직추123와 같음을 알 수 있다.

且成質之物, 無論輕重, 皆附貼於地. 雖用力擧之, 其性常欲歸貼於地. 又用機起之, 畢竟歸貼於地然後安者, 可見物性之皆附於地而頂天, 如線墮表.

지구가 돌면서 운동하는 일이 그치지 않음이 항상 도는 구슬과 같으니, 그 어찌 사람과 물건이 거꾸로 매달려 있다고 의심하겠는가?

地體之轉運不息, 如常轉丸, 夫奚疑人物倒懸.

122 천구상의 천정(zenith)이면서 동시에 사람의 머리 위에 보이는 하늘의 뜻으로 쓰였다.
123 실에 추를 매달아 연직선을 재는 도구.

# 해 설

지구에는 위아래가 없다고 주장한 글이다.

'위아래가 없다'는 말은 둥근 지구의 한쪽은 위고 그 반대쪽은 아래가 되는 형세가 없다는 말이다. 중력 현상 때문이다. 그것을 홍대용의 『의산문답』에서는 '상하지세(上下之勢)'라고 불렀다. 홍대용도 저자처럼 지구 반대편에 사는 사람은 거꾸로 살 것이라는 세간의 우려를 불식하고, 지구에 물건이 달라붙는 까닭, 다시 말하면 중력 현상이 생기는 원인을 지구 자전 그리고 동기상응(同氣相應) 개념을 도입하여 무거운 물건이 땅으로 떨어진다고 설명하였다.[124] 이 동기상응의 사례로 등장시킨 자석과 호박(琥珀)은 이미 4원소설에서 활용한 적이 있다. 그러니까 『의산문답』 속의 내용은 그 흔적이다.[125]

저자 또한 지구가 둥그니 반대편에 사람이 거꾸로 매달린다는 의심을 버릴 것을 주장했는데, 이도 홍대용의 지적처럼 당시 땅이 둥글다는 관점을 섣불리 받아들이지 못했던 사람들의 생각을 반영하고 있다.[126]

---

124 洪大容, 『醫山問答』: 夫地塊旋轉, 一日一周. 地周九萬里, 一日十二時, 以九萬之濶, 趁十二之限, 其行之疾, 亟於震電, 急於炮丸. 地旣疾轉, 虛氣激薄, 闄於空而湊於地, 於是有上下之勢. 此地面之勢也, 遠於地則無是勢也. 且磁石吸鐵, 琥珀引芥, 本類相感, 物之理也. 是以火之上炎, 本於日也, 潮之上湧, 本於月也, 萬物之下墜, 本於地也. 今人見地面之上下, 妄意太虛之定勢, 而不察周地之拱湊, 不亦陋乎.

125 洪大容은 『空際格致』와 『新法算書』와 『歷象考成』과 『歷象考成後編』을 본 것으로 확인되었다.

126 대표적인 사람 가운데 하나가 韓元震이다. 『南塘集』 卷23, 「書-答姜坲 辛亥正月」에 "朱子地浮水面之說, 玄彦明以爲記錄之誤, 此自是彦明本色話頭也. … 人或難之者曰, 地之下面世界, 山川人物, 皆倒立倒行, 四旁世界, 山川人物, 皆橫立橫行. 永叔之所以辨者乃曰, 地之上下四旁, 元無定位, 此世界之人, 固指彼世界以爲下與四旁, 而彼世界之人, 卽便以此世界爲下與四旁矣, 其言誠無倫理, 不足多辨."라는 말이 보인다. 韓元震도 지구설에 대해서 알고 있었지만, 주희의 가르침을 따르느라 받아들이지 않았음을 알 수 있고, 강조한 글에서도 永叔(朴胤源의 자)이 저자처럼

지구설을 받아들이지 못한 까닭은 종래의 우주관이 크게 작용했는데,
대표적인 것이 땅이 네모지고 그 아래와 사방은 물로 차 떠 있으며
모두 둥근 하늘이 감싸고 있다[127]는 혼천설을 따른 천원지방설이다.
그것을 성현의 가르침으로 생각했던 당시 지식인들이 서학의 지구설을
섣불리 받아들이지 못했던 상황을 잘 반영하고 있다.

저자는 중력 현상을 무게가 있는 물체의 "성질은 항상 땅으로 돌아가
붙으려고 한다"라고 표현하고 있다. 이는 상식과도 통하지만 한편 서양
4원소설의 영향이기도 하다. 곧 서학의 4원소설에서는 고체(그 본질은
흙)는 흙이 존재하는 본원적 장소[本所]로 되돌아가고자 하는 성질
때문이라고 설명해 왔다. 지구는 아래에서 위쪽으로 흙(땅)-물-공기-
불의 순서로 이루어졌기 때문이다. 그래서 흙과 물은 하강, 공기와
불은 상승 운동한다고 기술되어 있다. 이것이 저자의 지상에 있어서
중력 현상에 대한 초기 설명이다. 뒷날 우주의 그것은 다른 방식으로
설명한다.

---

지구에 상하가 없다는 점을 말하고 있다.

127 『朱子語類』 2-74: 地之下與地之四邊, 皆海水周流, 地浮水上, 與天接, 天包水與地.

# 14. 하늘과 땅 사이 한랭의 경계
## 天地間寒界

뜨거운 기운128은 태양에서 나오는데, 그것과 가까운 곳은 혹독하고 먼 곳은 미약하다. 수증기는 지구에서 생기는데, 지면에 가까우면 두텁고 멀면 희박하다. 이 태양과 지구의 두 기가 만나는 곳이 바로 건조함과 습함의 한계와 한랭의 경계이다.129

陽焰之氣, 發於太陽, 而近酷遠微. 蒸鬱之氣, 生於地球, 而近厚遠薄. 相交之際, 卽燥濕之限, 寒冷之界.

대기가 여기에 이르러 빙 돌아 선회하고130 비와 서리가 여기에 이르러 되돌아서 내린다. 하지만 달이 그 사이에서 공전131하면서 이 경계가 두텁거나 얇거나 높거나 낮게 만든다. 또 남극과 북극132 아래에서도 두텁기도 얇기도 하다.133

蒙氣至此而盤旋, 雨雪至此而還下. 然太陰幹旋於其間, 使此界限, 爲之厚薄高低. 且於兩極二至之下, 又有厚薄.

---

128 陽焰은 陽燄과 같은 말로 태양의 火氣이다.
129 燥는 태양, 濕은 지구와 관계되며, 寒은 태양에서 멀어질 때, 冷은 지구에서 멀어질 때 기온을 표현한 말.
130 盤旋는 儀節 가운데 돌아서 進退하는 것으로, 『淮南子』, 「氾論訓」의 "夫絃歌鼓舞以爲樂, 盤旋揖讓以修禮."에 보인다. 여기서는 자연현상에 대한 표현.
131 幹旋은 幹運처럼 공전의 의미로 쓰였다. 용어사전 참조.
132 천구의 남극과 북극.
133 뒤의 내용을 보면 기가 따뜻한 층은 얇고 차가운 층이 두껍다는 뜻.

＊　＊　＊

태양의 열기는 태양으로부터 거리가 멀면 점점 미약하고, 땅의 수증기도 땅으로부터 거리가 멀면 점점 약해지므로, 미약한 두 기가 만드는 곳이 곧 한랭의 경계이다.

日之陽焰, 遠而漸微, 地之蒸鬱, 亦遠而漸微, 則兩微相接之際, 卽是寒冷之界.

그 경계의 안쪽은 대기가 두텁고 밖은 하늘과 태양의 순수한 기이다. 시험 삼아 매우 높은 산으로 비유하면, 산꼭대기의 가장 높은 곳에는 기가 맑고 바람이 차서 사람과 생물이 살기 어렵고 소나기[134]도 내리지 않는다. 하지만 그 산허리 아래는 구름과 안개가 모이고 흩어지며 서리와 눈도 응결하니, 지면에 가까우면 따뜻하고 멀면 차가움을 증험할 수 있다. 이 경계를 넘어선 바깥은 땅의 기운이 미치는 곳이 아니다.

內爲蒙氣之厚, 外爲天日之純氣也. 試以極峻之山論之, 山巓最高, 氣淸而風寒, 人物所難居, 驟雨所不到也. 山腰以下, 雲霧聚散, 霜雪凝結, 可驗近地則熱而遠地則寒. 過此以外, 非地氣之所及也.

대기가 하늘과 태양의 순수한 기와 접하는 모습은 마치 공기와 물이 서로 접하는 현상과 같다. 천기가 누르면 지기는 낮아지며, 반면 지기가 높이 찌르고 올라가면 천기는 높아진다.[135] 그러므로 한랭의 경계가

---

134 驟雨는 『老子』 23장의 "希言自然. 故飄風不終朝, 驟雨不終日."에 보인다.
135 원문 '過此以外, 非地氣之所及也.'를 보면 天氣는 태양의 기, 地氣는 蒙氣의 의미로 쓰였다. 이것은 지구 대기의 두께 변화를 설명한 말이다.

높고 낮은 때가 생긴다.

與天日之純氣相接, 如氣與水相接. 天氣壓而地氣低, 地氣衝而天氣高. 故寒冷之界,
有時高低.

또 달이 지구와 태양 사이를 공전해서 조석 간만의 차를 이루고, 또
한랭의 경계를 나아가거나 물러나게 만들 수 있다.

且太陰幹旋於地日之間, 旣有潮汐之盈縮, 而又能使寒冷之界, 爲之進退矣.

남극과 북극 아래 같은 곳은 태양에서 멀므로 상·하의 따뜻한 층[136]이
얇고 중간의 차가운 층은 두껍다. 적도 아래 지역에서는 태양에 가까우므
로 상·하의 따뜻한 층이 두껍고 중간의 차가운 층은 얇다.[137]

至若南北極下, 因遠太陽, 則上下之暖處薄, 中之寒處厚. 若赤道之下, 因近太陽,
則上下之暖處厚, 中之寒處薄.

---

136 上은 태양의 열기가 존재하는 범위, 下는 지구에서 발산하는 열이 존재하는 범위를
　　지구 기준으로 설명한 말.
137 태양에(이) 가깝고 멀다는 표현은 '해가 동지 때 멀고 하지 때 가깝다'라는 말에서
　　보듯이 天頂을 기준으로 한 말로 태양의 고도를 옛날식으로 표현한 말. 태양이
　　천정에 늘 가까운 지역이 적도, 먼 곳이 극지방이다.

# 해설

이 글은 지구 대기층 열과 태양열의 경계를 설명하는 내용이다. 서학 문헌을 자주 접한 연구자에게는 전혀 낯설지 않은 표현이다.

사실 이 내용은 저자가 서학의 그것을 일부 받아들이면서 변용했다. 왜냐하면 서학의 그것은 4원소설에 입각한 아리스토텔레스의 기상학을 따랐는데, 저자는 4원소설을 그의 기철학과 맞지 않아 신뢰하지 않았기 때문이다. 훗날 4원소설과 함께 전통의 오행설도 비판했는데, 그나마 4원소설은 기의 실마리를 드러내는 일이 되었다고 여겼다.[138]

이를 이해하기 위해서는 4원소설에서 말하는 지구의 구성요소를 알아야 하는데, 특히 『공제격치(空際格致)』 같은 책에 그 이론이 자세하고, 아리스토텔레스의 이론을 소개하고 있다.

앞서 잠깐 언급했듯이 지구는 흙(땅)-물-공기-불의 순서로 원형의 층을 이루고 구성되어 있다고 주장한다. 흙의 성질은 건(乾)과 냉(冷), 물은 냉(冷)과 습(濕), 공기는 습(濕)과 열(熱), 불은 열(熱)과 건(乾)이라고 하여, 이 각각의 쌍으로 이루어진 4원소의 성질이 냉열건습이다. 각 원소의 성질은 이 냉열건습을 조합한 것인데, 지상에서 어떤 강제력에 의해 서로 섞이며 기상 현상을 일으킨다고 설명하였다.

여기서 불의 층은 마테오 리치가 쓴 『건곤체의』에 나오는 「건곤체도(乾坤 體圖)」를 보면, 태양이 아니라 달이 운행하는 월천(月天) 아래와 공기층 사이에서 지구를 둘러싸고 있다. 비록 눈에 보이지 않아도 그 증거로서 혜성은 땅에서 발생한 두꺼운 공기가 결정해서 불의 층에 가까운 공기층 의 상층부에서 타는 현상이라고 보았다.

---

138 『運化測驗』, 「五行四行」: 日用常行, 何獨五行, 萬物運化, 豈分四行. 中國五行說之 害, 到今爲難醫之疾, 西國四行說之傳, 縱爲氣之發端, 猶有所未盡.

바로 저자가 변용한 내용은 서학에서 말하는 공기층이다. 곧 "공기는 상·중·하의 세 층으로 나누어진다. 상층부는 불에 가까운데 불에 가까우니 항상 뜨겁다. 하층부는 물과 흙에 가까운데, 물과 흙은 항상 태양열을 받아 따뜻한 열기를 발산하므로, 공기 또한 따뜻하다. 중간층은 위로는 하늘에서 멀고 아래로는 땅으로부터 멀어서 춥다"[139]라는 말이 그것이다. 곧 "중간층은 위로는 하늘에서 멀고 아래로는 땅으로부터 멀어서 춥다"라는 말에서 저자가 '한랭의 경계'를 착안하였다.

여기서 저자는 4원소의 일부 내용을 제거하고 불의 층을 인정하지 않으면서, 지구의 대기와 태양열로만 설명하였다. 물론 그사이에 달을 개입시켜 대기의 두께에 영향을 준다고 한 점이 특이하다. 조석에 영향을 준 사실에 착안하였는지 모르겠다.

또 산 높이에 따라서나 극지방과 적도 지역의 기온 차도 경험할 수 있는 사실이긴 하지만, 이 또한 서학에서 가져온 말이다. 곧 "각 공기층의 경계를 어떻게 나누는가? 가령 높은 산을 잘라 경계로 삼아 보면 윗부분이 상층부가 되는데, 바람과 비가 없고 공기는 매우 맑아서 사람과 생물이 살기 어렵다. 그 아래는 중간층이 되는데, 비와 눈이 응결되어 생긴다. … 그 차가움과 따뜻함으로 나누어지는 지역에는 또 각 공기층의 두께가 같지 않다. 가령 남극과 북극 아래 지역의 경우 태양에서 멀리 있어서 공기의 상층과 하층의 따뜻한 층이 얇고 중간의 차가운 층이 두텁다. 적도 아래 지역의 경우 태양과 가까이 있어서 공기의 상층과 하층의 따뜻한 층은 두텁고 가운데 찬 층은 얇다. 이것으로 각 공기층의 두께가 고르지 않음을 알겠다"[140]라는 말에 보인다. 저자의 글과 인용문

---

139 알폰소 바뇨니/이종란 옮김, 『공제격치』, 170쪽; 마테오 리치 『乾坤體義』의 「乾坤體圖」에도 도해가 그대로 되어 있다.

140 같은 책, 170-171쪽.

을 서로 비교하면 유사한 부분이 많다.

저자가 인용한 내용은 대개 실증적 자료이지만 이론체계는 다르다. 그래서 이것이 4원소설의 내용을 자신의 기철학으로 변용했다고 보는 근거이다.

# 15. 대기[141]의 차고 따뜻함
## 蒸氣寒暖

바다 안개는 기온이 따뜻하면 걷히고 추우면 왕성하다. 이는 지구 자체는 항상 따뜻하지만 차고 따뜻한 요인이 땅 밖에 있기 때문이다. 바람이 강하면 춥고 약하면 따뜻하다. 이것은 공기가 항상 움직여 그 강약이 기온을 다르게 만들기 때문이다. 기온의 차고 따뜻함은 태양과의 거리[142]와 지구가 그것을 바라보거나 등지는 데서 생긴다.[143]

海霧之發, 暖則斂而寒則盛. 是地體常溫而寒暖在外也. 風力之發, 勁則寒而微則暖. 是氣常動而勁微使異也. 夫寒暖, 生於太陽之遠近地球之向背.

* * *

한번 춥고 한번 따뜻한[144] 사이에 만물의 생겨남[145]을 성취하게도 쇠퇴하게도 하는 이른바 천지의 조화[146]는 그 가운데 있다.

---

141 蒸氣는 蒸鬱氣(용어사전 참조)와 같은 말이지만, 여기서는 蒙氣 곧 지구의 대기와 같은 의미로 쓰였다.

142 태양의 고도를 말함.

143 기온 차이는 밤낮과 태양고도에 따른 태양 복사열의 많고 적음에 따른다는 말. 사실 이는 지구의 공전과 자전에 따른 밤낮의 길이 변화에 따른 현상이다.

144 一寒一暖은 추위와 더위에 따른 4계절의 변화를 설명하는 말.

145 陶甄은 만물이 생겨남과 임금의 좋은 정치를 비유하는 말. 여기서는 전자의 뜻. 『文選』, 「張華」의 "茫茫造化, 二儀旣分. 散氣流形, 旣陶旣甄."에 보인다.

146 造化는 천지자연과 만물이 저절로 생성·소멸·변화하는 것 또는 자연을 가리킴. 『莊子』, 「大宗師」의 "今一以天地爲大鑪, 以造化爲大冶, 惡乎往而不可哉."에 보임. (앞에 나옴)

一寒一暖之間, 萬物陶甄, 或使成就, 又或使衰耗, 所謂天地造化, 在其中矣.

바다 안개가 밤에 생기고 낮에 걷히는 현상은 하루 기온의 차고 따뜻한 변화 때문이다. 또 겨울에는 바람이 세고 여름에 약한 현상은 연중 기온의 차고 따뜻한 변화 때문이다.

海霧之夜發晝斂, 一日之寒暖也. 風力之冬勁夏微, 一年之寒暖也.

기온의 차고 따뜻한 차이를 탐구하려면, 먼저 지구의 몸체를 알고 태양의 고도147에서 증험해야 한다.

欲究寒暖之異, 先達地球之體, 而驗諸太陽之進退.

---

147 進退는 천구에서 적도를 중심으로 태양이 나아가고 물러나는 것, 곧 황도를 따라 적도를 출입하는 것으로, 지상에서 볼 때 태양의 고도와 직결된다.

# 해 설

대기의 기온 변화를 과학적 사례를 가지고 설명한 글이다.

이 설명은 서학에서 전한 서양 중세 과학과도 다르고 전통의 그것과도 다르다. 서학에서는 4원소설에 따라 기온 변화를 설명해서, 어찌 보면 구질구질하다.

전통의 설명은 근거가 있고 관찰한 내용을 정확하게 반영하고 있으나, 이 또한 음양론에 환원하는 성격으로 인해 매우 관념적이고 도식적이다. 그래서 저자는 음양론을 믿지 않고 극복한다.

본문에서도 단적인 사례가 "한 번 춥고 한 번 따뜻한 사이에 만물이 생겨난다"라는 표현이 그것이다. 원래 이것은 『주역』의 "한 번 음하며 한 번 양하는 것을 일러 도라고 한다"148라는 말에서 음양을 다른 말로 바꾸어 한 말인데, 음양이란 실체가 아니라 결국 태양열의 많고 적음의 다름이 아니라는 의미이다. 이는 이미 홍대용이 『의산문답』에서 음양론을 극복하는 근거이기도 하다.149 결국 태양의 고도에 따른 복사열과 관련된다는 점을 정확히 보았다.

그리고 기본적으로 만물의 생성은 전통의 관점을 따랐다. 만물이 생겨나는 '조화'는 『주역』에도 등장하지만,150 본문에서 질그릇 굽는 것[陶甄]

---

148 『周易』,「繫辭上」: 一陰一陽謂之道. '한 번 음하고 양한다.'라는 의미는 한 번은 춥고 한 번은 덥다는 4계절의 변화이다.

149 洪大容, 『醫山問答』: 虛子曰, 日南至而一陽生, 日北至而一陰生. 陰陽交而爲春夏, 天地閉而爲秋冬. 南陽而北陰, 地勢之定局也. 夏溫而冬冷, 陰陽之交閉也. 今夫子舍陰陽之定局, 去交閉之眞機, 率之以日火之遠近斜直, 無乃不可乎. 實翁曰, 然. 有是言也. 雖然, 陽之類有萬, 而皆本於火, 陰之類有萬, 而皆本於地, 古之人有見於此, 而有陰陽之說. 萬物化生於春夏, 則謂之交, 萬物收藏於秋冬, 則謂之閉. 古人立言, 各有爲也. 究其本, 則實屬於日火之淺深, 非謂天地之間, 別有陰陽二氣, 隨時生伏主張造化, 如後人之說也.

으로 비유한 사상의 근거는『장자』에서 가져왔다.151

150『周易』,「繫辭上」: 範圍天地之化而不過, 曲成萬物而不遺, 通乎晝夜之道而知, 故神
无方而易无體.

151『莊子』,「大宗師」: 今一以天地爲大鑪, 以造化爲大冶, 惡乎往而不可哉."

# 16. 별들의 굴절된 빛
## 星宿飜光

별152의 뾰족한 모서리는 마치 쟁반 속 물거품의 영상이 쟁반 바닥에 떨어져 있는 모습과 같다. 혜성153의 빛나는 꼬리는 비스듬히 반사하는 금성154의 영상이 강의 수면 위에서 반짝이는 모습과 같다. 그러므로 말하노니 사람이 대기에 잠겨서 여러 물건을 비추어 보는 일은 마치 물고기가 물 속에 있는 상황과 같다.

星宿之有稜角, 如槃水之泡影落槃底. 彗孛之有射光, 如太白之斜影耀江面. 故曰人潛於蒙氣, 照見諸物, 如魚在水中.

*   *   *

쟁반 속의 물을 햇빛을 향하여 흔들어 크고 작은 물거품을 일게 하면, 바닥에 떨어져 보이는 그 영상 하나하나에 모서리가 있다. 큰 거품의 영상은 사각이나 오각형을 이루고, 작은 거품의 영상은 삼각형이나 사각형을 이루는데, 깜빡거리는 빛은 쟁반에 담긴 별의 모습을 쉽게 이룬다.155

---

152 星宿는 28수 별자리의 별들. 여기서는 일반적인 별을 말함.

153 彗孛는 彗星과 孛星. 彗星은 꼬리가 한쪽으로, 孛星은 별빛의 꼬리가 사방으로 나오는 것을 말함.

154 太白(星)은 저녁에 서쪽 하늘에 보이는 금성.

155 이것은 거품이 볼록렌즈 역할을 하여 햇빛을 굴절시켜 바닥에 모인 각각의 빛이 반짝이는 현상이다.

盈槃之水, 向日撓激, 使作大小泡沫, 其影之落槃底者, 箇箇有稜角. 大泡之影, 成四五角, 小泡之影, 成三四角, 明滅有光, 輒成盛槃之星宿矣.

황혼에 비스듬히 비낀 금성의 영상이 맑은 강물 위에 떨어지고 사람이 그 동쪽 강가에서 바라보면, 문득 혜성처럼 머리는 서쪽으로 꼬리는 동쪽으로 향하여 강을 가로질러 여러 길156이나 된다. 이때 금성의 고도가 높으면 강물에 반사되는 꼬리는 짧고 낮으면 길다.

黃昏時, 太白之斜影, 落在淸江之面, 人在江之東岸望之, 遽然彗星, 西頭東尾, 橫亘數丈. 太白高而尾短, 低而尾長.

혜성이 생기는 이치도 이와 다르지 않을 것157이니 황혼 때의 금성158만이 아니라 새벽에 보이는 금성도 그러하며, 지평159 위에만 그런 것이 아니라 지평 아래에서도 그러하다.

彗孛之作, 其理不忒, 非特太白爲然, 啓明亦然, 非特在地平上爲然, 在地平下亦然.

그러니 사람이 대기 가운데 있는 일은 마치 물고기가 물 가운데서 사방의 멀고 가까운 것을 주시하는 대상이 모두 물에 비친 모습과 같다.【티코브라헤160가 『혜성행도』와 『입성표』161를 지음.】

---

156 丈은 길이의 단위로 1척(尺)의 10배. 또는 '길'로서 1길은 사람의 키.
157 혜성이 대기굴절에 의하여 그렇게 보인다는 뜻.
158 啓明(星)은 새벽에 동쪽 하늘에 반짝이는 금성. 금성은 태양 가까이 있는 내행성이므로 새벽과 저녁에만 보인다.
159 地平은 지평선의 준말로 관측점을 포함하는 수평면과 天球와 만나는 지점. (앞에 나옴)

則人在蒙氣中, 如魚在水中, 四方遠近之矚望, 無非水映也.【地谷著彗星行度及立
成表.】

---

160 地谷은『新法算書』(卷19,「彗星解」)에 第谷(卷98,「西古歷法」)으로도 표기되어
있는데, 덴마크의 천문학자인 티코 브라헤(Tycho Brahe, 1546~1601)의 중국식
이름이다.

161 『新法算書』에 등장하는 책 이름으로 역의 계산에 필요한 계산표(數表). 그 권9의
「大測」권1에서 이것을 "달리 三角形表 또는 度數表라 하고 지금은 大測表라
부른다."라고 말하고 있다. 이 표는 케플러가 티코 브라헤의 관측 자료를 근거하여
만든『루돌핀표』(『루돌프 목록』또는『루돌프 행성표』)와 관련 있어 보인다.

# 해 설

이 글은 대기굴절에 대한 설명이다.

이 내용은 저자만의 생각은 아니다. 『신법산서』에서 소개하는 티코 브라헤의 그것과 관계있다. 티코 브라헤는 대기굴절로 인해 수평선 근처 위에서는 별이 실제보다 더 높은 고도로 관측된다고 보고, 대기굴절 때문에 생기는 오류를 바로잡은 최초의 관측표를 지었다. 망원경이 발명되기 이전 최후의 육안으로만 관측한 천문학자였다. 본문에서 언급한 별빛과 금성과 혜성의 모습은 이런 대기굴절과 관계있는 설명이다.

그런데 새로운 별이라는 튀코 브라헤의 혜성 발견은 중요한 의미를 지닌다. 곧 중세 서양의 4원소설에서 혜성은 공기층의 상층부에서 공기가 타는 현상으로 설명하는 것만이 아니라, 달 궤도 위쪽의 천상계는 영원히 불변한다고 믿어왔던 견해와도 상반되는 사실이다. 혜성에 대한 관찰로부터 혜성의 궤도가 다른 행성의 궤도와 겹치기 때문에 중세의 천체가 중첩된 하늘로서 수정구(水晶球)는 존재할 수 없다고 생각했다.

사실 종교적 이유로 코페르니쿠스의 지동설은 당시 교회의 환영을 받지 못했는데, 대신 그것을 일부 받아들여 천동설을 수정한 티코 브라헤의 수정천동설이 적어도 예수회 과학자들에게는 17세기 말엽까지 받아들여졌고, 그것이 고스란히 중국에 전해졌다. 지면 관계상 그것을 일일이 소개할 수 없고 그 내용을 각주로 남긴다.162

---

162 『新法算書』卷19, 「彗星解」: 歷法西傳, 又載地谷彗星十卷, 測彗星之高度, 尾之長短, 光之隱顯及其方向, 考十二星在黃道上度, 以求彗星之眞所在, 設彗星離兩星之度, 求黃赤道經緯度, 求彗星每日赤道經緯度, 求彗星所行之道, 及其道交黃赤之角

그런데 저자는 티코 브라헤의 그것에 대하여 혜성의 꼬리나 머리가 보이는 현상을 단지 대기의 굴절로만 이해한 것으로 보인다. 물론 당연히 서학의 4원소 이론에 따른 공기층의 상층부에서 공기가 오래 타는 현상이라는 주장도 신뢰하지 않았다. 그러다가 훗날 『운화측험』에서 오늘날 우리가 알고 있는 혜성을 소개한다. 그 내용은 선교사 마르쿠스 (José Martinho Marques, 瑪吉士)의 『지리비고(地理備考)』 속의 「변혜성론(辨彗星論)」의 영향이다.163

---

處, 依每日彗星行黃赤二道, 作立成表, 証彗星在月上較月, 更遠于地為三百地半徑. 故知彗星在日月二天之中, 証其尾恒向日與金星, 作彗星行度圖. 徵彗星之大, 為月二之一, 尾長為九十六地半徑, 因考前人彗星之論當否, 每地半徑為一萬五千里.; 같은 책, 卷98, 「西古歷法」: 又第谷彗星解十卷, 測彗星之高度, 尾之長短, 光之隱顯, 及其方向. (이하 같은 내용. 강조는 본문에 등장하는 내용.)

163 최한기/이종란 옮김, 『운화측험』, 239-247쪽 참조.

## 17. 보거나 듣기 드문 모습과 소리를 괴이하게 여긴다
### 聲色之希罕爲怪

빛은 유리를 따라 다양하게 변하고, 소리는 두드리거나 부는 상태에
따라 저절로 다르다. 어찌 자주 있는 일을 보통으로 여기고 드물게 있는
일을 괴상하게 여길 수 있겠는가?

色從琉璃而多變, 聲隨鼓吹而自異. 豈可以頻數者爲尋常, 希罕者爲怪妖哉.

\*　　\*　　\*

유리가 물건을 다르게 비추는 까닭은 그 면에서 생긴다. 두께의 차이에
따라 달라지고, 기울기에 따라서도 달라지며, 요철(凹凸)에 따라서도
달라지고, 두께가 3중이나 4중이냐에 따라 더욱 차이가 생긴다. 하물며
활동하는 유리인 기이겠는가?164 기다란 무지개와 번쩍이는 번갯불과
유성과 두 개의 태양이 동시에 보이는 현상165은 모두 대기가 굴절시켜
비추는 데서 생긴다.

琉璃照物之異, 生於其面. 厚薄有異, 平側亦異, 汙隆亦異, 三重四重, 尤有異焉.
況氣是活動之琉璃乎. 長虹閃電流星雙日, 皆生於氣之飜照矣.

---

164 기를 유리에 비유한 말. 活動은 훗날 기의 본성 개념인 活動運化에 들어간다.
165 이것을 幻日現象이라 부르는데,『空際格致』卷2의「多日之象」에서 "太陽行時,
　　不拘南北, 忽遇潤雲在旁, 其雲向日之面, 爲薄, 故深受日光及像. 其背日之面, 爲厚,
　　故所受光與像, 不能通透, 乃退而下及人目, 與成虹之雲, 略相似, 致見日有二."라고
　　소개하고 있다.

사람이 물체를 두드리거나 숨을 불어서 나는 소리는 쌓인 공기의 양과 동작의 속도에서 생긴다.166 그러니 쌓인 하늘과 땅의 기는 이미 크고, 동작이 정지하는 때는 없다. 우레와 번개가 몰아치고 바람 소리가 진동하는 일은 모두 공기의 진동167에서 생긴다.

鼓吹之成聲, 生於積氣之多少, 動作之疾徐. 則天地氣之所積旣大, 而動作無停息之時. 雷霆所迫, 風籟所震, 皆生於氣之迭蕩矣.

사람이 자주 듣고 보는 대상을 보통의 일이라 하고, 보거나 듣기 드문 일을 변괴168라 말한다. 하지만 만약 그 까닭을 알면, 거기에는 단지 자주 일어나느냐 드물게 일어나느냐가 있을 뿐이다. 어찌 변괴와 요사스러운 재앙169이라고 말할 수 있겠는가?

人或以頻數之所見聞者, 謂之常然, 而以希罕之所見聞者, 謂之變怪. 苟知其故, 只有頻數希罕之別, 豈可謂變怪妖孽哉.

---

166 쌓인 기(부는 공기의 압력 또는 울리는 공간의 크기), 두드리는 속도는 소리의 진동수를 결정짓는 요인이다.

167 迭蕩은 馳突과 같은 의미로, 세차게 달려들어 부딪히는 모습으로 물리적으로는 진동의 뜻으로 쓰였다.

168 變怪은 이상한 일이나 災變의 뜻으로 『漢書』, 「張敞傳」의 "月朓日蝕, 晝冥宵光, 地大震裂, 火生地中, 天文失度, 祅祥變怪, 不可勝記."에 보인다.

169 妖孽은 요사스러운 조짐이나 현상으로 『中庸章句』第24章의 "至誠之道, 可以前知, 國家將興, 必有禎祥, 國家將亡, 必有妖孽."에 보이는데, 주희는 그것을 "禍之萌"으로 풀었다.

# 해 설

자연에서 일어나는 괴이한 일도 모두 자연현상 그 자체로 이해하였다.
이 글은 동서 전통을 강력히 비판하는 은유적 표현이다. 전한의 동중서
(董仲舒) 이래로 우리 전통에서는 천인상감(天人相感)이라는 이념에
충실하여 자연의 이변을 모두 인간의 일 특히 군주의 덕과 연결하였다.
그래서 일식과 월식이 일어나면 구식례(救食禮)를 올리고 천재지변이
일어나면 왕이 근신하기도 하였으며, 신하들은 왕이나 정승의 정책을
비판하기도 했다. 『조선왕조실록』이나 선비들의 상소문을 조금이라도
엿보면 이런 사례는 수도 없이 나온다. 이는 무지의 소산이라기보다
왕권을 견제하는 수단이어서 관습이 된 것 같다.

사실 이것은 동서 모두에 해당하는 문제이다. 서양에서는 자연현상을
당시의 지식수준에서 설명하다가도 이해할 수 없는 부분에서는 신의
섭리 또는 신의 뜻으로 여겼다.

그래서 이 같은 주장은 동서 전통을 모두 비판하는 내용의 하나이기도
하다. 언급한 유리를 통한 빛의 굴절과 대기현상, 소리의 발생은 일상적
이거나 드문 각종 현상의 근거로서 동원된 과학적 이론이다. 요즘도
과학적 사실을 들어 전통이나 종교를 비판하는 일이 잦다. 그만큼 저자의
비판 관점은 현대적이다.

# 18. 하나인 기의 다른 명칭
## 一氣異稱

기는 하나이지만 그 위치를 지적하면 이름이 제각기 다르다. 기의 전체를 가리켜 하늘이라 말하고, 주재를 가리켜 하느님이라 하고, 유행을 가리켜 도라 하고, 사람과 만물에 부여된 쪽으로는 명이라 하고, 사람과 만물이 받아 타고난 쪽으로는 본성이라 하고, 몸에서 주인 노릇을 하는 역할을 가리켜 마음이라 말한다.

氣卽一也, 指其所而名各殊焉. 指其全體謂之天, 指其主宰謂之帝, 指其流行謂之道, 指其賦於人物謂之命, 指其人物稟受謂之性, 指其主於身謂之心.

또 기의 활동을 지적하면 제각기 명칭이 있다. 기의 펼침은 신 굽힘은 귀, 번성은 양 움츠림은 음, 감은 동 옴은 정이다.

又指其動而各有稱焉. 伸爲神, 屈爲鬼, 暢爲陽, 斂爲陰, 往爲動, 來爲靜.

\* \* \*

위치에 따라 기를 지적할 때 이름이 제각기 다른 모습은 마치 여러 곳에 흐르던 물이 모두 돌아가는 곳을 바다라 말하고, 산이나 들에서 모여 흐르는 곳을 강이라 말하고, 계곡에 모이는 물을 시내라 말하고, 우물이나 산골짜기에서 솟아나는 것을 샘이라고 일컫는 양상과 같다.

指其所而名各殊者, 如水之衆流所歸謂之海, 合於山野謂之江, 注於谿谷謂之溪, 出
於井嵌謂之泉.

기의 활동을 지적할 때 제각기 명칭이 있는 모습은 마치 사람이 집에
있을 때는 주인이고, 집에서 나가 먼 길을 떠나면 여행객이 되고, 관복과
관모를 착용하고 수레를 타면[170] 고관[171]이 되고, 쟁기를 잡으면 농부인
양상과 같다.

指其動而各有稱者, 如人之在家爲主人, 出行爲遊客, 服軒冕爲卿宰, 把耒耟是農夫.

---

170 軒冕은 高官이 타는 軺軒과 冕旒冠. 고관이나 그 관직을 일컫는 말.
171 卿宰는 문관 종2품 이상의 벼슬아치.

# 해 설

이 글은 전통 철학의 주요 개념을 모두 기의 범주 안에 포섭한 발언이다. 이는 기를 최고 또는 일반 범주로 두고 천·제·도·명·성 등의 전통 철학의 용어(범주)를 기 개념의 외연으로 삼았다. 성리학에서는 모두 리 개념의 외연에 속하는 범주이다. 그것을 반전시켜 몽땅 기의 그것으로 보았으니, 과연 기철학이라 할 만하다. 기를 주장하는 이전의 철학자들은 이처럼 철저하지는 않았다. 이는 서양에서 헤겔 철학을 뒤집어 자기 철학으로 만든 마르크스 철학 못지않다.

또 굴신·귀신·창렴·음양·왕래·동정은 주로 기와 관련된 용어이고, 전통에서는 굴신으로 귀신을, 왕래로 동정을 설명하는 일은 있지만, 기의 창렴(暢斂)을 각기 양과 음으로 해석하는 일은 독특하다. 그것은 그가 음양이라는 개념으로 더는 자기 철학을 설명하지 않기에 종래의 음양을 창렴으로 해석한다는 증표이다.

물론 이러한 설명 곧 논리적 수사법은 저자만의 독창적인 방법은 아니다. 전통 철학의 설명 방식172이기도 하지만, 특히 양명학의 논리173에서 가져왔다. 양명학은 저자와 달리 본성을 최고 범주에 놓고 이런 식으로 표현한 점에서 달랐다.

---

172 『朱子語類』 95-16: 伊川言, 天所賦爲命, 物所受爲性. 理一也, 自天之所賦與萬物言之, 故謂之命. 以人物之所稟受於天言之, 故謂之性. 其實, 所從言之地頭不同耳.

173 『傳習錄』 卷上-38: 性一而已, 自其形體也, 謂之天, 主宰也, 謂之帝, 流行也, 謂之命, 賦於人也, 謂之性, 主於身也, 謂之心. 강조는 유사한 표현.

# 19. 유행지리와 추측지리
## 流行理推測理

리는 기의 조리이니 기가 있으면 반드시 리가 있고 기가 없으면 반드시
리도 없다. 기가 움직이면 리도 움직이고, 기가 고요하면 리도 고요하며,
기가 흩어지면 리도 흩어지고, 기가 모이면 리 또한 모인다. 리는 기보다
앞선 적이 없으며 또한 뒤에 있는 적도 없으니, 이것이 천지의 유행지리이다.

理是氣之條理, 則有氣必有理, 無氣必無理. 氣動而理亦動, 氣靜而理亦靜, 氣散而
理亦散, 氣聚而理亦聚. 理未嘗先於氣, 亦未嘗後於氣, 是乃天地流行之理也.

사람 마음에는 저절로 추측의 능력이 있어서 이미 지나간 일을 헤아리고
또 아직 일어나지 않은 일을 헤아리니, 이것이 사람 마음의 추측지리
이다.

人心自有推測之能, 而測量其已然, 又能測量其未然, 是乃人心推測之理也.

유행지리는 자연의 길이고, 추측지리는 사람 마음의 공부이다. 먼저
공부로 길을 찾고 다음으로 길로서 공부를 증험한다.

流行之理, 天地之道也, 推測之理, 人心之功也. 先以功求道, 次以道驗功.

* * *

기의 조리를 이치라고 할 때는 기의 유행지리를 가리킨다. 마음이 대상에 있어서 이치가 된 것은 마음이 재어 헤아린 이치[174]를 가리킨다.

氣之條理爲理者, 指其流行之理也. 心在物爲理者, 指其測量之理也.

이미 이름이 두 가지이므로 뜻에도 두 가지가 있다. 먼저 추측의 공부를 사용하여 유행의 도[175]를 탐구하고, 다음으로 유행의 도를 가지고 추측의 변화[176]에 통하면, 시종일관 거의 결함[177]이 없을 것이다. 이는 마치 경전을 공부하는 사람이 먼저 자기 마음을 가지고 성인의 마음을 탐구하여 알고, 이미 성인의 마음을 알았으면 그것을 자기 마음의 작용으로 만드는 일과 같다.

名旣有二, 義亦有二. 先用推測之功, 以究流行之道, 次將流行之道, 以通推測之變, 庶無終始欠闕. 如學經之人, 先將己心, 究得聖人之心, 旣得聖心, 以作己用.

---

174 測量之理는 推測之理의 뜻이다.

175 流行之理와 같은 뜻.

176 推測之變이란 변화무쌍하고 다양한 상황과 대상에 따른 추측 작용을 말함. 추측의 기본 논리가 변한다는 뜻은 아님.

177 欠闕은 欠缺과 같은 뜻. 『朱子語類』에 총 80회가 보인다. (앞에 나옴)

# 해 설

유행지리와 추측지리의 구분이다.

이 내용은 저자 철학을 연구하는 글에서 자주 인용하며, 이미 앞에서
언급하였기에 더 부연해서 설명하지는 않겠다. 쉽게 말해 그 구분은
자연법칙과 인간 사유의 산물이라 할 수 있는 관념이나 윤리나 가설
등과의 구분이다. 그래서 추측지리는 유행지리에 부합하거나 안 할
수도 있고, 자연과 무관하게 독자적인 영역을 갖는다.

이런 구분은 『추측록』의 '추기측리'라는 논리 방향에서 보면 필연적이
다. 그리고 그보다 앞서 밝혀야 할 일이 리와 기의 구분이었다. 그래서
서두에서 '리는 기의 조리'라고 분명하게 밝혔다. 그것은 기의 운동
맥락에서 그 규칙이나 법칙을 뜻하며, 그 운동에서 드러나는 속성으로서
우유성(遇有性)을 띨 뿐이다.178 본분에서 기의 동정과 취산에 따라
리가 기와 함께 있다는 뜻이 그것이다.

이를 분명히 이해하기 위해 종이컵을 예로 들어보자. 종이로 된 컵이
있으므로 컵의 용도나 이치를 상정할 수 있다. 하지만 컵을 찢어버리면
그런 것도 없다. 바로 여기서 용도나 이치가 어떤 실체로서 존재하지
않고, 오로지 컵에 의존해 발휘될 뿐임을 알 수 있다.

다만 본문에서 오해할 수 있는 소지는 리가 흡사 기와 독립된 실체로서
기와 대등한 존재처럼 보인다는 점이다. 하지만 주희 성리학처럼 서로
독립한 리기불상리(理氣不相離)를 말하는 내용은 전혀 아니다. 이것은

---

178 이 우유성은 원래 아리스토텔레스가 비본질적인 의미로 사용하였고, 스콜라 철학에
　 서 받아들여 마테오 리치의 『天主實義』에서 성리학의 리를 비판할 때 사용하였다.
　 곧 仁義禮智가 실체(自立者, substantia)가 아니라 속성(依賴者, accidens)이라
　 는 점을 강조할 때 사용하였고, 저자는 그 영향을 받았다(이종란, "기독교철학에
　 대한 최한기의 비판적 수용," 186-188쪽 참조).

저자가 리기의 관계를 규정하는 전통적 표현을 답습하여, 어쩔 수 없이 리와 기를 짝으로 상대해서 표현할 수밖에 없는 수사법의 부산물일 뿐이다.

이 유행지리와 추측지리의 구분은 자연과 당연, 성리와 심리, 천도와 인도의 구별로 이어진다. 순서쌍에서 전자는 유행지리, 후자는 추측지리에 해당한다. 이것은 본서의 일관된 흐름이고, 후기 철학에서 비록 유행지리를 운화지리(運化之理)로 바꾸어도 추측지리라는 용어만은 그대로 사용했다.

# 20. 추측지리와 기에는 선후가 있다
## 推測與氣有先後

유행지리는 기와 어긋남이 없고, 추측지리가 기와 많이 어긋난다. 그러므로 기를 미루어 리를 헤아리면 자연과 사람이 일치한다.

流行之理, 與氣無違, 推測之理, 與氣多違. 故推氣而測理, 天人一致.

\* \* \*

유행지리는 기와 일치되어 자연히 일정한 한도가 있으므로, 인위적으로 늘이거나 줄일 수 있는 대상이 아니다. 또 자연적인 속도가 있어 인위적으로 나아가게 하거나 물리칠 수 있는 대상도 아니다.

流行之理, 與氣符合, 自有分限, 非人力之所增減. 又有遲速, 非人力之所進退也.

하지만 추측지리와 기의 선후 문제는 인위적 나아감과 물러남이 있다. 그래서 기질에 구속되면 하는 일에 막힘과 통함이 있고, 자기가 익힌 일에만 가까이하면 견문이 같지 않고 서로 어긋나는 게 많다.

推測之理與氣先後, 有人爲之進退. 拘於氣質, 有施爲之通塞, 狃於所習, 有見聞之不同而多所違庚.

사람의 공부는 반드시 하늘의 길에 어긋남이 없고자 하므로, 이 기를 미루어 이 리를 헤아리면 저절로 따를 만한 법칙179이 있고, 또 머무를 기준도 있다. 만약 이러한 기를 버리고 그러한 리를 헤아리는 일에 힘쓰면, 많은 견강부회와 거짓된 학설이 모두 이것으로부터 생긴다.

夫人之功, 必欲無違於天道, 則推是氣而測是理, 自有所循之軌則, 又有所止之準的. 若捨是氣而務測其理, 許多傅會, 無限誕說, 皆由此生.

---

179 軌則은 규범으로서 규칙이나 준칙을 말하는데, 『史記』, 「律書」의 "王者制事立法, 物度軌則, 壹稟於六律."에 보인다. 여기서는 유행지리의 뜻으로 쓰였다.

# 해 설

기가 추측지리에 선행한다는 설명이다.

자연법칙인 유행지리와 인간 사유의 산물인 추측지리의 분명한 한계와 차이를 밝혔다. 그래서 유행지리는 자연 또는 기 그 자체와 관계되지만, 추측지리는 그것과 어긋날 수 있다. 바로 여기서 추측지리가 유행지리에 부합하는 천인일치는 앎뿐만 아니라 인간의 실천이 자연의 원리에 부합한다는 뜻이다. 다시 말하면 인간의 앎과 윤리나 제도 또는 사회적 실천이 자연의 이치에 부합해야 하는 당위가 이로부터 도출된다. 주희 성리학은 천도인 리가 바로 당위로서 실천 덕목이지만, 저자의 그것은 이처럼 자연에서 가치가 분리되어 좀 복잡한 설명이 필요한데, 후기에는 이것을 '운화(運化)의 승순(承順)'이라는 논리로 제시한다.[180] 초기 저술에서는 자연의 원리를 왜 인간이 따라야 하는지에 대한 설명이 아직 충분하지 않다. 이는 자연의 원리가 인사에 그대로 적용되어야 하는 『주역』 등의 논리를 답습한 결과로 보이며, 다만 그 자연의 원리와 인간의 가치가 분화되고 있음을 유행지리와 추측지리의 구별에서 알 수 있다. 그래서 추측지리는 변통의 대상이라고 주장하였다.[181]

결국 이 문제는 인식과 실천에 있어서 기와 추측지리의 우선순위 문제로 환원된다. 그래서 기에 근거하지 않은 리는 견강부회와 거짓이 될 수밖에 없다는 설명이다. 기를 존재의 근거로 보았을 때 당연히 귀결되는 일이다.

---

180 더 자세한 것은 이종란, 『운화와 윤리』, 문사철, 2008, 151-181쪽을 참고 바람.
181 『신기통』 권1, 「理有氣通」.

# 21. 리는 기 가운데 있다
## 理在氣中

참으로 기에 밝다면, 리는 그 가운데 있다. 하지만 먼저 리를 탐구하려고 힘쓰면, 기는 도리어 알기 어렵고 기준이 없게 된다.

苟明乎氣, 則理自在其中矣. 先務究理, 則氣反隱而罔準.

* * *

리는 모습이 없으나 기에는 흔적이 있다. 그러므로 그 흔적을 따르면 리는 저절로 드러나고, 그것을 찾을 수 있는 실마리가 있다. 하지만 그 자취를 버리고 모습이 없는 데서 찾으면, 밝게 드러난 기가 도리어 알기 어려운 데로 돌아가 버리고, 이른바 리도 막연하게 기준이 없게 된다.

理無形而氣有跡. 故循其跡, 則理自顯而有可尋之緖矣. 捨其跡而求諸無形, 則顯著之氣, 反歸隱微, 所謂理者, 漠無準的.

# 해 설

탐구의 우선순위를 리가 아닌 기에 두어야 한다는 발언이다.

제목의 '리는 기 가운데 있다'라는 표현은 앞서 지적했듯이 리의 실체를 인정한다고 오해할 수 있다. 그게 아니라는 점은 앞서 설명하였다. 사실은 "리는 형체가 없고 기에는 흔적이 있다"라는 말에서 알 수 있듯이, 기는 감각 가능한 존재의 근거이지만, 리는 그렇지 못하기 때문이다. 다시 말하면 리는 실체가 아니라 기의 조리인 속성이어서 반드시 기를 통해서만 알 수 있기 때문이다. 바로 과학의 탐구 방향과 일치한다. 이는 주희 성리학에서 리만을 대상으로 파악하려는 공부 방법에 대한 간접적 비판이자, 그것을 극복하여 그것과 다른 그만의 철학이다.

## 22. 심기가 맑으면 이치도 밝아진다
### 心氣淸而理明

마음이란 그 바탕을 말하면 기이고, 그 본성을 말하면 이치이다.[182] 그래서 마음의 기가 맑아서 이치가 밝기도 하고, 이치가 밝아져 기가 맑아지기도 한다.

夫心, 言其質則氣也, 言其性則理也. 氣淸而理明, 理明而氣淸.

\* \* \*

기가 맑아 이치가 밝은 것은 성실의 일이요, 이치가 밝아져 기가 맑아지는 것은 성실하게 되고자 하는 일이다.

氣淸而理明, 誠者事也, 理明而氣淸, 誠之者事也.

---

182 성리학의 핵심 사상인 性卽理와 논리가 유사하다. 저자의 본성에 대한 개념은 본서 권3의 「推靜測性」의 항목에서 자세히 다루므로 거기서 그 차이점을 밝힌다.

# 해 설

이 글은 마음에 있어서 이치와 기의 관계를 『중용』의 논리로 재해석하였다.

『중용』에 "성실한 것은 하늘의 길이요, 성실하게 하고자 함은 인간의 길이다"[183]라는 말이 있는데, 거기서 '성실'과 '성실하게 하고자 함'을 가져왔다.

그래서 '기가 맑아 이치가 밝은 것'은 원래 하늘의 길이지만, 인간에 있어서는 인식능력이 탁월하여 천도와 함께하는 성인의 경지이고, '이치가 밝아져 기가 맑아지는 것'은 보통 사람의 그것으로 인간의 노력에 속하는 문제로 해석된다. 이는 인식의 개인차를 인정하는 관점이다.

이것을 또 『중용』에서 다른 논리로 설명할 수 있는데, "성실함에서 밝게 되는 것은 본성이라 하고, 밝음에서 성실하게 되는 것을 가르침이라고 한다. 성실하면 밝아지고 밝으면 성실해진다"[184]라는 말에 이치와 기의 형식으로 그 논리에 대입하였다. 곧 마음의 '기가 맑아 이치가 밝은 것'은 '성실하여 밝은 것'에 대입하고, '이치가 밝아져 기가 맑아지는 것'은 '밝아져 성실하게 되는 것'에 대입하였다. 『중용』에서는 전자는 본성이고 후자는 가르침이다.

이렇듯 진정한 철학자는 자신의 이론으로 자연만이 아니라 이전의 지식이나 이론을 재구성하여 설명할 수 있어야 한다. 대표적인 사람이 남송의 주희이다. 그래서 그의 철학을 우리는 전통적으로 주자학이라 부른다.

---

183 『中庸章句』第20章: 誠者, 天之道也, 誠之者, 人之道也.
184 같은 책, 第21章: 自誠明, 謂之性, 自明誠, 謂之敎. 誠則明矣, 明則誠矣.

# 23. 마음은 광채 나는 아름다운 구슬과 같다
## 心如明珠飜光

자연의 리와 기는 마음이 헤아릴 수 있다. 마치 태양이 만물을 비추면 오직 아름다운 구슬[185]만이 반사하여 광채를 내는 모습과 같다.

天地理氣, 心能測之. 如日照萬物, 惟明珠能飜射生光.

\* \* \*

아름다운 구슬을 어찌 마음에 충분히 견줄 수 있겠는가? 다만 하늘의 기를 받아 하늘의 기를 헤아리는 일이 마치 아름다운 구슬이 햇빛을 받아 그것을 반사하여 광채를 내는 모습과 같다.

明珠豈足以諭心. 但以受天氣而測天氣, 如明珠之受日光而飜射生光.

---

185 明珠란 원래 광택이 창연한 아름다운 구슬의 이름이다. 班固의 『白虎通』, 「封禪」의 "江出大貝, 海出明珠."에 보인다. 불교에서도 아름다운 보배 구슬을 말함.

# 해 설

천지의 이치와 기를 인간의 마음이 파악할 수 있다는 점을 아름다운 구슬에 비유하였다.

전통 철학에서는 유불선 모두 마음을 매우 중시하여 여러 가지로 비유하였다. 이 또한 마음이 추측의 보배라는 비유이다.

# 24. 기가 하나면 리도 하나이다
## 氣一理一

리는 기에 나아가 인식해야 한다. 하지만 기를 리로 알아서는 안 되고, 또 기를 버리고 리를 찾아서는 더욱 안 된다.

理須就氣上認取. 然認氣爲理, 便不是, 捨氣求理, 尤不是.

만물의 근원을 논하면 기가 하나일 때 리도 하나이고, 만물이 나뉘어 달라진 점을 관찰하면 기가 만 가지일 때 리도 만 가지이다.

論萬物之一原, 則氣一而理亦一, 觀萬物之分殊, 則氣萬而理亦萬.

\* \* \*

기에 리가 있음은 예에 의가 있는 일과 같다. 그러므로 예는 의를 가지고 찾을 수 있으며, 또 예를 가지고 의를 찾을 수 있다. 이처럼 기는 리를 가지고 찾을 수 있고 또 리를 가지고 기를 찾을 수 있다.

氣之有理, 猶禮之有義. 故禮可以義求之, 又可以禮求義. 氣可以理求之, 又可以理求氣.

하지만 기를 리라고 아는 일은 마치 예를 의라고 아는 일과 같아 옳지 않다. 기를 버리고 리를 찾으면 마치 예를 버리고 의를 찾는 일과 같아 더욱 옳지 않다.

然認氣爲理, 如認禮爲義, 便不是. 捨氣求理, 如捨禮求義, 尤不是也.

기는 천지에 충만하면 리도 천지에 충만하고, 기가 작은 물건에 부여되면 리도 작은 물건에 부여된다.

氣充天地, 理亦充天地, 氣賦微物, 理亦賦微物.

# 해 설

'리와 기가 분리될 수 없다'라는 점과 '기에서 리를 인식해야 한다'라는 점을 주장하였다. 사실 이 두 명제는 하나의 원리에 통합된다. 리는 기의 속성이어서 그것과 분리될 수 없고, 사물의 속성을 파악하려면 그 사물에 나아가 탐구해야 하기 때문이다. 그래서 기가 하나일 때는 하나의 속성이 있고, 만 개이면 만 개의 속성이 있을 수 있다. 그러니까 속성은 해당 사물의 상태에 언제나 대응하기 때문이다.

이 논리는 형식에서 성리학의 리기불상리(理氣不相離)와 흡사해도 근본적으로 다르다. 성리학의 리와 기는 서로 상대적 독립성을 지닌 실체에 속하기 때문이다. 또 성리학의 이일분수(理一分殊)를 기일분수(氣一分殊)의 논리로 바꾸어 말했지만, 단지 논리만 취하였을 뿐, 리일분수가 가지고 있는 리의 성격과는 완전히 다르다.

인용한 예와 의의 관계는 『예기』에 등장한다. 곧 예가 의의 실질이라는 말에 보이며,186 또 사회질서 유지를 위한 예의 역할을 구체적으로 말하고 있다.187 공자와 순자의 예도 사회질서 곧 당시 사회의 정의를 유지하는 역할이다. 내면의 문제는 일단 차치하고 그런 기능상에서만 보면, 사회의 정의는 예를 통하여 구현된다. 이렇다면 저자의 "예를 버리고 의를 찾는 일은 옳지 않다"라는 말은 매우 타당하다.

원문 '又可以理求氣'는 앞의 예-기, 의-리의 대응 논리에 비추어 볼 때 '又可以氣求理'로 되어야 할 것 같다.

---

186 『禮記』,「禮運」: 故禮也者, 義之實也. 協諸義而協, 則禮雖先王未之有, 可以義起也.
187 같은 책,「曲禮上」: 道德仁義, 非禮不成. 教訓正俗, 非禮不備. 分爭辨訟, 非禮不決. 君臣上下, 父子兄弟, 非禮不定. 宦學事師, 非禮不親. 班朝治軍, 涖官行法, 非禮威嚴不行. 禱祠祭祀, 供給鬼神, 非禮不誠不莊. 是以君子恭敬撙節退讓以明禮.

# 25. 수리
## 數理

기의 운동이 잇달아 일어남에는 모두 법칙이 있어, 빠르고 느린 속도에는 저절로 그 차이가 있다. 크게는 다섯 별[188]의 궤도에서 작게는 일용의 일에까지 실로 평범한 계산으로 다 억측할 수 없다.

氣之運動迭興, 皆有攸軌, 疾速徐遲, 自有其差. 大而五緯之躔, 小而日用之事, 實非凡計臆度所能盡也.

이에 수학이 있어 기의 운동을 가지런히 마름질하니[189] 이치는 그 가운데 있어, 한 번 더하고 한 번 빼는 일이 이치가 아님이 없다. 이치를 탐구하는 정치함이 이것을 넘어서지 않고 사물을 헤아리는 일도 이것을 벗어나지 않는다.

於是有算數之學, 以齊氣之運動, 而理在其中, 一加一減, 無非理也. 究理精緻, 無過於此, 事物裁度, 不外于是.

\* \* \*

---

188 五緯는 수성[辰星]·금성[太白]·화성[熒惑]·목성[歲星]·토성[鎭星]의 다섯별. 五緯라는 용어 자체가 해왕성과 천왕성이 발견되기 전의 용어이다.『周禮』,「春官·大宗伯」의 "以實柴祀日月星辰."에 대해 漢 鄭玄의 注에 "星謂五緯, 辰謂日月."이라 하였는데, 唐 賈公彥의 疏에 "五緯, 卽五星, 東方歲星, 南方熒惑, 西方太白, 北方辰星, 中央鎭星. 言緯者, 二十八宿隨天左轉爲經, 五星右旋爲緯."라는 말에 보인다.
189 以齊氣之運動의 齊는 가지런히 자른다는 剪 자의 뜻. 곧 이 말은 수학으로서 기의 운동을 가지런히 마름질한다는 뜻. 어떤 법칙을 파악하려면 운동의 가지런한 규칙성이 수학적 논리에 맞아야 하기 때문이다.

기가 쌓이고 나뉨에 수가 아니면 그 근원으로 거슬러 올라가거나 말단으로 내려가 알 방법이 없다. 이치상 더하고 빼는 일도 수가 아니면, 곱하고 나누는 데로 미루어 옮겨갈 방법이 없다.190 나아가 여러 사물을 비례로 나타내거나 헤아려 판단할 때도 모두 수를 따라 시작한다. 그리고 조사하여 증험한 정밀함에는 더욱 정해진 수학의 법칙이 있는데, 만약 어긋하면 아주 작은 부분도 속이기 어렵고 거칠고 경솔한 점이 다 드러난다.

氣之積分, 非數, 無以泝流上下. 理之加減, 非數, 無以推移乘除. 至於比例諸事料度諸物, 皆從數起. 而查驗之精密, 尤有定法, 如有過差, 毫釐難欺, 麤率畢露.

초학자들이 만약 마음을 편안히 하여 수로 탐구하여 찾을 수 있다면, 점점 구분191하는 재미가 열려 이치를 탐구하는 일이 정밀하고 능숙하게 되니, 어디로 간들 도움 되지 않겠는가? 사람들이 수를 사용하는 일을 돌아보면 저절로 고귀함과 천박함이 있다. 그래서 평생의 활동력이 아래 위로 튕기는 주판알과 이리저리 놓는 산가지 사이를 벗어나지 않는 점은 하급 관리들이나 하는 일이다. 하지만 기의 운동을 미루어 그 순서를 잃지 않고, 기의 변화192를 미루어 사물을 마름질하는 일193은 세상의

---

190 곱셈과 나눗셈의 원리는 덧셈과 뺄셈에서 출발한다. 곧 같은 수를 계속 일정한 수만큼 더해 가거나(同數累加) 빼는(同數累減) 과정을 축약한 것이 곱셈과 나눗셈이다.

191 分析은 오늘날의 analysis의 뜻이 아니라, 나누거나 구분한다는 의미이다. 『漢書』, 「孔安國傳」의 "世所傳百兩篇者, 出東萊張霸, 分析合二十九篇以爲數十."과 『後漢書』, 「徐防傳」의 "臣聞詩書禮樂, 定自孔子, 發明章句, 始於子夏. 其後諸家分析, 各有異說."에 보인다.

192 본문 서두의 '氣之運動'과 더불어 '氣化'는 후기 철학에서 기의 본성인 活動運化로 발전하는 주요 용어이자 개념이다.

193 수학의 효용성을 비유한 문장. 裁制는 앞의 以齊氣之運動의 齊 자와 같은 뉘앙스로

일을 경영하는 사람194이 숭상하는 바이다.

初學諸人, 苟能安心究索, 漸開分析之滋味, 以致求理精熟, 何往而不有藉焉. 顧人須用自有貴賤. 一生精力, 不離於算珠上下之際, 籌策縱橫之間者, 吏胥之所業也. 推其氣運, 不失先後, 推其氣化, 裁制事物者, 經濟世務者之所尙也.

---

사용하였다.

194 經濟世務는 經世濟民과 비슷한 말.『周易』같은 경전에서는 보통 성인이 그렇게 하는 일로 묘사한다.

# 해 설

기를 파악할 때 수리의 중요성을 말하였다.

수리란 수학적 이치 또는 수학의 이론인데, 여기서는 전자의 의미에 가깝다. 기와 수학의 관계는 이미『신기통』권1의「기수의 학문(氣數之學)」과「수학은 기에서 생긴다(數學生於氣)」등에서 자세히 해설하였기에 여기서 더 부연하지 않겠다. 다만 자연과학에서 이치란 수학을 동원하지 않고는 파악하기 어렵다는 점을 더욱 강조했다.

이것은 특히 서양에서 과학 혁명 이후에 잘 보여주고 있다. 서학에서도 천문현상을 수학적으로 계산하거나 기하학적 도식을 활용하여 설명하였기에, 저자가 그 점을 염두에 두고 확신해서 한 말이다. 종래의 기철학의 기에 대한 취산·굴신·동정·왕래 등의 추상적 진술에서 과학적으로 관측·실험하는 방향으로 더 나아가야 함을 시사하고 있다.『운화측험』에서 기를 과학적 관점에서 다루었다. 이전 기철학자와 차이점이기도 하다.

# 26. 기의 형세를 잘못 보다
## 見失於氣

구름 밖의 푸른 산을 눈앞의 손가락보다 작게 여기는 일은 기의 거리를
잘못 봐서이다. 술잔이 마루 위 홈의 물에 가라앉는다[195]고 바다에서
배의 침몰을 두려워하는 일은 기의 크기를 잘못 봐서이다. 솜 백 근이
철 백 근보다 무겁다고 여기는 일은 기의 밀도를 잘못 봐서이다.[196]
끓는 물이 든 그릇에 냉수 넣기를 두려워하는 일은 기의 운동을 잘못
봐서이다.

以雲外靑山, 爲小於眼前一指者, 失於氣之遠近. 以杯膠堂水, 恐舟楫沒於海者, 失
於氣之大小. 以棉百斤, 爲重於鐵百斤者, 失於氣之精麤. 沸湯之罐, 畏添冷水, 失於
氣之發動.

* * *

기에는 공통점이 있어도, 거기에는 저절로 거리와 크기와 밀도와 운동의
구별과 차이가 있다. 그래서 때에 맞추어 알맞게 되어야 장애가 없을
것이다. 만약 기의 이런 거리와 크기와 밀도와 운동의 구별에서 실수한다
면, 때로는 올바르게 되지 못할 것이다.

---

195 杯膠堂水는 『莊子』, 「逍遙游」의 "覆杯水於坳堂之上, 則芥爲之舟, 置杯焉則膠, 水淺
而舟大也."에 나오는 말.

196 精麤는 밀도의 의미로 쓰였다. 같은 무게의 부피만 따질 때 솜의 그것이 철의
그것보다 훨씬 크므로 솜이 무겁다고 오해할 수 있다는 뜻.

氣所同也, 自有遠近之殊, 大小之不同, 精麤之別, 動靜之異. 隨時得宜, 乃無攸礙. 若失於遠近大小精麤動靜之別, 則或不得其正.

# 해 설

기를 잘못 보는 실수가 없어야 함을 말하였다.

이 글을 읽어보면 약간 어색함을 느낄 수 있다. 어떤 사태를 잘못 보는 실수가 기의 원근·대소·정추·동정을 잘못 보는 데서 나온다고 하는데, 도대체 그것이 무엇인가 하는 점이다.

당시는 현대와 같은 과학의 용어법이 통일되지 않아서, 이것을 현대의 그것으로 바꾸어 물리적인 거리·질량·밀도와 온도에 따른 물질 운동이라고 말한다면, 좀 더 이해하기 쉬울 듯하다. 이것은 물질이 그 자체로 가만히 존재하지 않고, 어떤 상태나 조건에 따라 항상 운동하고 있음을 말해주고 있다. 그래서 근대적 물리법칙이란 물질 또는 물체의 상호작용을 나타내는 일이 된다.

저자는 그런 물리적 상태나 조건을 고려하여 편견이나 오해를 벗어나 사물을 파악하는 데 실수가 없어야 함을 주장하였다.

516 | 추측록推測錄 권2

# 27. 기를 말하고 보고 체인하고 대처하다
## 論氣覩氣體認氣通變氣

입으로는 기를 말한다 해도 눈으로 이[197] 기를 보기는 어렵고, 눈으로는 기를 본다고 해도 이 기를 체인하기는 어려우며, 몸으로 체득하여 기를 안다고 해도 이 기의 변화를 알아 잘 대처하기[198]는 어렵다.

口雖論氣, 目覩此氣難, 目雖覩氣, 體認此氣難, 體雖認氣, 通變此氣難.

이 기의 변화를 알아 잘 대처하려면 먼저 체인해야 하고, 이 기를 체인하려면 먼저 보아야 하고, 이 기를 보려면 먼저 기를 상세하고 밝게 강구해야 한다.

夫欲通變此氣, 先須體認, 欲體認此氣, 先須覩氣, 欲覩此氣, 先須講究詳明.

\* \* \*

이 기를 익히 알면 이 리도 익히 알고, 이 기를 앎에 미숙하면 이 리를 아는 데도 미숙하다. 입으로만 기를 말하고 리를 설명하는 일은 예로부터 전해오는 내용을 익혀서 외운 일에 지나지 않는다. 하지만 눈으로 기를 보고 리를 설명하는 일은 따를 만한 방법이 조금은 있다. 또 기를 체인해

---

197 여기서 此는 구체적 인식의 대상을 일컫는 말. 이하 같게 적용됨.
198 通變은 원래 변화를 알아 대처한다는 의미로 『周易』, 「繫辭上」의 "極數知來之謂占, 通變之謂事."에 보인다. 또 변통의 뜻도 있으나 『신기통』 권3의 「器可變通氣不可變通」의 논리에 따라 기는 변통의 대상이 아니라서 취하지 않음.

서 리를 설명하는 일은 말하든 침묵하든 모두 법이 될 수 있다. 나아가 기의 변화를 알아 잘 대처해서 리를 설명하면 현명하거나 어리석은 사람 모두를 이해시킬 수 있어서 어려움과 쉬움도 모두 가능하다.

熟認此氣, 則此理亦熟認, 未熟認此氣, 則此理亦未熟認. 論氣而說理, 則不過習誦舊傳耳. 觀氣而說理, 則稍有可循之方耳. 體認氣而說理, 則語默皆可爲法也. 通變此氣而說理, 則賢愚皆可諭, 險易無不可.

# 해 설

기를 통해 리를 인식하는 수준과 단계를 설명하였다.

기를 말하고 보고 체인하고 그 변화를 알아 잘 대처하는 차례가 그것이다. 말하는 단계는 남으로부터 전해 들은 내용을 익혀서 하는 행위로 가장 낮은 단계이다. 보는 것은 직접 경험하는 일이지만 단편적이고 일시적인 일로서 조금 진전된 단계이다. 체인의 단계는 이러한 경험의 장기간 누적을 통하여 향상된 높은 수준의 인식으로 보통 체득이라는 말과 같이 쓴다. 변화를 알아 잘 대처하는 단계는 앎의 수준을 넘어서서 그 앎을 변화하는 현실에 적용하는 단계로, 인식의 실천으로서 완성에 해당한다.

사실 이런 인식과 실천의 시작과 최종 목표의 순서에 따른 점층적 설명 방식은 『대학』의 논리와 흡사하다. 곧 격물·지지·성의·정심·수신·제가·치국·평천하를 설명할 때, '~하려면 먼저 ~을 해야 한다'라는 어법을 『대학』의 그것[199]을 따랐다.

나아가 리와 기를 말로만 떠들었던 조선 후기 선비 사회의 학문풍토를 은연중에 비판하였다. 기가 작용하는 현실에 실증적으로 나아가 실제 대처 방식인 리를 탐구하지 않은 문제점을 지적한 내용이다. 이런 간접 비판은 다음 글에서도 이어진다.

---

199 『大學章句』經1章: 古之欲明明德於天下者, 先治其國, 欲治其國者, 先齊其家, 欲齊其家者, 先脩其身, 欲脩其身者, 先正其心, 欲正其心者, 先誠其意, 欲誠其意者, 先致其知, 致知在格物.

# 28. 리는 여러 갈래가 아니다
## 理非多端

기의 밖에서 리를 찾는다면, 리는 미룰 내용이 없어 대부분 알 수 없다. 하지만 기 가운데서 리를 찾는다면, 리에는 미룰 내용이 있지만 실상은 무궁하지 않다.[200] 다만 마주한 때와 장소와 재질[201]에 따라 제각기 마땅함이 있다.

求理於氣外, 則理無所推而多不可知. 求理於氣中, 則理有所推而實非無窮也. 所遇之時也位也才也, 各有攸當.

\* \* \*

기가 다르면 리도 다르다. 그러므로 대기의 바깥[202]은 대부분 자세히 알 수 없다. 풍토가 다르면 습속도 다르다. 그러므로[203] 온 세상의 국법은 대동소이하다.

---

200 아래 마지막 단락의 '實非多端'과 관련된 말. 특수한 상황의 개별적 리가 아니라 일상의 보편적 리가 그렇다는 뜻.
201 時·位·才는 德과 함께 『周易』을 해석할 때 많이 사용하는 용어로, 時는 맞닥뜨린 때 또는 상황, 位는 한 괘에서 한 효가 차지하는 위치나 장소 곧 사람에게는 맞이한 지위나 역할, 才(또는 德)는 卦才(또는 卦德)를 말하는데 사람에게서는 才質(또는 德)이다. (앞에 나옴)
202 지구 밖의 우주를 말함.
203 故 자의 쓰임이 앞의 문장과 어울리지 않는다. 국법의 大同小異는 리의 經常을 말하기 위함인데, '그렇지만' '그래도' 등의 역접을 나타내는 접속사가 들어가야 한다.

氣異則理亦異. 故蒙氣之外, 多不可詳也. 風異而俗亦異. 故天下國法, 大同小異.

비록 샅샅이 다 알 수는 없는 것 같지만, 리와 기의 보편성은 매우 분명하고 간단해서 실제로 갈래가 많지 않다. 다만 마주한 때와 해당하는 장소와 만난 재질에 따라 천태만상에 이른다. 그 보편성을 제시할 수 있고 또 미루어 옮겨갈 수 있으면, 이 세 가지204는 어디에서든지 그 마땅함을 얻지 않겠는가?

雖若不可窮極, 然理氣之經常, 至顯而至簡, 實非多端. 但隨其所遇之時, 所當之位, 所值之才, 而至於千態萬象. 有能擧其經常, 又能推移, 三者何往而不得其宜.

---

204 앞의 時·位·才를 말함.

# 해설

리는 기의 리이며 알 수 있는 경상의 리는 많지 않다고 하였다. "기를 떠나서 리를 찾는다면 대부분 알 수 없다"라는 표현은 저자가 말하는 리는 기의 리임을 천명한 말이다. 리는 기의 조리라는 말의 다른 표현이다.

그런데 리가 어찌 많지 않겠는가? 여기서 많지 않다는 리는 경상의 그것으로, 일상의 보편적인 리를 말한다. 그것과 대조를 이루는 "마주한 때와 해당하는 장소와 만난 재질에 따라 천태만상에 이른다"라는 말에서는 구체적이고 특수한 상황에서의 리이다. 보편적이기에 리일(理一), 특수하므로 분수(分殊)라는 성리학의 논리와 크게 다르지 않다. 다만 기를 중심으로 논지를 펼쳐서 그것을 드러내 놓고 차용하지 않았을 뿐이다.

전통에서 경상은 상도처럼 불변의 법도나 윤리, 평상시의 떳떳한 도리 등을 말하는데, 여기서도 일상에서 분명하게 알 수 있는 보편적인 리의 뜻으로 쓰였다. 이마저도 관념이 아닌 기가 유행하는 현실에서 찾는 도리이다. 이는 '대동소이한 국법'과 '마땅함'의 언급에서 보면, 인간 사회의 보편적 규범이나 윤리와 관계된다. 이런 간단명료한 보편적 리와 기를 제시하고 그것을 미루어 다양한 사태에 적용해 가야 한다고 주장하였으니, 보편에서 특수로 연역하는 방법이라고나 할까?

# 29. 사람과 만물은 기에 잠겨 있다
## 人物潛於氣

기에 젖지 않는 물건은 없고, 기가 통과하지 못하는 틈도 없다.
마치 연못물에 잠겨 있는 모든 물건이 젖지 않음이 없는 상태와 같다.

無物不洽, 無隙不透. 如潛淵諸物, 莫不漬濕.

\* \* \*

대기 안에 있는 물건은 이 대기에 젖지 않음이 없다. 옥과 암석의 바탕이
비록 견고해도, 차고 따뜻하고 마르고 습한205 정도는 모두 다르니,
그 몸체가 이러한 기에 젖어 있음을 알 수 있다.

物之在蒙氣內者, 無不浹洽此氣. 玉石之資雖堅, 寒暖燥濕, 皆有異焉, 則可見體之
洽此氣也.

동식물이 애초에 기로부터 그 본성을 타고난 뒤에도 어찌 다시 기를
의지하지 않겠는가? 성장해서 죽을 때까지 이 기 가운데를 떠나지 않는
다. 동물의 호흡과 심장의 고동이 잠깐이라도 기와 단절되어 있으면,
현기증을 일으키고 기절하니, 이 또한 그 몸이 항상 이러한 기에 젖어
있음을 알 수 있다.

---

205 寒暖燥濕은 다른 곳에서는 寒熱乾濕으로 말하는데, 용어사전을 볼 것.

動植之物, 豈能厥初稟性之後不復有藉於氣也. 自壯成至朽落, 不離此氣之中. 其呼吸鼓動, 雖頃刻間, 與氣隔絶, 便成眩殙, 亦可見其體之常決此氣也.

빈방 가운데서 큰 부채로 바람을 일으켜 먼지를 몰아 날려 가면, 부채가 벽에 닿기도 전에 그 흩날리는 먼지가 좌우로 흩어진다. 마치 손으로 물을 움켜쥐면 물이 양쪽으로 빠져나와 흐르는 현상과 같다. 그러므로 "기란 육지의 물이다"라고 말한다.

空房中張一大扇, 驅塵而去, 未接於壁, 其游塵皆從左右流散. 如以手括水而浪從兩傍而流. 故曰氣者陸地之水也.

# 해 설

기가 물처럼 유동적 물질임을 밝혔다.

그래서 지상의 만물은 기에 잠겨 있다. 기를 물에 비유하는 일은 기철학자들이 자주 설명하는 방식이지만, 저자의 그것은 서학의 영향으로 종래의 기 개념과 약간 차별된다. 그래서 본문에 등장하는 '此氣'는 모두 지구 대기로서 쉽게 말해 공기이다.

이것은 기의 여러 개념 가운데 물리적인 면을 말하는 내용으로 서양의 물질과 전통의 기 개념이 만나는 지점이다.[206] 물론 이 말은 서양의 물질과 전통의 기 개념이 다르다는 점을 전제한 설명이다.

이 내용처럼 조선 중기 화담 서경덕도 부채를 가지고 기를 설명한 적이 있는데, 이 경우도 물리적인 기로서 공기이다. 기철학자들은 기의 존재를 실증적으로 증명하는 방법으로 물에 비유하기도 하고, 부채로 바람을 일으키는 일을 사용하기도 하였다. 하지만 양자가 기를 통해 자연을 탐구하는 출발은 유사해도, 서경덕에게는 저자처럼 4원소설의 한열건습과 몽기설에 따라 기 개념의 외연이 확장된 적은 없다.

또 기는 물이나 공기와 유사해도 '통과하지 못하는 틈도 없다'라는 말에서 볼 때, 옥이나 암석 같은 고체도 투과하는 존재이다. 가령 열이나 전파나 방사선 따위도 기의 한 형태이기 때문이다.

---

206 더 자세한 내용은 이종란, 『서양 문명의 도전과 기의 철학』, 260-278쪽을 참고할 것.

# 30. 노자의 무와 불교의 공
## 老氏無佛氏空

노자의 무와 불교의 공은 대개 형질이 없고 막힘이 없는 대상만 보고, 기가 우주에 충만하고 만물을 생성하며 조화롭게 하는 사실을 보지 못했으니, 참으로 그럴 만한 까닭이 있다. 조금[207] 모자라는 데서 비롯되어 끝내 공적[208]과 허무[209]라는 잘못을 이루었다.

老子之無, 佛氏之空, 蓋見無形質無窒礙, 未見其充塞宇宙裁和萬物, 良有以也. 始自未達一間, 終致空寂虛無之科.

\* \* \*

노자의 이른바 "유가 무에서 생긴다"[210]라는 말과 "찰흙을 치대서 그릇을 만들어 그 무를 쓴다"[211]라는 따위의 말은 그 '무' 자를 '기' 자로 바꾸어 보아야 의미를 해치지 않는다.

---

207 『孟子』, 「盡心下」: 孟子曰, 吾今而後, 知殺人親之重也. 殺人之父, 人亦殺其父, 殺人之兄, 人亦殺其兄. 然則非自殺之也, 一間耳. 『집주』에 "一間者, 我往彼來, 間一人耳."라고 하여 一間은 좁은 간격.

208 사물은 뚜렷한 自性이 없어 본래부터 生滅이 없다는 불교 용어. 『楞嚴經』卷5의 "我曠劫來, 心得無礙, 自憶受生如恒河沙, 初在母胎, 即知空寂." 등에 보인다.

209 노자 사상의 도의 본체라 일컫는 虛와 無.

210 『老子』, 40장: 反者, 道之動, 弱者, 道之用. 天下萬物生於有, 有生於無.

211 같은 책, 11장: 埏埴以爲器, 當其無, 有器之用. 원의는 "찰흙을 치대서 그릇을 만들 때 그 무를 당해서 그릇의 쓰임이 있다"이다. 본문의 搏 자는 埏와 같은 뜻.

老子所謂, 有生於無, 搏埴以爲器而用其無等語, 以其無字, 換作氣字, 乃不害義也.

불교의 이른바 '산하대지의 허공'212과 '빈카의 공병'213의 '공' 자를 모두 '기' 자로 바꾸면 그 의미 또한 안 될 것도 없다.

佛氏所謂, 山河大地之虛空, 頻䯋空瓶之空, 皆以氣字換之, 義亦無不可也.

처음에는 아주 작은 차이에서 비롯되었으나 끝내 천 리나 어긋났으니, 이 참되고 진정한 것214을 도리어 공적과 허무로 만들어 버렸기 때문이다.

始緣毫釐之差, 而終致千里之繆, 以此誠實眞正, 反作空寂虛無也.

---

212 『楞嚴經』卷4: 山河大地諸有爲相次第遷流, 因此虛妄終而復始. 본문의 虛空이란 大空의 뜻으로 六根·六塵·六識 등 18계가 모두 空의 뜻도 되고, 色卽是空이라고 할 때의 공을 뜻하기도 함. 또 실체가 없는 허공은 물질세계의 근원인 4大(火·水·地·風)가 녹아있는 곳이므로 이렇게 말할 수 있다.

213 같은 책, 卷2: 阿難譬如有人取頻伽瓶, 塞其兩孔滿中擎空, 千里遠行用餉他國, 識陰當知亦復如是. 阿難如是虛空, 非彼方來非此方入, 如是阿難若彼方來, 則本瓶中既貯空去, 於本瓶地應少虛空. 若此方入開孔倒瓶應見空出是故當知識陰虛妄, 本非因緣非自然性." 본서의 頻䯋空瓶은 頻伽䯋인데 저자가 空 자를 추가한 것으로 보임. 頻伽(vinka)는 사람 머리와 새의 몸을 지닌 상상의 새 이름이며, 極樂鳥로 불리고 그 모양을 본떠 만든 병이 頻伽䯋이다. 이 비유는 공이 去來하는 것도 아니고 識이 生滅하는 것도 아님을 비유하는 말.

214 기를 말함.

# 해 설

『노자』의 허·무와 불교의 공이 기여야 한다는 주장이다.

이 내용은 동아시아 전통 철학에서 매우 중요한 논점이다. 나름의 세계관을 지닌 철학자라면 세계의 근원적 존재가 무엇이냐 하는 점에서 반드시 해결해야 할 부분이기도 하다. 저자와 달리 일찍이 조선 철학사에서 성리학 관점에서 리의 우위를 논한 글은 삼봉 정도전의 「심리리편(心氣理篇)」이 있다. 이때 심은 불교, 기는 도교(도가), 리는 유교(성리학)를 상징한다. 그러니까 삼봉은 저자와 달리 도가의 핵심을 기로 보았음을 알 수 있다. 저자가 『노자』의 무를 기로 보아야 한다는 관점과 일치한다. 불교의 공은 가시적인 사물이나 불가시적 의식 등 모두 무한한 시간에서 볼 때 실체가 없고, 또 영원히 그대로의 모습이 아니라는 점에서 과학에도 부합하고 합리성이 있다. 또 『노자』의 유가 무로부터 나왔다는 주장도 가시적인 만물과 인간의 문명보다 당시로서는 규정할 수 없는 어떤 무엇이 본래의 모습이며 더 근원이라 말하고 있다. 이 또한 과학적이며 합리성이 있다. 우주의 발생을 생각해 보라!

하지만 이러한 공이나 무가 물질적 근거가 없는 어떤 실체라면, 가령 관념이나 정신적 무엇이나 초월적 신이라고 한다면, 과학에서는 받아들일 수 없다. 그래서 불교는 적어도 물질적 존재를 설명하기 위해 허공 속에 4대가 녹아있다고 보고, 노자를 신으로 받드는 도교에서는 신(神)과 도(道)와 기(氣)를 삼위일체로 하는 종교철학을 성립시켰다.[215] 이는 무엇이 존재하려면 물질적 기반이 먼저 있어야 한다는 논리적 정당성의 확보를 위해서였다. 그런 점에서 저자의 주장은 매우 정당하고 날카롭다.

---

215 이봉호·최수빈·박용철 옮김, 『도교백과』 (파라아카데미, 2018), 109-113 참조.

한때 옮긴이가 참여한 어떤 공부 모임을 주도했으며, 물리학을 전공하면서 불교 연구로 저술까지 낸 학자가 있었는데, 그가 불교와 과학을 관련지어 장시간 세미나를 진행한 적이 있다. 거기서 옮긴이는 물리학이 적어도 물질의 존재를 인정하고 탐구하는 일처럼 불교 또한 기가 되든 물질이 되든 어떤 물리적 존재의 근거를 상정하지 않으면, 모든 논의가 의미를 상실하지 않겠냐고 질문한 적이 있다. 다만 공은 없다는 의미가 아니라 있는데 『노자』의 무처럼 규정되지 않은 어떤 존재 가령 기 같은 것이라면 동의하겠다고 말한 적이 있다. 그랬더니 그도 긍정하였다. 불교의 공이 어떻든 물리적 세계와 일치하려면 어쩔 수 없는 일이기 때문이다.

다만 존재의 문제가 아니라 우리의 몸과 마음이 그런 공이나 무의 상태나 태도로 돌아가는 종교적 수양의 역할은 강력히 지지할 수 있다고 생각한다.

# 31. 기와 물의 경계에는 틈이 없다
## 氣水無間

기의 탁한 상태가 물인데[216] 물과 기의 운동은 서로 기다리듯 따른다. 그러므로 물이 움직이는 곳에는 기가 이미 움직였다는 사실을 알고, 기가 움직이는 곳에는 물이 장차 움직일 것을 안다.[217]

氣之濁者爲水, 而運動相須. 故水動處知氣之已動, 氣動處知水之將動.

\* \* \*

하늘과 땅 사이에는 실로 비어 있는 공간이 없어 기와 물의 운동에도 틈이 없다. 마치 빨대로 물을 빨아들일 때 공기가 다 빨려 나오기를 기다려 물이 이어지는 현상과 같다. 나아가 밀물과 썰물의 들어옴과 나감이나 소나기가 바람에 날리는 현상에서 기가 움직이면 물도 움직이고, 기가 날리면 물도 이어 날림을 알 수 있다.

天地之間, 實無空際, 氣水二物, 運動無間. 如以管吸水, 待氣盡而水繼之. 至於潮汐之進退驟雨之飛騰, 可見氣動而水亦動, 氣升而水繼之升.

---

216 『추측록』 권1, 「地體蒙氣」: 氣之濁滓爲蒙, 蒙之濁滓爲水, 水之濁滓爲泥, 泥之凝堅爲土石, 土石之大塊爲地. 이 내용을 따른다면 본문의 기는 몽기로서 대기인 공기이다.

217 물과 기가 같은 공간에서 일어나는 일을 한정해서 한 말이다. 권말 용어 해설 참조.

# 해설

공기와 물 사이에 틈이 없음을 말하였다.

이것은 기철학의 기본 개념에서 볼 때도 타당한 설명이다. 기는 어디든 가득 차 있어서 빈틈이 없기 때문이다. 다만 여기서 기는 공기이다. 물리적 대상이므로 물과 공기는 빨대의 사례에서 같은 공간에 있다고 전제하고 설명한 말이다. 자연 상태에서 물건이 움직이면 공기도 따라서 움직인다.

이는 기를 단지 사변적 철학의 대상으로만 삼지 않고 현장에서 관찰한 결과이다. 화담 서경덕이 봄날 종달새가 날마다 달리 날아오르는 높이를 보고 기류의 상승을 상상했듯이, 저자 또한 경험할 수 있는 사례를 가지고 과학적 원리를 추론했다.

사실 서경덕과 저자의 차이는 저자에게 축적된 과학 정보가 더 많다. 옮긴이가 빨대로 옮긴 관으로 물을 끌어 올리는 사례는 그의 최초 저술인 『육해법(陸海法)』(1834)에 등장한다. 오늘날 펌프를 사용한 수동식 양수기의 원리에 해당하는데, 도해와 설명이 있다.

그런데 이 책은 저자의 독자적 서술이 아니라 선교사 우르시스(Sabatino de Ursis, 熊三拔)가 구술한 내용을 중국인 서광계(徐光啟)가 기록하고 이지조(李之藻)가 교정한 『태서수법(泰西水法)』과 겹치는 내용이 등장한다. 가령 용미거(龍尾車)와 옥형거(玉衡車)의 구조 설명이 거의 같다. 물론 거기에는 『육해법』에 없는 내용도 많고 서술 분량도 훨씬 많다. 이지조는 『태서수법』의 내용을 그의 『농정전서(農政全書)』에 대거 수용하는데, 아마도 후자를 참고했을 가능성도 있고, 또 훗날 『운화측험』에서 옥형거를 『태서수법』에 보인다고 하고, 또 "기와 물은 서로 닿아 끊어지지 않고, 한 터럭만큼의 틈도 없다"[218]라는 말을 보면, 이 내용은 본문과 직접 관련이 있다.

또 『육해법』의 「서문」에 "대개 물의 성질은 높은 곳을 피하는데, 지금 그것을 유도하여 끌어 올리는 기술에는 다섯 가지가 있다. 깎는 것, 모는 것, 빨아들이는 것, 긷는 것, 나사처럼 돌려서 올리는 그것이다"[219] 라는 말이 있는데 바로 '빨아들이는 것'이 본문의 내용이다. 서로 연관되어 있다.

마지막 밀물과 썰물과 기의 관계는 공기가 아니라 힘으로서 기와 중력과의 관계이다. 공기나 중력은 오늘날 사용하는 용어지만, 그것들은 모두 기의 범주 안에 있어서 이런 표현이 가능했다.

218 『運化測驗』 卷1, 「用器驗試」, 〈玉衡車〉: 氣水相接不斷, 無一毫間隙. 氣昇而水繼昇, 水降而氣隨降. 玉衡車【圖說見泰西水法.】 以一丈木桶, 低板有舌, 靈應開閉.

219 『陸海法』, 「序」: 蓋水之性, 避高而今欲誘之使升, 其術有五, 一曰刮, 二曰驅, 三曰吸, 四曰汲, 五曰螺鈿.

## 32. 음청의
### 陰晴儀

대기의 증발 작용220은 비록 잔 속의 물이라도 모두 수증기를 발생시킨다. 가령 큰 솥에서 물이 끓을 때는 곡식 껍데기에 스며든 물까지도 모두 수증기로 만들 수 있다. 그러므로 처음 음청의를 만든 사람은 기를 이해한 뒤 그 작용을 응용했다고 하겠다.

大氣之蒸鬱, 雖杯勺之水, 皆得蒸鬱發作. 如洪釜之湯, 粟穀所貯之水, 皆能蒸鬱. 故始作陰晴儀者, 其有見於氣而得其用也.

\* \* \*

음청의는 비와 맑음의 날씨를 재는 의기221이다. 그것은 외곽을 유리로 둥글게 만들고, 그 속에 물을 조금222 넣되 밑바닥으로부터 한 치 정도 깔리게 한 뒤, 그 입구를 두껍고 견고하게 막아 안쪽의 기가 빠져나가지 못하게 한다.

陰晴儀者, 所以驗陰雨晴明之儀器也. 以琉璃作球, 而納水小許, 使鋪底一寸, 厚堅緘其口, 使內氣不洩.

---

220 大氣는 대체로 기의 본체를 말하나, 여기서는 지구의 대기로서 寒熱燥濕의 성질 때문에 蒸鬱 작용이 있음.
221 測驗은 관측하여 증험한다는 뜻. 儀器는 의례나 관측·측정 때 사용하는 도구. 여기서는 후자 뜻.
222 小許는 조금, 微少의 뜻으로 『晉書』,「天文志上」의 "今視諸星出於東者, 初但去地小許耳."에 보인다.

그렇게 하면 맑은 날에는 그 안이 맑아서 깨끗하게 들여다보인다. 그러다가 구름 끼어 흐린 날 대기의 습도가 높으면,[223] 기구 속에 저장된 물도 수증기를 발생하여 안개와 같은 기가 기구 안에 맺힌다. 또 오던 비가 맑게 개면 의기 안의 안개 같은 기도 아래로 가라앉아 갠다.

則清明之日, 其中瑩澈無礙. 及到雲陰之日大氣蒸鬱, 則儀器中所貯水, 亦蒸鬱發作, 自有霧霽之氣, 盤結於儀器中. 又到雨晴之時, 儀器中霧霽之氣, 亦斂下而霽.

밖에서 그 안을 바라보면 유리창에 물을 뿌린 모습과 같다. 그 까닭을 따져보면 비록 평범한 이치이지만, 이 의기를 처음 만든 사람은 기에 대해 아는 내용이 있음을 알 수 있다.【온도계와 습도계[224]는 모두『영대의상지』에 그림과 설명이 있으니 채록할 필요는 없다. 절기표와 뇌법기[225]와 기포[226] 같은 부류는 기의 쓰임이 제각기 다름을 알 수 있고, 인체는 여러 기구의 작용이 갖추어져 있어서 음청의와 온도계와 습도계의 이치를 몸에서 증험하여 여러 기구의 제작에 미루어 나아갈 수 있다.】

自外視之, 如琉璃窗灑水形. 究其故, 則雖是常理, 然可見始作儀器者之有見於氣也. 【冷熱器, 燥濕器, 俱有圖說於儀象志, 不必採錄. 至於節氣表氣砲雷法器之類, 可見

---

223 大氣蒸鬱은 대기의 증발량이 많다는 뜻이 아니라 쪄서 습도가 높다는 말. 증발량이 많은 날은 되레 맑은 날이다.

224 冷熱器는 온도계, 燥濕器는 습도계이다. 이 내용은『運化測驗』에 세밀하게 나온다. 자세한 내용은 최한기/이종란 옮김,『운화측험』, 121-125쪽 참조 바람. 여기서 옮긴이는『靈臺儀象志』에서 그림을 찾아 함께 실었다.

225 雷法은 雷器의 줄인 말로『운화측험』, 332-333쪽에서 자세히 설명하였고, 오늘날 라이덴병(Leyden jar) 곧 초기의 콘덴서이다.

226 원문 氣砲는 氣銃 곧 공기총의 다른 말. 자세한 것은 같은 책, 126-129쪽을 참조 바람.

氣用之各異, 而人之一身, 賅諸器之用, 陰晴冷熱燥濕之理, 可驗於身而推及於制
器.】

# 해 설

흐림과 맑음을 알 수 있는 기구에 대한 설명이다.

저자의 설명만으로는 정확히 무슨 기구인지 알기 어렵다. 설명대로라면 밀봉된 유리통 속의 물이 바깥으로부터 받을 수 있는 영향은 습도나 기압이 아니라 빛이나 온도뿐이다. 그리고 그 기구를 어디에 두느냐에 따라 변화도 다르다. 가령 맑은 날 옥외에 두면 유리통 속의 온도가 올라가 증발한 수증기가 밖으로 빠져나가지 못하여 되레 통의 벽에 물방울로 맺혀 본문의 설명과 정반대가 될 것이다. 실험 삼아 빈 페트병에 물을 조금 넣고 주둥이를 꽉 잠근 뒤 춥지 않은 맑은 날 옥외에 두고 관찰해 보라. 적어도 유리통 속의 상황과 날씨가 연관이 있으려면, 통제하는 조건이 외부로부터 원하는 영향을 받을 수 있도록 해야 함은 과학의 상식이다.

완전히 밀봉한 유리통이 아니라면 기압의 영향을 받을 수 있다. 이것은 잘 모르겠지만 기압계의 초기형태로 보인다. 곧 유리병 속의 압력과 변하는 대기의 압력 차에 따라 내부 물기둥의 위치로서 고기압과 저기압을 판단하는 기압계이다. 유럽에서 '날씨 유리' 또는 '괴테 기압계'로 알려져 있다.227

---

227 The weather ball barometer consists of a glass container with a sealed body, half filled with water. A narrow spout connects to the body below the water level and rises above the water level. The narrow spout is open to the atmosphere. When the air pressure is lower than it was at the time the body was sealed, the water level in the spout will rise above the water level in the body; when the air pressure is higher, the water level in the spout will drop below the water level in the body (https://en.wikipedia.org/wiki/Barometer). 이 설명은 본문의 설명과 많이 일치한다.

등장하는 『영대의상지』는 벨기에 천주교 선교사 페르비스트(Ferdinandus Verbiest, 南懷仁)가 중국에서 간행한 책으로 그냥 『의상지』(儀象志)라고도 부른다.[228] 훗날 저자는 『운화측험』에 인용하였다.

---

228 더 자세한 것은 같은 책, 121-122쪽을 참조 바람.

# 33. 대기를 통해 비치는 모습은 물을 통해 비치는 현상과 같다
## 蒙映如水映

물 밑에서 비치는 물체는 반드시 그 영상이 실제보다 떠 보인다. 수면에 비치는 물건의 영상은 물의 움직임에 따라 모양이 변한다. 대기를 통해 별빛이 비치는 것도 대부분 이와 같다.

水底映物, 必有影子之浮於實. 水面映物, 隨其流動而幻其形. 蒙氣映曜, 亦多類是.

\* \* \*

어부가 수면에 떠 보인 물고기를 보고 작살을 던져 찌를 때 반드시 물고기보다 조금 아래로 던져야 물고기를 잡을 수 있다. 수면에 떠 보이는 물고기는 물고기의 영상이지 물고기가 아니다. 또 뱃사공이 삿대를 물속에 넣을 때 그 절반은 물속에 절반은 물 밖에 있는데, 그것을 보면 삿대가 꺾여 있는 듯하다. 이것은 모두 물 밑에 비치는 물건은 반드시 그 영상이 떠 보이는 현상이다.

漁者見魚浮水面, 而投叉刺之, 必稍下於魚, 乃能得魚. 其浮於水面者, 魚之影也, 非魚也. 又舟人刺篙, 其半在水中, 半在水外, 視之若折然. 此皆水底映物, 必有浮影也.

또 가득 찬 대야의 물을 흔들어 벽 위의 글자를 비추어 보면,[229] 물결이 일어나면 글자의 영상은 반드시 작은데, 이는 그 물결의 끝이 둥근 모양을 이루어 그 영상이 모퉁이에 있기 때문이다.230 또 물결이 움푹 파이면 글자의 모양은 반드시 큰데, 이는 그 물결의 면이 넓게 함몰되어 비친 영상이 물 언저리에 가득 찼기 때문이다.231 이것은 수면에 비치는 물건의 영상이 자연히 실제와 다르게 왜곡되는 현상이다.

又搖蕩盈盤之水, 而照看壁上書字, 則波之隆起, 字影必小, 以其波頭斂圓, 所影在隅也. 波之陷汙, 字影必大, 以其波面曠陷, 所影滿水眶也. 此乃水面映物, 自有幻影也.

사람이 물 밖에 있으면서 물건의 영상을 보는 일에 이처럼 차이가 있으니, 이미 대기232 안에 살면서 비치는 별들에 어찌 차이가 없겠는가?

人在水外, 視物之映, 若是有異, 則旣在氣內, 所映諸曜, 豈不有異.

---

229 강이나 호수에 비친 영상처럼 대야의 수면을 거울처럼 활용해 벽 위의 글자를 비스듬히 바라본다는 뜻. 옮긴이가 실제로 해 보았는데, 어두운 재질의 대야나 그릇으로 해야 잘 보인다.
230 볼록거울의 현상이다.
231 오목거울의 현상이다.
232 蒙氣의 의미로 쓰였음.

# 해 설

지구 대기에 의하여 굴절되는 외부의 빛을 물속과 수면의 그것에 비유하여 설명하였다.

이와 관련된 설명은 이미 본서 권2의 「대기는 천체의 상을 굴절시킨다(蒙氣鯖影)」에서 다루었다. 다만 이 글은 물속에서 물 밖으로 굴절하는 영상의 사례를 첨가하여 더 실증적 근거를 제시한 차이가 있다. 본문 세숫대야의 물 비유는 빛의 굴절이 아니라 반사로서 물체의 실제 모습을 왜곡시키는 사례이다.

사실 광학 이론에서는 빛이 다른 매질의 물질을 비스듬히 통과할 때는 그 경계면에서 굴절된다고 한다. 서학에서 이 문제가 제기된 것은 대기의 굴절을 설명하기 위한 일이었다. 그래서 수평선에 떠오르거나 지는 태양과 달이 커 보이고, 월식 때 해와 달이 동시에 보이는 이치를 이것으로 설명하였다.

또 서학에서 그 실증적 증거로 세숫대야에 동전을 넣어 물을 부어 그것을 관찰하는 사례233를 자주 언급하였는데, 본문의 "물 밑에 비치는 물건은 반드시 그 영상이 실제보다 떠 보인다"라는 말은 그 영향이다. 이러한 지구 대기 이론은 저자와 홍대용이 소지했고 또 앞서 소개했던 『역상고성(曆象考成)』과 『역상고성후편(曆象考成後篇)』에도 들어 있고, 명의 서광계(徐光啓)·이지조(李之藻)·이천경(李天經)이 예수회 선교사

---

233 물과 몽기에서 빛이 굴절한다는 이 사례는 처음에 마테오 리치가 쓴 『乾坤體義』에, 또 디아즈(Emmanuel Diaz, 陽瑪諾)가 쓴 『天文畧』에서 소개하고 있다. 『乾坤體義』의 원문은 "試於空盂, 若盂底内置一錢, 遠視之不見, 試令斟水滿之, 錢不上移, 而宛可見焉. 盂邊既隔吾目, 則吾所見, 非錢體, 乃其影耳. 茲豈非月在地下, 而景現地上之喻乎."이다. 홍대용은 『醫山問答』에서 이 사실을 말하고, 정약용도 언급한 바 있다.

롱고바르디(Nicolas Longobardi, 龍華民), 테렌츠(Johann. Terenz, 鄧玉函), 야콥스 로(Jacobus Rho, 羅雅谷), 아담샬(Adam Schall von Bell, 湯若望) 등이 소개한 이론을 종합하여 엮은 『신법산서(新法算書)』 속에도 들어 있다. 선교사들은 몽기에 대한 이런 내용을 별도의 주제로 다루기도 하여 서양에서 이 연구가 상당히 진척되었음을 보여주었다.234

---

234 이종란, 『의산문답』, 136-137쪽 참조.

## 34. 기가 따뜻해서 만물을 적신다
### 氣熱漬物

물이 차면 물건을 적시는 상태가 마치 나무에 굳은 기름을 칠하는 모습과
같다. 물이 따뜻하면 물건을 적시는 상태가 술이 사람을 취하게 하는
모습과 같다. 그러므로 기가 사람과 물건의 몸체를 적시는 까닭은 그것이
항상 따뜻하기 때문이다.

水冷則其沾物也如油塗木. 水熱則其沾物也如酒醉人. 故氣所以漬洽人物之體者,
以其常熱也.

\* \* \*

물이 차가우면 얼고 따뜻하면 흐르는 현상은 마치 기름이 차가우면
응고하고 따뜻하면 녹는 현상과 같다. 만약 기를 항상 차갑게 한다면,
식물을 번성하게 자라게 하고 동물을 따뜻하게 길러주는 일을 할 수
없을 것이다.

水之寒而氷, 熱而流, 如脂膏之寒而凝, 熱而瀜. 若能使氣常寒, 滋潤草木煦育血氣
之類, 不可得也.

# 해 설

만물에는 따뜻한 기가 중요하다고 말하였다.

서학에서 4원소의 성질을 냉열건습(冷熱乾濕)이라 하였고, 저자도 훗날 『기학』과 『운화측험』 등에서 기의 정으로 한열건습(寒熱乾濕)이라고 규정하였다. 이 글은 기의 성질을 성(性)과 정(情)으로 개념화하기 전 단계로, 한열조습(寒熱燥濕) 가운데 한과 열을 언급한 대목이다. 한열과 조습을 현대식으로 말하면 온도와 습도이다.

물리적으로 물질의 온도가 올라가면 분자 운동이 활발해 물질이 팽창하고 더 올라갈수록 융해하고 기화한다. 더 큰 단위로 압력(중력)과 온도가 상승하면 핵융합이 일어난다. 상온에서는 물도 온도가 올라갈수록 얼음에서 물이 되고 물에서 수증기로 변한다. 본문의 물과 기름의 비유는 바로 이렇게 온도가 올라가면 기가 쉽게 상호작용하는 현상을 가리키고 있다.

어떻든 만물은 따뜻해야 잘 자라고 번성한다. 그것은 전적으로 따뜻한 기온에 의존하고, 따뜻한 기온이란 바로 '따뜻한 기'라는 설명이다.

# 35. 기가 따뜻하면 바람을 일으킨다
## 氣熱生風

공기가 움직여 바람이 생긴다.235 공기가 움직이는 까닭은 땅이 열기를
불어내기 때문이다.236

氣動而風生. 氣之所以動者, 以其地噓熱氣也.

\* \* \*

맹탕으로 끓는 물에 티끌을 넣으면 상하로 오르락내리락하는 것은 열이
이동하는 방향237을 따라 움직이는 현상이다. 그 물이 식으면 열도 식고
이동도 멈춰서 그 티끌이 서서히 아래로 가라앉는다. 그러므로 바람은
열기에서 생김을 미뤄볼 수 있다.

白湯沈塵芥, 則上下周流, 隨熱風而動. 及其水冷, 則熱息而風靜, 塵滓弛然下浸.
故可推風生於熱也.

내가 금강산 비로봉에 올라갔는데,【강원도 고성군 서쪽에 있음】높이가
1만여 길238이나 되고 바다로부터 30리 가까이 있다. 그때가 초여름이

---

235 서학에 대한 반론이다. 가령 『空際格致』卷2, 「風」에서는 "古者, 多以風爲充塞空際
之氣也. 靜則爲氣, 動則爲風, 此說非也."라고 말하고 있다.
236 이는 또 서학의 일부 수용이다. 곧 같은 책에 "卽依性理正論, 先曰, 風本質, 乃地所發
乾熱之氣, 有多端, 可証."이 그것이다. 性理正論은 아리스토텔레스 자연학 또는
기상학을 중국식으로 옮긴 말.
237 熱風은 물속에서 이동하는 열기를 말함.

있는데 바람도 잠잠하고 날씨도 맑아, 동해를 바라보니 물빛이 하늘과 닿았고 바다 안개가 조금 덮여 있었다. 수면이 서로 이어진 모습은 마치 평야의 이어진 풀이 이리저리 뻗어있고, 거북 등 같은 연못의 얼음무늬가 이리저리 엇갈린 것 같았다. 가까운 곳을 보면 무늬가 분명하고 먼 곳을 보면 점점 흐릿하다. 아직 잘 모르겠지만, 이 모습은 시력이 미치는 범위 안에서 보는 대상과의 원근 때문인가? 아니면 육지에 가까우면 무늬가 분명하고, 육지로부터 멀면 무늬가 없어져서 그런 것인가? 점점 더 동쪽으로 일본과 페루239와 미국240 등의 바다도 모두 이런 무늬가 있을까?

余登金剛山毗盧峯,【在江原道之高城郡西】高臨萬餘丈, 海近三十里. 時值孟夏, 風日清朗, 俯視東溟, 水光接天, 海霧微蒙. 水面有連絡成痕, 如平野之草路縱橫, 澤氷之龜文交錯. 視近而分明, 望遠而漸迷. 未知, 眼力所及, 見有遠近耶. 近陸宛然之文, 遠陸而泯滅耶. 漸東而日本而孛露而彌利堅等海, 皆有斯文耶.

거기서 내려와 만회암241에 다다라 차를 끓여 다완(茶椀)에 붓고 열기가 내는 자취를 자세히 관찰하니, 이리저리 무늬를 이룬 모습이 바다를 본 그것과 같았다. 차가 식자 그 무늬는 점차 사라졌다. 바로 여기서 바다 안개는 땅에서 증발한 기이고, 바다의 무늬는 증발하는 열이 내는 흔적이며, 그 증발의 증감에 따라 바다 무늬 또한 다름을 알 수 있다.

---

238 길이의 단위로 1척(尺)의 10배. 또는 '길'로서 1길은 사람의 키. (앞에 나옴)
239 孛露는 마테오 리치의 『곤여만국전도』에 보면 지금의 페루이다.
240 彌利堅은 미국의 한자식 옛말.
241 금강산 楡岾寺의 末寺로 지금은 터만 남아 있다고 한다.

因下抵萬灰庵, 烹茶注椀, 而詳察熱氣發出之痕, 成文縱橫, 如海面所見. 及乎茶冷, 其文漸消. 於是可認海霧乃地蒸之氣, 海文卽蒸熱發出之痕, 而隨蒸鬱之增減, 海文亦有異焉.

# 해 설

바람이 열기로 인해 발생함을 말하였다.

지상의 바람은 보통 고기압에서 저기압으로 움직이는 공기의 이동이다. 지면이 햇빛 등의 열에 의하여 온도가 올라가면 공기가 상승한다. 그 상승한 공기가 원래 있던 공간을 메꾸기 위하여 상대적으로 기압이 높은 지역에서 낮은 곳으로 공기가 이동하는데 그것이 바람이다. 이른바 산바람이나 골바람(valley wind) 또는 해풍과 육풍이 그런 바람이다. 그러므로 열기에 의하여 바람이 생긴다는 말은 타당하다.

그런데 금강산에서 바라본 바다의 모습과 찻그릇에서 보는 모습은 면밀하게 검토해 볼 필요가 있다. 둘 사이는 관계는 본질적으로 일치하기가 어렵다. 후자는 시야와 대상의 거리가 너무 가까워 찻물을 볼 때 뜨거운 수증기의 영향을 크게 받기 때문이다. 바다의 무늬가 생기는 까닭은 딱히 바닷물과 관찰자 사이에 가로 놓인 수증기 때문만은 아닐 것이다.

하지만 여기서 경험과 관찰을 중시하는 저자의 태도를 엿볼 수 있다. 끓는 솥과 찻그릇은 이론을 검증하는 일종의 실험 모형에 해당한다.

# 36. 바람의 차가움과 따뜻함
## 風寒溫

바람이 빠르게 불면 차갑고 느리게 불면 따뜻하다. 차가운 곳에서 불어오면 차갑고, 따뜻한 곳에서 불어오면 따뜻하다.[242]

吹則寒, 而噓則溫. 自陰方則冷, 自陽方則溫.

\* \* \*

공기가 차고 더운 현상은 대개 태양의 고도[243]에서 생긴다. 하지만 차거나 더운 공기 가운데서도 자연히 차가움과 따뜻함이 고르지 않은 현상이 있다. 공기의 이동이 빠르면 바람이 차갑고 느리면 따뜻하다. 또 바다에 가까우면 따뜻하고 바람이 산을 지나면 서늘하다.

氣之寒暑, 大略生於太陽之遠近. 然寒暑之中, 自有溫涼不齊. 氣之動, 疾則風冷, 徐則風溫. 又近海則溫, 過山則涼.

---

242 원문 陰方과 陽方은 『주역』에서는 각각 서남쪽과 동북쪽을 중국의 기후와 지형 조건에 따라 서북과 동남쪽을 일컫기도 하는데, 전체 글의 맥락에서 보면 추운 곳과 따뜻한 곳을 의미함.
243 太陽之遠近은 天頂을 기준으로 한 말로 태양의 고도를 옛날식으로 표현한 말.

# 해 설

바람이 차고 따뜻한 까닭을 말하였다.

나무랄 데 없이 현대 과학에 일치하는 견해이다. 태양의 고도에 따른 복사열이 기온을 결정하는 큰 요인이며, 또 같은 기온이라도 바람의 속도에 따라 느끼는 온도 차는 그것이 클수록 열을 많이 빼앗기 때문이다. 또 해양은 육지보다 천천히 온도가 오르고 식어서, 우리나라에서 어느 지점을 기준으로 보면 그렇게 생각할 수 있겠다.

## 37. 기와 질의 이어짐은 염색과 접목과 같다
### 氣質如染物騙木

물건에는 이미 질이 있어서 거기서 기를 받아들이는 일이 제각기 같지 않음은 염색하는 일과 비슷하다. 두 기가 만나 자손을 이어감은 나무에 접붙이는 일과 다름이 없다.

物旣有質, 受氣不同, 與染物相似. 因氣有嗣, 與騙木無異.

\* \* \*

기에는 맑고 탁하고 어둡고 밝은 변화가 있고, 질에는 정밀하고 거칠고 강하고 부드러운 차이가 있다. 그러니 그것이 젖어 물드는 일에도 저절로 깊이와 선후의 같지 않음이 있다. 이것은 실로 여러 물건을 염색하는 모습과 비슷하다.

氣有淸濁昏明之變, 而質有精麤剛柔之殊. 則其所染濡, 自有淺深先後之不同. 實與染色諸物相似.

기가 쌓이고 질이 그 틀244을 이루면 소가 말을 낳지 못하고 복숭아나무는 살구를 맺지 않는다. 하지만 당나귀와 말245이 교미하여246 노새를

---

244 뒤의 글을 미루어 보면 機는 해당 사물의 구성체이다. 몸.
245 정확히 말하면 암말과 수나귀이다.
246 交風에서 交에는 교미의 뜻이 있으나 風에도 동물의 암수가 서로 유인한다는
　　뜻이 있다. 『書經』, 「費誓」의 "馬牛其風, 臣妾逋逃, 勿敢越逐."에 孔穎達의 疏를

낳고, 나나니벌은 벌레를 길러 자기와 비슷하게 만든다.247 이것은 두 나무를 접붙여 번식하는 기를 이루는 모습과 무엇이 다르랴?

氣之蘊蓄, 質遂其機, 則大略牛不生馬, 桃不結杏. 然驢馬交風而生騾, 蜾蠃養蟲而類己. 是與木相騗接, 以成其交媾之氣, 何異哉.

---

    인용한 後漢의 賈逵이 "風, 放也, 牝牡相誘謂之風."라고 하였다.
247 이것은 오해이다. 나나니벌은 땅에 굴을 파고 자벌레나 배추흰나비 또는 밤나무
    유충을 잡아 와 알을 낳아 자기 애벌레의 먹이로 삼는다. 아마도 굴속에서 벌어진
    일은 보지 못하고 새끼가 성충이 되어 굴의 뚜껑을 열고 나오는 결과만 보고
    이런 판단을 했을 것이다.

# 해 설

물질의 섞임과 생물의 형질이 후대에 전수되는 일을 기와 질로 설명하였다. 질은 기가 엉겨 구체적 질량을 지닌 물질이다. 두 가지 물질이 섞이는 일을 염색에 비유하였다. 그 섞임은 단순한 혼합이 아니라 염색처럼 모종의 화학적 변화를 수반한다. 그래서 비록 추상적이기는 해도 기와 질의 성질을 자세히 설명하였다.

또 물질이 유기체에서 일정한 방식에 따라 구성되면 해당 생물의 형질을 이룬다. 이어지는 자손의 그것은 예의 소나 복숭아나무처럼 형질을 바꾸지 못한다. 하지만 같은 유의 이종(異種) 간의 교배는 접붙이는 일에 비유하였다.

여기서 비유의 함정이 도사리고 있다. 문학적으로는 큰 문제가 없지만, 철학과 과학에서는 조금만 어긋나도 문제가 생기기 때문이다. 각주에서 설명한 나나니벌의 경우가 그것이다. 하지만 여기서 우리는 진술이 얼마나 사실에 부합하느냐의 문제보다 실제 사물을 관찰하는 과학적 태도 그리고 자기의 철학적 세계관으로 현상을 설명하려는 데에 더 주목해야 한다. 시대에 따른 정보의 한계가 있기 때문이다.

# 38. 기는 엉기고 풀린다
## 氣有凝解

기가 견고하게 응고하면 질이 되고, 질이 해체되어 돌아가면 기가 된다.

氣之堅凝爲質, 質之解泐還爲氣.

\* \* \*

기를 빗물에 질을 얼음에 비유하면, 빗물이 땅에 있을 때는 반드시 구덩이라는 그릇에 저장된다. 작게는 술잔 정도 크게는 호수나 연못을 이루는데, 모두 추위를 만나 얼어서 제각기 질을 이룬다. 그것이 녹아 풀리면 다시 빗물이 된다.

以氣譬於雨, 而以質譬於氷, 則雨之在地, 必因坎埳之器而得貯. 小而杯勺, 大而湖澤, 皆得寒沍而成氷, 各自成質. 及其瀜釋, 還爲雨水.

# 해 설

기와 질의 관계를 물과 얼음의 그것에 비유하였다.

앞서 언급했듯이 질은 어떤 질량을 가지고 공간을 점유하며 사물을 구성하는 질료 또는 물질과 같은 개념으로 이해해도 되겠다. 그래서 구체적 형태를 지니고 있어서 보통 형질이라 하고, 제한적으로 기질이라 고도 한다.[248]

이 물과 얼음의 비유는 일찍이 전한의 철학자 왕충(王充)의 글에 "물이 얼면 얼음이 되고 기가 응결하면 사람이 된다"[249]라는 말에 보인다. 훗날 북송 장재(張載)도 이 비유를 사용한다.[250] 장재의 기 사상을 이은 주희도 기가 모여 질이 된다고 하였다.

기가 응고하여 질이 되고 녹아 다시 기로 돌아오는 과정은 취산이다. 다만 저자가 말하는 취산의 외연은 이보다 커서 이미 형체를 이룬 몸에 질과 별도로 또 신기가 모이기도 하고, 그것에서 흩어지기도 한다. 곧 생물의 경우 삶과 죽음의 현상이다.

---

248 이종란, 『기란 무엇인가』, 77쪽 참조.

249 『論衡』, 「論死」: 水凝爲冰, 氣凝爲人.

250 『正蒙』, 「太和」: 氣之聚散於太虛, 猶冰凝釋於水, 知太虛卽氣, 則無無.; 같은 책: 游氣紛擾, 合而成質者, 生人物之萬殊.

# 39. 지면은 동식물을 산출한다
## 地面產物

대체로 보아 큰 물건에는 반드시 표면에 부착하여 기생하는 생물이 있으니, 풀과 나무는 지구의 터럭과 머리카락이요, 새와 짐승은 지구의 이와 벼룩이다.251 이와 벼룩은 사람 몸을 의지하며 모여 살고, 터럭과 머리카락은 몸의 영양상태에 따라 생겨나고 자란다.

凡物之體大者, 必有皮膚間附着藉生, 則草木地體之毛髮也, 飛走地體之蚤蝨也. 蚤蝨因其體之藉賴而聚據, 毛髮隨其體之肥瘠而生長.

생물이 살면서 거처가 적합하면 그 생명을 보존하고, 다른 데로 옮겨가서 거처가 맞지 않으면 그 생명을 잃으니, 이것은 땅의 기운이 그렇게 하지 않음이 없다.

居而得所則全其生, 遷而失所則害其生, 無非地氣使然也.

\* \* \*

사람 몸에 있는 터럭·머리카락과 이·벼룩은 늘 보는 일이다. 그러므로 그것으로 지구가 산출한 풀·나무와 새·짐승을 비유하였다. 이 논리는 대체로 작은 대상을 미루어 큰 대상을 헤아리는 데서 나온다.

---

251 홍대용의 『醫山問答』에도 같은 표현이 보인다. 곧 "草木者, 地之毛髮也, 人獸者, 地之蚤蝨也."라는 말이 그것이다. 王充의 『論衡』, 「變動」의 "人在天地之間, 猶蚤蝨之在衣裳之間."에 보인다.

人身之有毛髮蚤蝨, 常所見也. 故以論地體之產草木鳥獸. 蓋出於推小測大.

하지만 지면에 모여 사는 사람과 생물은 해당 지역의 물과 토양과 추위와 더위에 적응함에 따라 번식하고 시들어지는 차이가 있다. 추운 지역에서는 사람과 동물은 강하고 피부와 털이 도탑고 두꺼우나, 더운 지역에서는 사람과 동물은 유약하고 피부와 털이 부드럽고 무성하다. 남극과 북극 아래에서는 추위와 더위가 생존에 적합하지 않아 사람과 생물이 희소하고, 적도 남쪽과 북쪽의 기후가 조화로운 지역에서는 사람과 생물이 번성한다.[252]

然人物之聚居地面, 隨其水陸寒暑之宜, 有蕃殖凋殘之殊. 氣涼之地, 人物剛悍, 而皮毛敦厚, 氣熱之地, 人物柔弱, 皮毛軟茂. 至於南北極下, 寒暑不適, 而人物稀少, 赤道南北氣和之地, 人物蕃殖.

비록 풍속이 다르지만, 사람들은 제각기 땅의 산출물에서 음식을 취하고 추위와 더위를 막는다. 흉노족[253]은 거친 털가죽 옷을 생산하고,[254] 오나라 월나라[255]는 칡으로 만든 옷감을 생산하니[256], 모두 자기 생명을 돕는[257] 방법을 갖고 있지 않음이 없다. 하지만 되레 바뀔 수 없는 외형과

---

252 남북극과 적도는 모두 천구의 그것이다.
253 기원전 4세기부터 1세기까지 중국 북방에서 활동했던 유목 민족.
254 원문 '匈奴出穢裘'는 『淮南子』, 「原道訓」에 나오는 말. 裘는 털가죽 옷. 문제는 穢인데 최근 어떤 연구에서 穢(穢貊)는 朝鮮으로 인식되어, 이 말은 衛滿朝鮮이 匈奴와 가죽(裘)을 교역했을 것이며, 이러한 사실이 '匈奴出穢裘'라는 기록으로 나타난 것으로 보인다고 한다(최슬기, "衛滿朝鮮과 匈奴의 '穢裘' 交易," 『선사와 고대』, 한국고대학회, 2017 참조). 하지만 본문은 저자의 이해 방식에 따라 옮겼다.
255 춘추전국시대의 오나라와 월나라. 본문은 그 지역.
256 『淮南子』, 「原道訓」: 干越生葛絺.

본성, 옮길 수 없는 거처가 있으니, 귤이 회수(淮水)[258]를 넘어서는 탱자가 되고, 담비가 문수(汶水)[259]를 넘으면 죽으니,[260] 모두 땅의 기운이 그렇게 만든다.

雖有風俗之不同, 各因地産, 以資飮食以禦寒暑. 匈奴出穢裘, 吳越生葛絺, 莫不有資生之道. 而抑有形性之不可易, 所居之不可移者, 橘渡淮而爲枳, 貉踰汶而死之, 皆地氣之使然.

---

257 『周易』, 「坤卦」: 至哉坤元, 萬物資生.

258 중국의 강 이름.

259 중국의 강 이름.

260 『淮南子』, 「原道訓」: 橘樹之江北, 則化而爲枳, 鴝鵒不過濟, 貊踰汶而死, 形性不可易, 勢居不可移也.

# 해 설

기후 및 토양과 생물의 관계를 논하였다.

이 글의 배경에는 전통과 서학의 인문 지리학 지식이 녹아들어 있다. 지역에 따른 기후와 풍토에 따라 인간과 생물이 살아가는 모습의 차이를 설명하고, 지기에 따라 그렇게 된다고 종합하였다.

그런데 지금까지 저자의 글을 줄곧 읽어온 독자라면 벌써 알아차렸겠지만, 저자는 다양한 서적에서 자료를 가져와 자기 철학의 관점에 맞추어 재구성하는 탁월한 능력을 지녔다는 점이 그것이다. 그래서 어떤 정보가 전통에 있든 서학에 있든 상관없이 자기 용어로 소화하여 재구성하였다. 사실 이 점이 지금까지 저자를 연구하는 학자들을 당혹스럽게 만든 요인 가운데 하나이기도 하다. 어떤 내용은 전통에 확실하게 있지만, 어떤 내용은 전혀 없거나 아니면 다소 생소한 용어를 구사하기 때문이다. 특히 서학에서 증거가 확실한 과학 내용이 아닌 철학과 신학에 관련된 이론은 직접 인용하지 않고 본인이 소화한 관점에서 말하므로, 좀처럼 그 출처를 찾아내기가 쉽지 않기 때문이다.

이런 점을 두고 냉혹한 비판자들은 저자가 남의 책을 편집하여 마치 자기 저작으로 둔갑시켰다고 하는데, 여기에는 오해가 있다. 그런 책은 대개 출전을 밝히거나 그것을 내용에 노출하였다. 특히 지리·기술 등에 관련된 책은 정보의 특성상 그대로 옮기거나 본인의 생각과 다른 불필요한 내용을 줄일 수밖에 없었을 것이다. 하지만 철학 또는 과학에 관련된 내용은 본인 철학의 세계관에 맞도록 엄밀하게 재구성하였다. 그 대표적 사례가 『공제격치』를 보고 재구성한 『운화측험』 등이다.[261]

---

261 더 자세하게 두 책의 같은 글자 수 및 내용과 목차 비교는 최한기/이종란 옮김, 『운화측험』, 앞의 책의 해제를 참고 바람. 그 외 저자의 『身氣踐驗』(1866)도 그

# 40. 산천의 변화
## 山川變易

산천의 변화는 공기262와 물의 흐름에 달려 있다. 산봉우리가 비록 높아
도 공기에 닳아 떨어지고 벗겨지며, 구덩이와 골짜기가 비록 낮아도
물에 이끌려 파이고 씻긴다.

山川變易, 在氣水之流行. 峯巒雖高, 爲氣所磨而有卸脫, 坎壑雖低, 爲水所導而有
濬汰.

* * *

공기와 물이 지면에 흐르면, 산천은 그로 인해 변화가 생긴다. 대개
쌓인 흙이 오래되어 견고하게 뭉치면 암석이 되고 노출된 암석이 오래되
면 벗기고 갈라져 흙이 된다.

氣水流行於地面, 山川因之而有變. 蓋土之蘊積者, 久而堅凝則爲石, 石之呈露者,
久而解泐則爲土.

땅과 암석은 바람에 의해 마모되고 비에 의하여 씻겨 모래와 흙먼지를
이룬다. 비록 그것이 날아 여기저기 떠돌아도 끝내 구덩이나 골짜기에

---

저본인 홉슨(Benjamin Hobson)의 『全體新論』의 관계에서 볼 때 이 점을 확인할
수 있다(이현구, 『최한기의 기철학과 서양 과학』, 성균관대학교 대동문화연구원,
2000, 63-69쪽 참조).

262 氣는 뒤의 내용을 보면 바람의 뜻으로 사용했다.

내려앉아 오랫동안 쌓이고 모여, 1년 치의 층이 되고 2년 치의 층이
되어 겹겹이 꽉 채워 막혀, 깊은 골짜기가 구릉이 되는 상태에 이른다.
그리고 그사이에 흐르던 샘과 물은 자연히 단단한 땅을 피하고 약한
흙먼지를 몰아 구불구불하고 비스듬한 시내를 이루고, 여러 지류와 합하
여 강과 하천을 이루며 평평한 땅을 파고 씻는다. 그래서 그 나머지
높고 메마른 땅은 구릉과 산악이 된다. 이것이 산천이 변하는 대강이다.

土與石爲風所磨, 爲雨所洗, 以成沙塵. 雖能飛揚周遊, 畢止於陷壑, 年年積聚, 有一
年之衣二年之衣, 疊成塡塞, 至於深谷爲陵. 而其間有泉水之流, 自然避剛土驅弱塵,
以成逶迤之溪澗, 合衆流而成江河, 濬汰平陸. 其餘高燥之地, 爲邱陵山嶽. 此是變
幻之大略.

# 해 설

풍화와 퇴적작용에 따른 지형 변화를 그림을 보듯 자세히 설명하였다. 비록 '풍화'나 '퇴적'이니 하는 용어를 사용하지 않았지만, 교과서에 등장하는 내용을 무색하게 할 정도로 당시로서는 매우 과학적 설명이다. 현재의 과학 용어는 대부분 저자의 사후 일본에서 번역한 그것을 수용하면서 정착되었다. 용어가 달라도 그 의미는 분명하다.

# 41. 기를 터득한 사람은 반드시 남보다 뛰어나다
## 得於氣必尤於人

기를 터득한 사람은 반드시 볼 만한 행적이 있다. 사기를 분별하는 데도 기준이 있고, 물리를 말할 때도 정밀하고 상세하며, 기물을 제작하면 반드시 사용이 알맞고, 육예263를 닦으면 반드시 남보다 뛰어나다.

有得於氣者, 必有可見之蹟. 辨事機也有準的, 論物理也有精詳, 製器皿則必適於用, 修六藝則必尤於人.

\* \* \*

사람이 기를 터득한 내용에도 우열이 있고, 그것이 말과 행동과 일에 드러나서 자연히 속일 수 없는 게 있다.

人之有得於氣, 亦有優劣, 發見於出言行事, 自有不可欺者.

기물에는 옛사람이 이미 제작해 갖추지 않은 물건이 거의 없다. 하지만 옛사람이 만든 물건을 알맞게 쓰기도 어렵고 또 일의 변화도 무궁하다. 기를 잘 터득한 사람에게는 기틀에 따라 잘 사용하는 방법이 자연히 있으니, 이것을 일러 '기물을 알맞게 쓴다'라고 한다.

---

263 고대 학생을 가르치는 여섯 가지 과목으로 『周禮』, 「地官·大司徒」의 "三曰六藝, 禮樂射御書數."에 보인다. 뒤에 저자의 설명이 있다.

至於器皿, 已有古人之製作, 殆無不具. 然將古人所製, 而用當其器亦難, 且事變無窮. 因機濟用, 自有其方, 是謂適用器皿也.

육예란 예법과 음악과 활쏘기와 수레 몰기와 글씨와 셈하기의 과목이다. 예법은 기의 차례, 음악은 기의 조화, 활쏘기는 기의 표준, 수레 몰기는 기의 인도(引導), 글씨는 기의 식견, 셈하기는 기의 도수에서 제각기 생겨난다. 고금 수천 년 동안 재주 있고 지혜로운 사람들이 그것을 배워도 우열이 없을 수 없었던 까닭은 그 육예에서 기를 쓸 수 있으면 우수하고, 잘 쓰지 못하면 종신토록 그것을 행하더라도 열등을 면하기 어렵기 때문이다.

六藝者, 禮樂射御書數也. 禮生於氣之序, 樂生於氣之和, 射生於氣之準, 御生於氣之導, 書生於氣之識, 數生於氣之度量. 上下數千載, 才智之人, 或學之而不無優劣者, 就其藝而能用其氣則優, 不得用其氣, 則雖終身行之, 而難免於劣.

# 해 설

기를 터득한 사람은 무슨 일에든지 뛰어남을 말하였다.

사람의 언행은 물론이고 구체적 사물이 있다면 기가 적용되지 않는 대상은 없다. 저자는 고대 교육의 6과목인 육예를 하나하나 기의 일에서 발생했음을 분석하였다.

여기서 기를 터득한 사람이 무슨 일에든지 뛰어나다는 점은 오늘날로 말하면 학문과 예술과 기술을 잘 연마한 사람의 능력을 일컫는다.

# 42. 막고 있는 공기를 통해 보고 듣다
## 隔氣視聽

보고 듣는 공간에는 반드시 쌓인 공기가 가로막는데, 거리에 따라 두껍고 얇다. 그러므로 먼 산은 푸르스름하게 어둡고 가까운 산은 우뚝 높으며, 멀리서 들려오는 소리는 늦게 도착하나 가까운 데서 난 소리는 빠르게 도착한다.

視聽之間, 必有積氣遮隔, 而隨遠近有厚薄. 故遠山蒼黯而近山嵯峨, 遠聲緩到而近聲急疾.

\* \* \*

보는 산이 멀리 있으면, 그 사이를 막고 있는 공기가 두꺼워 산의 색깔은 흐릿하여 단지 푸르스름하게 어두운 것이 있을 뿐이다. 하지만 보는 산이 가까우면, 그 사이를 막고 있는 공기가 얇아서 누런 흙과 흰 암석을 분별할 수 있다.

眼之視山遠, 則其間所隔之氣厚, 山色籠迷, 只有蒼黯而已. 視山近, 則所隔之氣薄, 土黃石白, 可得分別矣.

멀리서 들려오는 소리는 반드시 막고 있는 공기를 투과해서 귓가에 도달한다. 그러므로 막고 있는 공기가 두꺼우면 그 투과하는 속도가 느리고 소리도 늦게 도달하지만, 얇으면 투과하는 속도가 빠르고 소리도 빨리 도달한다.

聲之自遠來者, 必待洞澈所隔之氣而到耳邊. 故所隔之氣厚, 則其透也緩, 而聲亦緩
到, 薄則其透也急, 而聲亦急到.

# 해 설

사물을 보거나 들을 때 관찰자와 대상 사이에 쌓인 공기의 두께에 따라 다른 현상을 설명하였다. 공기의 두께는 달리 말하면 거리이다. 원문의 기는 몽기로서 모두 대기의 공기를 말한다. 과학적 현상을 설명하기 때문이다. 본문의 거리에 따라 산이 뚜렷하게 보이거나 희미하게 보이는 현상은 대기 중에 미세먼지가 섞여 있기 때문이기도 하고, 또 빛이 산란하거나 굴절되어 원래의 색을 그대로 뚜렷하게 보기는 힘들다. 또 멀리 있는 산의 암석이나 흙 색깔을 가까이 있는 산의 그것과 달리 구체적으로 알 수 없는 사실은 거리에 따른 형세 때문이다. 가령 1미터만 떨어져도 책의 글씨를 잘 알아볼 수 없는 사실과 같은 이치이다. 대기의 혼탁함의 영향도 있지만 거리의 형세가 더 크게 작용한다.

그리고 공기의 두께에 따라 소리의 속도가 다르다는 점은 완전히 과학에 부합하는 발언이다. 소리가 공기 분자의 운동을 통해 투과하는 데 걸리는 시간은 거리에 비례하기 때문이다. 대개 음속은 공기 같은 매질 외에 온도의 영향도 받는데, 0℃일 때는 331.5m/s이고, 온도가 1℃ 높아지면 0.61m/s씩 빨라진다고 한다.

## 43. 추측지리는 유행지리를 표준으로 삼는다
### 推測以流行理爲準

자연 만물의 유행지리는 하늘의 강건함과 땅의 유순함이 만물을 만들고 길러내는264 가운데 맡겨져 있어, 사람이 간여하여 보태거나 덜어낼 수 있는 대상이 아니다.

天地萬物流行之理, 付諸健順化育之中, 非人之所能增減.

저 추측지리에는 저절로 서툴거나 익숙하거나 맞거나 틀리는 구분이 있어서 마름질하여 변통할 수 있다. 이학의 리와 태극의 리265와 무릇 서적에서 말하는 리는 모두 추측지리이다.

若夫推測之理, 自有生熟得失之分, 可以裁制變通. 理學之理, 太極之理, 凡載籍之論理者, 儘是推測之理也.

추측지리는 유행지리를 표준으로 삼고, 유행지리는 기와 질로서 분별한다.266

---

264 『주역』에 보면 강건한 健은 하늘[乾]의 덕, 유순한 順은 땅[坤]의 덕으로, 하늘과 땅이 交合하여 만물을 낳고 길러낸다고 한다.

265 주희 성리학에서는 태극을 리로 본다. 『朱子語類』 1-1에 "太極只是天地萬物之理. 在天地言, 則天地中有太極, 在萬物言, 則萬物中各有太極. 未有天地之先, 畢竟是先有此理."라고 하여 그 말이 보인다.

266 기와 질은 물리적 근거이고, 그 물리적 운동 규칙이나 법칙이 유행지리이다. 유행지리는 결국 물리적 대상의 양상에 따라 구별된다는 뜻.

推測之理, 以流行之理爲準的, 流行之理, 以氣質爲分別.

* * *

물리를 고요히 살펴보아 추측의 자료로 삼고, 물리를 꿰뚫어 익혀 추측의
범위로 여긴다.267 그리하여 돌이켜 추측을 사용하여 물리에 맞는지
증험한다.268 그 결과 지나친 내용은 억제하고 모자라는 내용은 북돋우
며, 서툰 점은 익숙하게 하고 지난 일로 뒷일을 경계한다.

靜觀物理, 以爲推測之資, 貫熟物理, 以爲推測之範圍. 反將推測, 符驗于物理. 過者
抑退, 不及者企就, 生處敎熟, 往事懲後.

하지만 비록 마름질하고 변통하는 일이 무한하더라도, 어디서나 어떤
경우나 모두 부합하고 증험되는 일은 아직 없다. 또 사람마다 견해를
달리하여 의론이 뒤섞이고 삼재269를 견강부회270하여 저술이 다양하
다. 그간 어쩌다 한 모퉁이나 한 가지 일이 들어맞는 경우가 없지는
않다. 하지만 자연의 유행지리는 하늘이 말하지 않아도 네 계절이 순서에
맞춰 온갖 물건이 이루어지니,271 추측이 여기에 이르러야 진정한 추측

---

267 여기서 말하는 物理란 이전에 발견한 유행지리를 포함한다. 인식 과정에서 이전에
　　인식한 유행지리가 추측에 도움이 된다는 말.

268 符驗은 符節처럼 증거가 되는 물건으로 符合의 의미이다. 『荀子』, 「性惡」의 "凡論者,
　　貴其有辨合, 有符驗."에 보인다. 여기서는 동사로 쓰였다. (앞에 나옴)

269 天과 地와 人. 『周易』, 「說卦傳」의 "是以立天之道, 曰陰與陽, 立地之道, 曰柔與剛,
　　立人之道, 曰仁與義. 兼三才而兩之, 故易六畫而成卦."에 보인다.

270 牽合은 牽合附會의 준말로 牽强附會와 같은 말. 『傳習錄』 卷上-6의 "朱子格物之訓,
　　未免牽合附會, 非其本旨."에 보인다.

271 이 내용은 『論語』, 「陽貨」의 "子曰, 天何言哉. 四時行焉, 百物生焉, 天何言哉."를

이라고 말할 수 있다.

雖有裁制變通之無限, 未有到處皆合隨地俱驗. 且人各異見, 議論紛錯, 牽合三才,
著述多端. 這間或不無一隅之合一事之契. 然天地流行之理, 不言而四時序, 百物成,
推測到此, 方可謂眞推測也.

---

# 해 설

제목대로 추측지리는 유행지리를 표준으로 삼아야 한다는 내용이다. 이 글은 철학적으로 매우 중요한 논점을 포함하고 있다. 먼저 유행지리라는 말 자체가 그렇다. 유행은 달리 운행(運行) 또는 운화(運化) 등으로 바꾸어 말할 수 있는 용어로, 어떤 공간에서 무엇이 흘러 운동하는 일을 말한다.

그런데 성리학은 대개 천지에 유행하는 것을 천리(天理)·천도(天道)·도리(道理)·천명(天命)·실리(實理) 등으로 본다. 하지만 그것은 독자적으로 유행할 수 없고 기와 함께[272] 유행하는데, 리를 실체화하였으므로 리가 유행한다고도 말할 수 있다. 그러니 굳이 유행지리라는 말을 쓸 필요도 없고 말하지도 않았다.

하지만 저자에게는 천지에 유행할 수 있는 것은 오직 물리적으로 존재하는 기뿐이다. 그 기의 조리가 유행지리이며 천도이며 천리이다. 모두 성리학의 그것과 다르게 저자가 재규정하였다. 그러기에 성리학과 다른 독자적 철학을 구성할 수 있었다.

그런데 인간은 그것과 별개로 사유를 통해 이치를 추론할 수 있으나 그 이치가 자연적 사실에 일치하거나 안 할 수도 있다. 바로 여기서 유행지리와 추측지리의 구별이 등장한다. 본문의 이학에서 말하는 리나 태극이 모두 추측지리라는 말이 그것이다.

여기서 추측지리라는 말은 인간의 사유를 통해 추론한 이치, 곧 사유의 산물인 관념 또는 인간의 윤리·도덕이라는 뜻이다. 또 추측지리를 과학의 관점에서 보면 가설과 유사하다.

---

272 리와 기는 서로 떨어질 수 없다는 理氣不相離의 논리가 적용된다.

규범이나 윤리는 그 자체로 유효할 수 있으나,273 과학의 가설은 반드시 검증되어야 한다. 문제는 성리학에서 자연의 이치인 '천리'라는 표현을 썼기 때문에, 객관적으로 자연에 그런 이치가 있는지 검증해야 한다는 논리가 성립한다. 이른바 하늘의 권위를 차용한 모든 철학과 종교의 논리가 과연 자연적 사실에 부합하는지 따질 필요가 있다는 숨은 뜻이 있었다.

그래서 추측지리는 유행지리를 표준으로 삼아야 한다는 주장이 등장하게 되었다. 달리 말하면 유행지리가 추측지리를 검증하는 기준임을 말해준다. 그 방법은 본문의 내용처럼 이미 파악된 유행지리를 가지고 추측의 자료와 범위를 삼고, 검증할 추측지리가 유행지리에 부합하는지 확인하는 일이다.

이렇듯 저자가 주희 성리학에 반발하는 까닭은 리가 기의 조리가 아니라 실체로서 형이상학적으로 존재하고, 또 인간의 윤리에 해당하는 리가 자연의 이치처럼 존재하며, 또 그 리가 인간의 마음에 선험적으로 갖추어졌다는 존재 방식 때문이다. 그의 학문에서 경험과 아울러 유행지리를 중시한 까닭이 바로 여기에 있다.

어쨌든 이런 검증 방식과 유행지리는 자연과학에서 이미 사용하고 있어서, 과학적인 지식에는 매우 유용하다. 하지만 그 지식 또한 한계가 있을 수밖에 없다. 그것은 귀납적 방법에 의존하는 경험적 지식이나 진리의 운명이기도 하다. 패러다임이 바뀌면 진리도 바뀐다.

그래서 본문의 "어디서나 어떤 경우나 모두 부합하고 증험되는 일은 아직 없다"라는 말은 그 점을 시사하고 있다. 비록 그렇더라도 자연적 존재 근거가 없는 인간의 관념을 실제로 존재하는 대상으로 인정한다는

---

273 저자도 추측지리 가운데는 윤리와 같이 人道에만 해당하는 이치가 있음을 인정하였다.

말은 절대로 아니다. 만물은 실체가 없고 기가 모이고 흩어진 결과일 뿐이니, 오직 기만이 그것이기 때문이다.

# 44. 추측은 중개인과 같다
## 推測如駔儈

물건에는 물건의 기와 이치가 있고, 나에게는 나의 기와 이치가 있다. 오직 이 추측지리야말로 상대와 나의 중매인[274]이요, 이쪽과 저쪽의 중개인[275]이다. 하지만 중매인이나 중개인이 모두 자기 사람이라면, 나에게만 친하고 상대에게는 소원하며 이쪽만 자세히 살피고 저쪽에는 억지로 헤아리는[276] 일이 항상 우려된다.

物有物之氣理, 我有我之氣理. 惟此推測之理, 物我之媒妁, 彼此之駔儈. 然媒妁駔儈, 俱是我家之人, 則常患親于我而疏于物, 詳察乎此而揣摩乎彼.

\* \* \*

기는 국한되고 리는 통한다[277]는 말은 물건마다의 형질에 나아가 그 추측지리를 말한 것이다. 기는 국한되고 리도 국한된다는 말은 유행지리

---

274 媒妁은 『孟子』, 「滕文公下」의 "不待父母之命, 媒妁之言, 鑽穴隙相窺, 踰牆相從, 則父母國人皆賤之."에 보인다.

275 駔儈는 흥정을 붙이는 거간꾼으로 駔會駔闇駔獪와 같이 쓰이며, 『史記』, 「貨殖列傳」의 "通邑大都酤一歲千釀 … 佗果菜千鍾, 子貸金錢千貫, 節駔會."에 보인다.

276 揣摩는 억측의 뜻으로 쓰였다. 원래 縱橫家의 말을 가리킨 것인데 북송 張載의 『張子語錄』卷中에 "詖淫邪遁之辭, 古語孰近 … 遁辭無守, 近於揣摩."라는 말에 보인다. (앞에 나옴)

277 理通氣局의 논리인데 『주자어류』에는 (一, 萬)理通 또는 道理通(徹, 透) 등이 등장하고 기국은 '氣局小'라는 말이 1회 등장한다. 理通氣局을 개념화한 사람은 栗谷 李珥이다.『栗谷全書』卷10,「답성호원」에 "理通氣局四字, 自謂見得, 而又恐珥讀書不多, 先有此等言而未之見也. … 理無形而氣有形, 故理通而氣局." 등이 그 것이다.

에서 볼 때 대상의 형질이 이미 나누어지고 어길 수 없어 제각기 시종일관
하고 있음을 말한 것이다.278 기가 통하고 리도 통한다는 말은 기의
차고 따뜻하고 습하고 건조한 것과 목마르면 마시고 배고프면 먹고
이익을 보면 좇아가고 해로움을 피하는 일에 나아가 말한 것이다.

氣局而理通者, 就物物各形之上, 擧其推測之理也. 氣局而理亦局者, 就流行之理,
旣分形質, 不得違越, 各自始終而言也. 氣通而理亦通者, 就寒暖燥濕渴飮饑食趨利
避害而言也.

오직 이 추측이야말로 국한되고 통하는 사이에서 사례를 비교하고 거기
에 출입하여, 피차의 목소리279와 형세를 전달하는 일이 마치 중매인이
나 중개인과 같다. 하지만 통상 가깝거나 멀거나 상세하거나 간략한
구별이 있어서 한쪽으로 치우치는 잘못을 벗어나기 어렵다. 모름지기
공평한 마음을 가지고 공정하게 논의하는 중매인이나 중개인을 골라야
한다.

惟此推測, 比例於局通之間, 出入乎局通之際, 達彼此之聲氣, 傳物我之形勢, 如媒
妁駔儈. 而自有親疎詳略之別, 未免一偏之病. 須擇媒妁駔儈之守公心秉公議者.

---

278 개별적 사물은 그 사물을 이룬 형질의 자연법칙대로 존재·운동한다는 뜻.
279 聲氣는 대화할 때의 음성과 語氣로 王充의 『論衡』, 「骨相」의 "相或在內, 或在外,
　　或在形體, 或在聲氣."에 보인다. 여기서는 상징적으로 쓰였다. (앞에 나옴)

# 해 설

추측을 중매인이나 중개인으로 비유해서 한쪽으로 치우치지 말 것을
주장하고, 유학의 주요 이론을 재해석하였다.

여기서 추측이 인식주체와 대상을 매개하는 중개인과 같다고 한 주장은
추론하는 사유 과정이 없으면 대상의 본질을 파악할 수 없다는 논리이다.
또 사물을 관찰하여 추측으로 그 본질을 파악하는 데 있어서 각종
편견을 버리고 객관적으로 사유해야 함을 주장하였는데, 이는 앞에서
잠깐 언급했지만, 서양 경험주의 창시자 프랜시스 베이컨(Francis
Bacon: 1561~1626)의 우상론을 연상시키는 발언이다.

중요한 사실은 철학사에 다루는 통(通)과 국(局)의 문제를 거론하였다는
점이다. 그것을 리와 기의 통합과 국한의 순서쌍을 가지고 재해석하였
다. 통은 널리 적용되는 보편과 일반에 해당한다면, 국은 제한된 곳에만
적용되는 특수와 개별에 해당하는 개념이다.

주희 성리학에서는 리는 보편성의 문제에서 더 나아가 태극으로서
보편자에 속한다. 그래서 만물이 각각 하나의 태극을 갖추고 있다는
각구일태극(各具一太極)을 주장하였다.280 하지만 이런 보편자인 리가
사물을 이룬 형질 속에서 본성을 이루면, 그 형질의 영향을 받아 제대로
발휘되지 않는다. 이것은 만물의 본원에서 볼 때 '리는 같지만 기가
다르다'라는 이동기이(理同氣異)281의 학설이다.

이것이 심성론으로 전개되면 기질에 의하여 본성이 제한된다는 기국의

---

280 『朱子語類』 94-73: 或問, 萬物各具一太極, 此是以理言, 以氣言. 曰, 以理言.; 같은
책, 94-201: 萬一各正, 小大有定, 言萬箇是一箇, 一箇是萬箇. 蓋體統是一太極,
然又一物各具一太極.
281 같은 책, 4-9: 論萬物之一原, 則理同而氣異.

관점에서는 기질지성(氣質之性)이고, 그 보편자인 리가 온전히 발휘되는 이통의 관점에서는 본연지성(本然之性)이다. 사람으로 치자면 전자는 보통 사람 후자는 성인에 해당한다. 그래서 '리는 통하지만 기로 인해 국한된다'라는 말이 이통기국(理通氣局)의 참뜻이다. 이런 관점으로 그것을 발전시킨 사람이 조선조 율곡 이이이다.

하지만 저자의 해석은 그 이통기국만 아니라 이국기국, 이통기통도 있다고 전제하고, 이통기국이란 사실상 개별자에 대한 추측지리라고 보고, 그런 보편자는 없다는 해석이다. 과학의 관점에서도 형이상학적 보편자는 없다. 만약 보편적인 무엇이 있다고 한다면, 그것은 개별적 사물에 공통으로 있는 성질일 것이다. 공통점은 보편자가 아니다. 그리하여 모든 개별적 사물은 그 자체의 형질과 이치를 갖기에 이국기국이며, 유행지리란 것도 각각 사물의 자연법칙일 뿐이다. 그런데 오직 기의 성질과 생물적 본능만이 이통기통이라 보았다. 물질과 생물의 성질이 각각 보편적이라는 뜻이다.

# 45. 귀신과 화복
## 鬼神禍福

귀신에 미혹되고 화복에 빠지는 일은 어리석게 미혹된 사람이 면하기 어렵다. 그러므로 방술이 나쁜 선례를 만들었다.[282] 뒷사람들은 도리어 방술을 귀신의 일로 믿었으니, 어찌 모이고 흩어지는 기가 있음을 알겠는가?[283] 또 방술을 화복에 관계된다고 믿었으니, 어찌 스스로 불러들인 화복이 있음을 알겠는가?[284]

惑於鬼神, 溺於禍福, 愚迷者所難免. 故方術作俑. 後之人反以方術爲鬼神, 焉知有聚散之氣也. 又以方術爲禍福, 焉知有自召之禍福.

\* \* \*

실제로 터득한 내용이 없는 사람은 반드시 허황하고 망령된 일을 일삼으면서도 자기가 그런 데 빠진 사실을 알지 못하고, 도리어 실제로 터득한 사람을 열등하다고 여긴다. 그리하여 알 수 없는 귀신에게 화복을 구하고, 근거가 없는 화복에 기대 귀신을 숭상한다. 그 효험을 실증하려고 밝히기 어려운 옛날의 자취를 견강부회하고, 그 술법을 밝히려고 부적과

---

282 作俑은 殉葬用으로 '나무 인형을 만들다'의 뜻으로 『孟子』, 「梁惠王上」의 "仲尼曰, 始作俑者, 其無後乎. 爲其像人而用之也."에 등장한다. 옳지 못한 일의 선례를 남긴다는 뜻으로 쓰였다.

283 유학 전통을 따라 귀신은 氣의 聚散에 지나지 않는다는 말.

284 화복을 스스로 불러들인다는 생각은 『左傳』, 「襄公二十三年」의 "禍福無門, 唯人所召."에 보인다. (앞에 나옴)

주문과 간지285 따위를 나열하여, 마침내 방술을 이룬다. 사람들 대부분이 거기에 빠지고 미혹되니, 나쁜 선례를 만든 피해가 이미 어쩔 수 없는286 지경에 이르렀다.

未有實得者, 必以虛妄爲事, 不自知其已陷虛妄, 乃反以實得者爲劣. 求禍福於鬼神之不可知, 尙鬼神於禍福之無根着. 欲實其驗, 傳會古昔難明之蹟, 欲明其法, 排列符呪干支之類, 遂成方術. 人多沈惑, 作俑之害, 已無及矣.

이 요원의 불길을 박멸하려면287 자연히 근본과 말단을 가지고 해결할 수 있다. 근본이란 하나의 기가 모이고 흩어지는 일288이 진정한 귀신이요, 스스로 불러들인 화복이 그 실상이란 뜻이다. 만약 이것을 안다면 거기에 미혹되고 빠지는 근심이 거의 없을 것이다. 말단이란 간지와 부적과 주문에는 원래 댈 만한 근거가 없어서, 만약 이것을 찾는다 해도 화복과 귀신은 저절로 허황하고 망령됨을 드러낸다는 뜻이다.

燎原之火, 如欲撲滅, 自有本末之可求. 本者, 一氣之聚散, 是眞鬼神, 自召禍福, 是實禍福. 如有得於此, 疑惑沈溺, 庶不爲患. 末者, 干支符呪, 元無可據, 苟求乎此, 禍福鬼神, 自綻虛妄.

---

285 干支는 天干인 十干과 地支인 十二支. 여기서는 그것을 이용한 술법을 말함. (앞에 나옴)

286 無及은 『左傳』, 「哀公六年」의 "作而後悔, 亦無及也."에 보인다.

287 燎原之火와 撲滅은 『書經』, 「盤庚」의 "若火之燎于原, 不可嚮邇, 其猶可撲滅, 則惟爾衆自作弗靖, 非予有咎."에 보임. 본문 燎原之火는 방술로 돌이킬 수 없는 지경을 말함.

288 一氣聚散은 기철학의 주요 개념으로, 기가 모이면 만물이 되고 흩어지면 본래의 기로 되돌아가는 만물의 존재 방식을 설명하는 말.

하지만 어리석게 미혹된 잘못을 제거하지 않으면, 미혹되고 빠지는 일을 종신토록 벗어나기 힘들다. 불러들이는 화복도 나에게 달려 있음을 모르면, 때마다 귀신에게 기도·제사하는 일 또한 끊기 어렵다. 무릇 종교가 사실적인 일289로 권하거나 징계하지 않으면서 귀신과 화복으로 백성을 꾀는 일이 바로 외도나 이단이 되는 까닭이다.

然愚迷之病不去, 疑惑沈溺, 終身難脫. 禍福之召, 不知在我, 有時禱禳, 亦難去絶. 凡敎法之不以實事勸懲, 乃以鬼神禍福誘民者, 所以爲外道異端也.

---

289 實事는 사실로 있는 일. 『韓非子』, 「外儲說右下」의 "虛名不以借人, 況實事乎."에 보인다. 實事求是의 實事도 이것이다.

# 해 설

당시 조선 사회에서 화를 피하고 복을 받기 위해 귀신을 믿는 일을
비판하였다.

저자는 앞에서 귀신은 기독교, 화복은 전통의 미신에 대해서 자주 일컬었
으나 여기서는 구분하지 않고 설명하였다. 미신적인 일을 통틀어 방술이
라 지칭하였고, 그것이 생긴 과정을 말하고 실지로 근거가 없음을 철학적
으로 논파하였다.

그 비판에서는 근본과 말단이란 범주를 사용하였는데, 근본이란 기철학
적 존재론과 일의 이치에 근거한 것이다. 먼저 존재하는 모든 사물은
일기의 취산을 따른다는 논리로, 귀신도 기라는 점이 그것이다. 일찍이
유학은 음양의 기를 가지고 귀신을 설명해 왔는데, 존재하는 모든 대상이
귀신이다. 저자는 음양을 사용하지 않아도 그 관점을 이었다. 설령
유령이나 고스트(ghost)나 기독교에서 말하는 하느님(God)이 있다고
해도, 그것들이 존재하려면 반드시 물리적 근거가 있어야만 하는데
그것이 기라는 뜻이다. 그러니 복이나 화를 주는 초월적인 신이 있다고
믿는다면, 그것이야말로 근거 없는 미신이라는 지적이다. 게다가 자연
의 기는 인격적이지도 않다.

또 화복은 스스로 불러들인다는 생각은 전통의 관점이다. '스스로 불러
들인다는 것'에는 철학적으로 논의할 점이 있다. 우선 개인이 어떻게
할 수 없는 전쟁이나 천재지변과 불의의 사고를 예외로 하면, 그것의
일차적 의미는 복이나 화가 자기 행위의 결과를 따른다는 점이다. 다음으
로 복과 화는 지극히 주관적일 수 있는 개념이다. 상대가 복이라 생각하는
것을 나는 화라 생각할 수 있고, 남이 화라고 여기는 것을 나는 복이라
여길 수 있기 때문이다. 가령 내게 어울리지 않는 많은 재산이나 높은

사회적 지위는 화인가 복인가? 사람의 가치관에 따라 다를 것이다. 결국 행복처럼 화복도 자신이 규정하는 문제이므로, 화복을 자신이 초래하는 문제와도 통한다. 불교 일체유심조의 논리에서 보더라도 타당하다. 이처럼 사리를 따져보면 신이 있어 화를 피하고 복을 주는 일이 아니다.

말단에서 보면 실제 경험에서 방술을 증험해 보아도 실효가 없다는 주장이다. 철학적 논리가 아니라도 실제적 일에서 하나하나 실상을 따지고 증험하면 근거가 없다는 사실을 알게 된다는 뜻이다. 그래서 보통의 종교는 믿음을 강조한다. 믿음의 대상이 무엇이냐에 따라 다르겠지만, 일단 화복에 관해서는 맹신이 되고 만다. 저자는 그런 종교를 이단이나 외도로 취급하는데, 합리적인 유학과는 다른 가르침이란 뜻이다. 종교를 간접적으로 비판하였다.

21세기가 된 오늘날에도 이런 미신과 결탁한 종교가 판을 치고 있는 모습을 보면, 화복이 종교 생활에 작용하는 힘이 매우 큼을 알 수 있다. 어쩌면 화를 피하고 복을 얻으려는 일은 인간의 본능과 연계되어 있어서 종교가 계속 번창하고 있는지 모르겠다. 저자는 그 해결을 지나칠 정도로 인간의 이성에 호소하는데, 죽음과 화를 피하고 영생과 복을 얻으려는 세속 인간의 욕망을 과소평가하는 듯하다. 사실 종교의 본질도 세속적 욕망과 그에 따른 부조리를 극복하려는 가르침인데, 일부 타락한 종교나 그 교단이 방편에 기대서 되레 그것을 부풀려 욕망의 성취를 부추기는 듯하니 참으로 아이러니하다!

# 46. 자연과 사람의 나뉨
## 天人有分

기질상의 이치[290]는 유행지리이고, 추측지리는 스스로 터득한 이치이다. 사람에게 익힘[291]이 있기 전에는 단지 이 유행지리이고, 이미 익힘이 있고 난 뒤에야 추측지리가 있다.

氣質之理, 流行之理也, 推測之理, 自得之理也. 未有習之初, 只此流行之理, 旣有習之後, 乃有推測之理.

만약 "추측지리가 유행지리에서 나왔다"라고 말한다면 옳지만, "추측지리가 곧 유행지리이다"라고 말한다면 옳지 않다. 처음부터 추측지리와 유행지리의 구분이 없다면, 잘못된 추측을 반드시 자연의 이치로 귀결시켜 순수한 자연 이치의 함양[292]이 어렵게 된다.

若謂推測之理出於流行之理, 則可, 若謂推測之理卽是流行之理, 則不可. 旣無分於推測流行, 則推測之或誤者, 必歸諸天理, 天理之純澹者, 難得其涵養.

\* \* \*

맹자는 "성실이란 자연의 도리요, 성실하고자 생각하는 것은 인간의

---

290 氣質之理는 기와 질로 이루어진 사물의 조리. 일반적으로 氣質之性은 자주 쓰이지만, 이것은 잘 쓰지 않는 말이다. 명말청초 기철학자 王夫之의 『讀四書大全說』, 「論語陽貨」에서 "蓋性卽理也, 卽此氣質之理. 主持此氣, 以有其健順, 分劑其氣, 以品節斯而利其流行."라고 말한 바 있다.

291 넓은 의미의 학습으로 경험의 뜻으로 쓰였다.

292 해설을 참고 바람.

도리이다"293라고 하였다. 대개 자연의 도리가 유행하여 만물에 실제적
이치를 부여하였으니, 인간의 도리는 오직 만물에 부여된 실제의 이치를
생각하여 어김과 사특함이 없어야 한다.

孟子曰, 誠者, 天之道也. 思誠者, 人之道也. 蓋天道流行, 付物以實理, 則人之道,
維思付物之實理, 無違無邪耳.

유행지리는 자연의 도리요, 추측지리는 인간의 도리이다. 인간의 도리
는 자연의 도리에서 나오고, 추측은 유행에서 나온다.294 이미 이런
해석295이 있으니, 자연 도리와 인간 도리의 분별이 없을 수 없고 유행과
추측 또한 저절로 분별된다. 만약 분별이 없어 인간의 도리를 자연의
도리로 추측을 유행이라 여긴다면, 착오가 많을 것이다.

流行之理, 卽天道也, 推測之理, 卽人道也. 人道出於天道, 推測出於流行. 旣有此飜
譯, 則天道人道不可無分別, 流行推測, 亦自有分別. 若無分別, 以人道爲天道, 以推
測爲流行, 則錯誤多端.

그 결과 혹자는 만 가지 이치가 모두 내 마음에 갖추어져 있다296고

293 『孟子』, 「離婁上」.
294 인간의 추측이란 결국 인간 속의 기의 유행이라는 뜻도 되고, 유행이 추측에
　　앞선다는 선후 문제에서 봐도 그렇다는 뜻.
295 飜譯은 외국어를 번역한다는 의미가 아니라 앞 문장의 천도─인도, 유행─추측의
　　관계를 이해 또는 해석의 뜻으로 쓰였다.
296 보통 心具萬理라 부르며 주희 성리학의 주요 전제. 가령 『孟子集註』, 「告子下」의
　　"言道不難知. 若歸而求之事親敬長之間, 則性分之內, 萬理皆備, 隨處發見, 無不可
　　師, 不必留此而受業也."와 또 같은 책, 「盡心上」의 "蓋聖人之心, 至虛至明, 渾然之
　　中, 萬理畢具." 등과 『朱子語類』에 자주 보인다.

여겨 사물의 이치를 오직 마음에서만 궁구하여 사물을 미루어 사물을 헤아릴 줄 모르고, 혹자는 그 마음에 일치되지 않은 물리를 반드시 그윽하게 숨은 것[297]에 돌려버리고 자기의 추측을 전환하여 적합한 이치를 찾지 않으며, 혹자는 자기가 잘못 안 견해를 같은 자연의 이치라고 말하면서 사물마다 제각기 다른 자연의 이치를 돌아보지 않는다.

或以爲萬理皆具於我心, 事物之理, 惟窮究於心, 不識推事物而測事物, 或以物理之不合於其心者, 必歸之于幽隱, 而不求推測之轉換得宜, 或以己見之誤得, 謂天理之同然, 而不顧物物各殊之天理.

나아가 함양의 공부에 있어서 자연의 이치에 푹 잠기고[298] 인심을 보존하여 기름[299]은 인심이 자연의 이치에 일치되게 하는 일이다. 만약 사람과 자연의 구분이 없으면, '인간이 자연을 존양한다'거나 '자연이 인간을 존양한다'라고 말할 것이니, 자연에는 자연의 함양이 있고 사람에게는 사람의 함양이 있음을 어떻게 알겠는가? 말한 자연의 이치가 인간의 일에 섞이면 순수한 자연의 이치가 아니요, 말한 인간의 도리가 자연의 도리에 섞이면 큰일을 할 만한 인간의 도리가 아니다.

至於涵養之功, 涵泳天理, 存養人心, 要使人心合乎天理也. 無分於天人, 則或謂以人養天, 或謂以天養人, 何以知天自有天之涵養, 人自有人之涵養耳. 所云天理, 雜

---

297 幽隱은 隱蔽되어 알기 어려운 것을 뜻하며 『荀子』, 「非十二子」의 "甚僻違而無類, 幽隱而無說, 閉約而無解."에 보인다.

298 涵養의 뜻이다.

299 존양의 원래 의미는 본심을 보존하고 본성을 기르는 일로 『孟子』, 「盡心上」의 "在其心, 養其性, 所以事天也."에 보인다. 그런데 道心이 아닌 人心을 존양한다는 저자의 말에 주목해야 할 필요가 있다.

以人事, 則非純澹之天理, 所云人道, 渾於天道, 則非有爲之人道也.

# 해 설

천도와 인도를 구분하지 못한다고 주희 성리학을 비판하며 재해석한 내용이다.

그 과정에 성리학의 함양·존양·순천리 같은 논리의 형식을 받아들이니, 저자의 학문을 잘 모르는 사람은 성리학으로 오해할 수도 있겠다. 해석에서는 형식도 중요하지만, 그것이 담고 있는 상세한 내용을 살펴봐야 한다.

비판의 핵심은 성리학이 천도와 인도의 구분, 달리 말하면 자연과 인사를 구분하지 않고 있다는 지적이다. 그것은 본문의 "만 가지 이치가 모두 내 마음에 갖추어져 있다"라는 말도 그렇지만, 만물이 제각기 하나의 태극을 갖추고 있다는 각구일태극(各具一太極)[300]도 본문에서 "자기가 잘못 안 견해를 같은 자연의 이치라고 여겨 사물마다 제각기 다른 자연의 이치를 돌아보지 않는다"라는 말로 표현하고 있다.

사실 성리학은 존재론과 실천론의 양방향에서 천인합일(天人合一)을 강조한다. 실천에서 천인합일이 안 되는 까닭은 각자가 부여받은 기질 탓으로 여긴다. 저자는 이 글에서 존재론에 비판을 집중하면서도 "인간의 도리는 오직 만물에 부여된 실제적 이치를 생각하여 어김과 사특함이 없어야 한다"라고 말하며 성리학의 실천적 형식 논리를 일단 긍정하고 있다. 하지만 저자가 말하는 '실제적 이치'는 성리학에서 말하는 천도가 아니라 유행지리이므로 형식만 따랐다는 뜻이다. '실제적 이치를 어기지 말아야 한다'라는 의미는 곧 자연이 만물을 낳고 낳아 끊어짐이 없는 일과 같은 자연적 원리를 어기지 말아야 한다는 뜻이고, '인도에 사특함

---

300 『朱子語類』 94-73: 萬一各正, 小大有定, 言萬箇是一箇, 一箇是萬箇. 蓋體統是一太極, 然又一物各具一太極.

이 없어야 한다'라는 주장은 천도처럼 인도에도 거짓이 없어야 한다는 뜻이다.

그런 뜻에서 함양과 존양도 그 천리를 그렇게 한다는 뜻이 아니다. 본문의 '인심을 보존하여 기름'이 그것을 잘 말해주는데, 성리학에서 천리를 갖추었다는 도심(道心)이 아님에 주목한다면, 그것은 인도가 자연의 원리에 일치되게 하는 일이다. 이는 천도의 개념이 성리학과 다른 데서 나오는 문제인데, 저자가 말한 천도나 천리는 순수한 자연법칙이나 원리일 뿐이기 때문이다. 그런 맥락에서 "그 마음에 일치되지 않은 물리를 반드시 그윽하게 숨은 것에 돌린다"라는 본문의 지적도 형이상학이나 신비주의의 그늘에 숨지 말라는 뜻으로 해석할 수 있다. 따라서 천도와 인도의 구분이 있듯이 유행지리와 추측지리를 구별해야 한다는 주장이다. 앞의 글에서 이학에서 말하는 태극이나 리도 추측지리라고 언급하였는데, 본문의 내용과 관련지으면, 성리학에서 말하는 인륜으로서 천리가 저자가 말하는 인도이자 추측지리임을 알 수 있다. 이렇게 본다면 저자가 성리학을 통째로 배척했다기보다, 거기서 말하는 천리를 인도로 재해석하여 그의 철학 내부에 재배치하였음을 알 수 있다. 이것은 그의 학문 방향에서 볼 때 매우 타당하다. 곧 자연과 인간, 과학과 윤리, 자연법칙과 인간의 관념, 존재와 가치를 구분해서 이해해야 한다는 의지, 자연을 인간화하지 말아야 한다는 생각의 표현이다. 이는 또 본서의 자주 등장하는 일관된 주장이다. 뒤의 「스스로 그러함과 마땅히 그래야 함(自然當然)」에서 다시 언급된다.

# 47. 공기와 물의 오름과 내림
## 氣水升降

지면에서 멀리 떨어진 기는 논할 수가 없다. 지면에 가까운 기는 땅과 물의 성질 차이와 증발하는 변화의 영향을 받아 차갑거나 덥거나 마르거나 축축하다. 땅의 기를 얻은 기는 무겁고, 하늘의 기[301]를 받은 기는 가볍다. 기는 더우면 상승하고 차가우면 하강하는데, 증발하는 기의 높낮이를 따른다. 또 기가 펼쳐 흩어지게 하고 모여 움츠러들게 하는 작용은 펌프질하는 용기의 크기를 따른다.[302] 하지만 기는 물과 만나는 경계에서는 한 터럭만큼의 틈도 없어서 기를 빨아들이면 물이 잇달아 올라오고, 기를 몰아내면 물은 밀려 나간다.[303]

氣之遠於地者, 不可得以論. 近於地者, 受水土之異, 染蒸鬱之變, 寒熱燥濕. 得地氣者重, 受陽氣者輕. 熱升寒降, 隨蒸鬱之高低. 舒放擊斂, 隨鞴鑰之大小. 然與水相接, 無一毫之空隙, 氣吸而水繼升, 氣驅而水衝退.

---

301 陽氣는 地氣의 상대되는 天氣의 뜻으로 사용했다. 원래 陰氣의 상대적인 기로 따뜻하여 만물이 생장하게 하는 기이다. 『管子』, 「形勢解」의 "春者, 陽氣始上, 故萬物生."과 『淮南子』, 「天文訓」의 "陽氣勝則散而爲雨露, 陰氣勝則凝而爲霜雪."에 보인다. 본서에서 陽氣는 3회, 陰氣는 0회 등장하는데, 그 가운데 한 번은 남성의 정욕과 관련된 것, 두 번은 여기에 나오나 모두 철학의 陰陽論으로 설명하지는 않았다.
302 자연에서 일어나는 현상이 아니라 실린더의 들이(크기)와 공기의 압력을 말하는 실험 내용이다. 鞴鑰은 鞴鑰과 같은 말로서 전통적으로 풀무를 뜻하는 말이지만, 뒤의 문장이나 또 『運化測驗』을 보면 공기의 압축실험에 사용되는 도구인데, 엄밀히 말하면 鞴는 실린더, 鑰은 피스톤으로 공기에 적용하면 공기 펌프이다. 곧 내용은 압축되는 공기가 들어가는 용기의 크기에 따라 공기의 밀도나 압력이 달라진다는 뜻.
303 이 내용은 『運化測驗』 卷1, 「用器驗試」의 "氣水相接不斷, 無一毫間隙. 氣昇而水繼昇, 水降而氣隨降."과 같다. 본서의 이 내용이 거기에 재수록된 것이다.

\* \* \*

기는 본래 깨끗하고 미세하여 색과 소리와 냄새 따위에 쉽게 물들고
받아들이고 젖는다. 물건에 가까운 곳은 그 물건의 소리와 색과 냄새와
맛을 따라 변한다. 그래서 바다에 가까우면 바다의 기가 되고 산에 가까우
면 산의 기가 되며, 꽃이 총총하게 만발한 곳에 가까이 가면 붉은색이
옷에 비치며 계수나무 숲에 들어가면 향내가 코에 닿는다. 이것으로
미루어 보면 인간이 지면에 있으면서 물들고 익힌 것이 땅의 기이므로,
지면에서 먼 곳의 기는 상세하게 알기 어렵다.

氣本淸微, 易染色, 易受聲, 易漬香. 近於物, 則隨其物之聲色臭味而有變. 近海則爲
海氣, 近山則爲山氣, 近花叢則紅色映衣, 入桂林則香臭觸鼻. 以此推之, 人在地面,
所染所習, 乃是地氣, 則遠地之氣, 不可得其詳也.

데워져 증발하는 땅의 기는 비록 태양이 늘 비추더라도, 지면에 가까운
땅의 기는 무겁고 하늘의 기는 가볍다. 날씨가 더우면 기는 데워져 상승하
고, 열이 식으면 기가 움츠러들어 하강하는데, 상승과 하강에 따른 높이
의 한도는 물을 담고 있는 유리관에서 증험할 수 있다.[304]

地氣之薰蒸, 雖由於太陽之常照, 近地則地氣重, 陽氣輕. 熱則氣蒸而上升, 熱退則
氣斂而下降, 升降高低之分數, 可於琉璃管貯水而驗之矣.

---

304 공기는 온도가 올라가면 분자 사이 운동이 활발하여 부피가 늘어나 상승하고,
　　온도가 내려가면 수축하여 하강한다. 이와 유사하게 온도계의 원리처럼 유리관의
　　물도 온도에 따라 부피가 늘어나거나 줄어들어 수위가 결정된다. 모두 온도와
　　분자 운동의 관계 때문이다.

또 기에는 묽음과 짙음, 성김과 빽빽함, 두터움과 얇음, 무거움과 가벼움
이 있다.305 만약 이것을 증험해 보려고 실린더 길이가 일흔 치306인
압축펌프로 한 치 길이의 공 모양 용기 안에 기를 몰아넣어 실험하면,
그 기는 견고하게 압축되어 누를 수 없을 정도로 짙고 빽빽하고 무겁게
된다. 이제 그 기를 갑자기 방출하면 화약의 폭발보다 위력이 심한데,
공기총에서 기를 용기 속에 압축하는 일이 이것이다.307 또 한 치 길이의
용기에 압축된 기를 다시 일흔 치의 실린더 안에 들여보내면, 그 기는
묽고 성기고 얇고 가볍다.308

且氣有稀稠也疏密也厚薄也輕重也. 如欲驗視, 試以容七十寸之鞴簫, 驅氣納于容
一寸之毬, 其氣築堅難抑, 稠密厚重矣. 是放之, 有甚於火藥之焚起, 氣砲之築毬,
是也. 又以一寸毬之築氣, 還納于七十寸之器, 其氣稀疎薄輕也.

또 천지 사이에 기와 물이 서로 만나는 경계에는 한 터럭만큼의 틈이
없어서, 기를 빨아서 올리면 물이 잇달아 올라오는데, 옥형거와 항승
거309의 구조에서 볼 수 있다. 기를 몰아내면 물도 밀려 나가는데, 냉열

---

305 稀稠는 농도, 疏密은 밀도, 厚薄은 부피, 輕重은 무게로 해석될 수 있다.
306 한 치[寸]는 한 자[尺]의 십분의 일로서 약 3.03cm이므로 일흔 치는 212.1cm이다.
307 더 상세한 내용은 『運化測驗』卷1, 「用器驗試」에 보인다. 본문은 그 氣銃의 내용이
    요약된 내용. 氣砲는 氣銃과 같은 말.
308 이 한 치와 일흔 치는 69:1의 압축되는 공기의 부피와 더 이상 압축되지 않는
    공기의 비율을 말한 것인데, 『運化測驗』卷1, 「用器驗試」에서는 "其堅不下金鋼.
    雖以重力壓鑰, 寧破綻鐵堅之鞴而出, 不可完鞴而更加分毫之縮. 是乃七十寸管, 與
    鞴六十九寸, 築氣之定率也. 一寸氣之猛熱蓄力, 可比於氣銃銅甁之築氣, 而因明築
    氣之有定限."라고 말하고 있다.
309 玉衡車는 우르시스(Sabbathino de Ursis)의 『泰西水法』에 나오며 저자의 『陸海
    法』과 『運化測驗』에도 소개하고 있다. 또 恒升車는 테렌츠의 『奇器圖說』에도
    나오는데, 저자의 『心器圖說』, 「取水第三圖」에 설명과 도해가 실려 있고, 거기서

기310와 수총311의 구조에서 증험할 수 있다.

且天地之間, 氣水與接, 無一毫之空隙, 氣吸而升, 則水繼而上, 可覩於玉衡恒升車
之制矣. 氣驅而水衝退, 可驗於冷熱器及水銃之制矣.

---

『泰西水法』에 나온다고 설명하고 있다. 모두 우물이나 낮은 곳의 물을 퍼 올리는
오늘날의 양수기에 해당한다.

310 일종의 온도계. 『運化測驗』 卷1,「用器驗試」에서 소개하고 있다.

311 오늘날로 말하면 사람의 힘으로 운용하여 물을 뿌리는 소방차(수레)이다. 도해와
설명은 저자의 『心器圖說』,「水銃圖說」에 자세하다.

# 해 설

공기와 물이 서로 접촉하는 경계면에는 틈이 없음을 물리적 실험 사례를 가지고 설명하였다.

이 글은 앞의 「기와 물의 경계에는 틈이 없다(氣水無間)」와 내용이 겹친다. 본문의 기는 대기 중에서는 공기(air)이다. 그 존재와 성질을 증명하기 위해 각종 기구와 실험 내용을 동원하였다. 그래서 후기 저술인 『운화측험』의 내용과 겹치는데, 본서의 내용을 재수록하면서 더 자세하게 기를 밝히고자 저술한 것으로 보인다. 그 의도는 아리스토텔레스의 자연학이 녹아든 『공제격치』를 읽고 분발하여, 그 미흡한 점을 자신이 알고 있는 과학적 사례를 동원하여 재구성하였기 때문이다. 그래서 『운화측험』 1권은 기에 대한 관점에서 자신의 주장으로 대체하고, 2권에서는 『공제격치』의 목차를 따르고 그 내용을 자신의 기철학에 맞게 재편집하였다.[312]

아무튼 이 내용은 과학사뿐만 아니라 세계 철학사에서 동서 철학이 교류하는 매우 중요한 사례를 보여주고 있다. 곧 동아시아의 기 개념과 서양의 물질 개념이 만나는 사건이다. 그 매개가 본문에서 말하고 있는 공기로서 기 개념이다. 공기는 서양 4원소 가운데 하나이며, 동아시아 전통에서 가장 쉽게 기를 대표하는 물질이다. 따라서 공기는 물리적 대상으로 취급되어 오래전부터 기의 존재성을 증명해 왔지만, 여기서는 기가 형이상학적 무엇이 아니라 형질 또는 질량을 지닌 물질임을 실험적으로 밝힌 데서 차별성이 돋보인다. 본문의 내용은 기가 형질이 있다는 실험적 증거들이고, 서양의 물질 개념과 공통점을 갖는 지점이다.

---

312 더 자세한 것은 최한기/이종란 옮김, 『운화측험』, 해제를 볼 것.

저자의 기에 대한 이런 관점을 두고 국내의 일부 학자들은 그의 물리적 기가 가치의 존재성을 증명하지 못한다고 하여, 저자 철학에 과학과 가치의 부조화 또는 그의 기에 형이상학적 요소가 있다고 지적하기도 한다. 옮긴이는 그런 학문적 주장을 존중하지만, 이 또한 오해로 보인다. 앞서 서양의 물질 개념과 기 개념이 공기를 매개로 만난다고 하였지, 완전히 일치한다고 단정하지 않은 까닭이 바로 거기에 있기 때문이다. 서양 전통의 물질 개념은 죽은 질료에 지나지 않는다. 그 사상적 근거 가운데 하나가 기독교『성서』에서 세상을 창조했다고 할 때 질료의 창조가 그것이다. 사물의 형상은 이미 창조주의 머릿속에 들어 있었기 때문이다. 바로 여기서 관념(정신)과 물질이 이원화되어 나타난다. 플라톤도 그랬고, 그의 이데아 개념을 개별적 사물 안에 끌어들인 아리스토텔레스도, 중세 기독교철학도 그랬다.

하지만 동아시아 전통의 기는 이런 죽은 질료가 아니라 살아 있는 생기(生氣) 또는 활물(活物)이다. 저자도 기의 본성 가운데 하나가 활(活)로서 생기(生氣)라고『기학』에서 분명히 언급하고 있다. 이 생기를 굳이 생물학에서 말하는 생물과 같은 종류로만 볼 것이 아니라, 운동하는 기로서 생물의 특징을 포함한 인간의 사유도 기의 다양한 운동[313] 가운데 하나의 방식으로 본다면, 그 다양한 운동을 통하여 만물이 생성·진화하고 있다고 설명할 수 있다. 그렇지 않다면 창조주가 배제된 다양한 생물로 가득 찬 이 세계가 존재한 까닭과 진화하는 과정을 설명할 방법이 없다. 서양 전통처럼 외부적 힘, 아리스토텔레스가 말한 최초의 원동자(Prime Mover)나 강제력에 의하여 죽어 있는 그리고 원천적으로 비활동적인 물질이 운동하는 것이 아니라, 기는 원래부터 스스로 운동하

---

313 물질과 에너지의 경계가 없다. 따라서 힘이나 압력과 온도 따위도 기의 운동 양태에 지나지 않는다.

는 본성에 따라 활동할 뿐이다.

그런 의미에서 본다면 저자의 기 개념에 서양 과학적 요소가 들어 있다고 해서, 서구 전통의 물질 개념과 같은 것으로 여겼다면 큰 오산이다. 비록 그가 서양 과학의 영향을 받았지만 끝내 포기할 수 없었던 기 개념에는 생기 외에 몇 가지 더 있다.[314] 그래서 오해라고 하였다. 문제는 그의 이런 기 개념으로 가치를 설명할 수 있느냐이다. 사실 기든 리든 또 무엇이든 상관 없이 존재에서 바로 가치를 가져오면 형이상학이 될 수 있다. 아니 가치가 어딘가에 존재한다는 발상 자체가 형이상학적이다. 저자의 철학이 정말 그럴까? 성리학이 형이상학적이라고 하는 까닭은 바로 윤리적 가치의 근거로서 천리나 리가 존재한다고 믿기 때문이다. 그래서 그 윤리적 가치는 절대적이다. 저자는 그런 리를 추측지리 곧 인간의 관념 다시 말해 인도에 지니지 않는다고 앞에서도 이미 언급한 바 있다. 가치가 꼭 절대적으로 존재하는가? 그러기를 희망하는 사람이 있을 뿐이다.

본서에 아직 등장하지 않았지만, 저자는 가치가 상대적이라고 믿는다. 곧 인간의 심리에 따라 달라지는, 다시 말하면 가치는 절대적으로 존재하는 인식 대상이 아니라, 인간이 어떤 대상을 두고 판단하는 문제라고 분명히 지적한다. 다만 다수의 복리를 위한 보편적 선으로 나아가기 위해서는 운화하는 기를 따라야 한다는 '운화의 승순'을 들고 나온다. '기가 곧 선이다'라는 진술과 '기를 따르는 일이 선이다'라는 말은 하늘과 땅 차이다. 전자는 형이상학으로 연결되어도 후자는 인간의 실천에 따른 판단이기 때문이다. 전자의 경우는 선과 악 또는 그것을 뒷받침하는 존재를 실체화하여 말하지만, 후자의 경우는 선은 좋다는 뜻이고 악은

314 더 자세한 내용은 이종란, 『서양 문명의 도전과 기의 철학』, 313-316쪽의 도표를 볼 것.

좋지 않다는 뜻일 뿐이다. '운화의 승순'은 후자의 일이다.

후자 사상의 원형은 『주역』의 「계사전」에 보인다. 곧 천지의 운행이 "한 번 음이 되고 한 번 양이 되는 것을 일러 도라고 하고, 그것을 잇는 것이 선이요 이룬 것이 본성이다"[315]라는 말에 보인다. 여기서 '그것을 잇는 것이 선이다'라는 말은 대체로 사시의 변화처럼 하늘의 도리가 곧장 끊어지지 않고 이어가는 일을 선이라고 푼다. 다시 말하면 자연적 질서가 변함없이 어기지 않고 이어가는 일이 좋다는 것이 『주역』 원래의 의미이다. 후대의 성리학은 리라는 개념을 발명해 맹자의 성선설을 따라 리에 선의 가치를 부여하여 실체화하였지만, 『주역』은 성리학이 등장하기 이전의 문헌이므로 선이란 그 어원처럼 '좋다'는 표현이었다. 이렇게 인간이 볼 때 좋다는 표현이 무슨 형이상학인가?

바로 '운화의 승순'이 선이 되는 점도 원초적으로 기의 운화를 따르면 좋다는 의미에 지나지 않는다. 기가 선을 포함하고 있다는 뜻이 절대로 아니다. 저자가 말한 운화에도 영역이 있는데, 개인과 사회·국가와 자연이 그것이다. 곧 개인은 사회와 자연을, 사회는 자연의 원리를 따라야만 좋다는 것이 '운화 승순'의 핵심이다. 너무나 당연한 얘기다. 개인은 자연적 원리를 따르지 않으면 생명을 보전할 수 없고, 사회적 규범을 따르지 않으면 인류가 혼란해지며, 사회도 자연적 원리를 따르지 않으면 재앙이 따르기 때문이다. 그가 오륜이나 인의예지를 높이는 것도 당시의 사회적 규범과 관계되기 때문이다. 저자의 윤리관이 21세기를 몽땅 책임질 수는 없지 않은가? 어떤 철학자든 사회적·시대적 환경을 초월할 수 없으니까. 무엇을 따르거나 좋다고 하는 데는 굳이 형이상학이 필요 없다. 만약 윤리 가치의 영역에서 저자의 학문을 형이상학이라고

---

315 『周易』, 「繫辭傳上」: 一陰一陽之謂道, 繼之者善也, 成之者性也.

규정한다면, 저자 자신의 이론적 모순이자 성리학이나 중세 기독교철학
을 그토록 비판하는 자신의 학문에 대한 배반이다.

# 48. 주리와 주기
## 主理主氣

촛불 가운데 저절로 물건을 비추는 이치가 들어있다고 보는 것은 리를 위주로 주장하는 사람의 말이고, 불이 밝음은 곧 물건을 비추는 기운이라고 보는 것은 기를 위주로 주장하는 사람의 말이다. 리를 위주로 주장하는 일은 추측의 허상이요, 기를 위주로 주장하는 일은 추측의 참된 이행이다.

燭中自有照物之理, 主理者之言也, 火明乃是照物之氣, 主氣者之言也. 主理者, 推測之虛影, 主氣者, 推測之實踐也.

\* \* \*

리를 위주로 주장하는 사람은 추측지리를 유행지리와 뒤섞는다. 혹은 유행하는 자연의 이치를 추측한 마음의 이치[316]로 보거나 또 추측한 마음의 이치를 유행하는 자연의 이치와 동일시하는데, 이는 자연의 이치도 순수하지 못할 뿐 아니라, 아울러 추측과 함께 참됨도 잃어버린다. 하지만 이러한 근원을 탐구하면 추측의 허상일 뿐이다.

主理者, 以推測之理, 渾雜於流行之理. 或以流行之天理, 認作推測之心理, 或以推測之心理, 視同流行天理, 非特天理之不得其純, 幷與推測而失其眞. 然究其原, 則乃是推測之虛影耳.

---

316 원문 心理는 오늘날의 심리(psycholog)가 아니다. 용어사전을 볼 것.

기를 위주로 주장하는 사람은 기를 미루어 이치를 헤아리니, 미루는 대상은 기의 유행지리이고 헤아린 결과는 추측지리이다.317 그래서 기의 유행을 기준으로 삼아 추측은 거기에서 어긋나지 않아야 하고, 또 추측을 법으로 삼아 유행이 저절로 거기에 일치해야, 이것이 추측의 참된 이행이다.

主氣者, 推氣以測理, 所推者流行之理, 所測者推測之理也. 以流行爲準, 而推測要不違焉, 以推測爲法, 而流行自有合焉, 是乃推測之實踐也.

촛불이 물건을 비추는 현상은 그 기를 따라 이치를 탐구하면 자연히 밟을 만한 조리가 있지만, 먼저 이치를 가지고 물건을 비추는 일을 탐구하면 겉면이 없는 허상을 면치 못한다.

燭火之照物, 循其氣究其理, 自有可踐之條理, 先將理而究照物, 則未免無表之虛影.

---

317 추측 과정에서 流行之理를 대상으로 미루지만 헤아림의 결과는 推測之理라는 말. 그래서 그것은 證驗이 필요하다.

# 해 설

이치를 탐구할 때 기에서 탐구해야 함을 말했다.

저자의 저술에서 주희 성리학과 기철학의 구분이 이만큼 명료한 내용은 별로 없다. 우리 철학사에서 매우 의미 있는 발언이다. 핵심은 "리를 위주로 주장하는 사람은 추측지리를 유행지리와 뒤섞는다"라는 말에 보인다. 자연의 이치와 인간 사유의 결과를 혼동하면 안 된다는 주장이다. 또 촛불의 비유에서 리를 실체화해서도 안 된다는 뉘앙스를 강하게 풍긴다.

이 내용은 저자의 철학에서 볼 때 너무나 당연한 주장이다. 저자에게 리란 어떤 실체 개념이 아니라 단지 기의 법칙성이나 속성인 조리일 뿐이기 때문이다. 그러니까 적어도 물리적 현상에서는 기를 배제하고 리를 생각할 수 없다. 심지어 일부 과학을 공부하는 사람 가운데도 물리법칙이 마치 독립된 존재처럼 말하는 사람이 있는데 난센스다. 그것은 제한된 영역[場] 안에서 벌어지는 물질 운동의 규칙성 또는 물질이 상호작용하는 성질일 뿐이다. 물질과 상호작용을 배제하면 있을 수도 없고, 또 물질과 상대적으로 독립된 존재도 아니라는 뜻이다. 그것의 실체를 인정하는 순간 형이상학이 되어 버린다. 적어도 근대과학사에서 과학과 형이상학은 어울리지 않았다.

제목의 주리와 주기는 한국에서 고등학교만 졸업해도 많이 듣는 소리이다. 곧 일제 강점기 때 일본인 다카하시 도루(高橋亨, 1878~1967)가 이황과 이이의 철학을 그렇게 부른 후 광복 이후에도 아무 반성 없이 교과서에 주리론과 주기론으로 사용해 온 탓이다. 엄밀히 말하면 이 두 분은 성리학자로서 저자의 관점에서 볼 때 모두 리를 위주로 한 주리론자이다. 물론 이이가 이황과 달리 리의 활동성을 부인[理無爲]하

고 기의 활동성만 인정한[氣有爲] 차이가 있어서 주기론이라 불렀겠지
만, 이이는 결코 기와 독립된 리의 실체를 부인하지 않았다. 진정한
주리와 주기는 이학(理學)과 기학(氣學)의 관점에서 보아야 한다. 저자
가 지적하는 점도 그것이다. 그래서 이학에서 말하는 태극이나 리 등은
추측지리이지318 자연의 유행지리와 혼동해서는 안 된다고 하였다.

---

318 앞의 「推測以流行理爲準」을 볼 것.

# 49. 쌓여서 점차 힘을 발생한다
## 積漸生力

기가 쌓여 두꺼우면 힘이 생기고, 마음이 정밀하고 독실해도 힘이 생기니, 힘이 아니면 어떻게 막중한 임무를 띠고 멀리 가겠는가?[319]

氣積厚而生力, 心精篤而生力, 非力, 何以任重致遠.

온 세상에 기가 없는 공간은 없고, 물건의 형질은 기가 엉겨서 모이지 않음이 없으므로, 귀로 듣고 눈으로 보고 말하고 행동하고 생각에 잠기고 말없이 운행하는 일[320]이 기가 아님이 없다.

天下無無氣之空隙, 器質無非氣之凝聚, 則耳聞目見言論行動潛思默運, 無非氣也.

\* \* \*

기에는 크지만 희박하고 가벼운 것도 있고, 작지만 빽빽하고 무거운 것도 있는데,[321] 모두 두껍게 쌓여 힘을 발생할 수 있고 하늘과 땅을 운행하여 밤낮이 돌게 할 수 있다.

夫氣有大而稀輕者, 小而稠重者, 皆能積厚而生力, 能幹運天地, 周旋晝夜矣.

---

319 원문 『墨子』 「親士」의 "良馬難乘, 然可以任重致遠."에 보임. (앞에 나옴)
320 默運은 뒤의 글을 보면 천지와 사시의 운행이다.
321 여기서 大小는 부피, 稀稠는 밀도, 輕重은 무게의 의미로 쓰였다. 당시는 근대과학적 용어가 통일되지 않은 탓이다.

마음이란 한 몸의 주인인 기322이다. 추측이 정밀하고 밝으며 지키는 일323이 독실하면, 마음이 저절로 힘을 발생하여 다른 대상에게 빼앗기지 않고 강건한 상태가 될 수 있다. 그리하여 그 힘을 잊은 채 임무가 막중해도, 힘들이지 않고 멀리 갈 수 있다. 마음이 흐리멍덩하고 게으르고 활동324에 일관성이 없는 사람들은 어떻게 마음의 힘을 내겠는가? 맹자의 기를 기른다는 논의325는 여기서326 안 것이 있다.

心乃一身之主氣也. 推測精明, 操履篤實, 自生其力, 不爲物所擾奪, 而得入剛健之域. 忘其力而任重, 不用力而致遠. 若夫昏迷懈怠作息無常之類, 何以生心力哉. 孟子養氣之論, 有見于此也.

---

322 主氣는 원래 한의학에서 六氣가 땅 위에서 일어나는 기후의 주요 표현으로 쓰는 말이지만, 여기서는 客氣와 상대해서 쓰는 말에 가깝다. 마음은 달리 心氣로 표현하고, 전통적으로 기로 보았다. 『朱子語類』 5-28의 "心者, 氣之精爽."와 같은 책, 8-34의 "諷誦歌詠之間, 足以和其心氣." 등에 보인다.

323 操履는 操守와 같은 뜻으로 葛洪의 『抱朴子』, 「博喻」의 "潔操履之拘苦者, 所以全拔萃之業, 納拂心之至言者, 所以無易方之惑也."에 보인다.

324 作息은 漢 王充의 『論衡』, 「偶會」 "作與日相應, 息與夜相得也."에 보이는데, 훗날 일(활동)과 휴식의 뜻으로 쓰였고, 動靜의 뜻으로도 쓰임. 여기서는 활동 또는 행동의 뜻. (앞에 나옴)

325 『孟子』, 「公孫丑上」: 我, 善養吾浩然之氣. … 其爲氣也, 至大至剛, 以直養而無害, 則塞于天地之間.; 『孟子集註』, 「孟子集註序說」: 又曰, 孟子性善養氣之論, 皆前聖所未發.

326 기가 힘을 발생한다는 논리.

# 해 설

기에서 힘이 생김을 말하였다.

물리학에서 힘(force)이란 물체의 운동상태를 변화시키는 원인이다. 자연 상태의 힘은 중력(gravitational force)과 전자기력(electromagne-tic force)과 핵력(nuclear force)뿐이다. 이러한 힘은 물질이 아니라 물질의 상호작용에서 생기는 현상이다. 동물의 힘은 근육의 수축에 따른 것인데, 생리·화학적 에너지가 물리적 에너지로 바뀌면서 나온다. 전통적으로 힘은 에너지와 함께 기로 이해되었다. 가령 '기운이 없다'라 거나 '기력이 세다'라는 따위에서 알 수 있다. 자석에 철이, 호박(琥珀)에 티끌이 끌려가는 현상도 그것들의 기가 잡아당긴다고 여겼다. 본문에서는 그런 기에서 힘이 발생하는 원인을 구체적으로 설명하였는데, 크게 두 가지 관점이 보인다. 하나는 자연에서 물리적 힘이 발생하는 설명이고, 하나는 인간의 심리에서 힘이 발생하는 경우이다.

우선 자연 상태에서 힘을 기의 부피와 밀도와 무게에 따라 발생한다고 설명했다. 여기서 "기가 두껍게 쌓이면 힘이 발생한다"라는 표현은 다소 추상적이지만, 가령 별의 크기가 클수록 중력이 크게 작용하는 사실과 또 공기의 부피와 밀도가 클수록 기압이 증가하는 현상에서 엿볼 수 있다. 또 뒤이어 기의 부피·밀도·무게의 의미로 사용한 용어를 보면, 다만 그 용어가 지금 사용하는 그것과 달라서 생소하기는 하지만, 과학적 방향과 정확히 일치한다.

다음으로 마음에서 힘이 발생한다는 주장은 마음도 기이므로 당연한 논리적 귀결이지만, 우리가 일상적으로 겪는 일이다. 의지가 강할수록 실천력도 강하다. 바로 여기서 인간의 마음이 힘으로 연결된다는 점에서 마음이 추상적인 무엇이 아니라 구체적으로 존재하며 물리력을 수반하는 기로 이해되었음을 알 수 있다. 마음이란 뇌의 신경 세포 간 움직임이 표출하는 것인데, 거기서 정보교환을 담당하는 다양한 물질이 신경 세포에서 방출되어, 물질의 생화학과 전기작용에 따라 뇌가 작동하여 마음이 된다. 그것은 서양 중세 신학에서 신이 부여한 육체와 무관한 실체로서 영혼이 아니라, 물질의 상호작용에 따라 생겨나는 현상임을 뜻한다. 천착하면 나의 몸과 마음이란 물질의 수많은 상호작용에 따라 잠시 생겨났다 소멸하는 물거품과 같은 존재, 오직 영원히 존재하는 대상은 활동하는 기뿐이라는 세계·인간관에 이른다.

아무튼 인간은 강한 의지를 통하여 자신과 주변을 좋게 변화시킬 수 있다. 그 의지는 맹자의 지적대로 기를 길러야 가능한 일이다. 그것이 바로 의(義)를 모아 생겨난다는 호연지기의 배양이다. 본문 후반부는 그 방법의 재해석이다.

# 50. 견문은 멀리까지 미친다
## 見聞及遠

보고 듣는 일이 아무리 상세하게 미치더라도 귀와 눈에 아주 가까운[327] 거리를 넘지 못하고, 따뜻하게 적셔주며 자라게 적시는 것도 몸 주위를 감싸는 기를 넘지 못한다.

見聞詳及, 不過耳目咫尺之地, 煦濡滋染, 不過身邊裹包之氣.

만약 추측이 아니라면 견문이 귀와 눈이 닿지 못하는 곳에 어떻게 미치며, 따뜻하게 적셔주는 것이 만물과 내가 함께하는 이 기라는 점을 어떻게 알겠는가?

如非推測, 見聞何以及耳目之所未接, 煦濡何以知物我之同此氣.

\* \* \*

견문이 멀리까지 미치는 것은 대략 짐작하는 일에 지나지 않고, 자세하게 듣고 면밀하게 살피는 일은 가까이 있으면 적당하나, 그 가까운 거리마저 도 넘어서면 점차 희미해진다.

見聞之及遠者, 不過斟酌大略, 而至於詳密聽察, 便宜昵近, 過咫尺則漸微焉.

---

327 咫尺은 매우 가까운 거리. 咫尺은 고대 周 나라에서 八寸이 咫이고 十寸이 尺이라 하였다. 『左傳』, 「僖公九年」에 "天威不違顔咫尺."이라는 말과 『淮南子』, 「道應訓」 의 "終日行不離咫尺, 而自以為遠, 豈不悲哉."에 보인다.

귀와 눈이 미치고 그러지 못하는 일에는 자연히 한계가 있으므로, 미치는 대상을 미루어 미치지 못하는 내용을 헤아린 결과가 바로 추측지리이다. 하지만 미룬 결과가 정밀해야 헤아린 내용의 정밀함을 기대할 수 있다. 만약 미룬 결과가 정밀하지 않으면, 어찌 그 헤아린 내용의 정밀함을 바랄 수 있겠는가? 하물며 미룬 결과도 없이 함부로 헤아리는 사람이겠는가? 추측을 알지 못하는 사람에게 꽤 많은 게 이 병통이다.

耳目之所及與不及, 自有其限, 則推所及而測不及, 乃是推測之理也. 然所推精, 而後所測可期其精. 若所推不精, 何可望其所測之精也. 況夫無所推而妄測者乎. 未譜推測者, 頗多是病也.

인체를 따뜻하게 적시는 기는 광활한 데 이르지 않고, 단지 몸 주변을 싸고 있는 기에만 의지한다. 땅이 쪄서 증발한 기는 저절로 일정한 지역328에 주된 영향을 미치지만, 바람의 이동은 멀리 산과 바다에 통한다. 이는 마치 바람이 화로의 연기를 날리는 일처럼 화로에서 먼 곳은 연기가 사라지며 가까우면 항상 피어나는 현상과 같다.

人身煦濡之氣, 不至廣闊, 只賴身邊含包之氣. 而地之蒸鬱, 自主一席之位, 風之流蕩, 可通山海之遠. 如風驅爐烟, 遠爐則消烟, 近爐則常烟.

인간은 항상 이런 땅의 연기329 속에 살면서 연기 위의 기와 또 연기 아래의 기도 모른다. 오직 몸에 닿는 기를 미루어 닿지 않는 기를 헤아릴

---

328 一席之位는 一席之地와 같은 말로 일정한 위치나 지위로, 여기서는 일정한 지역을 말함.
329 연기는 해당 지역 내 지기의 비유로 쓰였다.

수 있을 뿐이고, 또 만물에 닿는 기를 미루어 몸에 닿는 기를 헤아릴
수 있을 뿐이다.

人常在地烟之中, 不識烟上之氣, 又不識烟底之氣矣. 惟可以推觸身之氣, 以測觸物
之氣, 又可以推觸物之氣, 以測觸身之氣.

# 해 설

추측에 앎을 확장하는 기능이 있어 견문이 멀리까지 미친다고 하였다. 이미 『기측체의』 서문에서 '추측은 앎을 넓히는 중요한 방법'이라고 말한 바 있다. 인간의 인식은 직접 보고 듣는 일에만 한정하지 않는다. 본문처럼 지구 밖의 멀리 있는 별의 사정이나 땅속의 사건 등은 직접 경험할 수 있는 대상이 아니므로, 관련 자료를 근거로 사유를 동원해서 탐구해야 한다. 과학적 탐구 대상이 대개 그렇다.

같은 논리로 시간적 거리가 있는 대상도 추측이 적용된다. 과거의 일을 직접 경험하여 알 수 없다. 사료(史料)를 토대로 역사적 사건을 재구성할 수밖에 없기 때문이다.

어떻든 추측은 아직 경험하지 못한 대상을 탐구하지만, 이 또한 직접 보고 들은 자료를 근거로 진행할 수밖에 없다는 주장이다. "미룬 결과가 정밀해야 한다"라는 주장은 바로 이러한 자료나 사료의 엄밀성과 정확성을 일깨우는 말이다.

## 51. 스스로 터득한 것을 기뻐한다
### 悅其自得

마음은 이치를 기뻐한다. 그러므로 소리의 이치가 귀에 들어오면 기쁘고, 빛의 이치가 눈에 들어와도 기쁘다. 기쁨이란 추측이 스스로 터득함을 기뻐하지, 남의 터득을 기뻐하는 것이 아니다. 또 스스로 터득한 내용이 없으면서 기쁨이 있는 것도 아니다.

心悅理. 故聲之理入耳而悅, 色之理入目而悅. 夫悅者, 悅其推測之自得也, 非悅人之攸得也. 又非無自得而有悅也.

\* \* \*

자연의 이치가 유행하는 현상330은 옛날이나 지금이나 차이가 없지만, 사람 마음의 추측에 잘함과 못함의 나뉘짐이 있다. 나의 추측으로 유행하는 사태에 증험하여 깨달으면 기쁘고 그러지 못하면 기쁨이 없다. 또 일치하면 기쁘고 그러지 못하면 기쁨이 없으니, 이것은 스스로 터득함을 기뻐하는 일이다.

天理流行, 無古今之異, 人心推測, 有善否之分. 以我推測, 驗諸流行, 覺之則悅, 未覺則無悅. 合則悅, 未合則無悅, 是乃悅其自得也.

---

330 자연에 유행하는 것은 氣뿐이다. 마치 理가 운행하는 것처럼 전통적 언어습관에 따라 표현했다. 가령 『朱子語類』 6-105의 "做到私欲淨盡, 天理流行, 便是仁." 등에 보인다.

고생해서331 터득한 기쁨은 반드시 깊고, 힘들이지 않고 터득한 기쁨은 반드시 얕다. 남이 터득한 내용을 내가 기뻐할 수 없고 내가 터득한 내용을 남도 기뻐할 수 없으며, 또 터득한 내용이 없으면서 기뻐하지도 않으니, 기뻐하는 까닭이 어찌 나의 추측에 깨닫거나 거기에 일치하는 내용이 있기 때문이 아니겠는가?

辛苦而得者, 悅必深, 不勞而得者, 悅必淺. 人之所得, 我不能悅之, 我之所得, 人不能悅之, 又非無攸得而悅之, 則所悅者, 豈非自我推測之有覺有合也.

초학자의 앎이 진보할 때는 기쁨이 반드시 많다. 평범한 이치에도 처음 알 때는 기쁨이 있다. 대충 생각하면 꼭 그렇지 않은 대상이라 할지라도, 꼭 그리되지 않을 수 없는 이치를 탐구하여 알면 더욱 기쁨이 생긴다.332 그리하여 추측이 숙련되어333 일마다 물건마다 실제로 그런 것을 알게 된다면 어떤 기쁨이 있겠는가? 혹시 앎이 일치하지 않는 곳이 있으면, 그 오류를 미루고 차이가 있음을 헤아려, 일치를 향해 기약해 가는 일도 기쁨이 익숙한 데서 나온다.

初學進就者, 所悅必多. 尋常理致, 初覺有悅. 泛思之必不然者, 究得其不得不然,

---

331 辛苦는 맵고 쓴 맛이지만, '고생하다'의 의미로 사용한 곳은 『左傳』, 「昭公三十年」의 "吳光新得國, 而親其民, 視民如子, 辛苦同之, 將用之也."에 보인다.

332 얼핏 필연성이 없어 보이는 대상이라도 필연성을 찾아내면 더욱 기쁘다는 뜻. 不得不然은 呂坤의 『呻吟語』, 卷4, 「天地」의 "自然謂之天, 當然之天, 不得不然謂之天."에서 가져왔다. 『管子』에도 등장하지만, 自然, 當然과 함께 하나의 논리로 채용한 곳은 이 『呻吟語』이다. 뒤의 「自然當然」을 볼 것.

333 純熟은 熟練과 精通의 뜻으로 『傳習錄』 卷上-144의 "只要無間斷, 到得純熟後, 意思又自不同矣."에 보인다.

則尤有悅焉. 及其推測純熟, 事事物物, 見其實然, 有何悅哉. 至或有不合處, 推其所
差而測其有異, 期趁符合, 亦出於悅樂之熟習.

# 해 설

스스로 알아가는 데서 오는 기쁨을 말하였다.

공부나 학문의 즐거움을 잘 묘사하였다. 이 내용은 그런 기쁨을 누려 본 사람만이 잘 이해할 수 있다. 그 기쁨을 크게 가져오게 하는 역할이 추측이다.

이 내용은 교육적으로 매우 중요하다. 학생이나 자녀에게 지식을 강제로 주입해서는 공부의 즐거움을 느끼지 못하고 싫어하게 만든다는 점을 시사한다. 나이에 비해 학습량과 학습 시간이 지나치게 많아도 그렇게 된다.

학생들에게 스스로 배움의 즐거움을 느끼게 해주는 일이야말로 교육의 진정한 역할이 아닐지? 이 내재적 즐거움이야말로 최대의 동기유발, 성공으로 이끄는 지름길이다. 이 대목에서 새삼스럽게 『논어』 첫 구절이 생각난다. "배우고 때맞춰 익히면 또한 기쁘지 아니한가?"

## 52. 사람의 하늘과 만물의 하늘
## 人天物天

대체로 사람과 만물을 논할 때 그 천리만을 가리켜 모두 하늘이라고 말할 수 있다. 사람의 하늘이란 사람에게 있는 천리이고, 만물의 하늘이란 만물에 있는 천리이다.

凡論人物, 指其天理, 皆可謂之天也. 人天者, 在人之天理, 物天者, 在物之天理.

천리를 거스르면 인욕334이 되고, 천리를 해치면 사욕이 되며, 천리를 따라 이루면 도와 덕335이 된다.

逆於天理, 爲人欲, 害於天理, 爲私欲, 順成天理, 爲道德.

\* \* \*

사람에게 있는 천리를 내가 홀로 거스르면 이것이 인욕이요, 내가 그것을 해치면 그것이 사욕이다. 이런 까닭으로 사람의 하늘을 거스르지 않으면 인욕이 될 수 없고, 그것에 해를 끼치지 않으면 사욕이라 말할 수 없다. 만약 인심을 거스르지 않는다면 온 세상을 얻더라도 굳이 사양해서도336

---

334 人欲은 인간의 욕망으로 『禮記』, 「樂記」의 "人化物也者, 滅天理而窮人欲者也."에 보이는데 天理와 대립하는 개념으로 쓰였다. (앞에 나옴)

335 道德을 오늘날 사용하는 'morality'로 이해하면 안 된다. 道는 사물에 있어서 원리나 법칙, 또는 人道. 德은 道를 체득하여 인간이 마음에 쌓은 것 또는 사람이 본받을 만한 사물의 성질. (앞에 나옴)

안 되고, 또 인심에 해가 된다면 아무리 작은 일이라도 마음을 두어서는
안 된다.

在人之天理, 我獨逆之, 是爲人欲, 我乃害之, 是爲私欲. 是以, 無逆於人天者, 不可爲
人欲, 無害於人天者, 不可謂之私欲. 若無逆於人心, 則得天下而不宜固讓, 若有害
於人心, 則雖微細而不可留意也.

천리와 인욕은 양극단337이 아니라, 천리에 나아가 그것을 따르거나
거스르는 일이 있을 뿐이다. 만약 양극단으로 나눈다면 의미가 온당하지
않다. 누가 말하기를 "인욕을 제거하면 천리가 보존되고, 천리를 보존하
면 인욕이 제거된다"338라고 하거나 또 "인욕이 천리를 따른다"라고
말하기도 하지만, 이것을 읽는 사람은 문자에 얽매어 의미를 해치지
않아야 옳다. 천리 바깥에 인욕이 있는 것이 아니고, 인욕의 바깥에
다시 천리가 있는 것도 아니다.

天理人欲, 不是兩端, 就天理而有順逆耳. 若分兩端, 語義不妥. 或謂去人欲則天理
存, 天理存則人欲去, 或謂人欲聽天理, 讀此者, 勿以辭害義可也. 天理之外, 有人欲,
人欲之外, 復有天理也.

---

336 固讓은 두세 번 사양하는 일로서 『後漢書』, 「陰興傳」의 "又諸舅比例, 應蒙恩澤,
興皆固讓, 安乎里巷."에 보인다.
337 서로 대립하는 독립된 존재라는 뜻. 이런 뉘앙스는 『朱子語類』 13-15의 "有箇天理,
便有箇人欲."과 13-21의 "天理人欲常相對." 그리고 13-26의 "人只有箇天理人欲,
此勝則彼退, 彼勝則此退, 無中立不進退之理."에도 보인다.
338 『朱子語類』 12-54: 天理常存, 人欲消去.; 13-17: 人之一心, 天理存, 則人欲亡,
人欲勝, 則天理滅.

다만 천리를 따르지 않음이 인욕이고, 인욕이 다시 천리를 따르면 인욕이라 부르지 않는다. 사람과 만물의 천리를 훤히 알면, 한 몸의 인욕이 그것을 어김을 쉽게 분별하고, 한 몸의 천리를 쉽게 따를 수 있다. 만약 사람과 만물의 천리를 훤히 알지 못하면, 한 몸의 천리와 인욕에서 따르고 거스르는 일을 알지 못한다.

天理之不順, 爲人欲, 人欲之復循天理, 不謂之人欲. 洞人物之天理, 則一身之人欲, 易辨其逆矣, 一身之天理, 易得其順矣. 若不能洞人物之天理, 則一身天理人欲, 莫知其順逆矣.

# 해 설

유학에서 말하는 천리와 인욕 그리고 그 관계를 재해석하였다.
주희 성리학에서 말하는 천리는 존재하는 실체로서 그 가운데에는
인간의 윤리적 가치도 포함하고 있다. 하지만 앞서 보았듯이 저자의
천리는 순수한 자연법칙이나 원리일 뿐이다.

문제는 천리와 인욕이란 용어를 그대로 사용했기에 그 개념상의 차이를
찾아보아야 한다. 천리의 존재론적 차이는 이미 앞에서 설명했고, 인욕
의 차이는 어떠한가? 먼저 주희는 먹고 마시는 일과 같은 자연스러운
욕구는 되레 천리라 보았고, 지나치게 맛있는 음식을 추구하는 욕망
따위를 인욕으로 보았다.339 저자 또한 사람에게 있는 자연의 이치로서
천리를 따르지 않는 행위를 인욕이라고 본다. 가령 배고플 때 먹지
않거나 너무 많이 먹어 배탈이 나거나 지나치게 맛있는 음식을 추구하는
일 따위가 그것이다. 천리의 내용 면에서 주희와 차이가 없다.

그렇다면 주희가 말한 '맛있는 음식을 추구하는' 인욕은 저자에게는
무엇일까? 그것은 결국 점점 증가하는 인간의 욕망이 자연적이냐 그렇
지 못하느냐에 달린 문제이다. 옮긴이가 볼 때 기본적으로 리의 존재
문제 외에는 주희의 견해와 큰 차이가 없어 보인다. 다만 저자는 주희의
글을 읽는 독자들이 천리와 인욕이 별개의 실체로 오해할 수 있다고
지적했다. 그래서 '천리를 따르지 않으면 인욕이다'라는 정의를 내려,
인욕은 천리에 대립하는 존재가 아니라 행위 결과라는 점을 명확하게
밝혔다.

이와 관련해 본문의 "만약 인심을 거스르지 않는다면 천하를 얻어도

---

339 같은 책, 13-22: 問, 飮食之間, 孰爲天理, 孰爲人欲. 曰, 飮食者, 天理也, 要求美味,
　　人欲也.

굳이 사양해서도 안 된다"라는 말 이하의 글에 등장하는 '인심'을 어떻게
보아야 할지 문제가 또 남아 있다. 인심은 일찍이 도심(道心)과 함께
등장하는데,340 보통 인욕과 비슷한 말로 사용된다.

하지만 인심은『추측록』권2의「천인유분(天人有分)」에서 보존의 대상
이라고 했고, 본문의 "천리를 누가 홀로 거스르면 이것이 인욕이요"라는
말의 '홀로'와 그 이하의 표현에 집중해서 보면, 인심과 도심의 범주에
속한 그것이 아니라, 백성의 마음으로 보아야 한다. 결국 백성의 마음은
천리를 자연히 따르고 있다고 본 것341으로 민심이 천심이라는 맹자의
사상에 닿는다. 그래서 다수 백성의 호오(好惡)를 따라야 정당하다는
정치적인 함의가 들어있다. 후기 저술인『인정』의 정치사상과 통한다.

---

340 『書經』,「大禹謨」: 人心惟危, 道心惟微, 惟精惟一, 允執厥中.
341 백성의 욕망은 지배층이 탐닉하는 권력욕과 사치와 여색 등과 거리가 멀어 자연스러
    운 욕구의 범위를 벗어나지 않다고 보는 점이 유가들의 공통된 인식이다.

# 53. 추측을 통한 앎의 유무
## 所得有無

추측에서 터득한 내용이 없는 사람은 자기 한 몸에 갇힌 마음을 자기 마음으로 삼으나, 추측에서 터득한 내용이 있는 사람은 만민의 마음을 자기의 마음으로 삼는다. 또 전자는 "하늘과 땅의 큰 도리는 하는 일이 없으면서 하는 일이 있다"342라고 말하나, 후자는 "하늘과 땅의 큰 도리는 훌륭한 일을 하지만 헤아릴 수 없다"라고 여긴다.

無得於推測者, 以一身之心爲心, 有得於推測者, 以萬民之心爲心. 無得於推測者, 以謂天地之大道, 無爲而有爲, 有得於推測者, 以爲天地之大道有爲而不可測也.

* * *

추측에서 터득한 내용이 없는 사람은 자신이 가진 추측만으로는 치우치고 가려진 병폐를 제거하지 못한다. 나와 남의 같은 점을 미루어 옮겨 통달하지 못하고, 알 수 없는 대상에 대해서는 억지로 헤아리고 견강부회하여,343 밝게 안 것도 되레 어둡게 되고 말을 많이 할수록 더욱 어긋난다.

無有得於推測者, 只將自有之推測, 而未祛偏蔽之病. 我與人所同者, 不能推移通達, 至於不可知者, 强揣牽合, 所明反晦, 多言愈錯也.

---

342 『老子』 37章의 "道常無爲而無不爲."와 통한다. 노자의 無爲의 원뜻은 인위적으로 억지로 하지 않는다는 의미이다.

343 牽合은 牽合附會의 준말로 牽强附會와 같은 말.

반면 추측에서 터득한 내용이 있는 사람은 앎을 미루어 넓힐 수 있으면, 반드시 미루어 넓힘에 전념하여 그 알맞음을 다한다. 또 헤아릴 수 없는 대상은 헤아릴 수 없음을 밝힌다. 대개 한 사람의 마음은 만민의 마음과 같은 점이 있다. 그러므로 자기의 한 마음을 미루어 만민의 마음을 헤아릴 수 있어서, 만민이 좋아하는 것을 좋게 여기고 그들이 싫어하는 것을 싫어하고 그들이 즐거워하는 것을 즐거워하고 그들이 걱정하는 것을 걱정한다.

有得於推測者, 苟可推擴, 必專精推擴, 以盡其宜. 至於不可測者, 以明其不可測. 蓋一人之心, 與萬民之心同. 故推一心, 可測萬民之心, 善其善, 惡其惡, 樂其樂, 憂其憂矣.

하늘과 땅이 아무리 커도 반드시 하는 일이 있고, 사람의 하찮은 정성스러운 노력으로 그 규모와 자리 잡은 크기를 헤아릴 수 없으니, 하늘과 땅이 하는 훌륭한 일을 어찌 헤아릴 수 있겠는가? 이처럼 알 수 없는 대상을 안다고 여기는 사람은 해당하는 일을 모를 뿐만 아니라, 알 수 있는 대상을 아는 일마저도 정밀하지 못하다. 반면 알 수 없는 대상을 알 수 없다고 여기면, 그 앎의 정밀함을 미룰 수 있다.

天地雖大, 必有天地之攸爲, 而人之些少精力, 不可測其規模設置之大, 則其所有爲, 何可測也. 不可知者, 以爲知者, 非特此事之不知, 幷與知其可知者亦不精矣. 不可知者, 以爲不可知, 則其所知之精, 可推也.

# 해 설

인식의 한계와 지적 정직성을 말하였다.

이 두 가지는 과학적 연구 방법과 지식이 없으면 확보하기 어렵다. 경험적 앎의 명증성은 그에 대한 보편성과 합리성을 기준으로 결정된다. 알지 못하는 대상을 견강부회한다고 지적한 점도 그 기준을 의심하기 때문이다. 차라리 인식의 한계를 알고 지적 정직성을 갖추면, 그것을 가지고 정밀하게 안 것을 바탕으로 사물을 인식해 나가는 일이 과학적 인식이다.

저자가 당시 전통과 서양의 지식을 비판적으로 종합하여 판단한 과학적 인식에 대한 태도가 보이는 글이다.

그런데 본문에는 또 중요한 정치적 의미가 묻어난다. "만민의 마음을 자기의 마음으로 삼는다"라는 말과 "만민이 좋아하는 것을 좋게 여기고"라는 말 이하는 바로 앞의 「사람의 하늘과 만물의 하늘(人天物天)」의 내용과 연관이 있다. 앎의 보편성에 근거한 통치자의 태도를 말하고 있다. 통치자의 추측을 매우 강조함으로써, 추측 이론이 제왕의 학문인 『대학』의 격물치지를 더욱 발전시킨 의도라는 점을 알 수 있다.

## 54. 기는 리의 근본이다
### 氣爲理本

하늘의 기는 맑고 땅의 기는 흐리다.[344] 사람과 만물이 길러지는[345] 일은 항상 땅의 흐린 기 속에 잠겨 있어, 만물의 모양과 색깔과 소리와 그 들림이 이것을 말미암아 갖추어 보존되지 않음이 없다. 그러니 기를 알지 못하고 어떻게 리를 헤아리며, 만물을 보지 않고 어떻게 마음을 밝히겠는가?

天氣淸, 地氣蒙. 人物鼓潤涵育, 常潛于地蒙之內, 形色聲聞, 莫不由此賅存. 不得於氣, 何以測理, 不見於物, 何以明心.

\* \* \*

비·이슬·서리·눈·바람·구름·우레·번개는 모두 하늘에 호응하여 땅에서 생기므로,[346] 지면에 붙어사는 사람과 만물은 대기를 기로 삼지 않음이 없으나 대기 밖의 기[347]는 모른다.

---

344 땅의 기는 땅속의 기가 아니라 지면에 가까운 대기를 말함. 蒙은 어둡다는 뜻으로 여기서는 날씨가 흐리다는 뜻이 아니라 순수한 기보다 상대적으로 탁한 대기인 蒙氣의 상태를 말하고 있다. 天氣는 여기서 땅의 영향을 받지 않는 대기 밖의 기를 말하는 것으로 보임.

345 『周易』,「繫辭上」: 鼓之以雷霆, 潤之以風雨.

346 땅속에서 생긴다는 뜻이 아니라 地氣가 관여하는 곧 지구 대기인 蒙氣 안의 현상이라는 점을 밝힘. 이와 비슷한 내용은 알폰소 바뇨니의 『空際格致』卷下,「元行生物論」의 "假如乾氣之生從土, 濕氣之生從水, 被熱之異情所雜, 故冲上生風生霧生雨生露等類."에 보인다.

347 지구 대기를 벗어난 우주 공간의 기를 말함.

雨露霜雪風雲電雷, 皆應乎天而生於地, 則人物之依附於地者, 莫不以蒙氣爲氣, 不識蒙外之氣也.

기는 물과 땅의 외곽을 감싸서 실낱같은 작은 틈도 없다. 가령 연적에 물을 넣을 때 한쪽 구멍을 막으면 물이 들어가지 않는 현상은 기가 가운데 가득 차 있기 때문이고, 물을 가득 채운 연적을 거꾸로 들어도 물이 나오지 않는 현상348은 기가 들어가지 못하기 때문이다. 일만 곡349의 무게가 나가는 돌이라도 기가 들어 있는 공350을 누를 수 없으니, 반드시 기가 다 빠져나온 뒤에 눌러진다. 일천 명이 잡아당겨도 하나의 순풍이 큰 선박을 밀어 움직이는 일을 당해내지 못해서 가는 대로 내버려 둔다.

夫氣包於水土之外, 無絲毫之空隙. 硯滴挈水, 閉其一孔, 水卽不入, 以其氣塞中也, 水旣盈而倒懸之, 水亦不出, 以其氣未入也. 萬斛之石, 不能壓一氣毬, 必氣出盡而後合. 千人之挽, 不能當一帆風, 推運大舫, 任其所之也.

큰 기는 돌을 이동시키고 산을 날리며 바닷물이 솟구치게 하고 지진을 일으키며,351 작은 기는 화살352을 불거나 흐르는 액체를 빨아들이거나

---

348 이 문장에도 앞의 그것처럼 '한쪽 구멍을 막는다'라는 말이 생략되어 있다. 일반적으로 연적은 구멍이 두 개이며 한쪽 구멍을 막거나 열어서 벼루에 물을 붓는 역할을 하기 때문이다.

349 1斛은 10斗이다. (앞에 나옴)

350 氣毬는 원래 고려 때 발로 차는 운동 기구로 거죽을 가죽으로 둥글게 만들고 속에 돼지 오줌통을 넣고 바람을 채워서 만든 공이라고 함. 여기서는 공기를 채운 튼튼한 공을 가정해서 한 말.

351 공기가 지진을 일으킨다는 주장은 원래 아리스토텔레스의 생각이었다. 곧 "地震者, 乃地內所含熱氣所致也(『空際格致』卷下, 「地震」)."이 그것이다. 여기서 氣에 대한 저자의 오해가 생긴다. 서양의 그것은 공기 곧 熱氣는 '뜨거운 공기'에 해당하고, 저자의 그것은 일반적인 기이다. 그래서 저자는 훗날 『運化測驗』에서 문자 그대로

바퀴를 돌리거나 복부를 밀어낸다.353 나아가 새가 날고 물고기가 뛰며354 소가 밭 갈고 말이 달리는 것에 이르기까지 어디를 간들 기가 하는 일이 아니겠는가?

大可移石飛山湧海震地, 小則吹箭吸流轉輪推腹. 以至鳥飛魚躍牛耕馬走, 何往而非氣之所爲耶.

비 온 뒤의 산과 수풀, 아침 노을 속의 창문은 맑은 색깔이 갑절이나 아름답다. 이것은 물건의 모습을 윤기 나게 하는 현상으로서 기가 그것을 둘러싸서 덮는 일이다. 물이 흔들리면 거기에 비친 별들이 서로 부딪히고, 눈이 흐리면 등불이 꽃처럼 보여 그 영상이 한결같지 않다. 이것은 물건의 모습을 헛보이게 하는 현상으로서 기가 그것을 이리저리355 움직이게 하는 일이다.

雨後之山林, 朝霞之窗牖, 瑩色倍麗. 是潤物之形而氣爲之籠罩也. 水搖而星擊, 目眚而燈花, 其影非一. 是幻物之形而氣爲之纈動也.

---

熱氣로 받아들여 "地內曠窟熱氣充盈, 而又有新熱增加, 難可幷容, 卽奮發致震(卷2, 「地震」)."라고 하였다. 따라서 본문에서 말하는 기가 지진을 일으킨다는 주장은 공기보다 열기의 가능성이 크다. 어쨌든 기의 범주에 들어간다.

352 箭은 화살을 뜻하나 원래는 대나무의 이름이다. 『說文』, 「竹部」에 "箭, 矢竹也."로 되어 있고, 곧아서 화살대로 썼다. 그래서 화살이라는 뜻으로 바꿔 사용하였다. 吹箭은 작은 화살을 긴 대나무나 관에 넣어 부는 무기로 보임.

353 推腹은 숨을 들이마셔 배를 밀어내는 일. 이와 달리 손으로 배를 문지르거나 마사지하는 의료법의 뜻도 있다.

354 鳥飛魚躍은 『詩經』을 인용한 『中庸』의 "鳶飛戾天, 魚躍于淵."에서 가져와 鳶 자를 鳥 자로 바꿈.

355 纈는 홀치기로 주머니나 자루 따위의 입구를 끈으로 끼어 매는 따위. 여기서는 그처럼 원래의 모습을 변형시키는 일로 쓰였다.

기의 전체는 하나의 큰 거울과 같아서, 땅에 붙어 있는 만물은 모두 하늘에 비친다. 그러므로 산이나 바다의 신기루는 암실의 작은 틈으로 들어온 빛처럼 모두 방향이 바뀌어 끌려가 보인다.356 또 한 개의 거울은 만 개의 거울로 나뉠 수 있는데, 전방의 거울이 영상을 받으면 후방의 거울은 중첩해 비추어 여러 모습으로 변환시킨다. 이것은 기의 일을 눈으로 볼 수 있는 현상이다. 그 볼 수 없는 기의 일은 소리로 전달되는데, 바람과 우레와 물과 사람과 만물과 여러 음악의 소리는 각자357가 같은 유형이어서, 들리는 데 서로 방해하지 않는다. 나아가 무지개와 구름과 노을은 기의 색깔에서 나타나고, 차고 덥고 건조하고 습한 현상은 기의 성질에서 달리하는 것이며, 훈훈한 향기와 더러운 냄새는 어떤 물체에서 나거나 쌓인 데서 나기도 한다.

氣之統體, 若一大鏡, 萬物之麗乎地者, 悉映于天. 故山市海市暗室一隙, 皆得轉吸而見之. 一鏡可分爲萬鏡, 前鏡受影, 後鏡重映, 變幻諸色. 此其可見者也. 其不可見者, 則以音傳, 風聲雷聲水聲人物聲諸樂聲, 歷歷倫類, 不相蒙掩也. 至於虹霓雲霞出諸色, 寒暑燥濕異諸性, 薰香穢臭, 或緣于物, 或蓄于積.

그러니 기가 운동하고 정지하고 모이고 흩어지는 작용은 어떤 계기를 따라 그윽이 통하지358 않음이 없다. 기를 떠나 리를 고집하는 사람과 외부 대상을 버리고 마음을 높이는 사람359은 옛날 복희씨가 하늘을

---

356 '암실'에서 '보인다'까지는 바늘구멍사진기(pinhole camera)의 원리이다.
357 歷歷은 뚜렷하다는 뜻도 있고, 하나하나의 뜻도 있다. 본문은 후자의 뜻으로 韓愈의 「送李正字歸」라는 詩의 "歷歷余所經, 悠悠子當返."에 보인다.
358 玄通은 원래 『老子』15장의 "古之善爲士者, 微妙玄通."에서 마음이 하늘과 상통한다는 뜻이지만, 여기서는 자연에서 기가 자연의 물리적 계기를 따라 막힘없이 통합을 일컬었다.

올려다보고 땅을 굽어보고 멀리서는 물건에서 가까이서는 몸에서 취하여 신명의 덕에 통하고 만물의 모습을 무리 지은 일은 어찌 알 수 있겠는가?360

動靜聚散, 莫不由機以爲玄通也. 若夫離氣而執理者, 掃物而尊心者, 何能知伏羲所以俯仰遠近而通類者也.

---

359 리와 심을 종지로 삼는 학문을 상징한다. 전통적으로 리는 성리학, 심은 양명학 또는 불교이다.

360 『周易』, 「繫辭下」: 古者, 包犧氏之王天下也, 仰則觀象於天, 俯則觀法於地, 觀鳥獸之文與地之宜, 近取諸身, 遠取諸物, 於是始作八卦, 以通神明之德, 以類萬物之情. 본문에서는 이 글을 축약했다.

# 해 설

자연계의 모든 활동과 모습은 모두 기가 하는 일임을 설명하였다. 그 의도는 리는 기가 그렇게 운동하는 데서 탐구해야 한다고 말하기 위해서였다. 저자가 여기서 말하는 리는 인간 심성의 그것이 아니라, 경험을 기초로 탐구하는 외부 대상의 그것이다.

저자는 자연현상을 여러 각도에서 기를 가지고 설명하였다. 곧 기가 관여하는 공간·빛·색깔·소리·성질·냄새·운동 등의 범주를 가지고 설명해 내었다. 후기의 『운화측험』에서는 이를 더 명확하게 하여 기의 명칭·형질·색깔·소리·수·성정·활동 등의 다양한 범주로 설명한다. 이미 이글에서 『운화측험』의 내용이 배태되고 있음을 알 수 있다. 이 글에서 기의 외연이 공기나 힘과 에너지 등으로 다양하여 독자들이 다소 혼란스럽겠다. 그래서 기로 통일하여 옮겼다. 여기서도 기가 형질을 갖춘 증거를 제시하여 서양의 물질 개념과 만나고 있음을 확인할 수 있다. 기는 더 이상 감각이 불가능한 형이상의 대상이 아니다. 그래서 경험할 수 있는 사물을 중시하는데, 그때의 리는 과학적 지식으로서 자연법칙이다.

그리하여 리를 중시한 성리학과 심을 중시한 불교나 양명학이 외부 사물을 등한시한다고 비판하고, 『주역』의 괘를 처음 만들었다는 복희씨의 원뜻도 자기와 같다고 여겨, 유학이란 심성의 문제에만 몰두한 일에서 물질적인 것으로 방향을 돌려, 과학적으로 현실적 삶의 문제를 해결해야 한다고 재해석하고 있음을 행간에서 읽어 낼 수 있다.

# 55. 기는 소리와 색깔을 발생시킨다
## 氣生聲色

빛은 형체361가 없어 기가 번쩍거리는 현상을 빛으로, 소리도 형체가 없어 기가 부딪히는 현상을 소리로, 마음에도 형체가 없어 일의 이치를 추측하는 주체를 마음으로 삼는다.

光無體, 以氣閃爲光, 聲無體, 以氣擊爲聲, 心無體, 以推測事理爲心.

\* \* \*

기는 본래 투명하여 비추는 대상에 따라 색깔이 다르다. 햇빛을 비추면 황색이고 불빛을 비추면 적색이고 달과 별빛에서는 백색이고 들판의 인광362에서는 푸른색이고 암실에서는 검은색이어서, 이리저리 서로 비추어서 달라진다.

氣本瑩澈, 隨所映而各異. 照日之光黃, 映火之光赤, 月星光白, 野燐光青, 暗室光黑, 輾轉互映而遞異也.

물과 거울과 유리는 물체를 비출 수는 있지만 빛을 내지 않으며, 나뭇잎과 탑의 모습은 빛을 낼 수는 있어도 물체를 비추지 않는다. 어두운 밤의 깜깜한 속에서도 공중에는 저절로 빛이 있어 창문이 깨끗하고 맑으면

---

361 여기서 體는 물체처럼 구체적인 모습을 띤 물건의 의미. 無體의 용례는 『周易』,
　　「繫辭上」의 "神無方而易無體."에 보인다. 주희는 體를 形體로 풀었다.
362 빛을 받던 물질이 그 빛이 멎은 뒤에서 계속해서 나는 빛.

모두 희미하게 비친다. 또 눈의 신광363은 제각기 종류에 따른 특색을 갖추었는데, 어두운 데서 움직여도 보는 게 있고 눈을 감고 움직여도 보니, 빛의 성질364을 갖지 않은 동물이 없음을 알 수 있다. 그러니 호랑이와 올빼미와 고양이와 쥐가 밤에 본다는 사실을 어찌 의심하겠는가?

水鏡玻璃, 能照物而不發光, 木葉塔影, 能發光而不照物. 晦夜昏黑而空自有光, 窗虛牖静而皆有餘映. 且目之神光, 具各種色, 從暗搖之而有見, 閉而搖之而亦見, 可見無物不含光性. 何疑虎梟猫鼠之夜視耶.

기는 본래부터 형질을 가지고 있고,365 물건도 형질을 가지고 있다. 물건이 물건을 때리거나 기가 기를 때리거나 물건이 기를 때리거나 기가 물건을 때리는 일 모두 소리를 발생한다. 때로는 서로 부딪히지 않고 기가 스스로 날려도 소리가 있지만 다만 미약할 뿐이다.366

氣本有質, 物亦有質. 物擊物, 氣擊氣, 物擊氣, 氣擊物, 皆成聲. 或不相擊而氣自飛, 亦有聲, 特微耳.

폐가 공기를 목구멍으로 밀어내고 목구멍에서 나온 공기를 혀와 입술로

---

363 神光은 뒤에서 말하는 동물의 사례를 고려하면 눈이 빛을 볼 수 있는 생리기능을 말함.

364 빛의 직진·반사·굴절이라는 물리적 성질이 아니라 생물이 빛에 적응·반응하는 성질로 보인다.

365 方以智의 『物理小識』 卷1, 「气論」의 "气之爲質, 固可見也."라는 말이 보인다.

366 이 내용도 方以智의 『物理小識』 卷1, 「聲論」의 "喧曰, 气本有聲. 故物擊物, 气擊氣, 物擊气, 气擊物, 皆成聲. 不相擊而气自飛, 亦有聲, 其聲特微耳."에도 보인다. 喧은 揭喧(1613~1695)으로 그의 자가 子宣이며 명말 청초 江西 廣昌 사람이다. 강조는 본서와 같은 글자.

나누어 피리에서 진동시키면, 피리는 구멍을 통해 소리를 낸다. 총소리는 공중에서 터지고, 우레는 구름 속에서 진동하고, 빈 골짜기가 소리를 전달하고, 마른 우물이 말하는 소리를 흔들고, 뇌성에 별이 갈라지고, 큰 솥과 문이 울리는 현상은 기가 기를 때리는 일이다.367

肺促其氣于喉, 喉分于舌脣, 鼓其氣于管, 管出於孔. 銃之爆于空也, 雷之震于雲也, 空谷之傳聲, 眢井之遙語也, 天鼓星裂, 釜鳴戶響, 氣擊氣也.

종을 치거나 악기 줄을 튕기거나 막대기를 공중에 휘두르거나 매미가 날개를 펄럭거리거나 모기와 파리 떼가 날거나 귀뚜라미가 넓적다리를 비비거나 암석 절벽에 파도가 부딪치거나 소나무 끝이 파도처럼 흔들리거나 깨진 창들에 바람이 불어대거나 골목의 신발 끌면서 나는 소리 등은 모두 기와 물건이 서로 부딪혀서 나는 소리가 아님이 없다.368

鐘之搖, 絃之馳, 杖揮空, 蟬振翼, 蚊聚蠅飛, 蟋蟀切股, 石崖浪激, 松杪濤生, 破櫺吹息, 委巷屨響, 無非氣與物相擊也.

대개 기가 꿰뚫어 소리를 만드니 마음 또한 소리가 있고, 기가 맑아서 색깔을 드러내니 마음에도 빛깔이 있으며, 묵묵히 알고 기억하니 마음에도 글자가 있다.369 그러니 사리를 추측하는 일은 어디를 가든 심기가

367 이 내용도 方以智의 앞의 책 "聲之始也, 肺促其气于喉, 喉分于舌脣, 鼓其气于管, 管出於孔. 銃之爆于空也, 雷之震于雲也, 空谷之傳呼, 眢井之遙語也, 天鼓星裂, 釜鳴戶響, 地下樂作也, 气擊气也."에 나온다. 강조는 본서와 같은 글자.
368 이 내용도 方以智의 같은 책 "鍾之搖, 絃之馳, 杖揮空, 蟬振翼, 蚊聚蠅飛, 蟋蟀切股, 箭哮哨眊, 石崖浪激, 松下濤生, 破櫺吹息, 委巷屨響, 無之而非聲, 無之而非气也."에 나온다. 강조는 본서와 같은 글자.

아니겠는가? 심기는 곧 하늘의 기가 내 몸에 나뉘어 있는 것이다.

蓋氣貫作聲, 心亦有聲, 氣澈顯色, 心亦有色, 默通暗記, 心亦有字. 而推測事理,
何往非心氣也. 心氣, 卽天氣之分在我身者.

---

# 해 설

기가 소리와 색깔의 발생에 관여함을 말하였다.

소리는 어떤 물체(물질)가 진동하고 그 진동이 파동을 이루어 다른 물질을 타고 퍼져나가는 현상이다. 빛과 색도 본래부터 독립적으로 존재하는 어떤 실체가 아니다. 빛은 광원에서 생기며 원자나 분자가 높은 에너지 상태에서 낮은 에너지 상태로 움직일 때 생긴다. 빛은 여러 종류가 있지만 직접 눈으로 볼 수 있는 대상은 가시광선뿐이다. 색은 빛이 산란·반사·굴절·간섭하는 가운데 생기는데, 빛이 없으면 색깔도 존재하지 않는다. 따라서 물체의 색깔이란 파장이 다른 빛이 물체의 표면에서 반사하는 정도에 따라 시각 계통에서 감지하는 성질의 차이로 나타나는 감각적 특성이다. 그래서 동물에 따라 색깔을 보는 정도가 다를 수 있다. 인간이 여러 색을 볼 수 있는 일은 진화의 산물이다. 빛과 소리에 대한 저자의 생각은 현대적 관점에 맞는 것도 맞지 않는 것도 있다. 당시까지 알려진 과학 정보에 의존하기 때문이다. 하지만 빛이나 소리가 구체적 물건처럼 존재하지 않는다는 점은 정확히 보았고, 기가 소리와 빛을 발생시킨다는 생각은 물질을 떠나 빛이나 소리를 설명할 수 없다는 점에서 제대로 보았다고 하겠다. 본문의 "기는 본래부터 형질을 가지고 있다"라는 말에서 그 근거를 알 수 있다.

이러한 빛과 소리를 설명하기 위하여 가져온 사례는 각주에서 밝힌 대로 명말 청초 학자 방이지(方以智, 1611~1671)의 『물리소지(物理小識)』 권1의 「성론(聲論)」에 나오는 말이다. 저자의 친구 이규경의 『오주연문장전산고』의 「청음변증설(聽音辨證說)」에도 보인다. 앞의 글에서 이규경은 저자가 『지구도설』을 소장하고 있다고 밝힌 바 있어, 두 사람은 자주 교유한 것으로 보인다.

『물리소지』는 중국에서 전해온 내용과 서학의 내용도 들어 있다. 그렇다면 저자의 이 내용은 『물리소지』를 직접 보았거나 아니면 이규경의 책을 보았거나 둘 중 하나일 것이다. 하지만 『오주연문장전산고』에 없는 저자의 인용이 있고, 또 그 책을 탈고한 때가 언제인지 알 수 없으나, 본서 또한 이규경이 죽기 전 20년 전에 간행했고, 저자 또한 당시 이름난 장서가로 알려져 있었으므로, 앞의 『지구도설』처럼 두 사람이 같은 자료를 보았을 가능성이 크다.

사실 이규경은 방이지의 글을 대체로 그대로 옮겨 적었다. 방이지만이 아니라 그의 자료 인용 방식 자체가 백과사전과 같아서 선택된 앞선 학자들의 여러 철학적 관점도 그대로 따르고 있다. 그래서 음양오행설도 충실히 계승하였으며, 이규경이 자신의 책에서 방이지를 인용한 내용은 매우 많다.

하지만 저자의 인용 방식은 이규경처럼 그대로 옮겨 적지 않고, 필요에 따라 글자를 삭제하거나 첨가하여 자신의 철학에 맞도록 재구성하였다. 그리고 음양 이론이나 황당하거나 근거 없는 사례 따위는 따르지 않았다. 이런 태도는 뒷날 『공제격치』를 보고 『운화측험』을 저술할 때도, 또 다른 책을 엮을 때도 역시 그랬다. 어떤 자료를 어디서 가져오든 자신의 기철학의 관점에 맞게 재구성하였다는 뜻이다. 그래서 방이지나 이규경의 철학과 저자의 그것은 다르다. 『물리소지』에 녹아든 중국 전통이나 서학의 그것만으로는 저자의 생각을 만족시킬 수 없었기 때문에, 필요한 사례만 따와서 인용하였다.

여기서 중요한 사실이 하나 발견된다. 사상가가 전통을 해석 또는 재해석하는 방법론의 전제는 자기가 따르는 이념이나 신념, 또는 종교나 철학적 세계관을 따른다는 점이다. 그래서 어떤 책이든 그 저자가 어떻게 살아왔으며 또 무슨 종교나 철학을 따르는지 살피는 작업은 매우 중요하다.

이규경은 서학도 중국에 그 원류가 있었다고 확신하였다.[370]

---

370 『五洲衍文長箋散稿』,「西洋通中國辨證說」: 凡曆法, 大明西人之功, 而詢其所自,
皆本中土所流傳. 徐玄扈光啓篤信不遺, 稱以小羲和者, 非溢美也. 中原諸家, 以爲
三代盛時, 聲教四訖, 重譯來王, 其時書籍, 流傳海外. 周末, 疇人子弟, 失職外散,
遯處四海, 海外支流, 反得其傳, 而四海中昧谷, 獨通中夏. 故西學有本, 良有以也.
於西域之音韻, 龜玆之樂律, 可徵也. 淸阮挐經元著疇人傳, 共六冊. 이런 태도는
모든 게 중국이 元祖라는 생각과 통하며, 방이지의 생각과도 관련이 있다.

# 56. 각양각색의 물과 불
## 各樣水火

물의 성질이 다른 점은 땅을 말미암고, 불의 작용이 다른 까닭은 물건을 말미암는다.

水性之不同, 由乎地, 火氣之異用, 緣乎物.

* * *

정주371 패수372의 물은 쇠붙이 그릇이 모두 샌다.373【정주의 패수는 대황374의 밖에 있는데 그 물을 쇠붙이 그릇으로 받으면 모두 샌다. 오직 짐승의 뿔이나 바가지로 뜨면 그렇지 않다.】덕화375의 물로 철을 끓이면 구리가 되고, 부연376의 냇물은 주야로 기름이 흐른다.【곧 연안377의 석유이다. 연묵378을 만드는데 소나무 기름379은 이것에 미치지

---

371 당나라 서북쪽에 있던 州 이름.

372 渭河의 支流로 陝西省中部로 알려져 있다.

373 농도에 따라 시간의 차이가 있지만, 산성 용액은 쇠붙이로 된 그릇을 녹이기 때문이다.

374 황량한 먼 지역 또는 변방의 먼 지역. 『山海經』, 「大荒東經」의 "東海之外, 大荒之中, 有山名曰大言, 日月所出."에 보인다.

375 현재 福建省 德化縣이 있지만, 옛 지명이라 정확히 알 수 없다.

376 당나라 서북쪽 지명. 『物理小識』에는 이 글 뒤에 "唐詩, 二郎山下雪紛紛, 石煙多于洛陽塵."이 더 있는 것으로 보아, 당대의 지명임을 알 수 있다.

377 산시성 북부에 있는 도시.

378 그을음으로 만든 먹.

379 소나무를 태워서 만든 숯 먹인 松煙墨을 뜻함.

못한다.】 약수380에는 털도 가라앉고, 흑계의 물은 종지뼈를 검게 만든다.【남쪽 변방의 흑계의 물을 나무에 칠해 놓으면 코끼리가 거기 와서 곧장 가지 않아, 곤륜381이 그것을 보고 몸에 바르면 곧 가축처럼 코끼리를 탈 수 있는데, 옛날에는 이른바 흑곤륜이라 불렀고 지금은 상노이다.】382

庭州灞水, 金鐵皆漏.【庭州灞水, 在大荒之外, 以金鐵承之皆漏, 惟角與鉋葉則否.】
德化之水, 煮鐵爲銅, 鄜延之川, 日夜脂流.【卽延安石油也. 以爲烟墨, 松脂不及】
弱水溺毛, 黑溪玄髓.【南荒黑溪水, 以其水塗樹, 象至輒不去, 崑崙見以塗身, 卽能乘象如家畜, 古所謂黑崑崙, 今之象奴也.】

『직방외기』383에서 말하였다. 시칠리아384 지방의 끓는 샘물이 식초와 같고 물건을 넣으면 곧장 검게 변한다. 우크라이나385에서는 땅에서

---

380 중국 고대 전설상의 건너기 험난한 물 이름으로 배는 물론 기러기 깃털도 뜨지
 않아 건널 수 없었다고 한다.
381 여러 가지 뜻이 있으나 여기서는 고대 인도차이나반도 나라와 그 섬지방의 사람들을
 부르던 말.『舊唐書』,「南蠻傳林邑」에 "自林邑以南, 皆卷髮黑身, 通號爲崑崙."라는
 말이 보인다.
382 이 내용은『物理小識』卷1,「水」에 등장하며 그 내용은 "庭州灞水, 金鐵皆漏,
 在太荒之外, 以金鐵承之皆漏, 惟角與瓠葉則否. 拘夷山中有流水, 亦如之. 德化之
 水, 煮鐵爲銅, 鄜延之川, 日夜脂流【卽延安石油也, 以爲烟墨, 松脂不及. 唐詩,
 二郎山下雪紛紛, 石煙多于洛陽塵. 弱水在西荒, 毛芥皆溺, 黑溪玄髓【南荒黑溪
 水, 其水以塗樹, 象至輒不去, 崑崙見以塗身, 卽能乘象如家畜, 古所謂黑崑崙, 今之
 象奴也.】" 강조는 같은 글자.
383 이탈리아 출신 예수회 선교사 알레니(Jules Aleni, 1582~1649, 艾儒略)가 쓴
 책.
384 마테오 리치의「坤輿萬國全圖」,『職方外紀』卷2의 '意大里亞(이탈리아)'의 설명을
 따랐다.
385『職方外紀』의 내용과 艾儒略 原著, 謝方 校釋,『職方外紀校釋』, 中華書局, 1996,
 96쪽의 내용에 따랐음.

분출하자마자 돌로 굳어지는 물이 있고, 겨울에는 흐르다가 여름이 되면
어는 물도 있고, 채찍을 던져 넣으면 진흙이 되었다가 다시 녹아 구리가
되는 물도 있고, 녹색의 물이 얼어서 녹색의 암석이 되는 것도 있다.
이탈리아의 벨리노386 호숫물은 물건을 떨어뜨리면 반 달이 지나서
돌처럼 딱딱한 껍질이 그 물체를 둘러싼다. 카나리아군도387에는 비가
오지 않아도 큰 나무에 구름 기운이 짙고, 밤에는 단물을 내어 나무
아래의 못을 채운다. 튀르키예388에는 바다가 하나 있는데, 맛이 짜고
성질이 끈적거려 파도가 생기지 않고 물체가 가라앉지 않으며 물고기가
살지 않으니, 사해라고 이름 지었다. 물의 성질이 같지 않으니 모두
땅의 기가 그렇게 만든 것을 말미암는다.389

職方外紀云. 西齊里亞, 沸泉如醋, 物入便黑. 翁加墨亞, 有水噴出地卽凝石者, 有冬
月流而夏氷者, 有投鞭成泥, 再鎔成銅者, 有色綠而凍成綠石者. 勿里諾山之泉, 物
墜其中, 半月便生石皮, 周裹其物. 福島, 無雨而大樹濃雲氣, 夜生甘水, 滿樹下之池.
度爾格, 有一海, 味鹹性凝, 不生波浪而皆不沈, 不生水族, 命曰死海. 夫水性之不同,

---

386 『職方外紀』의 원문은 '勿里諾湖在山巓'인데 勿里諾湖는 『職方外紀校釋』에 따르면
　　 이탈리아 중부 도시 Terni 동남쪽 산중에 있는 Velino 호수이다(90쪽).
387 福島는 옛날부터 서양에서 가장 서쪽에 있는 섬으로 알려져 왔다. 또 初度라고
　　 했는데 영국의 그리니치를 경선의 기준점을 정하기 전에 이곳을 그 기준으로
　　 했다고 한다. 지금의 카나리아제도(『職方外紀校釋』. 30쪽 참조).
388 당시 Turk. 내용을 보면 그 지역은 지금의 팔레스타인인데, 당시 대 제국인 오스만
　　 투르크의 영역 안에 있었다.
389 『物理小識』 卷1, 「水」: 職方外紀云, 西齊里亞, 沸泉如醋, 物入便黑. 翁加墨亞,
　　 有水噴出地卽凝石者, 有冬月流而夏冰者, 有投鞭成泥, 再鎔成銅者, 有色綠而凍成
　　 綠石者. 勿里諾山之泉, 物墜其中, 半月便生石皮, 周裹其物. 福島, 無雨而大樹釀雲
　　 氣, 夜生甘水, 滿樹下之池. 度爾格, 有一海, 味鹹性凝, 不生波浪而皆不沈, 不生水
　　 族, 命曰死海. 水性不同, 如此將怪而不信耳. 여기에는 『五洲衍文長箋散稿』에 없는
　　 내용이 많고, 인용된 사례도 많이 달라, 두 사람이 이 책에서 따로 인용했음을
　　 알 수 있다. 강조는 같은 글자.

皆由於地氣之使然也.

소구의 차가운 불,【중국의 남쪽 바다 소구의 불은 봄에 생겨서 가을에 꺼지고 물을 만드는데 조금 그을려 검다.390 육유391가 화산이라 말하고 그곳에서 군대의 진영을 꾸렸다. 땅을 깊이 파면 뜨거운 열기가 있으나 농사짓는데 방해되지 않으니 또한 차가운 불이다.】못 가운데 불기운, 【장엄하기가 마치 불꽃이 수면에서 일어나는 것 같음.】들판의 도깨비 불,392【청색이며 모이고 흩어짐.】금과 은의 정기는 모두 불과 같으면서 물건을 태우지 않는다.393

蕭邱寒火,【南海蕭邱火, 春生秋滅, 生水小焦黑. 陸游曰, 火山 軍其地. 鉏深則有烈 燄, 不妨種植, 亦寒火.】澤中陽燄,【壯如燄起水面.】野外鬼燐,【色青聚散.】金銀精 氣, 皆似火而不焚物者也.

장뇌394와 활수395는 모두 물속에서 불을 발생할 수 있으며 독한 술이나 오랫동안 밀폐된 기름은 열기를 만나면 불이 저절로 발생한다. 불까마

---

390 『物理小識』에는 『抱朴子』의 내용이라 하는데, 현재의 판본인 『抱朴子』, 「內篇·論仙 卷第二」의 "火體宜熾, 而有蕭丘之寒燄, 重類應沉, 而南海有浮石之山."라는 말이 전부이다.

391 1125~1209. 철저하게 항전을 일관했던 남송의 시인으로 알려져 있다.

392 앞의 글에서는 燐光이라 하였음.

393 『物理小識』卷1, 「火」: 蕭丘寒火.【抱樸言, 南海蕭丘火, 春生秋滅, 生水小焦黑. 陸遊曰, 火山軍其地, 鉏深則有烈燄, 不妨種植, 亦寒火也.】澤中陽燄.【壯如燄起水 面, 出王砅註】野外鬼燐.【色青聚散】金銀精氣, 皆似火而不焚物者也. 강조는 같은 글자.

394 녹나무에서 추출한 물질.

395 猾髓는 바다에 사는 동물인 猾의 골수. 그 골수를 기름에 넣으면 기름이 물과 접촉하여 불이 생긴다고 한다.

귀396와 박쥐는 불꽃과 연기를 마실 수 있고, 불거북과 불쥐397는 불이
있는 땅에서 살아간다. 허주398가 말하기를 "봄에는 불꽃이 푸르고 겨울
에는 검은 것은 때에 따라 그렇다"라고 하였다. 석탄이 물건을 익히고
굳센 불이 기름을 맹렬하게 하는 현상은 그 치우친 기가 모였기 때문이다.
오래된 나무에서 연기가 나고, 퇴비에서 뜨거운 김이 나는 것은 쌓인
기운 때문이다. 질그릇으로 화기를 막을 수 있고, 종이로도 불꽃의 끝을
막을 수 있다.399

樟腦猾髓, 皆能水中發火, 濃酒積油, 得熱氣則火自生. 火鴉蝙蝠, 能食欱煙, 火龜火
鼠, 生于火地. 虛舟曰, 春日火煙青, 冬日火煙黑, 因于時也. 然石熟物, 剛火猛油,
其偏鐘者也. 老樹出煙, 堆草生欱, 其積菀者也. 確可以閉火氣, 紙可以遏火舌.

이것은 모두 사물의 이치가 늘 그렇다. 다만 사람이 자신의 견문에 구속되
어 미루어 사리에 통달하지 못하였다. 그래서 말이 사실을 넘어서서
과장이 없지 않다.400 하지만 물산은 많아 쓰임이 다름을 이루 헤아릴

---

396 烏鴉는 전설상의 불을 뿜는 까마귀로 明 李時珍의 『本草綱目』, 「禽三·慈烏」에
  "蜀徼有火鴉, 能銜火."가 보인다.
397 중국 전설에서 남쪽 끝의 화산 속에 살고 있다고 전해지는 괴수의 일종으로
  火光獸라고도 한다. 그 짐승을 잡아 그 털로 방화용 천을 짰다고 한다. 홍대용의
  『醫山問答』에도 등장함.
398 누구인지 확실하지 않다. 방이지가 자기 아들의 말도 실은 것을 보아 동시대
  인물일 수 있다.
399 『物理小識』卷1, 「火」: 樟腦猾髓, 皆能水中發火, 濃酒積油, 得熱氣則火自生. 南荒有
  食火之民,【國近黑昆崙, 人能食火炭】食火之獸,【原化記, 禍鬥如犬, 而食火糞,
  復為火能燒人屋】西戎有食火之鳥,【駝鷄】火鴉蝙蝠, 能食欱煙, 火龜火鼠, 生于火
  地. 虛舟曰, 春日火煙青, 冬日火煙黑, 因乎時也. 然石熟物, 剛火猛油, 其偏鐘者也.
  老樹出煙, 堆草生欱, 其積菀者也. 確可以閉火氣, 紙可以遏火舌, 因乎勢者也. 강조
  는 같은 글자.
400 저자는 이런 생각에서 앞의 각주를 보면『物理小識』에서 불필요하다는 점을 빼고

수 없으니, 물과 불의 기운도 지역에 따라 작용을 달리하는데, 여기서
그 대강만 말하였다.

此皆物理之常也, 但人拘於見聞, 而未能推達. 言或過實, 而不無誇奬. 然物産之衆,
須用之異, 不可勝數, 而水火之氣, 隨地不同, 隨處異用, 略擧其槩.

---

인용하였다.

# 해 설

이 글은 물과 불의 여러 가지 현상을 소개한 내용이다.

내용 자체가 한 지역이 아니라 전 세계를 대상으로 하므로 여러 자료에 의지할 수밖에 없었다. 그래서 방이지의 『물리소지』와 그 속에 수록된 『직방외기』의 자료를 중심으로 소개하였다.

하지만 인용하는 데도 나름의 원칙이 있었다. 황당하고 비현실적인 내용은 대체로 배제하고 인용하였다. 그래도 인용하는 사례 가운데는 현대 과학으로 설명할 수 있는 게 더러 있다.

어떻든 저자의 의도는 이런 괴이하게 보이는 현상도 초자연적인 무엇이 아니라 기와 관련지어서 설명하려는 데 있었다.

# 57. 형질을 미루어 신도를 헤아린다
## 推形質測神道

신도와 추측에는 저절로 드러나고 감춰진 게 있다. 추측이 진보하면 신도는 드러나고, 추측이 진보하지 못하면 신도는 감춰진다. 나아가 추측이 미치지 못한 곳에는 자연히 헤아리기 어려운 신도가 있다.

神道與推測, 自有顯晦. 推測進則神道顯, 推測不進則神道晦. 至於推測不及處, 自有難測之神道.

* * *

신도란 신이하고 괴이하고 허황하고 거짓된 설을 일컫는 것이 아니다. 일기운화401에 저절로 참된 이치의 진정한 자취가 있는데, 이것이 신도이다. 형질이 없으면 신도가 없고, 형질이 있으면 신도도 있다. 큰 하늘도 하나의 형질이요, 태양과 달과 별과 지구도 그 하나의 형질 가운데의 형질이다. 하늘과 땅 사이에 충만하여 위가 되고 아래가 되는 일을 지탱하고,402 크고 작은 물건을 감싸 안은 것은 또 기의 형질이다. 조류와 어류와 동물과 식물은 만물의 형질이다.

神道者, 非謂其神怪虛誕之說也. 一氣運化, 自有實理之眞跡, 是爲神道也. 無形質

---

401 자연에서 기가 운행하는 것으로 『기학』 등에서 大氣運化로 공식화함. 기의 流行에서 運化로 바뀌고 있음을 엿볼 수 있다.
402 이 문장은 지구에서 일어나는 일을 말하며, 원문 上下를 지탱한다는 말은 중력작용의 역할을 뜻함.

則無神道, 有形質則有神道. 天之大, 是一形質也, 日月星地, 亦是一中之形質也. 充滿天地之間, 撐支上下, 容包大小, 又是氣之形質也. 飛潛動植, 乃萬物之形質也.

인간은 그 사이에서 형질을 미루어 신도를 헤아릴 수 있다. 처음에는 사물이 그러한 까닭의 실마리에서 출발하여 마침내 참된 이치의 진정한 자취에 이르러서, 이른바 신도를 거의 설명해서 마칠 수 있다. 만약 1할이 미진하면 1할의 숨기는 게 있고, 8~9할이 미진하면 8~9할의 숨기는 게 있게 되어, 끝내 신이하고 괴이하고 신령스럽고 이상한 설에서는 이르는데, 이는 형세가 그러해서이다.

人於其間, 能推形質而測神道. 始自所以然之端, 終至實理之眞跡, 所謂神道, 庶可攄罷. 一分未盡, 則有一分之蔽, 八九分未盡, 則有八九分之蔽, 竟至于神怪靈異之說, 勢所然也.

형질의 바깥에는 달리 찾을 만한 신403이 없다. 그러므로 그 형질을 남김없이 아는 자야말로 그 신을 헤아릴 수 있지만, 그 형질을 남김없이 알지 못하는 자의 경우는 그 신을 헤아릴 수 없다. 하늘과 땅과 태양과 달과 별의 형질은 이미 인간의 노력으로 남김없이 알 수 있는 대상이 아니므로 자연히 헤아리기 어려운 신도가 있다. 하지만 인류404 가운데 어찌 기이한 신을 갖겠으며, 광대(廣大)·광원(廣遠)하여 알기 어려운 대상405을 어찌 사사로운 지혜로 말할 수 있겠는가?

---

403 神은 서양의 초월적 God 같은 존재가 아니라 자연의 신비로움을 추상화한 대상.
404 同胞는 한 형제나 겨레지만, 여기서는 四海同胞처럼 인류의 뜻으로 쓰임.
405 浩蕩은 廣大·曠遠 또는 荒唐의 뜻도 있다.

夫形質之外, 無他可求之神. 故洞悉其形質者, 可以測其神, 若未能洞悉其形質者, 不可以測其神. 天地日月星辰之形質, 旣非人力之所可洞悉, 則自有難測之神道. 然同胞之中, 豈有異神, 浩蕩之物, 豈可以私智言哉.

# 해 설

신도를 합리적으로 이해해야 한다고 주장하였다.

보통 사람들은 신도를 흔히 일본의 고유신앙 또는 그 종교로 알고 있지만, 꼭 그렇지는 않다. 최남선은 우리 고대의 종교를 신도 또는 고신도(古神道)라고 부른 적이 있고, 이전 학자들도 고유사상과 종교를 아울러 고신도라 불렀다.

하지만 저자는 거기까지 생각한 것 같지 않다. 신도가 처음 등장하는 문헌은 『주역』이다.[406] 『주역』의 신도란 하늘의 신묘한 길, 곧 사시가 어긋나지 않는 일과 같은 자연의 신비한 운행을 뜻한다. 당나라 공영달은 그것을 "미묘하고 정해진 방향이 없고 이치를 알 수 없으며 눈으로 볼 수도 없어, 그 까닭을 알 수 없어도 그러하니, 신도라고 말한다"[407]라고 하였고, 정이천은 『주역전의』에서 "하늘의 도리가 지극히 신묘하므로 신도라고 말한다"[408]라고 하였고, 주희의 『주역본의』에서는 "하늘의 신도를 보면 단지 스스로 그렇게 운행하는 도리로, 사시가 스스로 그러하여 어긋나지 않는다"[409]라고 하였다. 종합하면 신도란 '신묘한 도'로서 자연 질서의 신비를 표현한 말이다.

저자가 말한 핵심은 바로 이런 인문적 전통을 이었다. 알 수 없는 초자연적 신비한 무엇이 아니다. 저자의 의도는 신도를 가탁(假托)한 온갖 미신과 종교를 비판하는 데 있다. 특히 과거 지식인 가운데도 그런 점이 있었다. 이른바 분야설(分野說)과 그에 기초한 점성술 또한 그렇다.

---

406 『周易』, 「觀卦·象傳」: 觀天之神道, 而四時不忒, 聖人以神道設教, 而天下服矣.
407 『周易正義』: 微妙無方, 理不可知, 目不可見, 不知所以然而然, 謂之神道.
408 天道至神, 故曰神道.
409 又曰觀天之神道, 只是自然運行底道理, 四時自然不忒.

분야설이란 하늘의 별자리를 땅과 연결해 보는 관점이다. 원래 분야설은 고대 중국의 점성술의 기초이론 가운데 하나였다. 점성술이란 하늘에 있는 별의 이동이나 변화를 보고 땅 위에서 일어나는 일을 점치는 행위, 곧 전쟁이나 왕조의 흥망, 지배자의 명운, 가뭄·홍수·기근 등에 관한 예조를 일식과 월식, 햇무리나 달무리, 여러 행성의 이동, 특정 별자리의 위치, 신성·혜성·유성의 출현 등에 의해서 점치는 일이었다. 과거 인류의 거의 모든 문명에서 발견되는 보편적인 일이다.[410] 본문에서 "하늘과 땅과 태양과 달과 별의 형질은 이미 인간의 노력으로 남김없이 알 수 있는 대상이 아니므로 자연히 헤아리기 어려운 신도가 있다"라는 지적은 이런 배경에서 말한 것이다. 하지만 신도는 원칙적으로 헤아릴 수 있다고 주장하였다.

그 철학적 기초는 세상의 모든 사물은 형질을 지녔다는 점이다. 달리 말하면 물질로 구성되지 않은 대상은 존재하지 않으며, 형질이 없는 초자연적 서양의 신과 같은 초월자는 존재하지 않는다는 뜻이다. 모든 존재는 형질을 지녔기에 물질로 이루어져 있고, 원칙적으로 인식이 가능한 범위 안의 대상이다. 현대의 지적(知的)으로 정직한 신학자들의 고민도 바로 여기에 있다. 그래서 신을 외부에서 찾지 않고 인간의 내부와 역사에서 찾으려고 하는 일도 그런 맥락을 지녔다. 이제 신학도 과학과 역사와 일치해야 하는 시점에 이르렀다고나 할까.

---

410 이종란, 『의산문답』, 199쪽.

## 58. 스스로 그러함과 마땅히 그래야 함
### 自然當然

스스로 그러한 것이란 하늘과 땅의 유행리지리고, 마땅히 그래야 하는 것이란 사람 마음의 추측지리이다.[411] 배우는 사람은 스스로 그러함을 표준으로 삼고, 마땅히 그래야 함을 공부로 삼는다.

自然者, 天地流行之理也, 當然者, 人心推測之理也. 學者, 以自然爲標準, 以當然爲功夫.

\* \* \*

스스로 그러한 것이란 자연에 속하여 인간의 힘으로 그것을 늘이거나 줄일 수 있는 대상이 아니요, 마땅히 그래야 하는 것이란 사람에게 속하여 이것으로 공부해 나갈 수 있다.

自然者, 屬乎天, 非人力之所能增減, 當然者, 屬乎人, 可將此而做功夫也.

마땅히 그래야 함의 밖에 또 마땅히 그렇지 않음이 있는데, 흡사 인의 외부에 불인이 있는 점과 같다.[412] 그러므로 마땅히 그렇지 않음을 버리고 마땅히 그래야 함을 취한다. 또 마땅히 그래야 함의 가운데도 우수하거나 열등하거나 순수하거나 잡된 것이 있으니, 절차탁마[413]하는데 스스

---

411 自然은 철학의 개념어로 사용했으므로 대개 그대로 옮기는데, nature라는 오해를 막기 위해 순수한 우리말로 풀었음. 當然도 마찬가지임.
412 善에 不善이, 義에 不義가 짝이 되는 것처럼 상대 개념이 꼭 등장한다는 말.

로 그러함을 표준으로 삼아야 한다. 이것이 공부의 바른길이다.

當然之外, 又有不當然者, 如仁外有不仁. 故捨其不當然而取其當然. 且當然之中, 又有優劣純駁, 則講磨切磋, 要以自然爲標準. 是乃功夫之正路也.

간혹 어둡고 미혹된 것이 있는 경우는 오로지 스스로 그러한 대상에서 공부를 어긋나게 하였기 때문이다. 이것을 일러 '하늘을 대신해 바쁘다'⁴¹⁴라는 것이니 한갓 고생스럽기만 하고 이로움이 없다. 되레 마땅히 그래야 함에 온전히 뜻을 두지 않으면 이것을 일러 '인간의 도리를 버린다'라는 것이니, 끝내 무엇을 이루겠는가?

或有昏迷者, 專在自然上, 錯用功夫. 是謂替天忙, 徒勞無益. 却將當然, 全不着意, 是謂棄人道, 竟有何成哉.

413 講磨切磋는 切磋琢磨와 같은 뜻임.
414 替天忙은 替天行道와 같은 용례. 『三國演義』第四七回의 "吾替天行道, 安忍殺戮人民."에 보인다.

# 해 설

이 글은 저자의 철학에서 자연적 사실과 인간의 윤리적 당위를 구분하는 매우 중요한 내용이다. 그래서 연구자들이 자주 인용한다.

우선 원문 '자연'과 '당연'이란 용어 자체가 현대적이다. 실제의 개념상에서 보아도 그렇다. 자연적 사실의 문제와 인간적 당위의 문제를 구분하는 점도 근대 이후의 학문에서는 하나의 상식인데, 이 글에서 이 점을 지적하고 있다. 저자는 자연적 사실의 문제는 유행지리, 당위의 문제는 추측지리로 분류하면서, 이 점은 분명히 하였다.

그래서 인간의 도리 문제는 스스로 그러함이 아니라 마땅히 그래야 함에서 찾아야 한다고 하였다. 바로 여기서 상대가 되는 가치의 짝이 등장한다. 가령 인과 불인, 선과 불선, 의와 불의 등이 그렇듯이 마땅히 그러함과 마땅히 그렇지 않음도 그렇다고 한다. 이것은 인간 사회에서 그럴 수밖에 없는 가치의 문제이기 때문이다. 이 점은 『노자』 2장에서 인간 문명이 만들어 낸 개념이라고 이미 지적한 적이 있다. 그래서 마땅히 그래야 함의 문제는 공부의 대상이며, 스스로 그러함을 표준으로 삼아야 한다고 한다. 이를 더 천착하면 가치는 스스로 존재하는 대상이 아니라, 인간의 판단 문제라는 점이다. 그래서 마땅히 그래야 함은 개인의 가치관이나 문화에 따라 얼마든지 달라질 수 있어서 절대불변의 하늘의 이치가 아니라는 점을 시사한다.

여기서 "스스로 그러함을 표준으로 삼는다"라는 말은 자연적 사실의 문제가 곧바로 가치가 된다는 말은 아니다. 이것을 해명하려면 복잡한 설명이 필요하다. 다 말할 수는 없지만, 우선 한 가지만 말하면, 가치라 하더라도 사실에 의존할 수밖에 없다는 점이 그것이다. 가령 나이 드신 부모에게 음식을 제한하는 일이 겉으로 보면 불효일 수 있지만, 만약

질병 치료의 목적이라면 효도일 수 있다. 여기서 효도와 불효를 결정하는
근거는 음식이 그 당시의 부모에게 해로운지 이로운지 판단하는 의학적·
자연적 사실이다. 스스로 그러함이 가치의 표준이 되는 이 문제는 후기
철학의 운화 승순 개념으로 구체화된다.

그런데 이렇게 유행지리와 추측지리 대신에 사용된 원문 '자연'과 '당연'
은 저자의 독창적인 용어가 아니라, 명대 학자 여곤(呂坤, 1536~1618)[415]
의『신음어(呻吟語)』라는 글에서 가져왔다. 서로의 비교를 위해 우리말
로 옮겨 적으면 다음과 같다.

> "도에는 두 개의 그러한 것이 있는데 온 세상이 거꾸로 행하고 있다.
> 마땅히 그래야 함이 있으니 이것은 인간에 속하여 길흉화복을 불문하고
> 앞으로 실천해 나가야 한다. 스스로 그러함이 있으니 이것은 자연에 속하
> 여 사람이 아무리 배회하고 울부짖어도 억지로 할 수 없다. 온 세상이
> 어둡고 미혹된 것은 오로지 스스로 그러함에서 공부를 어긋나게 하였기 때문
> 이다. 이것을 일러 '하늘을 대신해 바쁘다'라는 것이니 한갓 고생스럽기만 하
> 고 이로움이 없다. 되레 마땅히 그래야 함에 온전히 뜻을 두지 않으면 이것을
> 일러 '인간의 도리를 버린다'라는 것이니, 어떤 인간을 이루겠는가?"[416]

저자는 이 인용문의 핵심을 바꾸지 않고 백화체 문장을 깔끔한 한문으로
다시 고치면서, 거기에 자신의 철학적 관점을 보충했음을 알 수 있다.

---

415 자는 叔簡·心吾·新吾이고, 寧陵(지금의 河南省) 사람으로, 관직은 刑部侍郎을
지냈다.

416 呂坤,『呻吟語』卷1,「談道」: 道有二然, 擧世皆顛倒之. 有個當然, 是屬人底, 不問吉
凶禍福, 要向前做去. 有個自然, 是屬天底, 任儞蹢躅咆哮, 自勉强不來. 擧世昏迷,
專在自然上錯用工夫, 是謂替天忙, 徒勞无益. 却將當然底全不着意, 是謂棄人道,
成個甚人. 강조는 같은 글자.

스스로 그러함과 마땅히 그래야 함을 그의 유행지리와 추측지리로
해석한 철학자다운 능력이 돋보인다. 하지만 여곤은 "이치로 말하면
마땅히 그래야 함을 하늘이라 말한다"[417]라고 말해서 저자가 유행리지
와 추측지리로 나눈 일처럼 엄격하지 않다. 이 밖에 그는 우연(偶然)[418]도
말하고, 부득불연(不得不然)도 말하면서 스스로 그러함과 마땅히 그래
야 함을 포함해 모두 하늘에 관련시켰다.[419] 이 또한 저자와 다른 점이다.
그런데 이 문제는 조선 철학사에서 이미 다룬 문제이기도 하다. 곧
임성주(任聖周, 1711~1788)가 리와 기가 두 사물이 아니라고 강조하면
서, 리(理) 자의 뜻은 '자연'이라는 두 글자로 '당연'과 '소이연'이라는
용어도, '자연'이라는 데로 그 뜻이 모두 귀결해야 한다고 강조하였다.
또 '자연'이라고 말하고 '당연'이라고 말하는 그것도 별도로 경계가 있는
것이 아니라, 단지 기의 측면에 나아가 말한 것일 뿐, 연(然) 자는
바로 기를 가리키고 자(自) 자와 당(當) 자는 그냥 갖다 붙여서 그
의미를 형용한 것에 불과할 따름이라고 보고, 만약 이런 의미를 인식할
수만 있다면 기를 가리켜 리라고 한다고 해도 안 될 것이 없다고 주장하였
다.[420] 여기서 임성주는 자연과 당연 모두를 기에 귀속하여 자연적
사실과 인간적 가치를 분리하지 않았다. 저자의 이 논술은 철학사에서

---

417 같은 책, 卷4, 「天地」: 以理言之, 則當然者謂之天.

418 같은 책, 卷3, 「應務」: 有當然有自然有偶然. 君子盡其當然, 聽其自然, 而不感于偶
    然. 小人泥于偶然, 拂其自然, 而棄其當然.

419 같은 책, 卷4, 「天地」: 自然謂之天, 當然之天, 不得不然謂之天. 陽亢必旱, 久旱必陰,
    久陰必雨, 久雨必晴, 此之謂自然. 君尊臣卑, 父坐子立, 夫唱婦随, 兄友弟恭, 此之謂
    當然. 小役大, 弱役强, 貧役富, 賤役貴, 此之謂不得不然. 이 글에서 전근대적 윤리와
    제도를 절대불변의 하늘로 여겼음을 알 수 있다.

420 『鹿門集』, 「雜著·鹿廬雜識」: 嘗思理字之義, 須自然二字乃盡. 如當然所以然, 要其
    歸皆自然也. … 然而其所謂自然當然者, 亦非別有地界, 只是就氣上言之, 然字正指
    氣, 而自字當字不過虛設而形容其意思而已. 苟能識得此意思則雖或指氣爲理, 亦
    未爲不可也.

볼 때 비록 '자연'과 '당연'이란 용어를 사용했음에도 그것을 분리하지 않은 점에 대한 반론이기도 하다. 물론 주희 성리학도 존재상에서 그것을 구분하지 않았다.

# 59. 하늘은 추측하기 어렵다
## 天難推測

하늘에는 사람 마음이 추측하는 이치가 없으나 그 기량421이 배포하는 이치는 있고,422 사람에게는 견문을 추측한 이치는 있으나 하늘의 기량이 배포하는 이치 같은 것은 없다. 그러므로 단지 평생의 견문을 가지고 사물의 찌꺼기를 추측한다. 비록 추측에 만 가지의 갈래가 있더라도, 사용하는 것은 고작 조금밖에 지나지 않는다.

天無人心推測之理, 而有氣量排布之理, 人有見聞推測之理, 而無天之氣量排布之理. 故只將平生之見聞, 推測事物之糟粕. 推測雖有萬分, 須用不過一二.

* * *

하늘의 질서에서 말하면, 별들이 나열되어 있고 기의 운행이 돌아가는423 데에는 커다란 역량이 열어 펼친 이치가 있다. 여기에 어찌 사람 마음이 추측한 이치가 있겠으며, 또한 사람의 추측이 있음을 하늘이 어떻게 알겠는가?

---

421 氣量은 氣魄·度量·氣像·器量 등의 뜻이 있는데, 바로 아랫글에서 力量과 같은 의미로 쓰여 能力의 뜻으로 쓰였다.
422 문자대로 읽어 리가 먼저 있어 기를 배포한다는 의미가 아니라, 인식의 대상을 心心의 推測之理와 대비시켜서 한 표현이다. 곧 만물의 이치가 자연적으로 결정된다는 의미이다.
423 氣運은 전통적으로 四時가 돌아가면서 변화하는 것을 일컬었지만, 氣運之斡旋을 말함으로써 행성이나 별의 운행까지 포함한다.

自天道而言之, 則星辰之布列, 氣運之幹旋, 有浩大力量開張之理. 何嘗有人心推測 之理, 亦何以知有人之推測也.

사람 마음의 추측에서 말한다면, 멀리 보는 대상은 단지 깜빡이는 별 정도에 미치고, 그것마저도 대기가 덮고 가리고 있다. 먼 곳에서 들려오 는 대상은 세계에서 번역되어 전하는 말과 글에 지나지 않아, 실제로는 대부분 다 전하지 못하거나 완벽할 수 없다. 그러니 어떻게 하늘이 구분 지은424 이치를 밝힐 수 있겠는가?

自人心推測而言之, 則見遠者, 只及於星耀之明滅, 而亦爲蒙氣之遮蔽. 聞遠者, 不 過四海傳譯之言文, 而實多不盡之條不能之至. 從何以明得天之範圍之理也.

설령 그것을 밝히는 데 '능숙하다'라고 말할지라도, 다만 달걀을 미루어 하늘의 형체를 헤아리는 일에 지나지 않고, 돌아가는 맷돌에 붙어 있는 개미를 미루어 태양의 궤도를 헤아릴 뿐이다. 달걀과 맷돌에 붙어 있는 개미로서 어떻게 하늘의 참모습을 모방하여 비유할 수 있겠는가? 이미 하늘의 전체를 확실히 알 수 없으니, 또 그 이치를 헤아릴 수 없음도 분명하다.

縱曰能之, 特不過推雞卵而測形體, 推蟻磨而測日躔. 夫雞卵蟻磨, 何以能喩其眞之 倣像耶. 旣不可以認得全體, 則又不可以測得其理, 的然明矣.

---

424 範圍는 구간이나 구역의 의미가 아니라 동사구로 앞의 排布나 開張과 같은 의미로 하늘을 의인화하여 '틀로 잡아 구분 짓다'라는 뜻이다. 그 용례는 『周易』,「繫辭上」의 "(聖人)範圍天地之化而不過, 曲成萬物而不遺, 通乎晝夜之道而知. 故神无方而易 无體."에 보인다.

하지만 사람과 만물은 기 가운데서 생겨나 자라고 사용하는 것도 이러한 기이므로, 그 익힌 내용을 따라 추측이 생겨난다. 이른바 '심오함'은 피상적인 찌꺼기일 뿐이요, 이른바 '드넓음'도 한두 가지 시험한 일에 지나지 않을 뿐이어서 따로 능한 일이 없다.

然人物生長於這氣之中, 須用這氣, 則從其所習而推測生焉. 所謂深奧, 惟是皮流之糟粕, 所謂廣博, 不過一二之試驗而已, 別無所能.

동서고금425에서 하늘과 사람의 이치를 연구한 사람은 만·억 명만은 아니겠지만, 본떠 나타낼 수 없는 곳에서는 그 빛과 그림자만 희롱하고,426 그 까닭을 모르는 곳에서는 신도427에 돌려버린다.

宇宙間硏究天人之理者, 不翅萬億, 不可模着處, 弄其光影, 不知所由處, 歸于神道.

그리하여 허황함을 숭상하는 사람428은 근거 없는 허튼짓429을 제 맘대로 하고, 복을 찾는 사람은 재앙과 복을 점치며 제각기 문호를 이룬다. 이렇게 미혹되어 돌아올 줄 모르는 까닭은 참됨을 다하지 못하고 추측이 드러나지 않아서, 알 수 있는 자연 이치의 유행을 잔여물이라 말하며 소홀히 하고, 알 수 없는 하늘 질서의 대강을 속견으로 논하려고 하기

---

425 宇宙는 上下四方과 往來古今을 일컫는 말.
426 본질을 못 본다는 뜻.
427 앞의 「推形質測神道」를 볼 것.
428 尙虛는 원래 道家 계열의 학술을 따르는 사람을 일컫는 말이지만, 여기서는 저자가 비판하는 학술에 대해 포괄적으로 비판한 말.
429 放誕은 放曠과 虛誕. 放曠은 말과 행동에 구속받지 않음이고, 虛誕은 거짓되고 근거 없음이다.

때문이다.

尚虛之人, 肆其放誕, 求福之人, 點其災祥, 各成門戶. 迷不知返, 由於誠實未盡, 推測不著, 可知之天理流行, 以謂緖餘而忽之, 不可知之天道大致, 欲將俗見而論之.

# 해 설

기를 미루어 리를 헤아린다는 '추기측리'의 마지막 글이다.

자연 이치 그 자체와 인간이 추론한 관념이나 개념상의 구분을 분명히 하고, 우주를 포함한 자연의 이치를 밝히는 일이 쉽지 않음을 말하였다. 이는 당시 자연과학의 수준, 또는 저자가 아는 수준에서 나올 수밖에 없는 발언이다. 그렇더라도 억측이나 통속적 견해, 미신 따위를 따라서는 안 된다고 하였다. 이는 전통의 그것은 물론 당시까지 전파된 서양 과학에 대해서도 크게 신뢰하지 않음을 읽어 낼 수 있다.

그 증거는 계란과 맷돌의 비유이다. 먼저 우주를 계란에 비유한 일은 마테오 리치가 "땅은 바다와 함께 본래 원형으로 합쳐져 하나의 구가 되어 천구의 중앙에 있다. 참으로 계란의 노른자처럼 푸른 하늘 안에 있다"[430]라는 말에 등장한다. 곧 4원소의 세계관에 따라 하늘 중앙에 정지한 지구(둥근 땅과 바다)를 공기와 불의 층 그리고 천체가 빙 둘러싸 9~12겹으로 우주가 이루어져 있다는 학설이다. 또 하나는 전통의 혼천설에서 설명하는 방식이다. 가령 "하늘과 땅의 모양은 마치 새알처럼 하늘이 땅의 바깥을 둘러싸 껍데기가 노른자를 둘러싸는 모습과 같다. 하늘은 두루 돌아 그침이 없고 그 형태가 흐리고 끝이 없으므로 '혼천'이라 말한다"[431]라는 말에 보인다. 그러니까 저자가 계란을 언급한 일은 동서의 우주관 모두를 비판한 말이다.

다음으로 맷돌의 비유는 예수회 선교사 로(Rho, 羅雅谷)가 쓴 『오위력지

---

430 『乾坤體義』上,「天地渾儀說」: 地與海本是圓形, 而合爲一球, 居天球之中. 誠如鷄子黃, 在靑內.

431 『晉書』卷11: 天地之體狀, 如鳥卵天包地外, 猶殼之裹黃也. 周旋無端, 其形渾渾然, 故曰渾天也.

(五緯曆指)』에 "사람이 배 위에서 다니고 개미가 맷돌 위에서 다니는 일과 같아 저절로 본래의 운행이 있지만, 또 부득불 배와 맷돌을 따라서 다닌다"[432]에서 볼 수 있는데, 이 비유는 천동설의 입장에서 지구는 움직이지 않고, 다른 행성들은 지구에서 볼 때 하루에 한 번씩 돌아도 결국은 종동천의 운동에 따라 자기 궤도로 운행함을 설명하기 위한 말이다. 맷돌의 비유는 또 전통의 천원지방의 개천설과 관련이 있다. 곧 하늘은 동에서 서로 돌지만 해와 달은 서에서 동으로 회전한다고 보아, 맷돌은 왼쪽으로 돌고 있는데 그 표면을 개미가 오른쪽으로 가고 있어서 걸음이 느린 개미도 왼쪽으로 도는 것처럼 보인다는 설명에 등장한다.[433] 즉 해와 달이 동쪽으로 움직이지만, 하늘의 회전에 이끌려 동쪽에서 떠서 서쪽으로 진다는 것이다. 이런 견해는 혼천설에도 채용되었다.[434] 이렇듯 동서의 불합리한 이론은 받아들이지 않았다.

하지만 더 많은 과학 정보를 얻은 후기 저술에서는 자연법칙이나 원리에 대한 탐구와 사색을 게을리하지 않는다. 모름지기 학자라면 새로운 정보를 볼 때마다 생각을 더욱 발전시켜야 하기 때문이다.

『추측록』권2 끝. 推測錄 卷二 終.

---

432 『新法算書』卷36: 如人行船中, 蟻行磨上, 自有本行, 又不得不隨船磨行也.

433 이종란, 『의산문답』, 162쪽. 이 개미와 맷돌의 비유는 홍대용도 언급한다. 저자와 같은 책을 보았음을 알려준다.

434 丸山敏秋/박희준 옮김, 『氣란 무엇인가』(정신세계사, 1989), 49-50쪽.

# 추측록

## 推測錄

### 권 3

추정측성

推情測性

# 1. 사람과 만물의 성정
## 人物性情

하늘의 기와 땅의 질을 받아 타고난 사람과 만물은 성정을 갖고 있지 않음이 없다. 그 생긴 대로의 이치를 본성이라 말하고, 그 본성이 드러난 작용을 정이라 말한다.

人物之受天氣而稟地質者, 莫不有性情. 指其生之理曰性, 指其性之發用曰情.

대개 생긴 대로의 이치는 보기 어려워도 본성이 드러난 작용은 쉽게 안다. 그러므로 그 정을 미루어 그 본성을 헤아린다.

蓋生之理難見, 而性之發用易知. 故推其情, 以測其性.

\* \* \*

사람과 만물은 모두 성정을 갖추었으니, 사람의 성정을 만물의 성정에 간여시켜 헤아려 보편적인 이치1를 안다면, 인식한 성정은 거의 편향되지 않을 것이다.

人與物, 俱有性情, 以人性情, 參稽於物之性情而得其一本之規, 則所認之性情, 庶不偏矣.

---

1 一本之規는 직역하면 '근본을 같이 하는 법칙'이다. 성리학에서는 그것[一本]을 태극(太極)이라 본다.

사람의 본성은 인의예지이고, 그 정은 희로애락이다. 쇠와 암석과 풀과 나무의 본성은 견고함·굳셈·부드러움·질김2 따위이고, 그 정은 가뭄에 메마르면 바싹 타고 비 오면 젖는 현상 따위이다.

人之性, 仁義禮知也, 情, 喜怒哀樂也. 金石草木之性, 堅剛柔靭也, 情, 旱焦雨潤也.

인간 희로애락의 정을 가지고 인의예지의 본성을 헤아리는 일은 쇠와 암석과 풀과 나무의 가뭄에 메마르면 바싹 타고 비 오면 젖는 정을 가지고 그 견고함·굳셈·부드러움·질김의 본성을 헤아리는 일과 같다.

以人之喜怒哀樂之情, 測其仁義禮知之性, 如以金石草木旱焦雨潤之情, 測其堅剛柔靭之性也.

---

2 靭은 원문에 靭으로 되어 있으나 문맥을 고려하여 바로잡음.

# 해 설

이 글은 정을 미루어 본성을 헤아린다는 '추정측성'의 출발이다. 우선 성정(性情)은 전통 철학에서 인간의 본질과 그것이 표출되는 현상을 설명하는 주요 범주이다. 저자의 성정에 대한 견해는 조선 철학사에서 매우 소중한 자료이다. 당시 학술계는 본성을 두고 인물성동이론으로 전개하였는데, 그 맥락에서 보거나 또 주희 성리학을 극복하는 관점에서 볼 때 큰 의의가 있기 때문이다.

한자 情은 뜻이 다양해서 우리말로 옮기기 참으로 어려운 말 가운데 하나이다. 특히 성리학에서 본성이 발동하여 정이 된다고 할 때, 이것을 서구식의 감정(emotion 또는 feeling)으로 옮길 때는 세심하게 주의해야 한다. 본성의 발현이 이성적이든 감성적이든 그것이 어떤 생각이나 느낌 또는 감정이나 태도로 표현될 때는 모두 정의 범주에 속하기 때문이다. 그래서 옮긴이가 정을 감정이나 정서 따위로 옮기지 않고 그냥 정이라고 한 것도 그 때문이다.

주희 성리학에서는 보통 본성이 정으로 발현한다고 하는데, 이때 그 본성이 온전히 발현된 정은 선하나, 기질의 영향으로 잘못 발현된 정은 불선이 된다고 한다. 곧 맹자가 말한 사단은 온전히 발현된 것이고, 『중용』에서 말한 칠정은 선이나 불선으로 전개될 수 있다고 한다. 여기서 성정에 리와 기를 개입시키면, 이발(理發)과 기발(氣發)의 문제가 등장하는데, 사단과 칠정을 두고 리가 발동한 것인지 기가 발동한 것인지, 사단과 칠정은 같은 정인지 다른 정인지에 대한 유명한 논쟁이 조선 시대의 기대승(奇大升)과 이황(李滉) 사이의 사단칠정 논쟁이다. 리의 발동은 온전한 선이 되고 기의 발동은 불선의 가능성이 있기 때문이다. 또 리는 움직임을 갖지 않는데[無爲] 발동이 성립하는지 의문을 제기하지 않을 수 없기 때문이다.

여기서 저자가 이 성정 개념을 어떻게 재해석하는지 살펴볼 필요가 있다. 본문에서 본성은 사람과 물건으로 나누어 설명했는데, 사람에게 있어서는 성리학처럼 본성이라 할 수 있고, 물건의 그것은 물건의 고유한 성질로 보인다. 또 사람의 정은 성리학의 그것과 차이가 없지만, 물건의 그것은 물건이 주변 사물과 관계하는 성질로 보인다.

전통적으로 성정론은 사람의 그것에 한정하여, 철학적으로 설명할 때는 인성론의 영역에서만 다룬다. 하지만 사물로 확대한다면 과학에서 다루는 문제로 전환된다. 게다가 인간의 경우 그 본성이 날 때부터 고정되었는지 학습에 따른 것인지 또 원래부터 선한지 어떤지 논의해 봐야 한다. 이후 이런 문제들을 다루고 있다.

## 2. 본성의 바름과 바르지 못함을 알다
### 知其正不正

희로애락이 바른 사람은 그 본성이 바름을 알고, 희로애락이 바르지 못한 사람은 그 성품이 바르지 못함을 안다.3

喜怒哀樂, 得其正者, 知其性之得正, 喜怒哀樂之不得其正者, 知其性之不得其正.

\* \* \*

마음에 쌓은 것이 밖으로 드러난다. 그러므로 밖으로 드러난 정을 따라 그 마음에 쌓은 상태를 안다. 거슬러 올라갈수록 물의 흐름이 탁하면4 그 근원이 반드시 깨끗하지 않다. 그러므로 그 흐름을 좇아가면 그 근원의 맑거나 탁함을 안다.

積於中者發於外. 故從其發於外者, 而知其中之所積. 波流濁, 則源必不淨. 故從其流而知其源之淸濁.

───────────────────

3 喜怒哀樂의 情이 바른지 바르지 않은지의 규정은 『中庸章句』 제1장의 "喜怒哀樂之未發, 謂之中, 發而皆中節, 謂之和. 中也者, 天下之大本也, 和也者, 天下之達道也."의 주석에서 주희는 "喜怒哀樂, 情也, 其未發則性也. 無所偏倚, 故謂之中, 發皆中節, 情之正也."라고 하여, 발동한 희로애락이 상황에 맞을 때 바른 정이라 설명하고 있다. 그래서 보통 '時中'이라는 표현을 쓰는데, 情이 표출될 때 그것이 때와 장소에 해당하는 규범에 맞아야 바른 情이 된다. 저자는 그 바른 정을 미루어 성품이 바름을 헤아릴 수 있다는 설명이다.

4 波流는 물의 흐름을 뜻하는데 漢 劉向의 『說苑』, 「雜言」의 "錯吾軀於波流, 而吾不敢用私."과 또 물결을 따라 근원을 좇아간다는 뜻으로 『莊子』, 「應帝王」의 "吾與之虛而委蛇, 不知其誰何, 因以為弟靡, 因以為波流, 故逃也."에 보인다. 본문은 후자의 뜻으로 쓰임.

# 해 설

'추정측성'의 뒷받침하는 논리로서 정을 통해 인간의 본성이 드러남을 말하였다.

본성은 인간의 본질을 규정하는 추상적 개념이다. 그 내용이 어떤 것인지 직접 알 수 없다. 심리학이나 과학적인 방법에서 파악하더라도, 심리 표출이나 행동을 통해 그것이 드러난다고 전제하고 관찰하여 알 수밖에 없다. 마찬가지로 저자도 정의 표출을 통해 본성을 파악하는 길을 걸었다.

문제는 여기서 바르지 못한 성품이 있다는 생각이다. 맹자 성선설을 받아들인 성리학에서는 인간의 본성이 바르지 못한 게 있다고 한다면 규정 자체가 이율배반이다. 그런데 현실은 성품이 바르지 못한 사람들이 분명히 있다. 원래 바른 성품이 어째서 바르지 않은지 설명해야 했다. 그래서 생각해 낸 개념이 기질지성(氣質之性)이다. 곧 원래는 바른 성품이지만, 인간의 마음과 몸을 구성한 기질의 영향으로 바르지 못하다는 생각이다. 대신 원래의 성품을 본연지성(本然之性)이라 일컬었다. 본문에서 바르지 못한 성품이 있다는 지적은 성리학의 관점에서는 기질지성에 해당하지만, 저자는 아직 어떻다고 말하지 않고 있다. 어쨌든 정을 통해 본성을 파악하는 방식은 현상을 보고 본질을 파악하는 과학적 방법과도 통한다.

# 3. 본성에는 늘어나거나 줄어듦이 없다
## 性無增減

자질구레한 것부터 차근차근 배워 높은 경지에 이른 사람5이라도 어찌 자기의 본성에 첨가한 무엇이 있겠는가? 다만 자기의 본성과 물건의 그것을 다 발휘할 수 있었을 뿐이다.6 바른길을 버리고 구부러진 좁은 길로 들어가는 사람이라도 어찌 자기의 본성을 줄일 수 있겠는가? 그 본성을 가린 장애물을 제거하지 못해 그 본성이 어두워졌을 뿐이다.

自下學而邊進於上達者, 豈是添得己性. 但能盡己性而盡物性. 捨正路而趨入於曲逕者, 豈是減得己性. 不能去其蔽而昧其性.

\* \* \*

성의 본체가 어찌 사람이 늘이거나 줄일 수 있는 대상이겠는가? 하지만 강구를 통해 그 가리는 장애물을 제거하고, 단련하고 익혀서 밝은 데 나아가는 일이야말로 스스로 본성을 잘 발휘하는 방법을 다하는 길이다. 반면 게을러서 어두운 데 빠져 있고, 던져버려서 일상의 법도를 위반하는 일이야말로 본성을 해치는 사람이다.

性之本體, 豈是人之所能增減. 然由講究而去其蔽, 由鍊習而進於明, 乃是自盡其道也. 由懶惰而浸於昏, 由抛棄而反其常, 乃是戕賊者也.

---

5 『論語』, 「憲問」: 子曰, 不怨天, 不尤人, <u>下學而上達</u>, 知我者, 其天乎.
6 『中庸章句』第22章: 唯天下至誠, 爲<u>能盡其性</u>, 能盡其性則能盡人之性, 能盡人之性則 <u>能盡物之性</u>. 物之性이란 앞의 「人物性情」의 재해석을 따르면 물건의 성질이다.

# 해 설

성의 본체는 학습이나 외적 요인에 의해 바뀔 수 없음을 말하였다. 본성의 내용이 무엇인지 이 글에서는 밝히지 않았지만, 일단 형식 면에서 볼 때 선천적이고 불변하는 것이라 하여 주희 성리학의 그것과 다르지 않다. 본성을 덮고 가리는 장애물을 제거하는 것도 그렇다.

본성이 선천적이라는 면에서 본능적 요소도 갖고 있다. 맹자도 이 점을 인정한다. 하지만 그는 그것을 본성으로 규정하기를 원치 않았고,[7] 대신 인의예지를 본성이라 규정하였다.[8]

저자가 본성을 말할 때 그 내용이 무엇인지, 또는 그 본성의 내용을 어떻게 규정하는지에 따라 철학사적 의미가 드러날 것이다. 뒤에 등장하는 그의 본성 개념의 전체 맥락에서 보면, 인간 본성 형성의 한 요소로서 사회 규범이 아닌 본능적 요소, 곧 모든 사람에게 보편적인 요소만을 가리키는 것 같다. 저자는 그것을 선이나 악으로 규정하지 않았지만, 잘 발휘하는 일을 좋게 보았다.

---

7 『孟子』, 「盡心下」: 孟子曰, 口之於味也, 目之於色也, 耳之於聲也, 鼻之於臭也, 四肢於安佚也, 性也, 有命焉. 君子不謂性也.

8 같은 책: 仁之於父子也, 義之於君臣也, 禮之於賓主也, 智之於賢者也, 聖人之於天道也, 命也, 有性焉. 君子不謂命也.

# 4. 본성의 배양
## 養性

본성을 배양하는 방법은 단지 그것이 발현되어 사용됨에 따라서 자기의
넉넉한 부분을 살피고 부족한 부분을 굳세게 할 수 있다.[9]

養性之方, 只可從其發用, 而審己之所有餘, 彊己之所不足.

* * *

본성을 다른 방식으로 배양할 수 없고, 또 잡술로 조장할 수도 없다.
다만 성찰[10]하고 경계하고 삼가는[11] 공부로 치우침과 가려짐을 제거하
면, 나의 본성을 다할 수 있다.

性不可以從他培養, 又不可雜術助長. 只可以省察戒愼之功, 去其所偏蔽, 則可以盡
吾性耳.

가령 성격이 총명하고 확 트인 자는 지나치게 살피는 것을 경계하고,
견문이 적은 사람은 옹색함을 경계하고, 용감하고 굳센 사람은 난폭하게

---

9 희로애락에 過와 不及이 없는 상태가 中인데, 본문에서는 有餘를 過, 不足을 不及에
　상응하는 개념으로 사용하였다.

10 살펴 반성해 보는 것으로 주희 성리학에서 已發 곧 動時의 공부로서 『朱子語類』
　62-148의 "存養是靜工夫. 靜時是中, 以其無過不及, 無所偏倚也. 省察是動工夫.
　動時是和, 才有思爲, 便是動, 發而中節無所乖戾, 乃和也."에 보인다.

11 戒愼은 『中庸章句』 제1장의 "是故, 君子, 戒愼乎其所不睹, 恐懼乎其所不聞."에 보인
　다.

될 수 있음을 경계하고, 어질고 따뜻한 사람은 우유부단함을 경계하고, 마음이 고요하고 편안한 사람은 때를 놓치는 것을 경계하고, 마음이 호탕하게 넓은 사람은 어떤 일을 빠뜨리거나 잊는 것을 경계한다.[12]

聰明疏通者, 戒於太察, 寡聞少見者, 戒於壅蔽, 勇往彊剛者, 戒於太暴, 仁愛溫良者, 戒於無斷, 沈靜安舒者, 戒於後時, 廣心浩大者, 戒於遺忘.

---

12 聰明疏通者 이하 모두 『漢書』 卷81의 「匡衡傳」에 나온다. 그 원문은 "蓋聰明疏通者, 戒於大察, 寡聞少見者, 戒於壅蔽, 勇猛剛强者, 戒於大暴, 仁愛溫良者, 戒於無斷, 湛靜安舒者, 戒於後時, 廣心浩大者, 戒於遺忘. 必審己之所當戒, 而齊之以義, 然後中和之化應, 而巧僞之徒不敢比周而望進, 唯陛下戒所以崇聖德."이다. 이 내용은 『資治通鑑』에도 실려 있다.

# 해 설

본성 기르는 문제를 논하였다.

제목의 본성을 배양한다는 말은 마음을 보존한다는 말과 함께 맹자가
한 말이다.[13] 그래서 보통 아울러 존양(存養)이라고 한다. 곧 보존의
대상은 본마음이고, 기르는 대상은 본성이다.

우리는 여기서 '기른다'라는 말이 함의하는 각도에서 볼 때, 보통 식물을
키우고 동물을 사육하는 일과 같은 의미로 쓴다. 다시 말하면 가능성만을
지닌 무엇을 잘 성숙·발현하도록 한다는 의미이다. 하지만 주희 성리학
은 그런 뜻이 아니다. 본성이 이미 완결된 형태로 갖추어져 있지만,
기질의 덮고 가리고 치우친 영향으로 발현되지 않은 본성이 잘 발현될
수 있도록 하는 일이 본성 배양의 의미이다. 왜냐하면 본성은 천리인
형이상학적 존재로서 이미 발현될 방향과 내용이 정해져 있기 때문이다.
그래서 활동하지 않을 때의 공부가 존양이고, 사물을 만나 마음이나
몸이 활동할 때나 활동한 이후의 공부가 성찰이다. 그러니까 본성을
배양한다는 의미는 존양의 공부와 관계되며 활동하기 이전의 미발(未
發)상의 공부이다. 또 경계하고 삼가는 계신(戒愼)은 미발과 이발을
관통하는 공부이다.[14]

하지만 저자는 그런 방식을 따르지 않았다. 미발이나 고요할 때 본성을
배양하지 않고, 주희식으로 말하면 이발 곧 성찰하는 단계에서 배양한다
는 쪽으로만 해석하고 있기 때문이다. 다만 "치우침과 가려짐을 제거하

---

13 『孟子』, 「盡心上」: 存其心, 養其性, 所以事天也.

14 『朱子語類』 62-136: 先生曰, 已發未發, 不必大泥. 只是旣涵養, 又省察, 無時不涵養
  省察. 若戒懼不睹不聞, 便是通貫動靜, 只此便是工夫. 至於愼獨, 又是或恐私意有萌
  處, 又加緊切.

면, 나의 본성을 다할 수 있다"라는 말을 보면, 주희 성리학의 수양방식을
따르고 있지만, 이 또한 구체적이고 경험적인 방법에 충실했다고 하겠
다. 미발일 때에는 경험하거나 사유할 수 있는 대상이 없어서 공부할
대상이 없기 때문이다.

# 5. 버릴 수 있거나 버릴 수 없는 정
## 情之捨不捨

정이 드러낸 종류 가운데 버리고 싶어도 버릴 수 없고, 잊고 싶어도 잊을 수 없는 종류는 본성이 갖춘 것이다. 그 나머지 버려도 되고 버리지 않아도 되며, 잊어도 좋고 잊지 않아도 좋은 종류는 인정에 얽매인 것이 아니라면 반드시 외부 사물을 만나 달라진 것이다.

情之所發, 欲捨而不可捨, 欲忘而不可忘者, 是性之所具也. 其餘捨之可, 不捨之亦可, 忘之可, 不忘之亦可者, 若非緣情有累, 必是遇物有邊也.

\* \* \*

버릴 수 없는 것은 오륜과 목마르면 마시고 배고프면 먹는 종류이며, 잊을 수 없는 것은 인의예지의 지난 것을 미루어 다가올 것을 헤아리는 것이다.15 이것들은 예부터 지금까지 피차에 같지 않음이 없어서, 인성에 고유한 내용임을 알 수 있다. 그 나머지 세속의 풍습으로 이룬 것이나 때에 따라 맞추어 쓰는 것은 모두 인정에 얽매인16 데서 나온다.

不可捨者, 五倫及渴飮饑食之類, 不可忘者, 仁義禮知之推往測來也. 亘古亘今, 無有乎彼此, 無有乎不同, 可知人性之所固有也. 其餘俗習所成, 因時適用, 皆出情之

---

15 인의예지가 추측지리라는 의미인데, 이 말을 분명히 이해하기 위해서는 뒤의 「仁義禮知」를 볼 것.

16 緣飾에는 裝飾의 뜻이 있어 '정의 꾸밈'이 되어, 결국 인정에 얽매인다는 뜻이 된다. 앞의 緣情有累와 같은 뜻이 되어야 하기 때문이다.

緣餙也.

하지만 그것들은 이미 정에서 나왔으므로 비록 본성 안의 일이라 말해도 안 될 일은 없다. 본성과 정은 이미 나누어져 분명하므로 정에서 나오고 본성에서 나오지 않았다고 해도 또한 안 될 것도 없다.

旣出於情, 則雖謂之性分內事, 無不可也. 性與情, 旣有分辨, 則謂是出於情, 而非出於性, 亦無不可也.

# 해 설

정이 드러낸 버리거나 버릴 수 없는 여러 가지 종류를 말하였다. 그런데 저자는 성리학의 논리를 따라 앞의 글에서 "그 성이 드러나 작용하는 것을 정이라 말한다"라고 말하면서도, 오류과 본능적인 행위만이 아니라 잡다한 종류도 정이 드러낸 것이라 말했다. 왜 이렇게 새삼스럽게 성이 있음에도 불구하고 덧붙여 정이 발동한 것이라고 말했을까? 그것은 바로 인성에 고유한 내용과 그렇지 않은 것을 하나로 묶어 정의 발출로 보고자 했기 때문이다.

사실 성리학에서도 본성과 관계없이 발현하는 대상을 기질의 영향 탓으로 돌렸다. 설령 본성이 발현되더라도 기질의 왜곡으로 온전히 발현되지 못한다고 본다. 이것을 모두 통틀어 기질지성이라고 하여, 성과 연관시켰다. 저자는 본성이 발현된 정도 있지만 그렇지 않은 것도 있어서, 그것을 성과 관련시키는 일을 굳이 반대하지는 않더라도 성과 무관한 일로 보고 싶었다. 본성과 관계되든 아니든 모두 정이라는 범주속에 넣고 싶었기 때문이다. 마지막 문장을 보라.

여기에는 그만한 까닭이 있다. 형이상의 이치가 본성의 내용으로 이미 갖추어져 있다는 곧 '본성이 곧 이치'라는 데 대한 불만이 그것이다. 그렇게 되면 인간을 설명하는 데 대단히 제한적이다. 본성의 내용이 이미 정해져 있기 때문이다. 하지만 정이 본성과 상대적으로 독립된 것으로 보면, 유동적이고 환경적 변화에 따라 일어나는 사태에 표출되는 다양한 심리를 모두 정의 범주 안에 포용할 수 있다. 설령 본성과 연관시키더라도 저자의 리 개념 자체가 기의 조리에 지나지 않기 때문에, 본성이란 성리학에서 말하는 이치가 아니라 인간의 본능적·사회적 추향(趨向)으로 드러나는 추측된 조리로 보고자 하기 때문이다. 그래서

본능과 오류 등은 버리거나 잊을 수 없는 것들이다. 이 내용은 뒤에
구체적으로 등장한다.

# 6. 본성에는 익힘으로 바뀌는 게 있다
## 性習有遷

하늘이 명한 것을 일러 본성[17]이라는 말은 하늘의 기를 받은 것을 가리킨
것이요, 기질지성이란 땅의 질을 받은 것을 가리킨다. "본성은 서로
가까우나 익힘에 따라 서로 멀어진다"[18]라는 말은 익힌 내용에 따라
바뀌는 게 있음을 가리킨 것이다.

天命之謂性者, 指其受天氣也, 氣質之性者, 指其稟地之質也. 性相近習相遠者, 指
其隨所習而有遷也.

이렇게 인간 본성에 다름이 있다면, 본성을 미루어 헤아리는 내용에도
응당 같지 않음이 있어야 한다. 하지만 하늘과 땅과 사람을 꿰뚫어 보면,
그것이 같음을 자연히 알게 된다. 다만 사람이 익힌 내용만 거론하면
끝내 같음을 알기 어렵다.

性旣有殊, 則其所推性而測者, 宜有不同. 然貫通三才, 則自知其同. 只擧人之所習,
則終難得其齊也.

＊　＊　＊

기에는 맑고 흐린 차이가 있고, 질에는 굳세고 부드러운 차이가 있고,

---

17 『中庸章句』第1章.
18 『論語』, 「陽貨」: 子曰, 性相近也, 習相遠也.

사람이 익힌 내용에는 선악의 차이가 있다. 그리고 본성이 번역19될 때는 맑거나 흐린 기에서 굳세거나 부드러운 질에 이르고, 굳세거나 부드러운 질에서 선악으로 이르는데,20 어찌 그간에 어긋남과 잘못이 없겠는가? 이미 어긋남과 잘못이 있다면, 본성을 헤아린 내용에도 따라서 차이가 있다.

氣有淸濁之殊, 質有剛柔之異, 人所習, 有善惡之殊. 而性之翻譯, 自淸濁而至剛柔, 自剛柔至善惡, 安得無這間差繆. 旣有差繆, 所測亦從而有異.

하지만 맑음과 흐림은 기의 굴신21에서 생기고, 굳셈과 부드러움은 기의 두터움과 얇음에서 나오며, 선악은 기를 따르거나 거스르는 데서 생긴다. 기를 알아 하늘과 땅과 인간을 통틀어 살필 수 있다면, 사람과 만물의 본성이 같은 하나의 근원임을 알 수 있다. 만약 기를 탐구하지 않고 단지 익힌 내용에 따라 서로 멀어지는 단서만 논한다면, 어찌 다만 두 배나 몇 곱절 달라지기만 하겠는가? 끝내는 본성을 이룬 시초를 엿보기 어렵게 된다.

然淸濁生於氣之屈伸, 剛柔生於氣之厚薄, 善惡生於氣之順逆. 有能見乎氣, 而統察三才, 則可知人物之性同一本原. 若不究於氣, 而只論習相遠之端, 奚特倍蓰而已. 終難窺乎成性之嵩緖.

---

19 본성이 飜譯된다는 표현이 어울리지 않을 것 같으나, 철학적 견지에서 보면 아주 훌륭한 표현으로 보임. 번역이란 원래의 의미가 언제나 백 퍼센트 전달할 수 있는 일이 아니기 때문이다. 마찬가지로 본성이 발휘될 때 여러 조건이나 상황에 따라 온전히 드러나지 않는다. 그래서 본성 자체에는 선악이 없지만 선악이 생긴다.
20 이 과정은 성리학의 理→氣(形氣)→善惡을 氣→質→善惡으로 변용했다.
21 보통 동작의 굽히고 폄을 말하지만, 여기서는 기의 展開와 收斂을 뜻함.

# 해 설

유학에서 말하는 본성에 대한 재해석이다. 우선 '본성은 익힘으로 바뀌는 게 있다'라는 제목부터 앞의 「본성에는 늘어나거나 줄어듦이 없다(性無增減)」의 내용과 충돌한다. 하지만 후자에서 '생긴 대로를 본성'이라고 규정했기에, 생물 본능의 보편적 요소로 좁혀서 말했다면, 전자는 학습을 통해 바뀌는 요소로 공자의 관점을 이었다.

인용된 사례는 『중용』에서 가져온 천명지성(天命之性)과 『논어』의 성상근(性相近)·습상원(習相遠)이다. 그 의도는 본성을 본연지성과 기질지성으로 나누는 방식을 비판하기 위해서이다. 그마저도 본성의 본원이리22라고 주장하는 데 대한 반론의 성격이 짙다.

성리학에서는 천명지성과 성상근에 해당하는 것을 본연지성이라 부르고, 습상원에 해당하는 것을 기질지성이라 불렀다.23 거기서 말하는 리는 언제나 선하고 바르지만 기는 그렇지 않아서, 현실에서 선한 사람과 불선한 사람이 존재하는 까닭을 설명하기 위해서는 리가 온전히 발현되는 본연지성과 기질의 간여로 그렇지 못하는 기질지성으로 나누어 설명할 수밖에 없었기 때문이다. 조선 후기 이 양자의 방면에서 더천착한 논쟁이 이른바 호락논쟁 또는 인물성동이논쟁이며, 철학적 범주로는 보편과 특수의 논쟁이다.

---

22 『論語集注』, 「陽貨」: 程子曰, 此言氣質之性, 非言性之本也. <u>若言其本, 則性卽是理</u>, 理無不善, 孟子之言性善, 是也. 何相近之有哉.

23 같은 책: 此所謂性, 兼氣質而言者也. 氣質之性, 固有美惡之不同矣.; 『朱子語類』 4-58: 天命之謂性, 還是極本窮原之性, 抑氣質之性. 曰, 是極本窮原之性;『中庸章句大田』第1章: 朱子曰, <u>率性</u>, 非人率之也, 率只訓循, 循萬物自然之性之謂道. 此率字不是用力字, 伊川謂便是仁者人也. 合而言之, 道也, 循字非就行道人說, 只<u>是循吾本然之性</u>, 便自有許多道理. 窮原之性은 本然之性과 같은 말. 本然之性과 氣質之性은 본래 程伊川이 구분한 말이다.

따라서 저자는 형이상의 존재를 믿지 않을 뿐만 아니라, 또 이학에서 말하는 리를 추측지리로 보기 때문에 인간 본성의 근거를 달리 볼 수밖에 없었다. 곧 철학의 최고 범주를 기로 보았으므로 기를 통해 본성을 설명하였다. 그래서 성리학의 리와 기의 관계에서 선악이 발생함을 기와 질의 관계에서 그렇게 되는 일로 조정해야 할 필요성이 있었다. 다시 말해 선악이란 정해져 있거나 존재하는 어떤 실체가 아니라, 기를 따르고 따르지 않는 행위의 좋고 나쁨을 규정하는 말이 된다.

그런데 문제는 성리학에서는 리가 선하다고 이미 규정했으므로 그것이 잘 발현되면 선이고 잘못 발현되면 악이 될 수 있어, 논리상 하자는 없다. 반면 저자에게는 기가 선한지 악한지 규정하지 않았다. 단지 따르거나 거스르는 행위만 있는데, 거기서 선악이 발생한다는 말은 선뜻 이해되지 않는다. 그래서 본문의 '선악은 기를 따르거나 거스르는 데서 생긴다'라는 말은 설명이 더 필요하다. 이 부분은 앞에서 조금 설명하였고[24] 또 뒤에서 자세히 논하고 있다.[25]

어쨌든 저자가 이 글에서 말하고자 하는 핵심은 본성의 근원이 형이상의 형상이나 리에 있지 않고 기에 있다는 점이다. 기는 활동하는 존재이므로 기가 전개되는 인간이나 사물의 현장에서 본성을 추론할 수 있다는 주장이다. 그때의 본성이란 어떤 이치라기보다 인간과 사물이 갖는 보편적 특징에 가깝다. 그래서 인간과 만물 본성의 근원이 같더라도, 달라지는 점을 말하면 끝이 없다고 한다. 이것이 공자가 한 말의 그의 해석이기도 하다. 주희가 리의 철학으로 해석했다면, 그는 기의 철학으로 그것을 재해석했다고나 할까?

---

24 『추측록』 권1, 「善惡有推」을 볼 것.

25 『추측록』 권3, 「性順逆情善惡」: 在性曰順逆, 在情善惡. 故情之善者由於順其性, 情之惡者由於逆其性.

# 7. 실마리를 찾다
## 尋端緖

약초 뿌리[26]를 캐는 사람은 반드시 그 싹을 찾고, 박옥[27]을 찾은 사람은 먼저 산천의 기운[28]을 바라본다.

採根藥者, 必尋其萌芽, 求璞玉者, 先望其烟嶵.

＊　＊　＊

무릇 감춰진 미묘한 대상을 찾을 때는 반드시 드러나 보이는 자취를 뒤좇아 찾으면, 보는 데 조리가 있고 아는 데 방법이 있다. 그러므로 그 본성을 헤아리려면 먼저 드러난 정을 뒤좇는다. 이는 마치 약초 뿌리를 캐거나 옥을 찾는 사람이 싹을 찾거나 산천의 기운을 바라보는 일과 같다.

凡求隱微, 必追其發見之蹟而求之, 則見之有條, 得之有方. 故欲測其性, 先追其所發之情. 如採藥求玉者之尋芽望烟也.

---

26 根藥은 뿌리를 약으로 쓰는 것으로 葉藥·花藥·莖藥·果藥·樹脂藥 등의 분류에 따른 것.

27 다듬지 않은 옥 덩어리, 옥이 함유된 原石.

28 烟嶵은 연기(안개)와 숲의 울창함. 『荀子』, 「勸學篇」의 "行無隱而不形, 玉在山而草木潤, 淵生珠而崖不枯, 爲善積邪, 安有不聞者乎."에서, 玉이 산천의 기운에 영향을 미친다는 말이 있다. 본문도 그런 뜻이다. (강조는 옮긴이)

# 해 설

정을 미루어 본성을 헤아린다는 추정측성을 달리 비유한 내용이다.
이것은 드러난 자취를 근거로 드러나지 않은 내용을 파악하는 것으로,
달리 말하면 현상을 관찰·추리하여 본질을 파악하는 방법과 통한다.

# 8. 흐름을 미루어 물의 근원을 알다
## 推流知源

흐르는 물의 맑음과 흐림을 보고 원천의 맑음과 흐림을 살피고, 구부러지
거나 곧은 나무 그림자를 보고 그 줄기나 가지의 구부러지거나 곧은
모습을 안다.

觀水流之淸濁, 而察源泉之淸濁, 觀樹影之曲直, 而認幹枝之曲直.

\* \* \*

정이란 본성의 드러남이니 본성은 정의 본체이다. 그 드러난 내용을
미루어 그 본체를 헤아리는 일은 마치 물의 흐름을 따라 근원을 알고
그림자를 살펴 물체의 모습을 아는 일과 같다.

情者性之發也, 性者情之本體也. 推其所發而測其本體, 如從流知源察影知形.

# 해 설

정을 미루어 본성을 헤아리는 일을 비유로 설명하였다.

여기서는 추측이 감각적·현상적인 앎에서 이론적·본질적인 앎으로 이끄는 방법임을 말하였다.

## 9. 추측은 본성에서 생긴다
### 推測生於性

정은 추측에서 생기고 추측은 본성에서 생긴다.

情生於推測, 推測生於性.

대개 좋거나 싫은 일이 멀리 있고 들어서 알지 못할 때는 내가 좋아하고
싫어하는 감정이 아직 드러나지 않는다. 그것을 듣고 알면 바로 그때
좋음과 싫음이 생겨난다. 이것은 정이 추측에서 생긴다는 뜻이다.

蓋好惡之事, 在遠而未及聞知, 在我之好惡未發. 及其聞知, 方生好惡. 是乃情生於
推測也.

제삼자의 좋아하고 싫어하는 대상을 내가 추측하여 좋아하고 싫어할
수 있는 까닭은 인간의 본성이 같고 추측 또한 같기 때문이다. 이것이
추측이 본성에서 생긴다는 뜻이다.

它人之所好惡, 我能推測而好惡之, 以其性同而推測亦同也. 是乃推測生於性也.

\* \* \*

본성에서 미루고[29] 헤아림에 정이 있으므로, 추측이란 성정을 거느리는

---

29 앞에서 '추측은 본성에서 생긴다'라고 말했는데, 본성이 같으므로 그 같음을 근거로

것을 말한다. 만약 '정은 추측과 무관하게 드러난다'라고 말한다면, 이는 어찌 멀리 있어 좋거나 싫은 일을 듣지 못할 때 나의 좋아하고 싫어하는 감정이 아직 드러나지 않은 일에만 해당할 뿐이겠는가? 비록 눈앞에서 펼쳐지는 좋거나 싫은 일에 대해서도 추측이 없으면, 좋거나 싫은 나의 감정은 드러나지 않는다. 들어서 알게 된 뒤에 좋거나 싫은 감정이 여기서 생기니, 그러므로 정이 추측에서 생김을 안다. 만약 '추측은 본성을 말미암지 않는다'라고 말한다면, 어떻게 자기의 본성을 다하고 물건의 본성을 다할 것인가?30

推於性而測有情, 故推測者, 統性情之謂也. 若謂情不待推測而發, 豈特在遠之好惡未及聞, 而我之好惡未發也. 雖在目前之好惡, 未有推測, 我之好惡未發也. 待聞知而好惡生焉, 故知情生於推測也. 若謂推測不由於性, 何以盡己性而盡物性也.

본성은 본래 같은 것에서 타고났고, 사람들의 좋아함과 싫어함은 대략 유사하다. 나는 그 같은 점을 미루어 다른 점을 헤아리고, 나아가 나의 좋음과 싫음을 미루어 남의 좋아함과 싫어함에까지 이른다. 하지만 그사이에 또 차이가 없지 않아서 본성이 같지 않은 것은 익힌 내용에 따라 본성이 멀어졌기 때문이다.

性之稟受本於一, 而人物之好惡, 大略相類. 我乃推其同而測其異, 以至於推我好惡, 及乎物之好惡. 然其間亦不無殺. 有不同者, 以其隨所習相遠也.

───────────

추측한다는 뜻.

30 『中庸章句』, 第22章: 唯天下至誠, 爲能盡其性, <u>能盡其性則能盡人之性</u>, 能盡人之性<u>則能盡物之性</u>, 能盡物之性則可以贊天地之化育, 可以贊天地之化育, 則可以與天地參矣.

# 해 설

정은 추측에서 생기고 추측은 본성에서 생김을 논증하였다.

그 논증의 근거 사례는 오호 감정의 발생이 구체적 사물을 보거나 듣고 생각함으로써 일어나는 인간의 심리 작용이라는 점에서 감정 곧 정이 추측에서 나온다고 여겼다. 좋거나 나쁜 일을 들을 때 사람들은 대체로 상상력을 동원하여 감정이입을 하기 때문이다. 당연히 그런 일을 직접 볼 때도 추측이라는 심리 작용이 개입한다고 한다.

또 추측이 본성에서 생겨남은 앞에서도 말한 바 있다. 사람의 마음에 추측 능력이 있다는 말도 그것이지만, 여기서는 사람마다 유사한 상황에서 유사한 감정을 느끼는 현상을 추론하여 본성이 같다고 판단하고, 추측도 그러한 같은 본성이 있기에 생긴다고 보았다.[31]

바로 여기서 본성과 추측과 정의 관계가 설정된다. 발생의 선후를 말한다면 본성—추측—감정이지만, 공부를 말한다면 역으로 감정을 추측하여 본성을 파악한다. 저자는 이 과정에서 성리학의 심통성정(心統性情) 논리를 추측통성정(推測統性情)으로 재규정하였다. 추측이 심의 활동이어서 공부의 관점에서 그렇게 볼 수 있었다.

저자는 이렇게 인물의 호오가 대략 같다고 보아 본성도 그렇다고 판단하였다. 이는 앞에서 본성이란 인간과 생물이 갖는 보편적 특징이라 지적한 바 있지만, 그 보편성은 인간의 본성을 다하면 물건의 본성을 다한다고 이미『중용』에서 말한 바 있다. 하지만 본성은 근원적으로 같으나 학습으로 인해 바뀔 수 있음을 재차 설명하였다. 그 바뀌는 점도 기의 활동이므로 본성이라 아니할 수 없기 때문이다.

---

31 이 논리는 같은 현상을 추론하여 본질이 같다고 추론하는 방식이다.

# 10. 칠정은 좋음과 싫음에서 나온다
## 七情出於好惡

삶에 마땅한 대상은 좋아하지만, 삶에 마땅하지 않은 대상은 싫어한다. 발동한 감정의 종류는 명칭이 비록 일곱 가지이지만, 실상은 좋음과 싫음뿐이다.

宜於生者好之, 不宜於生者惡之. 情之所發, 名雖有七, 其實好惡而已.

\* \* \*

칠정이란 기쁨·성냄·슬픔·즐거움·사랑·미움·욕심이다. 정으로 발현됨에 어찌 이런 가닥이 많은가? 참으로 그 실상을 찾아보면 대개 좋음과 싫음이 있지만, 그 좋아하고 싫어하는 일에 제각기 정도의 차이가 있어서 여러 가지 이름이 있게 되었다.

七情者, 喜怒哀樂愛惡欲也. 情之發現, 豈有若是多端. 苟求其實, 蓋有好惡, 而其所好惡, 各有淺深之不同, 至有多般名目.

간절한 싫음이 슬픔이고 격렬한 싫음이 분노이며 좋음이 생기면 기쁨이고 좋음이 드러나면 즐거움이다. 또 좋음이 대상에게 미치면 사랑이고 싫어하는 대상을 피하고 좋아하는 대상을 좇아가는 정이 욕심이다.

惡之切者爲哀, 惡之激者爲怒, 好之發者爲喜, 好之著者爲樂. 好之及物爲愛, 避惡趨好爲欲.

하지만 추측에서 터득한 사람은 자기가 좋아할 대상을 좋아하고 싫어할 대상을 싫어하지만, 추측에서 터득하지 못한 사람은 자기가 싫어할 대상을 좋아하거나 좋아할 대상을 싫어하기도 하여, 남이 좋아하는 대상을 싫어하기도 하고 남이 싫어하는 대상을 좋아하기에 이른다.

然得於推測者, 好其所好, 惡其所惡, 未得於推測者, 或好其所惡, 又或惡其所好, 以至於惡人之所好好人之所惡.

# 해 설

칠정을 호오 곧 좋음과 싫음이라는 두 가지 정에 분속하여 설명하였다. 이는 철학사에서 매우 중요한 내용이다. 곧 선악 판단의 기원을 설명하기 위한 기초 작업에 해당하는 내용으로, 선악 판단을 인간의 심리와 연관시키는 일이다.

구체적으로 살펴보기 전에 사상사의 흐름을 짚어볼 필요가 있다. 칠정은 『예기』속에 있는 『중용』에 나오며, 그것은 인간 누구나 가진 보편적 감정으로 전제한다. 그리고 성리학은 정을 본성이 표출된 현상으로 설명한다.

먼저 호오가 사람마다 유사하다고 생각한 사람은 맹자이다.32 그리고 그 호오가 정이며 선을 좋아하고 악을 미워하는 것은 본성이라고 말한 사람은 주희이다.33 그러니까 호오는 정이면서 동시에 본성의 표출이며 보편적임을 알 수 있다.

두 사상을 종합하면 오호는 인간의 보편적 감정임을 알 수 있고, 저자도 그런 맥락에서 호오를 취급하고 있다. 문제는 칠정과 호오의 관계이다. 저자는 칠정을 호오의 감정에 녹여 모든 감정은 원초적으로 호오에 기반하고 있다고 여겼다. 무슨 의도로 그랬을까?

이를 이해하기 위해서는 앞의 『추측록』권1, 「선악에도 미룸이 있다(善惡有推)」의 내용을 상기할 필요가 있다. 거기에 "선에는 고정된 위치가 없어 남과 내가 좋아하는 대상에서 취하는 것이고, 악도 고정된 한정이 없어 남과 내가 싫어하는 대상에서 그것을 버리는 것이다"라는 말이

---

32 『孟子』, 「告子上」: 其好惡, 與人相近也.

33 『朱子語類』13-58: 有問好惡. 曰好惡是情, 好善惡惡是性. 性中當好善, 當惡惡. 泛然好惡, 乃是私也.

등장하는데, 이 말은 선악 판단의 뿌리가 이 보편적 두 감정에서 기원하고
있다는 점을 뜻한다.

바로 여기서 저자는 선악이 사물의 본성이나 어떤 이데아로서 존재하는
실체로서 가치가 아니라, 바로 인간의 감정에 기초한 심리적 판단의
산물로 보려는 의도로 보인다. 그의 철학이 경험을 중시하므로 경험적
사례의 추론을 통하여 가치를 설명하려는 방식이다. 이는 유행지리와
추측지리, 자연과 당연, 천도와 인도를 구분한 데서 이미 드러난다.
선악의 존재 문제를 자연 또는 자연적 결정론에서 배제하려는 노력이다.
이렇게 선악은 감정에서 출발하여 판단하는 문제라면, 선악 판단은
상대적이어서 보편성이 흔들릴 수 있다. 다만 본문을 읽어보면 호오
자체가 보편성을 띠므로 큰 문제가 아닌 듯이 보이기도 한다. 그러나
그마저도 우리는 의심하지 않을 수 없다. 호오의 대상에는 보편적인
것도 있지만, 그렇지 않은 것도 있기 때문이다. 호오가 단지 기호(嗜好)의
문제만이 아니라 생명에 관한 것이라면 보편성을 확보할 수 있다. 이
문제는 뒤에 다시 등장한다.

사실 현대의 연구에 따르면 오호는 모든 생물의 자기 항상성 보전을
위한 느낌인 쾌와 불쾌와 연결된다. 그런 면에서 보편적이다. 그리고
그것은 결국 선악 등이 상징하는 문화를 이루는 기초이기도 하다.

# 11. 사단
## 四端

인의예지라는 명칭은 본성을 미룬 데서 나오고, 측은·수오·사양·시비의
실마리는 정을 헤아리는 데서 나오니, 본성을 다른 데서 알려고 하면 안
된다. 그러므로 반드시 그 드러나는 실마리를 따라 그 근원을 헤아려야 한다.

仁義禮知之名, 出於性之推, 惻隱羞惡辭讓是非之端, 出乎情之測, 而性不可從他求
知. 故必從其所發之端而測其原.

\* \* \*

맹자가 말하기를 "측은지심은 인의 실마리요, 수오지심은 의의 실마리
요, 사양지심은 예의 실마리요, 시비지심은 지의 실마리이다"[34]라고
하였다. 이는 대체로 맹자가 후학들이 측은지심으로부터 미루어 나가
인을 확충하고, 수오지심으로부터 미루어 나가 의를 확충하며, 사양지
심으로부터 능히 예를 성취하고, 시비지심으로부터 능히 지혜를 이루도
록 한 것인데, 참으로 정을 미루어 본성을 헤아리는 일이다.

孟子曰, 惻隱仁之端, 羞惡義之端, 辭讓禮之端, 是非知之端. 蓋欲使後學, 從惻隱推
去擴充其仁, 從羞惡推去擴充其義, 從辭讓而克就其禮, 從是非而克成其知, 實是推
情而測性也.

---

34 『孟子』, 「公孫丑上」: 惻隱之心, 仁之端也, 羞惡之心, 義之端也, 辭讓之心, 禮之端也,
　　是非之心, 知之端也.

# 해 설

사단을 통해 인의예지를 확충하는 맹자 사상을 두고 정을 미루어 본성을 헤아린다는 추정측성으로 재해석하였다. 여기서 "인의예지의 명칭이 본성의 미룸에서 나왔다"라는 말은 의미심장하다. 뒤의 「인의예지」에서 다룬다.

## 12. 본연의 성
### 本然性

이른바 본연지성은 몸이 이루어지기 이전의 그것을 가리킨 말이 아니다. 몸을 갖춘 뒤에 늘 본연의 그것을 갖추고 있으니, 곧 하늘과 땅과 사람과 만물이 똑같이 얻어서 기를 타고 변화하여 이룬 것이다.

所謂本然之性, 非指其形質未成時也. 旣具形質之後, 常有其本然者, 卽天地人物所同得之, 乘氣而化成也.

* * *

사람과 만물이 몸을 갖추기 전에는 하늘과 땅의 리와 기였다가, 그 몸이 배태되어 이루어지면 기는 질이 되고 리는 본성이 된다. 또 그 몸이 소멸하면 질은 기로 본성은 리로 환원된다. 하늘과 땅에 있어서는 기와 리라고 말하고, 사람과 만물에 있어서는 몸과 본성이라고 말한다. 만약 사람과 만물의 몸이 없다면, 어떻게 그 본성을 논하겠는가?

人物之形質未具時, 卽是天地之理氣也, 及其形質之胎成, 氣爲質而理爲性. 又及其形質之漸盡, 質還氣而性還理. 在天地而曰氣也理也, 在人物而曰形也性也. 若未有人物之形, 何以論其性.

# 해 설

성리학에서 말하는 본연지성과 기질지성의 관계를 재해석하였다.
이제껏 저자의 글을 줄곧 읽어 온 독자들은 이 글을 읽을 때 다소
혼란스럽겠다. 표현 방식도 그렇지만 얼핏 보면 내용에서도 완전히
성리학의 그것과 차이가 없기 때문이다. 일부 학자들은 저자가 이 시기
성리학을 따르고 있다는 증거 가운데 하나로 제시하기도 한다.
그것은 곧 "사람과 만물이 몸을 갖추기 전에는 하늘과 땅의 리와 기였다"
라고 하거나 본연의 그것이 '기를 타고'라는 말처럼 이치를 기와 함께
실체화했다는 점이 그렇고, 또 본연지성과 기질지성이 따로 존재하는
것이 아니라 본연지성이 기질 가운데 있다는 점이 그것이다. 주희도
일찍이 따로 존재한다는 점을 경계하였다.[35]
하지만 저자가 성리학을 따르는 듯이 보여도 세밀히 살펴보면 말한
의도와 내용이 다르다. 성리학은 그 본연지성이 선하다고 전제한다.
맹자의 성선설을 따랐으므로 그럴 수밖에 없다. 다만 그 선한 본성이
기질의 방해로 온전히 드러나지 못하는데, 그 기질의 영향으로 드러나는
성품이 곧 기질지성이다. 아무리 기질 속에 본연지성이 들어 있을지라도
이원론을 피해 나갈 수 없다.
저자는 본성이 선하다는 말도 안 했지만, 뒷날 다른 글에서 성선설을
따르지 않음을 밝혔다.[36] 그러니 본성이 선한지 악한지 말할 수 없고,
사람에게 그것을 따르든지 거스르든지 하는 행위만 있으며, 선악은

---

35 『朱子語類』95-55: 問, 近思錄中說性, 似有兩種, 何也. 曰, 此說往往人都錯看了.
   才說性, 便有不是. 人性本善而已, 才墮入氣質中, 便薰染得不好了. 雖薰染得不好,
   然本性卻依舊在此, 全在學者著力. 今人卻言有本性, 又有氣質之性, 此大害理.

36 『人政』卷2,「測好賢妬賢」: 豈是天定性稟分此善惡哉. 決東決西, 趨向不同, 一順一
   逆, 培養有異.

그런 행위의 결과로 인간의 판단에서 생기는 문제이다.[37] 본성이 선한지 악한지를 규정하지 않으므로 본연지성과 기질지성을 굳이 구분할 이유가 없어진다. 결국 본연지성과 기질지성이 같게 될 뿐이다. 본문의 의도는 바로 거기에 있다. 이상적 인간성과 현실의 인간성을 존재론 차원에서 이원론으로 바라보지 않으려는 태도이다. 기가 활동하는 자연적 현실, 곧 사람이든 만물이든 거기에 선악의 잣대를 들이댈 수 없다는 생각이 반영되어 있다. 그리고 그 기가 활동하는 조리가 자연계에서는 리지만, 인간과 만물의 몸에서는 본성이라는 생각이다.

---

37 바로 이 글 뒤의 네 번째 글인 「性順逆情善惡」을 볼 것.

# 13. 성정의 선악
## 性情善惡

누군가 "본성에는 선악이 없으나 정에 선악이 있다"라고 말했는데, 이것은 익힌 상태에 나아가 치우침과 막힘을 제거하기 위한 것으로 이는 배우는 자의 공부이다.

或謂性無善惡, 而情有善惡者, 爲其就所習而去偏滯, 是乃學者之功夫也.

또 누군가 말하기를 "본성은 근원이고 정은 흐름이니 이미 본성에 선악이 없다면 정에도 선악이 없고, 또 정에 선악이 있다면 본성에도 선악이 있다"라고 하였는데, 이것은 근원과 말단을 들어 안팎을 관통해 보는 일로, 이는 인식능력이 탁월한 사람과 어리석은 사람의 본성이 변하지 않음38을 말한 내용이다.

又或謂性是源也, 情是流也, 旣以爲性無善惡, 情亦無善惡, 且旣爲情有善惡, 性亦有善惡者, 爲其擧源委而通內外, 是乃知愚不移之謂也.

\* \* \*

성정의 선악을 논함에 이 두 가지 같지 않은 설이 있다. 제각기 아는 것에 고착하여 변설로 치닫고 다름을 다투어 되레 후인이 그 귀결점을 알 수 없게 만들었으니, 밝혀낸 내용이 많을수록 더욱 어둡고 어지러웠다.

---

38 知愚不移는 『論語』, 「陽貨」의 "子曰, 唯上知與下愚, 不移."에 나오는 말.

論性情之善惡者, 有此二說之不同. 各膠所見, 馳辨鬪異, 反使後人, 莫要其歸, 發明
愈多, 而晦眩愈甚.

그 귀추를 탐구하여 그 마땅한 바를 분별할 수 있어서, 하나는 배우는
자의 공부가 되고 하나는 인식능력이 탁월한 사람과 어리석은 사람의
본성이 바뀌지 않음이 된다면, 거의 논쟁이 없을 것이다.

有能究其歸趣, 辨其攸當, 一爲其學者功夫, 一爲其知愚不移, 則庶無訟也.

# 해 설

본성과 정에 선악을 어떻게 설정해야 할지 이전 학자들의 의견을 소개하고 저자 본인의 생각을 말하고 있다.

먼저 본성에 선악이 없다는 설은 『주자어류』에도 보인다. 주희 철학의 본령은 본성이 온전히 선하지만 정의 단계에서 선악이 생긴다고 여기는데,[39] 성선설을 따르기에 당연하다. 본성에 선악이 없다는 설은 주희의 그것과 다르기에 거기서 소개하고 있다.[40] 하지만 그것은 정과 연관해서 논의한 내용은 아니다.

이 내용은 왕수인의 사구교(四句敎)[41]에 대한 그 제자 왕기(王畿)와 전덕홍(錢德洪)의 논쟁에서 보인다. 곧 양명이 "선도 악도 없는 것이 마음의 본체이다. 선도 있고 악도 있는 것이 생각의 움직임이다"라는 말을 두고 두 사람의 논쟁이다.

논쟁을 설명하기에 앞서 우선 "선도 악도 없는 것이 마음의 본체이다"라는 말의 의미부터 따진다면, 양명학에서 심의 체를 본성으로 보니까 마치 본성에 선도 악도 없다는 말로 이해할 수 있다. 양명의 의도가 어떻든 간에 저자는 그렇게 이해한 듯하다. 『전습록』에 제자들의 논쟁이 본문에 그대로 등장하기 때문이다.

먼저 왕기의 견해부터 보면, "만약 마음의 본체에 선도 악도 없다면

---

39 『朱子語類』5-61: 伯豐論性有已發之性, 有未發之性. 曰, 性纔發, 便是情. 情有善惡, 性則全善.

40 같은 책, 101-172: 問, 性無善惡之說, 從何而始. 曰, 此出於常摠. 摠住廬山, 龜山入京, 枉道見之, 留數日.; 같은 책, 101-175: 五峰云, 好惡, 性也. 此說未是. 胡氏兄弟旣闢釋氏, 卻說性無善惡, 便似說得空了, 卻近釋氏.

41 『傳習錄』卷下-315: 無善無惡是心之體, 有善有惡是意之動, 知善知惡是良知, 爲善去惡是格物.

생각에도 없고, 생각에 선과 악이 있다면 마침내 마음의 본체에도 선과 악이 있다"42라고 하였는데, 생각이란 정에 속하는 문제로, 저자가 말한 본성에 선악이 없으면 정에도 선악이 없고, 정에 선악이 있으면 본성에도 선악이 있다는 사람의 주장에 해당한다. 이에 대한 양명의 평가는 그것은 총명한 사람을 인도하는 가르침이라43고 하였는데, 저자는 본문에서 뛰어난 사람과 어리석은 사람의 본성이 변하지 않음에 적용하였다.

반면 전덕홍은 "마음의 본체는 하늘이 명한 본성으로 원래부터 선도 악도 없지만, 사람에게 학습된 마음이 있어서 생각에 선악이 있다. 대학의 격물·지지·성의·정심·수신은 바로 성의 본체에 돌아가는 공부이다. 만약 생각에 선악이 없다면 공부 또한 말할 필요가 없다"44라고 하였다. 이 말을 성리학의 관점으로 이해하면 '성에 선악이 없고 정에 선악이 있다'는 말이 된다. 이 전덕홍의 의견에 양명은 총명한 사람 다음의 사람을 위한 방법45이라고 하여, 바로 저자가 말한 '배우는 자의 공부'에 반영되어 있다.

아무튼 저자의 성정에 대한 견해를 종합하면, 마음의 본체인 본성에는 선악이 없고 정의 단계에서 있다는 전덕홍의 견해를 지지하고 있음을 알 수 있다. 이는 뒤에 이어지는 「본성을 따름과 거스름이 정의 선과 악으로 갈린다(性順逆情善惡)」의 글에서도 분명히 보인다.

옮긴이가 누차 지적했다시피 저자는 양명학을 잘 알고 그 논리의 일부를

---

42 같은 책: 汝中日, 此恐未是究竟話頭. 若說心體是無善無惡, 意亦是無善無惡的意, 知亦是無善無惡的知, 物亦是無善無惡的物矣. 若說意有善惡, 畢竟心體還有善惡在.

43 같은 책: 汝中之見, 是我這裡接利根人的.

44 같은 책: 德洪曰, 心體是天命之性, 原是無善無惡的. 但人有習心, 意念上貝有善惡在 格致誠正修, 此正是復那性體功夫, 若原無善惡, 功夫亦不消說矣.

45 같은 책: 德洪之見, 是我這裡爲其次立法的.

따르고 있어, 『전습록』을 읽은 증거가 본서 여기저기에 보인다. 또 당시 청년이었던 성리학자 전우(田愚, 1841~1922)가 저자를 양명학자로 지적한 글[46]이 있을 정도이다.

이는 『천주실의』에도 중국 선비의 입을 통해 이 논의가 약간 반영되어 있다. 곧 "저희 나라 선비 가운데 '선에서 나왔다면 선이고, 악에서 나왔다면 악이다'라고 말하는 분이 있습니다만, 이 또한 하나의 도리입니다. 이미 우리의 본성이 선하다면, 악은 어디서부터 온 것입니까?"[47]라는 말이 그것이다.

이처럼 저자는 서학 서적과 중국 학자들의 글 심지어 불경도 인용하고 있지만, 좀처럼 자료 인용의 출전을 밝히지 않아, 겉으로 무관한 듯이 보인다. 이는 저자의 글쓰기 방식 때문이다. 본문도 그렇지만 인용해도 그대로 사용하는 경우는 드물고 글자를 바꾸거나 삭제하여 자신이 주장하고자 하는 논리에 맞게 내용을 고쳐 쓰기에 좀처럼 눈치채기가 쉽지 않다. 그의 글을 오랫동안 읽어온 옮긴이는 그가 참고한 원서(原書)와 그것을 바탕으로 다시 쓴 책을 서로 비교하여 책의 목차별로 같은 글자 수와 다른 글자 수를 일일이 대조하여 밝힌 바 있고,[48] 또 다른 연구자도 그런 작업을 했다.[49]

그렇다고 저자의 철학을 폄하하고 싶은 생각은 전혀 없다. 당시는 제도적으로 인용한 출처를 철저히 밝혀야 할 의무도 없었고, 그것은 각자의 글쓰기 방식에 달려 있는 문제였다. 저자 방식의 글쓰기는 자신의 사상을

---

46 금장태, 『한국실학사상연구』, 집문당, 1989, 236쪽.

47 『天主實義』下卷, 第7篇: 中士曰, ⋯ 敝國之士, 有曰出善乃善, 出惡乃惡, 亦是一端之理. 若吾性旣善, 此惡自何來乎.

48 최한기/이종란 옮김, 『운화측험』, 57-58쪽을 볼 것.

49 이현구, 『최한기의 기철학과 서양 과학』(성균관대학교 대동문화연구원), 2000, 66-69쪽.

논문 방식으로 표현하기에 유용하다. 그래서 저자의 글에서는 유명학자의 어록처럼 대화체의 문장을 찾아보기 어렵다.

다만 이런 글에서 그 사람의 사유 속에 어떤 사상이 녹아 있는지 살피는 일은 후학들의 몫이다. 비록 많은 사상가의 글이나 다양한 저작의 글이 저자의 글 속에 보이지만, 그 논리를 무작정 추종하거나 거기에 휩쓸리지 않고 온전히 자신의 철학으로 녹인 일이야말로 독창적 사상가다운 면모를 보이는 점이다.

# 14. 인정의 변화에는 조리가 있다
## 情變有條理

인정이 변화를 따를 때는 비록 여러 갈래더라도, 근본을 본성에서 미루면 모두 모이는 조리가 있다.

情之隨變, 雖多端, 推本於性, 皆有條理之湊泊.

\* \* \*

세속이 점차 달라지면 인정도 따라 변하는데, 이미 순박함을 버렸어도 그 변화는 점진적이다. 처음에는 평상적인 일을 꺼리고 피하여 차츰 자잘한 대상에 끌리고, 그것이 그치지 않으면 차츰 새롭고 기이한 대상에 달려가고, 또 그것이 그치지 않으면 어긋나고 편벽된 일에 달려가고, 또 그것이 그치지 않으면 신이하고 괴이한 무엇으로 거짓 핑계를 댄다. 그리하여 처음에는 자기를 속이고 또 남을 속이는 일이 능사가 되어, 마침내 성정이 무엇인지 알지 못한다.

世俗漸渝, 人情亦從而遷, 旣棄淳朴, 其變有漸. 始則厭避平常, 稍趨纖靡, 纖靡不已, 稍鶩新奇, 新奇不已, 漸趨詭僻, 詭僻不已, 假託神怪. 先自誣罔, 又能使人欺謾, 乃不識性情之爲何物.

자신에게 되돌려 찾고 스스로 성찰할 수 있으면, 그 변화를 미룬 조리를 알 수 있다.

有能反求自省, 可知其推變之條理.

# 해 설

인정의 변화에 따른 조리를 미룰 수 있음을 말하였다.

심성론의 설명은 아니다. 세속의 흐름에 따른 인정의 변화를 불가피한 일로 인식하였다. 그 변화를 점진적으로 잘 묘사하였고, 결국 끝에 가면 미신이나 종교로 귀결됨을 말했다. 사실 미신과 종교에 빠져드는 본질은 복을 받고 화를 피하려는 심리와 통한다. 당시 국가 지배층이 주도하는 이념이 민중 통제의 힘을 상실해 가는 현실을 반영하고 있다. 민중은 의지할 데가 없으면 미신이나 종교를 찾는데, 특히 새로운 종교에서 희망을 찾고자 한다. 천주교 박해 사건과 동학이 출현한 때도 저자가 생존한 동시대의 일이다. 원문 신괴(神怪)는 저자가 기독교를 비판할 때 자주 쓰는 용어이다. 세속의 인심이 순박을 잃게 되면 자신을 속이고 남을 속이는 일까지 진행한다는 지적은 만고의 명언이다. 지금도 언론과 유튜브를 통해 가짜뉴스와 엉터리 정보를 생산하고 전파하는 자들을 보라! 자기들도 그 일이 가짜와 엉터리인 줄 알면서도, 단지 조회수 장사로 이득을 챙기려고 하지 않는가?

이런 상황에 대한 저자의 처방은 자신의 본성과 감정에서 올바름을 찾으려는 이성적 태도이다. 본문의 "근본을 본성에서 미루면 조리가 있다"라는 말은 "자신에게 되돌려 찾고 스스로 성찰할 수 있으면, 그 변화를 미룬 조리를 알 수 있다"라는 말과 같은 말인데, 여러 갈래로 해석될 수 있다. 결국 본성이 무엇이냐의 문제에 귀결된다. 저자가 본성을 규정하는 근거는 기가 활동하는 인간의 삶 속에 있고, 그 삶에서 어떻게 생물의 본능과 사회의 규범을 조화하여 본성이 규정되는지를 살펴보아야 해결될 수 있는 문제이다. 뒤의 「인의예지(仁義禮知)」에서 다룬다.

# 15. 본성에는 같음과 다름이 있다
## 性有同異

대저 본성을 같은 점에서 말하면 고금에 차이가 없고 피차가 다르지 않다. 하지만 다른 점에서 말하면 어찌 사람과 만물에만 다름이 있겠는가? 이미 몸에 늙음과 젊음이 있어서 본성에도 늙음과 젊음이 있고, 본성에 늙음과 젊음이 있어서 정에도 늙음과 젊음이 있다.

夫性, 自其所同者言之, 在古今而無異, 在彼此而亦不殊. 自其所異者言之, 奚特在人物而有殊也. 形旣有老少, 性亦有老少, 性旣有老少, 情亦有老少.

\* \* \*

무릇 온 세상 만물이 타고난 기는 모두 같다. 그러므로 어디서나 같다. 하지만 그 기가 몸을 이루면50 사람과 만물이 같지 않을 뿐만 아니라, 한 물건에 있어 처음과 끝도 다르고, 처한 곳과 익힌 내용에 따라서도 차이가 있다.

凡天下之物, 其所稟氣, 則一也. 故無處不同. 其所成質, 非但人物不同, 一物終始亦異, 所處所習亦有異焉.

---

50 質은 앞 문단에서 形으로 표현하였다. 곧 形質로 여기서는 몸이다. 존재론적으로는 기가 모여 질을 이룬 것.

# 해 설

드디어 저자의 본성 개념이 좀 더 구체적으로 드러난다.

그의 본성 개념을 살펴보기 전에, 우리가 본성이라고 말할 때 그것이 추상적 개념임을 유념해야 한다. 개념이므로 감각적으로 파악할 수 있는 대상이 아니다. 본성이 어떻다고 파악할 수 있는 대상은 우리가 경험할 수 있는 감정이나 행위 따위이다. 그것을 모두 싸잡아 정이라 하였고, 그래서 정을 미루어 본성을 헤아린다는 저자의 추측 논리가 성립한다.

이 본성 개념의 기초가 되는 세계관은 이미 『신기통』에서 말했는데, 그것은 만물의 보편성은 신기에, 특수성은 그 신기(또는 기)가 모여 이룬 질의 차이에 있다고 말한 바 있다. 곧 『신기통』 권1의 「기질은 제각기 다르다(氣質各異)」에서 "기는 하나이지만 사람에게 부여되면 자연히 사람의 신기가 되고, 물건에 부여되면 자연히 물건의 신기가 된다. 따라서 사람과 물건의 신기가 같지 않음은 질에 달려 있지 기에 달려 있지 않다"라는 말이 그것이고, 본문 후반부도 그 내용인데, 거기에 환경과 학습적 요인을 더 첨가했다.

그러니까 사람이든 만물이든 기로 이루어졌다는 점에서 보편적인 본성을 지니고 있지만, 그 기가 구체적으로 몸을 구성한 질료에 따라 다르다는 주장이다. 그마저도 몸이 변화하므로 시기에 따라서 또 환경·학습(경험)에 따라서도 달라질 수 있다고 한다. 단순 논리로만 본다면 주희 성리학과 큰 차이는 없다. 거기서도 보편적 본성으로서 본연지성이 있고, 몸을 구성한 질료에 따라 특수한 기질지성이 있으며, 그 기질지성도 학습과 경험에 따라 변한다고 보기 때문이다.

하지만 저자의 본성 개념은 여기서 끝나지 않는다. 전통 철학의 여러 범주 곧 천과 리와 명과 심과 기질과 선악과 또 사회적 규범으로서 효와 충과 인의예지 등이 본성과 어떤 관계인지 해명해야 분명히 드러나 기 때문이다. 뒤의 글에서 보인다.

## 16. 본성을 따름과 거스름이 정의 선과 악으로 갈린다
### 性順逆情善惡

본성에 있어서는 '따름과 거스름'이라 말하고 정에 있어서는 '선과 악'이라고 말한다. 그러므로 선한 정은 그 본성을 따른 데서 말미암고, 악한 정은 그 본성은 거스르는 데서 말미암는다.

在性曰順逆, 在情曰善惡. 故情之善者, 由於順其性, 情之惡者, 由於逆其性.

\* \* \*

따름과 거스름은 마음이 외부 사물에 느끼어 움직이는 낌새이고, 선과 악이란 따름과 거스름의 복과 재앙[51]이다. 정의 선과 악은 본성을 따르거나 거스르는 데서 말미암으니, 그 본성을 따름과 거스름이 정의 선과 악으로 드러난다. 여기서 고요한 본성이 드러나서 움직이는 정이 되고, 드러난 정과 감춰진 본성이 뿌리로 연결되어 있으며, 또 그래서 근본과 말단이라는 이름이 다름을 알 수 있다.

順逆者, 感動之幾微也, 善惡者, 順逆之休咎也. 情之善惡, 由於順逆其性, 順逆其性, 發爲情之善惡. 於此可見, 性靜之發爲情動, 而顯微根連, 本末異稱也.

만약 "정의 선악은 본성의 선악을 말미암는다"[52]라고 말한다면, 선악이

---

51 休咎는 길흉 또는 복과 재앙, 또는 선악의 뜻으로 쓰이는데 『漢書』, 「劉向傳」의 "向見尚書洪範, 箕子為武王陳五行陰陽休咎之應."에 보인다.
52 漢 揚雄의 선악 혼재설의 논리이다.

성정에서 구분되지 않고, 선악의 근원에 어두워 버려서 끝내 성실함에
되돌아가는 공부가 어렵게 된다. 또 만약 "정의 선은 본성에서 말미암지
만, 정의 악은 본성을 말미암지 않는다"[53]고 말하거나 "정의 악은 본성에
서 유래하지만, 정의 선은 본성에서 유래하지 않는다"[54]고 말하면, 선악
에는 제각기 해당하는 성정이 있어서, 맹자의 성선설과 순자의 성악설은
단지 후인들의 변설만 증가시킬 것이다. 또 만약 "정의 선악은 본성을
말미암지 않는다"라고 말한다면, 이는 성정이 서로 간여하지 않아서
선악에 본바탕이 없다.

若謂情之善惡, 由於性之善惡, 則是善惡無分於性情, 而旣昧善惡之源, 終難得反誠
之功矣. 又若謂情之善由於性, 情之惡不由於性, 又若謂情之惡由於性, 情之善不由
於性, 則是善惡各有當於性情, 而孟子性善, 荀子性惡之說, 只增後人之辨說矣. 又
若謂情之善惡不由於性, 則是性情不相涉, 而善惡無根蔕也.

---

53 맹자의 성선설을 따른 성리학의 전형적 논리이다.
54 성악설을 주장한 순자 논리의 저자 방식의 표현이다.

# 해 설

성정과 선악의 관계, 선악의 기원을 설명하였다.

본문을 음미하면 선악이란 외부의 대상을 접했을 때 인간의 본성에 부합하거나 어긋나게 행동했을 때 일어나는 감정과 관계된다. 따라서 저자가 말하는 선악이란 존재하는 실체 개념이 아니라, 대체로 선악의 문자적 의미인 '좋음'과 '나쁨'이라는 판단의 결과이다. 이는 앞의 글에서 정을 호오(好惡)의 두 가지로 환원해 보려는 의도와 상통한다. 그렇게 되면 선악은 단지 좋음과 싫음의 보편적·추상적 개념일 뿐이다.

저자는 본성이 발동하여 정이 된다는 전통적 관점만은 따르고 있다. 하지만 그것은 성선설이나 성악설을 따른다는 뜻은 아니다. 사실 우리의 감정은 까닭 없이 발동하지 않는다. 각자의 본성이 어떻든 인간의 행위가 그것에 맞거나 그것을 위반할 때 쾌·불쾌와 같은 느낌이 발생하고, 그 느낌의 결과로 좋아하거나 싫어하는 감정이 움직인다. 그래서 감정 표현은 항상 본성이 기준이 될 수밖에 없고, 그런 점에서 본성이 근원이고 정은 말단이다. 다시 말해 본성과 정은 언제나 관여한다. 이때 좋고 나쁜 감정이 생기고 그것을 추상화하여 규정하면 선악이 된다.

이렇게 맹자나 순자 또 양웅(揚雄)의 관점을 따르지 않은 점은 『맹자』에 등장하는 고자(告子)의 본성에는 선도 불선도 없다[55]는 견해와도 같지만, 한편 서학의 관점[56]도 받아들였는데, 그 가운데 "리는 사물의 속성이

---

55 『孟子』, 「告子上」: 告子曰, 性, 猶湍水也. 決諸東方則東流, 決諸西方則西流, 人性之無分於善不善也, 猶水之無分於東西也. 저자는 이 부분을 수긍하여 다른 글에서 인용하였다.

56 『天主實義』下卷, 第7篇: 其善也, 吾以司愛者愛之欲之. 其惡也, 吾以司愛者惡之恨之. 盖司明者, 達是, 又達非, 司愛者, 司善善, 又司惡惡者也.; 같은 책: 西士曰, 吾以性爲能行善惡. 여기서 司愛는 의지력, 司明은 이성 능력이다.

므로 사람의 본성이 될 수 없다. … 행동한 결과가 다르다면 본성의 작용에는 선과 악이 정해져 있지 않지만 그렇게 된 것이 정이다. 하지만 본성 그 자체는 선하다"[57]라는 말을 부분적으로 수용한 결과이다. 사실 서학에서 본성에 선악을 크게 강조하지 않은 의도는 옮긴이가 볼 때, 그것은 인간 자유의지의 행사를 위해 또는 그 행사의 결과가 어떻게 될지 미리 알 수도 있었던 전지전능한 하느님에게 책임을 지우지 않으려는 신학적 배려이다. 곧 현실의 부조리(죄악)는 하느님이 의도하지는 않더라도 그 행사의 결과라는 뜻이다.[58] 흔히 말하는 구세주를 통해서만 죄 사함을 받든지 그렇지 않으면 최후의 심판에서 그 책임을 온전히 인간에게 지우기 위해서이다.

아무튼 저자가 서학을 온전히 이해했는지는 미지수이더라도, 표현된 글자만 가지고 전통적으로 이해해도 선악이 본성에 기초한 것이 아니라 외물에 대한 감정에 기초하고 있음을 읽어 낼 수 있다.

---

57 같은 책: 理也乃依賴之品, 不得爲人性也. … 所行異, 則用之善惡, 無定焉, 所爲情也. … 然本性自善. 끝부분 '본성 자체가 선하다'라는 말은 「창세기」 1장의 만물을 창조한 뒤 "하나님의 보시기에 좋았더라"라는 표현과 관련된다. (강조는 옮긴이)

58 서학은 대체로 토마스 아퀴나스의 신학을 따른다. 그의 관점에서는 하느님은 우주의 완전성을 위해 인간이 마땅히 자유로워야 할 필요가 있었고, 실제 현실과 달리 인간이 자신의 자유를 남용하여 죄를 짓는 일을 필요하지 않았다고 보았지만, 많은 자연적인 악이나 고통은 인간 측면에서의 자유의지 행사에 따른 도덕적인 악의 결과이다(F. 코플스톤/박영도 옮김, 『중세철학사』, 서광사, 2011, 478-479쪽 참조).

# 17. 인의예지
## 仁義禮知

추측하는 가운데 자연히 사물을 낳고 이루는[59] 인, 일에 알맞고 마땅한 의, 차례를 따르는 예, 권하고 징계하는 지[60]가 있다. 하지만 잡으면 보존되고 버리면 없어진다.[61]

推測之中, 自有生成之仁, 適宜之義, 循序之禮, 勸懲之知. 然操則存捨則亡.

\* \* \*

사람[62]이 태어나면 제각기 몸을 갖추고 그 사이에서 헤아리고 미룬 것에는 오직 추측의 조리가 있을 뿐이다. 몸이 상하거나 해를 입는 일을 싫어하고 낳고 이루어 주는 일을 좋아함을 인이라 말하고, 지나치거나 어긋나는 일에 불안하거나 위태롭게 여기고 알맞고 마땅함을 온당하고 편안하게[63] 여기므로 알맞고 마땅함을 의라고 말한다. 일의 실마리를 잃는 것에서 혼란하고 차례를 따르는 데서 이루어지므로, 차례를 따름을

---

59 生成에는 낳아 길러주는 것, 양육 또는 생겨남, 드물게 목숨을 보전하는 뜻이 있다. 본문의 그것은 포괄적이다.

60 仁義禮智는 원래 仁義禮知이다. 고대에는 智라는 글자가 없었고, 知에 지혜의 의미가 포함되어 있었다.

61 『孟子』, 「告子上」: 孔子曰, 操則存, 舍則亡, 出入無時, 莫知其鄉, 惟心之謂與.

62 人物은 사람과 만물, 사람과 동물, 사람 등 다의적으로 쓰이나 여기서는 사람을 중심으로 논의함.

63 安帖은 별 탈 없이 순조롭게 끝내거나 穩當·安定의 뜻을 갖는다. 현대 중국어로는 '매우 적당하다'인데 뜻이 통한다. 여기서는 바로 앞의 甓瘬의 반대의 뉘앙스가 강하다.

예라고 말한다. 보고 듣고 말하고 행동하는 일만이 아니라 선을 권하고 악을 징계할 수 있음이 지이다.

人物之生, 各具形質, 而權度於這間者, 惟有推測之條理. 惡戕害喜生成者曰仁, 競脆於過差, 而妥帖於適宜, 故適宜者曰義. 亂於失緖, 而成於循序, 故循序者曰禮. 非獨視聽言動而已, 能勸能懲, 是爲知也.

몸을 상하거나 해를 입는 일에 스스로 빠지는 상태를 인하지 않다고 말하고, 지나치고 어긋나는 일에서 불안하거나 위태롭게 되는 상태를 의롭지 않다고 말하며, 혼잡하고 혼란하여 차례나 순서가 없는 상태를 예가 아니라고 말하고, 사리에 어두워[64] 선을 권하고 악을 징계하는 일이 없는 상태를 지혜롭지 않다고 말한다.

自陷於戕害者曰不仁, 競脆於過差者曰不義, 雜亂無倫序曰非禮, 擿埴而無勸懲曰不知也.

온 세상에서 어질지 않고 의롭지 않고 예가 없고 지혜롭지 않은 사람은 대부분 추측에서 체득[65]한 게 없기 때문이다. 만약 추측에서 체득한 게 있다면 꼭 옛 가르침[66]을 기다릴 필요 없이 저절로 인의예지를 좇을

---

64 擿埴는 冥行擿埴의 준말로 깜깜한 길을 가고 시각 장애인이 지팡이를 더듬어 가는 것. 곧 어두워 학문의 방도를 모른다는 뜻. (앞에 나옴)

65 得은 단순히 아는 차원을 넘어 나의 德이 된 상태를 말한다. 그러니 여기서 추측이란 인식 차원을 넘어 도덕 수양의 실천적 의미를 지닌다.

66 이중적 의미를 지닌다. 그 말을 한 옛 성인의 가르침이 원뜻이긴 하지만, 그것을 풀이한 中古 시기의 가르침일 수도 있다. 말하고자 하는 핵심은 굳이 그것을 의지하지 않더라도 추측으로 덕을 이루면 된다는 뜻.

만한 방법이 있을 것이다. 곧 사물을 참작하여 체득하는 일은 나에게
달려 있고, 이미 내게 체득한 것이라면 이루는 일은 실행과 일에 달려
있다.

天下之不仁不義無禮不知者, 多以其無攷得於推測也. 若有得於推測, 則不必待古
訓, 而自有仁義禮知可循之方. 參酌乎物而得之在我, 旣得乎我而成之在行與事矣.

사람들이 간혹 인의예지가 본래부터 나의 본성에 갖추어져 있다고 여겨
서, 그 흐름 폐단이 사물을 버리고 나에게서만 찾으니, 어찌 그것을
찾아 알 방법을 논할 수 있겠는가? 이는 마치 금이나 옥을 모으는 사람에
게 원래 쌓인 게 있어서 얻는 일과 같으니, 사람마다 가능한 일은 아니다.
만약 "사람은 모두 금가 옥을 모으는 방법을 가지고 있다"라고 말한다면
옳지만, "사람은 모두 본래 쌓인 금과 옥을 가지고 있으나 사용할 줄
모른다"라고 말하면 옳지 않다. 그러므로 맹자가 "사람은 모두 요순이
될 수 있다"[67]고만 말하였지, "사람은 모두 요순이나 요순의 도리는
실천할 수 없다"라고 말하지는 않았다.

人或以爲仁義禮知, 素具於我性, 其流之弊, 遺物而只求於我, 烏可論其求得之方也.
如收聚金玉者, 自有積累而得, 非人人所可能也. 若謂人皆有收聚金玉之方則可, 若
謂人皆有素積之金玉, 而不得須用則不可. 故孟子曰, 人皆可以爲堯舜, 不曰人皆是
堯舜, 而不能行堯舜之道.

---

67 『孟子』, 「告子下」.

# 해 설

인의예지가 천리로서 갖추어진 실체가 아니라 추측으로서 파악한 본성임을 논증하였다.

저자는 앞의 글에서 인의예지가 본성[68]이라고 분명히 밝힌 적이 있다. 그렇다고 해서 성즉리의 논리를 따르지는 않았다. 여기서도 금과 옥의 비유로서 그 점을 분명히 지적하고 있는데, 인간의 본성이란 사람의 마음에 갖춘 불변의 이치가 아니라는 뜻이다.

그렇다면 어떻게 인의예지가 사람의 본성이 될 수 있는가? 앞에서 저자의 본성 개념을 설명할 때 잠깐 언급했지만, 이 글에서 그것을 세밀하게 밝히고 있다. 우선 인의 개념은 인간의 생명 유지, 의는 일 처리의 적합성, 예는 일의 순서·차례를 따름, 지는 행위에서 잘했는지 못했는지 따지는 일과 관계된다. 이것은 일차적으로 사람의 본능적 행위의 표현이다. 자신의 욕구를 잘 성취하려면 이런 모습이 필요한데, 자신을 손상해 가면서 마땅치도 않고 무질서하게 반성 없이 일 처리한다면, 생명을 온전히 유지할 수 없기 때문이다. 한편 이 모습은 사회생활에도 그대로 적용된다. 개체의 삶만을 위한 배타적 태도가 아니라, 각자의 생명 활동을 사회 속에서 잘 실현하기 위해서도 필요한 것이기 때문이다. 사실 인의예지는 보편 규범의 성격이 강하다. 그 때문에 전통 철학에서 그것을 인간의 본성으로 취급하였고, 그마저도 성리학에서는 형이상의 이치로 규정하였다. 가령 인은 마음의 덕과 사랑의 이치 그리고 천지가 만물을 살리는 마음이라 규정하였는데, 다만 저자는 여기서 '살린다'는 생명의 관점은 받아들이고 있다. 의는 대체로 정의와 도덕규범에 부합하

---

68 앞의 「情之捨不捨」를 볼 것.

는 의미로 쓰였으나, 저자는 『중용』의 뜻69을 따라 일의 마땅함 곧 이치에 맞는 태도를 일컫는 뜻으로 썼다. 예도 천리의 절문(節文)이라기보다, 사회에서 일의 순서·차례 등으로서 역시 『중용』에 보인다.70 지는 시비를 분별하는 능력으로서 전통의 그것과 차이가 없다.

저자는 이처럼 마음에 갖추어졌다는 천리를 연역하는 방식이 아니라, 맹자가 측은·수오·사양·시비의 정을 통하여 본성을 파악하는 방식, 곧 구체적 인간의 태도나 정서를 경험적으로 관찰하여 본성을 추론하는 방식을 택하였다. 하지만 맹자의 그것은 저자의 그것보다 더 사회적이어서 규범의 성격이 훨씬 강하다. 맹자는 군자가 식색(食色)을 본성으로 여기지 않는다고 하여, 본능적 요소를 본성 개념에서 배제하였기 때문이다.

여기서 저자는 인의예지의 사회적인 특징을 부정하지는 않았지만, 그것이 맹자가 포기해 버렸던 자연적 본능에 기초하고 있다는 점을 일차적으로 부각하였다. 그래서 현실적인 인간의 본성이란 본능과 보편적 규범의 통일체로 파악하고 있다고 하겠다. 인의예지라는 말 차제가 사회의 보편 규범의 성격이 강하지만, 여기에 생물적 본능을 개입시켰기 때문이다. 또한 이것이 인간이 현실적으로 활동하는 기의 조리이기도 하다. 옮긴이는 이것을 일찍이 다른 저술에서 사회적 본성이라고 말한 바 있다.71 그 말은 생물적 본성에 대비시켜 한 말이지만, 그 녹아든 생물적 본성을 배제해서는 안 된다.

자 여기서 인의예지는 금과 옥의 비유에서 말했듯이, '금과 옥을 모으는

---

69 『中庸章句』第20章: 仁者, 人也, 親親, 爲大, 義者, 宜也.

70 같은 책: 尊賢, 爲大, 親親之殺, 尊賢之等, 禮所生也. 다만 저자의 循序·倫序는 이 관점을 포함하면서도 더 포괄적이다.

71 이종란, 『운화와 윤리』, 108-113쪽.

'방법'에 따라 파악된 내용인데, 바로 추측에 의한 산물로서 추측지리라는 뜻이다. 그 말은 인의예지라는 선험적 이치가 본래부터 존재하는 것이 아니라, 인간의 삶에서 생물적 본능과 사회적 규범의 통일체로서 이루어진 본성이 드러난 정을 통해 추측으로 파악했다는 뜻이다. 이렇게 본다면 인의예지는 그의 후기 철학에서 말하는 '운화의 승순'과 통한다. 곧 인의예지는 개인 영역인 일신운화(一身運化)가 자연 영역인 대기운화(大氣運化)와 함께 사회 영역인 통민운화(統民運化)를 승순한 결과이기 때문이다.

그렇다면 이렇게 인의예지를 본성으로 인정하면서 애초부터 갖춰진 천리로 보지 않고 추측한 관념 또는 덕이란 점을 어디서 영향받았을까? 바로 『천주실의』에서 인의예지신과 같은 오상도 실체가 아니라 하나의 속성에 속하는 부류로 보는 점,[72] 게다가 "인의예지는 인간이 도리를 추론한 뒤에 있다."[73]라는 표현이 영향의 결정적 단서이다. 저자 방식으로 표현하면 그것이 추측지리라는 뜻이다. 이처럼 저자는 겉으로는 서학의 종교적 측면을 비판하지만, 그 비판 속에서도 합리적 요소는 받아들였다. 이 본성에 관한 종합적 담론은 뒤의 글에서도 이어간다.

---

72 『天主實義』上卷, 第2篇: 物之不能立, 而託他體以爲其物, 如<u>五常</u>五色五音五味七情是也. 斯<u>屬依賴之品者</u>. 보통 自立者는 실체, 依賴者는 속성으로 번역한다. (강조는 옮긴이)

73 같은 책, 下卷, 第7篇: 仁義禮智, 在推理之後也.

# 18. 기질과 사리
## 氣質私利

기질의 폐단을 제거할 수 있다고 한다면 기질이 없게 되고, 제거할 수 없다고 한다면 추측이 없게 된다. 제거할 수 있는 것은 기질의 작용이고 제거할 수 없는 것은 기질의 본체이다.[74]

氣質之病, 如可去, 是無氣質, 如不可去, 是無推測. 可去者用也, 不可去者體也.

사사로운 이익의 욕망을 제거할 수 있다고 한다면 내가 없게 되고, 제거할 수 없다고 한다면 추측이 없게 된다. 제거할 수 있는 것은 사사로운 이익이요, 제거할 수 없는 것은 참된 이익이다.

私利之欲, 如可去, 是無我也, 如不可去, 是無推測. 可去者私利也, 不可去者眞利也.

\* \* \*

본체와 작용을 미루어 이익과 손해를 헤아리고, 대상과 나를 미루어 취하고 버릴 것을 헤아리면, 제거하거나 제거하지 말 것을 자연히 분별할 수 있다.

推體用而測利害, 推物我而測取捨, 可去與不去, 自能辨別.

---

74 기질의 본체는 몸과 같은 말로 곧 생명 활동과 관계되기 때문이다.

타고난 기질에는 굳세고 부드럽고 막히고 통하지 않는 병폐가 있으니, 기질이 없어야만 이런 병폐가 없고, 기질이 있다면 저절로 이런 병폐가 있다. 하지만 오직 미루어 옮아가고 헤아리는 방법이 있어서, 굳셈으로 부드러운 기질을 극복하고 부드러움으로 굳센 기질을 극복하며 소통으로서 막힌 기질을 극복한다. 마치 한쪽으로 기울고 어두워 답답한 방을 주인이 주선하고 변통하면 더 이상 그런 일이 없는 점과 같다. 여기서 방은 본체요 일은 작용이다. 방과 사람 사이에는 간격이 있어도 기질과 추측 사이에는 간격이 없는데, 기질을 따라 추측이 발생하기 때문이다.[75]

氣稟之質, 有剛柔窒塞之病, 則無氣質而後, 無此病, 有氣質之時, 自有此病. 然惟有推移測量之術, 以剛克柔, 以柔克剛, 以通克塞. 如偏側幽鬱之室, 有主人而周旋變通, 未嘗有偏側幽鬱之事. 室卽體也, 事卽用也. 室之於人有間, 氣質之於推測無間, 隨氣質而推測生.

추측을 쌓아 이치에 관통하는[76] 데 이르러 기질의 영향을 벗어나 극기할 수 있으면, 기질의 발휘에 병폐가 거의 없을 것이다. 기질은 본래부터 저절로 있으나 더 이상 드러나 작용할 수 없기 때문이다. 추측이 미숙하여 기질의 영향을 벗어날 수 없으면, 보고 듣고 사용하는[77] 일이 모두 기질의 병폐이다.

---

75 추측은 몸에서 이루어진다는 말.
76 『大學章句』의 格物致知의 결과가 쌓여 오래되면 豁然貫通한다는 논리에서 格物致知 대신에 推測을 넣었다.
77 動用은 사용의 뜻으로 『書經』, 「盤庚上」의 "予敢動用非罰, 世選爾勞, 予不掩爾善."에 보인다. (앞에 나옴)

積累推測, 至于慣通, 能離于氣質而克己, 則庶無須用之病. 氣質則固自在, 而不能
發用也. 推測未熟, 不能離於氣質, 則視聽動用, 皆是氣質之病也.

이미 내가 있으므로 사사로운 이익 또한 없을 수 없다. 하지만 이익에는
크거나 작거나 참되거나 거짓이 있어서, 추측이 참된 이익에 미칠 수
있는 사람은 거짓된 이익을 제거할 수 있고, 또 최종의 큰 이익에 미칠
수 있는 사람은 당면한 작은 이익을 제거할 수 있다.

旣有我, 則私利亦不可無也. 然利有大小眞僞, 推測能及於眞利者, 僞利可去, 又及
於終闋之大利者, 當前之小利可去.

# 해 설

유학의 수양 방법 가운데 기질 변화론을 추측으로 재해석하였다. 기질을 문자 그대로 보면 몸을 이룬 기와 질이지만, 보통 생리·심리 드물게 몸 따위를 말하며 좁혀서 말하면 성격이나 성향을 뜻한다. 유학 내부에서 기질이 철학의 주제 가운데 하나가 된 것은 송대에 이르러 장재(張載)의 글에 보이기 시작하는데, 그것이 기질 변화이다.[78] 이후 주희 성리학에서 수양의 방법으로 기질의 변화를 자주 언급한다. 거기서 옛 성인은 기질 변화를 말하지 않고 극기복례 등의 말을 하면서 대부분 사욕을 이겨서 없애라고만 했지, 기질 변화를 말한 곳을 발견하지 못했다는 혹자의 질문에 대해, 주희는 『서경』의 "너그러우면서도 엄격하고, 부드러우면서도 확고하게 서고, 굳세면서도 사나움이 없는" 것이 기질을 변화시키는 곳이라고 말하고, 동시에 사욕도 기질 가운데 한 가지 일이라고 말한 적이 있다.[79]

주희가 말한 이 내용이 본문에 고스란히 등장하는데 바로 기질 변화와 사욕의 설명이 그것이다. 저자도 주희처럼 기질 자체의 치우침 때문에 불선이 될 수 있다고 여겼다. 다만 방의 비유를 통해서 기질 자체를 버리거나 없앨 수 없으므로, 그것이 작용하는 데서 추측을 통하여 변화시킬 것을 말했다.

이렇게 말한 배경은 기질 개념이 명확하지 않은 데 있다. 물론 저자의 오해일 수는 있지만, 주희는 그것을 변화시킬 수 있다고 말한 데 비해

---

78 張載, 『語錄鈔』: 爲學大益, 在自求變化氣質.

79 『朱子語類』78-236: 或問, 聖賢教人, 如克己復禮等語, 多只是教人克去私欲, 不見有教人變化氣質處, 如何. 曰, 寬而栗, 柔而立, 剛而無虐, 這便是教人變化氣質處. 又曰, 有人生下來便自少物欲者, 看來私欲是氣質中一事.

저자는 기질은 몸에 고정되어 있어서 불변적인 것으로 보고 있다. 오늘날 식으로 기질 변화를 말하면 성격을 결정하는 요소 가운데 하나인 유전자를 변화시킬 수 있다고 오해할 수 있다는 생각이었다. 다만 고칠 수 있는 대상은 기질이 아니라 그것이 작용하는 심리와 그와 연관된 행동이다. 곧 환경과 학습을 통하여 교정해 보자는 생각과 통한다. 이렇게 보면 사실 성리학의 기질도 저자가 말하는 '기질의 작용'이 드러내는 것에 가깝다.

조선조 율곡 이이도 교기질(矯氣質) 곧 기질 변화를 주장하였다. 그는 학문을 통해 기질을 변화시킬 수 있다고 하였는데,[80] 이때의 기질이란 오늘날 성격의 의미로 저자가 말한 기질의 작용에 해당한다. 여기서 이이가 말한 학문은 저자에게는 구체적으로 추측에 해당한다. 결국 저자도 추측이 쌓여 사물의 이치를 관통하는 데 이르러 기질의 영향을 벗어나 극기할 수 있다고 하는데, 성리학에서 말하는 수양의 논리와 크게 다르지 않다.

이는 추측이 단지 개별적 지식의 확장만이 아니라 수양에도 적용되는 일로 보았기 때문이다. 인간 사유의 발전은 도덕적 행위의 필요조건이 된다는 의미이다. 행동하기 전에 무엇이 선이고 악인지 올바르게 판단하려면 추측 없이는 불가능하기 때문이다. 사익도 마찬가지이다. 그 자체가 불선은 아니지만, 그 추구에 있어서 판단이 잘못하면 되레 화가 되기 때문이다. 진정한 이익이 되기 위해서는 판단을 잘해야 하는데, 그 올바른 판단을 이끄는 일이 추측이다.

또 기질 변화의 방법으로 주희나 이이는 극기와 면강(勉强)을 강조했는데,[81] 이는 성리학의 특성상 윤리 규범이 불변하는 천리로 이미 전제되어

---

80 李珥가 기질을 바로 잡는 공부에는 克己와 勉强을 들었다(『栗谷全書』 21卷, 『聖學輯要』, 「修己」).

있어서 그런 주장이 가능하다. 다만 저자의 철학에서는 오로지 추측지리를 통해서 확보할 수밖에 없어서 추측을 강조했다. 이렇듯 추측은 인식론에서는 경험을 통한 사유의 과정이지만, 수양론에서는 체험을 통해 깨달아 체득하는 과정이기도 하다. 그 결과가 도덕적 앎과 행위가 일치된 덕의 체득이다.

---

81 『朱子語類』 113-1: 問, 氣質弱者, 如何涵養到剛勇. 日, 只是一箇勉强. 然變化氣質最難.; 같은 책, 4-40: 或問, 若是氣質不善, 可以變否. 日, 須是變化而反之. 如人一己百, 人十己千, 則雖愚必明, 雖柔必强.

## 19. 자연법칙과 마음속의 이치
### 性理心理

본성은 유행지리이고 마음은 추측지리이나 그 실상은 하나의 이치이니,
추측은 유행지리에서 생긴다.

性是流行之理, 心是推測之理, 其實一理也. 推測生於流行之理.

\* \* \*

기와 질이 이룬[82] 본성은 천지의 유행지리이고, 보고 듣고 경험한 것은
사람 마음의 추측지리이다.[83] 그러므로 자연의 이치를 위주로 말하면
본성이고, 사람의 이치를 위주로 말하면 마음이라 말하나, 자연법칙과
마음속의 이치는 실상 한 가지이다. 만약 유행지리가 아니면 추측은 어디
서 생길 것이며, 또 추측지리가 아니면 어떻게 유행지리를 알 것인가?

氣質成性, 天地流行之理也, 見聞閱歷, 人心推測之理也. 故主天理而言, 則性也,
主人理而言, 則心也, 性理心理, 其實一也. 如非流行之理, 推測從何而生, 又非推測
之理, 何以見流行之理.

본성이란 자연과 인간이 연결되어 모인 것이요, 마음이란 사물을 통섭하
는 것이다. 그래서 사물에 힘쓰는 자는 마음속의 이치를 높이고, 자연과
인간을 배우는 사람은 자연법칙을 높인다.

---

82 『신기통』 권1, 「氣質各異」를 보면 천하의 만물은 모두 氣와 質의 합성으로 이루어진다.
83 추측지리가 인간 마음에서 경험을 토대로 형성한다는 말.

性乃接湊天人者也, 心乃統攝事物者也. 務事物者尙心理, 學天人者尙性理.

# 해 설

유학에서 말하는 성리와 심리를 재정의하였다.

성리는 성즉리(性卽理), 심리는 심즉리(心卽理)를 쉽게 떠올리기도 하고, 또 성리학에서 마음이 만 리를 갖추었다는 심구만리(心具萬理)의 심리이기도 하다. 그렇더라도 주희 성리학에서는 성리든 심리든 그 이치는 천리로서 같다.

바로 여기서 저자는 그 이치를 재정의하여 성리와 심리를 유행지리와 추측지리로 나누었다. 그 차이는 앞서 여러 번 설명하여서 여기서는 생략하겠다. 다만 성리든 심리든 같다고 말한 의미는 그 기원이 같다는 뜻이다. 곧 기가 유행하는 현장이 같다는 뜻으로 인간에 있어서는 본성과 마음이다.

따라서 성리는 성리학의 그것이 아니라, 그 자체로 본성을 이룬 자연법칙으로 유행지리를 가리킨다. 이어지는 다음 글을 보라! 한때 서학이나 근대 전환기 서양의 자연학 또는 자연철학을 번역할 때 '성리학(性理學)'이라고 한 적이 있는데[84] 바로 그런 의미이다. 심리란 마음에 갖추어진 천리의 의미가 아니라, 마음이 추측한 이치라는 뜻이다. 곧 인간 심기의 유행에서 추측이 생기고 그 추측을 통해 추측지리를 구축한다.

여기서 주목되는 부분은 "본성이란 자연과 인간이 연결되어 모인 것이다"라는 내용이다. 이것은 성즉리로 해석될 수 있는 문장이지만, 앞서

---

[84] 『空際格致』에서 아리스토텔레스를 性理之師라 부르고 또 그의 자연학을 소개할 때 '性理定論', '性理摠領', '性理正論' 등이 등장하고, 또 '性理'라는 말도 수없이 나오는데 이때 性理는 모두 자연의 이치라는 뜻이고, 호러스 언더우드가 1890년에 펴낸 『한영·영한사전』을 보면 'natural philosophy'를 '성리지학·격물궁리·텬성지학'으로 되어 있고, 'metaphysics'는 '의리지학'으로 된 것(김우창 외, 『국가의 품격』, 한길사, 2010, 147쪽)을 보면 性理는 송대 성리학의 그것이 아니라 자연과 관계된 용어이다(알폰소 바뇨니/이종란 옮김, 『공제격치』, 97쪽 참조).

「인의예지」에서 설명한 인간 내부의 자연 본능과 사회 규범의 통일체로 보는 견해일 수도 있고, 인간 안의 자연적 측면만을 말한 것일 수도 있다. 본문의 "자연과 인간을 배운다"라는 점에서 전자일 것이다.

# 20. 마음속의 이치는 자연법칙에 근본을 둔다
## 心理本於性理

유행지리는 자연법칙이고 추측지리는 마음속의 이치이다. 자연법칙은 참되나 마음속의 이치에는 참도 있고 거짓도 있다. 만약 자연법칙과 마음속의 이치를 같은 이치로 여긴다면, 참과 거짓을 나누는 근원이 없게 되고, 만약 마음속의 이치에 나아가 마음과 이치가 둘이라고 한다면, 추측이 함께 쓰는 때가 없어진다.

流行之理性理也, 推測之理心理也. 性理誠實, 心理有誠有僞. 若以性理心理爲一理, 則誠僞無可分之源, 若就心理而心與理爲二, 則推測無幷用之時.

\* \* \*

사람의 기질에서 하늘을 이은 것을 말하면 본성이요, 사람을 위주로 말하면 마음이다. 본성에는 본성의 이치가 있고, 마음에는 마음속의 이치가 있다. 그런데 사람마다 견해가 달라서 혹자는 자연법칙만 있는 줄 알고 마음속의 이치가 있는 줄 모르며, 또 혹자는 마음속의 이치가 있는 줄만 알고 자연법칙이 있는 줄 모른다. 이것이 마음과 본성의 두 가지 이름이 있는데도 피차에 이치의 나뉨이 없는 일이다.

就此氣質, 繼天而言, 則性也, 主人而言, 則心也. 性有性之理, 心有心之理. 人各異見, 或知有性理, 而不知有心理, 或知有心理, 而不知有性理. 是乃心性有二名, 而理無分於彼此.

추측의 참과 거짓이 유행의 참에 섞이고, 자연 이치의 순수함이 인간이 추론한 인위적인 이치에 혼합되니, 이로부터 혼잡한 병폐가 번잡하게 일어난다. 하나만 붙잡는다는 논의85와 이치가 하나라는 학설86은 상황에 따라 대응할87 줄 모른다. 대개 같음 가운데서 다름을 분별하는 사람은 때에 따라 마땅함을 얻을 수 있고, 또 다름을 거느려 같음에 돌아갈 수 있으나, 단지 같음만 알고 다름을 분별할 줄 모르는 사람은 처리해 두는 것이 없다.

推測之誠僞, 雜於流行之誠實, 天理之專一, 渾於人理之攸爲, 渾雜之病, 由此蝟興. 執一之論, 理一之說, 不知合變. 蓋同中辨異者, 能隨處得宜, 又能統異歸同, 只知其同, 而不辨其異者, 無所措縱矣.

만약 마음속의 이치에서 마음과 이치가 둘이라고 한다면, 추측 외에 다시 마음이 있게 된다. 그래서 추측만 홀로 수고롭고 마음은 스스로 안일하거나, 마음은 스스로 수고롭고 추측은 없게 된다. 어찌 이름이 있으나 이치가 없는 것이 있겠으며, 또한 어찌 이치는 있으나 이름이 없는 것이 있겠는가? 만약 마음이라는 이름이 없으면, 비록 이치가 없다고 말해도 혹시 되겠지만, 마음이라는 이름이 있는 이상 이치가 없다고 말할 수 있겠는가?

---

85 執一은 한쪽만 붙잡아 변통을 모른다는 뜻으로 『孟子』, 「盡心上」의 "執中無權, 猶執一也."에 보인다.

86 주희 성리학의 理一分殊, 心與理一, 各具一太極 등이 모두 이에 속한다.

87 合變은 隨機應變의 의미이다. 漢 班固의 『答賓戲』의 "因勢合變, 遇時之容, 風移俗易, 乖迕而不可通者, 非君子之法也."에 보인다.

若以心與理爲二, 則是推測之外更有心. 而推測獨勞, 惟心自逸, 或心自勞苦, 而無
所推測. 豈有有名而無理者, 亦豈有有理而無名者. 若無心之名, 則雖謂之無理, 庶
或可也, 旣有心之名, 則烏可謂無理哉.

# 해 설

앞의 글에 이어서 리가 성리와 심리로 나눠짐을 설명하였다. 그것을 유행지리와 추측지리로 나누어 봄으로써 인식론 상에서 자연법칙과 인간의 관념을 혼동하지 않기 위하여 말한 내용이다. 추측지리는 유행지리를 지향해도 거기에 오류가 있을 수 있기 때문이다. 제목의 '마음속의 이치는 자연법칙에 근본을 둔다'라는 말은 이렇듯, 추측지리가 자연적 사실에 기반해야 한다는 뜻이다. 윤리적 가치라고 하더라도, 그 판단의 근거는 사실에 기초해야 한다는 점을 시사한다.

이렇게 나눈 의도는 "자연법칙만 있는 줄 알고 마음속 이치가 있는 줄 모르기도 하고, 마음속 이치가 있는 줄만 알고 자연법칙이 있는 줄 모른다"라는 말속에 보인다. 이것은 성리학이나 양명학에 대한 저자의 간접적 비판으로 보인다. 물론 그 학문의 자기 방식의 이해이기는 하다.

혹자는 저자의 이런 논리에 불만을 가질 수 있다. 성리학의 이일분수(理一分殊)에서 분수를 말하기에 '이치가 하나'라는 학설이 아니라고 하겠지만, 사실은 모두 같은 이치이다.[88] 이것은 태극을 이치로 보는 데서 그렇게 규정할 수밖에 없다. 사실 왕수인도 비록 '하나를 붙잡는' 일을

---

88 『朱子語類』 6-25: 問, 去歲聞先生曰, 只是一箇道理, 其分不同. 所謂分者, 莫只是理一而其用不同. 如君之仁, 臣之敬, 子之孝, 父之慈, 與國人交之信之類是也. 曰, 其體已略不同. 君臣-父子-國人是體, 仁敬慈孝與信是用. 問, 體用皆異. 曰, 如這片板, 只是一箇道理, 這一路子恁地去, 那一路子恁地去. 如一所屋, 只是一箇道理, 有廳, 有堂. 如草木, 只是一箇道理, 有桃, 有李. 如這衆人, 只是一箇道理, 有張三, 有李四, 李四不可爲張三, 張三不可爲李四. 如陰陽, 西銘言理一分殊, 亦是如此.; 같은 책, 27-41: 或問理一分殊. 曰, 聖人未嘗言理一, 多只言分殊. 蓋能於分殊中事事物物, 頭頭項項, 理會得其當然, 然後方知理本一貫. 不知萬殊各有一理, 而徒言理一, 不知理一在何處.

비판하고 있지만,[89] '이치가 하나'라는 설을 고수하고 있다.[90]

재미있는 점은 주희와 왕수인과 저자 모두 '마음이 이치와 하나'라는 심여리일(心與理一)을 주장하고 있다는 점이다.[91] 이는 형식상 논리는 같아도 그 차이를 세 사람의 철학에서 살펴봐야 하는 복잡한 문제이다. 거칠게 말한다면 주희는 마음에 만 리가 갖추어져 있다는 관점에서, 왕수인은 마음이라는 양지를 통해서만 이치를 파악할 수 있다는 관점에서, 저자는 추측과 추측지리의 관계에서 말했다. 주희는 존재론적 관점에서, 왕수인과 저자는 인식론적 관점에서 말했다.

하지만 주희나 양명이 말한 리는 모두 사실상 인도(人道)로서, 저자의 지적대로 모두 추측지리의 영역에 속하며, 자연법칙인 유행지리와 다르다. 이는 과학과 윤리, 자연법칙과 인간의 관념, 천도와 인도를 엄격히 분리해 보자는 저자의 생각과 맞물려 있고, 그래서 리를 성리와 심리로 구별하였다. 저자의 성리는 유행지리의 다른 이름이다.

---

89 『傳習錄』 卷上-52: 問, 孟于言執中無權猶執一. 先生曰, 中只有天理, 只是易. 隨時變易, 如何執得. 須是因時制宜. 難預先定一箇規矩在. 如後世儒者要將道理一一說得無罅漏. 立定箇格式. 此正是執一.

90 같은 책, 卷中-174: 理一而已, 以其理之凝聚而言則謂之性, 以其凝聚之主宰而言則謂之心, 以其主宰之發動而言則謂之意, 以其發動之明覺而言則謂之知, 以其明覺之感應而言則謂之物.

91 『朱子語類』 126-34: 吾以心與理爲一, 彼以心與理爲二. 亦非固欲如此, 乃是見處不同, 彼見得心空而無理, 此見得心雖空而萬理咸備也.; 『傳習錄』 卷下-321: 先生因謂之曰, 諸君要識得我立言宗旨. 我如今說箇心卽理是如何, 只爲世人分心與理爲二, 故便有許多病痛. … 分心與理爲二, 其流至於伯道之僞而不自知. 故我說箇心卽理, 要使知心理是一箇.

# 21. 하나를 위주로 만 가지를 거느리다
## 主一統萬

이름을 붙인 의미에서 보자면 하나를 위주로 하여 만 가지를 통섭하는
것이 있는데 심성이고, 만 가지를 거느려 하나에 돌아오는 일이 있는데
추측이다.

命名之義, 有主一而攝萬者心性也, 有統萬而歸一者推測也.

\* \* \*

본성은 하나뿐이다. 그 본원에서 말하면 천이라 말하고, 유행으로 말하
면 명이라 말하고, 사람에게 부여된 것을 말하면 본성이라 말하고, 형체
를 가지고 말하면 기질이라 말하고, 한 몸을 주장하는 것을 말하면 심이라
말하고, 아버지를 만나면 효라 말하고 임금을 만나면 충이라 말한다.
이렇게 미루어 가면 끝없이 이름을 붙일 수 있다.

性一而已. 自其本源謂之天, 流行謂之命, 賦於人謂之性, 形體謂之氣質, 主於身謂
之心, 遇父謂之孝, 遇君謂之忠. 推此以往, 名至於無窮.

하지만 이 끝없는 사물을 묶는 데는 요령이 있다. 그 충을 마름질하는
것이 충의 추측이고, 효를 마름질하는 것이 효의 추측이고, 마음을 바르
게 하는 일이 마음의 추측이고, 기질을 바로 잡는 일이 기질의 추측이고,
본성을 다하는 일이 본성의 추측이고, 명을 따르는 것이 명의 추측이고,

하늘을 섬기는 것이 하늘의 추측이다.

以此無窮之事物, 括之有要領. 裁制其忠乃忠之推測, 裁制其孝乃孝之推測, 正心乃心之推測, 矯氣質乃氣質之推測, 盡性乃性之推測, 順命乃命之推測, 事天乃天之推測.

그렇지만 하나에서 만으로, 만에서 하나로 이르는 대상은 모두 기이지만, 기의 변통92은 오직 추측에 달려 있다. 세밀하게 나누어 쪼개더라도 혼란스럽지 않아야 거의 그 전체의 범위를 다할 수 있고, 전체의 범위를 살필 수 있어야 만 가지 다름을 거의 분별한다.

然自一至萬, 自萬至一, 俱是氣也, 而氣之通變, 惟在於推測. 分析至微而不亂, 然後庶可盡其體之範圍, 能察全體之範圍, 然後庶辨萬殊之不齊.

---

92 『신기통』 권3의 「器可變通氣不可變通」에서 기 본체는 변통할 수 없다. 『추측록』 권3, 「氣質私利」에서 기질의 작용은 변통할 수 있다는 말과 같은 맥락에서 기의 본체는 변통할 수 없으나 정신활동인 신기의 작용을 변통한다는 말. 通變은 또 변화의 이치를 잘 안다는 뜻도 있으나 본성의 추측에 관한 일이므로 전자로 보임.

# 해설

만 가지와 하나의 통섭 관계를 심성과 추측으로 설명하였다.

옮긴이는 앞에서 저자가 말한 사람의 본성이란 자연 본능과 사회 규범의 통일체라고 해석한 바 있다. 모두 인간의 기가 활동하는 일이기에 그렇다. 그래서 본문의 "본성은 하나뿐이다"에서 "이름을 붙일 수 있다"까지 그것이 잘 반영되어 있다.

사실 이 표현은 『전습록』의 그것과 문자상에서는 별로 차이가 없다.93 하지만 『전습록』의 본성은 리와 심(양지)과 기가 같은 존재의 층위에 있는 범주이고, 또 효와 충도 일에서[事上] 양지가 발현되는 표현의 다름이 아니다. 반면 저자의 천이나 명이나 기질은 유행지리와 관계되고, 심과 효와 충은 추측지리와 관련되어 서로 다른 영역에 속해도, 본성 개념에서 통합할 수 있어서 그렇게 말한 것뿐이다.

여기서 양명의 양지와 저자의 심은 전혀 다른 개념이지만, 상황에 맞게 가치를 발견하고 실천하는 양지의 역할을 추측이 대신하고 있다. 거칠게 말하면 양지의 역할을 대상에 가치를 부여하는 방식으로 추측에서 받아들였다고나 할까? 이처럼 저자는 타인의 말을 인용해도 자기 철학의 맥락에서 재해석해 사용하고 있음을 여기서도 알 수 있다. 이전 글에서는 격물치지나 심통성정 등을, 여기서는 양지의 역할을 추측으로 재해석하고 있다.

그런데 "그 충을 마름질하는 것이 충의 추측이고" 이하의 말은 제대로

---

93 『傳習錄』卷上-38: 性一而已, 自其形體也, 謂之天, 主宰也, 謂之帝, 流行也, 謂之命, 賦於人也, 謂之性, 主於身也, 謂之心, 遇父便謂之孝, 遇君便謂之忠. 自此以往, 名至於無窮, 只一性而已. 저자는 '自其形體也, 謂之天'에서 天 대신에 氣質로 바꾸고, '主宰也, 謂之帝'만 삭제하였다. 강조는 저자와 같은 표현.

이해하지 못하면 조금 당혹스럽다. 핵심은 '마름질한다'라는 말에 있다. 원문의 재제(裁制)에는 '마름질하다' 또는 '마름질하여 제작하다'의 뜻이 있는데, 마치 옷감을 재단하여 옷을 제작하는 일처럼 그 연원은 자연현상이나 원리를 구획 지어 인식하고 인사에 적용하는 일로서 『주역』「계사전」에 보인다. 그래서 자연과 사회의 다양한 현상에서 '충'이나 '효'나 '본성을 다함'이나 '하늘을 섬기는' 일 따위로 마름질하는 작용이 추측이라는 뜻이다.

이 본성과 추측의 전개는 논리상 전자는 연역, 후자는 귀납 방식을 사용했다.

# 22. 기쁨과 분노가 뒤바뀌다
## 反喜怒

마땅히 기뻐해야 하면서도 되레 성내는 사람은 단지 눈앞의 거슬리는 감정만 헤아릴 뿐이고, 본래의 이루어진 본성94에서 미룰 줄 모른다.

當喜而反怒者, 只能測其面前之忤情, 不能推乎本來之成性.

* * *

칠정 가운데 이미 기쁨과 성냄이 있으니, 마땅히 성내야 할 때 성내고 마땅히 기뻐해야 할 때 기뻐하는 일은 참된 기쁨과 성냄이다. 만약 마땅히 기뻐해야 할 때 성내고 마땅히 성내야 할 때 기뻐하는 일은 망령된 기쁨과 성냄이다.

七情之中, 旣有喜有怒, 則當怒而怒, 當喜而喜, 是眞喜怒也. 若當喜而怒, 當怒而喜, 是妄喜怒也.

기쁨과 성냄의 참과 망령됨은 성정의 다른 작용에서 연유한다. 대개 본성에는 따름과 거스름이 있고 정에는 선한 것과 악한 것이 있는데, 선으로 흐르는 정은 본성 또한 그 이치95를 따르나, 악으로 흐르는 정은 본성 또한 그 이치를 거스른다.

---

94 本來之成性은 해설을 보라.
95 앞의 글에서 말한 性理 곧 流行之理이다.

喜怒之眞妄, 由於性情之異用. 蓋性有順逆, 情有善惡, 情之流於善者, 性亦順其理, 情之流於惡者, 性亦拂其理.

선을 행하는 사람을 권유하여 악을 행하게 해도, 그가 당연히 화내지 않는 까닭은 그의 본성이 이미 그 이치를 따르기 때문이다. 반면 악을 행하는 사람을 바로 잡아 선을 행하게 하면, 마땅히 기뻐해야 하나 되레 분노하는 까닭은 그의 본성이 이미 그 이치를 거스르고 도리어 그 거스름을 따름으로 여기기 때문이다.

勸誘爲善之人, 使爲惡, 則不當怒, 以其性之已順也. 挽回爲惡之人, 使之爲善, 則是當喜而反怒者, 以其性之已逆而反以逆爲順也.

선하거나 악한 정의 기미에서 시작하여 마침내 본성의 따름과 거스름이 전도되는 데 이른다. 그 과정은 마치 밖에서 병이 감염되고 병세가 점점 깊어져 마침내 목숨을 잃는 데 이르는 일과 같다. 그러니 붙잡아 보존하는[96] 공부는 드러내 쓰는 데 달려 있고, 함양하는[97] 공부는 본래의 근원에 달려 있으니, 하나라도 폐지할 수 없다.

肇自情之善惡幾微, 終至於性之順逆倒置. 如外感受病, 沈染轉深, 竟致戕害性命.

---

96 操存은 본마음을 붙잡아 보존한다는 뜻으로 『孟子』, 「告子上」의 "孔子曰, 操則存, 舍則亡, 出入無時, 莫知其鄕, 惟心之謂與."에 나오며 성리학에서도 매우 중시하였다. 저자도 그런 의미로 썼다.

97 涵養은 주희가 未發일 때 본성을 머금어 기르는 공부의 뜻으로 자주 쓰는 말인데, 가령 『朱子語類』 6-118의 "學者須當於此心未發時加涵養之功, 則所謂惻隱羞惡辭遜是非發而必中."에 보이고, 操存과 함께 말한 곳은 가령 같은 책, 9-11의 "操存涵養, 則不可緊; 進學致知, 則不可寬."에 보인다. 저자도 본성을 기르는 의미로 썼다.

則操存功夫在發用, 涵養功夫在本源, 不可偏廢.

본성이 따를 때는 몸의 기가 온화하고 조용하지만, 본성이 거스를 때는 기가 격하고 동요한다. 정이 선할 때는 대상을 향한 기쁨과 성냄이 마땅하고 자기의 본성 또한 이치를 따르지만, 정이 악할 때는 기쁨과 성냄이 바뀌어서 기와 마음을 부려 해로움이 본성에 미친다.

性順時氣和而靜, 性逆時氣激而動. 情善時喜怒得當在物, 而己性亦順, 情惡時喜怒變換, 使氣使心而害及於性.

# 해 설

선악이 정에서 생길 때의 본성과의 관계를 논하였다.

앞선 글에서 선악은 정에서 생기고 본성에는 따르거나 거스르는 일만 있다고 하여, 저자가 성선설을 따르지 않았다고 설명하였다. 또『추측록』권1의「선악에도 미룸이 있다(善惡有推)」에서 선악이 본래부터 존재하는 이데아가 아니라, 인격체가 호오에 따라 판단하는 문제이고, 그래서 상대적이라는 점도 지적하였다.

그렇다면 본문의 '마땅히 기뻐해야 할 때와 마땅히 성내야 할 때'의 기준은 무엇인가? 이것은 본문에서 말한 이치이다. 이때의 이치란 저자가 성리라고 말한 유행지리와 관계되며, 생물적 본능과 사회 규범의 통일체인 본성이 구성되는 한 요소임이 분명하다. 그것이 본문의 '본래 이루어진 본성[本來之成性]'으로 보인다.

그래서 마땅히 '기뻐해야 할 때 기뻐하지 않고 마땅히 성내야 할 때 성내지 않는 것'은 악이 되겠는데, 이것을『중용』의 방식으로 말하면 표출된 감정이 상황에 적중하지 못한 치우치거나 모자람의 상태인 불선이다. 그래서 선한 정과 악한 정이 있게 된다.

문제는 '性有順逆'을 어떻게 이해해야 할까? 앞의「성순역정선악(性順逆情善惡)」에서는 본성을 따르거나 거스르는 문제와 관련되는데, 여기서는 본성이 무엇을 따르거나 거스르는 문제로 바뀌어 있어 혼란스럽다. 이것은 바로 다음 문장 "선으로 흐르는 정은 본성 또한 그 이치를 따르나, 악으로 흐르는 정은 본성 또한 그 이치를 거스른다"에서 알 수 있는데, 본성이 이치를 따르거나 거스르는 작용이 있다는 뜻이다. 그 과정에서 생기는 문제 가운데 또 하나는 서두의 '본래 이루어진 본성'과 '따르거나 어기는 본성'의 관계이다. 여기서 따르거나 어기는 현실적 본성은 자연적 본능(자연적 이치라고 해도 좋다)과 사회 규범의 통일이므로 성리학의 그것과 달라서 본성이 곧바로 천리라고 할 수는 없다.

그런데 '따르거나 어기는 본성'과 '본래 이루어진 본성'에서 본성이 본성을 따르거나 어길 수 있다는 게 말이 되는가? 성리학의 기질지성이 본연지성을 따르거나 어긴다는 표현은 가능하다. 논리상 서로 다른 것이기 때문이다. 기질을 변화시키면 곧장 본연지성을 발휘한다는 뜻이다.

그런데 여기서 선한 정은 본성이 그 이치를 따랐다는 것이고, 악한 정은 본성이 그 이치를 어겼다는 것인데, 그 이치는 다름이 아닌 앞서 말한 '본래 이루어진 본성'과 관련된다. 바로 이 지점에서 '현실적 본성'과 '본래 이루어진 본성' 사이의 간격이 발생한다. 성리학의 본연지성과 기질지성의 그것처럼.

왜 이런 일이 발생했을까? 여기서 저자의 딜레마가 등장한다. 선악이 호오 감정에 기원한다고 해놓으면 선악이 상대적이어서 현실의 보편적 기준이 없어지기 때문에, 당시로서는 설득력이 부족했을 것이다. 어떻게 하든 주희 성리학처럼 인간 본성 내부에 기준을 세워 두고 그것을 따르느냐 거스르느냐에 따라 나름의 선악의 보편성을 유지하려는 의도일 것이다.

바로 여기서 그 유행지리와 추측지리가 통합된 현실적 본성이 '본래 이루어진 성품'을 따른다는 것은 보편적 인간 본성을 따른다는 다른 표현이다. 그것은 형이상학적 천리가 구현된 본성이 아니라 할지라도, 본능과 규범의 통일체인 현실적 본성이 지향하는 어떤 기준이 필요하다는 표현과 다름없다. 그러므로 따르거나 거스른다는 본성은 개별적 인간의 본성이다. 그래서 보편적으로 인정하는 이상적 본성과 개별적 인간의 본성은 구분될 수밖에 없다.98 그것이 형이상학적 본성을 전제하지 않고 선악의 보편적 기준을 세우기 위한 저자의 현실적 대안이다. 이제껏 보았듯이 이는 저자 철학의 방향이 필연적으로 그렇게 전개될 수밖에 없는 점이다. 현대의 관점에서 보아도 절대적이고 보편적인 인간성은 없다. 인간성이란 유전(또는 생물)적 요인과 사회(또는 환경)적 요인의 통합체이고, 그 사회적 요인은 문화와 경험의 차이에 따라 변하기 마련이기 때문이다. 선과 악도 그런 관점에서 고려되어야 한다. 다만 이론의 보편성과 현실의 질서 유지를 위한 기준이 필요하다는 희망사항일 뿐이다.

---

98 하지만 원칙적으로 개별적 본성과 보편적 본성의 우열을 논할 수 없다. 인간성의 한 측면을 구성하는 현실의 사회적 규범을 각자가 어떻게 보느냐에 딸린 문제이기 때문이다. 다만 저자는 현실적 대안으로 보편적 본성을 지지하고 있다. 인의예지의 언급이 그 근거이다.

## 23. 마음과 본성과 이치는 제각기 분별된다
### 心性理各有分

마음에는 도심과 인심[99]이 있고, 본성에는 본연과 기질[100]의 그것이 있으니, 인심이 도심을 따르고 기질의 성이 본연의 성을 회복하게 해야 한다. 이치에는 유행지리와 추측지리가 있으니 참으로 추측하는 마음의 이치로 유행하는 자연의 이치에 어긋남이 없도록 하려 한다.

心之有道心人心, 性之有本然氣質, 要使人心循道心, 氣質復本然也. 理之有流行推測, 誠欲以推測之心理, 無違於流行之天理也.

\* \* \*

마음은 하나이지만 자연의 이치가 유행하는 마음을 말하면 도심이라 말하고, 몸의 사욕에서 오는 마음을 말하면 인심이라 하는데, 인심이 도심을 따르게 해야 한다.

心是一也, 而天理流行之心, 謂之道心, 人身私欲之心, 謂之人心, 要使人心, 率循乎道心也.

---

99 『書經』, 「大禹謨」: 人心惟危, 道心惟微, 惟精惟一, 允執厥中. 道心은 天理, 人心은 人欲과 짝을 이루는데 전자는 순수한 도덕적 마음이라면 후자는 인간의 욕망이 개입된 마음. 도학자들은 대체로 이 둘을 대립적으로 본다.
100 성리학의 本然之性과 氣質之性에서 가져온 말로 각각 本然과 氣質의 두 글자로 압축하였다. 전자는 性卽理의 논리에 따라 기질의 잡됨이 섞이지 않은 순수하게 선한 본성, 후자는 기질의 영향을 받는 성품으로 선과 불선이 혼재한 보통 인간의 성품이다.

본성은 하나이지만, 자연의 이치가 유행하는 것을 가리켜 '본연'이라 하고, 타고나 형질을 이룬 것을 가리켜 '기질'이라 하니, 기질의 성이 본연의 성을 회복해야 한다. 하지만 본성은 근원을 따라 곧바로 노력해서는 안 되고, 마음의 정이 드러나서 작용하는 곳을 따라 운용해 점차 본원에 이를 것을 기약해야만 한다.

性是一也, 而指其天理流行者曰本然, 指其氣稟成形者曰氣質, 則要使氣質之性, 復其本然之性也. 然性不可直從源頭而用功, 可從心情發用處操縱, 以期漸臻于本源耳.

이치는 하나이지만, 자연의 이치가 유행하는 것을 일러 유행지리라고 하고, 전날의 보고 듣고 경험한 내용을 미루어 막 다가오는 사물의 처리를 헤아린 것을 일러 추측지리라고 하니, 사람이 사물을 추측할 때는 자연의 이치에 어긋남이 없기는 어렵고 어긋남이 있기는 쉽다. 어긋나고 어긋나지 않은 까닭을 탐구하면 오직 미룸의 마땅함과 마땅하지 않음에 달려 있고, 그 미룸의 마땅함과 마땅하지 않음을 탐구하면 오직 헤아림의 재고 판단하는 데 달려 있다. 사람 마음의 추측지리가 자연의 법도인 유행지리에 어긋남이 없기를 기약한다.

理是一也, 而天理流行者曰流行之理, 推前日之見聞閱歷, 測方來之處事物者曰推測之理, 則人於推測事物, 無違於天理難, 有違於天理易. 究其違與不違之故, 惟在推之宜不宜也, 究其推之宜不宜, 惟在測之量度. 期使人心推測之理, 無違於天道流行之理也.

대개 하늘과 땅 사이에는 두 가지가 이치가 없으나, 지금 유행지리와 추측지리로 구분하는 일은 비록 마음을 도심과 인심으로 본성을 본연과 기질로 나눈 점과 대략 같지만, 마음의 추측은 유행지리에 앞서거나 뒤설 수 있고, 또 혹 유행지리에 어긋나거나 혹 부합하기도 하여 뚜렷하게 자연 이치의 참된 자취에 들락날락하니, 유행하는 자연 이치와 저절로 구별하는 방법이 있다. 자연 이치에 부합한다는 뜻은 자연 이치가 추측지리에 부합하는 것이 아니라 추측지리가 자연 이치에 부합하는 말이다. 자연 이치에 부합하지 않는다는 뜻은 자연 이치는 자연히 자연 이치 그대로 있고, 추측지리도 저절로 부합하지 않은 채 저대로 있다는 말이다. 그대로인 자연 이치와 저대로인 추측지리 사이에서 성인과 범인이 구별된다.101 어찌 이렇게 구별되는 이치를 뒤섞어서 그것을 탐구하는 자에게 찾을 만한 단계를 없게 만들고, 변통하는 사람에게 고칠 만한 방법을 없게 할 수 있겠는가?

蓋天地之間, 理未有二, 而今以流行推測分別者, 雖與心別道人, 性別本然氣質略同, 而心之推測, 能先後於流行之理, 又或違或合於流行之理, 宛然有出入於天理之眞蹟, 與流行之天理, 自有區別之方. 合於天理者, 非天理之合於推測, 乃推測之合於天理也. 不合於天理者, 天理自有天理之如此, 推測自有不合而如彼也. 如此如彼之間, 聖凡分焉. 豈可混淆此區別之理, 使究理者, 無可尋之階, 使變通者, 無可改之方也.

여기서 '심리'라 말하지 않고 추측지리라고 말하는 까닭은 형기에 집착할 염려 때문이다.102 또 '측탁'이라고 말하지 않고 추측이라고 말한 까닭은

---

101 성인은 이 둘이 일치하거나 가깝게 접근하지만, 범인은 둘 사이의 거리가 크다는 말.

102 形氣는 주희 성리학에서 인간의 인식 작용과 도덕적 행위를 방해하는 몸—정신적

미룸을 얻으면 헤아림이 있기에, 미룸을 선택하여 헤아리고 미룸을 고쳐서 헤아려 자연 이치에 어긋남이 없기를 기약하기 때문이다.

不曰心理, 而曰推測理者, 恐泥于形氣也. 不曰測度, 而曰推測者, 爲其得推有測, 擇推而測, 改推而測, 期無違於天理也.

---

요소로 사용되어 온 개념이다. '形氣에 집착한다'라는 말은 추측이 아니라 기질 변화로 접근하는 성리학적 방법을 비판하는 말.

# 해 설

'추정측성'의 마지막 글로서 마음과 본성과 이치에 제각기 분별이 있음을 밝혔다. 곧 인심과 도심, 본연지성과 기질지성 그리고 유행지리와 추측지리의 구별이다.

이제껏 저자의 철학을 학습한 독자라면 이 내용에서 상당한 당혹감을 느낄 것이다. 유행지리와 추측지리의 구별만은 제외하고, 인심과 도심,[103] 본연과 기질의 구별은 성리학에서 본연지성과 기질지성으로 구별해 온 일[104]이기 때문이다. 특히 사람 마음에서 "자연의 이치가 유행하는 것을 가리켜 본연이라 하고, 타고나 형질을 이룬 것을 가리켜 기질이라 한다"라는 표현은 적어도 형식상 성리학의 그것과 다르지 않다. 그래서 일부 연구자 가운데는 저자가 이것을 저술할 당시에 성리학을 완전히 벗어나지 못했다고 평가하기도 한다.

자, 그렇다면 유행지리와 추측지리의 구별은 앞선 글에서 자주 언급했기에 설명을 생략하고, 먼저 인심과 도심의 구별부터 살펴보자. 주희는 "인심은 혈기에서 나오고 도심은 의리에서 나온다"[105]라고 하여 얼핏 보면 저자가 "자연 이치가 유행하는 마음을 말하면 도심이라 말하고, 몸의 사욕에서 오는 마음을 말하면 인심이다"라고 한 말과 차이가 없어 보인다. 하지만 저자에게 의리는 추측지리이며 천리가 아니다.

---

103 인심 도심의 구별은 『書經』, 「大禹謨」의 "人心惟危, 道心惟微, 惟精惟一, 允執厥中."에 보인다.

104 천리와 인욕, 인심과 도심, 본연지성과 기질지성 등의 대립은 理想을 반영한 리와 현실을 반영한 기라는 두 실체를 인정하는 이원론적 세계관에서 현실을 설명하기 알맞은 범주이다.

105 『朱子語類』 62-40: 人自有人心道心, 一箇生於血氣, 一箇生於義理. 饑寒痛癢, 此人心也; 惻隱羞惡是非辭遜, 此道心也.

천리는 자연법칙에 가까우며, 천리가 유행하는 마음을 도심이라 한다면, 그것은 되레 사욕이 개입되지 않는 생리적 욕구를 포함한 몸의 자연적 이치가 적용되는 마음이다. 한의학이 몸은 소우주라고 한 말과 같은 맥락이다. 인심이란 바로 이러한 자연스러운 몸의 보편적 욕구의 문제가 아니라, 개인 자신만을 위한 욕망106임을 알 수 있다. 하지만 주희의 인심은 자연적인 생리현상의 욕구까지도 인심의 범주에 포함하여서, 저자의 그것과 차이가 있다. 그래서 인심이 도심을 따르게 해야 한다는 저자의 주장은 자연스럽지 못한 사적인 욕망을 극복하고, 한 몸에서 기가 유행하는 인류 보편의 욕구를 따르라는 말로 해석된다.

다음으로 본연과 기질의 성품 구별은 우리를 더욱 혼란스럽게 한다. 앞의 글에서 보인 것처럼 차라리 이런 용어를 쓰지 않고 설명하는 편이 훨씬 낫다. 굳이 이런 용어를 빌어 사용한 것에는 그럴 만한 의도가 있을 것이다.

앞의 『추측록』 권2의 「본연의 성(本然性)」에서 저자는 기질과 분리된 본연의 성이 따로 있지 않다고 규정하였다. 둘 다 같은 본성으로 보이는데, 왜 이 글에서는 그것은 구분했을까? 저자는 주희처럼 형이상학적 천리와 현실적 기질을 이원론적으로 설정하지 않았으므로, 어쨌든 기질 속에서 이상적이거나 현실적 본성을 설명할 수밖에 없었다. 『신기통』 권1의 「기질은 제각기 다르다(氣質各異)」에서는 존재론상에서 사물의 보편성과 특수성을 논했다면, 여기서는 인성론 차원에서 그것을 말하고 있다고 하겠다. 바로 앞의 글인 「기쁨과 분노가 뒤바뀌다(反喜怒)」에서도 인간 본능과 보편적 규범의 통일체인 본성에서 이상과 현실의

---

106 私欲은 전통적으로 인간 누구나 갖는 보편적 욕구라기보다 개인 자신만을 위한 욕심이라는 뜻이 강하다. 『左傳』, 「昭公十三年」의 "私欲不違, 民無怨心."과 『荀子』, 「修身」의 "此言君子之能, 以公義勝私欲也."에 보인다. (앞에 나옴)

괴리를 드러내었다. 그러니까 본연과 기질의 성품 구별은 형이상학적 본성을 전제하지 않고도 이상적 본성과 현실의 그것과의 차이를 설명하고, 그 이상적 기준을 말하기 위한 저자의 대안이었다.

그래서 "자연 이치가 유행하는 것을 가리켜 본연이라 하고, 타고나 형질을 이룬 것을 가리켜 기질이라 하니, 기질의 성이 본연의 성을 회복해야 한다"라는 표면적 진술에 현혹되어서는 안 된다. 몸속 천리의 유행이나 타고난 기질이나 「본연의 성(本然性)」의 규정에서 보면 본질은 다 같다. 다만 타고난 기질의 영향에 따른 본성의 차이가 존재하는데, 다시 말하면 본능과 사회 규범이 통일되는 과정에서 개인차가 드러날 수밖에 없어서, 그 개별적인 것을 기질의 성이라 부르고, 이상적인 것을 본연의 성이라 말한 것뿐이다.[107] 하지만 그 또한 희망 사항일 뿐이다. 문화에 따른 사회의 규범은 변할 수밖에 없어서, 저자 철학의 방향에서 볼 때 이상적으로 고정된 인간성은 존재할 수 없기 때문이다. 그것이 되레 현대적이다.

이런 혼란스럽고 복잡하며 오해를 일으킬 만한 설명은 성리학 용어로 자기 사상을 재해석하다 보니 나올 수밖에 없는 무리수이다. 당시 사상계를 지배하던 성리학의 용어로 자기 사상을 해석해 보려는 의도는 충분히 이해할 수는 있어도, 후학의 머릿속에 새 술은 새 부대에 담으라는 기독교 성서의 격언이 떠오르는 일은 또한 어쩔 수 없는 일인가? 어쩌면 철학의 방향은 제대로 잡았지만, 이 단계에서는 아직 이전 문법의 틀을 폐기하고 새로운 그것을 자신 있게 내세우지 못하는 주저함 때문이 아닐지?

『추측록』 권3 끝. 推測錄 卷三 終.

---

107 앞의 「性有同異」에서 비록 공통점을 가지고 있더라도, 본성이 얼마든지 달라질 수 있음을 말하였다.

# 추측록

## 推測錄

**권 4**

추동측정
推動測静

# 1. 가고 옴과 활동과 휴식에 동정이 있다
## 往來作息有動靜

대지[1]의 순환은 끝이 없어, 간 것을 동으로 삼고 올 것을 정으로 삼는다.
사람과 만물이 활동하고 쉬는[2] 데에는 때가 있어 활동을 동으로 삼고
휴식을 정으로 삼는다. 동은 정에 뿌리를 두고 정은 동에 뿌리를 둔다.
그러므로 간 것을 미루어 올 것을 헤아리고, 활동을 미루어 휴식을 헤아린다.

大地循環無端, 以往爲動, 以來爲靜. 人物作息有時, 以作爲動, 以息爲靜. 動根於靜,
靜根於動. 故推往而測來, 推作而測息.

\* \* \*

간 것은 이미 그 자취를 드러냈으므로 동이라 말하고, 올 것은 아직
그 자취를 드러내지 않았으므로 정이라 부른다. 천지에 있어서는 이미
간 동을 가지고 장차 올 정을 헤아리며, 사람과 만물에 있어서는 그
활동을 가지고 휴식을 헤아린다. 하지만 동과 정은 서로 뿌리가 되므로
이것을 미루어 저것을 헤아릴 수 있다.

往者已發其跡, 故謂之動, 來者未發其形, 故謂之靜. 在天地, 則以已往之動, 測其將
來之靜, 在人物, 則以其興作, 測其休息. 然動與靜, 互爲其根, 則可推此而測彼.

---

1 大地는 아래의 글을 보면 天地와 같은 뜻으로 쓰였다.
2 作息은 활동과 휴식, 발생과 소멸 등의 뜻이 있음. 이 글에서는 모두 통함.

# 해 설

이 글은 동을 미루어 정을 헤아린다는 '추동측정'의 출발이다.

추상적 진술이어서 전통 철학에 익숙하지 않은 분들은 이해하기 쉽지 않다. 동과 정은 세계와 인간을 설명하는 주요 범주 가운데 하나이다. 대개 움직임과 고요함, 활동과 휴식 따위로 옮길 수 있으나, 모든 분야에 정확히 일치하지는 않는다. 앞으로 개념 진술을 위해 그대로 쓰되 필요시 적절하게 옮긴다.

본문에서 동은 현상으로 드러나 보였거나 드러나 보이는 대상을, 정은 아직 드러나지 않은 대상을 가리키고 있다. 좀 더 확장하면 동과 정에는 각각 삶과 죽음, 발생과 미발생, 마음의 움직임과 고요함, 간 것과 올 것, 활동과 휴식, 현상과 본질, 작용과 본체, 물체의 운동과 정지 등의 외연을 갖는다.

이러한 동과 정이 서로 뿌리가 된다는 말에서, 둘 사이의 경계가 분명하지 않다는 점을 말하고 있어, 세계나 사물이 운동하는 방식을 통틀어 일컬었다. 그래서 동정을 운동과 정지로만 옮길 수 없는 까닭이 바로 여기에 있다. "동과 정이 서로 뿌리가 된다"라는 말은 주돈이(周敦頤)의 『태극도설』에 등장한다.[3]

이 글과 함께 자주 등장하는 말이 '음과 양의 시작점이 없다'라는 음양무시(陰陽無始)로 음이 먼저인지 양이 먼저인지 선후를 나눌 수 없다[4]는 뜻이다. 우리나라 태극기 문양을 보면 각각 푸르고 붉은 음양의 꼬리가 가늘게 이어져 마치 먼저 시작하는 지점이 없는 것처럼 그린 까닭은

---

3 『太極圖說』: 無極而太極, 太極動而生陽, 動極而靜, 靜而生陰, 靜極復動, 一動一靜, 互爲其根, 分陰分陽, 兩儀立焉.

4 『朱子語類』 1-1: 在陰陽言, 則用在陽而體在陰, 然動靜無端, 陰陽無始, 不可分先後.

바로 이런 철학 배경 때문이다.

저자는 음양 사상을 극복했기에 본문에서 그것을 언급하지 않고, 다만 "천지의 순환이 끝이 없다"라고 표현하였다.

## 2. 고요할 때의 기상
### 靜時氣像

사람은 모름지기 고요히 머물러 있을 때의 기상[5]을 체득[6]해야만, 이후에 일에 따라 알맞게 대응하고, 대상을 만나 분별하는 일이 저절로 바르게 되며, 객기[7]에 의하여 문란하게 되지 않는다.

人須認得靜時氣像, 而後隨事酬應, 遇物分辨, 自得其正, 不爲客氣所素亂.

＊　＊　＊

가령 방 하나를 조용히 청소하되 거기에 잡내가 머물러 있지 않게 하고, 이때의 냄새를 익히 기억해 두면, 어쩌다 바람결에 날아오는 여러 냄새를 쉽게 분별할 수 있다.

如靜掃一室, 勿使雜臭留側, 熟認此時氣臭, 有時風便聞諸臭, 而易得分別也.

『중용』에서 말하기를, "희로애락이 아직 드러나지 않은 것을 일러 중이라 하고, 드러난 모두 절도에 맞는 것을 일러 화라고 한다"[8]라고 하였다.

---

5 사람의 성품과 몸가짐.

6 여기서 認得은 단순히 안다는 뜻에서 더 나아가 확실히 알아 실천하는 체득에 가깝다. 바로 다음 글을 보라.

7 쓸데없고 싱겁거나 만용을 부리거나 진정성에서 나오지 않은 언행의 기운. 『左傳』, 「定公八年」의 "公侵齊, 攻廩丘之郛 … 主人出, 師奔. 陽虎偽不見冉猛者, 曰, 猛在此, 必敗. 猛逐之, 顧而無繼, 偽顚. 虎曰, 盡客氣也."에 보임.

8 『中庸章句』第1章. 주희는 이 글을 "喜怒哀樂, 情也, 其未發則性也. 無所偏倚, 故謂之

대개 사람들이 중을 알아 체득하게 한 뒤에야 화를 이룰 수 있다.

中庸曰, 喜怒哀樂未發之謂中, 發而皆中節謂之和. 蓋使人認得中, 然後可以致其和.

---

中. 發皆中節, 情之正也. 無所乖戾, 故謂之和."라고 주석했다. 또 小註에서 "喜怒哀樂
未發, 如處室中, 東西南北, 未有定向, 不偏於一方, 只在中間, 所謂中也. 及其旣發,
如已出門, 東者不復西, 南者不復北. 然各行所當然, 無所乖逆, 所謂和也."라고 하였다.
여기서 中이란 치우치거나 기울어짐이 없는 것, 和란 어그러지거나 벗어나는 게
없는 것이라 풀이했다.

# 해 설

사람이 고요히 머물러 있을 때 기상의 중요성을 논하였다.

'고요히 머물러 있을 때의 기상'이란 모든 언행의 기준이 된다. 본문의 "대개 사람들이 중을 체득한 뒤에야 화를 이룰 수 있다"라는 말이 그것이다. 이것은 단지 앎의 문제만이 아니라 거기서 더 나아가 체득된 것, 익힌 기술처럼 체화된 것으로서, 『중용』의 미발을 그 비유로 활용하였다. 그 체득한 것은 덕으로서 언행에 드러난다.

따라서 도덕·윤리의 방향이라면 평소에 수양하여 큰 덕을 쌓아야만 이런 경지에 이를 수 있다. 그렇다면 '고요히 머물러 있을 때의 기상'이란 도대체 무엇인가? 다음 글로 이어진다.

## 3. 고요함은 스스로 체인해야 한다
### 靜須自認

사물의 고요한 대상9은 반드시 나 스스로 체인해야지, 남에게 의지하여 상세히 논하더라도 알 수 없다. 이는 마치 새벽에 일어나 꿈속의 일을 말하더라도 이 몸은 꿈속의 사람이 아닌 현상과 같다.

靜必自我體認, 不可藉人詳論, 而得見其靜. 如曉起而說夢中事, 此身便不是夢中人.

\* \* \*

사물을 체인하는 일은 모두 고요한 가운데 이루어진다. 비록 성인의 좋은 가르침이라도 단지 체인의 형용을 말한 것뿐이고, 내가 직접 눈으로 보는 일은 아니다. 배우는 사람은 자기가 직접 체인하는 일을 최대의 공부로 삼는다.

體認事物, 儘在靜中. 雖聖人之善諭, 只是說道體認之形容, 不是自我之目覩也. 學者以自己體認爲極功.

체인했느냐 못했느냐는 그 사람의 언행을 따라 알 수 있다. 체인한 사람은 상세하거나 간단히 말해도 모두 법도에 들어맞고, 도수를 따라 물건을 제작하면 그 마땅함을 갖추고 얻는다. 체인하지 못한 사람은 대부분 이와 반대로 처음에는 어긋나다가 끝에 가서 맞기도 하고, 처음에 맞다가

9 아래 이어지는 글에서 靜은 사물을 상징하고 있다. 해설 참조.

끝에서 어긋나기도 한다.

體認與未得體認, 可從其言行而知之. 體認者, 詳言略言, 皆中其規, 循度制作, 具得其宜. 未得體認者, 多反于此, 或始違而終合, 或始合而終違.

# 해 설

고요한 상태의 대상을 자기 스스로 체인해야 함을 강조하였다.
체인은 체득과 같은 말로 쓰였다. 그 방법은『신기통』권1의「사물을
체인한다(體認事物)」에서 말한 바 있다. 여기서 고요함 곧 정(靜)을
체득한다고 할 때 그 대상은 무엇인가? 이어지는 글에서 "사물을 체인하
는 일은 고요한 가운데 이루어진다"라는 말이 가리키는 바와 같이,
정은 어떤 대상을 체득하는 조건으로서 고요한 상태이다. 여기서는
추동측정이란 논리 때문에 어쩔 수 없이 동이 형식적 대상으로 쓰였을
뿐이다.

체인의 대상은 사물이다. 보다 구체적으로는 언행과 솜씨로 드러나는
그 무엇이다. '언행'은 덕과 관계가 있고 '물건을 제작하는' 솜씨는 기술의
다른 표현이다. 결국 어떤 지식·지혜나 기능을 자기 몸과 하나로 만드는
일이 체인으로서 그것들이 덕이나 기술로 드러나고, 그 대상을 포괄적으
로 말하면 도이다.

앞의「사물을 체인한다」에서 밝혔지만, 체인에 대한 사상의 흐름을
다시 환기하면, 주희의 스승은 이동(李侗)이고, 이동의 스승은 나종언(羅
從彦)이며, 나종언의 스승은 이정(二程)의 뛰어난 제자 양시(楊時)이다.
학계에서는 양시→나종언→이동→주희 전승 계통을 일반적으로 도
남학파(道南學派)라 부른다. 여기서 양시는 저자의 앞글에서 말한 것처
럼 '미발(未發)의 기상을 체인'하는 일을 강조하였고, 그 흐름은 이동에게
이어지며 주희 초기 학설에 영향을 미친다. 곧 묵좌(默坐)를 통해 천리를
체인하고자 하였다.[10] 곧 내 마음속의 천리를 체득하는 일이다.

---

10 陳來/이종란 외 옮김,『주희의 철학』, 145-155쪽 참조.

그런데 체인이란 일반적으로 도리를 내 속에 집어넣는 것, 다시 말하면 사상의 육체화를 말한다.[11] 바로 체득의 뜻이다. 성리학은 내 몸에 갖추어진 것을 깨달아 일체화하는 일에 가깝다면, 저자의 그것은 외부의 윤리·도덕적인 사상만이 아니라 기술까지도 자기 몸과 일체가 되는 과정이다. 남이 어떻게 해줄 수 있는 일이 아니다. 고요함을 조건으로 내세운 까닭은 아마도 이런 사상 전통과 아울러 고도의 자기 집중과 노력이 그때 제대로 가능하기 때문이 아닐지 모르겠다.

---

11 미우라 쿠니오/김영식·이승연 옮김, 『인간 주자』(창작과 비평사, 1996), 86쪽.

# 4. 동과 정은 서로 뿌리가 된다
## 動靜互根

동 가운데 저절로 정이 있고, 정 가운데 저절로 동이 있다. 여기서 만약 분석해 헤아려 보면, 동 가운데의 동과 정 가운데의 정도 미룰 수 있다.

動中自有靜, 靜中自有動. 於此, 若有分析度量, 動中之動靜中之靜, 亦可推矣.

* * *

동의 상태에 있을 때 그 정을 잃지 않고 정의 상태에 있을 때 동할 것을 살펴서, 동과 정이 서로 단절되지 않게 하면, 동의 동과 정의 정을 미루는 데에도 저절로 그 방법이 있다.

在動時, 而不失其靜, 在靜時, 而察其攸動, 使動靜不相隔絶, 推及於動之動靜之靜, 自有其方.

# 해설

제목의 '동과 정이 서로 뿌리가 된다'라는 말은 동과 정이 중단 없이 이어지면서 그 연결 지점에서 서로 포함하고 있음을 말한다.

이미 앞에서 그 말은 『태극도설』에 나온다고 말했고, 태극기를 가지고 설명한 바 있다. 여기서도 동과 정이 상징하는 내용의 외연이 넓어서 구체적으로 옮기지 않았다. 물리적 운동과 정지, 인간의 활동과 휴식, 사물 변화의 진행과 정지 등 많은 상황에 적용할 수 있기 때문이다. 사실 동 가운데 정이 있고 정 가운데 동이 있다는 말은 음 가운데 양이 있고 양 가운데 음이 있다는 말과 함께 전통 철학을 공부한 사람에게는 낯설지 않다.[12] 학자마다 그 개념을 적절히 운용하여 자기 사상을 드러내기 때문이다.

저자도 그 논리의 형식을 그대로 따르고 있다. 다만 후기 저술에서는 천문학적 사실에 기초해 이 개념을 더 발전시켜 천하에는 한순간도 정지한 사물은 없고, 정이란 동 곧 운동이 안정된 상태라고 단언하였다. 그래서 세분하면 동 가운데 정이 있고 정 가운데 동이 있지만 모두 동으로 귀결된다고 하였다.[13] 본문의 "동 가운데 동이 있고, 정 가운데 정이 있다"라는 말은 주희의 표현에서 먼저 보이는데, 그것은 각자가 동정의 개념을 어떤 일에 적용하는지에 따라 다양하게 표현할 수 있다.

---

12 『朱子語類』94-181: 靜中有動, 動中有靜, 靜而能動, 動而能靜, 陽中有陰, 陰中有陽, 錯綜無窮是也.

13 『氣學』1-77: 靜觀天下事物, 無一刻之靜定.; 같은 책, 2-81: 有動無靜, 安動曰靜. 動中有靜, 靜中有動. 分別雖細, 總歸于動.

# 5. 마음의 움직임은 기색에서 드러나고 말에서 노출된다
## 心動發於氣色露於言辭

사람 마음의 움직임은 먼저 기색[14]에서 드러나고, 마침내 말에서 노출된다.

人心之動, 先發於氣色, 而畢露於言辭.

* * *

말이 두루 넓고 과장하는[15] 사람은 그 마음이 방종하고 거짓이다.[16] 말이 지루하고[17] 계통이 없는 사람은 그 마음은 잡되며 혼란스럽다. 말이 견고하고 바뀌지 않는 사람은 그 마음에 지키는 무엇이 있다. 말이 편안하고 상세하며 조리를 갖춘 사람은 그 마음에 아는 것이 있다. 말이 남의 뜻을 따르고 남을 기쁘게 하려는 자는 그 마음에 노리는 무엇이 있다. 말이 이유 없이 남의 뜻을 거스르는 사람은 그 마음에 분노가 있다.

其言宏闊勝大者, 其心放誕. 其言支離無統者, 其心雜亂. 其言堅執不移者, 其心有守. 其言安詳有理者, 其心有得. 其言順旨要悅者, 其心有所求. 其言無緣逆意者,

---

14 얼굴빛 또는 안면에 나타나는 감정의 변화.

15 宏闊勝大는 『資治通鑑』, 『大學衍義』와 鄭道傳의 『佛氏雜辨』 등에서 불교를 비판하는 말로 쓰임. 勝大은 殊勝尨大의 준말로 보임. 殊勝은 아주 뛰어난 것을 말하고, 尨大는 엄청나게 많고 큼을 말하므로, 합쳐 보면 과장한다는 의미.

16 放誕은 放曠과 虛誕. 放曠은 말과 행동에 구속받지 않음이고, 虛誕은 거짓되고 근거 없음이다.

17 支離는 繁瑣하고 雜亂의 뜻으로, 그로 인해 지루하다는 말이다.

其心有所怒.

기색을 추측하는 일도 이와 유사하다. 마음에 즐거움이 있는 사람의 기색은 화평하고 기뻐하며, 걱정이 있는 사람의 기색은 침울하여 박혀 있고, 마음이 변동하는 사람은 기색에 움직임이 있으며, 의혹이 있는 사람은 기색에는 놀라움이 있다. 사람의 사정과 물건의 모습에도 비록 갈래가 많다고 말해도, 대략의 사례를 미루어 탐구하면 이것을 벗어나지 않는다.

推測氣色, 亦類乎此. 心有樂者, 其色和悅, 心有憂者, 其色鬱蟄, 心有邊者, 其色有作, 心有惑者, 其色瞿. 若夫人情物態, 雖云多端, 推究略例, 不出于此.

# 해 설

드러난 말과 기색에서 마음을 알아낸다는 설명이다.

동을 미루어 정을 헤아리는 논리에서 보면 기색은 동이고 그 기색을 일으키는 마음은 정에 해당한다. 보이는 현상을 미루어 보이지 않는 내용을 헤아리는 방법이다.

# 6. 행위로 학식을 알다
## 以行事知學識

남의 질병을 진찰할 때는 먼저 음식과 거처를 물어보고, 남의 학식이
의심되면 반드시 사람 됨됨이[18]와 행위[19]를 본다.

察人之疾病, 先問其飲食居處, 僟人之學識, 必觀其立身行事.

\* \* \*

음식과 거처가 맞지 않으면 그로 말미암아 병이 생기고, 잘 맞으면 병은
그것을 통해 낫는다. 그러므로 남의 병을 진찰하는 사람은 먼저 그것을
물어서 잠복한 병을 알아낸다. 비록 병이 없다고 말하더라도, 음식과
거처가 평상시와 다르면 반드시 병이 있다. 비록 병이 있다고 말하더라
도, 음식과 거처가 평상시의 그것과 어긋나지 않는다면, 나는 반드시
병이 없다고 말할 것이다.

飲食居處, 不得其宜, 病由此生, 得其宜, 病從此瘳. 故診察人之病者, 先問此, 而知其
病之潛伏. 雖曰無病, 飲食居處, 異於常, 則必有病焉. 雖曰有病, 飲食居處, 不違於

---

18 立身은 떳떳한 처세나 사람됨의 뜻으로 쓰였다.『孝經』,「開宗明義」의 "立身行道,
揚名於後世, 以顯父母, 孝之終也."와『史記』,「太史公自序」의 "且夫孝始於事親, 中
於事君, 終於立身."에 보인다. 국어사전에는 '세상에서 떳떳한 자리를 차지하고
지위를 확고하게 세움'이라고 풀이하는데, 그것의 여부로 학식을 평가하므로 뜻은
통함.
19 行事는 여러 뜻이 있으나 여기서는 행동이나 행위를 뜻한다. 그 용례는『史記』,
「孫子吳起列傳」의 "吳起兵法, 世多有, 故弗論, 論其行事所施設者."에 보인다.

常, 吾必謂之無病.

사람 됨됨이와 행위에 있어서 학식은 실로 음식과 거처에 있어서 질병과의 관계와 조금도 차이가 없다.

學識之於立身行事, 實與疾病之於飮食居處, 無少異也.

# 해 설

질병의 유무를 음식과 거처로 알아내듯이 사람의 보이지 않는 학식을 사람 됨됨이와 행위를 통해 안다고 주장하였다.

드러난 거처와 음식이나 사람 됨됨이와 행위 등은 동, 보이지 않는 질병과 학식은 정의 범주에 놓고 말하였다. 그러니 숨기고 싶은 일은 감출수록 드러나기 마련이다. 살아보니 성실하게 사는 게 답이다. 이런 사실조차 모르면 미련하고, 알고도 함부로 나대면 뻔뻔하다 할 것이다. 음식·거처와 질병 유무도 역시 살아보니 알 것 같다. 특히 맛보다는 매일 한 끼 한 끼 먹는 음식의 질에 신중해야 한다. 자본주의 상술에 농간당해 건강을 망치지 않으려면.

# 7. 고요할 때 길러 활동할 때 쓰다
## 靜養動用

때를 따라 활동하면서 씀은 한가할 때[20] 고요히 기름을 말미암으니, 한가할 때 고요히 기름은 때를 따라 활동하면서 씀을 위한 것이다. 만약 활동하면서 씀을 생각하지 않고 고요히 기름만 힘쓴다면, 그때의 고요히 기름은 선불교의 묵좌(默坐)와 도교 진[21]의 부류이니, 끝내 무엇을 길러서 어디에 쓸 것인가?

隨時動用, 由於燕居靜養, 燕居靜養, 爲其隨時動用. 若不思動用, 而務靜養, 其所靜養, 乃是禪默仙眞之類, 竟有何養何用.

\* \* \*

장인들이 어찌 맨손으로 모든 물건을 고치고 꾸밀[22] 수 있겠는가? 반드시 그 쓰임을 먼저 헤아려서 사용하는 연장을 예리하게 다듬어야 쓰임에 맞게 된다. 그러므로 나무를 깎는 연장을 생각하여 자귀를 갖추고, 거친 면을 문지르는 연장을 생각해서 줄을 갖추며, 나무에 구멍 뚫는 연장을 생각하여 끌을 갖추고, 나무를 평평하게 하는 연장을 생각하여 대패를

---

20 燕居는 원래 조정에서 물러나 한가하게 거하는 것을 말하는데, 『禮記』, 「仲尼燕居」의 "仲尼燕居, 子張子貢言游侍."에 보인다.

21 眞은 도교를 상징하는 말로 자주 쓰인다. 『장자』가 眞人을 말한 이후로 도교 종파와 책과 신의 이름에, 또 眞丹·眞神·眞氣·眞鉛·眞性·眞靈·眞汞 등 眞 자와 관련된 용어가 참 많다. 여기서는 수련의 방법을 상징한 용어이다.

22 修飾은 修整과 裝飾을 말함. 곧 장인의 기술이 발휘되는 일을 말함.

갖춘다. 장인들은 반드시 정련한 쇠붙이[23]를 선택하여 모든 연장을 예리하게 다듬어 간직하고, 무디어지거나 녹[24]슬지 않게 하여야 사용할 때 제각기 편리하다.

工匠之類, 豈能徒將手而修飾諸物. 必先量其所用, 而利其器, 乃適於用. 故思其斲木之器而有斫, 思其摩錯之器而有鑢, 思其穿木之器而有鑿, 思其平木之器而有鑢錫. 須擇精金鍊鐵, 利諸器而藏之, 勿使鹵鈍生衣, 及其須用, 各隨其宜.

배우는 사람이 구경[25]을 익히고 모든 역사서를 읽는 일은 참으로 이것과 비슷한 일로서, 쓸 곳을 선택하고 고요히 길러서 활동하면서 쓸 것을 기다린다. 만약 쓸모가 없는 것을 고요히 기르는[26] 따위는 자기에게 무익할 뿐 아니라, 아마도 남에게도 해로울 것이다.

學者之治九經讀諸史, 實類于此, 擇其所用而靜養之, 以待其動用. 若收養其無用者, 非特無益於己也, 或恐有害于人也.

---

23 精金鍊鐵은 精鍊金鐵을 말하며, 精鍊은 광물에서 금속을 빼내어 精製하는 일.
24 衣는 표피, 싸는 것, 이끼의 뜻이 있어, 금속의 녹을 의미하는 뜻으로 쓰였다.
25 九經은 아홉 가지 유가 경전으로 『易』, 『書』, 『詩』, 『禮』, 『樂』, 『春秋』, 『論語』, 『孝經』, 『小學』을 꼽기도 하고, 『易』, 『書』, 『詩』, 『周禮』, 『儀禮』, 『禮記』, 『春秋』, 『孝經』, 『論語』을 꼽기도 한다.
26 收養은 받아들여 잘 돌보아 기른다는 뜻으로 『莊子』, 「盜跖」의 "收養昆弟, 共祭先祖." 에 보인다. 여기서는 靜養의 의미로 사용하고 있음.

# 해 설

평소에 고요히 기르는 일을 정의 범주에, 활동할 때 사용하는 일을 동의 범주에 놓고 설명하였다. 여기서 동정은 사회 활동과 개인 학습 상황으로 풀이할 수 있다. 선불교와 도교의 비판은 흔히 유가들이 하는 일이지만, 이와 더불어 여러 도구의 비유를 통하여 저자의 실용적이고 실학적 면모를 엿볼 수 있다.

# 8. 겉모습과 행동
## 形貌動作

사람의 굳세거나 약하거나 순수하거나 잡된 성품은 겉모습27에 드러나
고, 사특하거나 바르거나 공경스럽거나 태만한 성품은 행동28에 드러난
다. 단지 겉모습만 보고 행동을 고려하지 않으면 사람을 잘못 보기 쉽
다.29 만약 행동을 고찰할 수 있으면, 이른바 겉모습에 더욱 참작할
내용이 있을 것이다.

夫人之剛弱純駁, 顯於形貌, 邪正敬怠, 發於作用. 只觀形貌, 而不稽作用, 易失人矣.
若能攷察作用, 則所謂形貌, 益有所參酌者.

\* \* \*

겉모습과 행동30을 동과 정으로 나누어 분류하면, 겉모습은 정이고 행동
은 동이다. 겉모습이 비록 아름답더라도 딱 알맞고 올바름을 스스로
지킬 줄 모르면, 부닥치는 상황에 따라 행동이 달라지고, 욕망을 좇아
빠져들며, 군색한 데에 다급하여 드디어 거기에 방임해 버린다. 그리하

---

27 形貌는 外形 또는 容貌로 겉모습이다. 『墨子』, 「大取」의 "諸以形貌命者, 若山丘室廟
者皆是也."에 보인다.

28 作用은 소행이나 행동의 뜻으로 쓰였다. 『魏書』, 「孫紹傳」의 "治乖人理, 雖合必離,
作用失機, 雖成必敗."에 보인다.

29 失人은 인재를 잘못 보고 놓치는 일로서 『論語』, 「衛靈公」의 "子曰, 可與言而不與言,
失人."에 보인다.

30 動作은 행동이나 거동으로 이어지는 '形貌靜而作用動也'을 보면 앞의 作用과 같이
쓰였으며, 『左傳』, 「襄公三十一年」의 "法行可象, 聲氣可樂, 動作有文, 言語有章."에
보인다.

여 '형세가 본래 그랬다'라고 몸소 말하면서 스스로 돌이키지 못하니, 그 아름다운 겉모습마저 도리어 가증스럽다.

以形貌動作, 分屬動靜, 形貌靜而作用動也. 形貌雖美, 不知中正之自守, 則隨所遇而有遷, 從其所欲而浸溺焉, 迫於所眘而遂放焉. 自謂勢所固然, 而未能自反, 其形貌之美, 還可憎也.

# 해 설

사람의 겉모습과 행위를 통해 내면의 성품을 알 수 있음을 논하였다. 겉모습과 행위가 동이라면 내면의 성품은 정에 해당함을 알 수 있다. 그런데 저자는 또 겉모습과 행동을 동정으로 분류해 보기도 했다. 겉모습은 정적이고 행위는 동적이기 때문이리라. 본문의 "겉모습이 비록 아름답더라도 스스로 지킬 줄 모르면, 부닥치는 상황에 따라 행동이 달라진다." 이하의 말은 만고의 명언이다. 내면의 성품은 어떤 방식이든지 드러나게 되어 있기 때문이다. 그래서 '집에서 새는 바가지 밖에서도 샌다'라는 속담이 생겼는지 모른다.

# 9. 추측의 미진함
## 推測未盡

일을 하면서 점차 그 일의 이치를 깨닫는 까닭은 애당초 추측이 완벽하지 못했기 때문이다. 비록 애당초 추측이 완벽했더라도, 변화에 대처하면서 미혹되는 까닭은 기회를 이롭게 인도할 방법을 알지 못했기 때문이다.

行其事, 而漸覺其事之理者, 當初推測, 未得盡也. 當初推測, 雖得盡矣, 而處變惑迷者, 因機利導, 未得其方也.

\* \* \*

가만히 있으면서 잘 생각하여 헤아린31 내용이 활동하면서 대응하는 일과 쉽게 어긋나는 까닭은 그 헤아린 내용이 정밀하지 못했기 때문이다. 비록 헤아린 내용이 정밀했더라도 생각 밖의 일이 생겨서 아직 헤아리지 못한 채 드디어 미혹되는 까닭은 대개 생각과 일에는 앞뒤가 있어서 하나로 융합하지 못했기 때문이다.

靜居料量, 與動作酬應, 易致違戾, 以其商量不得精密. 雖得商量之精密, 而事出料外, 以其未嘗思量, 遂致惑迷者, 蓋以思與行有先後, 而未至融會也.

---

31 料量을 비롯하여 이하 商量도 추측의 의미로 쓰였다.

# 해 설

계획을 정에, 활동을 동의 범주에 넣고 설명하였다. 곧 추동측정의 논리에서 보면 활동의 성패 여부를 가지고 계획의 완벽 여부를 확인하는 방식이다. 또 계획이 완벽했더라도, 일이 어긋나는 까닭은 변화에 대처할 방법을 몰랐다는 점도 추론할 수 있다고 주장하였다.

# 10. 마음은 동정에 능통하다
## 心通動靜

항상 운동하는 물건의 기질32적 특징은 부드럽고 질기나, 항상 정지한 물건의 그것은 질기고 굳다. 부드럽고 질기면서 정지할 수 있음은 그 기질을 바꾼 것이고, 견고하고 굳으면서 항상 운동하면 그 기질을 해친 다. 오직 마음만은 그렇지 않아서 부드럽고 질기면서 정지할 수 있고, 견고하고 곧으면서 움직일 수 있다.

物之常動者, 其氣柔靭, 常靜者, 其氣堅貞. 柔靭而能靜, 變其氣, 堅貞而常動, 害其氣. 惟心不然, 柔靭而能靜, 堅貞而能動.

\* \* \*

타고난 기질에는 저절로 운동과 정지의 일정함이 있으니, 물건에만 모두 그런 것은 아니다. 조급하고 잘 다투는 사람은 편안하고 느긋하기가 드물고, 말이 없는 사람은 매사가 느려터진 데는 모두 그 마음을 붙잡아 두지 못했기 때문이다. 마음이란 물에 들어가도 젖지 않고 불에 들어가도 타지 않을 수 있는 것인데, 하물며 동과 정 사이에서 한쪽을 버리는 일이겠는가?

氣質之稟, 自有動靜之常, 非特在物俱然. 人之躁競者, 鮮能安徐, 沈默者, 每多遲緩, 以其心之不得操存也. 心之爲物, 能入水不漬, 入火不焚, 況於動靜之間, 有所偏廢耶.

---

32 氣는 아랫글을 고려하면 기질의 뜻으로 쓰였다.

# 해 설

물건의 성질을 운동과 정지의 관점에서 설명하고, 사람 마음만은 동정을
넘나들 수 있다고 주장하였다. 후자의 동정이란 마음의 상태이다.

# 11. 동정의 극치
## 動靜極致

마른나무와 식은 재만이 정의 상태가 아니다. 남이 모르는 뽑히지 않을 확고한 덕,33 반석처럼 정돈된 온 세상34도 곧 정의 상태이다. 바람이 몰아치고 번개가 멀리까지 치는 현상만이 어찌 동이겠는가? 사람의 착한 마음을 불러일으키거나 사람의 일탈한 마음35을 꾸짖거나 경계하는 일도 동이다.

枯木死灰, 不啻靜也. 潛德之確乎不拔, 天下之措置盤石, 卽是靜也. 風驅電邁, 豈惟動也. 感發人之善心, 懲創人之逸志, 卽是動也.

* * *

온 세상의 동요(動搖)를 정연하게 하여 안정되게 할 수 있는 상태야말로 큰 정이요, 자기 마음을 확고하게 세워 외물에 흔들리지 않는 상태는 작은 정이다. 말과 침묵 사이에서 성실이 드러나서 남이 착한 마음을 깨달을36 수 있도록 하는 일이야말로 큰 동이요, 나의 위세에 눌려 덕을 품고37 불선을 저질러서는 안 된다는 점을 남이 알게 하는 일은 작은

---

33 潛德은 남이 모르는 덕으로 漢 劉歆의 『遂初賦』의 "口幽潛德, 含理神兮."라는 말에 보인다.

34 제도와 질서가 잘 갖춰져 안정된 세상.

35 逸志에는 좋은 뜻과 나쁜 뜻이 다 있는데, 문맥상 후자의 의미로 보임.

36 開悟는 깨닫다, 이해하다의 뜻으로 『史記』, 「商君列傳」의 "吾說公以帝道, 其志不開悟矣."에 보인다. (앞에 나옴)

37 畏威懷德은 『國語』, 「晉語八」의 "民畏其威, 而懷其德, 莫能勿從."과 『後漢書』, 「應劭

동이다.

齊天下之動, 而能使安靜之者, 是靜之大也, 確立其心, 不爲物所擾者, 是靜之小也. 誠發於語默之際, 而能使人開悟善心, 是動之大也, 能使人畏威懷德, 而知不善之不可爲, 是動之次也.

---

傳」의 "苟欲中國珍貨, 非爲畏威懷德."에 보인다. 이것은 모두 백성이 자발적으로 덕행을 쌓는 방법이 아님을 말함.

# 해 설

동과 정의 개념을 끝까지 구사하였다. 곧 물리적인 범주에만 한정하지 않고, 인사에도 적용하였다. 곧 온 세상이 안정되거나 마음의 동요가 없는 상태가 정이요, 남의 마음을 움직이는 일도 동으로 보았다.

## 12. 글과 말은 마음을 일으킨다
### 文與言起心

옛 서적을 읽고 당시의 사리를 탐구하며, 남이 말한 내용을 듣고 그 사람 생각의 방향을 아는 일은 모두 이미 발동한 글과 말을 미루어 내 마음에 잠복한 것을 불러일으키는 일이다.

讀古書, 而究當時之事理, 聽言論, 而知其人之方向, 皆所以推己動之文與言, 而起我心之潛隱.

\* \* \*

어리석은 사람은 비록 남의 말을 듣고 때때로 그 마음의 이욕과 분노를 일으킬 수는 있어도, 옛 서적의 권선징악에 대해서는 눈으로 보고 귀로 듣고서도 끝내 그 연유를 모른다. 그러므로 그 마음에 들어가는 내용도 적고 마음을 불러일으키는 일도 드물다. 하지만 학문에서 터득한 사람의 경우는 말을 듣고 독서하는 일이 조금도 차이가 없어서, 자기 마음에 잠재된 것[38]을 개발하지 않음이 없다.

庸愚之人, 雖能聽人言, 而有時起其心之利慾忿怒, 至於古書之勸善懲惡者, 目覩耳聞, 而竟不知其由. 故入于心者少, 而所興發者亦罕矣. 若夫有得於學問者, 聽言與讀書, 少無異焉, 無非開發此心之所隱微.

---

38 隱微는 성리학에는 주로 본성으로 갖춰진 이치를 말하나, 여기서는 앞의 潛隱과 함께 잠재적 능력 또는 생각이나 사상의 실마리 등으로 보임.

# 해 설

저술된 서적이나 말로 표현한 일을 동으로 보고, 그것을 읽거나 듣는
사람의 잠재된 마음의 능력을 정의 범주에 넣어 설명하였다. 이는
성리학에서 마음의 이발을 동, 미발을 정으로 보는 점과 형식상에서는
유사하다.

# 13. 빠른 움직임으로 느린 움직임을 관측하다
## 以動速測動遲

표39를 세우고 해그림자를 관측하는 일은 정지한 사물로서 움직이는 사물을 관측하는 일이 아니라, 실제로는 빠른 움직임으로 느린 움직임을 관측하는 일이다.

立表測晷, 非以靜測動, 實以動之速者, 測動之遲者.

\* \* \*

의기40를 설치하여 그림자로 시각41을 재는 일은 비록 정지한 사물로 움직이는 사물을 관측하는 일이지만, 지구가 움직인다는 학설로 미루어 보면, 실상은 빠른 움직임으로서 느린 움직임을 관측하는 일이다.

設儀器而測日影之早晚, 雖若以靜測動, 然取地運之說推之, 其實以速測遲也.

---

39 表는 관측이나 측량을 위해 지상에 수직으로 세운 막대로, 여기서는 日晷를 올려놓는 작은 단의 의미로 쓰임.
40 儀器는 의례나 관측·측정 때 사용하는 도구. 여기서는 해시계인 日晷를 말함.
41 해시계 그림자의 길이나 위치로 나타나는 때의 이름과 늦음인 早晚은 곧 시각을 의미한다.

# 해 설

제목대로 빠른 움직임으로 느린 움직임을 관측한다는 주장이다. 바로 이 말에서 훗날 모든 사물은 운동한다는 생각으로 발전한다. 정지란 그 운동이 안정된 상태, 마치 기차나 비행기가 등속으로 움직일 때 그 안의 테이블 위에 놓인 찻잔의 상태와 같다고나 할까? 이런 생각은 '지구가 움직인다'라는 설을 추측한 내용이다. 곧 빠른 지구의 움직임이 해시계 그림자의 느린 움직임에 반영되어 있다는 뜻이다.

# 14. 생긴 본성은 고요함이요 느끼는 것은 움직임이다
## 生靜感動

정(情)이 아직 발동하지 않는 때에는 단지 공기를 밀어내는 일만 있는데, 사람의 호흡이 끊어지지 않는 한 그것은 대기의 운동이 그치지 않는 일과 거리가 멀지 않다. 이는 곧 '사람이 태어나 고요한 것은 천성이다'[42]는 것이다. 그 감정이 발동함에 이르러 물건을 따라 헤아림이 있으니, 이는 곧 '물건에 느끼어 발동하는 일은 본성이 그렇게 하고자 함이다'[43]는 것이다.

情未動時, 只有氣之推, 而呼吸不絶, 卽與天氣之運動不息不相遠. 便是人生而靜, 天之性也. 及其情動, 因物有測, 便是感物而動, 性之欲也.

\* \* \*

고요함을 아는 것은 곧 마음의 움직임이다. 그러므로 마음이 막 고요할 상태에는 고요함은 물론 고요하지 않음도 모르다가, 마음이 움직이게 되면 직전의 고요함을 추측한다. 그러므로 그 정이 발동함에 이르러 '사람이 태어난 이후의 고요한 성'을 추측한다.

知靜, 便是心之動也. 故方在靜時, 不知靜, 亦不知不靜, 及其動也, 推測俄時之靜矣. 故及其情發, 推測人生而靜之性.

---

42 해설을 볼 것.
43 『禮記』, 「樂記」: 感于物而動, 性之欲也.

# 해 설

인간의 본성과 정(情)을 각각 정과 동의 범주에 넣어 설명하였다. 이 내용은 주희 성리학이 형성되는 과정을 모르면 절대로 이해할 수도, 한 글자도 제대로 옮길 수도 없는 난해한 글이다. 다행히 옮긴이는 일찍이『주희의 철학』을 번역한 적이 있어서 그 내용을 익히 알고 있다.

먼저 본문의 '사람이 태어나 고요한 것'을 주희는 미발이라고 했는데[44] 달리 말하면 본성이다. 하지만 이 말만 가지고 무슨 말인지 이해하기 쉽지 않다. 원래 이 말은 이정(二程)이 한 말로서 곧 "'사람이 나면서 고요함'의 이전 단계에는 성이라고 말할 수 없다. 성이라고 말하자마자 이미 성이 아니다(人生而靜以上不容性. 纔說性時便已不是性)"[45]라는 말을 해석하면서 나온 말이다. 사람이 태어나기 이전의 단계는 성이라고 할 수 없다는 말은 인간과 무관한 자연의 일이므로 쉽게 이해할 수 있지만, '성이라고 말하자마자 이미 성이 아니다'라는 말은 이해하기 쉽지 않다. 주희는 이것을 "사람이 이 형체를 갖추면 곧 기질지성이 된다. '성이라고 말하자마자(纔說性)'라고 할 때의 성(性) 자는 기질과 본래의 성이 섞여 있는 것이고, '이미 성이 아니다(便已不是性)'라고 할 때의 성(性) 자는 본연지성을 가리킨다"[46]라고 하였다.

아무튼 본문의 '사람이 태어나 고요한 것은 천성이다'라는 말과 '물건에 느끼어 발동하는 일은 본성이 그렇게 하고자 함이다'라는 말을 합쳐

44『文集』卷61,「答嚴時亨一」: 人生而靜, 是未發時.

45 陳來/이종란 외 옮김,『주희의 철학』, 225쪽.

46『朱子語類』95-47: 葉賀孫錄, 問人生而靜以上一段. 曰, 程先生說性, 有本然之性, 有氣質之性. 人具此形體, 便是氣質之性. 纔說性, 此性字是雜氣質與本來性說. 便已不是性, 這性字却是本然之性.

말한 사람은 주희이다.[47] 그러니까 저자는 주희의 사람이 태어날
때 하늘이 부여한 본성이 고요하다는 관점을 형식적으로는 따랐다고
하겠다.

하지만 저자는 본성이 고요하고 느끼어 발동한다는 관점에서 본성-정
(靜), 정(情)-동의 영역으로 관계지어, 무엇을 안다는 일이 곧 마음의
움직임이라 보았다. 그 마음의 움직임을 통해 본성을 추측한다고 하여
추정측성의 논리를 적용하여 해석하고 있다. 이는 저자가 주희 성리학의
발전 과정과 그 내용을 속속들이 알고 있음을 잘 드러내고 있다.

---

47 같은 책, 12-77: 聖賢說得好, 人生而靜, 天之性也, 感物而動, 性之欲也.

# 15. 정은 침잠하여 탐구하는 의미이다
## 靜是潛究

'학문은 모름지기 고요함이어야 한다'[48]라는 말은 '고요하여 움직이지 않음'[49]을 말함이 아니고, 침잠[50]하여 탐구하고 찾아낸다는 의미이다.

學須靜者, 非謂其寂然不動, 乃是沈潛究索之意.

\* \* \*

공부하는 일에서 동정을 논한다면, 들뜨고 조급하며[51] 방종하고 거짓된[52] 행동이 동이며, 참됨을 침잠하여 찾는 것[53]이 정이다.

就功夫上論動靜, 浮躁放誕, 是動也, 潛求誠實, 是靜也.

---

48 같은 책, 119-29: 又云, 長孺氣粗, 故不仔細. 爲今工夫, 須要靜, 靜多不妨, 今人只是動多了靜. 靜亦自有說話, 程子曰, 爲學須是靜. 又曰, 靜多不妨. 才靜, 事都見得, 然總亦只是一箇敬.
49 『周易』, 「繫辭上」: 易, 無思也, 無爲也, 寂然不動, 感而遂通天下之故.
50 沈潛은 마음을 가라앉혀 깊게 몰입하는 것으로, 원래는 땅의 德을 일컫는 말이었다. 『書經』, 「洪範」의 "高明柔克, 沈潛剛克."에 보인다.
51 浮躁는 들뜨고 경박하며 조급한 행동으로 『晉書』, 「應詹傳」의 "玫浮躁有才辯, 臨漳人士無不詣之."에 보인다.
52 放誕은 放曠과 虛誕. 放曠은 말과 행동에 구속받지 않음이고, 虛誕은 거짓되고 근거 없음이다.
53 潛究는 위의 沈潛究索의 축약어.

# 해 설

공부의 태도를 동과 정으로 나누어 설명하였다.

인용한 첫 문장은 『주자어류』에 따르면 이정(二程)의 말이라고 한다.

저자는 그 학문 태도를 재해석하면서 계승하였다.

# 16. 성인과 범인의 미발한 중
## 聖凡未發中

희로애락이 이미 발현한 화에서 성인과 보통 사람이 이미 다르니, 아직
발현하지 않는 중도 성인과 보통 사람의 그것은 다르다.54 보통 사람의
중은 때 묻은 거울과 같으나 성현의 중은 씻고 닦은 거울과 같다.

已發之和, 聖凡旣異, 則未發之中, 聖凡亦異. 凡人之中, 如塵垢之鏡, 聖賢之中,
如洗磨之鏡.

\* \* \*

속에 쌓고 밖으로 드러내면, 그 드러낸 모습을 통하여 속의 맑음과 흐림을
증험할 수 있다. 성현의 중은 명덕이 스스로 드러나서 씻고 닦은 거울과
같다. 보통 사람의 중은 어둡고 침침함을 제거하지 못함이 마치 때 묻은
거울과 같다. 대개 성현에게 항상 닦아 바르게 하는 공부가 있으므로
그 효과가 고요함에 미친다. 하지만 보통 사람은 사욕에 가려진 병폐를
극복하여 제거할 수 없으므로 그 중 또한 어둡다.

積於中而形於外, 則以其形外者, 可驗其中之淸濁. 聖賢之中, 明德自著, 如洗磨之
鏡. 凡人之中, 昏沈未祛, 如塵垢之鏡. 蓋聖賢常有修正之功, 故其效及於靜. 凡人未
能克去私蔽, 故其中亦昏.

---

54 已發之和와 未發之中은『中庸章句』제1장의 "喜怒哀樂之未發, 謂之中, 發而皆中節,
   謂之和. 中也者, 天下之大本也, 和也者, 天下之達道也."에서 가져온 말.

# 해 설

본성을 정(靜), 정(情)을 동(動)의 범주에 놓고 설명하였다.

이 설명에는 철학사에서 매우 중요한 논점을 포함하고 있다. 그것은 바로 성인과 범인에 있어서 미발의 중이 같은지 다른지 하는 논쟁으로, 그것은 인간의 본성이 같은지 다른지 하는 논쟁과 관련된다. 조선 후기에는 이 논쟁이 인물성동이논쟁, 일명 호락논쟁으로 이어졌다. 그리고 그 내용 가운데 바로 성인과 보통 사람의 본성이 같은지 다른지의 논쟁도 포함하고 있다. 이 글은 아마도 그것을 의식한 발언으로 보인다. 그것을 설명하기 전에 먼저 인용한 『중용』의 내용에서 희로애락이 발동하기 이전의 중이 무엇이냐 하는 점에 주목해 보자. 주희는 이것을 아직 외물을 접하여 작용하지 않는 천리가 들어 있는 마음의 본체이자 본성[55]으로 본다. 그래서 본문에 등장하는 중을 본성으로 보아도 무방하겠고, 성현과 범인의 중이 다르다는 말도 서로 본성이 다르다는 말로 이해하면 되겠다.

그렇다면 성인과 범인의 본성이 다르다는 문제를 애초에 어디서 가져왔을까? 『주자어류』를 보면 그 문제에 대화가 등장한다. 이해의 편의를 위해 대화 내용을 대화체로 구성해 보겠다.

주희: 희로애락 미발의 중은 성인을 논한 것이 아니라, 다만 보통 사람도 이러한 점이 있음을 일반적으로 논했는데 성인과 같다.

---

55 『中庸章句』第1章, 集注: 喜怒哀樂情也, 其未發則性也, 無所偏倚, 故謂之中.; 『朱子語類』12-30: 今於日用間空閒時, 收得此心在這裏截然, 這便是喜怒哀樂未發之中, 便是渾然天理. '심은 이발, 성은 미발'은 주희 초년 학설인 中和舊說이고, '심의 이발 미발과 아울러 '성은 미발, 정은 이발'로 구분한 것은 己丑之悟 이후의 일이다(陳來/이종란 외 옮김, 『주희의 철학』, 151-207쪽 참조).

혹자: 생각건대 보통 사람의 미발은 성인과 다르지 않겠습니까?

주희: 미발은 미발할 수밖에 없다. 그렇지 않으면 큰 근본이 없어 도리
　　가 끊어진다.

혹자: 보통 사람은 미발일 때 어둡지 않겠습니까?

주희: 그 안에서는 어두움과 밝음이 없어서 또한 미발이어야 한다. 만
　　약 근원을 논한다면 미발은 일반적이다. 다만 성인의 동정으로
　　논하면 완전히 구별되는데, 동도 정해져 있고 정도 정해져 있어
　　서 마음이 외물에 접촉하지 않은 것을 말하면 온전히 미발의 중
　　이고, 외물에 접촉하여 움직인 것을 말하면 온전히 절도에 들어
　　맞는 화이다. 보통 사람의 미발일 때에는 다만 그 정(靜)에 주
　　목하여 보지 않았고 알지도 못했다.[56]

주희는 희로애락의 중 곧 아직 발동하지 않는 인간의 본성을 일반적으로
보고 있다. 그것을 인정하지 않으면 '커다란 근본인 도리'가 없어진다고
보았기 때문이다. 하지만 저자는 혹자의 견해를 따르고 있다. 이미
발동한 상태가 다르다면 발동하기 이전의 미발도 다르다는 주장이다.
달리 말하면 결국 성인과 범인의 본성이 다르다는 관점에 이른다.
물론 이것은 성인과 범인의 본성이 완전히 다르다고 주장하는 말은
아니다. 『추측록』 권2의 「본성에는 같음과 다름이 있다(性有同異)」에서
저자가 주장한 본성 개념의 공통점과 차이점에 주목한다면, 얼마든지
이렇게 말할 수 있다. 다만 성리학에서는 공통점과 차이점을 본연지성과

---

56 『朱子語類』62-115: 喜怒哀樂未發之中, 未是論聖人, 只是泛論衆人亦有此, 與聖人
都一般. 或曰, 恐衆人未發, 與聖人異否. 曰, 未發只做得未發. 不然, 是無大本, 道理絶
了. 或曰, 恐衆人於未發昏了否. 曰, 這裏未有昏明, 須是還他做未發. 若論原頭, 未發
都一般. 只論聖人動靜, 則全別, 動亦定, 靜亦定, 自其未感, 全是未發之中, 自其感物
而動, 全是中節之和. 衆人有未發時, 只是他不曾主靜看, 不曾知得.

기질지성으로 나누어 보았고, 거기서 말한 중은 본연지성에 해당한다. 하지만 저자는 이런 방식의 본성 개념에 찬성하지 않고, 앞서 설명했듯이 그것을 자연 본능과 사회 규범의 통일체로서 파악하여서, 사람에 따라 그마저도 학습과 시기에 따라 다를 수밖에 없다. 주희식으로 말하면 '커다란 근본인 도리'가 없어지는 꼴이다.

이는 인간의 본질이 정해져 있지 않아 비극이라 말할지 모르겠지만, 사실 그것이 현실의 인간성이다. 인간성에 절대적 기준이 있다는 주장은 하나의 희망 사항을 당위적 명제로 바꾼 것뿐이다. 어쩌면 이런 비극처럼 보이는 것이 인간을 자유롭게도 혼란스럽게도 만든다. 모든 게 다 좋을 수는 없기 때문이다.

# 17. 고요할 때 기른다
## 靜養

고요할 때의 추측은 없는 형체를 보고 없는 소리를 들으니,57 마음58이 어둡고 어지럽지 않게 맑은 거울과 깨끗한 물과 같게 한다. 이때의 기상을 기르면, 외부 사물이 다가오면 곧장 대응하여 일이 번다해도 편안하고 침착할 수 있다.

靜時推測, 視於無形, 聽於無聲, 勿使昏撓, 如鏡明水淸. 養得此時氣象, 可以物來而 輒應, 事煩而安祥.

* * *

일이 없을 때 마음이 어두운 사람은 반드시 일이 있을 때 혼란스러워한다. 이는 마치 노곤하게 자는 사람을 갑자기 깨우면 반드시 당황59하여 어찌할 바를 모르는 일과 같다. 그러므로 고요할 때 비록 소리가 없으나 듣는 이치가 저절로 있고, 형체가 없으나 보는 이치가 없지 않으니, 생각의 계기를 잊어 어둡거나 또 생각을 일으켜 소란하게 되지 않게 하여 마치 먼지 없는 거울이나 티끌 없는 물처럼 되게 해야 한다.

無事時昏昧者, 必於有事時紛撓. 如困宿者急攪, 必懷慌罔措. 故須於靜時, 雖無聲 而聽之理自在, 無形而見之理不泯, 勿使忘機而昏昧, 又勿起思而騷撓, 如鏡無穢水

---

57 이미 경험으로 기억한 내용을 추상적으로 다룬다는 뜻.
58 추측의 대상으로서 기억이 아니라 추측의 주체인 마음을 말함.
59 懷慌은 唐慌과 같은 뜻.

無埃.

이때의 기상60은 그때는 알 수 없으나 그 마음의 발동을 기다려 되돌아본 뒤 알 수 있다. 이것을 마음 쓸61 때의 기상과 비교해 보면, 비록 동과 정이 구분되더라도 본체와 작용에는 틈이 없어 고요할 때 기른 것은 추측의 본체이고, 발동할 때 알맞게 대응하는 것은 추측의 작용이다.

此時氣象, 那時未可知, 待發而反觀, 可得以知. 較諸動用時氣象, 動靜雖分, 體用無間, 靜時所養, 推測之體, 動時酬應, 推測之用.

추측을 존양하는 방법은 수시로 고요하게 해야 하는데, 그것이 오랫동안 쌓여 점차 충실하고 완전해야만, 고요한 때도 발동한 때와 같고 발동한 때도 고요한 때의 상태가 될 수 있다. 만약 추측의 존양에 힘쓰지 않고 오로지 여기저기서 단서62를 생각하여 찾는 일을 공부로 삼는다면, 항상 들뜨고 조급하며 얄팍하게 드러내는 태도는 있으나 다시 조용하고 깊고 중후한 기풍이 없을 것이다.

存養之術, 隨時須靜, 至于積累, 漸到充完, 乃可以動亦靜靜亦動. 若不用力於存養推測, 惟以隨處思索端倪爲功, 常有浮躁淺露之態, 無復雍容深厚之風.

---

60 氣象은 여러 뜻이 있다. 경치·풍경·자취·氣局·氣慨 그리고 오늘날 사용하는 대기의 물리적 현상도 그것이다. 하지만 여기서는 사물의 정황·태세·상황·상태 따위. (앞에 나옴)

61 動用은 사용의 뜻으로 『書經』, 「盤庚上」의 "予敢動用非罰, 世選爾勞, 予不掩爾善."에 보인다. (앞에 나옴)

62 端倪는 실마리나 자취로 『莊子』, 「大宗師」의 "反覆終始, 不知端倪."에 등장하는데, 『朱子語類』에 10회 나온다. 주희 초년의 사상과 깊은 관계가 있다. 해설을 참조할 것.

# 해 설

추측 개념을 동정으로 나누어 설명하였다.

이 내용에도 철학사적 중요한 논점이 들어있다. 천천히 살펴보기로 하고, 우선 지적할 내용은 고요할 때의 추측을 본체로, 마음이 활동할 때의 추측을 작용으로 삼는다는 주장이다. 이런 구분은 마치 주희 성리학에서 심을 미발과 이발63로, 허명(虛明)한 심체와 그것의 지각 작용으로 구분하는 일을 연상시킨다.

그래서 저자는 성리학의 수양론에서 강조하는 고요할 때 곧 미발의 공부인 존양을 추측으로 재해석하였다. 곧 맹자가 말한 '본심을 보존하고 본성을 기르는 일'이 존양64이었다. 추측을 존양하는 구체적 방법은 말하지 않고 있으나, 깨끗한 거울과 물의 비유에서 주희가 말한 깨어있는 심체의 허명한 상태를 유지하는 일로 보인다. 나아가 존양이 잘 되면 동정의 구분이 없어진다고 한다.

바로 여기서 "추측의 존양에 힘쓰지 않고 오로지 여기저기서 단서를 생각하여 찾는 일을 공부로 삼는다"라는 말을 대수롭지 않게 넘어갈 수 있지만, 사실은 이것은 성리학을 비판하는 말이다. 성리학을 가리키는 핵심은 원문 '端倪'로 '端緒'와 같이 쓰이는 데, 모두 『주자어류』에 총 35회 등장한다.

이것은 주희 초년에 친구 장식(張栻: 1133~1180)이 소개했던 호상학파(湖湘學派)65의 특색인 선찰식후함양(先察識後涵養)의 설과 관련이 있

---

63 『朱子文集』 卷43, 「答林擇之六」: 心則貫通乎已發未發之間, 乃大易生生流行, 一動一靜之全體也.

64 『孟子』, 「盡心上」: 存其心, 養其性, 所以事天也.

65 송대의 二程-謝良佐-楊時-胡安國-胡宏으로 이어지는 계통의 학파.

다.66 여기서 '선찰식'의 대상이 바로 '端倪'였던 것이다. 그것은 맹자가 말한 사단(四端)과 같은 것으로, 본문의 "오로지 여기저기서 단서를 생각하고 찾는 일"이라고 언급한 그것이다. 주희는 이러한 단서를 찾아 공부하는 방법을 언급한 적이 꽤 있는데,67 군이 호남학(湖南學)이 아니더라도 맹자의 학설을 따른다는 점에서 보아도 분명하다.

그런데 저자 자신도 『추측록』 권3의 「실마리를 찾다(尋端緒)」에서 정에서 본성의 실마리를 찾는 공부를 주장했다. 그렇다면 본문과 모순이 아닌가? 도대체 이런 비판을 어떻게 이해해야 하는가? 사실 이렇게 단서를 찾아 공부하는 방법을 비판하는 까닭은 그의 철학의 존재론에서 보면 매우 타당하다. 본성이 천리로 갖추어져 있어서, 그 단서를 살펴 천리인 본성을 이해하는 주희의 공부가 자기 철학에 어울리지 않다고 여겼기 때문이다.

그 대신 저자가 말하는 '정으로 드러난 본성의 실마리'를 통해 파악한다는 본성은 자연 본능(저자에게는 이것이 천리에 해당하지만, 성리학에서는 인욕의 한 요소)과 사회 규범(성리학에서 말하는 천리)의 통일체이므로, 사람마다 제각각인 현실적 본성이다. 따라서 저자가 실마리를 통해 파악하는 본성은 성리학이 회복한다는 본성과 거리가 멀다. 거기에는 단지 현실적 인간성을 파악한다는 의미밖에 없다.

이렇게 성리학과 달리 저자에게 이상적 인간성은 천리로서 정해져 있지 않다. 추측이 수양의 개념을 포함하고 있어서 그것을 통해 더 나은 본성은 언제나 재구성될 수 있다. 자연적 세계에는 정해진 목적이나

---

66 陳來/이종란 외 옮김, 『주희의 철학』, 154쪽; 『朱子語類』 3-38: 南軒說端倪兩字極好. 此兩字, 卻自人欲中生出來. 人若無這些箇秉彝, 如何思量得要做好人.

67 『朱子語類』 18-53: 須是因此端緒從而窮格之. 未見端倪發見之時, 且得恭敬涵養; 有箇端倪發見, 直是窮格去. 亦不是鑿空尋事物去格也.; 같은 책, 53-47: 仁義禮智, 是未發底道理, 惻隱羞惡辭遜是非, 是已發底端倪.

이념, 또는 신의 섭리 따위가 없어서, 단지 인간이 추측을 통해 따르거나 모방할 수 있는 준거일 뿐이기 때문이다. 결국 사람을 인간답게 만들고 인도를 건립하여 문명을 이루는 역할을 하는 것이 추측이다. 그래서 저자에겐 추측을 존양하는 일이 그만큼 중요했다.

# 18. 감응과 허령
## 感應虛靈

감응[68]은 헤아림이 우연히 맞는 것이고, 허령[69]은 헤아림의 광채이다.

感應者, 測之偶合, 虛靈者, 測之光耀也.

\* \* \*

추측이 익숙해지면 저절로 구별이 있어, 미룸에는 숨거나 드러난 대상이 있고, 헤아림에는 움직이거나 고요한 대상이 있다.

推測成習, 自有分開, 推有隱顯, 測有動靜.

숨은 대상을 미루어 움직이는 것을 헤아리는 데에는 간혹 까닭 없이 느끼어 발동한 마음이 사물에 걸맞게 응하는데, 이것은 우연히 맞는 일이다. 하지만 모든 사물마다 다 그런 것은 아니다. 비유하면 생각했던 일이 꿈에 들어맞는 일[70]이 없지 않은 것과 같아서, 이른바 감응이란

---

68 感應은 순수한 우리말로 '느끼어 받다'인데 영향을 받아 반응하는 일이다. 『周易』, 「咸卦」象傳의 "柔上而剛下, 二氣感應以相與."에 보인다.

69 마음이 텅 비어 있으나 영험하다는 뜻. 이 말은 주희가 『大學』의 주석에서 虛靈不昧와 같이 써서 마음을 표현한 말인데, 그 원문은 "明德者, 人之所得乎天, 而虛靈不昧, 以具衆理而應萬事者也."이다. 또 『朱子語類』 5-39의 "虛靈自是心之本體, 非我所能虛也." 등에도 보인다. (앞에 나옴)

70 億中은 미리 헤아린 일이 들어맞는다는 뜻으로 『論語』, 「先進」의 "賜不受命, 而貨殖焉, 億則屢中."에 보인다.

곧 하나의 백일몽이다.

及其推隱而測動, 或有無緣感發, 適應事物, 乃是偶合也. 非事事物物皆然也. 譬如
夜夢, 不無億中, 所謂感應, 便一晝夢也.

드러난 대상을 미루어 고요한 것을 헤아리는 데는 저절로 월등히 드러내
는 기상이 있어서, 마치 등불이나 촛불의 빛남과 햇빛이나 달빛의 광채와
같다. 감응과 허령이 덕을 이룬 사람에게는 자연히 노력하지 않아도
들어맞지만,[71] 아직 덕을 이루지 못한 사람이 매번 들떠 조급한 기상으로
망령되고 거짓된 생각을 허령과 감응이라고 말하지만, 옳지 않은 일이다.

及其推顯而測靜, 自有發越之氣象, 如燈燭之光, 日月之耀也. 夫感應虛靈, 在於成
德之人, 自然不勉而中, 在於未成德之人, 每以浮躁之氣, 妄誕之想, 謂之感應虛靈,
則便不是也.

---

71 『中庸章句』第20章: 誠者, 天之道也, 誠之者, 人之道也. 誠者, <u>不勉而中</u>, 不思而得,
　　從容中道, 聖人也, 誠之者, 擇善而固執之者也.

# 해 설

감응과 허령을 추측으로 재해석하였다.

감응과 허령은 주희 성리학에서 자주 사용하는 용어이다. 본문은 그것을
재해석하였다. 곧 숨은 것에서 움직이는 것을, 드러난 것에서 고요한
것을 헤아리는 데서 감응과 허령의 문제를 분석하였다.

먼저 허령은 주희가 마음을 설명할 때 자주 사용하는 말이다. 곧 심체가
허령불매(虛靈不昧)[72]하다는 말에서 알 수 있다. 달리 허명(虛明)으로도
표현하였다. 이것은 마음의 본연 상태를 가리키며, 본체로서의 마음은
의식 활동의 주체가 되어 지각하고 생각하는 마음이다.[73] 이는 깨끗한
거울에 비유하기도 하며, 본래부터 허령한 것으로 사람이 그렇게 되도록
노력해서 되는 대상은 아니다.[74]

바로 여기서 저자는 허령을 '헤아림의 광채'라고 규정하여 주희와 달리
추측이라는 노력의 결과임을 암시하고 있다. 더구나 '덕을 이룬 사람'이
아닌 사람의 허령은 믿을 게 못 된다고 여긴다. 이는 주희가 "이전에
마음을 보니 마음은 단지 비어 있고 넓었는데, 지금 보니 맑고 허명하여
만 가지 이치가 그 안에 있다"[75]라고 한 말에 보이듯이, 그 허령한
마음에는 이미 이치가 전제되어 있고, 그래서 원래부터 허령할 수밖에
없는 마음이지만, 저자에게는 그렇지 않기 때문이다.

감응은 양자가 서로 통하는 상태를 말하는데, 이정(二程)의 언급에
따라 주희도 자주 질문을 받고 대답하였다.[76] 저자는 감응 자체가 불가능

---

72 『大學章句』經1章: 明德者, 人之所得乎天, 而虛靈不昧, 以具衆理而應萬事者也.;
　　『大學章句大全』經1章: 虛靈不昧, 便是心 … 虛靈自是心之本體, 非我所能盡也.
73 陳來/이종란 외 옮김, 『주희의 철학』, 244쪽.
74 『朱子語類』5-39: 虛靈自是心之本體, 非我所能虛也.
75 같은 책, 113-18: 以前看得心只是虛蕩蕩地, 而今看得來, 湛然虛明, 萬理便在裏面.

한 일이라고 비판하지는 않았지만, 단지 본문의 '숨은 대상을 미루어 움직이는 대상을 헤아리는 것'은 주로 감각할 수 없는 도나 이치를 미루어서 현실에서 벌어지는 일을 헤아림을 뜻하는데, '우연히 맞을 수 있고', 또 '모든 사물마다 다 그런 것은 아님'을 말하여 부분적으로만 인정하고 있다. 이것은 주희가 "사건마다 물건마다 모두 감응이 있다"[77]라는 말에 대한 부분적 반론이며, 또 예를 든 꿈 이야기도 주희 발언[78]에 대한 그것이다.

저자는 허령과 마찬가지로 감응도 '드러난 것을 미루어 고요한 것을 헤아리는', 곧 현상을 통해 이치를 찾는 방식에서 덕을 이룬 사람에게는 들어맞는다고 인정하였다. 그러니까 주희의 주장을 일반화하지 않고, 덕을 이룬 사람에게만 해당한다고 인정한 셈이다. 덕이란 경험을 통해 쌓아 가는 것이기 때문이다. 이처럼 철저하게 자신의 철학적 방향에 따라 이전 철학을 재해석하고 있음을 알 수 있다. 이는 그가 『주자어류』 같은 저술을 세밀하게 읽고 분석했음을 보여준다.

---

76 『朱子語類』 95-84: 明道言, 天地之間, 只有一箇感應而已. 蓋陰陽之變化, 萬物之生成, 情僞之相通, 事爲之終始, 一爲感, 則一爲應, 循環相代, 所以不已也.

77 같은 책, 95-85: 問天下只有箇感應. 曰, "事事物物, 皆有感應. 寤寐語黙動靜亦然. 譬如氣聚則風起, 風止則氣復聚."

78 같은 책, 79-47: 夢之事, 只說到感應處. 高宗夢帝賚良弼之事, 必是夢中有帝賚之說之類. 只是夢中事, 說是帝眞賚, 不得, 說無此事, 只是天理, 亦不得. (강조는 옮긴이)

# 19. 앎과 행동의 선후
## 知行先後

앎과 행동의 선후에는 저절로 나아가는 순서가 있다. 처음을 말하면 행동을 따라 앎이 있고, 이미 앎이 있다면 간혹 앎을 따라 행동이 있게 된다.

知行先後, 自有進就之序. 語其初, 則由行而有知, 旣有知, 則或由知而有行.

\* \* \*

사람이 기를 사용하는[79] 일을 행동이라 말하고, 이치를 추측한 결과를 앎이라 말한다. 사람이 태어났을 처음에는 달리 아는 게 없고, 오직 기가 허하면 울고 기가 꽉 차면 울지 않는다.[80] 이때 기가 꽉 차거나 허한 상태는 행동이요, 울거나 울지 않는 일은 앎이다.

氣之動用謂之行, 理之推測謂之知. 人於始生, 別無知識, 惟於氣虛則啼, 氣實則不啼. 夫氣虛氣實行也, 啼與不啼知也.

점점 자라면 일을 따라 익히고 앎도 따라 확장되니, 이것이 행동이 먼저이고 앎이 나중이다. 이미 앎을 얻어서 꾸려나가는 일이 있으니, 이것이

---

79 動用은 사용의 뜻으로 『書經』, 「盤庚上」의 "予敢動用非罰, 世選爾勞, 予不掩爾善."에 보인다. (앞에 나옴)

80 기가 차고 허하다는 말은 배가 부르거나 고프다는 뜻으로 곧 사용하는 에너지가 몸에 꽉 차거나 빈 상태를 말하며, 이때 에너지를 공급하는 것이 젖이다.

앎이 먼저이고 행동이 나중이다.

至于漸長, 隨事有智, 而知識隨廣, 是乃先行後知也. 旣得其知, 而有所營爲, 是乃先
知後行也.

어찌 사람이 태어나 자라는 일만 근거가 되겠는가? 비록 성숙한 성인81
이라도 아직 보거나 듣지 못한 사물에 대해서는 아득하여 아는 바가
없다가 그것을 듣든지 보게 되어서야 알 수 있으니, 이것도 행동이 먼저이
고 앎이 나중이다. 이미 이 사물을 알았으면 간혹 모방하여 실행하거나
가감하여 제작하니, 이 또한 앎이 먼저이고 행동이 나중이다. 또 대충
아는 것을 몸소 실천하여82 더 알게 되는 일, 또 탐구하여 더 알게 된
일도 있다. 통틀어 말하면 행동이 먼저이고 앎이 나중이다.

奚特以人生長爲據. 雖老成之人, 至於未曾覩未曾聞之事物, 茫無所知, 及其聞之覩
之, 乃能知此, 是亦先行後知也. 旣得知此事物, 或倣而行之, 或加減而製之, 是亦先
知後行也. 且於略知之事, 有躬行而益知者, 又有究索而益知者. 統而言之, 乃先行
後知.

그러므로 행동하고 난 뒤의 아는 앎은 확실하고 상세하고 분명하나,
안 뒤에 행동하는 앎은 본떠 헤아리고83 짐작하는 것뿐이다. 하지만

---

81 老成之人은 老成人으로 나이 든 유덕한 사람을 말한다. 『書經』, 「盤庚上」의 "汝無侮老
成人, 無弱孤有幼."에 보인다. 본문은 成人의 뜻.

82 躬行은 『論語』, 「述而」의 "躬行君子, 則吾未之有得."에 보인다. (앞에 나옴)

83 擬形은 『周易』, 「繫辭上」의 "聖人有以見天下之賾, 而擬諸其形容, 象其物宜, 是故謂
之象."에 등장하는데, 『周易傳義大全』에서 程頤는 擬度, 朱熹는 比度으로 해석하였
다.

그 경로를 알아보면 헤아리고 짐작하는 앎은 이미 확실하고 상세하고 분명한 가운데로부터 미루어 나온 것이다.

故行而後知之知, 的實詳明, 知而後行之知, 擬形斟酌而已. 然究其所由, 則擬形斟酌之知, 已自的實詳明之中, 推出來.

지행합일설과 지행병진론은 과연 뒤섞고[84] 모아 합치는[85] 방법이다. '기가 발동하고 리가 그것을 올라타는 것'[86]은 행동이 먼저이고 앎이 나중이며, '리가 발동하고 기가 그것을 올라타는 것'[87]은 앎이 먼저이고 행동이 나중이라는 설이다.

知行合一之說, 幷進之論, 果是渾淪和會之方也. 氣發而理乘, 先行後知之論, 理發而氣乘, 先知後行之說也.

---

84 渾淪은 원래 만물 발생 전의 섞여 있는 혼돈의 상태를 가리킨다. 『列子』, 「天瑞」의 "太初者, 氣之始也. 太始者, 形之始也. 太素者, 質之始也. 氣形質具而未相離, 故曰渾淪. 渾淪者, 言萬物相渾淪而未相離也."에 보인다.
85 和會는 會合이나 折衷을 뜻한다. 『宋史』, 「律曆志十五」의 "今若降旨開局, 不過收聚此數人者, 和會其說, 使之無爭."에 보인다.
86 이황과 이이 모두 말하였다. 다만 이이는 氣發理乘一途說만 말했다.
87 理發氣乘은 이황의 理發氣隨를 달리 표현한 것으로 보이며, 저자의 지행관의 관점에서 이렇게 말할 수 있다.

# 해 설

앎과 행동, 곧 인식과 실천의 문제를 다루는 전통 철학의 영역을 지행관이라 부른다. 이미 『신기통』 권1, 「앎의 우열은 신기를 따라 생긴다(知覺優劣從神氣而生)」과 『추측록』 권1, 「미룸과 헤아림의 서로 쓰임(推測互用)」에서 이 문제는 다루었고, 여기에서는 그것을 종합해 설명하고 있다. 본문에서도 소개한 지행합일은 양명학에서, 지행병진 또는 선지후행은 성리학에서 주장하는 학설이다. 저자는 원칙적으로 선행후지를 주장한다. 여기서 어느 학설이 옳거나 그른지 따지는 문제는 의미가 없다. 각 학설에서 규정하는 지와 행의 개념이 다르기 때문이다. 정리하면 양명학의 지는 양지(良知)를 말하며, 성리학의 지는 대체로 도덕적·윤리적 규범이다. 다만 행만은 도덕적 실천으로서 두 학설이 유사하다. 저자의 지는 성리학의 지와 유사한 점이 있지만 폭이 더 넓고, 행도 기를 사용하는 일이므로 그 범위가 훨씬 넓다.

사실 저자의 지행관은 인식 일반에 속하는 문제이다. 그런 점에서 사람의 지적 발달 과정을 말하면 확실히 선행후지의 과정을 밟는다. 앎은 경험이라는 활동을 통해서만 이루어지기 때문이다. 물론 본문의 지적대로 전혀 새로운 사태에 직면해서도 그렇다. 그런 점에서 볼 때 저자의 견해는 현대 뇌과학과 통하는 점이 있다. 곧 뇌는 항상 추측을 통한 예측 작용만 한다고 한다. 다시 말해 뇌는 감각기관이 보낸 전기적 신호만으로 외부 대상을 예측·기억하고, 새로운 자극이 들어오면 이전의 예측과 결합하여 대상을 추측한다고 한다. 곧 지각이란 감각 정보와 이전에 예측한 일과 결합하여 외부 세계가 어떻게 존재하는지 추측을 만들어 낸다고 한다. 앎이란 이런 추측의 결과 곧 추측지리라고나 할까? 바로 여기서 저자의 추측은 뇌에서 일어나고 있으며, 동시에 보고 듣고 체험하는 행동이 언제나 예측되는 앎보다 우선될 수밖에 없다. 다만 사람들은 외부 상황이 언제나 똑같이 존재한다고 착각하기에 마치 앎이 그대로 적용된다고 여길 뿐이다. 보이지 않는 가운데 외부 대상은 언제나 변하고 있는데 눈치채지 못할 뿐이다. 그런 점에서 그나마 행동한 직후의 앎은 상대적으로 확실하지만, "안 뒤에 행동하는 앎은 모습을 헤아리고 짐작하는 것뿐이다"라는 주장은 이 뇌과학적 관점과 일치한다. 재미있는 점은 조선 철학사에서 논의한 '이발기수(理發氣隨)'나 '기발이 승(氣發理乘)'을 저자의 관점에서 재해석한 일이다. 기의 사용이 행이라 는 저자의 규정을 고려하면 기를 행, 리를 앎의 범주에 넣고 논의한 점을 이해할 수 있다. 그래서 기발이승은 선행후지, 이발기승(이발기수) 은 선지후행으로 해석하였다.

## 20. 엄숙한 몸가짐
### 威儀

내면에서 경계하고 삼가는 일은 외부로 드러나 엄숙한 몸가짐[88]이 된다. 내면에 없으면서 밖으로 드러나거나 내면에 있으면서 밖에서 덮어 가리는 태도는 모두 엄숙한 몸가짐이 아니다.

在內之戒飭, 發外而爲威儀. 無諸內而作於外, 有諸內而蔽於外, 俱非威儀.

\* \* \*

경계하고 삼가고[89] 단정히 하여 예의에 어긋나지 않게 하는 공부가 내면에 누적되면, 밖으로 드러나는 용모와 얼굴빛[90]에 저절로 두려워할 만한 위엄과 본받을 만한 거동이 있어서, 가릴 수도 없고 숨기기도 어렵다.

戒愼修飭之功, 積累於內, 則發外之容色, 自有可畏之威, 可象之儀, 掩之不得, 蔽之亦難.

경계하고 삼감은 뿌리요, 엄숙한 몸가짐은 꽃이다. 꽃은 반드시 뿌리에 의지하여 생겨나고 뿌리 없는 꽃은 없으니, 경계하고 삼감은 내면의

---

88 威儀는 제사나 의례 때의 동작 또는 사람을 접할 때 예의 바른 몸가짐으로『中庸』의 "禮儀三百, 威儀三千."에 보인다. 또 위엄있는 장중한 몸가짐과 행동거지의 뜻으로 『書經』, 「顧命」의 "思夫人自亂於威儀."에 보인다. 본문은 어떤 상황에서나 바르고 엄숙한 몸가짐의 뜻으로 보임.

89 『中庸章句』 第1章: 是故, 君子, 戒愼乎其所不睹, 恐懼乎其所不聞.

90 容色은 容貌와 顔色으로 『論語』, 「鄕黨」의 "享禮有容色, 私覿愉愉如也."에 보인다.

엄숙한 몸가짐이고, 엄숙한 몸가짐은 외면의 경계하고 삼감이다.

戒飭根柢也, 威儀英華也. 英華必資根柢而生, 未有無根柢之英華, 則戒飭, 乃在內之威儀也, 威儀, 乃發外之戒飭也.

만약 경계하고 삼감을 평소에 간직하는 공부가 없이 한갓 외면의 엄숙한 몸가짐만 꾸미려는 의도는 참으로 벽을 뚫거나 담장을 넘는 도둑91과 같은 짓이니, 어찌 행동거지와 용모92가 모두 예의에 들어맞아, 그 엄숙한 거동을 남이 바라보고 두려워하는 일93을 논할 수 있겠는가?

若無戒飭素存之功, 徒欲修飾發外之威儀, 此固穿窬之態, 豈可論動容皆中禮, 儼然人望而畏之哉.

또 만약 타고난 자질94이 순수하고 바르며 바깥 사물의 유혹을 받지 않고 마음 편안히 스스로 즐기면서,95 내면으로만 마땅히 경계하고 삼갈 뿐, 어찌하여 꼭 외모에 구속받아 도리어 몸을 점검하여 단속한다 혐의를 피할 것이냐고 생각한다면, 이것은 자기 몸만을 좋게 할96 수 있겠지만 끝내 인도를 세울 수 없다.

91 『論語』, 「陽貨」: 色厲而內荏, 譬諸小人, 其猶穿窬之盜也歟.
92 『孟子』, 「盡心下」: 動容周旋中禮者, 盛德之至也.
93 『論語』, 「堯曰」: 君子正其衣冠, 尊其瞻視, 儼然人望而畏之, 斯不亦威而不猛乎.
94 天資는 『史記』, 「商君列傳論」의 "商君, 其天資刻薄人也."와 『朱子語類』에 73회 등장한다.
95 坦然自樂은 坦然自若과 같은 말.
96 『孟子』, 「盡心上」: 古之人, 得志, 澤加於民, 不得志, 修身見於世, 窮則獨善其身, 達則兼善天下. 본문에서는 獨善其身이 부정적으로 쓰였다.

又若天資純正, 不被物誘, 坦然自樂, 以爲內當戒飭而已, 何必拘束於外貌, 反避檢
飭之嫌, 是乃獨善其身, 終不能立人道也.

엄숙한 몸가짐은 몸과 용모가 마땅하여 남이 보고 느끼는 대상97이 된다.
집안에서는 가장의 엄숙한 몸가짐이 되고, 관청에 있으면 기관장의 엄숙
한 몸가짐이 된다. 나아가 임금과 신하, 아랫사람과 윗사람 제각기 해당
하는 엄숙한 몸가짐이 있어서 사람들이 모두 그를 두려워하고 사랑하며
본받는다. 남이 보고 느낄 수 없게 하면 엄숙한 몸가짐이 아니다.

夫威儀者, 體容得宜, 爲人觀感. 在家, 則有家長之威儀, 在官, 則有官長之威儀.
至於君臣上下, 各有所當之威儀, 則人皆畏而愛之, 則而象之. 不能使人觀感, 便非
威儀也.

---

97 『周易』, 「咸卦」: 觀其所感, 而天地萬物之情可見矣.

# 해 설

사람 내면의 수양과 외면의 엄숙한 몸가짐을 각각 정과 동으로 보고, 둘 사이가 뿌리와 꽃의 관계와 같아 서로 분리되지 않음을 설명하였다. 원문 위의(威儀)는 한마디로 군자의 몸가짐인데, 전통문화를 이루는 한 측면이기도 하다. 얼핏 보면 현대의 민주사회에 어울리지 않을 듯하나, 민주사회에도 반드시 거기에 어울리는 내면의 수양과 외면의 몸가짐이 있어 그 근본정신은 여전히 통한다. 말과 행동의 실수로 낭패를 본 리더가 얼마나 많은가? 그로 인해 그의 내면을 의심받아 타격받는 일은 어렵지 않다. 이 또한 추동측정의 방식이 적용되는 사례이다.

# 21. 중을 얻음과 잃음
## 得中失中

일 처리에서 지나치거나 모자라는 어긋남이 없이 딱 들어맞으면, 내 마음이 편안하여 희로애락이 아직 발현하지 않은 중98과 같다. 일 처리에 지나치거나 모자라는 어긋남이 있어 중에 적중하지 못하면, 내 마음이 불안하여 희로애락이 화99를 잃게 만든다. 대개 중을 얻느냐 못 얻느냐 하는 일은 오로지 그 추측을 정하는 데 달려 있다.

處事無過不及之差而得中, 則吾心之安, 如喜怒哀樂未發之中. 處事有過不及之差而不得中, 則吾心不安, 使喜怒哀樂, 亦失其和. 蓋中之得與不得, 惟在於定其推測.

\* \* \*

평생에 마음먹은 일이 중에 들어맞는 경우는 평생의 추측에 달려 있고, 처리100하는 당면한 일이 중에 들어맞는 경우는 때에 따른 추측에 달려 있다. 평생의 추측은 큰 추측이고, 일에 임해서 한 추측은 작은 추측이다. 작은 추측의 잘못을 고치지 않으면 큰 추측을 침해하니, 어찌 작다고 소홀히 할 수 있겠는가?

---

98 『中庸章句』第1章: 中庸曰, 喜怒哀樂未發之謂中. 여기서 中을 주희는 "中者, 不偏不倚, 無過不及之名."이라고 주석했는데, 곧 어느 한쪽으로 치우치지 않은 중용의 도리 또는 中道라고 일컫는다.

99 같은 책: 發而皆中節謂之和. 희로애락이 발동하여 節度에 들어맞은 상태. 주희는 "無所乖戾, 故謂之和."라고 어그러지거나 벗어남이 없는 상태라고 주석하였다.

100 區處는 변통하여 처리하다의 뜻으로 『漢書』, 「循吏傳黃霸」의 "鰥寡孤獨有死無以葬者, 鄕部書言, 霸具爲區處."에 보인다.

平生立心之正中, 在平生之推測, 當事區處之正中, 在隨時之推測. 平生推測, 推測之大
者, 臨事推測, 推測之小者也. 小者之失不改, 則侵害於大者, 豈可以小者忽之哉.

일에 임해서 두세 가지 단서를 미루어 헤아리되, 근원과 말단을 온전히 알고 사사로운 이익과 의리101를 가려 정해서 처리해야 한다. 그런 뒤에야 내 마음의 편안함과 불안을 헤아려 그 중을 얻었는지 잃었는지 증험한다. 마음이 아직 발동하지 않는 중과 같아 구애됨이 없으면 그 일이 중을 얻었음을 알 수 있고, 반면 마음이 불안하여 희로애락이 화를 잃으면 그 일이 중을 얻지 못했음을 알 수 있다.

臨事須推二三端測之, 具悉源委, 擇定利義而處. 然後又測吾心之安不安, 以驗其
中之得失. 心如未發之中, 無所拘礙, 可知其事之得中, 心如不安, 喜怒哀樂失其和,
可知其事不得中也.

그러므로 일에 앞선 추측은 의와 사사로운 이익을 가려 정하기 위한 것인데, 한 가지 단서만을 미루어 곧바로 단정해서는 안 된다. 일이 끝난 뒤의 추측은 마음에서 증험함을 위함인데, 사심을 미루어 끝내서는 안 된다.

故先事推測, 爲其擇定, 不可推一端而直斷. 後事推測, 爲其驗于心, 不可推私心而
俟闋.

---

101 義와 利를 대립적으로 보는 유교적 전통을 따랐다. 이때 利는 私利이다. 그런
　　모습은 『論語』, 「里仁」의 "子曰, 君子, 喩於義, 小人, 喩於利."등에 보인다.

# 해 설

『중용』의 중은 보통 중용의 도리 드물게 중도로 일컫는다. 중을 얻었느냐 못 얻었느냐 하는 문제를 동과 정으로 나누어, 일에서 미루어 마음에서 증험하는 것으로 설명하였다. 곧 추동측정의 논리에 따른 것이다. 여기서 중을 얻느냐 못 얻느냐는 추측에 달려 있다고 한다. 이것은 매우 타당한 논리이다. 아무 생각 없이 무턱대고 한다고 그 일이 바른 도리에 들어맞지는 않기 때문이다. 보통 일을 시행하기 전에는 항상 여러 상황을 고려하게 되는데, 중용이란 해당하는 상황과 때에 들어맞아야 하기 때문이다. 또 일이 끝난 뒤에 적중 여부를 마음에서 검증할 때도 추측이 요구된다.

그런데 그 적중을 검증하는 기준이 내 마음의 편안과 불편 여부이다. 그때의 마음이란 쉽게 말해 군자의 마음이지 소인의 마음은 아니다. 의리와 사리를 구분한다는 점에서 볼 때 그렇다. 군자의 마음이니 오늘날식으로 말하면, 공동체를 위한 공평하고 정의로운 리더라면, 자신의 처사를 편안하게 느낀다는 뜻이다.

하지만 군자가 못 되는 정치인이 과연 그렇게 느끼겠는가? 되레 공동체 전체가 아닌 일부 기득권층과 자기 패거리를 위해 결정했을 때 더 편안하게 느끼지 않을까? 마음에서 적중 여부를 증험한다는 저자의 주장은 수양한 사람의 경지이다.

# 22. 미발의 근원과 말단
## 未發源委

추측으로 알기 이전은 평생의 미발이고, 정좌102는 때에 따른 미발이며, 야기103는 하루의 미발이다. 이미 발동한 이후의 미발은 간혹 이미 발동한 일에서 기억한 것이고, 평생의 미발은 이미 발동한 일에서 기억한 게 없다. 만약 근원의 미발을 관찰하려면, 거슬러 올라가 침잠하여 찾아야 한다.104

推測未得之前, 平生之未發, 靜坐者, 隨時之未發, 夜氣者, 一日之未發也. 已發後未發, 或染着於已發, 平生之未發, 無染着於已發. 如欲觀源頭之未發, 須遡流而潛求.

\* \* \*

미발이라는 것은 희로애락이 좇아 나오는 근원이다. 학문하는 사람은 이 근원을 따라 학문의 근본을 정하고 그 흐름을 바르게 하니, 실로 공부의 커다란 근본이다.

未發者, 喜怒哀樂所由出之根源也. 爲學之人, 從此根源, 以定其本, 以正其流, 實爲

---

102 靜坐는 默坐와 함께 불교에서 많이 사용하지만, 유가에서 危坐와 통용되며 마음을 가라앉혀 조용히 않아 본성과 본심을 보존하는 수양 방법. 가령『朱子語類』12-137 의 "明道敎人靜坐, 李先生亦敎人靜坐. 蓋精神不定, 則道理無湊泊處. 又云, 須是靜坐, 方能收斂."와 같은 책, 103-1의 "李先生終日危坐, 而神彩精明, 略無隤墮之氣." 등이 그것이다.
103 『孟子』,「告子上」: 牿之反覆, 則其夜氣不足以存, 夜氣不足以存, 則其違禽獸不遠矣. 깊은 밤중이나 새벽이 느끼는 순수한 본마음.
104 潛究는 沈潛究索의 축약어. (앞에 나옴)

功夫之大本.

하지만 때에 따른 미발과 하루의 미발105은 벌써 추측이 발동한 뒤에
있으니, 비록 잠시 미발의 상태에 있더라도, 간혹 익혀 쌓은106 이발에서
기억한 내용이 있지만 그 기억을 자각하지는 못한다. 그러므로 선을
익힌 사람의 미발은 악을 익힌 사람의 미발과 다르고, 통달한 사람의
미발은 앎이 침체한 사람의 미발과 다르다.

然隨時之未發, 一日之未發, 旣在於推測已發之後, 則雖在暫時之未發, 或有染着於
宿習之已發, 而不自覺其染着. 故習善者之未發, 有異於習惡者之未發, 通達者之未
發, 有異於沈滯者之未發.

만약 미발의 근원을 보려고 하여 기억된 상태107를 배제하고 희로애락을
추측하기 이전을 좇아 그 미발에 거슬러 올라가야 한다면, 평생의 미발을
볼 수 있을 뿐이다. 평생의 미발이란 곧 희로애락을 추측하지 않아 기억이
없는 상태이다. 어찌 태어난 처음에만 있는 것이겠는가? 기억이 없어
추측하지 않은 상태를 거슬러 올라가면, 언제든 있고 어디서나 드러난다.

如欲觀源頭之未發, 不有染着之氣像, 須從喜怒哀樂未推測之前, 以遡其未發, 則可
見平生之未發耳. 平生之未發, 卽喜怒哀樂未推測, 無染着之氣像也. 豈獨在胎生之
初也. 遡其未推測無染着之氣, 無時不在, 無處不現.

---

105 앞서 말한 靜坐와 夜氣이다.
106 宿習은 오랫동안 학습하여 쌓은 것으로 王充의 『論衡』, 「逢遇」의 "學不宿習, 無以明
名."에 보인다. 또는 불교에서 전생부터 배어있는 습관을 말하지만, 본문과 무관함.
107 氣像은 기개나 성품이나 몸가짐이지만 여기서는 상태나 모습을 뜻함. 이하 같게
적용함.

# 해 설

미발과 이발을 정과 동의 개념에 넣고 미발의 근원과 말단을 설명하였다. 미발의 근원은 '평생의 미발', 보통 때는 '발동한 이후의 미발'로 표현하고 있다. 바로 여기서 미발의 개념을 재해석해 확장하고 있어서 성리학에서 사용한 외연을 벗어나고 있다. 저자의 독창적인 사유의 한 단면을 볼 수 있는 대목이다.

주희의 미발은 크게 두 가지 관점에서 한정한다. 하나는 본성에 하나는 심에 적용한다. 곧 미발과 이발은 심리 활동의 다른 단계나 상태를 말한다. 또 하나는 본성이 미발이고 정이 이발임을 말한다.[108] 그것은 그의 철학에서 인간의 본성 또 그에 근거한 본심이 이미 규정되어 있어서, 겉으로 드러나는 인간의 선한 감정이나 행위의 근거가 곧 미발이다. 조선 철학사에서 논쟁한 사단칠정도 결국 이와 연관된 문제이다. 하지만 저자의 미발은 우선 본성 개념부터 주희 철학에서 말하는 그것과 다르기에 다른 접근이 필요했다. 곧 저자의 본성 개념에는 학습으로 형성된 내용도 들어 있다. 그러기에 미발의 대상에는 본성만이 아니라 기억한 내용까지도 포함되며, 더 근원적으로는 아직 앎이 없는 마음까지도 그 대상이다. 컴퓨터에 비유하면 출력 이전의 기억장치에 저장된 상태, 근원적으로는 아직 입력되지 않아 출력할 수 없는 상태까지 모두 미발의 범주에 넣었다.

왜 이렇게 보았을까? 당연히 그의 세계관에서 비롯하기 때문이다. 인간성의 기준이 될 만한 형이상의 근거를 본성에 규정하지 않았기 때문이다. 달리 말하면 인간이란 유전적 요소와 경험적 환경의 산물이

---

108 陳來/이종란 외 옮김, 『주희의 철학』, 175-184쪽 참조.

고, 인간 존재가 인간이 규정하는 본질에 앞서기 때문이다. 주희 철학은 인간의 본질을 이미 규정해 버렸기에 저자는 따를 수 없었다.

그래서 "평생의 미발이란 곧 희로애락을 추측하지 않아 기억이 없는 상태이다"라는 말은 매우 의미심장한 발언이다. 여기서 '희로애락을 추측하지 않아'라는 말은 희로애락이 드러날 어떤 새로운 대상이나 환경을 만나지 못해서, 아직 추측해 알지 못했다는 뜻이다. 19세기 서구 문물이 막 밀려올 당시나 현재나 미래의 상황에서 보더라도, 인간은 언제나 새로운 환경이나 사태를 맞이할 수밖에 없어서 그것에 대해서만은 기억이 부재한 미발이 될 수밖에 없기 때문이다. 새로운 대상이나 상황에 따른 우리의 반응은 언제나 근원적 미발의 상태에 시작한다. 경험을 앎의 출발로 보는 저자 철학에서는 당연한 귀결이다.

## 23. 활동과 쉼, 평탄함과 험함
### 動靜易險

추측을 위주로 하면 활동과 쉼이 정해지고, 이치를 따르는 일을 위주로
하면 험함과 평탄함109이 모두 안정된다.

以推測爲主, 動靜有定, 以循理爲主, 易險皆安.

\* \* \*

이치를 따름은 추측의 목표이고, 추측이란 이치를 따르는 비결이다.
다만 이치만 따른다고 말한다면 모방해도 무방하지만, 오직 추측이라고
말한다면 이치를 따르는 일은 그 가운데 있다. 그러므로 유행지리를
미루어 유행지리를 헤아리는 일이 이치를 따름이 아니라면 어디서 미루
고 어디서 헤아리겠는가?

循理者, 推測之準的, 推測者, 循理之要訣也. 只言循理, 則模着無方, 惟言推測,
則循理在中. 故推流行之理測流行之理, 如非循理, 何所推而何所測哉.

활동에는 활동할 때의 추측이 있어 쉬는 때의 추측에 의지하고, 쉴 때는
쉬는 때의 추측이 있어 활동할 때의 추측을 배양하면, 활동과 쉼이 만나는
상황에 따라 모두 정해진다. 험난함과 평탄함도 만나는 상황에 따라
안정될 수 있다.

---

109 易險은 險易 또는 險夷와 같은 뜻.

動有動之推測, 以資靜時推測, 靜有靜之推測, 以培動時推測, 動靜隨所值而皆有定焉. 險易隨所遇而可得安也.

# 해 설

동정을 관통하는 공부가 추측이라고 주장하였다.

이때의 동정은 활동과 휴식으로, 공부는 중단이 없다는 표현이다. 특히 쉬는 때에 활동할 때의 추측을 배양한다는 말은, 성리학의 '미발의 때에 존양한다'라는 논리의 응용이다.

'이치를 따름이 추측의 목표'라는 말은 결국 합리성을 지향한다는 표현이며, 또 '추측이 이치를 따르는 일의 비결'이라는 말은, 추측이 앎과 실천의 핵심 공부라는 뜻이다. 이렇게 중단 없는 추측이 배양되면 활동과 휴식이 어떤 상황에서든 일정한 항성(恒性)을 갖는다는 주장이다. 수양의 경지에서 말하면 부동심의 상태라 할 것이다.

# 24. 견문의 관할
## 見聞有管

견문이 미치는 곳은 내가 관할하는 경계 안이고, 견문이 미치지 못하는 바깥은 내 견문의 허상이다. 견문이 미칠 수는 있는데 아직 미치지 못하는 대상은 내 견문의 앞길이다.

見聞所及, 乃我管轄之地境, 見聞所及之外, 乃我見聞之虛影. 見聞可及, 而未及者, 乃我見聞之前程也.

내 관할 밖은 일삼을 대상이 없고, 견문의 이전도 일삼을 대상이 없으며, 견문이 소멸해도[110] 일삼을 대상이 없다.

管轄之外, 無所事, 見聞之前, 無所事, 見聞之滅, 無所事.

\* \* \*

보고 추측한 내용을 '본 것이 미친 곳'이라 말하고, 듣고 추측한 내용을 '들은 것이 미친 곳'이라 말한다. 보고서도 추측이 없는 상태를 일러 '본 것이 미치지 못했다'라고 하고, 들었는데 추측이 없는 상태를 일러 '들은 것이 미치지 못했다'라고 한다. 견문이 미치는 곳에는 바야흐로 일이 있으나, 견문이 미치지 못하는 곳에는 반드시 일이 없다.

---

110 견문의 이전과 소멸 후는 종교에서 말하는 전생과 내세를 말함.

見而推測, 謂之見所及, 聞而推測, 謂之聞所及. 見而無推測, 謂之見不及, 聞而無推測, 謂之聞不及矣. 見聞所及, 方有事焉, 見聞所不及, 必無事焉.

사람이 태어나면 일이 있는데 자연히 한계가 있다. 한계 내의 앞길도 완벽하지 못할까 항상 염려되는데, 어찌 허상을 논해 청고한[111] 일로 삼고, 적멸[112]을 종지로 하여 광대한 사업으로 삼을 수 있겠는가? 그러므로 일이 없는 곳을 경영하는[113] 사람은 반드시 일이 있는 곳에 소홀하나, 일이 있는 곳에 알뜰한 사람은 기필코 일이 없는 곳에는 힘을 낭비하지 않는다.

人生有事, 自有限焉. 而限內之前程, 常恐未盡, 何可以言論虛影爲淸高之事, 宗旨寂滅爲廣大之業. 是故營事於無事之地者, 必有忽於有事之地, 精篤於有事之地者, 必不費力於無事之地.

만약 있는 일의 한계를 안다면, 추측이 미리 갖추고 사용하는 것에 거의 방향이 있을 것이다. 또 만약 추측이 미리 갖추어 사용하는 것을 안다면, 일삼을 게 있든 없든 제각기 알맞게 될 것이다.

若知有事之界限, 推測之豫備須用, 庶有方向. 又若知推測之豫備須用, 有事無事, 各適其宜.

---

111 淸高는 우리말로 맑고 고결하다는 뜻이나 여기서는 仙家(道敎)가 지향하는 것을 가리킴.
112 寂滅은 열반을 의미하는 말로 불교를 가리킴.
113 營事는 經營事業의 준말.

# 해 설

경험의 범위라는 한계 안의 일과 그것의 바깥에 있는 세계를 견문과 일을 가지고 말했다.

여기서는 직접 동정을 언급하지 않았으나 경험의 범위 안의 일을 동으로, 그것을 초월하는 세계를 정으로 본 것처럼 보인다.

저자는 현세의 이전이나 이후의 문제는 종교의 영역으로 보아 원칙적으로 다루지 않는다. 그가 다루는 추측의 영역은 경험 안에 한정된 세계이다. 물론 이때의 경험이란 일차적인 감각의 결과만을 지칭하지는 않고, 그것을 포함하여 그것으로부터 추상화된 모두를 가리킨다. 아직 경험하지 못했어도 그 가능성이 열려 있는 대상도 한계 내의 일이다. 그러므로 있는 대상을 기초로 다루는 일이 '일삼을 것이 있는' 대상이고, 내세나 전생 따위는 '일삼을 것이 없는' 대상이다.

# 25. 삶은 있음에 죽음은 없음에 해당한다
## 生有死無

삶은 있음에 죽음은 없음에 해당한다. 그 있음을 있다고 하고, 그 없음을
없다고 하는 것이 참되고 올바른 길이다.

生爲有死爲無. 有其有而無其無, 誠正之道也.

*   *   *

이 몸이 있으면 이 마음이 있어서 있거나 없는 여러 일을 추측하니,
있음을 미루어 없음을 헤아리고 없음을 미루어 있음을 헤아린다. 만약
이 몸이 없으면 이 마음도 없으니 추측 또한 없다. 그러므로 추측이
있고 없음을 참된 유무로 삼으니, 무엇이 있으면 있음을 알고 없으면
없음을 알아야 참되고 정대한 길이지, 죽고 난 뒤의 없어진 흔적으로
사특한 설을 헛되이 낭비하여 우매한 사람에게 큰 해악을 끼쳐서는
안 된다.

有此身, 則有此心, 而推測有無諸事, 推有測無, 推無測有. 若無此身, 則無此心,
而推測亦無. 故以推測之有無, 爲眞有無, 有則認有, 無則認無, 乃誠實正大之道也,
不可以死後之滅跡, 徒費邪說, 貽鉅害於愚迷之人.

무릇 있음을 없다고 말하고, 없음을 있다고 여기는 일은 익살이나 유머감
으로는 딱 맞겠지만, 작은 사업을 하거나 작은 일을 세우는 데조차도

취해 쓸 것이 없어서, 되레 허황하고 바르지 못한 사람이 될 것이다.

凡以有謂無, 以無爲有, 適足爲滑稽供笑之資, 至於做微事立小節, 無所取用, 而反爲虛浪之人也.

# 해 설

철학적인 '있음'과 '없음'의 유무 개념을 논하였다. 구체적 언급은 없지만, 삶과 죽음을 각각 동과 정의 영역에 두고 논의한 것으로 보인다. 저자의 철학은 '있음'의 철학이다. 앞의 글에서도 보이지만, 다루는 모든 대상이 존재하는 '있음'에 근거하는 일이기 때문이다. 따라서 내세나 전생을 말하는 종교가 개입할 여지가 전혀 없다. 삶과 죽음의 문제도 이 '있음'과 '없음'으로 나눈다. 그래서 있는 대상을 있다고 여기고, 없는 대상을 없다고 여기는 일은 저자 학문 방법의 알파요 오메가이다.

# 26. 극기
## 克己

선한 추측은 도의[114]를 말미암고, 불선한 추측은 자기의 사욕을 말미암
는다. 선과 불선을 함께 알아 선을 취하고, 불선을 버리는 것이 곧 극기[115]
이다.

推測之善者, 由於道義, 不善者, 由於己私. 俱悉其善不善, 取善而捨不善, 便是克己也.

\* \* \*

선과 불선은 모두 추측에서 나오니, 아무 근거 없이 저절로 나오지 않는
다. 그 추측한 내용에 차이가 있는 까닭을 탐구해 보면, 하나는 도의에서
하나는 자기의 사사로움을 따르기 때문이다.

善與不善, 皆出於推測, 不是無緣而自發也. 究其所推之有異, 一由於道義, 一由於
己私.

도의란 온 세상 사람들이 다 함께하는 것[116]이요, 자기의 사사로움이란

---

114 『周易』, 「繫辭上」의 "成性存存, 道義之門."과 『史記』, 「太史公自序」의 "書以道事,詩
以達意,易以道化, 春秋以道義."에 보이는데, 道와 義 양자의 뉘앙스는 약간 다르지
만, 모두 人道에 있어서 義理를 가리키고 있다.

115 『論語』, 「顏淵」: 顏淵問仁. 子曰, 克己復禮爲仁, 一日克己復禮, 天下歸仁焉. 爲仁由
己, 而由人乎哉. 朱熹는 "克, 勝也, 己, 謂身之私欲也."라고 주석하여 극기를 '자기의
사욕을 이기는 것'이라고 하였다.

116 『周易傳義大全』, 「繫辭上」 7장의 朱熹 주석을 보면 "道, 體也, 義, 用也. 又曰,

자기 한 몸의 왕성한 욕심이다. 비록 자기의 사사로움이 선하지 않다는 사실을 알아도 언제나 왕성한 욕심의 부림을 당해 스스로 멈출 수 없다. 이것은 반드시 도의의 추측이 자기 사사로움을 이루기 위한 추측만큼 깊고 절실하지 못하기 때문이다.[117]

道義者, 天下之共公, 己私者, 一身之熾慾. 雖知己私之不善, 而每爲熾慾所使, 不能自止. 此必由於道義之推測, 不如己私推測之深切也.

만약 천리와 인욕[118]의 우선순위를 정하지 않고, 도심과 인심[119]에 나아감과 물러남을 분별하지 못한다면, 사용하는 극기의 공부는 박힌 침이나 가시를 뽑듯 칼을 휘둘러 베어내듯 해야 할 것이다. 또 만약 도의를 위주로 했다면, 이미 사사로움이 드러나지 않으므로 극기를 말할 필요가 없다. 또 몸과 마음을 가지고 말하면, 마음이 이목구비와 사지의 욕망에 이끌리는 것이 자기의 사사로움이요, 그것들이 도심에 순종하는 것이 곧 도의이다.

若天理人欲, 先後未定, 道心人心, 進退莫辨, 則須用克己之功, 如針刺之拔去, 刀割

---

性是自家所以得於天底, 道義是衆人公共底."라는 말에서 본문처럼 公共은 道義와 함께 나온다. 이를 보면 저자가 이 부분을 참고했음을 알 수 있는데, 본문의 共公은 公共의 뜻으로 보아야 한다. 公共은 원래 公有 또는 公用의 의미로『史記』, 「張釋之馮唐列傳」의 "釋之曰, 法者天子所與天下公共也. 今法如此而更重之, 是法不信於民也."에 보인다.

117 도덕적 사유와 판단이 개인 욕망의 성취를 위한 그것보다 절실하지 못하다는 표현.
118 人欲은 인간의 욕망으로『禮記』, 「樂記」의 "人化物也者, 滅天理而窮人欲者也."에 보이는데 天理와 대립하는 의미로 쓰였다. (앞에 나옴)
119『書經』, 「大禹謨」: 人心惟危, 道心惟微, 惟精惟一, 允執厥中. (앞에 나옴)

之揮却也. 又若道義爲主, 而己私不得發用, 不必說克己也. 且以心身言之, 心牽於
耳目口鼻四肢之欲, 乃己私也, 耳目口鼻四肢, 順從道心, 卽道義也.

# 해 설

추측에서 선과 불선이 나옴과 극기의 방법을 논하였다.

본문에서 동정을 직접 말하지 않았지만, 내면의 추측을 정으로, 드러나는 선과 불선을 동으로 적용할 수 있다. 드러난 행위의 선과 불선을 미루어 그가 추측한 내용이 도의에 해당하는지 사욕인지 헤아릴 수 있기 때문이다.

이 글에는 많은 철학적 논의 거리가 들어있다. 먼저 선악이라고 말하지 않고 선과 불선이라 표현한 것은 그것을 실체화하지 않았다는 점을 말해주고 있다. 설령 선악이라고 말했어도 그렇다. 그러니까 선과 불선의 원초적 의미는 '좋다' '좋지 않다'의 뜻이다.

그런데 추측에서 선과 불선이 나온다는 말을 선뜻 이해되지 못할 듯싶다. 하지만 뒤에 이어지는 설명을 보면 조금 이해할 것 같기도 하다. 결국 어떤 동기에서 생각하고 판단하는지가 선과 불선으로 갈 수 있는 출발이 된다. 그래서 그 동기가 도의에 있는지 사욕에 있는지가 중요하다. 그런 의미에서 양명학이 지행합일을 주장한 점을 충분히 이해할 수 있다. 추측의 각도에서 보면 한 생각이 곧 행동의 출발이 되기 때문이다. 게다가 사람들이 사적의 욕망만을 성취하기 위해 얼마나 많은 시간을 투자해 생각하는지 보라! 이렇게 추측은 단지 생각 차원에서만 머무르는 일이 아니라, 행위와 연결되어 있다. 선행이든 악행이든 그것을 실천하기 위해서는 사전에 목적이든 방법이든 절차 따위를 생각할 수밖에 없기 때문이다.

저자는 또 극기의 의미를 사적인 욕심을 이기는 일이라는 주희의 견해를 따랐다. 그것도 천리와 인욕, 인심과 도심이라는 형식적 대립을 받아들일 수밖에 없었다. 한 개인의 도덕과 사욕의 갈등 상황에서 극기한다는 측면에서 볼 때 따를 수밖에 없는 일이다. 원래 인욕이나 인심 그 자체가 나쁜 것은 아니다. 인간의 자연적이며 본능적인 요소도 그 안에 포함되기 때문이다. 다만 인심이나 인욕이 지나치면 불선으로 나아갈 가능성이 있어서, 그렇게 본 것뿐이다.

사실 천리나 인욕, 인심과 도심의 경계는 논리처럼 현실에서는 분명하지 않다. 각자의 가치관에 따른 외연을 어디까지 설정하느냐가 관건인데, 이는 대체로 문화와 법이 정하는 문제이다. 현대의 대부분 국가에서 개인의 욕망을 어느 선까지 허용하고 막아야 할지는 전적으로 그 나라의 문화나 실정법을 따른다.

하지만 여전히 천리와 인욕, 인심과 도심의 경계를 확정하여 극기가 필요한 일은 지극히 보편적인 문제이다. 도덕과 사적인 욕망의 갈등은 도덕성이 마비된 사람이나 그것이 탁월한 사람이 아니라면 늘 겪는 문제이고, 어느 쪽이 강하게 작용하느냐에 따라 선과 불선으로 이어진다. 이때 천리와 인욕, 인심과 도덕의 실질적 경계는 각자의 가치관에 달려 있지만, 철학의 임무 가운데 하나는 그 보편적 경계를 탐구한다. 이때 철학과 법의 차이는 대체로 전자가 보편성을 지향한다면 후자는 기득권층의 욕망에 기울어져 있다는 점이다.

# 27. 일의 동정과 추측
## 動靜推測

휴식할 때의 추측은 경영하거나 배워 익히는 일[120]이 성공할지 실패할지 예리한지 둔한지 처음부터 끝까지 정밀하게 살피는 데 있다. 활동할 때의 추측은 다만 그런 일을 시행하고 그 추측을 완수하는 것인데, 이는 곧 근본과 말단이 서로 의존하고, 활동과 쉼이 서로 말미암는 일이다.

靜時推測, 在於所營所業, 自初至終, 成敗利鈍, 到底精察. 至於動時推測, 只是行其營業, 遂其推測, 卽本末相須, 動靜相仍也.

\* \* \*

사람의 마음에 두는 경영하거나 배워 익히는 일은 반드시 심사숙고를 따라 거듭 쌓여 성장한다.[121] 가령 땅속 죽순의 작은 덩이 안에 이미 가지와 마디와 구름까지 닿게 솟아날 자태와 뜰을 가득 채울 그늘의 모습을 이미 갖추고 있지만, 오로지 밀고 올라올 때를 기다리는 일과 같다. 만약 경영이나 배워 익히는 일이 휴식할 때의 추측으로 거듭 쌓여 성장하지[122] 않으면, 장차 어떻게 활동할 때의 대응이 자기 마을 길을

---

120 業은 아래 문단에서 習業의 뜻으로 썼다. 그것은 학문이나 예술 따위를 배워 익히는 일로 『呂氏春秋』, 「博志」의 "蓋聞孔丘墨翟, 晝日諷誦習業, 夜親見文王周公旦而問焉."에 보인다.
121 漸은 成의 목적어로 점진적 성장의 뜻. 『孔叢子』, 「嘉言」의 "子張曰, 女子·必漸乎二十而後嫁, 何也."에 용례가 보인다.
122 積漸은 앞의 積累成漸를 축약한 말.

걷는 일과 같겠는가? 이것이 말단은 근본에서 유래하고, 동은 정을 기다린다는 것이다.

人心有營爲與習業, 而須緣深思熟慮, 積累成漸. 如土裏竹筍, 寸苞之中, 已具枝節, 于雲之秀, 滿庭之陰, 惟在待時推出耳. 若使營業之事, 不有靜時積漸, 將何以動時酬應, 如踏鄕里之路也. 是乃末由於本, 動須於靜也.

공부의 정신과 명맥은 오로지 고요할 때의 추측에 달려 있다. 그리하여 참과 거짓, 껍데기와 알맹이를 일찌감치 저절로 판별하여 취하고 버릴 대상을 결정하면, 한가하고 잡된 생각123과 적멸의 선정124 따위는 이미 버리고 물리치는 대상의 근처에 있을 것이다.

功夫之精神命脈, 專在於靜時推測. 誠僞虛實, 早自辨別, 定其取捨, 則閑思雜慮, 寂滅禪定, 已在捨却之邊矣.

경영하거나 배워 익히는 일을 성실히 하여 기준이 있는 사람은 생각하면 흥취가 있고 알면 기쁨이 있어, 뒷날의 실행에 저절로 증험이 있을 것이다. 그 증험으로 부합하는 곳에서는 그 당연함을 보고, 부합하지 않는 곳에서는 아직 알지 못하는 점을 더욱 알게 되니, 온 세상의 무슨 즐거움이 이보다 낫겠는가? 버리려고 해도 버릴 수 없는 것이 이것이다.

所營所業之誠實有準者, 思之生趣, 覺之喜得, 日後踐行, 自有證驗. 合處見其當然,

---

123 閑思雜慮는 『傳習錄』 卷上-72의 "好色好利好名等心固是私欲, 如閑思雜慮, 如何亦謂之私欲."에 보인다.

124 寂滅은 열반을 말하고 禪定은 참선하여 삼매경에 이르는 禪.

不合處益知其所未知, 天下之樂, 孰過於此. 欲捨而不能捨者, 是也.

경영하거나 배워 익히는 일이 없는 사람은 휴식할 때의 생각이 제멋대로 임[125]을 알 수 있다. 그런 일이 있는 사람도 휴식할 때 추측을 사용하지 않아 혹 생각을 다른 데 두면, 하는 일에 성공이 없음을 알 수 있다.

無所營無所業者, 可知其靜時思慮之胡亂矣. 有所營有所業者, 靜時不用推測, 或思慮在他, 則可知營業之無成.

---

125 胡亂은 任意的이어서 도리가 없는 것. 宋 司馬光의 「乞不貸故鬥殺札子」의 "此人稱是東嶽急腳子, 胡亂打人, 不伏收領."에 보인다. 또 불교 용어로서 이상야릇하고 터무니없음을 말함.

# 해 설

경영하거나 배워 익히는 일에서 사람의 휴식과 활동을 동정의 범주에 넣고, 그 일의 성공이 휴식할 때의 추측에 달려 있음을 말하였다. 기업을 경영하거나 작은 사업을 하더라도 성공의 필요조건은 치밀한 계획을 세우는 일이다. 그렇더라도 생각지 못한 변수는 생기기 마련이니, 계획조차 없다면 어떻겠는가? 그 계획은 상세하고 구체적일수록 좋다. 본문 죽순의 비유가 그것을 잘 말해주고 있다.

사실 이것은 사업만이 아니라 군사작전, 대형 행사, 공연, 강연, 연주, 발표 등을 할 때도 치밀한 계획과 사전 훈련이나 연습이 필요함을 시사한다. 일이 연습한 대로 진행되면 그보다 기쁜 것이 없고, 설령 변수가 생겨도 미처 알지 못한 점을 알게 되니, 내 공부에는 즐거운 일이 될 수 있다.

이렇게 휴식할 때 계획한 일과 활동할 때 실행한 일이 서로 맞아들어가는 현상에도 전통 철학의 본말상수(本末相須)와 동정상잉(動靜相仍)의 논리가 적용된다. 그게 가능하게 한 일이 추측이다.

# 28. 마음의 본체에는 아무것도 없다
## 本體無物

조예[126]가 넓고 공정한 뒤에야 마음의 본체에 원래부터 하나의 사물도 없음을 볼 수 있다. 처음 배우는 선비는 선을 실천하고 악을 제거하는 데 힘을 쏟아 선악이 마음에 머물러 있고, 치우치고 막힌 사람은 자기가 붙잡은 생각만 굳게 지켜 확 트지 못한다. 그러므로 마음의 본체를 보아 아는 이가 드물다.

造履恢公, 然後可見心之本體原無一物耳. 初學之士, 着力於爲善去惡, 而善惡留心, 偏滯之人, 固其所執, 不能廓然. 故見得心體者鮮矣.

* * *

미발 상태의 중[127]이 곧 마음의 본체이다. 그것은 한 덩어리의 생기[128]가 몸에 엉겨 모이고 쌓인 것으로 강건하여 쉼이 없다.[129] 그것이 외부의 사물에 접할 때는 희로애락이 그것을 따라 발동하되, 마음이 몸에서나 일에서나 물건에서 미룬다. 마치 거울에 비친 물건의 아름다움과 추함이

---

126 造履는 造行과 足跡의 뜻도 있으나 아랫글에서 造詣와 같은 뜻으로 썼다. 곧 학업이 도달한 정도의 뜻.

127 『中庸章句』 第1章: 喜怒哀樂之未發, 謂之中, 發而皆中節, 謂之和. 中也者, 天下之大本也, 和也者, 天下之達道也. 보통 中을 中庸의 道로 본다.

128 『신기통』 권1에서 말한 一團神氣, 一團活物과 같은 용례.

129 『周易』, 「乾卦」, 大象傳: 象曰, 天行健, 君子以自强不息. 본문은 乾의 덕처럼 心體도 그렇다는 뜻. 이는 전통적으로 하늘의 氣와 땅의 質로 정신적 요소인 魂과 몸의 요소인 魄을 이루었다는 사상과도 연결된다.

물건에 있지 거울에 있지 않으며, 저울로 재는 무게가 물건에 있지 저울에 있지 않음과 같다.

未發之中, 乃心之本體. 一團生氣, 凝聚貯身, 健而不息. 及其接物, 喜怒哀樂, 隨所而發, 或推於身, 或推於事, 或推於物. 如照鏡之妍媸在物, 而不在於鏡, 稱衡之輕重在物, 而不在於衡也.

조예가 높고 밝으며130 밟는 길131이 순수하고 공정해야, 마음의 본체가 유행하는 본성을 타고나 몸을 주재하고, 추측에 동정의 차이가 있고, 미발과 이발에 구별이 있음을 알 수 있다.

造詣高明, 履道純公, 可知心之本體稟賦流行之性, 而主宰於身, 推測有動靜之異, 而未發已發, 有所別也.

처음 배우는 선비가 만약 선을 좋아하고 악을 미워하는 일에 뜻을 두지 않으면, 장차 어떻게 선을 실천하고 악을 제거할 것인가? 그러므로 선과 악이 마음에 머무르게 된다. 그러다가 조예가 완전히 원숙해지면, 선악을 사물에만 머무르게 하고 마음의 본체에는 좋아하고 싫어하는 일이 없게 된다.

初學之士, 若不着意於好善惡惡, 將何以爲善去惡. 故善惡留心. 及到造詣純熟, 寓

---

130 高明은 여러 뜻이 있으나 여기서는 『中庸』의 "悠遠則博厚, 博厚則高明."을 따라 지혜나 식견이 높고 총명하다는 뜻.
131 履道는 『周易』, 「履卦」의 九二 爻辭 "履道坦坦, 幽人貞吉."에 보인다. 곧 躬行과 실천하는 길.

善惡於事物, 而本體則無有作好作惡矣.

치우치고 막힌 사람은 선입견을 굳게 지켜 자기의 견해와 다른 논의를
배척하여, 견문이 스스로 좁아지고 추측의 범위가 넓지 않아서, 한 모퉁
이의 견해를 도라 여기고 한 부분의 얻음을 덕으로 삼으니, 설령 선한
사람이라는 명예를 잃지 않더라도, 확 트여 크게 공정하지는 않다.

偏滯之人, 固守先入之見, 排却異己之論, 聞見自隘, 推測不周, 以一隅之見爲道,
以一端之得爲德, 縱不失善人之名, 便不是廓然大公也.

마음의 본체를 인식하는 일은 곧 근본부터 바르게 하고 근원부터 맑게
하는[132] 진정한 방법이다. 만사와 만물이 이로부터 나오지만, 여기서
조금이라도 달라지면 저절로 천 리나 어긋나버리기도 한다.[133]

認得心體, 卽端本澄源之眞正道理也. 萬事萬物, 由此而出, 微有所差, 千里自謬矣.

마음의 본체는 빨리 보려 한다고 될 수 있는 대상이 아니다.[134] 마치
자기 눈을 보려고 했다가 자기 눈을 보지 못할 뿐만 아니라, 외부의
여러 물건마저도 못 보는 꼴과 같다. 먼저 범위를 가지고 체찰[135]하고,

---

132 端本澄源은 正本淸源과 같은 말. 전자는 宋 羅大經의 『鶴林玉露』 卷2의 "春秋之時,
　　天王之使, 交馳於列國, 而列國之君, 如京師者絶少. 夫子謹而書之, 固以正列國之
　　罪, 而端本澄源之意, 其致責於天王者尤深矣."에 보이고, 후자는 『晉書』, 「武帝紀」
　　의 "思與天下式明王度, 正本淸源."에 보인다.
133 『孟子集註』, 「梁惠王上」의 "謂毫釐之差, 千里之繆"와 『傳習錄』 卷中-139의 "毫釐
　　千里之繆, 不於吾心眞知一念之微而察之, 亦將何所用其學乎."에 이런 표현이 보인다.
134 『論語』, 「子路」에 나오는 欲速不達의 뜻이다.
135 體察은 보통 몸에 익혀 성찰하는 곧 성리학에서 윤리적 가치를 깨달아 실천과

다음으로 추측을 따라 근원에 도달하면, 마음의 본체를 알 수는 있으나 모방할 수 없고, 말미암을 수는 있으나 증감할 수는 없고, 닦아 밝힐 수는 있으나 전해 줄 수는 없다.

夫心體, 欲速求見, 不可得也. 如求見己眼, 不惟不見己眼, 幷失諸色耳. 先將範圍而體察, 次從推測而達源, 可認之而不可模着, 可由之而不可增減, 可修明而不可傳授.

---

일치시키는 인식 방법으로 『주자어류』에 45회 등장한다. 여기서는 오랜 학문을 통해 체험·체득한다는 뜻이다.

# 해 설

거울처럼 마음의 본체에는 아무것도 없다고 주장하였다.

추동측정의 논리에서 보면 미발인 마음의 본체는 정, 이발인 그 작용은 동으로 본 것 같다. 그리고 그 본체는 공부를 통해 도달해 알 수 있다고 한다.

마음의 본체가 거울과 같아서 아무것도 없다는 저자의 주장에는 어떤 배경이 있다. 『주자어류』의 대화에서 저자가 주장하는 심체와 유사한 주희 제자의 질문과 주희의 답변이 보인다. 대화를 소개하면 아래와 같다.

질문: "군자가 높고 밝은 지혜를 극진히 하여 중용을 말미암는다"[136] 라고 했는데, 마음의 본체가 높고 밝은 것이 마치 하늘이 만물의 위에서 초연한 일과 같으니, 어떤 물건이 그것을 물들일 수 있겠습니까? 하지만 사물 사이에서 운행할 때 가령 귀가 소리에 대해 눈이 색깔에 대해서는 비록 성인이라 할지라도 벗어나지 못할[137] 것이므로, 단지 그 당연함을 다할 뿐입니다.

답변: '벗어나지 못할 것'이라는 말을 하자마자 성인이 단지 이처럼 힘써 노력할 뿐이라는 말이 되어, 그 말은 노자와 불교에 가깝게 되어버리니, 다시 그 한 구절을 자세히 봐야 한다.[138]

---

136 『中庸章句』第27章.

137 질문자의 발언은 『孟子』, 「告子上」의 "故凡同類者, 擧相似也, 何獨至於人而疑之. 聖人, 與我同類者."에 근거하고 있다.

138 『朱子語類』 64-142: 問, 極高明而道中庸. 心體高明, 如天超然於萬物之上, 何物染著得他. 然其行於事物之間, 如耳之於聲, 目之於色, 雖聖人亦不免此, 但盡其當然而已. 曰, 纔說得不免字, 便是聖人只勉强如此, 其說近於佛老, 且更子細看這一句.

저자가 경험을 강조하면서 본래의 마음은 백지와 같은 순담설(純澹說)을 주장했으므로, 저자는 이 글을 읽으면서 마음의 본체가 질문자의 그것과 같다고 해석할 수 있다. 다만 마음의 본체는 본래 맑은 것이지만, 외부의 자극에 성인은 물들지 않으나 범인은 물들 수 있다는 게 질문자와 다르다.

주희도 이 질문과 달리 성인의 경우는 마음의 본체가 외부에 흔들리지 않는다는 뉘앙스를 풍긴다. 저자도 이 점에서 주희의 의견에 적어도 형식에서는 동의한다. 그래서 그 제자의 '성인이라도 벗어나지 못함'은 본문의 '처음 배우는 선비'의 일에, 주희가 말한 성인의 경우는 '조예가 높고 밝으며' 이하에 말한 사람으로 바꾸어 말한 것으로 보인다.

다만 성인이 심체를 인식하는 데는 저자와 주희의 차이가 있다. 이 글에서는 분명하지 않지만, 주희는 다른 곳에서는 비록 마음의 본체가 현상적으로는 허명(虛明)할지라도, 온갖 이치를 포함하고 있고 또 이치를 알려면 체찰(體察)해야 한다고 말하였다.139 성인은 체찰을 잘하고 있다고 본 것 같다.

바로 여기서 두 사람이 언급한 체찰의 대상이 갈라진다. 저자는 그것이 마음의 본체이지만, 주희는 이치였다. 그래서 저자는 오랜 공부를 통해 원래 갖춰진 마음의 이치가 아니라 그 본체만을 알 수 있다고 주장하였다. 여기서 주희가 제자 발언에 대해 노자와 불교에 가깝다고 한 지적은 매우 정당하다. 그 지적을 저자도 피할 수 없는 것처럼 보인다. 곧 저자가 말하는 마음의 본체는 외물이 비치지 않은 거울, 물결이 일지 않는 맑은 샘물과 같아서 불교에서 설명하는 청정한 마음과 유사하기

---

139 같은 책, 5-45: 性雖虛, 都是實理. 心雖是一物, 卻虛, 故能包含萬理. 這箇要人自體察始得.; 같은 책, 9-50: 理不是在面前別爲一物, 即在吾心. 人須是體察得此物誠實在我, 方可.

때문이다. 물론 깊이 따지고 들어가면 저자와 불교의 차이점이 분명히 드러나겠지만, 인연에 의하여 형성된 내용 곧 몸으로 경험한 감각적인 내용과 거기에 반응하는 마음을 배제하면 그렇다는 뜻이다. 결국 마음의 본체를 두고 어떻게 보느냐에 따라 과학도 철학도 종교도 될 수 있다.

## 29. 새벽과 밤에 밝게 비추어 점검하다
### 晨夜照檢

한밤중 고요한 때에 지난 일을 점검함과 시원한 새벽의 청명한 때에 다가올 일을 밝게 살핌[140]은 동정이 서로 만나며 활동과 휴식[141] 교체하는 일이다.

點檢往事於虛夜靜寂之時, 照察來事於爽晨淸明之際, 是乃動靜之交會, 作息之遞代也.

\* \* \*

사람이 활동할 때는 정신과 근력을 함께 움직여서 오로지 일만 해 나간다. 설령 수시로 점검하더라도, 그 내용은 그 당시의 오류[142]나 순간적 순조로움과 좌절에 지나지 않는다.

人於動作之時, 精神筋力, 拮据共作, 專一做去. 縱或有隨時之點檢, 不過當時之差錯, 臨時之利鈍.

그러다가 고요할 때 일의 부담감에서 해방되어 생각을 집중해 두루

---

140 照察은 明察이나 照見의 뜻으로 王充『論衡』,「吉驗」의 "蓋天命當興, 聖王當出, 前後氣驗, 照察明著."에 보인다.

141 作息은 漢 王充의『論衡』,「偶會」"作與日相應, 息與夜相得也."에 보이는데, 훗날 일(활동)과 휴식, 動靜, 발생과 소멸 등의 뜻으로도 쓰임. (앞에 나옴)

142 差誤는 어긋나거나 錯誤의 뜻.『朱子語類』90-27의 "政和中編此書時, 多非其人, 所以差誤如此."에 보인다. 저자는 오류의 뜻으로 자주 사용함. (앞에 나옴)

살피면, 정신이 월등하게 드러나서 빛과 그림자143가 그윽하게 통한다. 그리하여 근원과 말단 순조로움과 좌절을 유형별로 견주어 넓게 헤아리며, 옳고 그름과 장단점을 세밀하게 미루어 두루 통해,144 그로써 이전의 잘못을 뒷날의 경계로 삼고,145 예나 지금이 선을 칭찬하고 악을 미워하듯146 한다. 이것은 동정이 서로 뿌리가 되는 이치이며, 교체하며 서로 만나는 때가 더욱 긴밀한 관건이 된다.

及其靜息解擔釋負, 專意周察, 精神發越, 光影幽通. 源委利鈍, 比類測博, 是非長短, 細推曲暢, 以作前後懲毖, 古今彰癉. 是乃動靜互根之理, 而遞代交會之際, 尤爲緊關.

지나간 그림자는 아직도 한밤중에 머무르고, 다가오는 기회는 바야흐로 시원한 새벽에 노출된다. 오직 이 사이에 마음을 두느냐 두지 않느냐가 지혜로운 사람과 어리석은 사람으로 나뉘는 갈림길이고, 이때의 생각이 장구한지147 못한지가 현명한 사람과 못난 사람이 갈라지는 이유이며, 이때의 생각이 순수한지 뒤섞여 어지러운지가 성인과 범인의 달라지는 원인이다.

---

143 빛과 그림자는 각각 사물의 밝게 드러난 대상과 숨어 어두운 대상을 상징함.
144 曲暢은 曲暢旁通의 축약어로, 그것은 조리가 분명하고 두루 통한다는 말. 출전은 朱熹의 「中庸章句序」에 "凡諸說之同異得失, 亦得以曲暢旁通, 而各極其趣."이다.
145 懲毖는 『詩經』, 「周頌小毖」의 "予其懲而毖後患"에 보이며, 보통 懲前毖後의 형태로 쓰임. 유성룡(柳成龍, 1542~1607)의 『懲毖錄』의 이름도 여기에 근거함.
146 彰癉은 彰善癉惡을 줄인 말. 『書經』, 「畢命」의 "旌別淑慝, 表厥宅里, 彰善癉惡, 樹之風聲."에 보인다.
147 常久는 長久의 뜻으로 『朱子語類』 69-88: "不有其功, 常久而不已者, 乾也."에, 또 『資治通鑑』, 「漢明帝永平十六年」의 "官屬曰, 胡人不能常久, 無他故也."에도 보인다.

過影尚留於虛夜, 來機方露於爽晨. 惟於此際, 留心與不留心, 智愚之所由分也, 常久與不常久, 賢不肖之所由分也, 純一與雜亂, 聖凡之所以異也.

# 해 설

활동과 휴식, 곧 동정이 만나는 때에 밝게 점검하여 살필 일을 강조하였다.

이 글은 문학적이면서 추상적으로 진술되어 있어, 소홀히 보고 쉽게 넘어갈 수 있다. 하지만 글 속에 함유된 일의 방법상의 내용을 찾아보면, 일을 주관하거나 사업을 경영하는 데 있어서 매우 중요한 시사점이 들어 있다. 어떤 기관의 이어지는 행사를 맡아 주관해 본 사람이라면 쉽게 이해할 것 같다. 행사가 끝난 직후의 평가회가 그것이다. 행사가 끝나도 오랜 뒤에 하는 평가회는 별로 의미가 없다. 가능한 빠른 시간에 평가한 다음 바로 뒤에 이어질 다음 행사에 적용하는 일이 시의적절하기 때문이다.

본문은 한밤과 새벽이라는 표현을 썼지만, 그것은 한 개인에 한정시켜 말했을 뿐이다. 이렇게 일과 휴식을 동정으로 보고, 둘 사이에서 어떤 일을 해야 할지 그리고 그 결과가 어떻게 되는지 잘 말해주고 있다.

# 30. 동정이 어려운 것
## 動靜所難

움직이기 어려운 대상을 움직이는 일은 역예학(力藝學)148이 기계의
교묘한 기술을 사용한다. 하지만 그것도 무게의 한도를 넘어서면 움직일
수 없다. 고요하기 어려운 대상을 고요하게 하는 일은 허무의 학문149이
평상의 인륜과 물리150를 버리는 것이다. 하지만 그조차도 생명을 지키
는 일에서는 고요할 수만은 없다.

動其所難動者, 以力藝之學, 用器械之巧. 然過分數, 則不能動. 靜其所難靜者, 以虛
無之學, 遺倫物之常, 然在衛生, 則不能靜.

\* \* \*

백 근의 힘을 써서 만 근의 무게를 움직이는 일은 역예학이 할 수 있다.
저울151과 지렛대는 각각 추가 달린 끈을 끌어 조절하고 받침돌로 지탱하
여 앞뒤로 나누되, 앞을 짧게 하고 뒤를 길게 하면,152 뒤의 긴 쪽에서

---

148 힘을 다루는 기술로 역학(力學: 조선 말에는 重學으로 옮겼다)과 관련이 된다.
　　그의 『기학』에도 등장하는 용어이다.
149 虛無는 저자가 주로 불교나 도교 같은 종교를 지칭하는 말.
150 원문 倫物은 人倫物理의 축약어로, 명나라 양명 좌파 李贄(1527~1602)의 『焚書』,
　　「答鄧石陽」에서 "穿衣喫飯, 卽是人倫物理, 除却穿衣喫飯, 無倫物矣."에 그 용례가
　　보인다. 이는 人之常情과 사물의 常理로 저자가 자주 언급하는 '人情과 物理'의
　　유사 표현이다. (앞에 나옴)
151 天枰은 天枰稱의 준말. 지레의 원리를 이용한 매우 정밀한 저울. 『萬機要覽』,
　　「版籍司」에 "又有天枰稱, 用於金銀稱量."에 보인다.
152 지렛대의 원리에서 보면 여기서 앞이란 받침점(본문의 저울 노끈과 받침돌이

힘을 적게 들이고도 앞의 짧은 쪽의 무거운 물체를 들어 올리는데, 여기에
는 저절로 길이153와 무게의 한계가 있다.154

用百斤之力, 動萬斤之重者, 力藝學之所能也. 天秤與槓杆, 以提繫與支磯分前後,
前短而後長, 則以後長之輕力, 起前短之重物, 自有尺寸及輕重之分數.

도르래와 톱니바퀴는 축의 중심에서 바퀴 둘레까지의 지름이 마치 저울
과 지렛대의 길이 역할과 같다. 또 축의 가장자리 역할은 추가 달린
노끈과 지렛대의 받침돌과 같아서, 얻는 힘의 효과도 저울과 지렛대와
같다.155

滑車及齒輪, 自軸心至輪邊之徑, 如天秤及槓杆之長矣. 軸邊, 如天秤之提繫, 槓杆
之支磯, 而得力亦與天秤槓杆等耳.

벨트156로 연결하여 사용하는 힘의 단절을 막는 일과 층층이 연결하여
굴러 돌게 만드는 풍력157에도 길이와 무게의 한계가 있다. 나선 장치의
기계158도 굽어 돌아가는 형세를 이용해 위로 곧장 들어 올리는 수고를

---

위치한 곳)과 작용점의 거리, 뒤란 받침점과 힘점의 거리를 말한다.
153 지렛대의 원리에서 받침점을 기준으로 작용점과 받침점, 힘점과 받침점 사이의
   거리를 말함.
154 저울에 관련된 이런 내용은 저자의 『心器圖說』, 「起重第一圖說」, 지렛대 원리는
   같은 책, 「引重第四圖說」과 『陸海法』에도 보인다.
155 도르래와 톱니바퀴의 이용은 또 저자의 『心器圖說』에도 보인다.
156 緄繩은 띠와 노끈이 일차적 뜻이지만 동력 전달 장치로서 오늘날 벨트.
157 풍차를 이용하여 동력을 얻는 장치로 『心器圖說』에서 여러 가지 소개함.
158 나사의 원리를 이용한 장치. 螺絲轉를 말하는 것으로 나사처럼 일정한 나사산과
   나사골을 따라 도는 운동 또는 그런 나사 장치. 『추측록』 권6의 「輪轉螺轉」에

대신하여 얼마간의 힘을 절약할 수 있고, 물건을 누르거나 들어서 올리는 데 모두 견고한 힘을 가질 수 있다. 하지만 이러한 여러 기물은 그것의 한계를 넘어서면 작동할 수 없다.

纏之以緄繩, 俾遇用力之間斷, 接之以屢層, 俾生轉環之風力, 亦有尺寸輕重之分數. 至於螺線之器, 以灣廻之勢, 代直上之勞, 而減得幾分之力, 且於壓物起物, 皆能有堅固之力. 然凡此諸器, 過於其器之分數, 則不能起動也.

하는 일이 있는 활동하는 몸으로 고요함을 끊임없이 좋아하는 일은 허무의 학문이 숭상하는 것이다. 처음에는 인륜과 물리를 버리고 끝내 텅 빈 산하에 이르니,159 그 고요함이 지극하다고 말할 수 있다. 하지만 일생의 삶을 지키는 방법에는 안으로는 질병과 우환과 접대와 응수하는 절차가 있고, 밖으로는 의복과 음식과 주택과 기물160의 쓰임이 있으니, 어찌 그 고요함을 완벽하게 할 수 있겠는가?

以有爲動作之身, 好靜不已, 虛無學之所尙也. 始則遺倫物, 竟至空山河, 其靜可謂至矣. 然至於衛一生之方, 在內有疾病憂患接待酬應之節, 在外有衣服飮食宮室器皿之用, 是何可以盡得其靜也.

---

상세함.

159 저자가 읽었던 『楞嚴經』 卷4에 "佛言富樓那, 如汝所言淸淨本然, 云何忽生山河大地. … 諸佛如來妙覺明空, 何當更出山河大地."라는 말이 보인다.

160 器血은 器皿의 오자로 보아 바로 잡았다.

# 해 설

물체의 운동과 정지, 사람의 활동과 종교적 고요함 추구를 동정으로 나누어 설명하였다.

가만히 있는 무거운 물건을 옮기려면 힘이 든다. 그 힘을 절약하는 방법이 각종 기구나 기계의 역할이다. 저자는 서학과 중국의 자료를 보고 그 기계의 사용을 알고 있었고, 직접 관련된 서적을 편찬하기도 하였다. 최초 저술인 『육해법』(1834)과 이후의 『심기도설』(1842)이 그것이다.

그런데 고요하기 어려운 대상을 고요하게 하려는 학문을 허무의 학문이라 하였다. 도가나 도교의 청정(淸靜)·허정(虛靜)·수정(守靜)의 사상에서 정(靜)을 숭상하는 모습을 지적했을 것이다. 특히 불교의 적멸(寂滅)·공(空)·열반적정(涅槃寂靜) 등의 사상은 적어도 표면적으로 고요함과 관계가 있고, 이보다도 저자가 본 『능엄경』에서 '견성(見性)은 움직이지 않는다'라는 고사가 등장한다. 곧 손가락을 오므리고 펴는 일을 보지만, 성품이 펴고 오므리는 일이 아니라고 한다. 하지만 정이란 동을 전제로 말하므로 성품은 되레 고요하지도 않다고 한다.161 절대적 정이라고나 할까?

저자는 종교에서 말하는 고요함의 본질을 분석하는 일보다 누구든 살아가는 데 동적인 일이 없을 수 없다는 점을 지적하였다. 즉 동적인 삶을 떠나서 고요함을 완벽하게 추구하기는 어렵다는 지적이다.

『추측록』 권4 끝. 推測錄 卷四 終.

---

161 『楞嚴經』卷3: 佛告阿難, 汝見我手衆中開合, 為是我手有開有合, 為復汝見有開有合. 阿難言世尊, 寶手衆中開合, 我見如來手自開合, 非我見性自開自合. 佛言誰動誰靜. 阿難言佛手不住而我見性, 尚無有靜誰為無住. 佛言如是.

## 주요 용어사전

**견문열력**(見聞閱歷): 견문은 보고 듣는 일 또는 그 결과. 열력은 밟아 겪는 일 또는
그 결과로서 경험이나 경력. 모두 경험 또는 그 방법의 뜻.

**경력**(經歷): 어떤 일을 겪어 지내옴. 경험과 같은 뜻으로 쓰이며 열력과 같이 쓰임.

**경상**(經常): 상도(常道)와 일상의 의미로 유학자들은 보통 오륜과 같은 사회적
규범을 지칭했음. 저자는 일상적이면서 당연한 보편적인 도리나 원리
로 사용함.

**경험**(經驗): 외부의 대상을 인식하는 방법 가운데 하나로서, 인식의 출발이자 앎의
양적 확장 및 검증의 방법. 좁게는 감각기관을 사용하여 외부의 감각
내용을 마음에 기억하는 일로서 직접 경험은 물론 간접 경험도 포함함.
본서에 제목 포함 총 49회 등장하며, 이 용어는 경전 등에 거의 보이지
않는다. 다만 전통 의서(醫書)에 대부분 '경험방(經驗方)'이라는 용
어 속에 나온다. 이때 경험은 효험·증험의 뜻이지만, 저자의 그것은
서학의 내용을 첨가하여 현대적 의미에 가까움. 경험의 오류 개연성을
인정하여, 하나의 또는 적은 양의 경험 자체가 검증된 인식의 완성은
아님.

**괴탄**(怪誕): 괴이하고 거짓되다 또는 황당무계의 뜻으로 자주 허망(虛妄)과 병렬
해서 사용하며, 그 대상은 대부분 기독교이고 드물게 신을 섬기는 일
반 종교를 상징하는 말. 허망과 함께 논리상 거짓의 뜻으로, 참인 성실
또는 진실의 반대 의미.

**교**(敎): 종교나 교육 등으로 분화하기 이전 성인의 가르침을 말함. 문맥에 따라
종교나 교육 또는 성인의 가르침으로 백성을 교화하는 뜻으로 표현함.

**교법**(敎法): 수기치인과 예악 등의 유가 성현 또는 불교 성인의 가르침과 법도를
말하지만, 저자는 그것을 천하로 확대하므로 각 문명에 해당하는 종교

나 교육의 영역을 포함하고 있다. 곧 유교처럼 종교와 학문과 교육이 분화되지 않은 입장에서 사용하고 있다. 교술(敎術) 또는 교학(敎學)이라는 말과 섞어 씀.

**교화(敎化):** 예악 등을 통하여 성인의 가르침으로 선하게 살도록 백성을 감화시키는 일. 이것은 유교의 이념을 강제로 주입하는 일이 아니라, 예의범절이나 풍속 등을 통해 자발적으로 내면화한다는 점에서 비판적 사고나 질문을 허용치 않는 서양 중세의 교화와는 차원이 다르다.

**구규(九竅):** 귓구멍(2)·눈(2)·입(1)·콧구멍(2)·요도(1)·항문(1)의 아홉 구멍. 일찍이 『장자』, 「제물론」과 『주례』, 「천관」에 보임.

**구두(句讀):** 주로 띄어쓰기와 문장 부호가 없는 한문에서 그 의미를 이해하기 위하여 구절을 나누거나 기호 등으로 표시하는 일. 句는 하나의 의미 단위인 문장이 끊어져 종결된 곳, 讀는 이어지는 문장의 중간에 잠시 끊어지는 곳.

**궁격(窮格):** 이치를 궁리하여 밝힘. 성리학의 공부 방법 가운데 하나로 '궁리(窮理)'와 '격물(格物)'의 합성어. 용어 자체는 『주자어류』에 12회 등장함. 저자는 『추측록』에서 성리학의 궁리를 비판하지만, 때로는 그 용어를 빌려서 자연법칙을 탐구하는 의미로 사용함.

**귀신(鬼神):** 『주역』과 『중용』 등에 보임. 성리학자들은 음양의 기를 가지고 귀신을 설명해 왔는데, 존재하는 사물은 모두 귀신이다. 저자도 그 관점을 이어 원칙적으로 '일기의 취산'으로 설명하였다. 그런데 저자는 민간에서 귀신이 마치 신처럼 존재한다고 믿는 미신을 비판하면서 민간의 용례를 인용하고 있는데, 특히 기독교의 신도 귀신의 범주에 넣음.

**기(氣):** 기철학에서 다루는 존재의 근원이자 물질과 생명 및 정신 현상을 아우르는 근거. 개별 상황에 따라 에너지·물질·온도·날씨·마음·의식·감정 등 다양한 뜻으로 사용되며, 신기·천기·지기·심기·대기·몽기 등의 복합명사로 활용함. 저자의 기 개념은 전통의 생기(生氣)와 취산(聚散)

과 일기장존(一氣長存) 등의 요소를 포함하면서도 서양의 물질 개념 일부를 포섭함.

**기괄**(機括): 기괄(機栝)과 같은 말로 『장자』, 「제물론」에 등장하며 화살을 발사하는 기계 장치. 곧 기계가 발동하는 한 부분으로서 기관(機關).

**기수**(氣數): 전통적으로 기수는 24절기 따위를 가리키지만, 저자가 사용하는 의미는 어떤 범위 내에서 기가 작용하는 주기·거리·정도 또는 원리로서 오늘날의 자연과 인사의 법칙에 가까이 접근하고 있음. 『운화측험』 권1의 「기지수(氣之數)」에서 그 설명이 상세함.

**기질**(氣質): 기와 질. 질은 기가 엉겨서 된 구체적 형질 곧 가시적인 물질임. 이 둘이 합쳐서 몸과 마음을 구성하는 바탕이 됨. 좁혀서 성격·성향의 한 측면 때로는 몸의 뜻.

**기질지리**(氣質之理): 기질에 있는 이치로서 사물의 유행지리와 같은 말.

**대기**(大氣): 지구 대기(atmosphere)를 비롯한 우주에 가득 찬 기. 지구의 대기는 따로 몽기(蒙氣)라고 함.

**도학**(道學): 『추측록』 권1, 「배워 들은 데서 학문의 명칭을 달리하다(學聞異稱)」의 형식적 정의를 따르면 '도의 실천을 추구하는 학문'. 원래 도학은 송대 유가의 학문을 일컫는데, 그 계보를 요임금-순임금-우임금-탕임금-문왕-무왕-주공-공자-맹자로 연결하고, 조선조 사림파는 흔히 정몽주-길재-김숙자-김종직-김굉필(정여창)-조광조로 이어지는 계보이다. 율곡 이이는 "도학이란 대상을 연구하고 앎을 이루어서 선을 밝히고, 뜻을 정성스럽게 하고 마음을 바르게 하여 몸을 닦는 것이니, 몸에 지니고 있으면 자연스러운 덕이 되고, 정치에 베풀면 왕도가 된다"라고 하였다. 이 책 서문에서 저자는 자신의 학문이 주공-공자의 학문을 잇고 있다고 자부한 데서 도통과 도학을 의식하고 있다.

**대상**(大象): 우주. 육합(六合)과 같은 뜻.

**명덕**(明德): 『대학』에 등장하며 마음을 가리킴. 성리학에서 마음의 설명이 복잡하듯 그 설명도 복잡하여 조선 후기까지 논쟁이 벌어짐. 저자는 그것을 무한한 능력을 지닌 신기(마음)로만 보며, 그 밝은 덕을 바로 기의 신(神)이라고 정의함.

**몽기(蒙氣)**: 지구 대기(Atmosphere). 청몽기(淸蒙氣) 또는 청몽(淸蒙)으로도 부름. 수증기를 포함한 지기인 증울기(烝鬱氣)가 상승하여 이루어진다고 함. 그 두께와 높낮이는 수증기의 영향을 크게 받음.

**물리(物理)**: 물리적 법칙만이 아니라 사물의 이치까지도 포함. 일반적으로 모든 사물의 법칙이란 뜻. '人情物理'의 형태로 27회, 단독으로 62회 등장하여 인사에 대응한 자연법칙의 뜻에 가깝게 사용함.

**미발(未發)과 이발(已發)**: 미발과 이발은 『중용』에 등장하는 용어이지만, 성리학에는 발동하는 대상이 성(性)이냐 또는 심(心)이냐에 따라 다양한 견해와 주장이 있고, 성정 개념에서만 본다면 성은 미발, 정은 이발임. 저자는 더 나아가 기억하거나 아직 모르는 앎과 잠재적 능력까지도 아직 발현되지 않은 상태라면 미발, 발현된 것을 이발이라는 다의적 의미로 사용함.

**방기(傍氣)**: 어떤 물체의 곁이나 그 주변에서 감싸고 있는 기.

**방술(方術)**: 원래는 학술·학설의 의미로 쓰였다. 『장자』,「천하」와 『순자』,「요문」에 보이며 도교의 연단(鍊丹)과 수련(修鍊)을 포함한 천문·역산·점험(占驗)·의약·풍수·둔갑·신선술·방중(房中)도 그것임. 저자는 주로 인간의 운명이나 길흉 따위를 점치거나 화를 피하고 복을 받고자 하는 술수를 가리켜 말함. 본서에서는 그런 일에 종사하는 사람을 방술가라 칭함.

**방통(傍通)**: 사방으로 통한다는 뜻으로 『관자』,「병법(兵法)」에 나옴. 곡창방통(曲暢傍通) 또는 상지방통(詳知傍通) 때로는 단독으로 쓰여 조리가 분명하고 두루 통하거나 사방으로 통한다는 뜻. 이 책의 곡창방통(曲暢傍通)은 곡창방통(曲暢旁通)의 뜻으로 썼으며, 후자는 주희의 「주역장구서문」에 보임. 또 방통(旁通)은 『주역』, 「건괘」에 나옴.

**범위(範圍):** 한도나 한계의 의미로 쓰임. 일찍이 『주역』, 「계사전상」에 등장하여 모범으로 삼거나 틀로 잡다의 뜻으로 등장하며, 그 한도나 한계도 틀로 잡다와 통함. 총 33회 등장함.

**변통(變通):** 원래 『주역』 「계사전」의 말. 학문 분야에 따라 다양한 뜻으로 쓰이며 인식 이론에서는 앎의 수정을 말하기도 하고, 대체로 사회적 실천으로서 개선을 통한 개혁의 의미로 사용함. 때로는 수양을 통한 마음의 변화, 또는 융통성을 발휘하여 문제를 해결한다는 뜻.

**사기(事機):** 일을 착수 또는 진행하는 상황에 따라 대상을 만나는 기회나 낌새. 또는 일의 알맞은 시기나 기밀. 『신기통』 권2의 「말을 듣는 조리(聽言條理)」에서 정의를 내림.

**상도(常道):** 보통 '떳떳한 도리', '일상의 도리' 등으로 옮기며, 『노자』나 『순자』가 언급한 이래 유가에서는 일상적이지만 불변의 도리로서 인륜. 저자는 일차적으로 『노자』처럼 인간을 포함한 만물에 적용되는 보편원리 또는 보편의 도리로 보기도 하였음. '용상지도(庸常之道)', '상구지도(常久之道)'라는 용어를 대신 사용하기도 했고, 『추측록』 권1의 「동물의 추측(動作物推測)」에서 "사람과 만물이 공유하면서 만고와 세계에 통하여 달라지지 않는 것을 일러 상도라 한다"라고 하여 '항상 통하는 도리'로 정의함.

**생기(生氣):** 본서에 11회 등장하며 주로 몸이나 생물체에 한정하여 생명력, 또는 활물(活物)의 의미로서 활동 곧 운동하는 기라는 뜻. 후기 철학에서는 기의 본성 가운데 하나인 활(活)을 설명하는 개념.

**성리(性理):** 성리학에서 말하는 성즉리의 리가 아니라 자연법칙으로서 유행지리.

**성실(誠實):** 허무(虛無)의 반대 개념으로 자주 쓰이며 참되고 실효성이 있다는 의미로 저자 자신의 기철학을 형용할 때 자주 씀. 『중용』의 성(誠)과 같은 의미로 주회의 '진실하고 거짓 없음(眞實無妄)'의 해석을 따라 참 또는 참됨의 뜻.

**서학(西學)**: 우리 역사에서 17세기 이후 예수회 선교사들이 중국에 전한 서양의 학술과 과학기술과 종교를 통틀어 일컬은 말. 저자는 이 책에서 한 번도 서학이라는 용어를 쓰지 않고, 서양 종교나 학문을 서교(西敎)로, 학문과 과학·기술·종교를 아울러 서법(西法)이라 불렀다.

**손익(損益)**: 덜어내거나 보태다의 뜻으로 제도나 학문 따위를 현실에 맞게 잘 조절 하는 일. 드물게 셈에서 더하거나 빼는 일과 손해와 이익의 뜻. 그 사상 적 기원은 『주역』의 손괘(損卦)와 익괘(益卦)에서 가져왔으며, 저자 철학의 변통 사상과 연결되어 개혁과 통한다.

**수용(須用)**: 총 64회 등장하며 대체로 사용 또는 사용한다는 뜻이며 드물게 운용의 뜻.

**순담지기(純澹之氣)**: 순수하고 맑은 기로서 기의 본성을 형용한 말. 순담은 마음의 본체가 그렇다는 표현으로도 자주 사용하며, 그때는 인식론의 백지설 과 통함.

**습염(習染)**: 감각기관으로 경험한 내용을 기억하는 일. 서학에서는 기억을 기함(記 含)으로 옮겼는데, 거기에 대응한 저자만의 전문 용어. 여기서 습(習) 자와 염(染) 자가 절묘한 조화를 이루는 데, 습 자에는 거듭된 익힘이라 는 뜻과 염 자에는 물들인다는 뜻이 있어서, 결국 '거듭된 학습(경험)을 통한 기억'의 의미. 염착(染着)이라는 말로 대신 쓰기도 함. 때로는 환 경의 영향을 말하거나 말 그대로 물든다는 의미도 있음.

**시험(試驗)**: 사물의 이치를 실지로 시험하여 증험해 봄.

**신괴(神怪)**: 신이(神異)하고 괴이함. 기독교를 비판할 때 자주 쓰는 말.

**신기(神氣)**: 직역하면 '신령스러운 기운'이지만, 문맥에 따라 마음, 인식의 주체, 만물의 근원, 인간과 자연물에 깃든 기, 깃들지 않은 기 등 여러 의미를 지님. 서학의 영향을 받아 인간의 영혼을 비롯하여 동물혼·식물혼과 무생물의 그것을 포함한 만물의 영혼에 대응하는 의미로 쓰였음. 죽은 물질로 이루어졌다는 우주관과 다르며, 제목을 포함하여 총 552회 등장함. 드물게 신명지기(神明之氣) 또는 신명(神明)이라 불렸음.

**신기통**(神氣通): 인식 일반 또는 신기의 소통 또는 저자의 책 이름.

**신통**(神通): 감각기관의 기능이 최대한 발달하여 최고의 경지에 이르면, 대상을 직접 보거나 듣는 감각기관의 도움 없어도 사물을 알 수 있는 인식 능력. 『신기통』권1의 「신통(神通)」에 신과 신통의 의미가 자세함.

**실용**(實用): 실제의 사용 또는 사물이 갖는 실제의 작용·기능이나 쓰임.

**심리**(心理): 심리학에서 말하는 심리가 아니라 추측을 통해 알게 된 마음속의 이치를 말하며 반드시 증험을 거쳐야 한다고 주장함. 성리학이나 불교를 비판할 때도 이런 표현을 씀. 이 심리를 다른 말로 추측지리라고 하며, 사물의 법칙인 유행지리와 구별함. 제목을 포함하여 총 20회 등장함.

**알운**(斡運): 천체의 회전운동. 대체로 천체의 겉보기 운동으로서 지구를 중심으로 회전하며 운행하는 뜻으로 쓰임. 운알(運斡)과 알선(斡旋)으로도 표현함.

**얼올**(臲卼): 불안하고 위태로운 모양으로 일찍이 『주역』에 등장함.

**역산**(歷算): 역법(曆法)과 산술(算術)의 뜻이나 본서에서는 거의 역산(曆算)의 의미로 사용되어 천문학과 관련된 역법.

**역상**(歷象): 천체의 운행을 관측하고 계산하는 일 등의 천문역법과 관련된 일, 또는 역법.

**연혁**(沿革): 보통 변천해 온 과정의 뜻으로 쓰이지만, 沿은 따르는 것, 革은 바꾸는 것의 본래 의미를 따라 손익과 함께 현실 개혁의 변통 사상을 설명할 때 자주 등장함.

**염착**(染着): 기억의 뜻으로 습염(習染)과 같은 말. 염지(染漬)와 유사한 말. 또는 몸에 익힘.

**우주**(宇宙): 'space'나 'the universe'의 뜻이 아니라 천지사방(天地四方)과 왕래고금(往來古今)을 가리킨 말로서 시공간을 통합한 말. '온 세상' 또는

'동서고금'으로 옮김.

**운전(運轉)**: 움직여 도는 것 또는 운행. 훗날 『운화측험』에서 공전과 자전을 아울러, 때로는 공전과 자전을 일컫는 말로 쓰였음. 이 책에서는 주로 육안에 보이는 운행의 뜻.

**원기(元氣)**: 만물을 생성하거나 생명의 원천이 되는 기운. 때로는 정기(精氣)와 같은 의미.

**유행지리(流行之理)**: 기가 자연적으로 운동하는 법칙. 사물의 법칙도 이에 해당함. 유행은 운행(運行)과 유사한 말로 기의 운동을 가리킨 말이며 후기에 운화(運化)로 바뀜.

**윤강(倫綱)**: 인륜강기(人倫綱紀)의 축약어. 또는 오륜(五倫)과 삼강(三綱). 모두 도덕 준칙 또는 윤리를 일컫는 말.

**윤상(倫常)**: 인륜(人倫)과 상도(常道)로서 윤리와 도덕. 윤강(倫綱)과 같은 뜻으로 씀.

**윤전(輪轉)**: 바퀴처럼 굴러가는 운동. 본서에서는 태양과 달의 겉보기 운동을 말할 때 표현한 용어로, 후기 저작에서 행성의 공전을 뜻함.

**인도(人道)**: 하늘의 길인 천도와 대비되는 사람의 길. 제도나 윤리 따위가 여기에 포함됨.

**인물(人物)**: 인간과 만물, 인간과 동물, 인간 등으로 문맥에 따라 달리 쓰임.

**인정(人情)**: 주로 물리 또는 천리와 함께 거론하며 문맥에 따라 인간의 감정 또는 인간의 각종 사정과 실상을 뜻함. 감정의 의미는 원래 『예기』에 희로애락 등에서 말하고, 사리(事理)의 표준으로서 인간의 상정(常情)을 말하는 것은 『장자』에서는 나옴. '人情物理'의 형태로 27회, 단독으로 20회 등장함.

**자득(自得)**: 스스로 터득하거나 체득하여 아는 일 또는 앎. 『중용』과 『맹자』에 보임. 본서에 35회 등장하며 대체로 스스로 경험하여 아는 일 또는 경험을 바탕으로 한 추측을 통해 아는 일을 뜻함. 得 단독으로 이같이 쓰일 때도 있음.

**적기(積氣):** 주로 지구 대기인 몽기. 드물게 바람의 뜻.

**정기(精氣):** 기의 정수 또는 원기와 같은 의미로 생명의 원천이 되는 기운이나 물질. 총 8회 등장함.

**정력(精力):** 심신의 활동력, 정성을 다해 힘을 쏟는 것. 오늘날 남성의 정력과 관련해서 말할 때는 양촉(陽觸)이라는 용어를 씀.

**제규제촉(諸竅諸觸):** 제규는 의서(醫書)에 많이 등장하며 귓구멍(2개)·눈(2개)·입(1개)·콧구멍(2개)·요도(1개)·항문(1개)의 아홉 구멍인 구규(九竅)를 말하며 도교에서는 구원(九元)으로 부르기도 함. 제촉은 불교 용어로 손·발 등의 피부로 느끼는 감각 또는 그 기관. 모두 경험을 매개하는 감각기관의 뜻으로 쓰임.

**제요(諸曜):** 해와 달과 오성(五星: 수성·금성·화성·목성·토성)의 칠정(七政).

**조리(條理):** 기의 이치로서 법칙이나 원리. 또는 일의 가닥이나 맥락.

**존양(存養):** 『맹자』에서 본심을 보존하고 본성을 기른다는 뜻에서 가져와 성리학에서는 미발(未發)일 때에 공부 방법으로 사용하였다. 이 책에서는 보존하여 기른다는 의미로 그 대상에 앎도 포함하였다.

**주통(周通):** 일반적으로 두루 알다 또는 널리 유통되는 것을 의미. 인식론적으로는 두루 안다는 의미로서 주관적 앎이 아니라 객관적 인식이자 그 한계 내에서 모르는 게 남아 있지 않은 앎으로, 신기의 그것이 빛나고 밝으며 감각기관의 역할도 최상의 상태에 이름을 말함. 그 앎이 종합되거나 통합되어 객관성과 명증성과 타당성과 실효성을 가짐.

**준적(準的):** 원뜻은 수준기와 과녁. 문맥에 따라 기준과 표준 또는 목표의 의미.

**중정(中正):** 한쪽으로 치우치지 않고 올바름. 또는 딱 맞고 올바름. 원래는 『주역』의 괘에서 6개의 효의 위치에 관련된 용어인데, 가령 ䷠(함괘)처럼 아래로부터 두 번째인 2효와 다섯 번째인 5효가 위치하는 자리를 중(中)이라 부르고, 양효(─)가 양의 자리(1·3·5)에 음효(--)가 음의 자

리(2·4·6)에 있는 것이 정(正)으로 위의 함괘에서는 2·3·5·6효가 정이
다. 그러니까 중정이란 바로 두 번째 자리에 음효가 위치한 육이와
다섯 번째 자리에 양효가 위치한 구오의 덕(상태)을 일컫는 말이다.

**증기(蒸氣):** 원래 솥이나 시루에서 나는 더운 수증기인데, 보통 땅에서 상승하는
수증기로 쓰임.

**증울(蒸鬱):** 쪄서 후덥지근한 현상. 증울기(蒸鬱氣)는 지기를 포함한 수증기. 증울
기를 증기(蒸氣)로도 축약해 사용함.

**증험(證驗):** 효험(效驗)과 증거(證據) 따위의 의미로 쓰였는데, 저자의 철학에서 감
각기관 등의 경험적 계기를 통한 검증의 뜻으로 사용함. 비슷한 말로
는 징험(徵驗)이 있음.

**지각(知覺):** 주로 앎을 말할 때 쓰는 용어로 동사와 명사로 쓰임. 감각적으로 알게
되는 지각(sensation)만을 말할 때는 대체로 견문(見聞)으로 표기하므
로, 이것은 추측을 포함한 앎. 때로는 감각과 관련하여 의식(意識)의
뜻으로도 쓰임.

**참증(參證):** 참고하거나 참여시켜 증험함. 또는 재판 따위에서 참작과 증거. 참험
(參驗)으로도 사용함.

**천도(天道):** 하늘의 길. 일월과 사시의 변화를 주로 일컬으며, 추상화하여 자연의
운행 원리 또는 법칙 또는 그 질서를 말함.

**천지(天地):** 하늘과 땅, 우주와 지구, 자연을 말함. 또는 天 단독으로 자연을 뜻하기
도 함.

**천리(天理):** 자연의 이치 또는 그 법칙. 때로는 보편타당하고 공정한 원리의 의미로
자연스러운 이치. 유행지리와 같은 의미로 쓰임.

**천인(天人):** 자연과 인간 또는 우주와 인생. 천인합일을 지향하는 자연에 대한 인간
의 실천적 관계에서 앎과 행위의 객관적 정당성을 주장할 때 사용하며,
이때는 앎과 실천이 자연과 일치하는 보편적 인간의 뜻. 드물게 우주
와 인간의 이치를 꿰뚫은 사람(『장자』에 보임)의 뜻. 전자의 의미는

후자의 특징과 일치함. 후기 철학에서 천인운화(天人運化), 천인대도(天人大道), 천인교접(天人交接) 등의 형태로 즐겨 씀.

**천인지신기(天人之神氣)**: 자연과 사람의 신기. 또는 우주와 인간의 이치를 꿰뚫은 사람의 신기. 또는 그 둘 사이에 서로 통하는 신기.

**천인지의(天人之宜)**: 자연과 인간 모두에 합당한 상태. 총 8회 등장함. 전통적으로 천리와 인정에 합당하다는 의미이며, 그 연원이 『서경』과 『맹자』를 이어, 특히 『주역』 「혁괘·단전」의 "하늘을 따르고 사람에게 호응한다"라는 사상의 논리로서, 저자는 『신기통』, 「서문」에서부터 본서에 자주 등장하는 '물리'와 '인정'에 합당해야 한다는 의미로 쓴다. 물리는 자연의 일이고 인정은 인사에 해당하지만, 모두 기의 운행 속에 통합하여 천인(天人)으로 표현하였다. 이는 학문을 비롯한 제반 인간의 실천적 행위가 이 양자를 만족시켜야 하며, 모두 자연과 인간 모두에 운행하는 기의 원리를 따라야 한다는 실천 논리. 가령 『추측록』 권6 「옳고 그름의 본원(是非本原)」에 "자연과 인간 모두에 합당한 상태에 맞으면 옳고, 자연과 인간 모두에 합당한 상태에 맞지 않으면 그르다"라는 말과 또 같은 책, 권6의 「본성의 도리와 의식(性道衣食)」의 "본성의 도리를 따르는 일이란 자연과 인간 모두에 합당한 상태에 순응하고 전례에서 살펴, 아버지와 자식, 임금과 신하, 부부, 친구의 윤리에서 그 도리를 잃지 않는 것이다"라는 말을 보면 알 수 있음. 이것은 전통의 천도와 인도를 일치시키는 태도와 같은 맥락으로, 후기 철학에서 운화(運化)의 승순(承順)과 연결하여 천인운화(天人運化)로 대체하는데, 그래서 『기학』에서는 이 '천인지의'가 한 번도 등장하지 않음. 운화의 승순이란 자연에 대한 인간의 합리적이고도 적절한 실천적 원리를 말함.

**천지지기(天地之氣)**: 하늘과 땅의 기로서 어떤 사물 속에 들어 있지 않은 기. 자연의 기.

**천지지신기**(天地之神氣): 천지지기와 같은 말.

**체인**(體認): 지식의 장기간 누적을 통하여 향상된 높은 수준의 앎. 또는 체득의 뜻.

**추측**(推測): 앎의 과정에서는 추(推)라는 추리와 측(測)이라는 판단의 논리로 이루어지며, 감각적 인식과 대비되는 사유를 통한 인식 과정. '推A 測B'를 'A를 미루어 B를 헤아리다'로 통일함. 이는 앎의 과정만이 아니라 수양과 실천의 과정에서 등장함.

**추측지리**(推測之理): 추측 작용으로 산출한, 곧 경험한 내용을 추리하여 판단한 이치. 또는 그러한 능력으로서 사유 법칙의 총체. 윤리나 도덕 또는 형이상학적 원리 등이 거기에 해당함.

**추측지도**(推測之道): 추측의 방법. 추측 논리.

**추측통**(推測通): 추측인 사유활동을 통한 인식.

**취산**(聚散): 기철학의 주요 개념 가운데 하나로 기가 모이면 물건이 되거나 생명이 있고, 흩어지면 죽거나 물건이 사라지는 것으로 기의 모임과 흩어짐.

**측험**(測驗): 대상 사물을 관측하거나 헤아려 증험함. 『운화측험』의 제목으로도 사용됨.

**통**(通): 신기통의 핵심 개념으로 여러 가지 의미로 쓰임. 가장 대표적인 경우는 인식으로서 알거나 앎의 뜻이고 그 밖에 소통하다, 유통되다, 연결되다, 허용하다, 능통하다, 막힘없이 흐르다 등 문맥에 따라 다양하게 쓰임.

**통달**(通達): 막힘없이 알다. 또는 기가 통하여 두루 도달함.

**편폐**(偏廢): 한쪽을 들면서 다른 한쪽을 버리는 일. 또는 반신불수나 신체 한 곳의 장애를 일컫는 말.

**풍담**(風痰): 담음(痰飮)의 하나로서 풍증과 관련된 담(痰)을 말하거나 풍(風)과 담(痰)이란 뜻으로도 쓰이고, 평소에 담증(痰證)이 있는 것을 말하기도 함. 때로는 질병의 대명사로 쓰임.

**피륜**(被輪): 행성을 곁에서 둘러싸고 그것과 함께 운동하는 기로서 다른 행성의 운동에 간여함. 이것이 일종의 중력 역할을 하는데, 훗날『성기운화』
에서는 기륜(氣輪)으로 통일하여 기륜설로서 중력의 대체 이론으로
사용함.

**한열조습(寒熱燥濕):** 전통 의학의 육기(六氣) 가운데 4가지였는데, 서양 4원소의
냉열건습(冷熱乾濕)의 영향으로 주장하는 지구 대기의 차고 덥고 마르
고 축축한 성질. 한난조습(寒暖燥濕)으로도 표현하며 후기 저작에서
는 한열건습(寒熱乾濕)으로 정형화함.

**험시(驗試):** 증험과 시험 또는 증험하고 시험함.

**형질(形質):** 사람의 몸, 사물의 몸체 또는 기질. 이때 몸은 정신과 분리되지 않고
그것을 포함하며 정신의 특징도 몸의 그것과 연관됨. 물건의 경우 외
형 또는 그 바탕.

**형질통(形質通):** 감각기관인 제규제촉(諸竅諸觸)을 통한 인식. 형지지통으로 부르
며 드물게 성교의 뜻으로 사용함.

**형체지기(形體之氣):** 인체나 사물 속에 들어 있는 기. 형체가 갖추어짐과 동시에
생겨나 그것에 맞는 기능이 발달하며, 이것은 몸체 가운데 국한된 천
지지기이며 그것을 의지함.

**형체지신기(形體之神氣):** 형체지기와 같은 말.

**허망(虛妄):** 허황하고 망령됨. 저자 학문의 특징인 성실의 반대 뜻으로 자주 쓰며
주로 도가(도교)와 불교를 지칭하고, 문맥에 따라 드물게 미신이나
방술 및 성리학을 그 대상에 포함할 때도 있음. 때로는 괴탄(怪誕)과
함께 기독교까지 포함한 종교 일반을 지칭해 사용하는 말. 같은 의미
로 허무(虛無)라는 말을 사용하기도 함. 괴탄과 함께 논리상 참의 반대
인 거짓으로도 사용함.

# 참고문헌

『關尹子』　　　　　　　　『管子』

『老子』　　　　　　　　　『論語』

『大戴禮記』　　　　　　　『大學』

『呂氏春秋』　　　　　　　『列子』

『禮記』　　　　　　　　　『劉子』

『楞嚴經』　　　　　　　　『萬機要覽』

『孟子』　　　　　　　　　『墨子』

『文選』　　　　　　　　　『本草綱目』

『北齊書』　　　　　　　　『史記』

『四書大全』　　　　　　　『四書集註』

『書經』　　　　　　　　　『宋史』

『荀子』　　　　　　　　　『詩經』

『新唐書』　　　　　　　　『五燈會元』

『魏書』　　　　　　　　　『陰符經』

『二程文集』　　　　　　　『二程遺書』

『資治通鑑』　　　　　　　『莊子』

『傳習錄』　　　　　　　　『左傳』

『周禮』　　　　　　　　　『周易傳義大全』

『周易』　　　　　　　　　『朱子語類』

『中庸』　　　　　　　　　『晉書』

『楚辭』　　　　　　　　　『韓非子』

『漢書』　　　　　　　　　『黃帝內經·靈樞經』

『黃帝內經·素問』　　　　　『淮南子』

『後漢書』　　　　　　　　葛洪.『抱朴子』

董仲舒.『春秋繁露』　　　　呂坤.『呻吟語』

劉劭. 『人物志』

方以智. 『物理小識』

邵雍. 『觀物編』

吳乘權. 『綱鑑易知錄』

王充. 『論衡』

張載. 『正蒙』

朱熹呂祖謙. 『近思錄』

秦蕙田. 『五禮通考』

『儀象考成』

『新法算書』

班固. 『白虎通』

徐光啟. 『泰西水法』

呂祖謙. 『左氏傳說』

王肅. 『孔子家語』

張星曜. 『天儒同異攷』

朱載堉. 『律呂正義』

陳耀文. 『天中記』

『曆象考成』

『曆象考成後編』


高一志(Alphonsus Vagnoni). 『空際格致』

羅雅谷(Giacomo Rho). 『五緯曆指』

南懷仁(Perdinand Verbiest). 『靈臺儀象志』

鄧玉函(Johann. Terenz). 『奇器圖說』

利瑪竇(Matteo Ricch). 『乾坤體義』

_____. 『天主實義』

馬若瑟(Joseph-Henry Marie de Prémare). 『儒教實義』

徐日昇(Andreas Pereira). 『律呂正義續編』

艾儒略(Jules Aleni). 『職方外紀』

陽瑪諾(E. Diaz). 『天問畧』

熊三拔(Sabatino de Ursis). 『簡平儀說』

_____. 『泰西水法』

湯若望(Adam Schall von Bell). 『遠鏡說』

畢方濟(Francesco Sambiasi). 『靈言蠡勺』


『承政院日記』

南相吉. 『六一齋叢書』

『朝鮮王朝實錄』

南九萬. 『藥泉集』

李匡師. 『圓嶠集』

李圭景. 『五洲衍文長箋散稿』

李珥. 『栗谷全書』

李瀷. 『星湖僿說』

『星湖全集』

李濟馬. 『東醫壽世保元』

李滉. 『退溪文集』

安鼎福. 『順菴集』

任聖周. 『鹿門集』

鄭道傳. 『佛氏雜辨』

正祖. 『弘齋全書』

崔致遠. 『桂苑筆耕』

崔漢綺. 『陸海法』

『氣學』

_____. 『習算陳筏』

『星氣運化』

_____. 『身氣踐驗』

『心器圖說』

_____. 『運化測驗』

『儀象理數』

_____. 『人政』

『籌解需用』

_____. 『地球典要』

『明南樓全集』. 驪江出版社, 1990.

_____. 『增補明南樓叢書』. 成均館大學校 大東文化研究院, 2002.

崔睍. 『訒齋先生文集』

沈大允. 『沈大允全集』

韓元震. 『南塘集』

許筠. 『惺所覆瓿稿』

洪大容. 『醫山問答』


F. 코플스톤/박영도 옮김. 『중세철학사』. 서광사, 2011.

금장태. 『한국실학사상연구』. 집문당, 1989.

대니얼 데닛/이희재 옮김. 『마음의 진화』. ㈜사이언스북스, 2006.

렴정권 번역. 『악학궤범』. 여강출판사, 1991.

李能和 輯述/李鍾殷 譯註. 『朝鮮道教社』. 普成文化社, 1986.

미우라 쿠니오/김영식 · 이승연 옮김. 『인간 주자』. 창작과 비평사, 1996.

민족문화추진회. 『국역 기측체의』. 민족문화문고간행회, 1986.

버트런드 러셀/송은경 옮김. 『나는 왜 기독교인이 아닌가』. 사회평론, 2012.

알폰소 바뇨니/이종란 옮김. 『공제격치』. 한길사, 2012.

안토니오 다마지오/고현석 옮김. 『느끼고 아는 존재』. 흐름출판, 2021.

艾儒略 原著/謝方 校釋.『職方外紀校釋』. 中華書局, 1996.

야규 마코토.『최한기 기학 연구』. 경인문화사, 2008.

우기동 편역.『철학연습』. 미래사, 1986.

李能和 輯述/李鍾殷 譯註.『朝鮮道敎社』. 普成文化社, 1986.

이봉호 외 옮김.『도교사전』. 파라아카데미, 2018.

이이/이종란 역해.『율곡의 상소문 – 개혁하지 않으면 나라가 망한다』. (사)율곡연
　　　구원, 2018.

이재룡.『예의 사상에서 법의 통치까지』. 예문서원, 1995.

이종란.『운화와 윤리』. 문사철, 2008.

_____.『의산문답』. 한설연, 2017.

_____.『기란 무엇인가』. 새문사, 2017.

_____.『서양 문명의 도전과 기의 철학』. 학고방, 2020.

_____·김현우·이철승.『민족종교와 민의 철학』. 학고방, 2020.

이철승.『우리철학, 어떻게 할 것인가』. 학고방, 2020.

이현구.『최한기의 기철학과 서양 과학』. 성균관대학교 대동문화연구원, 2000.

장사훈·한만영 공저.『국악개론』. 한국국악학회, 1975.

전성곤.『육당 한국학을 찾아서』. 동서문화사, 2016.

主编 罗竹风/汉语大词典编辑委员会 汉语大词典编纂处 编纂.『漢語大詞典』. 汉
　　　语大词典出版社, 1986.

陳來/이종란 외 옮김.『주희의 철학』. 예문서원, 2002.

최한기/이종란 옮김.『운화측험』. 한길사, 2014.

홍정근.『호락논변의 전개와 현대적 가치』. 학고방, 2020.


이종란. "『주역』을 통해 구축한 동서 융합 철학의 플랫폼." 한중철학회.『주역의
　　　연원과 한중 역학의 지평』. 경인문화사, 2019.

_____. "기독교철학에 대한 최한기의 비판적 수용."「인문학연구」제52집
　　　(2016).

_____. "최한기의 인식이론의 성격."「동서철학연구」11-1 (1994).

_____. "『전경(典經)』의 사상 분석으로 살펴본 '우리철학'의 방법론." 「대순사상 논총」 30호 (2018).

이중원. "현대 물리학의 자연 인식 방식과 과학의 합리성." 「과학철학」 7 (2001).

陳敏皓. "初探 『曆學疑問』『曆學疑問補』." 「第七回科學史硏討會彙刊」. 臺北: 中 央硏究員科學史委員會, 2007.

최슬기. "衛滿朝鮮과 匈奴의 '穢裘' 交易." 「선사와 고대」 (2017).

고전번역원. 『한국고전종합DB』; https://db.itkc.or.kr/

https://en.wikipedia.org

# 찾아보기